多田雄三

日本神道・禊の教典

言霊の幸

附
未来
修禊講演録

多田雄三先生
大正九年神嘗月二十八日
　明治神宮新殿祭奉仕記念

昭和十五年頃の多田雄三先生御夫妻

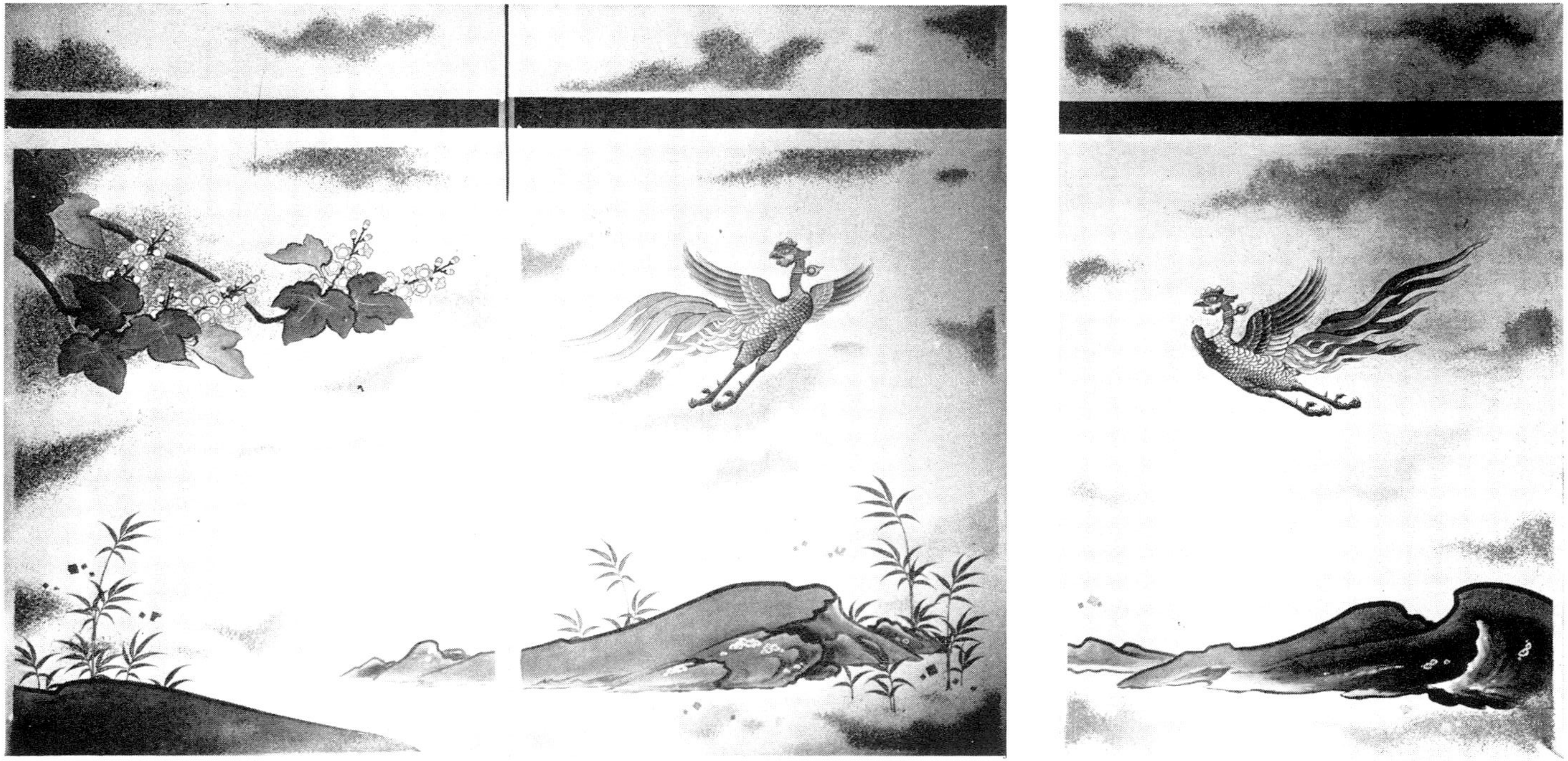

昭和十五年頃の多田先生の作品

多田雄三先生の筆蹟

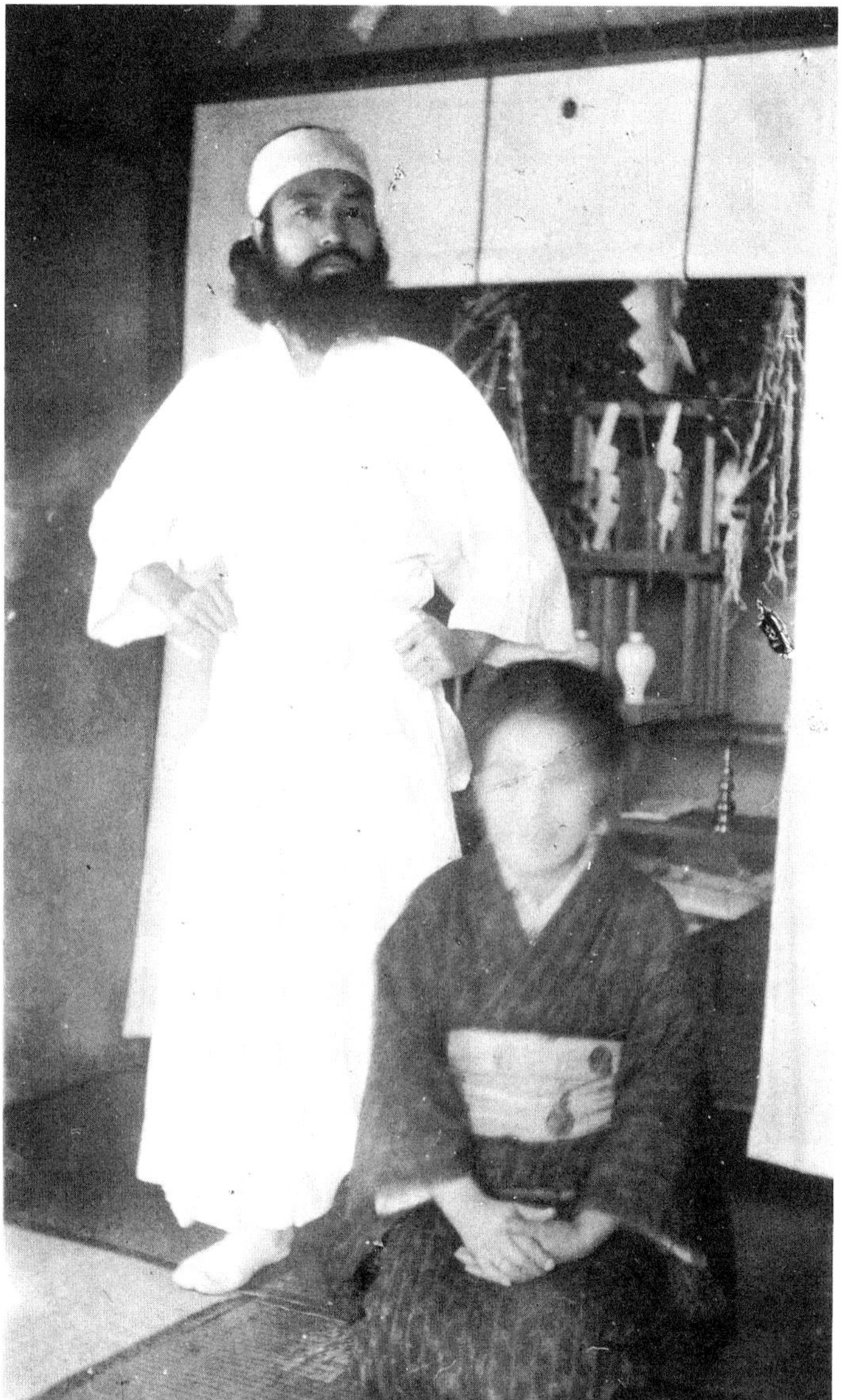

東京鷺宮での多田雄三先生御夫妻（昭和10年代頃）

昭和十五年頃の多田先生の作品

昭和十五年頃の多田先生の作品

多田雄三先生の筆蹟

言霊の幸

日本神道・禊の教典

多田雄三

目次

――題　字・著者自筆――

言靈の幸

——日本神道・禊の教典——

總叙

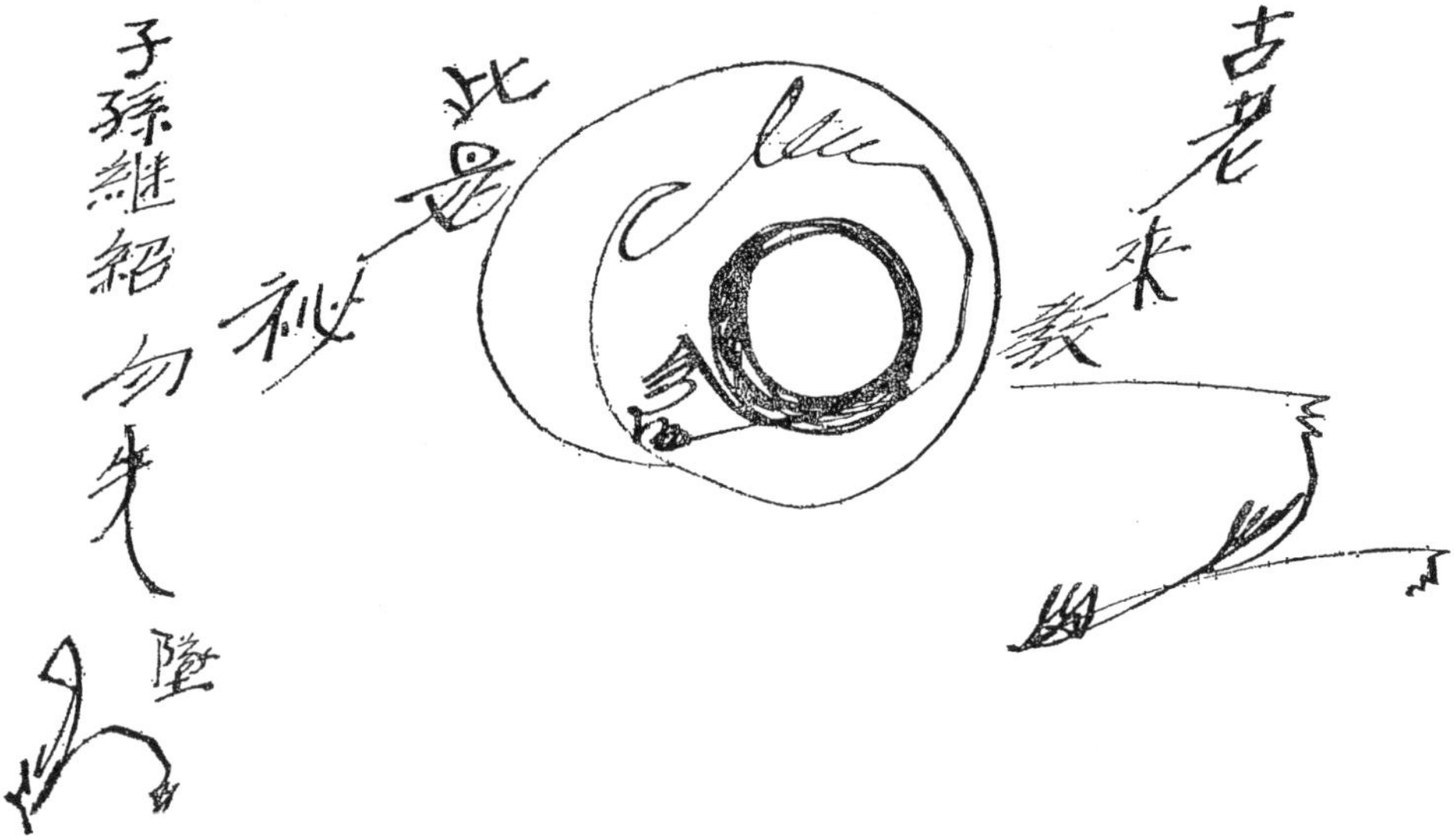
古老來教
此是秘
子孫繼紹勿失墜

總叙

日本紀を拜讀しますと、「高產皇靈尊《タカミムスヒノミコト》が、多くの神に勅して曰はるるには、葦原中國《アシハラナカツクニ》は、巖石樹木草葉の類までも、擾がしく言ひ爭ふので、夜は煤煙《ナベ》のやうで、晝は蒼蠅《サバヘ》のやうにうるさい」と記してあり、延喜式の祝詞には、「騷いて居た巖石草木をも、言ひ爭ふことを止めさせて」と載せてある。

之等の古典は、云ふまでもなく、神の詞であつて、人の詞でもあるが、巖石樹木草葉の類の言ひ爭ふ詞と云ふのは、禍津毘《マガツビ》の魔言《マガゴト》であることが窺ひ知らるるのである。人人の日用語にも、それと同樣な魔言が使用されて居るかも知れぬ。否、相互に相交はる間では、相互の詞が入り交つて行くのが當然であらう。從つて、神を仰げば神の詞を聞き、魔と交はれば魔の詞を知り、萬類萬物相互に見聞覺知するのがおのづからの實際である。

「詞は神なりき」と聖書に傳へてあるのも、神なる詞を稱へまつれば、我もまた神の子と成るなりとの義で、神名奉稱の神傳である。

此のことは、古來各地の宗教的教訓が一致して、詞の神であり又魔でもあることを實證させて居る。佛陀の教典には、特に詞の神を教へて、觀世音佛と讚美して居る。「人の苦しみ惱むこと有らんには、唯一筋に、觀世音の御名を稱へまつれ。観世音の御名を稱へまつるならば、皆俱に、観世音の御聲を觀て、解脱《サト》り得るのである」とて、耳に聞けば聲で、目に見れば相《スガタ》で、人の機能相應に受け入れて、解脱《サト》り得るのだと訓誡《ヲシ》へ。唯一筋に、観世音の御名を稱へまつるならば、其の聲が、人の苦惱を變へて、観世音と化せしむるので、その曉には、普くして一つなる光であるとの義を示してをる。それは、訓誡であり、事實であり、眞理であるので、人間身として之を體現した歴史を傳へて著名な一つに、悉達多太子の悟證が有る。

太子が、苦行仙人のもとを辭して、清水に浴し、乳糜を攝《ト》り、安靜として菩提樹下に坐し、禪那微妙、東天を拜して虚空定に入る。之は是、虚空藏菩薩の妙智で、一圓光明の佛界を現じたので、此の土此のままの極樂淨土を築き成したので、寶塔湧出で、佛誕である。

それは單に、佛名を念じたばかりでなく、唱名と印相と坐位と、而《サウ》して境地と、總べてが融會和合して一圓相を現出したので、在るかぎりが佛身である事実を證明したので、華嚴法城で、妙法蓮華座上の阿彌陀佛で、亦の御名を観世音佛と稱へまつるは、言靈《コトタマ》を奉稱しつつ佛國を築き成すべき方圖を教へ給ふが故である。此の言靈とは、神の御名で、佛の御聲で、惠保婆の火《フ》で、形象を傳へては、◎で、日本の古典には、「鏡の船」と記して、佛盤であることを教へてある。少名彦命《スクナヒコナ》の祕事《ヒメコトタマ》で、誕生佛の傳承有る所以で、佛誕會の行事としての氷《ミモヒ》の祕密である。

「天のミヅと地のミヅとを分ち給ふ」と、舊約聖書の傳へ、「天眞井《アマノマナヰ》」「天湍河《アマノヤスカハ》」と、日本古典の傳へ、「三生《サンイチヲ》一《シャウズ》」と、支那人の傳へたるところで、約めて云ふならば、「禊《ミソギ》」である。

禊《ミソギ》とは、「水灌《ミソソ》ぐ」で、「靈注《ミソソ》ぐ」で、「氣吹戸主神事《イブキドヌシノカミワザ》」で「ミヅ」である。その「ミヅ」とは、現今の文字で水とも、火とも、水火とも、火水とも書き得ると共に、活用であり、本體でもあるとの意味を表現して居る詞で、日用語としては、專、水を指し、稀には、稜威をも、瑞祥をも、滋潤をも、處女をも指し示すことがある。語義の上からは、二音一語の詞で、その「ミ」とは、三《サン》で、身《ミ》で、實《ミ》で、稔《ミノル》で、充塞で、滿足で、「ヅ」とは、出又出《イデマタイヅル》ので、新なる箇體と成るので、此の二音が合しては、「三生一《サンイチヲシヤウズ》」なのである。新なる經緯としての宇宙、卽、箇體を形成したと云ふ程の義で、一《ヒ》で、二《フ》で、三《ミ》で、體で、用で、體用不二で、さうして、不二で、不一で、不三で、一《ヒ》二《フ》三《ミ》で、體用不一不二不三不四で、それは五である。五は成數であるとは、五代《イツヨ》は神代《カミヨ》であるとの意で、五重《イツヘ》で、五代《イツヨ》で、五世《イツヨ》で、遷流變轉しつつ、不變不易である宇宙だと云ふ程の意で、隔りたるが如くにして隔らず、別なるに似て別ならず、代りたるが如くにして代らず、遷りたるが如くにして一《ヒ》であり、變りたるが如くにして火《ヒ》であり、轉じたるが如くにして日《ヒ》であり、流れたるが如くにして零《ヒ》である。零經身《ヒフミ》である。零《ヒ》であり、日《ヒ》であり、火《ヒ》であり、一《ヒ》であるところの身である。故に三《ミ》にして一《ヒ》、一《ヒ》にして二《フ》、二《フ》にして三《ミ》、三《ミ》にして二《フ》、二《フ》にして一《ヒ》、一《ヒ》にして三《ミ》にして、二《フ》にして、一《ヒ》二《フ》三《ミ》で、火經身《ヒフミ》で、「ミヅ」と呼ぶのである。火水であり、水火であり、既濟であり、未濟であり、泰であり、否であり、觀であり、升である。天地で、陰陽で、乾坤で、卑高で、男女で、貴賤で、雌雄で、山野で、凹凸で、我等が日常使用しつつあるところの水《ミヅ》でもあると共に、神の光でもあり、火《ヒ》の輪《ワ》でもあり、神輪《カミワ》で、輪王《ワギミ》で、其の活動が、經《タテ》であれば、稜威《ミヅ》で、瑞祥《ミヅ》で、緯《ヨコ》であれば、水《ミヅ》で、滋潤《ミヅ》で、處女《ミヅ》で、經《タテ》とも緯とも變化しつつ、神德を顯彰するのが「ミヅ」である。

現今では、稜威を「ミヅ」と云ふことは稀であるが、稜威《ミヅ》玉碗《タマツキ》と云ふ場合がある。之を「ミイヅ」の「イ」が省かれたものと思ふかも知れぬ。けれども、「ミヅタマツキ」とは、聖處女の義であるから、水であるところの火である。陰であつて、陽であつて、陰陽不測である。「陰陽不測謂之神」と、支那人の傳承した「神」とは、此の義である。此の神《シン》とは、水と云ふに等しいのである。その水と云ふ字は、氺である。之は、四象で、兩儀で、太極であるとの指事で、その四象とは、乂で、以で、火で、从で、象形の〰から變化したので、乂として、明瞭に四象を指示したので、㗊と描くに等しいので、田とも、◈とも等しく、之を兩分したのは、㗊であつて、氺であつて、亦、申であつて、串でもある。申は神で、その示は申を說明したので、串は、それと反對に貫きて合せたる四象なる兩儀であるとの意である。四象を合せても兩儀なると共に、分割しても兩儀で、其の經の一線は、等しく太極を示し、又、小極をも指したのである。

それで、火を陽だとすれば、水は陰で、水火相合して、新なる箇體が築かれるので、分てば陰陽で、水火であるが、合すれば神である。變化して測りがたきが故に鬼である。魔であると呼ぶので、神魔である。妖怪變化である。水火は旣濟で、火水は未濟で、天地は否で、地天は泰で、風地は觀で、地風は升で、神魔本來神魔にあらざるの義である。

然れども、水は自《オノヅカラ》、水にして、火は自《オノヅカラ》、火である。その水を陰とし、母胎として、火を仰ぎ、陽を受くる時、萬類萬物は、繁殖化育するのである。之を、零《ヒ》が火《ヒ》を孕むと呼ぶ。神魔出沒水火起伏の現象世界を脫却して、神人佛子生誕するの祕儀密言である。「天眞井水《アマノマナヰノミモヒ》」とも、「水神罔象女《ミツノカミミブハノメ》」とも稱へまつるので、祓禊《ミソギ》が佛誕であり、神人産出であることを知らるるのである。

天眞名井水《アマノマナヰノミモヒ》とか、豐水《トヨノミモヒ》とか云ふ「ミモヒ」は、火《ヒ》の結ばれた身《ミ》との義で、一《ヒ》の産靈《ムスビ》たる三《ミ》である。日《ヒ》の産魂《ムスビ》たる實《ミ》である、零《ヒ》の結びたる實《ミ》である、靈《ヒ》の結びたる身魂《ミ》であるとの意なので、「ミ」とは、身《ミ》で、實で、稔《ミノル》で、充塞で、「モ」は、思で、思慕で、戀愛で、偲ぶで、兩者相合するので、股であり、裳裾であり、喪である。「ヒ」は、火《ヒ》で、靈で、零で、一で、〇で、魂である。故に、「ミモヒ」とは、稜威《カミノミイツ》で、天地《アメツチ》の神輪《カミワ》で、支那人は、水火既濟と教へたので、水であり火であり、火であり水である。陰で陽で、陽で陰で、陰陽不測であると云つたので、圖にて示せば、䷾で、之は卽、神であるとの義である。其の神《シン》を、「ミヅハノメ」と稱するので、日本紀には、水神罔象女と書いてある。罔は無であるから、象無きの女なので、純男の語に對すれば、純女と云ふに等いので、女のかぎりである。之を䷁と書くので、坤道耦生で、陰陽倶生で、女ならざるの女で、處女ではないので、胎である。一切の物を產出する母胎なる女なりとの義で、美田で、淨地で、皇土で、天國で、樂園で、磐《イハ》境《サカ》で、高天原《タカマノハラ》なのである。

水と火と云へば、まるで別なやうに感じ易いが、現今の人の考と、古典の傳へとは、甚しく異つて居る。ユダヤの教典には、「元始《ハジメ》に、神《カミ》は、天地《アメツチ》を創造《ツク》りたまへり。その時、地は、定まれる形無く、曠空《ムナ》しくして、暗黑の水なりき。水ならず地ならざるの地は、神の火にして、神の靈にして、空零の〇なりき」「神の言ひたまひけるは、水の中に蒼穹ありて、水と水とを分つべし。神蒼穹を造りて、蒼穹の下の水と、蒼穹の上の水とを判ちたまへり。卽、斯くなりぬ」

之で、天の水と、地の水と、天と地との判別とを教へられたので、天眞名井水《アマノマナヰノミモヒ》とは、天上の水で、豐水《トヨノミモヒ》とは、地上の水で、水神罔象女《ミヅノカミミヅノメ》とは、神の靈であることが知らるるのである。

ギリシヤでは、哲學の開祖と云はれて居るターレスが、水は、萬物の原質で、他の一切の物體は、悉、水の變形であると唱道したのであるが、不幸にして、神の靈である水と言ふことを明瞭にして居らぬ。爲に、後學の迷ひを惹起す處が多いのである。

支那人は、亦別に、坎と稱して、破壞の水を説いて居る。此の水は、龍蛇で、陰極で、暗愚で、黑蛇で、溺沒で、二陰が一陽を姦するもので、人間世界の終末は、此の如くなりと訓誡したものである。

之と全く反對の水を教へたのは、印度人で、辯才天は、水の徳を以つて、智慧財寶等の一切を人天に施與し、吉祥天は、樂園を築きて、佛子を化育するに、八功徳の水を以つてし、水天は、摩尼を以つて、萬類を六道の中より救出し、阿彌陀の淨土は、水精宮にして、八功徳の水を湛へたりと記して居る。皆共に、水ならざるの水で、火ならざるの火で、「ミモヒ」で、釋迦再生の祕言で、西方淨土を此の世に築くべき祕儀密言であるから、「祓禊《ミソギ》」の神傳であることを窺ひ知らるるのである。

氺が四象で、兩儀で、太極で、無極で、無で、零で、靈で、六で、六身魂《ムツノミタマ》であることは、一《ヒ》で、二《フ》で、三《ミ》で、火經身《モフミ》で、〇《ヒ》で、∞《フ》で、◎《ミ》で、◎《ヨ》で、火を以つて築き成したる神身《カミノミ》で、空零を緊繫堅縛したので、空の實で、空不空で、⊡で、晃であるところの神火《カミノヒ》であるからである。

其の氺は、神の祓禊《ミソギ》であり、また其の結果であることは、伊邪那美神の祓《ハラヘ》と、伊邪那岐神の禊《ミソギ》と、伊邪那岐命《イザナギ》伊邪那美命二柱神《イザナミフタハシラノカミ》の禊祓《ミソギ》との教ふるところである。

古典は傳へて、「天孫降臨」「神子再臨」「佛陀再生」と云ふ。が、實に之は、祕中の祕で、神と神とのみ、佛と佛とのみ、密授護持するところである。固より、筆舌にすることを許されぬのであるが、現今の學徒は、古典を讀むに、人間的私見を先として、神傳を得ることを知らず、佛語を聞くことを會せず、小智に拘泥し、我意に繫縛せられ、瓦礫と瓊玉とを剖判する大智を忘れて居るから、徒に喧喧囂囂として、人を惑はし、世を毒するの憾が多い。若も、此のままに放置するならば、虞らく、荊棘繁茂して、大道否塞するの不祥を祓除する時が無いであらう。之を憂ひ、之を悲しむが故に、神祕の扉を闢き、神命を仰ぎ、佛智を乞ひ、敢て、祕庫の一隅を拜することを得んと庶幾ふのである。

傳へて云ふ。マリヤの基督を孕むは、人間身を借らずと。亦云はく。釋迦の誕生するや、母の右脇を壞ると。天照大御神は、男神が、左目を洗ひ給ふに依りて生れさせ給ふと。皆共に、神事であつて、人間身の出産にあらざることは明瞭である。常人は之等を聞いて、神話だとか、傳説だとか、事實ではないとか、或は、精靈の物語だとか、奇蹟談だとか、又或は、奇蹟ならざる奇蹟で、根本魂の生滅を傳へたので、誰人《タレ》でも、何物でも、そのやうにして生るるものであるとか、各人各自の心心に解釋を爲て居る。

けれども、マリヤとは、母であり、胎であり、マヤとは閻魔天であり、資料であり、右胸とは、材料であり、生産であり、左目とは、男神であり、目とは、女で、芽で、凹で、凸で、孔で、陰で、陽で、胎盤で、洗ふとは、洗禮で、身滌で、禊で、ヨォルダンパプテスマで、皆共に、人間身を解脱して、人間身を得ることを說示したものであることを窺はるるのである。

伊邪那岐命伊邪那美命二柱神《イザナギイザナミフタハシラノカミ》は、淡路にして、御子生み終り、伊邪那岐命《イザナギノミコト》は、更に、禊して三貴子を得給ふとある。

玆に、最留意すべきは、三貴子の御生誕は、禊の結果で、其の禊は、女神の神避りませる後で、男神の神事であつたと言ふ點である。其のやうに、祓禊の結果は、

天照大御神・月讀命・建速須佐之男命。

の三貴子を得たまふのであるが、之が神事であるから、過去も然る如く、將來も然る如く、現在も然るので、經に時間を超越し、緯に空間を超越して、行はれつつ、行ひつつ、時間に制せらるること無く、空間に拘はることが無いのである。神の代は、人間身心の思ふが如き範疇を築いては無いのである。その如く、神は大平等であるから、一圓相で、一音響で、幾千里とか、幾萬年とか云ふやうな、人間的の隔てが無いのである。大平等だとは、球形だと云ふことであり、無形だと云ふことでもあり、空不空だと云ふことでもあるので、解き去り、剖き來りたる結果である。我でなく、彼でなく、圓でなく、方でなく、如是である。此の神代の神と生るべき神事を、祓禊《ミソギ》と教へられたので、灌頂とか、パプテスマとか、禊事とか、各地で傳承したのは、皆此の神事である。唯、時久しくして、世異にして、人間心徒に放肆なるが爲に、此の神傳を得ざる身にして、此の神事なるかの如く、似て非なるもの、世人を迷はしつつあるは、慨嘆に耐へぬのである。

祓禊は神事である。神と成るべき神事である。神と生るべき神事である。

神と生るるとは、此の身を解き去つて、白玉身と化《ナ》るのである。白玉身は、皇土であると共に、大宇大宙の⊙であるから、人間身として知り得る境涯としては、太陽に等しいとでも云ふべきである。擾擾紛紛たる五體を解き去れば、悉皆光明身であること、天譲日《アメユズルヒ》の如く、國禪日《クニユヅルヒ》の如く、天狹霧國狹霧《アマノサギリクニノサギリ》の神たる御相《ミスガタ》を顯はし來るのである。其の御相《ミスガタ》は、一圓相で、人の目には、唯、光明と認むるの外は無いのである。あるかぎりの光明。之を一圓相と稱するは、虚空藏菩薩の佛傳である。然るに、後世の佛徒、此の境涯を知らざるが故に、漫然私見を弄して圓輪を描き、之を一圓相なりと誤傳す。その境に入らずして、其の地を語るの愚は、遂に、世を擧げて謬見に墮せしむるに到るので、寒心に堪へぬのである。

悉達多太子の悟證は、虚空藏菩薩の妙智であると云ふから、一圓光明の◎であつて、人間身としては、唯一絶對と感ずる極樂淨土である。日本神道は、傳へて之を、高天原と稱へまつるので、天照皇大御神《アマテラススメオホミカミ》の統治したまふところである。固より、二柱御祖神《フタハシラミオヤノカミ》の言依ざし給ふところで、兼ねて、夜食國《ヨノヲスクニ》と、海原《ウナバラ》とを統治し給ふことは、改めて說くまでもないのである。

その狀態を假に圖示すれば如此である。

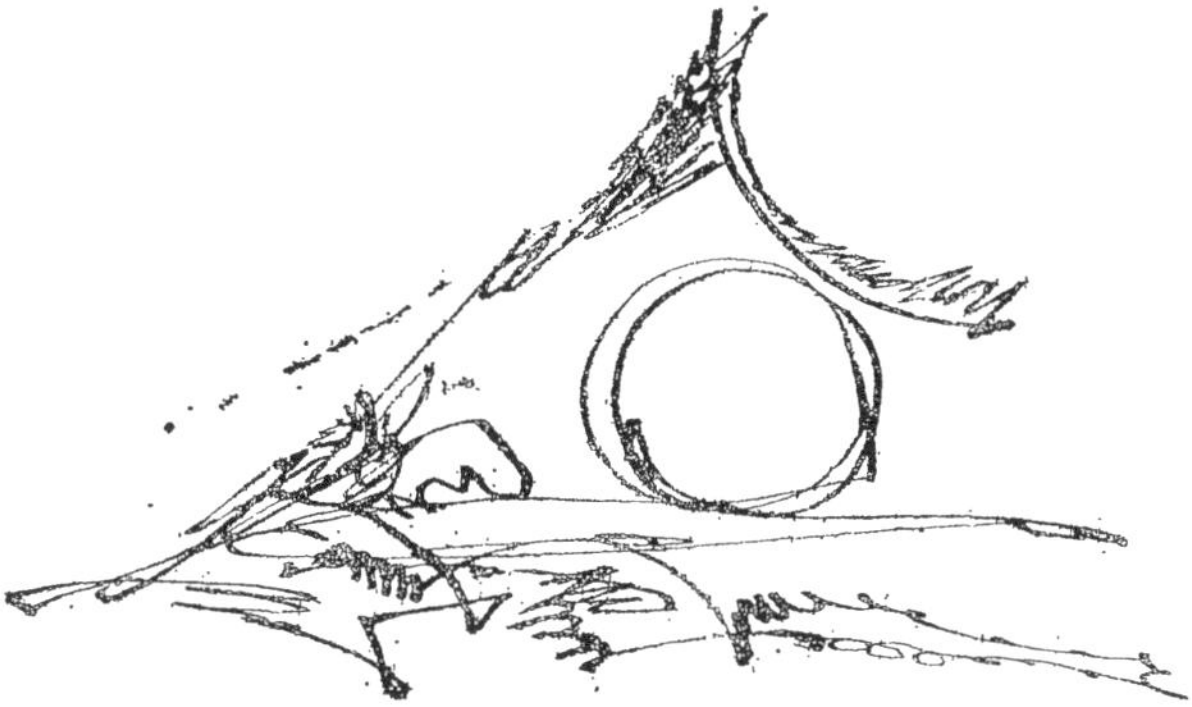

中心の圓相は、之和魂にして、天照皇大御神と稱へまつり、その下より升りて、時に、天照皇大御神をも凌ぎたまふは、荒身魂にして、建速須佐之男命と稱へまつり、下より下に一環連係するものは、月夜見《ツキヤミ》・月《ツク》弓《ユミ》・月讀命《ツキヨミノミコト》と稱へて、眞身魂・幸身魂・奇身魂の神にてましますと共に、時に術魂と成りて、風波擾亂の慘劇を演ず。

秋風の、早くも訪へば、禊せし、
渾河のあたり、柳黃ばめり。

と、古老の嘆じたる、人間世界の實際である。

此のやうなわけで、

高天原たる極樂淨土は、一圓相で、神言靈であると共に、其の反對の面が存る。

否。

事實は、一切が高天原なのであるが、人間身は、此の中に在りながら、邪悪を認め、醜陋を感ずるが故に、娑婆だとか、六道だとか、魔界だ、苦境だと、別け隔てをして、自《ミヅカラ》悩み、自《ミヅカラ》苦しみつつ、出頭沒頭、阿鼻叫喚の慘劇を演ずるのである。

無間地獄の叫喚を聞きて、之を憐み、之を悲しみ、大慈の眼を轉じ、救濟の筏を造り、梵音普く、衆生を導き給ふは、觀音妙智の祕言靈で、過去七佛相傳の一音響である。

一圓一音昭昭琅琅《ヒトコトノカミノヒカリノテリタレバアメツチヒツキトコヨトコヨモ》。
卽時救出六道魔界《アスアリトワレハシレドモカミナガラカミノウケヒテカミカカリマス》。
神魔剖割在於一几《ソノトキノソノカミワザノナリナリテタカマノハラニキミトコソスメ》。
之是日本天皇敎矣《カクナリトヒトコソシレヤオホヤマトミスマルミタマヨヲバシラスル》。

一言の、葛城主や。神守る、森の榊を。
我が君の、御佩にして。うなねつく、我がうじものよ。
しづはたの、ぬさのしづりよ。
みほぎする、今日のよき日よ。
ももことの、にはの小雀。
　ちちことの、河邊の千鳥。
何すとか、立ちは騒げる。
　今日の吉き日に。

「神《カミ》」と云ふ詞。之を、日本民族は、「神言靈《コトタマ》」と稱へて、葛城主神《カツラギヌシノカミ》の司りましますなればとて、禍事《マガゴト》も一言《ヒトコト》、吉事《ヨゴト》も一言《ヒトコト》、我《ワレ》は葛城《カツラギ》の一言主《ヒトコトヌシ》の神《カミ》の神輪《カミワ》ぞと、かしこみ來りしものである。

冀くば、人天萬類皆共に、神言靈《カミノコトタマ》を奉稱しつつ、神國樂園を築成し奉らんことを。

以上　昭和十五年九月十有八日

風雨の嵐ぎたる夕

東京市中野區鷺宮二丁目八百八十九番地

大日本祓禊《ミソギ》所に在りて

多田雄三山谷筆錄

總叙終

ささかにの　くものいよりも　ほそければ　氣づかざりけり道のあや糸

(御承知の通り「くものい」とは蜘蛛の糸なるが此の糸を張りて作りたる網は他より見えがたく氣づかずして蜘蛛の餌がそれにかかる。土蜘蛛でも山蜘蛛でも空の蜘蛛でも巧にその糸を用ひて生活を營む此の糸を日本語で「イ」と呼ぶんで發き升るもので「ウ」の功成りたる曉である)

第二篇　豫《ヨ》母《モ》都《ツ》志《シ》許《コ》賣《メ》

小引

昭和九年五月七日、父を喪《ウシナ》ひし時、齋廷《マツリ》の祕事《ノリト》を得たり。之を、「死生觀」として、刊行したるは、祖神垂示の神傳を明にし、祓禊《ミソギ》の結果を知らしめ、併せて、父を紀念せんと願へるなり。然れども、神事《カミ》の教ふるところは、一圓光明の零界《ヒノクニ》に於ける、生滅起伏なれば、人間生活に繋縛せられては、時として、「有《リテ》レ目而不レ睹、有《リテ》レ耳而不レ聽《カ》、有《リテ》二鼻舌一而不レ分《タ》二香味《ヲ》一、備《リテ》二身意一而不《ル》レ辨《ゼ》二觸法《ヲ》一」にも似たる憾有らんか。

昨年十月十七日、旅中にして、祖神垂示《アマテラスヒノミコノカミノ》の神嘗祭儀《ミノリ》を遙拜す。傳へ聞く。神嘗《カミノミアエ》は、御身の禊《イザナギノオホミカミノオホミマノハラヘ》なりと。御身の禊《オホミマノハラヘ》とは、三貴子御生誕《ミハシラノウヅノミコアレマシノミノリ》の神儀なることを、古典は明記したり。然れども、神嘗祭儀《カミノミアエ》が、御身の禊《オホミマノハラヘ》なることを、明記したる典籍有るを聞かず。寡聞なるが爲か。或は、史、之を缺けるものか。舊記、古典は、文書に過ぎざるが故に、神儀行事を記すこと容易にあらず。神儀行事は、神より神に傳ふるにあらざれば、完全なる傳統にあらざるべし。蓋、人にして、此の事に關與するは、僅に、直日《ナホヒ》の發《ヒラ》くに依るのみなりと。

祓禊《ミソギ》を語ることの難きは、如此なり。然れども、語らざれば、發《ヒラ》け難く、記さざれば、傳へ難し。

曩に、滿洲帝國皇帝は、國本奠定の詔書を發し、滿洲國家の進退は、日本天皇の、惟神の大道に依るべしと命ぜらる。於此か、滿洲帝國協和會は、康德七年八月初旬、新京特別市に於て、建國大學を會場とし、惟神の大道を明にせんとして、祓禊《ハラヘミソギ》の神事を行ず。會するもの七十有二人。內に、興亞塾主事、木原崇喬、生尾一哲の兩氏在り。共に、大道を求むるの心深く、日神事《ミソギ》を行ずること、他と等しからず。於此か、一夕、予、「死生觀」を講ず。兩氏、刻苦精勵、筆錄して一書を成す。乃、「豫母都志許賣《ヨモツシコメ》」と名づけて、江湖に貽る。

大海の一波、また、之、潮ならざることなし。記して以つて、來者を待つ。

　眉白き、翁ぞ獨、庵守る。道問ふ人の、何時か來ると。

以上　昭和十六年三月十一日　東京鷺宮に在りて

山谷識之

第一章　死生觀

（『　』の中に收めたのは、原本のノリトである）

『死生觀　完』

「さくはなの、いろかたづねて、ひとぞよる。ながめはるけき、やまをめぐりて」

之は、生尾氏所藏本の表紙に題した、死生觀の歌である。簡單に解くならば、箇體の出來ては壞《コワ》れ、壞れては出來、廻り廻りて止まざるところの、事實であつて、眞理であるものは、如是《ニヨゼ》で、這《シャ》で、此是《コレコ》の通りであるとの意である。

此是《コレコ》の通りであるとは、生滅起伏の現象世界が、其のまま、不生不滅の實在零體なりとの義である。實在零體の妙相妙用を、現象世界だと云ふのは、「神魔同几の我なり」との意で、說くべきの物無しと云ふに等しいのである。古老が、筆を投じて、「無《ム》」と叫び、又、筆を執つて、「無」と書いたところで、後人が、之を解說して、「無始無終非經非緯之珠也」と云つて居る。

圓か、方か、曲か、直か、稜か、線か、面か、點か、凹か、凸か、大か、小か、太か、細か、長か、短か、高か、卑か、正か、邪か、善か、惡か、明か、闇か、美か、醜か。それとも、精粗か、濃淡か、深淺か、遠近か、寒暑か、冷暖か。或は、濕潤か、乾燥か、甘酸か、硬軟か。試に、之等說明語の、有る限りを並《ナラ》べても、その、有る限りの言語文字は、必竟、生滅起伏の人間身裡を超出《イ》づるものではない。有る限りは、連環の端無きに似て、相互に關聯し、一塵一埃の末までも、決して單獨孤立するものは無いのである。

相互に連係して、絕ゆることなき萬有は、相互に自我を認め、彼我自他の見を懷いて居る。それを、そのまま、目では、色彩形態だと云ひ、耳では、音聲律呂だと呼んで居る。其の音聲律呂が、人間世界で、相互表現の活用を爲す時、之を、「詞《コトバ》」と呼ぶ。此の詞とは、私どもの日用語である。

ところで、辭書を披くと、古語とか、死語とか、方言とか、樣樣の區別を立てて居るが、神の詞と云ふ部類が有るか、どうか。宗教家の、眞言とか、祈禱の詞とか、神なる詞とか、言靈とか稱することも、專門の辭典には載せてあつても、甚事實と相違したもののみ多い。

人間世界に、「かみ」と云ふ詞の用ゐられたのは、何時からであらうか。今は、知る由も無いが、現在も日用語であり、種種樣樣の意味に使用されて居る。支那風の「神《シン》」と混同したり、基督教の「ゴット」とか、各國各地で、宇宙の主宰者と尊稱するに等しい意味に用ゐたり、又は、上《カミ》、頭《カミ》、長官《カミ》、守《カミ》、髪《カミ》、嚙《カミ》、雷《カミ》、神《カミ》、惡神《カミ》、善《カ》神《ミ》、魔《カミ》、赫身《カミ》、紙《カミ》、などと、甚多く廣く使用されて居る。之等多種多樣の「かみ」は、人間的約束として、各別の語義とされて居るが、音義としては、等しく、「かみ」以外ではない。それならば、其の音義とは何であるか。

聽覺の認めた一切を「音」と呼ぶ。此の音には、音自體に意義が有るのだと云ふのが、祖神垂示の音義觀である。其の音義の上から、「かみ」とは、何ういふ意義かと云へば、先づ、口を開いて、「か」と呼ぶ。次ぎには、その開きたる上下の齒を閉ぢ合せ、唇を開いて、「み」の音を出す。それで、「かみ」の二音一語は、開閉である。

開くは陽で、閉づるは陰で、此の二音は、明闇で、天地で、高低で、晝夜で、日月で、乾坤で、善惡で、正邪で、美醜で、凹凸で、賢愚でも、利鈍でも、貴賤でも、利害得失でも、出入往返でも、生滅起伏でもある。經《タテ》には、上下で、緯《ヌキ》には、前後左右で、經緯を兼ねては、内外本末で、一切合切だと云ふことになる。斯のやうに、相對し、或は、相反したる兩者の結合、或は對立、或は鬪爭等が、「かみ」であることは、近代的修飾を施さざる、素樸の「神觀」であり、また、神言靈としての、「かみ」の本義である。

「かみ」の語には、古來「神」の字を充當《ア》てて居る。同じく神を充當てたのに、「かむ」「かん」の二語がある。「かむ」の音義は、「かみ」よりも、閉づることの固きもので、「かん」と云へば、「かむ」の稍開かんとしたるもので、他の音を下に待つ意が有る。「かみ」「かむ」「かん」の三語には、共に神の字を用ゐ慣れては居るが、同一ではない。

「かみ」が、對立でもあり、合一でもあり、風波擾亂でもあり、靖寧和平でもあり、兩儀でもあり、太極でもあり、無限でもあり、限定でもあることを知る時、他國異邦の邪俗魔教に煩はされなかつた、神子天孫の「神觀」は、全全、此處に擧げた死生觀の歌と一致するので、「死生觀」卽「神觀」なのである。

開く音と、閉づる音との二音を合せた語《コトバ》は、數多く有るが、單に一音として、徹頭徹尾開く音は、「あ」であり、閉づる音は「ん」である。それ故、單に開閉の二音を合せて、神の意とするならば、「あ、ん《阿吽》」こそ適當なれと思はるるが、「かみ」は、偏倚するものでなく、極を示すものでもないから、「あ、ん」では、「かみ」には當らぬのである。

音を連ねて、語を成すのは固よりであるが、其の連りたる後の語は、單なる音としての意義とは必しも等しからず、或は相反することもある。一音一音が、單獨の音としてならば、語ではないと主張する學者も居るが、感嘆詞の如き單純で、技巧を加へないものは、發音そのままが詞と成つて、人と物と相互の間に、用を辨ずるのであるから、必しも、それを人間の詞でないとは云はれぬはずである。

人間世界の言語と云つても、一概に他と區別は出來ぬので、神界魔境六道十界と懸け離れたやうな境涯でも、其の中に挾まれて居れば、おのづから常に、各界との交渉が起る。それで、各界に出入もし、各界の詞も用ゐねばならぬことが有る。或人が鳥語を解するとか、亡魂幽靈と物語るとか云ふのも、其の故なのである。人と語るには、人の言《コトバ》でなければならず、鳥獸虫魚と交るには、鳥獸虫魚の詞が必要であり、黃泉魔境に入りては、魔言《マガゴト》でなければ解らない。「かみ」は、局限し給はずと聞けども、それすらも、「神言靈《カミノコトタマ》を稱へまつれよ」と教へ給ふのである。

神言靈《カミノコトタマ》は、人をして神界に入らしめ、人の世を神の代と成さしめ給ふので、死生解脱の津梁である。此の神言《カミノコト》靈《タマ》を標識として、事業を建設し、行藏を律するならば、自《オノヅカラ》大道の内に住することを悟《サト》るであろう。其の神言靈とは、神の御聲であつて、人の聲であるから、聲として拜みまつる神《カミ》である。それを、宇宙の事理としては、此是《コレコ》の通りだと云ふのである。此是《コレコ》の通りだと覩《サト》り得たのが、「死生觀」である。此の歌は、その意味を詠んだので、三十一音ではあるが、「さくはな」「いろ」「か」「ひと」「やま」の五語は、神言靈で、その各〻の一語だけでも、如是《ニヨゼ》の事理を教へて居るのである。

此うなると、話すことも、書くことも、或は蛇足と思はるるかもはかられぬ。が、亦或は、便宜を得ぬとも限らぬ。

神言靈と云ふと、或は、人間以外の不思議ででもあるかの如く聞かるるかも知れぬが、人間以外に、神の坐しますことは、未聞かぬのである。

人が、口を開いて「あ」と呼ぶ。此の一音は、存在する限りである。太極で、極大で、一切を開くもので、善悪美醜是非曲直正邪神魔の一切合切を發現するものである。故に、「あ」の一音が直に、「かみ」の義である。口を閉ぢて「ん」と云ふ。一切を攝理するもので、小極で、極底最下の一と呼ぶべきで、一ならざるの一である。有るかぎりを主宰し統治するものであるから、勿論、之も、此の一音だけでそのまま、「かみ」である。

此くの如き「かみ」を、神魔同几の天御鏡《アマノミカガミ》との意にて、「別天神《コトアマツカミ》」と呼ばれたことを、古典に傳へてある。それをまた、「神ならざるの神」とか、「神の祖《カミノミオヤ》」とか云ふ意味で、別に、「め」と云ふ詞で教へてある。「め」とは、繼ぎ目、合せ目、代り目、等の目であり、線無きの線で、點無きの點で、面無きの面で、《オトメト》であることを、支那人も教へて居る。之は、日《ヒ》の字源で、玉篇には、《ヒ》と書いてある。凸《メ》と凹《メ》とで、二柱御祖神と傳へられた「かみ」で、「きみ」で、生滅起伏の義である。

「あ」の一音も如是。「ん」の一音も如是。日本語の四十九音「ひ、ふ、み、よ、い、む、な、や、こ、と、も、ち、ろ、ら、ね、し、き、る、ゆ、ゐ、つ、わ、ぬ、そ、を、た、は、く、め、か、う、お、え、に、さ、り、へ、て、の、ま、す、あ、せ、ゑ、ほ、れ、け、ん《いうん》」は、悉皆、神魔同几の音である。其の音の連りて、語を成したる時、或は、一音のままにても一語と成りたる時、或は、其の音の濁り、又は詰り、或は延びて、日用語と成り、或は又、日用語と成らずとも、音の其のままにて、或は神《カミ》の言靈《コトタマ》であり、亦は魔《マガツビ》の魔言《マガゴト》であり、亦或は、神魔同几の音である等である。而して、神言靈とは、其のまま「かみ」にてましまし、魔の魔言とは、其のまま「まがつび」である。

今、此の意味で、此の歌詞《ウタ》を解說すれば、「さくはな」の四音一語の音義語意は、直に如是《ニヨゼ》の義である。「さくはな」の「さ」は、開き分るる音義で、古典に傳へたる、「狹霧《サギリ》」の「さ」であり、日用語としての、誘ふの「さ」で、笹の「さ」で、酒の「さ」で、妙音天皷であると共に、雷鳴角聲でもある。

如是き、表裏正反對の音義を有することは、連絡を斷ちたる單一の音の常である。上にも下にも繫がるところの無いので、ポツンと置かれた「點」のやうなものである。此のことは、前にも概括して述べたのであるが、なほ、講を進むるに從つて、明瞭《ハツキリ》させたいのである。

次ぎの「く」は、奇靈《クシビ》で、奇魂《クシミタマ》で、串の「く」で、天界、地底、神園、魔境を一貫するの音義である。「さく」と合せては、咲くで、開くで、開運發展で、剖判で、開闢で、古典に、「天成り《アメナ》地定まる《ツチサダ》」とか、「天地《アメツチ》と別けこし」とか傳へたると共に、裂くで、分るるで、分裂で、裁くで、裁判で、「最後の審判を受くるもの」で、「閻魔王の照魔鏡」前に立つもので、善と悪、美と醜、正と邪、樂と苦、明と闇、等の明瞭《ハッキリ》した、また、判別をつけられたと云ふことで、美しく咲き出で、樂しく歌ひさざめくとの兩義である。兩義だとは、表裏兩面から見た上の詞であつて、二にして、其の實は、一つであるところの「一語二音」の「さく」である。「は」は、舊事紀《クジキ》に傳へたる「葉國《ハクニ》」で、働くで、葉で、顯で、外に顯れたるもので、露出であり、派生である。「な」は、肴《ナ》で、魚《ナ》で、菜《ナ》で、名《ナ》で、汝《ナ》で、資料であると共に、調和したるもので、調和すべきもので、和《ナ》で、幸福《サチ》である。「はな」と合せては、花で、鼻で、海で、風で、空界で、速にして美しきものなりとの義である。古典には、消散するものであることを示して、「木花之佐久夜毘賣《コノハナノサクヤヒメ》は、國津神《クニツカミ》の弟媛にましまして、木の花の榮ゆるが如く、榮えます御德をたもちたまへども、御姉神石長比賣《イハナガヒメ》の、雨零《フ》り風吹くとも恒《トコシヘ》なる石《イハホ》の如く、常《トキ》はに、堅《カキ》はに、動ぎ無き御德を待つにあらざれば、木《コ》の花《ハナ》の阿摩比能微《アマヒノミ》」とある。「脆く儚き人生だ」と云ふ程の義で、生の樂しみたることのみを知り、繁榮を求むることのみを知りて、生を見るならば、其の生は、倏忽俄然、黑風旋裡に飜弄せられ、蒼溟水底に溺沒するに至るであらうと、古老の訓誡であり、宇宙の眞理であり、人間世界の歴史でもある。

以上の如き「さく」であり、「はな」であるところの、四音を合せたる一語としての「さくはな」とは、噴火山上抃舞の人なので、咲く花でもあり、開運繁榮でもあり、生産の妙用であり、また凋落消散でもあり、死者の解體でもある。「猿田毘古神《サダビコノカミ》が、海に引き落されて、阿和佐久《アリサク》時に、阿和佐久魂《アワサクミタマ》と謂《マヲ》した」と、古事記に載せて有るが、水に溺れて死ぬ様は、花の咲くやうであるとて、斯く名づけられたのであり、また、「死者を祭るには、華を以つてせよ」と、日本の古典にも、支那、印度、猶太、等をはじめ、各國各地の教典にも載せてあり、現在に及ぶまで、實行して居る。それから、古來、地獄と信ぜられた地底から、その火を噴出しつつある火山を祀るに、「一夜にして、御子をお生みなされた」と傳へられし、木花咲耶《コノハナサクヤ》比咩《ヒメ》の御名に依ることは、花《ハナ》と火《ヒ》と黄泉國《ヨミノクニ》とを、相通ずるものとした爲である。或は、木花咲耶《コノハナサクヤ》比賣神《ヒメノカミ》は、火も傷ひまつること能はざる御事蹟のましましたるに依りて、火山に奉祀せられたのでもある。それは、火を鎮むるの意で、火を司る神にてまします火神《ヒノカミ》なることを、畏みまつりし證左でもある。生産《ミコウミ》の神木花咲耶《コノハナサクヤ》比賣神《ヒメノカミ》が、黄泉國《ヨミノクニ》の火《ヒ》を司らるることに依つて、生産が直に死滅で、死滅とは、生産の資料で、生の裏の死で、死の裏の生で、生死とは、宇宙の表裏なので、生を離れたる死無く、死を離れたる生の無いことを、人人は知らねばならぬ。

生の外に死は無く、死の外に生は無い。此の事理を、「さくはな」の四音一語が教へて居る。

「いろ、か」とは、他を誘ひ導き引き寄する主體と、作用とを指したので、色であり、香である。その色香は、各箇體相應に、外面に現はるるので、善惡、美醜、正邪、等には關はることなく、箇體が、箇體としての存在を示すのであり、自我を主張するのでもある。「い」は、發語であり、五《イ》であり、出であり、升るで、正しきで、直きで、善美、正誠、神界築成との音義である。正義の璽《タマ》で、斬魔の劍で、固成の鏡である。「ろ」は、上の音に附隨して、其の音義を强むると共に、取り入れ、收納る《トリヲサム》音で、上の「い」に對しては、從僕として、忠實に用務を辨ずると共に、主從總體の資財寶物の類を、收納貯蓄する用をなすのであるが、亦、之を隱匿し横領するの意でもある。善か惡か、美か醜か、正か邪かと、思慮分別をするのではなく、右に左に、前に後に、萍の止るところ無きに似て、其の間に自己を養ひ、自我を忘れざるものとでも云はうか。「か」は、晃耀赫灼で、顯で、陽で、日で、凸出で、隆起で、堆きものであると共に、幽妙で、疑惑で、困迷で、陰濕で、陷沒で、凹地で、低劣で、一音に正反對の兩義を有するのである。言ひ換へると、忠臣と逆賊とが、一堂に立つたやうなもので、正論と邪說とが、等しく廟議に上つたやうなもので、神魔同几と呼ぶべきである。

「いろか」の三音を合せて、一語を構成するものではないが、「いろ」の一語と、「か」の一語とを連ねて、「いろ、か」と成すことは可能《デキルノ》で、此の二語は、隱顯、出沒、進退、躍動、浮游、流離、顚沛、等の義で、生で、滅で、往くで、來るで、必竟空で、「さくはな」で、「ちるはな」で、「大山津《オホヤマツ》見神《ミノカミ》の女《ムスメ》、木花咲耶《コノハナサクヤ》比賣《ヒメ》、木花知流《コノハナチル》比賣《ヒメ》」として、古典には、天皇命《スメラミコト》の祖神《ミオヤカミ》と、大國主《オホクニヌシ》の祖神《ミオヤカミ》とを別ち給へども、それは、共に、天津《アマツ》神《カミ》と國津《クニツ》神《カミ》との御子にてましますなれば、必竟するに、天界も地底も、亦唯、一几に在るなりとの義に外ならぬことを窺ひまつらるるのである。

「ひと」とは、箇體で、彼《カレ》に對しては此《コレ》で、此《コレ》に對しては彼《カレ》で、大小、長短、廣狹、厚薄、高卑の存在たる相對である。此の箇體と箇體とが、合ひては別れ、別れては合ひ、相愛し相憎み、褒めたり貶したり、作りたり壞したり、變化はしながらも、「やま」と云ふ球體の內を、遷轉往來するのみで、其の外に脫出することはないのである。「ひと」の「ひ」は、一《ヒ》で、靈《ヒ》で、日《ヒ》で、火《ヒ》で、魂《ヒ》で、氷《ヒ》で、樋《ヒ》で、陽《ヒ》で、零《ヒ》で、極大で、極小で、極無極で、限無限で、存在する限りで、實在で、內外、表裏、陰陽、明闇、天地、凹凸で、無でもあり有でもあるの〇《ヒ》で、無始無終、非經非緯の球《タマ》である。「と」とは、止《トドマ》るで、地底で、取るで、奪ふであると共に、止《トド》むるで、養育し、保護し、安立せしむるもので、十《ト》としては滿數で、「ひ」の一に等しくして、唯、位置を異にするのみである。「ひ」の位置は、無際無限で、位置無きの位置であるが、「と」の位置は、圓滿具足であるから、中心であり、四維上下を貫きたるの「點」である。故に、「ひと」と合せては、無限大にして、無始終にして、形狀、色彩、音聲、等の知り得べからざる「ひ」を、「と」の一點に結び止め、統べ治めたので、此こに初めて、空間を生じ、時間が定まるのである。此の「ひと」とは、仰ぎ見る大虚空《オホミソラ》で、伏して聞く鹽沫《シホナワ》の囂《サヤ》ぎで、我で、物で、「さくはな」の「いろ、か」を、尋ね求め戀ひ慕ひ、或は、厭ひ嫌ひ逃げ隠れつつ、旋轉出沒、起伏往來するものである。其の様を形容して、眺望《ナガメ》遥に、雲烟搖曳《タナビ》き、何處をそれとも分らぬ如き、旅の空を、辿り辿つて居るよ。と云つたので、山又山を廻り廻りて、谷又谷を渡り渡りて、花に歌ひ、雨にそぼち、月に吟じ、雪に難み、苦樂交錯、悲喜紛糾、紅顔と白頭と、生死遷轉、明日《アス》をば待たぬ命運《サダメ》である。之を命《ミコト》と呼ぶので、天命で、人爲で、如是《ニヨゼ》であり、這箇《シヤ》であると、古老は教へられたのである。

「やま」の「や」は、弓矢の「や」で、高木神《タカキノカミ》の祕事《ヒメカミワザ》として、古事記、日本紀、等に傳へられて、「極」を示す言《コトバ》である。此の「や」を、五十音圖としては、「あ列」で、「や行」で、「あ」を母音としてあるが、「や」の音を引けば、「あ」の韻は有つても、それは、引くから開くので、「あ」を母音とも祖音ともして居るのではない。本來、音を延べたり詰めたりして、音義を彼此云ふのは、人間身の便宜ではあるが、各音の本義は、延べも引きも詰めもせぬところにあるので、詰めれば此うなるからとか、引けば此うだからとか云ふのは、變化し得る性質を知るには必要でも、變化した後には、既に別義の音である。音義を論ずるもの、殊に、神言靈《カミノコトタマ》を得んとする人は、特に此處に留意せねばならぬ。「やま」の「や」が、弓矢の「や」だと云ふのも、本義の上から論ずるので、下には「ま」が連る。けれども、上に連る音は無いので、「やァま」でも、「やンま」でもない。「やま」である。

延べも引きも詰めもせぬ「や」で、如斯「や」は、ポツンと一點を置いたやうな音である。過去も無く將來も無き一點で、勿論、長さも幅も重さも無い。それで、零で、空で、時間も空間も、質も量も、包括して餘すところの無いので、古典には、「穴」と傳へてある。「穴」は「孔」で、「め」と訓む。古典に、「吾《ア》が身は、成り成りて、成り合はざる處一處在り《ヒトトコロ》」と云へる陰《メ》で、「我《ア》が身は、成り成りて、成り餘れる處一處在り《ヒトトコロ》」と云へる陽《メ》である。成り合はざるも「め」。成り餘れるも「め」。之を圖解すれば、凹《メ》で、凸《メ》で、⿻凹凸《ヒ》である。分れては、凹凸《メトメト》で、合ひては、⿻凹凸《ヒト》である。「高木神《タカキノカミ》が、其の矢を取り、其の矢の穴より、衝返し下したれば、天若日子の、高胸の坂に中りて、死《ミウセ》はてられた」とあるのも、此の「穴《メ》」で、日神《ヒノカミ》の御座《ミモト》で、高木神の弓矢で、「やま」の「や」と等しき「め」で、點である。「ま」は、眞《マ》で、圓《マ》で、球《マ》で、滿足《マ》で、天《マ》で、天地《マ》で、兩儀《マ》で、太極《マ》で、○《フ》と圖示すべきで、「天《アマ》饒饒國饒饒天《アマ》津彦彦火瓊瓊杵尊」と白しまつる「ま」で、圓滿具足の義である。それで、「やま」の二音一語は、點有るの零で、「ま」の◎《フ》に、「や」の點を認めたので、⊙《ミ》と圖示して、箇體成立の義である。それは、大宇大宙の○《ヒ》が、○《ヒ》のままに、◎《フ》であり、◎《フ》とは、二つであるから、重點が有るので、そのまま、⊙《ミ》であるのが、事實であり、眞理であるとの義で、その⊙《ミ》には、重點の表と裏とが有るので、そのまま、⌾《ヨ》である。で、此の箇體は、單なる箇體としてならば、善惡邪正是非曲直も、天地高卑明闇顯幽も、生死起滅進退出沒も、神界魔境も、淨土地獄も、一切合切を總括したる存在である。其の一切合切を總括したる存在を、箇體たる人間身から見れば、出沒遷轉で、生滅起伏で、箇體でもあり、箇體破壞でもあり、生産でもあり、消費でもある。言《コトバ》は別であるが、「さくはな」も、「いろ、か」も、「ひと」も、「やま」も、等しく、宇宙成壞の事理を教へたる神言靈《カミノコトタマ》で、生死《イキシニ》と云ふも同じことである。

「咲く花の、色香尋ねて、人ぞ寄る。眺め遙けき、山を廻りて」と云ふやうに、漢字を當てると、此の歌の半面は分るが、漢字の意味に囚はれると、全面を知ることが出來なくなる。前に述べたやうな音義としての、「さくはな」で、「いろ、か」で、「ひと」で、「やま」で、それを繋ぐに、現代の日用語を用ゐた、「さくはなの、いろか尋ねて、ひとぞ寄る。眺望《ナガメ》遙けき、やまを廻りて」の三十一音と知れば、更に、複雑多様の事理が察せられて、「死生觀」の語と同一義理だと知らるるのである。

然れども、「さくはな」が、死者の解體で、其の色香を慕ひ求めて、人の寄ると云ふことは、今少し、說明を加へねばなるまい。

兎角、人間身は、人間身に囚はれて、事物を觀察し、眞理を探究しようとする傾向が有りがちである。その爲に、誤解謬見に陥ることが多い。之は、どうしても避けねばならぬ。古典を披くと、「大宜津比賣神《オホゲツヒメノカミ》の殺された身が、蠶、稻、粟、小豆、麥、大豆、等に成られた」とある。それを種子とし、衣食の料として、古も今も、私共人類は生活して居る。また、「迦具土神《カグツチノカミ》が、頸を斬られて、多くの神と成られた」とあるが、その中の建御雷《タケミカヅチノ》神《カミ》は、中國平定に大功が有り、今も、鹿嶋神宮と奉祀せられて、御神業を建てさせ給ひつつ坐《マシマ》すのである。之は共に、死者の解體が、神とも成り、物とも成り、世を護り、人を養ひ、神と仰がせ、物資と歡ばせつつあることを教へられた例である。更に、手近な事を觀察《ミ》るならば、日常の食膳に供せらるる五穀、蔬菜、魚鳥、羊豚の類の解體するのを、人類は攝取して、舌皷を打つとも云ふ。他の動植物相互も、また、それと等しきことを、日日夜夜、過去も現在も、繰返しつつある。將來も、また必、然うであらう。之を言ひ換へると、人も物も、萬有も、「さくはな」の色彩形狀や、薫香芳芬や、乃至、滋養分の豐富なとか、勞働力の强大なとか、或は、强大でも豐富でも善美でもなくとも、我が用を爲すものをば、之を喜び、之を愛し、之を求めて、我が有《モノ》と成さんとし、亦或は、我を其の中に沒入せんと願悃希求するにも到るので、相互に資料と成り、相互に主體と成り、相互に出入往返しつつ、相互の幸福を增進し、亦或は、相互に爭奪し苦悶することも有るのが、相互に對立して居ると思ふものの常である。けれども、相互に、對立を忘れて、眺め遙けき「やま」であるところの「球體」を悟證するときは、一圓光明の赫灼たるのみであるとの義である。それで、此の歌が、死生觀の歌なのである。なほ重ねて云ふならば、「死生觀」とは、生と死と、死と生と、移り變り、廻り廻るところの、其の事實と、其の眞理と、其の事實と眞理との、不二で、不一であることを、完全に悟證し得た、理論の上でも實行の上でも、信仰と成つたと云ふ言《コトバ》である。此の場合、「觀」と言ふ字が、五官的に、目に見て、さうして、大宇大宙の事理を、心に悟り、身に體し得た、と云ふに適當なのである。それは、見聞覺知と、更に、體得悟證との義理を有《モ》つからである。

云ふまでもなく、人の五官の中では、見ることが、事理を知るには、最大切な役目を爲て居る。故に、事理を悟るには、先《マヅ》、見ることから入《ハイ》る順序を採るのである。また、「死生」と書いて、「生死」とせぬのは、此の書が、身魂齋《ミタママツリ》の能理斗《ノリト》であるからなので、死が直に生である事理を教ふべき目的を有するが爲である。死に直面して、初めて、人は、「生とは何か」との悟りの便宜を得るのであり、又、人間身として、大道《ミチ》を悟證《サト》るには、大小、長短、廣狹、厚薄、濃淡、高低、深淺、遠近、精粗、等の、差別相を蟬脫するところの、死から入《ハイ》る方が容易なのでもある。その上、事實として、人の出生するのは、死と呼ぶところの「すり」即、「破壞」が有つて、其の後に起るのである。故に、「死生」と云はねばならぬ順序である。之が、此の書を「生死觀」とは名づけなかつた所以である。

「完」とは、之で纏つて居るとの意味である。死生の觀《サトリ》を、完全に説示した、又、完全に悟證し得た證左《シルシ》である、と云ふので、書物としても、一部に備はつて居るのだとの義である。

以上　第一章　完

第二章　出入往返

此の書は、徹頭徹尾、死生の事理を解くのである。死生は、本來、我が事であるから、同一説明を繰返し繰返すやうに成りがちである。我自身の事であるから、假令、一言だけでも、聞く人に依つては、直に、悟證の便宜を得て、餘りある程でもあり、若又、千萬言を費しても、その人でなければ、耳には止らぬのである。それ故に、此の原本は、極めて簡潔にと心挂けたので、序文も、僅に五十七字と、三十一音歌二首とのみである。

『人間身裡日月運行《ニンゲンシンリジツゲツウンカウス》。』

人の身は、日と月との、行き運り、遷り變るのである。「人間身」とは、我《ワレ》と彼《カレ》と、此《コレ》と幵《ソレ》と、人《ヒト》と物《モノ》と、神《カミ》と魔《マガツビ》と、と云ふやうに、別け隔てをする箇體を指すので、佛教に云ふ所の、六道輪廻の肉塊である。此の肉塊の裡《ウチ》を、日と月とが運り運つて居る。此の肉塊が、即、日と月とである。日と月との結び結ばれたのが、此の人間身である。「日」とは、「□□《ヒトヒト》」の合体であるから、二つの光で、「月」とは、「夕《メ》」と書くので、怪奇の妖魔である。如此物が、人間身であるから。

『神人來教云鹽土翁《シンジンキタリヲシヘテイハクシホツチノオヂナリト》。』

神は、人の身を造り、亦、人の身を壞《ヤブ》り、日とも成し、月とも成し、神の國とも、魔《マガツビ》の家《ヤド》とも成すので、それを、鹽土翁《シホツチノオチ》と呼ぶのである。

其の、「しほつちのおぢ」とは、「囝袁呂囝袁呂《コヲロコヲロ》」と「畫鳴《カキナス》」ところの、⊔《メヲ》と呼ぶもので、凹凸《メトメト》で、日《ヒ》で、☾《ツキ》で、明《ヒツキ》で、⊙《ヒメ》で、二にして一、一にして二、二にして二にあらず、一にして一にあらざる「かみ」である。

「かみ」の造りたる、人の身は、「かみ」の導き給ふが故に、或時は、天津日《アマツヒ》の裡に住み、又或時は、夜食國《ヨノヲスクニ》にも遊ぶのである。

『一旦忽然遊于大明《イツタンコツネントシテタイメイニアソビ》。』

『一夕俄然入于大月《イツセキガゼンタイゲツニイル》。』

此の、「かみ」は、人を造り、物を造り、人を壞《コハ》し、物を破り、變轉遷回して止まぬのである。如此く、怪奇異靈なる、「かみ」の造りたるものは、また、怪奇異靈なる、「かみ」でなければならぬ。「人間身」とは、亦此の、「かみ」にほかならぬので、太陽の世界にも、大月の國にも、天上にも、地底にも、神界にも、魔境にも、出入往來するのである。

或時、「かみ」の教ふるがままに、月讀命《ツキヨミノミコト》の知ろしめす、夜食國《ヨノヲスクニ》に往きしに、其の國の主《アルジ》は、いと怪しげで、便り無き老いの身であつた。怪異の老漢は、怪光を放ち、人間身を誡めて曰ふのには、

人の生みたる、人の子は、過ぎ來し事を忘れ、やがて來らん事をも知らぬのである。まことに、汝等は、地底の火《ヒ》である。根の國《ネノクニ》、底の國《ソコノクニ》の塵《チリ》である。黄泉戸《ヨミドフ》吹く。醜女《シコメ》の息吹《イキ》の凝りて成れる埃《ホコリ》である。惘むべきものであ

るよ。汝等人の子は。と。

けれども、それは、總べての物と云ふ物が、悉皆《コトゴトクミナ》、然うなのである。

否とよ。禍津毘《マガツビ》は、人間身を、禍津毘《マガツビ》だと云ふけれどもが、日神《カミ》は、人間身とは、「神人《カミノヒト》」であると、教へたまふのである。あなかしこ。人《ヒト》も物《モ》も、萬類萬物《ヨロヅノモノモ》、皆悉《スベテ》、日月《ヒトツキト》であるのである。

『大月教之曰《タイゲツヲシヘテノタマハク》。人者日《ニンシヤヒ》止《ト》而《ニ》火人也《クワジンヤ》。』

『大明笑曰《タイメイワラフテノタマハク》。人天萬類亦復然矣《ニンテンバンルヰマタマタシカナリ》。』

まことに、此の身が、直ちに、日であり、又、月である。日と月とが、廻り廻り、會ひては別れ、別れては會ひつつ、出來ては壞れ、壞れては出來て、遷り變り、流れ行くのである。それは、鹽土翁《シホツチノオヂ》の造るところであり、造られたるものも、またまた、鹽土翁《シホツチノオヂ》にほかならぬのである。不思議なやうであるが、鹽土翁の爲すままに、どうにでも變化してゆくものである。と云ふのは、我が思ふままに、我が作すままに、成りつつ、成されつつあるのである。善も惡も、美も醜も、正も邪も、我が蒔きし種子の生へ出で、成育しつつあるのである。と共に、神の與へ給ひ、爲さしめ給ひつつあるのである。我の在るのは、神の在るので、神の爲し給ふは、我が成すところで、一擧手も、一投足も、神の御力でなければ、動くことは無いのである。善も惡も、美も醜も、正も邪も。

世人は、或は、神とは、全智全能であるとか、正善美であるとか、想像し、獨斷するかもはかられぬ。然しながら、日本の古典にしても、他國の教典にしても、神《カミ》とは、宇宙の外にありて、宇宙を創造し、破壞しつつ、止むことがないのだ、と傳へてある。宇宙の外と云ふと、短見なる俗人は、宇宙とは、在るかぎりだから、宇宙の外と云ふものの有りやうがないなぞと云ふ。之は、とんだ誤解で、神は、宇宙の外に在りて、宇宙を造り、また壊すと云ふのは、宇宙と呼ぶ箇體は、箇體を成さざる零《ヒ》が、創造し破壊するところであるとの義である。此の、零《ヒ》と呼ぶところの神を、「しほつちのおぢ」と傳へ來つたのである。此の「しほつちのおぢ」の結ばれたる、箇體であるところの、人間身であるから、或時は、太陽世界にも行き、又或時には、月の國にも遊ぶ。天界にも、地底にも、自由自在に、出入往還しつつあるのである。と共に、日も月も、また常に、來往しつつ、宇宙の成壊する事理を知らしめて居る。と云ふよりは、相互に創造しつつ、相互に破壊しつつ、出没遷轉することが、宇宙の事理であつて、如是《コレコノトホリ》だと、太陰が垂示し、太陽が證明して居る。との意である。

それで、支那人が、人《ニン》と書いて、それは、陰と陽とが合体して、相續するところの怪物であると、卑しめて居る。日本では、日神《ヒノカミ》のお生みになられた、神の子であり、天孫であると信じ、日《ヒ》と稱へまつる神が、一定の期間、一定の地域に、一定の相《スガタ》をして、一定の活動をするから、日止《ヒト》と呼ぶのだと教へて居る。印度とか、猶太などでは、火の中に、火の上に、苦しみ悩みつつ、遂に、火に燒かれ行く生物が、人類だと、嘆息して居るのである。

此のやうに、人《ニン》、日止《ヒト》、火人《クワジン》、と分けて云へば、ひどく、別のやうに聞かるるが、實は、此の三つとも、共通なので、人《ニン》でもあり、日止《ヒト》でもあり、火人《クワジン》でもあり、さうして、支那風にも成り、日本風にも成り、猶太風にも成り、天上にも升り、地底にも沈み、神界にも遊び、魔境にも墮るのが、人間身である。

けれども、神《カミ》は、人間身を愛護せんとして、神言靈《カミノコトタマ》を授け給ひ、神事《カミノカミワザ》を教へ給ふのであり、魔《マガツヒ》は、人間身を啖《クラ》はんとして、魔言《マガゴト》を教へ、邪悪醜陋の魔行を勸むるのである。其の、神業《カミノカミワザ》は、「固成」であり、魔業《マガツヒノマガゴト》は、「修理《スリ》」である。古語に、「修理《スリ》」と云へるは、魔業であり、「固成《カタメナス》」とは、神業である。神業と魔業とは、一見、正反對であるから、まるで、別のやうに思はれ易いが、之を、創造と、破壞とであると云へば、相互に、表裏を成すので、分離することの不能な理《デキヌワケ》を、誰でも、容易に認むるであらう。

人間身は、斷えず、破壞せられつつ、創造せられつつ、破壞しつつ、創造しつつ、遷り變つて居るので、之を、「修理固成《スリカタメナスナル》・天沼矛《アマノヌホコ》」と、古典に傳へたのは、「鹽土翁《シホツチノオヂ》」と云ふに等しき、神言靈《カミノコトタマ》である。此の、「しほつちのおぢ」とか、「すりかためなすなるあまのぬほこ」とか稱へまつる神言靈《カミノコトタマ》を、別の言《コトバ》で説明したのが、次ぎの歌である。

『山里は冬こそよけれ人目枯れ神の聲のみ充ちにぞ滿ちたる。』

此の支那文字は、ただの當て字で、殆んど、別の意味が多いのである。で、寧ロ、音標文字を用ゐた方が可かつたかも知れぬ。唯、漢字を假借すると、人の記憶には殘り易いかと思ふ。

「山里」とは、山間の部落と言ふのではなく、「やまざと」で、その、「やま」とは、前に述べた「やま」の義で、「ざ」とは、分散また分散する「狹霧《サギリ》」で、「と」とは、其の狹霧の止まる義である。日本の古典には、「宇《ウ》氣比《ケヒ》して、天眞井《アマノマナヰ》に振り滌《スス》ぎ、佐賀美爾迦美《サガミニカミ》て、吹棄《フキウ》つる氣吹《イブキ》の狹霧《サギリ》に成りませる神《カミ》」とある。その、氣吹《イブキ》で、狹霧《サギリ》であるから、「やまざと」とは、極大極小《ハテナクカ》、極無極の日《ギリナキノヒ》を呼ぶので、「神《カミ》」である。それは、純一不可分の零《ヒ》と云ふこともできるのであるが、古典には、「日神《ヒノカミ》」と稱へまつりて、二柱で、三柱で、一柱で、一神で、獨神で、純男で、罔象女で、非經非緯、無始無終、無際無涯で、無であつて、此是《コレコ》の通りなのである、と云ふやうに記されてある。之を、明瞭《ハツキリト》に體得《サトル》するのが、「死生觀」であり、其の方便にもと、老婆の心になつて話したのが、此の書と成つたのである。「冬」とは、季節の冬ではなく、神の言靈としての「布由《フユ》」である。「布由」とは、

「かみのみふゆ」で、幸幸《サチサチ》である。「冬藏」と、古人の云つたやうに、寳庫で、收納で、貯蓄で、充滿で、具足で、圓成で、乾道で、つまり、純男である。ですから、完全圓滿の箇體で、國常立《クニノトコタチ》と稱ふるのである。

「やまざとは、ふゆこそよけれ。ひとめかれ、かみのこゑのみ、みちにぞみちたる。」「やまざと」たる「神《カミ》」は、圓滿具足の箇體である。天《アメ》の成り成り、地《ツチ》の定りて、其の中に生《ア》れませる神聖《カミ》、卽、國常立尊《クニトコタチノミコト》にてましますのであるよ。「ひとめかれ」とは、神聖《カミ》である。神聖《カミ》とは、陽《ヒ》である。陰《メ》である。その、陽《ヒ》と陰《メ》との、團成《ナリナリ》たる宇宙である。之を、國常立尊と稱へまつるのであるとは、日本書紀の神傳である。「かれ」とは、赫灼《カガヤケリ》たりとの義である。「かみのこゑ」とは、神の聲で、一音響である。「みち」は、道である。「みちにぞみちたる」とは、「道に道たり」で、大道は昭昭として、如是《コレコノトホリナリ》なりとの義である。が、然しながら、大道を悟證するには、紛紛たる人界を、暫時忘却するを、便宜なりとするのであるからとて、

「山里は、冬こそ好けれ。人目枯れ、神の聲のみ、充ちにぞ滿ちたる。」に依つて、之是《コレハコレ》、大道悟證の淨地靈境であることよ。と云ふので、此の、假借したる漢字も、また、一義を說明して居るのでもある。之と同じく、

『ふるさとは夏こそ嬉し草も木もみどり色濃くかげのしげれば。』

と書いた漢字も、此の歌の、一義だけは表現して居るので、記憶の便宜にもなるし、神言靈《カミノコトタマ》は、其の意味を知らずとも、口に誦みさへすれば、それが直に神であるから、此の土、此の身、此の事を、神國、神人、神業とする妙用があるので、少しでも多く、人に傳へ、世に貽したいと願ふのである。此の「ふるさと」とは、故鄕ではあるが、人間身出生以前の故鄕である。人間身出生以前の故鄕は、母胎で、神界で、淨池で、樂土で、日本の古典には、「淡路《アハヂ》」と傳へてある。「淡路《アハヂ》を胞《エ》として、御子生み給ふ」とあるのが、それである。八功德の水を湛へ

たる天池で、天の水と、地の水との、未分れざる零界である。其の形は、球形であるとは、神の祕言《ヒメコトバ》である。球形で零だとは、「やまざと」の歌で説明したと同じく、純一不可分の零《ヒ》と呼ぶのである。之は、數理としての零であるから、數ならざるの數で、數以上の數で、計算には上らぬのであるが、之無ければ、計算し得ざるところの、「位置」なのである。此の「位置」存るに依りて、はじめて、數學は成り立つ。箇體と云ふ箇體、一切の箇體は、此の零から生れ出づるのである。あなかしこ。之を、「かみ」と、人間世界にては稱へまつるのである。過去にあらず、將來にあらず、現在にあらずして、過今來をあらはすの主體であり、妙用である。限にあらず、無限にあらず。方處を絕して、方處を現はし、始終無くして、始終を示す。有にあらず、無にあらずして、實在するは、「かみ」にてましますのである。

此の神界を出でて、彼の神界を顧れば、漠として夢よりも淡し。「夏こそ」と云へる「なつ」は、生成化育の義で。今、我來りて人間に在り。人間に生れて、故鄕《フルサト》たる神界《カミノヨ》を顧れば、一草一木は固より、一塵一埃に至るまでも、神界《カミノヨ》を離れて存在するものとてはない。草も木も、我が大君の國《ミスガタ》であるよ。「わがおほきみ」と稱へまつる「神《カミ》」の御德《ミノリ》のままにして、よろづのものは、生ひ茂り、榮え行くのである。「嬉し」は、「熟《ウレ》し」であり、生熟で、歡喜で、極樂界である。「みどり」は、綠色であり、綠雨であり、潤澤であり、慈愛であり、神德である。「ふるさとは、なつこそうれし。くさもきも、みどりいろこく、かげのしげれば。」此の世が、神の代であることを知り、樂園であることを悟るものは、此の身が、すぐに、神の身で、神の人で、神であることの事實を顯《アラ》彰《ハ》さねばならぬと、神の訓誡したまへる意味が、裏に潜んで居るのである。便宜に隨つて、說明の語《コトバ》を變へたのではあるが、二首の三十一音歌も、五十七字の語も、約めては、「いきしに」であり、「いのち」であり、「いき」

であり、「しに」であり、「い」である。之を、舊事紀に傳へて、「いきしにほ」と記して居る。
「神の事は、神に問へ」と、古老は教へたが、其の、神のことを、最簡易に傳へたのは、神語《カミコトバ》で、神名《カミノミナ》で、神《コト》音《タマ》である。

言《コトバ》とは、人間身の活《ハタラ》きで、其の活《ハタラキ》を、耳が認めた範圍である。神《カミ》の教へたまひし言《コトバ》を、神言靈《カミノコトタマ》とも、單に、言靈《コトタマ》とも云ふので、「言靈《コトタマ》の幸《サチ》ある國」と、古老の傳へたのは、神國との義である。けれども、中古以來、國學が衰へた爲に、高名の學者でも、「ことたま」の語義を忘れて、詞には、魂が有るから言靈と云ふとか、詞は魂であるから言靈なのだとか、或は、「ことたま」と云ふも、「ことだま」と呼ぶも、發音の便宜に依るので、其の意義に異別は無いとか、各自に、勝手な解說を發表して居る。之等を見ると、學者とは、世俗を迷はし、後世を毒するものの異名かと慨嘆さるるばかりである。

「ことたま」と淸んで稱ふるのは、神言《カミコトバ》で、「ことだま」と濁れば、魔言《マガゴト》である。それは、禍津比《マガツヒ》と淸音なのは、神業を成就せんが爲の方便としての破壞で、神兵、義軍の類であるが、禍津毘《マガツビ》と濁音なのは、神業を妨害し、破壞せんとする邪惡醜陋の魔軍賊兵であるのと等しき詞遣ひである。

音の淸濁に依つて、吉凶禍福を占判する神事を、武藏の占部であつた阿留多伎《アルタキ》家には、今、現に傳承して居る。

さて、其の魔言《マガゴト》であるところの「ことだま」も、神國築成の方便として用ゐらるる時は、神言《カミコトバ》としての妙德を現ずるので、大祓詞に載せられたる、雜雜罪《クサグサノツミ》の如き魔言《マガゴト》も、妖魔調伏の爲には必要なのである。世に、「毒を以つて毒を制す」と云ふ詞がある。まことに、妖魔《マガツビ》でなければ、妖魔《マガツビ》のことは分らず、幽鬼《バケダマ》でなくては、幽鬼《バケダマ》のことは、明瞭《ハツキリ》と知ることが不能《デキヌノ》である。であるから、天魔、地妖、亡魂、幽靈の類を教ふるには、天魔、地妖、亡魂、幽靈の詞を用ゐねばならず、鳥獸、虫魚、草木、山川、風雨、雲雷の類を導くには、亦、鳥獸、虫魚、草木、山川、風雨、雲雷、等の詞を用ゐねばならぬのである。日本書紀には、「高皇産靈尊《タカミムスヒノミコト》が、多くの神に勅して詔ふには、葦原中國《アシハラナカツクニ》は、巖石、樹木、草葉の類までも、擾がしく言ひ爭ふので、夜は熛煙《ホベ》のやうで、晝は蒼蠅《サバヘ》のやうにうるさい」と記し、延喜式の祝詞《ノリト》には、「騷いて居た巖石草木をも、言ひ爭ふことを止めさせて」と載せてある。それと共に、日本書紀、古事記、舊事紀、風土記、等には、多くの魔言《マガゴト》が記され、魔行《マガワザ》が載せられてある。それは、單に記載されてあると云ふのみではなく、之を教へられてあるので、「赤海鯽魚《タヒ》の喉から、鈎《ツリバリ》を探り出して、之を清洗《スマ》し、火遠理命《ホヲリノミコト》に奉る時。綿津見大神《ワタツミノカミ》が、誨へて云はるるには、此の鈎は、淤煩鈎《オボチ》、須須鈎《ススヂ》、貧鈎《マヂチ》、宇流鈎《ウルヂ》、と云ひて、後手に、其の兄《イロセ》に賜ひませ。さうして、其の兄《イロセ》が、高田《アゲタ》を作るならば、汝命《ナガミコト》は、下田《クボタ》を營《ツク》り、其の兄《イロセ》が、下田《クボタ》を作るならば、汝命《ナガミコト》は、高田《アゲタ》を營《ツク》り給へ。然らば、吾は、水を掌るにより、三年の間に、必、其の兄《イロセ》は、貧窮になるであらう」と、古事記の傳へたのは、魔言《マガゴト》と魔行《マガワザ》とを、火遠理命《ホヲノミコト》が、綿津見大神《ワタツミノカミ》から教へられたので、「備《ツブサ》に、海神《ワタノカミ》の教言《ヲシエシコト》の如くにして、其の鈎を與へたまひき」と記し、其の兄《イロセ》は、遂に、「今より以後《ノチ》、汝命《ナガミコト》の晝夜守護人《ヨルヒルノマモリビト》と爲りて、仕奉らん」と、弟命《オトミコト》に哀憐《アハレミ》を乞ふに到つたのである。之は、一例として擧げたまでであるが、言靈《コトタマ》の神威を傳へて、最嚴烈な記事は、雄略天皇が、葛城山に行幸なされた時に、葛城主神《カツラギヌシノカミ》が、「吾《ア》は、惡事《マガゴト》も一言《ヒトコト》、善事《ヨゴト》も一言《ヒトコト》、言離《コトサカ》の神《カミ》、葛城之一言主之大神《カツラギノヒトコトヌシノカミ》である」と、名告りたまひて、宇都志意美《ウツシオミ》を現された事である。之を、前に擧げた「や」の祕事《ヒメカミワザ》となすので、「須佐能男命《スサノヲノミコト》が、鳴鏑《ナリカブラ》を大野の中に射入れて、葦原色許男《アシハラシコヲ》に、その矢《ヤ》を採らしめ、其の野を燒き廻らしたる時、火の中を踏みて、求め得たる矢《ヤ》」なので、「高木神《タカキノカミ》が、天若日子《アメワカヒコ》に與へて、葦原中國《アシハラノナカツクニ》を言趣和《コトムケヤハ》さしめた矢《ヤ》」なので、其の矢《ヤ》は、長さも無く、幅も無く、唯、位置のみ存るところの、「點《テン》」である。之を、「極」と云ふので、人間身としての計算には上らないけれどもが、總べての基準を示して、一切のものの位置を得せしむるので、古事記の巻頭に、「天地《アメツチ》と初發《ヒラ》けたる時《トキ》、高天原《タカマノハラ》に成りませる神《カミ》は、天之御中主神《アメノミナカヌシノカミ》と白《マヲ》したまふ」とあるところで、神名《カミノミナ》としては、「あめのみなかぬしのかみ」であるが、其の神徳《カミノミノリ》を顯しては、高木神《タカキノカミ》にてましますから、隠身《カクリミ》にてはましまさぬのである。卽、宇都志意美《ウツシオミ》のましますので、産靈《ムスビ》産魂《ムスビ》たる玉緒《タマノヲ》である。その玉緒《タマノヲ》の結ばれぬのを「零《ヒ》」と呼ぶので、無始無終で、無際無涯で、無朕無象で、無形無聲で、無である。無であるところの「零」。之を基準とするが故に、萬類萬物は、相容れて悖ることなく、相互に爭奪するを要せぬのである。

此處に、人天萬類の安心立命が存り、相互幸福の大道が存り、晃耀赫灼たる神光を仰ぎまつるのである。あなかしこ。清《ス》み澄《ス》みて明《ス》み切りたるは、「神《カミ》」にてましますなり。人皆は、神《カミ》の代《ヨ》の神言靈《カミノコトタマ》を稱へ奉りつつ、人を率ゐ、世を導きて、共に與に、神國築成の大業を成就すべきである。

以上　第二章　完

第三章　生死遷流

『生　死　遷　流』

之から本文である。書名は「死生觀」であるが、其の死生の悟證を得べき我《ワレ》は、今現に生きて居る。生きて居ると認識して居る。故に、先《マヅ》、生《セイ》から說き起すのである。

傳へて云ふ。悉達多太子は、城門を出でて、生老病死の苦惱を目睹し、死生解脱の志を起させ給へりと。常無常。變轉出沒。生、果して生か。死、果して死か。

「生死遷流」の四字は、熟字のやうであるが、生死は、卽、遷流なので、同じことを繰返したのである。で、其の一つが判明《ワカ》れば、生の一字でも足り、死の一字でも澤山なので、また、遷の一字にも、流の一字にも、盡きて居るのである。それ故に、四字の中の、どの一字でも、それだけで、事は足りるのである。けれども、可哀《アハレ》や。人間身には、それが判明《ワカ》らない。で、だんだんと蛇足を加へて行く。蛇足だから、益々邪魔が殖えて、愈々分らなくなる。それでも、何か色色と聞きたがる。話したがる。一字で充分なのに、二字にする、三字に殖やす、遂に、四字にして、「生死遷流」と並べたのである。それを、又更に、衍べ廣げて、悟證の方便かと思ふのである。が、果して、便宜を得るか何うか。

「生死遷流」。生きて居るものが死に、死に往くものが、また生れ來る。か、どうかは分らずとも、世には、生が有り、死が有り、死が有り、生が有る。遷り變り、更り代りつつ、流れ流れて、止まるところを知らぬ有様である。それが、見る通りの狀態である。此の變化は、どう云ふ內容であるのか。生れ生れて、孰《イヅレ》より來るのか。死に死にて、何れに往くのか。流れ流れて、何處に流れ着くのであるか。遷り變りて、止まるところは無いのか。噫。此の人身、果して孰れより來り、何れに往くのか。

『**人身孰れよりか來る。之れを問へども答へず。**』

來るものが、生なのか。去るものが、死なのか。死と呼び、生と名づくるが、其の、生と死とは、果して何《ド》れだけの異別が有るのであらうか。

『死者何處にか往く。之れを聞けども知らず。』

人は皆、生れて來た。過去の人は、皆等しく死し去つたのである。現在の我等も、亦必、死ぬであらう。斯の如く、生と死とは、人間身は固より、一切の生物が、經過しつつある事實である。自己の經過しつつある事なのに、どうして、それが明瞭《ハッキリ》せぬのであらうか。自己のことを自己が知らぬのであるとすれば、何れに向つて尋ねようか。仰いて眺むれば、天は蒼蒼として語らず。伏して聞けば、地は黄黄として默《ダマ》つて居る。

『蒼蒼たるは天か。黄黄たるは地か。』

生を知らず。死を知らず。天を知らず。地を知らず。我と思ふところの此の肉體身《ミ》も、此の靈念思考《ココロ》も、果して我であらうか。懷疑は懷疑を孕みて、呆然、前後を辨ぜざるに到るのである。

『古人之れを號《ナツ》けて宇宙となす。』

此の天地。此の人身。此の生。此の死。此の出沒變轉。我は、我が來るところを知らず、我が往くところを辨ぜぬ。が、古人は、之を宇宙だと教へて居る。

『宇宙とは經緯なり。』

「宇宙」の字を、日本紀などには、天下《アメノシタ》と訓み、現今の人は、存在する限りだとか、天文學者の認め得たる限りだとか云つて居る。けれども、本來、此の字は、經緯《タテヌキ》の義なので、宇は經《タテ》で、宙は緯《ヌキ》である。經《タテ》が有り、緯《ヌキ》が有ると云ふのは、存在《アリテアルモノ》であるとの義で、實在《ナクテアルモノ》の結び結ばれて、それが、人天萬類なりと、人天萬類各自に認識したる實體であるとの意である。それは、幾何學に云ふところの「點」ではないので、「線」でもないので、「面」でもないので、「點」の結び結びたる「線」と、「線」の結び結びたる「面」と、「點」と「線」と「面」との結び結びたるところの、「球」なのである。此の「球」であつて、はじめて、經《タテ》と緯《ヌキ》とを完備したと云ひ得るのである。之を、宇宙を構成し得たと云ふので、「天祖天讓日天狹霧國禪日國狹霧尊《アメノミオヤアメユヅルヒノアマノサギリクニユヅルヒノクニノサギリノミコト》」と稱へまつりて、日本民族傳承するところの「神《カミ》」にてましますのである。「かみ」の「か」は經《タテ》を示し、「み」は緯《ヌキ》を指して居る。其の故は、「か」の音義が、晃耀赫灼で、天を表し、「み」とは、充滿實塞で、地を示すので、天と地とは、乾と坤とも云ひ、陽と陰とも、男と女とも、雄と雌とも、凸と凹とも、⚊《イチ》と⚋《ニ》とも傳へられて、父《チチ》と母《ハハ》との義である。それ故に、日本の古典には、「二柱御祖神《フタハシラミオヤノカミ》」と稱へまつり、「伊邪那岐命伊邪那美命二柱神《イザナギイザナミフタハシラノカミ》」と記されてある。經《タテ》なるは父《チチ》、緯《ヌキ》なるは母《ハハ》と稱へて、宇と宙とである。此の宇とは、宙を待ちて初めて宇であり、宙もまた、宇を待ちて初めて宙である。經《タテ》が有つて初めて緯《ヌキ》であり、緯《ヌキ》が有つて初めて經《タテ》であり、乃至、父《チチ》が有つて初めて母《ハハ》であり、母《ハハ》が有つて初めて父《チチ》であるのと同樣である。其のやうにして初めて箇體が成り立つ。

『經緯《タテヌキ》の存在《アルアル》は箇體なれば。萬類萬物は各自に宇宙を構成しつつ宇宙の内に在るなり。』

その箇體は、重重又重重に、重なり重なつて、人と成り物と成り、我であり、彼であると、人皆は認むるに到るのである。それで、六尺の人間身裡にも、重重又重重の箇體が住んで居る。人天萬類は、地球星裡に住み、群星は、太陽系中に住み、又更に、群太陽系は、大宇大宙と、相互に出入往還しつつ、重重無盡の圓光球裡に、重重無盡の生死起滅を重ねて居る。人天萬類は、相互に、自己の世界として、自己の活動し得ると思ふところの僅《ワ》少《ヅカ》なる範圍内だけを認めて、出頭沒頭して居るのである。

『宇宙の内に在る宇宙とは小宇宙なること當然なれば。人類は固より。萬物亦皆小宇宙なり。』

『宇宙の内に在る宇宙にして宇宙を知らず。人身にして人身の起伏往來を辨ぜずとせば。必竟亦之れ天地の間

に在りて天地を知らざるもののみ。』

まことに、我は小宇宙である。また、小天地とも呼ぶのである。が、不幸にして、天地の天地たることも分らねば、宇宙の宇宙たることをも知らず、迷ひに迷つて居る。迷ひながら、迷へりとも氣付かず、知らぬのに、知つたやうに振舞ふ。あらゆる悲劇が其處に起り、此處に演ぜらるるのである。

『人身人身を知らずとするも。人の靈念《ココロ》思考は斯くして安んじ得るものにあらず。』

此の身と此の心とは、「神《カミ》」を出でて相距ることの遠近親疎が有る。それ故に、此の身と此の心と、四分五裂して、或は正に、又は邪に、時には善に、時には惡に、美を思ふこともあり、醜を行ふこともある。「人身人身を知らず」。肉體身は、轉生又轉生して、神《カミ》を距ること遠きが故に、偏見、固陋、狹小、猥雜で、所謂妖魔群である。妖魔であるから、其の身の妖魔であることをも知らずして、平氣である。

人間身を、轉生又轉生して、神を忘れたる妖魔群だと云ふことは、古事記、日本書紀、等に、此う書いてある。「速須佐之男命《ハヤスサノヲノミコト》が、神夜良比夜良波所《カムヤラヒヤラハエ》て、食物《ヲシモノ》を、大氣津比賣神《オホゲツヒメノカミ》に乞はれた。すると、大氣都比賣神《オホゲツヒメノカミ》は、鼻、口、尻、などから、種種《イロイロ》の味物《ヲシモノ》を取り出して、種種《イロイロ》と作り具へて、進《オススメマヲシタ》時《トキ》に、速須佐之男命《ハヤスサノヲノミコト》が、其の態《サマ》を立《ゴラ》伺《ニナツ》て、穢汚《キタナキモノ》を奉進《タテマツ》ると思召され、大氣都比賣神《オホゲツヒメノカミ》を殺された。すると、其の殺された神の身には、頭に、蠶が生《ナ》り、二つの目には、稲種《イネ》が生り、二つの耳には、粟が生り、鼻には小豆《アツキ》が生り、陰《ミホド》には、麥が生り、尻には、大《マ》豆《メ》が生つた。それを、神産巣日御祖命《カミムスヒミオヤノミコト》が、お取りになつて、種とされた。」之を、妖魔群《マガツビノムレ》だと云ふので、人類萬類の食物とするところのものは、此のやうに、轉轉變化した産物であるから、日神《ヒノカミ》の高天原《タカマノハラ》を出でて、幾轉生して居る。此の幾轉生した食物に依つて養はれた肉體は、つまり、妖魔群《マガツビノムレ》にほかならぬのである。けれどもが、人間身は統一體である。統一體であるとは、「大國主神《オホクニヌシノカミ》の兄弟《ミアニオト》たち、八十神《ヤソカミ》坐《マシマ》したれども、國をば大國主神《オホクニヌシノカミ》に避《サ》りまつりき」と、古典にあるので判明《ワカ》るやうに、八十神《ヤソカミ》たる群衆魂の中心には、大國主神《オホクニヌシノカミ》として、八十神《ヤソカミ》を統治し統率するところの主神が坐《マシマ》すので、其の主神を、人間身の上では、直日《ナホヒ》と稱へて、日神天照大御神《ヒノカミアマテラスオホミカミ》の依さし給へる、「神《カミ》」にてましますのである。此の「神《カミ》」たる直日《ナホヒ》が、中心に坐《マシマ》して、全身心を完全に統治したる時、統一體たる實を顯彰《アラハ》し得たので、人間身に攝取せられた妖魔群は、妖魔のままに、直日《ナホヒ》たる神　徳《カミノミノリ》を發揮するので、之を、神《カミ》と化《ナ》りたる妖魔《マガツビ》と呼ぶのである。それだから、我が直日の徳を發揮するか否かに依つて、食をも衣をも住をも、生かすか殺すかが別るるのであり、豐受比賣神《トヨウケヒメノカミ》と成らしむるか、海鼠《コ》の禍物《マガモノ》となすかの別も決《キマ》るのである。

「須佐之男命《スサノヲノミコト》が、黄泉比良坂《ヨモツヒラサカ》まで追ひ來りまして、大穴牟遲神《オホナムチノカミ》に、其の汝《イマシ》の持てる生大刀《イクタチ》と生弓矢《イクユミヤ》とを以ちて、汝《イマシ》が庶兄弟《アニオトドモ》をば、坂の御尾《ミヲ》に追ひ伏せ、河の瀬に追ひ撥ひて、汝大國主神《オレオホクニヌシノカミ》と爲《ナ》り、亦、宇都志國玉神《ウツシクニタマノカミ》と爲《ナ》りて、我《ワ》が女須勢理毘賣《ムスメスセリビメ》を嫡妻《ムカヒメ》と爲て、宇迦能山《ウカノヤマ》の山本に、底津石根《ソコツイハネ》に、宮柱布刀斯理《フトシリ》、高天原《タカマノハラ》に、冰椽多迦斯理《ヒギタカシリ》て居れ、と詔《オホ》せられた。そこで、大穴牟遲神《オホナムチノカミ》は、その大刀《タチ》と弓矢《ユミヤ》とを持ちて、庶兄弟《ママイロセ》である八十神《ヤソカミ》、卽、妖魔群たる肉體身、卽、八十萬魂《ヤソヨロヅノミタマ》を、坂御尾《サカノミヲ》ごとに追ひ伏せ、河の瀬ごとに追ひ撥ひて、國作り治められた」と云ふことは、擾擾紛紛たる肉我肉慾を制御し統一して、完全なる神人《カミノヒト》と成られたので、「天成《アメナ》り、地定《ツチサダ》まりて、神聖《カミ》其の中に生れます。之を、國常立尊《クニトコタチノミコト》と白しまつる」と、日本書紀に記されたのと、舊事紀に、「天成《アメナ》り、地定《ツチサダ》まりて、高天原《タカマノハラ》に生《ア》れませる一神《ヒノカミ》を、天讓日天狹霧國禪日國狹霧尊《アメユヅルヒノアマノサギリクニユヅルヒノクニノサギリノミコト》と號《マヲ》しまつる」とあるのと同じく、神人出生の祕事を傳へたので、古事記は更に、「伊邪那岐大御神《イザナギノオホミカミ》が、竺紫の日向の橘の小門の阿波岐原で、禊祓をなされ、左の御目を洗はれた時に、天照大御神成りまし、右の御目を洗はれた時に、月讀命成りまし、御鼻を洗はれた時に、建速須佐之男命成りまし給へり」と記して、之等は等しく、神　事《カミノカミワザ》たる大御身《オホミマ》の禊《ハラヘ》が、箇人を統一しては、「神《カミノ》人《ヒト》」と爲し、國家《クニ》を統一しては、「神國《カミヨ》」と爲し、太陽系《ヒノクニ》を統一しては、「日神《ヒノカミ》」と爲し、大宇大宙を統治しては、御祖神《アメノミオヤ》であるとの消息を傳へたので、古事記の本文に、「所成神《ナリマセルカミ》」とあるのに留意すべきである。「伊邪那岐《イザナギ》命《ノミコト》が、大歡喜《イタクヨロコ》びて詔《ノ》りたまはく、吾《ア》は、御子《ミコ》生《ウ》み生《ウ》みて、生《ウ》みのはてに、三　貴　子《ミハシラノウヅノミコ》を得られたとて、御頸珠《ミクビタマ》の玉緒《タマノオ》も由良《ユラ》に、取り由良迦志《ユラカシ》て、天照大御神に賜ひて、汝命《ナガミコト》は、高天原《タカマノハラ》を知らせと、事依《コトヨ》さし給ひ、月讀命は、夜《ヨ》の食國《ヲスクニ》を知らせ、建速須佐之男命は、海原を知らせと詔《オホ》せられた」と記してある。「其の御頸珠《ミクビタマ》の名は、御倉板擧之神《ミクラダナノカミ》と謂《マヲ》しまつる」ので、それは、御祖神伊邪那岐大御神《ミオヤノカミイザナギノオホミカミ》の玉緒《タマノオ》である。之を、「みむすひ」と稱へて、生產靈《イクムスヒ》・足產靈《タルムスヒ》・玉積產靈《タマツメムスヒ》の三柱であるところの一柱で、神　魂《カムミムスビ》・高　魂《タカミムスビ》の二柱であるところの一柱で、⊙《ヒ》とも描き、◡⃝《ヒ》とも作り、三　貴　子《ミハシラノウヅノミコ》とも傳へ、二　柱　神《フタハシラノカミ》とも教へられて、御祖神《ミオヤノカミ》であるから、神產巢日御祖命《カミムスヒミオヤノミコト》と傳へられたる天　祖《アメノミヤオ》にてあらせらるるのである。

天　祖《アメノミオヤ》と稱へまつるは、舊事紀に記して、一神《ヒノカミ》で、天讓日天狹霧《アメユツルヒノアマノサギリ》と國禪日國狹霧《クニユツルヒノクニノサギリ》との二柱であり、天　祖《アメノミオヤ》と稱へまつる一柱で、天照大御神《アマテラスオホミカミ》と稱へまつるのである。

天讓日《アメユツルヒ》とは、天《アメ》より出づる日神《ヒノカミ》で、國禪日《クニユツルヒ》とは、國《クニ》より出づる日神《ヒノカミ》で、天狹霧《アマノサギリ》と、國狹霧《クニノサギリ》との二柱《フタハシラ》であつて、それが、天　祖《アメノミオヤ》たる一神《ヒノカミ》で、日神《ヒノカミ》で、「建速須佐之男命《タケハヤスサノヲノミコト》が、天照大御神《アマテラスオホミカミ》と、天安河《アマノヤスカハ》を中に置きて宇氣比《ウケヒ》したまふ時。天照大御神が、建速須佐之男命の御佩かせる十拳劍を、三段《ミキダ》に打折り、奴那登母母由良《ヌナトモモユラ》に、天之眞名井《アマノマナヰ》に振《フリ》滌《スス》ぎて、佐賀美爾迦美《サガミニカミ》て、吹棄《フキウ》つる氣吹《イブキ》の狹霧に成りませる神を、多紀理毘賣命《タギリビメノミコト》、亦の御名、奥津嶋比賣命《オキツシマヒメノミコト》と、市寸嶋比賣命《イチキシマヒメノミコト》、亦の御名、狹依毘賣命《サヨリビメノミコト》と、多岐都比賣命《タギツヒメノミコト》と稱へまつり、建速須佐之男命が、天照大御神の左の御美豆良《ミヅラ》に纏かせる八尺《ヤサカ》の勾璁《マガタマ》の五百津《イホツ》の美須麻流《ミスマル》の珠《タマ》を、奴那登母母由良《ヌナトモモユラ》に、天之眞名井に振滌ぎて、佐賀美爾迦美て、吹棄《フキウ》つる氣吹《イブキ》の狹霧《サギリ》に成りませる神を、正勝吾勝勝速日天之忍穗耳命《マサカアカツカチハヤヒアメノオシホミミノミコト》と稱へまつり、亦、右の御美豆良《ミヅラ》に纏かせる珠を、佐賀美爾迦美て、吹棄つる氣吹の狹霧に成りませる神を、天之菩卑能命《アメノホヒノミコト》と稱へまつり、亦、御《ミカ》鬘《ヅラ》に纏かせる珠を、佐賀美爾迦美て、吹棄つる氣吹の狹霧に成りませる神を、天津日子根命《アマツヒコネノミコト》と稱へまつり、又、左の御手に纏かせる珠を、佐賀美爾迦美て、吹棄つる氣吹の狹霧に成りませる神を、活津日子根命《イクツヒコネノミコト》と稱へまつり、亦、右の御手に纏かせる珠を、佐賀美邇迦美て、吹棄つる氣吹の狹霧に成りませる神を、熊野久須毘命《クマノクスビノミコト》と稱へまつる。そこで、天照大御神が、建速須佐之男命に、此の後に生《ア》れませる五柱男子《イツハシラノヒコミコ》は、物實《モノザネ》が我が物であるから、自《オノヅカラ》之は、吾《ア》が子《ミコ》である。先に生《ア》れませる三柱女子《ミハシラノヒメミコ》は、物實《モノザネ》が汝《イマシ》の物であるから、乃《スナハチ》、汝《イマシ》の子《ミコ》であると詔《オホ》せられて、其の區別をお定めになられた」と、記紀、等に載せてある。狹霧神《サギリノカミ》の物實《モノザネ》が、高天原《タカマノハラ》の日神《ヒノカミ》の物である五柱男子《イツハシラノヒコミコ》は、天讓日《アメユヅルヒ》であるから、天狹霧《アマノサギリ》で、天津神《アマツカミ》と稱へまつり、天《アメ》と仰ぐのであり、國より來りたる須佐之男命の物實に依りて生《ア》れませる三柱女子《ミハシラノヒメミコ》は、國禪日《クニユヅルヒ》であるから、國狹霧《クニノサギリ》で、國津神《クニツカミ》と稱へて、地《ツチ》と崇むるのである。此の國狹霧の三女神と、天狹霧の五男神との八柱の神が、天《アメ》と地《ツチ》とで、天の成り、地の定りたる、高天原にして生《ア》れませる一　神《ヒトハシラノカミ》で、卽、天祖天讓日天狹霧國禪日國狹霧尊と稱へまつるので、亦名《マタノミナ》を、神　魂《カムミムスビ》・高　魂《タカミムスビ》・生魂《イクムスビ》・足魂《タルムスビ》・玉留魂《タマツメムスビ》・大宮乃賣《オホミヤノメ》・大御膳都神《ミケツカミ》・辭代主《コトシロヌシ》とも稱へまつるは、人天萬類の御祖《ミオヤ》にてましますなりとの義で、八神殿に、別に一座を設け給ふと承るところの大直靈神《オホナホビノカミ》とは、八柱《ヤハシラ》にして一柱《ヒトハシラ》なる神《カミ》にてましますので、一二三四五六七八《ヒフミヨイムナヤ》と稱へて、八上比賣《ヤカミヒメ》の祕事《ヒメカミワザ》である。「八上比賣《ヤカミヒメ》は率て來つれども、嫡妻須世理毘賣《ムカヒメスセリビメ》を畏《カシコ》みて、生《ウ》みませる子《ミコ》をば、木の俣に刺し挾んで返られてしまつた。其の子《ミコ》の名を、木俣神《キマタノカミ》とも御井神《ミヰノカミ》とも謂します」と傳へてあるのは、「八上比賣」と書くも、八神殿、或は、八神廷と書くも、共に「やかみひめ」なので、それは、「ひめ」で、□《ヒメ》と畫くので、○《ヒメ》であつて、日神《ヒノカミ》で、卽、天之眞名井で、それは、母胎なので、亦の御名は、「みゐのかみ」で、天池で、極樂水天で、天の水で、地の水で、稜威《ミヅ》としては天狹霧で、滋潤《ミヅ》としては國狹霧で、「や」と稱するので、木俣神《キマタノカミ》なのである。「八十神は、大穴牟遲神が、麗はしき壯夫《ヲノコ》に蘇《ウマレカハ》つたのを見て、また欺き、山に入れ、大樹を切り伏せ、矢を茹《ハ》めて、其の木に打ち立て、其の中に入らしめて、其の冰目矢《ヒメヤ》を打ち離ちて、拷殺《ウチコロ》した。それを、御祖《ハハミ》命《コト》が哭《ナ》きながら見出し、其の木を拆きて取り出して、此處に居るならば、八十神に滅されてしまふであらうから、速《イソ》いて、木國《キノクニ》の大屋《オホヤ》毘《ビ》古神《コノカミ》の御所《トコロ》に往けと命せられた。すると、八十神が、また、それを知つて、追い臻り、矢を刺さうとした時、木俣《キノマタ》から漏逃《ノガ》れられた」と、古典に傳へてある「冰目《ヒメ》矢《ヤ》」で、それが、木俣神《キマタノカミ》で、穴《メ》である。「木の俣から逃れた」とか、「木の俣に挾んで」とか書いたのは、神話であるが、「木俣《キマタ》」とは、弓矢であることを、先の引例にて、察矣《ミウ》るならば、其の弓矢は、高木神の作るところだと傳へられてあるので、日神《ヤカミヒメ》の產みませる木俣神は、卽、天之御中主神の神德で、高木神にほかならぬのである。

さうして、其の穴《メ》とは、「天若日子《アメワカヒコ》の逆《サカシマ》に射上げたる矢を、高木神がお取りになつて、其の矢の穴から衝返し下した」と云ふ穴《メ》で、「須佐之男命が、鳴鏑を大野の中に射て、大穴牟遲神に、其の矢を探らしめ、其の野の四方から火を放たれた時、鼠が來て、內《ウチ》は富《ホ》良《ラ》富《ホ》良《ラ》、外《ト》は須《ス》夫《ブ》須《ス》夫《ブ》と云ふから、其處を踏むと、落ち入り隱れられた間に、火は燒け過ぎて、鳴鏑は鼠が持つて來られた」ところの穴《メ》で、穴《メ》は卽矢《ヤ》である。之を「神《カミ》」と稱へ、「神《カミ》界《ノヨ》」と呼ぶので、經《タテ》も無く、緯《ヌキ》も無く、始も無く、終も無いので、零《ヒ》と稱する無《ム》である。

零《ヒ》であるところの無は、際《ハテ》無く涯《カギリ》が無いから、人天萬類を化育して、化育せりとも云はず、神魔を判別はしても、偏執することは無い。妖魔も神徳を仰ぎては、妖魔のままに神と化《ナ》ること、先に述べたるが如くである。其の如くにして、神と化《ナ》りたる妖魔《マガツビ》は、妖魔の實際を知悉《ヨクシツ》して居るから、妖魔を教へ導くことが自在である。此の妖魔が卽、神としての軍兵である。「伊邪那岐命が、御佩かせる十拳劍を抜きて、迦具土神《カグツチノカミ》の頸を斬られた。その御刀《ミハカシ》の前《サキ》に著いた血が、湯津石村《ユツイハムラ》に走就《タバシリツ》きて、石拆神《イハサクノカミ》、根拆神《ネサクノカミ》、石筒之男神《イハツツノヲノカミ》と成られ、御刀《ミハカシ》の本《モト》に著いた血もまた、湯津石村《ユツイハムラ》に走就《タバシリツ》きて、甕速日神《ミカハヤヒノカミ》、樋速日神《ヒハヤヒノカミ》、建御雷之男神《タケミカヅチノヲノカミ》、亦名、建布都神《タケフツノカミ》、亦名、豐布都神《トヨフツノカミ》と成られ、御刀《ミハカシ》の手上《タナカミ》に集りし血が、手俣《タナマタ》から漏出《クキイ》でて、闇淤迦美神《クラオカミノカミ》、闇御津羽神《クラミヅハノカミ》と成られた。またその、殺され給へる迦具土神《カグツチノカミ》の頭には、正鹿山津見神《マサカヤマツミノカミ》、胸には、淤縢山津見神《オトヤマツミノカミ》、腹には、奥山津見神《オクヤマツミノカミ》、陰《ミホド》には、闇山津見神《クラヤマツミノカミ》、左手には、志藝山津見神《シキヤマツミノカミ》、右手には、羽山津見神《ハヤマツミノカミ》、左足には、原山津見神《ハラヤマツミノカミ》、右足には、戸山津見神《トヤマツミノカミ》が生れられた」とか、「伊邪那岐大御神が、伊那志許米《イナシコメ》、志許米岐《シコメキ》、穢　國《キタナキクニ》に到られた爲に、御身之禊《オホミマノハラヘ》をなさるとて、投棄《ナゲウ》つる御《ミ》杖《ツエ》に成りませる神は、衝立船戸神《ツイタツフナドノカミ》、御帯には、道之長乳齒神《ミチノナガチハノカミ》、御裳には、時置師神《トキオカシノカミ》、御衣には、和豆良比能宇斯能神《ワヅラヒノウシノカミ》、御褌には、道俣神《チマタノカミ》、御冠には、飽咋之宇斯能神《アギグヒノウシノカミ》、左御手の手纏には、奥　疎　神《オキサカルノカミ》、奥津那藝佐毘古神《オキツナギサビコノカミ》、奥津甲斐辨羅神《オキツカヒベラノカミ》、右御手の手纏には、邊疎神《ヘサカルノカミ》、邊津那藝佐毘古神《ヘツナギサビコノカミ》、邊津甲斐辨羅神《ヘツカヒベラノカミ》が成られた」とか、「速須佐之男命は、命《ヨ》さしたまへる國をば知らさずして、八拳須《ヤツカヒゲ》が心前《ムナサキ》に至るまでになられても、啼き騒がれて、青山をも泣き枯し、海河をも泣き乾してしまはれたので、惡　神《アラブルマガツビ》の音《オトナヒ》、狹蠅の如く充滿し、萬の物の妖《ワザハヒ》が、悉　發《コトゴトクオコ》つた。そこで、伊邪那岐大御神が、速須佐之男命に、どうして汝《イマシ》は、依さしたまへる國をば治らさずして、哭き騒ぐのかと詔《オホ》せられた。すると、僕《ワタシ》は、妣國根之《ハハノクニネノ》堅洲《カタス》國《クニ》に罷らんと欲《ユキタイトオモ》ふが故に、哭くのであると答へられた。で、伊邪那岐大御神は、大忿怒《イタクイカラ》れて、然らば、汝《イマシ》は、此の國には住むなと命せられて、神夜良比爾夜良比賜《カムヤラヒニヤラヒハセ》られた」と、古典には記してある。之等の成りませる神神とは、汚穢醜悪の産物で、換言すれば、妖魔群である。此のやうな妖魔群團を主宰し統轄したまふは、神産巣日御祖神《カミムスヒミオヤノカミ》と稱へまつりて、人天萬類の御祖神にてましますのである。其の事を、古事記に記して、「爾《ココ》に、八十神《ヤソカミ》怒りて、大穴牟遲神《オホナムチノカミ》を殺さんと、相共に議りて、伯伎國の手間《テマ》の山本に至り、大穴牟遲神に云はるるには、赤猪が、此の山に居るから、私どもが、それを追下したならば、汝《イマシ》は、下に待つて居て捕へよ。若も、取らなかつたならば、必、汝《イマシ》を殺すであらうと云ひ、猪に似た大石を、赤く燒いて轉ばし落した。それを、大穴牟遲神が、追ひ下つて取る時、其の石に燒かれて死《ミウセ》られた。其の母なる神が、哭き患ひて、天《アメ》に參り上り、神産巣日之命《カミムスヒノミコト》にお願ひ請《マヲ》した。神産巣日之命は、蚶貝比賣《キサガヒヒメ》と蛤貝比賣《ウムギヒメ》とをお遣はしになり、作活《ツクリイカ》させられた。蚶貝比賣《キサガヒヒメ》が岐佐宜焦《キサゲコガシ》し、蛤貝比賣《ウムギヒメ》は、水を持ちて、母《オモ》の乳汁《チシル》と合せて塗られた。すると、一たん死《ミウセ》られた大穴牟遲神が、麗《ウル》はしき壯夫《ヲノコ》に成つて、出で遊行《アル》かれた」とある。

如斯く、神産巣日御祖命《カミムスヒミオヤノミコト》は、作《ツク》り活《イカ》す神《カミ》である。作り活かす爲には、種種《イロイロ》の材料が必要なので、其の材料を得るのは、破壞である。神産巣日之命《カミムスヒノミコト》の作り活す神德に對して、殺し奪ふ破壞の神德を司らるるのは、高木神《タカキノカミ》にてましまます。古事記には、「葦原中國《アシハラノナカツクニ》を平定する爲に遣はされた天若日子が、八年にもなるのに復奏《カヘリゴトヲマヲ》さぬ。鳴《ナキ》女《メ》が使者《ツカヒ》となつて、それを詰問した。天佐具賣《アマノサグメ》が、其の聲を聞き、天若日子《アメワカヒコ》に、此の鳥の鳴音《ナクコエ》が、ひどく惡いから、射殺されたが可いでせうとお進めまをすと、天若日子《アメワカヒコ》は、天神《アマツカミ》から賜はられた天之波士弓《アマノハジユミ》天之加久矢《アマノカクヤ》を持ちて、天神《アマツカミ》の使者《ミツカヒ》を射殺された。其の矢《ヤ》が、鳴女《ナキメ》の胸を通り、逆《サカシマ》に射上げて、天安河《アマノヤスカハ》の河原《カハラ》に坐《マシマ》す天照大御神・高《タカ》木神《キノカミ》の御所《ミモト》に逮んだ。是《コ》の高木神《タカキノカミ》とは、高御産巣日神《タカミムスヒノカミ》の別名《マタノミナ》である。其の高木神《タカキノカミ》が、天若日子《アメワカヒコ》の射放たれた矢《ヤ》を見ると、先《サキ》に、天若日子に賜ひて、中國《ナカツクニ》を平定せよと命《オホ》せられたもので、矢《ヤ》の羽《ハ》には、血が著いて居た。それを、諸神等《モロモロノカミタチ》に示《ミ》せて詔《オホ》せらるるには、或《モシ》も、命《オホ》せの如く、天若日子が、惡神《アラブルマガツビ》を射た矢《ヤ》であるならば、天若日子には中《アタ》るな。或亦《モシモ》、心邪《ココロキタナ》く、惡事《マガワザ》を爲《シ》たのであるならば、天若日子は、此の矢《ヤ》に麻《マ》賀《ガ》禮《レ》矢《ヤ》と、神言《カミノコトバ》を唱《トナ》へ、其の矢《ヤ》を取り、其の矢《ヤ》の穴《アナ》から、衝返し下した。すると、天若日子の寢て居る高胸《タカムナ》の坂《サカ》に中《アタ》りて、天若日子《アメワカヒコ》は、死《ミウセ》はてられた」と記して、高木神《タカキノカミ》の神徳《ミノリ》を明瞭《ハッキリ》させてある。「弓矢《ユミヤ》は高木神《タカキノカミ》の作られたのだ」と、舊記に有るのは、此の神《タカキノカミ》が、妖魔を調伏し、濟度し、救出して、神《カミ》と化《ナ》す破壞の大魔神《オホマガツヒ》であることを傳へたので、大直靈神《オホナオビノカミ》の半面の神徳《ミノリ》である。其の他の半面の神徳《ミノリ》は、則、神産巣日神《カミムスヒノカミ》なので、高御産巣日神《タカミムスヒノカミ》と神産巣日神《カミムスヒノカミ》との神徳《ミノリ》を合せては、大直靈神《オホナホヒノカミ》と稱へまつりて、八神《ヤハシラノカミ》の別名《マタノミナ》にほかならぬのである。八柱の神の別名であつて、二柱《フタハシラ》の神《カミ》の別名《マタノミナ》にてましますのである。

斯く云はば、世の多くの神道學者は、奇異の感をなすかも知れぬ。けれども、佛教曼荼羅を一見したるものは、必や、此の解説を首肯するであらう。天界も地底も、眞理は一貫せり。神界も魔境も、事實は如是《カクノゴトク》なり。樂園も獄裡も、這箇《コレコ》の□《ヒ》なり。淨土も六道も、必竟空なり。純男も魔女も、亦復零なり。純一不可分も雜糅混淆も、一點昭昭の球なるのみ。

重重又重重にして、此是《コレコ》の人身、此是《コレコ》の人身を忘失せり。「人身人身を知らず」。人の身は、此の身の來るところをも忘れ、死に往く先をも辨へずして、蹌蹌踉踉、醉生夢死を常なりと思へり。常、果して常か。非常、果して非常か。魔、果して魔か、神、果して神か。
魔《マガツビ》は、魔《マガツビ》を常なりと爲し、神は、人の世を神國《カミヨ》と爲《ナ》せよと宣ふ。魔言、果して非か。神命、果して是か。人の身は、自己の去來をも知らずして、漫然放浪す。長者の一子、乞丐の群《ムレ》を脱出《イヅ》ることを肯んぜず。然り。然れども、「人の靈念《ココロ》思考は斯くて安んじ得るものにあらず」。肉體身は、妖魔群團身であるから、神界と相距ること九重の遠きに在る。故に、また、自己の尊きを知ることができず、神の言も、耳に遠いのである。けれども、人の心は、肉體身に比較すれば、神界《カミ》に近い。

『於此か。古今東西世上之を究明せんとして止まざるなり。』

『止まずと雖。其の究め得たりとなすものの多くは牽強附會にあらざれば粗笨杜撰。甚しきに至りては黒白倒置冠履輾覆して猶且得得たるもの有り。』

此の身は知らずして、平氣であつても、此の心は、何となく不安であり、何かと尋ね求めて居る。さうして、此の身心《シンシン》は、高天原《タカマノハラ》にも入り、夜食國《ヨノヲスクニ》にも遊《アソ》び、根堅洲國《ネノカタスクニ》にも往《ユ》き、海神宮《ワタツミノミヤ》にも住《ス》み、天浮橋《アマノウキハシ》にも立《タ》ち、天界《テンカイ》をも廻《メグ》り、地底《チテイ》をも潛《クグ》り、水裡《スイリ》にも潛《ヒソ》み、火中《クワチウ》にも住《トドマ》り、空《ソラ》をも翔《カケ》り、黄《ヨ》泉神《モツカミ》とも語《カタ》り、八種雷《ヤクサノイカヅチ》とも鬪《タタカ》ひ、また、日神《ヒノカミ》をも仰《アフ》ぎまつるのである。

「大國主神《オホクニヌシノカミ》。亦名《マタノミナ》は、大穴《オホナ》牟《ム》遲神《チノカミ》。亦名は、葦原色《アシハラシ》許《コ》男神《ヲノカミ》。亦名は、八《ヤ》千矛神《チホコノカミ》。亦名は、宇《ウ》都《ツ》志《シ》國玉《クニタマ》神《ノカミ》」と傳へてあるが、「大國主神と爲り、亦、宇都志國玉神と爲りて、其の我が女、須勢理毘賣を嫡妻と爲て、宇《ウ》迦《カ》能《ノ》山《ヤマ》の山本に、底津石根に、宮柱布刀《ミヤバシラフト》斯《シ》理《リ》、高天原に、冰《ヒ》椽《ギ》多《タ》迦《カ》斯《シ》理《リ》て居れ」と、根堅洲國にては、須佐之男命が命せになられた。其の大國主神であり、宇都志國玉神であり、また、八千矛神でもあり、葦原色許男神でも、大穴牟遲神でもある。此の神の系圖は、

多紀理毘賣命《タギリビメノミコト》
須勢理毘賣《スセリビメ》

建速須佐之男命《タケハヤスサノヲノミコト》
櫛稻田比賣《クシイナダヒメ》
大山津見神《オホヤマツミノカミ》

八嶋士奴美神《ヤシマジヌミノカミ》
木花知流比賣《コノハナチルヒメ》
迦具土神《カグツチノカミ》

布波能母遲久奴須奴神《フハノモヂクヌスヌノカミ》
淤迦美神《オカミノカミ》
日河比賣《ヒカハヒメ》

深淵之水夜禮花神《フカブチノミツヤレハナノカミ》
天之都度閇知泥神《アメノツドヘチネノカミ》
布怒豆怒神《フヌヅヌノカミ》

淤美豆奴神《オミヅヌノカミ》
布帝耳神《フテミミノカミ》

天之冬衣神《アメノフユギヌノカミ》
刺國若比賣《サシクニワカヒメ》
刺國大ノ神《サシクニオホノカミ》

大國主神《オホクニヌシノカミ》

阿遲鉏高日子根神《アヂスキタカヒコネノカミ》
（迦毛大御神）
高比賣命《タカヒメノミコト》

右の如くであつて、「大穴牟遲神が、御祖命《ミオヤノミコト》の詔命《オホセ》のままに、須佐之男命の御所《ミモト》に參られると、其の女《ムスメ》須勢理毘賣が出見《ミ》て、目《メ》合爲《アヒシ》て、相婚《ミアヒ》まして、還入《カヘリイ》りて、其の父に、甚と麗はしき神來《マヰリキ》ませりとまをされた。其の大神が見て、此れは、葦原色許男と謂ふ神である、とて、喚び入れ、蛇室《ヲロチノムロヤ》に寢《ネ》させられた。で、其の妻《ミメ》須勢理毘賣命が、蛇比禮《ヲロチノヒレ》を其の夫《ヒコヂ》に授けて、蛇《ヲロチ》が咋はんとしたならば、此の比禮《ヒレ》を三《ミ》たび擧《フ》りて打ち撥ひたまへとまをされた。教へられたやうに爲たので、蛇は自靜《オノツカラシツマ》り、夫《ヒコヂ》は安らかに寢ることが出來た」と、古事記に記してある。

之を讀んで、人間世界と甚しく異るのは、時間の差も、空間の隔りも無いことである。之は唯一例であるが、神代紀《カミヨノフミ》は、其の全部が、無始無終の始終で、無際無涯の境地であるから、幾代とか、幾山河とかの隔りを念頭に置いては、解くことのできぬ事理である。箇體として、又更に、轉轉生死を重ねたる人身としては、其の身心の境涯が甚しく極限されて居るから、神代の實際を知ることが出來ず、自己の狹隘なる世界を執持し、五官的智識に囚はれて、偏倚、固陋に陷りがちである。從つて、自己の研究の間違つて居ることにも氣付かず、まるで、さかしまのことすら、得意氣に世に誇示するものが多いのである。

大人は大人の心を以つて、小人にも接するのだが、小人は小人の心を以つて、大人を忖度するから、人間世界の悲劇が、其こに釀し出されるのは、まことに、痛恨事である。ましてや、六道輪轉、地界沈淪の人間身が、神界に入る道をも知らずして、漫然、五慾泥中から、神界の事理を憶測するやうなことならば、間違ふのが當然であらう。

『其の謬見や憫むべく。過誤また悲しむべし。』

『然れども之れまた教へざるの罪。學ばざるの過にして。觀察の方圖を知らず。究理の指針を失へるに因る。』

或高名の學者が、大宇宙は、「ま、み、ぬ、し」の四重に構成されて居り、人間身も、「直日《ナホヒ》、直毘《ナホビ》、和魂《ニギミタマ》、荒《アラ》身《ミ》魂《タマ》」の四重であるから、其の「ま」は荒身魂、「み」は和魂、「ぬ」は直毘、「し」は直日。と、それに相應した機關で究明するならば、神も人も萬有も、明瞭に知り得るのだと教へて居る。いかにも尤らしい。形態色彩を知るには眼、音響聲律を知るには耳、薫香芳臭を辨ずるには鼻、甘酸苦鹹を別つには舌、硬軟粗滑を識るには身、でなければならぬと思ひ定めて居る人間身には、成る程と同意を得るであらう。

然れども、古事記には、「猨田毘古神《サダビコノカミ》が、阿邪訶《アザカ》に居られた時、比良夫貝《ヒラブガヒ》に手を咋はれて、海に沈んだ。其の底に沈み居たまふ時の名《ミナ》は、底度久御魂《ソコドクミタマ》。其の海水《ウシホ》の都夫多都《ツブタツ》時の名《ミナ》は、都夫多都御魂《ツブタツミタマ》。其の阿和佐久《アワサク》時の名《ミナ》は、阿和佐久御魂《アワサクミタマ》と謂《マヲ》された」とあり、また、「木花咲耶比賣命が、戸無き八尋殿を作り、其の殿内に入り、土を以つて塗り塞ぎ、火を其の殿に著けて産《ミコウマ》し給ひけるに、焔の初めて起る時、生《ア》れませる子《ミコ》は、火酢芹命《ホスセリノミコト》。火の盛なる時に、生れませる子《ミコ》は、火明命《ホアカリノミコト》。火炎《ホノホ》の衰《シメ》る時に、生れませる子《ミコ》は、火折命《ホヲリノミコト》。火熱《ホトホリ》の避《サ》る時に、生れませる子《ミコ》は、彦火火出見命」と謂されたとか、「伊邪那岐命が、左の御目を洗はせたまへる時に、天照大御神成りまし、右の御目を洗はせたまへる時には、月讀命成りまし、御鼻を洗はせたまへる時には、建速須佐之男命成りませり」とか、なほ幾多、之と等しき例を、古典には傳へてある。「底どく」も、「粒立つ」も、「沫咲く」も、猨田毘古神の全體であり、「初めて起る」も、「盛なる」も、「衰《シメ》る」も、「消ゆる」も、共に火であり、「左目」も、「右目」も、「鼻」も、共に伊邪那岐命にてましますのである。之を見て、氣の付くのは、四重でも、三重でも、二重でもなく、すべてが、全體であることである。其の全體が、「直日《ヒ》」でもあり、「直毘《ビ》」でもあり、「和《タ》魂《マ》」でもあり、「荒身魂《ミタマ》」でもあり、「眞身魂《ミ》」でもあり、「幸身魂《サチサチ》」でもあり、「咲身魂《サキハヒ》」でもあるのである。全體だとは、箇體で、統一體であるとの義で、前に擧げた學者の云ふが如く、人の肉體が統一して、意識の目が開け、肉體と意識とが統一して、潛在意識の目が開け、肉體と意識と潛在意識とが統一して、潛潛在意識が開けて來るとでも云ふやうなものではない。

然らば、「妖魔」とか、「神と化《ナ》りたる妖魔」とか云ふのは何か。

其の學者が、又、斯う云つて居る。古事記の卷頭に、「天地初發の時、高天原に成りませる神の名は、天之御中主神」とあるが、此の「天地」とは、人間覆載の天地で、人間世界が出來た初に、人間身が、大宇宙を眺めて、其の大宇宙が、天之御中主神で、そのまた大中心には、御中主神の坐しますことを知りて、驚嘆し讃美した。驚嘆し讃美して、「あ」の聲を發し、其の內容を究めては、「ま」であり、「ま」の存在するは、中心としての「み」が在るからであり、「み」を顯はすのは、中に「ぬ」と云ふ靈の在るからであり、更に、大中心としての「し」が在るのであるから、、此の「天之御中主神」は、「あまのみなかぬしのおほかみ」と讀まねばならぬ。本來、在るかぎりが、神である。けれども、中心と分派と、根幹と枝葉との區別が有る。分派枝葉は、分裂しては魔となり、統一しては神に歸る。神と魔とは、統一と分裂との差のみである。故に、鎭魂して神たることを顯彰せよ」と。之も、卒然と聞けば、眞實《マコト》しやかである。けれども、神言靈としての音義を知れば、日本紀、舊事記、風土記、延喜式、萬葉集、等を對讀するまでもなく、「天地初發」とは、「あめつちとわけこしとき」で、「天成り、地定りて、神聖《カミ》の生れませる」もので、それが、「あめのみなかぬしのかみ」である。「あ」は、開闢で、「め」は、「女、芽、凸、凹、孔、穴、陰、陽、目」で、「の」は、「野、沃土、」で、「み」は、「身、實、稔、充滿、」で、「な」は、「和樂」で、「か」は、「晃耀赫灼」で、「ぬ」は、「溫、盜、寢、塗、」で、「し」は、「主、死、司、」で、「の」は、「宣、詔、法則、」で、「か」は、「天、高、乾、陽、男、貴、日、」で、「み」は、「地、卑坤、陰、夜、女、凹、月、」で、約めて云へば、「天地剖判」とか、「天地初發」とか、「天地開闢」とか、「日月清明」とか、「天高地卑萬物生育」とかで、「かみ」で、「かみ」の内容を說示したまでである。故に、「かみ」とは、「あめのみなかぬしのかみ」であると、神の敎へたまへる神言靈《カミノコトタマ》で、それが、神名《カミノミナ》である。之を、神話としては、「昔の昔、天と地と開けた初、高天原と云ふ處に、おできになつた神は、天之御中主神と白されました。高天原の眞中《マンナカ》に坐《マシマ》すからの御名《オナマヘ》であります」となるので、支那文字を濫用した爲に、後人を過らしめ、童話とか、お伽話とか呼ぶものに近くしたのは、神代紀編纂者の罪である。

謬見、過誤は妖魔である。地底、獄裡も妖魔である。飢餓、困厄も妖魔である。怨恨、忿怒も妖魔である。

「伊邪那美神は、火神《ヒノカミ》を生みませる《オウミナサレ》に因《タ》りて《タメニ》、神避《オカクレ》になられた。伊邪那岐命が、御枕方《マクラベ》に匍匐《ハラバヒ》、御足方《アシノヘ》に匍匐《ハラバヒ》、哭き悲しみ、また、御子迦具土神《ミコカグツチノカミ》の頸を斬り、更に、伊邪那美命の神避《カク》れられたのを、黄泉國《ヨミノクニ》にまで追ひ往かれた」とあるのは、神が、妖魔と化《ナ》られたので、此の妖魔は、更に妖魔を誘ひ、妖魔を産み出されて居る。「追ひ往かれた伊邪那岐命は、愛《ウツク》しき我《ア》が那《ナ》邇《ニ》妹命《モノミコト》よ、吾《ア》と汝《ナ》と作りし國は、未《マダ》出來上らぬから、還つてくれよ、と詔《オホ》せられた。伊邪那美命は、既に、黄泉戸喫《ヨミノモノヲクヒ》し故、還ることは出來ぬのだが、愛《ウツク》しき我《ア》が那勢命《ナセノミコト》がお迎へに來られたのだから、何とか、還るやうに、此處の主神《ヨモツカミ》と論談しますから、其の間、私を視てはいけません、と白されて、殿の内に入《ハイ》られた。長い時間なので、伊邪那岐命は、待ち兼ねて、一火《ヒ》を燭《ツ》け、入《ハイ》つて見ると、伊邪那美命は、宇《ウ》士多加禮斗呂呂岐《ジタカレトロロギ》て、頭に大雷《オホイカヅチ》、胸に火雷《ホノイカヅチ》、腹に黑雷《クロイカヅチ》、陰には拆雷《サクイカヅチ》、左手には若雷《ワカイカヅチ》、右手には土雷《ツチイカヅチ》、左足には鳴雷《ナルイカヅチ》、右足には伏雷《フセルイカヅチ》、拜せて八雷《ヤクサノイカヅチ》神が居られたので、驚き畏れて、逃げ還られた。そこで伊邪那美命が、辱ぢ怒り、其の部屬の黄泉津醜女《ヨモツシコメ》を遣はして、追ひ擊たせ、なほ後から、八雷神に多くの軍勢を副へて追はしめたので、伊邪那岐命は、十拳劔を拔き、後手《シリヘデ》に布伎都都《フキツツ》逃げて、黄泉比良坂《ヨモツヒラサカ》の坂本に到り、意富加牟豆《オホカムツ》美命《ミノミコト》の援兵を得て、黄泉軍《ヨミノイクサ》を撃ち撥はれた。

伊邪那美命が、最後に、全軍を指揮して、御自身に追ひ來られましたので、伊邪那岐命は、千引石《チビキノイハホ》を、黄泉比良坂に引き塞《サ》へ、其の石《イハホ》を中に置きて《シテ》、許等度《コトド》を度《ワタ》された」と傳へ、人間身として見る生と死との境界を立ててある。

人間身として見れば、死者は妖魔で、善人から見れば、悪人は妖魔で、正に對すれば、邪は妖魔で、美に對すれば、醜は妖魔で、それと相對したる、生、正、善、美、等は、神と化《ナ》りたる妖魔である。

「其の黄泉比良坂に塞《サ》やります石《イハホ》は、道反大神《チカヘシノオホミカミ》とも、塞坐黄泉戸神《サヤリマスヨミドノカミ》とも謂しまつる」とあるは、神としての妖魔で、「伊邪那岐大神の御身之禊爲給《オホミマノハラヘシタマ》へる時、身《ミミ》に著けられし物を脱ぎまつるに因りて、生りませる十二神《トヲアマリフタハシラ》」「黄泉國の穢に因りて、成りませる二神《フタハシラ》」「其の禍を直さんとして成りませる三神《ミハシラ》」とあるは、共に、神と成りたる妖魔である。次ぎに、「三柱の綿津見神。墨江の三前の大神《オホミカミ》」とは、伊邪那岐大御神の氣吹の狹霧にてましまし、「三貴子《ミハシラノウツノミコ》」を得給へりとは、盡天盡地の火としての伊邪那岐命《イザナギノミコト》にてまします。その亦御名をば、「御倉板擧之神と謂しまつる」のである。

あなかしこ。之は是、神の祕事、祕言靈にして、筆もて錄しまつるべきにあらずと、畏みまつる。

古事記の傳へは、此の條に到りて、巻頭と相應ずるものである。

上根大機の士は、片言隻語を聞きしのみにて、直に神の祕事を悟證し來るであらう。宇。

神《カミ》と魔《マガツビ》と、神《カミ》と化《ナ》りたる魔《マガツビ》と、生と、死と、地界魔境と、天界神域と、出入往還、成住壊滅するものも、観じ來れば、一圓一音、昭昭琅琅の日《ヒ》であり、火《ヒ》であり、日止《ヒト》であり、火人《ヒト》であり、人《ヒト》である。

『哲人在り。宇宙の相《スガタ》を認めて曰く。宇宙は一圓相なりと。又云く。一音響なりと。』

古典の多くは、神話の形式を採つて居るので、例へば、「修理固成」「天沼矛」「鹽土翁」と並べた時、詞と、器と、人と、三樣に思はれるであらうが、神代《カミノヨ》には、時間の長さも無く、空間の隔りも無く、耳と、目と、鼻と、舌と、と云ふやうな、人間的の範疇を立てては居ない。從つて、「光は神なりき、詞は神なりき」と記されたやうに、「修理固成」と云ふ詞は、神で、「天沼矛」と云ふ器も神で、「鹽土翁」と云ふ人も神で、「嶋」も神で、「國」も神で、「海」も神で、「水」も神で、「火」も神、「時間」も神、「空間」も神、「木」も神、「草」も神、「野」も、「山」も、「血」も、「涙」も、「穢きもの」も、「好きもの」も、「無しと云ふもの」も、「有りと呼ぶもの」も、一切合切が神で、其の神《カミ》が神魔《シンマ》と分れ、人天萬類と隔たるので、其の隔りたるものより見れば、森森羅羅である。其の牆壁を取り去つた時は、一圓光明の日《ヒノカミ》である。日《ヒノカミ》としては、人身的「しほつちのおぢ」も、器物的「あまのぬほこ」も、言論的「修理固成」も、共に等しく、神《カミ》であり、神體《ミスガタ》であり、神音《ミコエ》であり、神意《ミココロ》であり、神勅《ミコトバ》である。神命《ミコトバ》として拜しまつる時は、神名《カミノミナ》で、神言靈《カミノコトタマ》で、それが、そのまま、神《カミ》にてましますので、〇と書きて、一圓相だと古老は教へて居る。之を、耳に聽けば、そのまま、一音響で、神音である。人間身としては、〇《ヒ》と書くのほかは無いので、之を見て、輕卒に、瞑想裡の圓輪と誤認するものがある。一音響を梵音だとか、海潮音だとか說明すると、また誤つて、佛陀の說法かと思ふ。

兎角、俗人は、自分勝手に、他を解釋し批判しようとする。自己の力相應にするので、之も、止むを得ないのか知らぬが、我が身で、我が心で、我が物で、と云ふ執着を捨てて、天界地底を踏破することは、誰でも出來るのだから、他を批判しようとするならば、その前に、第一、虚心。第二、信仰。第三、捨身《シャシン》。

さうして、そのうへで、物事《モノゴト》を觀るべきである。

此のことを教へたのが、祓禊《ミソギ》である。

古典は、それを記して、「伊邪那岐命伊邪那美命二柱神《イザナギイザナミフタハシラノカミ》が、多陀用幣流國《タダヨヘルクニ》を、修理固成すべく、第一に、淤能碁呂嶋を作り、第二に、天御柱《アメノミハシラ》・八尋殿を化竪《ミタテ》、第三に、國土產出の道を計りしに、伊邪那美命が過つて、男女の位を紊した爲に、目的とは反對に、國土流出の不祥事を招ぐに到つた。之を悔い改め、正位にして、大八嶋國を產み、國を生み竟へて、更に、神を生み、生み生みて、火神を生みますに因りて、病みこやし、神避《カンサ》りまし、人身的生死の大變化に臨み、二柱神は、遂に、黃泉平坂を境として、耶馬臺《ヤマト》と黃泉國《ヨミノクニ》とに別れ住むに到つた。それればかりでなく、妖魔醜類と、神聖艮族との區別を確立されたのである。

之を圖解すると、〇《ヒ》が「かみ」で、日神《ヒノカミ》で、天之御中主神《アメノミナカヌシノカミ》で、別天神《コトアマツカミ》で、此の〇《ヒ》は、そのままに、◎《フ》で、それは、伊邪那岐命伊邪那美命二柱神《イザナギイザナミフタハシラノカミ》で、高皇產靈神皇產靈《タカミムスビカムミムスビ》で、伊邪那岐伊邪那美《イザナギイザナミ》で、天讓日國禪日《アメユヅルヒクニユヅルヒ》で、別れては、「かみ」と「まがつび」とで、合ひては、天　祖《アメノミオヤ》である。

言ひ換へると、日神《ヒノカミ》は一圓相で、一音響であるが、そのままに、二重相で、天狹霧《アマノサギリ》、國狹霧《クニノサギリ》で、それが、天御《アマノミ》鏡《カガミ》で、三重相で、⦿《ミ》で、御倉板擧之神《ミクラダナノカミ》で、天御中主神《アメノミナカヌシノカミ》・高皇產靈神《タカミムスビノカミ》・神皇產靈神《カムミムスビノカミ》である。

此の三重相は、重點の表裏を認むるから、直に、四重相でもある。それ故に、一郎二郎三郎四で、之を、五《イ》と呼ぶ。それは、先に述べた「い」の音義に依つて知らるる神代《カミノヨ》である。「ひふみよい」で、「一二三四五」である。

『されど不幸にして今日之れを見聞覺知する方圖を指示するあるを聞かず。』

音義と、數理とは、神《カミ》の祕事祕言《ヒメワザヒメコトバ》であつて、神と神との間にだけ、祕授密傳せらるることと拜承するところで、窺ひ難く、知り難いのである。

唯、神人の世に出づるあれば、神の「宇氣毘《ウケビ》」に依りて、神界の事理を、神の教ふるがままに、信仰しまつるのである。人間身として、知り得るとは云はず、信仰しまつるのみである。其の信仰とは、表面的に云へば、仰ぎまつるのであるが、裏から見れば、捨身《シャシン》である。我が身、我が心、我が物と云ふ、一切《スベテ》をば、神の幣帛《ミテクラ》と捧げまつるのである。

一切を捧げ盡すが故に、神は、一切を與へ給ふ。古典は、之を教へて、二柱神が生めりし御子の良《フサ》はぬをば、唯、専一《ヒタブル》に、「天神《アマツカミ》の御所《ミモト》に白すべし」とて、「共に參り上りて、天神《アマツカミ》の命《オホセ》を請ひのみ給ふ」とある。それは、一點の私心私意をも挾むこと無く、我が一切を、神に捧ぐるもので、天神《アマツカミ》を信仰しまつる純眞無垢の○《ヒ》である。此の故に、天神《アマツカミ》の布斗麻邇爾卜相《フトマニニウラヘ》給ふので、本打切り、末打斷ちたる金木《カナギ》である。圖解すれば、◎《フ》で、本も無く、末も無いので、無始無終で、非經非緯で、一圓相で、一音響で、「かなぎ」である。

太古《ソノムカシ》、文字を「かなぎ」と稱へたのは、神命《カミノオホセ》を傳承する徳《ミノリ》を讃美したのであり、後世に到り、占判の器物に名づけたのも、神命傳達の神器だからとて、其の名を負はせたのである。

「伊邪那岐命は、伊邪那美命に事戸を度し、更に、御杖、御帶、御裳、御衣、御褌、御冠、左の御手の手纏、右の御手の手纏、等を脱ぎ棄て、一物をも御身に付け給ふこと無くして、海に迦豆伎《カツキ》、滌ぎ給ひし故に、直毘の神は顯れて、禍神《マガカミ》の禍《マガ》を直し、綿津見神、筒之男命出でまして、遂に三貴子を得させ給ふ」ものは、唯、此の「捨」。一切を棄てさせ給ひし結果に外ならずと拜承しまつるのである。

捨身《シャシン》なるかな。捨身《シャシン》なるかな。

佛徒も、大死の語を用ゆ。基督は、十字架上に、身を以つて、十字の神傳を垂示《ヲシ》へ給ひ、悉達多太子は、妻子、眷屬、領土、財産、七珍萬寶の空なるを證して、尼連禪河の悟證《サトリ》を得たまへり。

竺紫の日向の橘の小門の檍原の御身之禊《オホミマノハラヘ》は、白すも畏し。

まことに、此の身は、虚天《オホミソラ》に挂れる、天狹霧で、國狹霧で、「かみ」で、「まがつび」で、「生」で、「死」で、「我」で、「彼」で、「變轉出沒」で、「如是《コレコノトホリ》」である。

古典に、「中瀬に降り迦豆伎《カヅキ》て、滌ぎたまふ時に、成りませる神は、八十《ヤソ》禍津日神《マガツビノカミ》。次ぎには、大禍津日神《オホマガツビノカミ》」と記されたのは、伊邪那岐神が、黄泉國の汚垢《ケガレ》を洗はれた爲に其の汚垢が、伊邪那岐神より離れて、虚天《オホミソラ》に獨立《ヒトツ》體《スガタ》を顯はしたので、其の獨立體《ヒトツノカミ》を、「直さんとして成りませる神は、神直毘神《カムナホビノカミ》。大直毘神《オホナオビノカミ》、伊豆能賣神《イヅノメノカミ》。」と教へてある。之に依つて、神とは、禍津日《マガツビ》と直毘《ナホビ》との相對であることを確證されるのである。之を、「神魔同几」と呼ぶべきである。

此の、相對の「神《カミ》」は、相對のままに、絕對の「日《ヒカリ》」である。そのことを、上來繰り返して述べたのではあるが、不幸にして、筆、意《ココロ》を傳へず、意《ココロ》、また、神《カミ》を傳へざるの憾が多い。

あなあはれ、うめの立枝は、にほへども、杉木立して、晝としもなき。

『人身孰れよりか來る。』

『死者何處にか往く。』

以上　第三章　完

昭和十六年三月十四日　日暮　筆錄

第四章　死生解脱

神《カミ》と稱へ、魔《マガツビ》と呼び、人と稱し、物と云ふ。それは、そも、一圓相裡、生滅起伏の波であらうか。一音響中、長短交錯の人であらうか。

重ねて問ふ。神、果して神か。魔、果して魔か。人、果して人か。物、果して物か。我、果して我か。彼、果して彼か。其處に起り、此處に滅《キ》え、此處に生れ、彼處に死ぬ。生、果して生か。死、果して死か。

『莫囂圓隣之大相七兄爪湯氣吾瀨子之射立爲五可新何本《ユクヒトノココロシレラバカニカクニトクカヘリマセイツカシガモト》』

「莫囂圓《バクガウエン》」と云へば、萬葉學者の間では、分らぬことの代名詞にされた程で、此の歌は、古來難解としてある。「圓」とは、「まどか」であるが、「囂しきこと莫き圓」と限定してあるから、單に、「まどか」ではなく、「高圓《タカマト》山《ヤマ》」の用例の如く、「まと」と讀むのだとの意である。「まと」の「ま」は、圓滿具足で、○《ヒ》と書くべきである。「と」とは、止まるで、止むるで、・《テン》である。・《テン》ではあるが、單なる點ではなく、中心點として、外廓を主宰し統率じたのであるから、「まと」を圖解すれば、⊙《ヒカリ》で、日神《ヒノカミ》の義で、○《零》なる無宇宙が、一點に結び止められて、宇宙を築き成したので、零なる一と呼ぶことが出來る。零を、人間的には、無と云ふ。けれども、それは、有無《ウム》と相對した考なので、超絶的には、無《ム》と呼ぶべき有《ウ》なので、零であると共に、一であるので、實在《ナクテアルモノ》で、存在《アリテアルモノ》で、一であると共に、二である。それで、「ひ」と呼ぶ○《零》が、そのまま、「ふ」と云ふ◎《カミ》で、其の◎《フ》は、重點が有るから、そのまま、⊙《ミ》と呼ぶので、魂《ミタマ》の「み」と、魂《タマシヒ》の「ひ」とが、等しく、「靈」と飜譯された所以で、一《ヒ》郎《ハ》三《ミ》で、三《ミ》郎《ハ》一《ヒ》で、「高天原《タカマノハラ》に成りませる神。天御中主神《アメノミナカヌシノカミ》。高御產巢日神《タカミムスヒノカミ》。神產巢日神《カミムスヒノカミ》」。此の三柱《ミハシラ》は、三柱《ミハシラ》で、獨神《ヒトハシラノカミ》で、日神《ヒノカミ》と稱へまつる○《ミヒカリ》にてましますのである。古老が、⊙《ヒ》と書いて、「あめのみなかぬしのかみ」と訓ませたのは、此の間の消息を傳へて居る。古事記に、「造花參神」として、太安萬侶の傳へたのは、舊事紀に、「天祖《アメノミオヤ》」として、「天讓日天狹霧國禪日國狹霧尊《アメユヅルヒノアマノサギリクニユヅルヒノクニノサギリノミコト》」と稱へまつるところで、日本紀には、「國常立尊《クニトコタチノミコト》。國狹槌尊《クニサヅチノミコト》。豐斟淳《トヨクムヌノ》尊《ミコト》」と白しまつるのである。それが、「別天神《コトアマツカミ》」なので、古事記の傳へに、國常立神《クニトコタチノカミ》を、別天神《コトアマツカミ》の次ぎに成りませりとしたのは、甚しき誤謬である。日本紀には、「國常立尊《クニトコタチノミコト》。國狹槌尊《クニサヅチノミコト》。豐斟淳尊《トヨクムヌノミコト》」を、「純男《ヲノカギリ》」と記して、神《カミ》ならざるの神《カミ》であることを明にしてある。

神《カミ》ならざるの神《カミ》は、別天神《コトアマツカミ》で、神魔同几の天御鏡《アマノミカガミ》と呼ぶべきで、宇宙の外に在るの「かみ」で、日止《ヒト》ならざるの日《ヒ》で、火人《ヒト》ならざるの火《ヒ》で、人《ヒト》ならざるの零《ヒ》で、「惠保婆《エホバ》」と稱する一神《ヒノカミ》で、「獨神成坐而隱身也《・○――トマヲシマツルノデアル》」と教へられてある。つまり、○《零》なる「かみ」なので、無宇宙の「かみ」だから、宇宙を築きたる後の「かみ」とは別なので、「別天神《コトアマツカミ》」と稱へまつるのである。

其の○《零》が、一《ヒ》で、二《フ》で、三《ミ》だとは、物《モノ》が、天《テン》で、地《チ》で、人《ヒト》だと云ふに等しいので、前者は、日本語の音義が、其の理を教へて居り、後者は、支那人の哲學的傳統とされて居る。

「ひ《一》ふ《二》み《三》」とは、「火經身《ヒフミ》」と云ふに等しいので、私共が、最大最小として認め得るところの「火《ヒ》」と、其の火の、此處に、其處に、燃えては消え、消えては、復、燃え出でつつ、有るとも無いとも分らぬやうで、然も慥に、燃えたり消えたりするさまが、我が身の、生老病死と遷轉すると同じやうに、いとも奇靈《アヤ》しく、妙不可思議なる「經過」が、存りと在る一切《スベテ》の實際である。實際であると認め得る、之を、「身《ミ》」と呼ぶのである。如斯き物、それは、一切合切であるところの「天《テン》」で、總べてを產出するところの「地《チ》」で、產出せられたる「人《ヒト》」で、それが、復、「物《モノ》」なのである。

「五可《イツカ》新《シ》何《ガ》本《モト》」とは、人類萬有として、遷轉出沒する箇體が、何時かは歸結すると思ふところの、「大根本《イデテハカヘルオホモト》」「大《スベ》中《ヲサメタル》心《ミタマ》」「天御中主大神《アマノミナカヌシノオホミカミ》」等と稱へ來りし〇《ヒ》である。此の〇《ヒ》は、無の有で、零の一だからとて、先師は、・《テン》一〇《センメン》と書き遺されてある。

人の知るかぎりは、成壞生滅しつつある。地球上に生育居住するものは、地球を家として、此處に安息し、活躍し、死滅する。死滅したる物の一部分は、地球上に止まるので、それは、固より、地球の一部であり、地球である。其の地球の死滅する時、勿論、我等の死體も、また其の一部分として、破壞せられ、地球の挂れる太陽系中に止まる。

その時の葬儀が、何程《ドレホド》莊嚴な、崇高な、深奧なものであるかは、想像するだけでも、熱鐵の中に坐するが如く、堅氷の裡に立つが如く、威烈至極に感ずるのである。

破壞せられたる曉に、此の地球の死を弔ふ客は、誰誰であらうか。

我等の肉體身の一部は、蓋、其の時までも、土として止まり、火と成りて燃え盡すであらう。燃え盡したならば、「神吾田《カミアガタ》鹿《カ》葦津《アシツ》比賣《ヒメ》の宇氣毘《ウケヒ》」に依りて、新しき國土を築き、樂しき生を喜ぶであらう。宇。

『齋庭に之《カミマツルマツリ》の祕　事《ヒメカミワザ》を傳ふ』

祭事《マツリ》とは、〇《マ》と〇《マ》とが一つに成ると云ふことである。「まつり」の「ま」は、「莫囂《マ》圓隣《ト》」の「ま」で、「成り成りて成り餘れる」「ま」で、「成り成りて成り合はざる」「ま」で、箇體成立の原型である。其の「ま」を種子として、此の「ま」を外廓として、一世界を築くのが「まつり」である。「つ」は出づるので、「り」は上の音に從ひて、其の音義を强むると共に、確實性を示すので、慥に其の通りであると云ひ据ゑたるもので、〇《マ》と〇《マ》とが抱合合躰して、神國樂園を築き成したとの意である。

「かみまつるまつり」とは、神を仰ぎまつりて、神の國を築き成すとの義で、それは、「ひめかみわざ」である。人類が、「みそぎ」と傳承し來りし祕儀密言で、必竟、「死生觀」と呼ぶに等しいのである。「みそぎ」が、伊邪那岐命《イザナギ》伊邪那美命《イザナミ》二柱神《フタハシラノカミ》の教へ給ふところであることを、前に述べたが、神代紀《カミヨノノリ》は、皆悉、「みそぎ」の事理を傳へたので、假に、古事記の上卷だけで、其の例證を擧ぐるとすれば、

第一が、天　地　初　發《アメツチトヒラケタルトキ》。

第二が、葪騰而成神《モエテナリマセルカミ》。

第三、國常立神《クニトコタチノカミ》。

第四、修理固成《スリカタメナスナル》、天沼矛《アマノヌホコ》。

第五、陰　陽　合　體《アメノミハシラクニノミハシラ》。

第六、悔　改《〇ノカミワザ》。

第七、國嶋產出《クニウミタマフ》。

第八、生　神。《マタカミヲモウミタマフ》
第九、豫母都志許賣《ヨモツシコメ》。
第十、竺紫日向之橘小門之阿波岐原《ツクシノヒムガノタチバナノヲドノアハギハラ》。
第十一、天之眞名井《アマノマナヰ》。
第十二、天石屋戸開《アマノイハヤドヒラキマツル》。
第十三、櫛名田比賣《クシイナダヒメ》。
第十四、都牟刈之大刀《ツムガリノタチ》。
第十五、大國主神《オホクニヌシノカミ》。
第十六、須勢理毘賣《スセリビメ》。
第十七、八上比賣《ヤカミヒメ》。
第十八、沼河比賣《ヌナカハヒメ》。
第十九、天之羅摩船《アマノカガミノフネ》。
第二十、御諸山上神《ミモロヤマノカミ》。
第二十一、天忍穗耳命《アメノオシホミミノミコト》。
第二十二、木花之佐久夜毘賣《コノハナサクヤビメ》。
第二十三、鹽椎神《シホツチノオヂ》。

等である。

第一の、「天地初發」は、⊙神《ヒノカミ》御生誕の祕事で、天《アメ》成り、地《ツチ》定りたる曉である。天地《アメツチ》と別け給へる神事が、「みそぎ」なので、其の結果は、天御中主神《アメノミナカヌシノカミ》・高御産巣日神《タカミムスヒノカミ》・神産巣日神《カミムスヒノカミ》の三柱神《ミハシラノカミ》生《ア》れさせ給へるものである。

第二の、「萠騰而成神」は、「久羅下那洲多陀用幣琉《クラゲナスタダヨヘル》」物《モノ》を資料として、それを整理したる結果、「宇麻志阿斯訶備比古遲神《ウマシアシカビヒコヂノカミ》・天常立神《アメノトコタチノカミ》」の成りませるにて、資料を整理して、神界樂土を築成するは、「みそぎ」の神事《カミワザ》である。

第三、「國常立神」とは、天成り、地定り、神聖其の中に生れさせ給ふので、亦名《マタノミナ》を、豐雲野神《トヨクムヌノカミ》とも白し、其の次次に生れませる十柱神《トハシラノカミ》は、表面から云へば、國常立神の神德で、裏面から察《ミ》れば、國の內容で、表裏を合せ觀れば、十柱《トハシラ》で一柱《ヒトハシラ》で、饒速日尊《ニギハヤヒノミコト》の十種神寶《トクサノカムダカラ》が、十種《トクサ》で一種《ヒトクサ》であるのと同一で、數として見れば、十なる一で、それは、そのまま、一なる零で、〇神《ヒノカミ》と稱へまつる天祖《アメノミオヤ》で、∞《フタハシラ》としては、伊邪那岐《イザナギ》命伊邪那美《イザナミ》命二柱神《フタハシラノカミ》なのである。

之を、「神世七代《カミヨナナヨ》」と白しまつるのは、七の數理から名づけたので、零なる一の妙用は、怪奇異靈で、神《シン》で、魔で、神魔で、變幻出沒して、窺ひ知ることが出來ぬ。唯唯、神の宇氣毘《ウケビ》を畏みて、專念一意、信仰《アフ》ぎまつるべきであるとの義である。之は、別天神《コトアマツカミ》の神德で、人間世界のみの事理で推測しようとすると解《ワカ》らなくなる。人は、自己が箇體として活動して居るから、それに制せられて、箇體を解いた零《ヒ》を悟證《サト》ることがなかなかむづかしい。之を悟證《サト》れば、天《アメ》成《ナ》り地《ツチ》定《サダ》まるもので、其の曉には、「神聖《カミ》國常立《クニトコタチ》の生れさせ給ふ」ので、それは、「みそぎ」の結果で、日本紀と舊事紀との卷頭には、此のことが委しく記されてある。

第四、「修理固成《スリカタメナスナル》、天沼矛《アマノヌホコ》」とは、「天沼矛《アマノヌホコ》の神事《カミワザ》」とも稱へまつるので、日本天皇治國の大道にてあらせらるることと拜承しまつる。古事記の本文は、不幸にして、神傳を撰錄採摭された爲に、人間的作意が混淆《マジッ》て、伊邪《イザ》那岐《ナギ》命伊邪那美《イザナミ》命二柱神《フタハシラノカミ》が、陰陽の兩儀と稱へまつらるる意味にての太極なる⊙《ヒノカミ》で、即、㋒にてあらせらるることを曖昧にされたのは、何如にも殘念である。

どうも、古今の學者が、學に迷ひ、學に溺れて、事理を誤つた憾が多い。太安萬侶の如き、當代隨一の大學者であつたらうと思はるる人も、また其の一例である。「乾坤初分、參神作㆓造《シ》化之首㆒《ヲ》」と、上表文に記したのに始まつて、「次ぎに、次ぎに」と、神代の神の出生《ウマ》れたかの如く書き綴つて居る。それも、始無く、終無き中の始であり終であることを明にするならば可いが、此の點が全く分つて居らぬ爲に、神代紀が、人間的神話と成つたので、讀む人に、「かみ」の實在を明確に把握さすことの出來なくされたのは、遺憾至極である。

「修理固成、天沼矛」とは、本來本有の神德と稱すべきで、資料を整理して、完全圓滿の箇體を築き成すべき、用と體とに名づけられたので、資料整理の爲に、分解作用を司るのが「修理」で、「すり」と讀む。之は、神代の言靈である。「固成」は、「かためなす」で、造り上げるので、總合し統一するので、「天沼矛」は、修理固成の妙用を發揮するの主體で、其の內容は、◯《ソロヒテ》∞《ナラベテ》◉《イモリ》◎《サラニ》◎《タネ》⚲《チラサズ》✡《イリヒ》・《オサメテ》꩜《ココロ》⊙《シヅメテ》で、如此にして、修理固成の神業を完全に成し遂げらるるのである。それで、「天沼矛」と白しまつるは、祓禊の神器としての主神にてましまし、「修理固成」と詔りますは、祓禊の言靈としての司神にてまします。言《コトバ》も、相《スガタ》も、神代《カミノヨ》に在りては、總べて「かみ」にてあらせらるることは、繰り返して述べたので、神器としての「天沼矛」も、詔としての「修理固成」も、共に等しく神代の神であるが、此のことを、慥に體得するならば、神代卷《カミヨノフミ》は、自《オノヅカラ》、解き得るのである。之を開くの鍵は唯一つの⊙《ヒ》である。唯一つではあるが、其の光は、重重無盡であるから、之を仰ぎて、目眩み、耳聾するが如くにして、誤つて異端邪説の鬼窟に陥ることが多い。學者の特に留意せねばならぬところである。

第五、「陰陽合躰《アメノミハシラクニノミハシラ》」。先師の傳へた神事《カミワザ》に、一つの印相が有る。それを、「天沼矛」だと教へられた。此の「天沼矛」を以つて、大虚空を兩斷すると共に、大音聲を發する。此の音聲が、一線の光明と成つて、宇宙を貫き徹す。之は、氣吹戸主《イブキドヌシ》の神事《カミワザ》で、妖魔調伏の祕事である。此の一線の光明を發する主體は、我であるが、我の内に結ばれたる陰と陽との兩極が、其の活用を現はすので、此の神事の印相は、「天御柱《アメノミハシラ》・國御柱《クニノミハシラ》」を象徴《カタドツ》したものである。合せては、「心之御柱《シンノミハシラ》」と稱へまつりて、⊙神《ヒノカミ》の御座にてましますのである。

古事記だけでは、此のことが明瞭でないが、「伊邪那岐命伊邪那美命二柱神が、淤能碁呂嶋に、天沼矛を指し立てて、國の中の天御柱となされた」と、舊事紀に載せてあるので、古事記の本文を補ふことが出來る。之は、此の圖のとほり、◉《ヒカリ》である。其の、國と云へるは外廓で、◎《フ》であり、天御柱とは、中心の一點であると共に、國を統率したるものであるから、◉《ヒカリ》が卽、天御柱だと云ふことになる。すると、之は同時に、國御柱である。國御柱で、天御柱で、心之御柱であるものが、伊邪那岐命伊邪那美命二柱神である。之を、「陰陽《メヲ》」と稱へまつりて、二柱の一柱で、極小としても、極大としても、共に、陰陽《メヲ》である。それは、陰《メ》と陽《ヲ》との二つであつて、そのままに、一つなのである。

物と云ふ物を、何《ド》のやうに分割しても、陰《メ》と陽《ヲ》との合体なので、又、何如に累積しても、陰と陽との合体である。之を、◉《ヒカリ》と稱へ、日神《ヒノカミ》と白しまつるのである。幾度となく繰返して述べたやうに、日とは、二つの光で、◡⃝《メヲ》である。◡⃝《メヲ》と呼ぶところの◡⃝《ヒ》が、神人産出の胎であることは、「天成り、地定りて、高天原が出來た。高天原が出來たので、神《カミ》が產れた」と、古典にあるので判明《ワカ》る。それで、此の「天御柱・國御柱」を、化竪《ミタテ》給ふは、祓禊《ミソギ》の神事である。「化竪《ミタテ》」の字を用ゐたのは、舊事紀であり、日本紀であるが、能く義理を傳へて居る。古事記のやうに、「見立」では、一寸、品物扱ひにされた感じがする。

第六、「悔改」は、◎《フ》の神事《カミワザ》と稱するので、經津魂《フツノミタマ》の妙用で、布留倍《フルベ》の祕事で、經津主《フツヌシ》の祓《ハラヘ》で、經津主命《フツヌシノミコト》の別名《マタノミナ》と傳へられたる齋大人《イハヒノウシ》の禊《ミソギ》である。之に依つて、祓《ハラホ》と云ひ、禊《ミソギ》と呼ぶ神事は、相互に表裏を成しつつ、人天萬類を化育長養するの義であることを知らるるのである。

「二柱の神が、相互《カタミ》に約《チギ》り竟へて、天御柱を廻りし時、伊邪那美命が、先に詞を掛けられたので、伊邪那岐命が、女人先言不良《ヲミナコトニサキダチテヨカラズ》と詔《オホ》せられた。けれども、そのままにして、お生みになられた御子は、良くなかつた。で、之を悔いて、共に、天神《アマツカミ》の御所《ミモト》に參り上り、天神《アマツカミ》の命《オホセ》を請ひまつる時に、天神の命に依りて、布斗麻邇爾《フトマニニ》卜相《ウラヘ》た。其の卜相《ウラヘ》は、女先言不良《ヲミナコトニサキダチテヨカラズ》との詔せである。依つて改めて、詔せの如くに、陰陽《メヲ》の位を正しくして、茲に、大八洲國が完成されたのである」

顧みよ。省みよ。汝の何物なるかを反省《カヘリ》みよ。其處に道有り。其處に光有り。「光は神なりき」。其處に詞有り。「詞は神なりき」。之を「初發《ハジメ》」と呼ぶ。

人天萬類が、天地と剖《ヒラ》き、陰陽《メヲ》と分《ワカ》ち、神魔《カミトマガツビト》を審判《タダ》して、一圓光明の☉國《ヒノクニ》を築くは、祓禊《ハラヘミソギ》の神事《カミワザ》の他《ホカ》には無いのである。

第七、「國嶋產出《クニウミタマフ》」とは、天成り、地定りたる曉なので、祓禊の結果として、一圓光明の大虛空を仰ぎたる時、それは、◎《フ》であるから、太極とも呼び、小極とも云ひ、兩儀とも、陰陽とも、神《シン》とも、魔《マ》とも、空とも、實とも、火とも、水とも、ヱホバとも、マヤとも、マリヤとも、アバイロンとも、ヤーマとも、母とも、父とも、天とも、地とも、無とも、有とも、無一物とも、物とも、理とも、點とも、線とも、面とも、零とも、一とも、二とも、三とも、五とも、十とも稱するので、一であるところの一切で、物無きの境地である。物は無いが、境地としての零界を保有するのである。で、之は、無の有と呼びて、位置のみ存るのである。

位置のみだと云ふのは、未、物を成さざるので、物と成るべき資料の存るのみである。其の資料に依つて、箇體を築くには、其の種子が無ければならぬ。其の種子を「し」と呼ぶのである。「し」とは、死《シ》であり、知《シ》であり、治《シ》であり、主《シ》であり、人《シ》であり、統治で、統率で、我である。此の種子は、其の初、唯一點としての位置を占めただけであるから、未、量に上らないのであるが、其の種子の萠《モエ》騰出づる時、葦牙《アシノメ》の如くであるとて、之を、「宇麻志阿斯訶備比古遅《ウマシアシカビヒコヂ》」と稱へて、「ほ」と呼ぶのである。訶備《カビ》とは、穎《カヒ》の複數語で、萠えに萠えたる穗で、△《ヒ》である。△《ヒ》と圖示するのは、箇體發生の上から、等しく、箇體たる人類の便宜なので、⊙《ヒ》と畫くに等しいのである。故に、之を擴大し、說明を加へて、❖《ヒ》と描くも、✹《ヒ》とするも、或は、⊛《ヒ》、又は、❁《ヒ》、又或は、✿《ヒ》と描きまつるも、共に等しく、・《ヒ》を種子とし、△《ヒ》を原型とし、⊙《ヒ》を標識基準として、生れ出でたる相《スガタ》である。之を言ひ換へると、死《シ》と呼ぶところの零《シ》から、其の零を資料として、此の生《ホ》を生ずるので、之を「しほ」と稱し、鹽とも、潮とも、汐とも書き、此の妙用を主る主體を鹽椎神《シホツチノオヂ》と稱へまつり、其の創造せらるる狀態を形容しては、「宇麻志阿斯訶備比古遅」と稱へ、内容を解說しては、「二柱祖神」「修理固成天沼矛」「天浮橋」「鹽固袁呂固袁呂」「淤能碁呂嶋」「天御柱」「八尋殿」「美斗能麻具波比」「布斗麻邇」「大八嶋國」と傳へたのである。

それは、大虚空に、一點を認めたる時、其の一點が、旋廻し統一して、箇體たる宇宙を築く。其の旋廻し統一して、築き成したる宇宙は、布斗麻邇と稱する一圓相を標識基準として、不斷の活動を爲すので、事業としては、直毘大直毘神の稜威❁を仰ぎて、失墜することなく、國土としての高天原を築き成せよとの、神の代の神の御教《ミノリ》と拜承しまつるのである。

「しほ」の內容として、此こに擧げた古典の詞は、神の詞であるから、そのまま、神であつて、また、その神德の妙用を敎へられたのである。が、之が委しき說明は、「言靈祕說」を待つことにしよう。

第八、「生　神《マタカミヲモウミタマウ》」とは、別天神《コトアマツカミ》たる隱身《カクリミ》の獨神《ヒノカミ》が、八百萬《ヤホヨロヅ》の神《カミ》を生み給ふので、「惠保婆《エホバ》の神《カミ》は、宇宙の外に在りて、宇宙を造り給ふ」と云へるもので、「神の獨子たる基督を降し給ふ」と稱するもので、「伊邪那岐命伊邪那美命二柱神は、別天神《コトアマツカミ》たる獨神《ヒノカミ》の陰陽《メトメト》で、それが、國嶋をも、國嶋《クニシマ》を統治《シロシメ》す主宰者《カミ》をも、生み給ふので、二柱神の共に生みませる嶋は、十四嶋《トヲアマリヨシマ》で、神は、三十五神《ミソアマリイツハシラ》で、天地《アメツチ》と剖《ヒラ》き割きたる時、國嶋《クニ》としては、高天原たる境地で、神としては、高天原統治の日神《ヒノカミ》で、天照大御神と稱へまつりて、三十五神《ミソアマリイツハシラ》にてましますので、その三十五神《ミソアマリイツハシラ》とは、波留比比咩《ハルヒヒメ》と稱へまつる㋡《フタツノヒカリ》で、我期大君《ワガオホキミ》にてましますので、國家としては、天皇《スメラギミ》と稱へまつり、人天萬類としては、直日《ナホヒ》と謂《マヲ》しまつり、大虛空としては、二柱祖神《フタハシラミオヤノカミ》と仰ぎまつるのである。此の二柱《フタハシラ》祖　神《ミオヤノカミ》と稱へまつるは、生神《ミコウミ》の妙用《ミハタラキ》で、祓禊《ミソギ》と白しまつるのである。

第九、「豫母都志許賣《ヨモツシコノ》」は、如何にして生れたのか。日本紀には、泉津醜女と書き、極端に醜惡なる女《メ》と解釋してある。「伊邪那美命の命せをよそにして、伊邪那岐命の投げ棄てられた黑御鬘の蒲子を摭ひ食ひ、筍を拔き食ひなどした」とは記載して居るが、それだけでは、其の本質を明瞭にすることが出來ぬ。

「愛《ウツク》しき我《ア》が那邇妹《ナニモ》としての伊邪那美命を、一火《ヒトツヒ》にて見給へば、宇士多加禮斗呂呂岐《ウジタカレトロロギ》て、何に例へやうもなく醜惡なる御體《ミスガタ》なのに驚き給ひて、伊邪那岐命は逃還られた」とある。

「伊邪那岐《イザナギ》」とは、陽で、積極で、進で、取るで、勝つのであり、「伊邪那美」とは、陰で、消極で、退で、逃避で、亡命である。別の方面から、此の二語を解釋すれば、神と魔と、美と醜と、正と邪と、善と惡と、或は、天地、明闇、高低、大小、長短、賢愚、利鈍、貴賤、貧富、等と稱すべきで、活用としては、破壞と建設と呼ぶところの「修理固成」である。「一句之中、音訓を交へ用ゆ」と、古事記の上表文に記されてあるところの一例が、此の四字で、「修理」を「すり」に當て、「固成」を、「固め成す」と訓ませたものである。

之を斷言する所以《ワケ》は、此の神勅が、「伊邪那岐命伊邪那美命二柱神に詔せて言依さし賜ひし」ところであるから、陰と陽との、體なり用なりでなければならぬことが明瞭な爲である。

その「修理《スリ》」とは、破壞で、火神《ヒノカミ》の活用で、御母命《オンハハミコト》をも、炙《ヤ》き殺し給へるものである。「すり」の音義は、藥《クスリ》、鑢《ヤスリ》、等の「すり」と等しく、其の「す」は、酢《ス》、進《ススム》、鋭《スルドシ》、等の「す」で、又、接頭語としての「す」で、表から見れば、鋭利の義で、裏には、敏活の意を潛めて居る。「り」は、上の音義を強むると共に、神代の言《コトバ》としての「りむさく」の義で、「すり」と合せては、調伏、濟度、救出で、改造の意を含んで居る。其の用《ハタラキ》を、「火神《ヒノカミ》の母《ハハ》命《ミコト》 伊邪那美神《イザナミノカミ》は、八種雷《ヤクサノイカツチ》を初め、黄泉魔境《チイホノヨモツイクサ》の主《アルジ》として、國《アヲノ》の人草《ヒトグサ》を、一日《ヒトヒ》一日《ヒトヒ》に、千頭《チカシラ》づつ絞《クビ》り殺《コロ》す」と記されてある。

之は、破壞であるが、單なる破壞ではない。「僕《ア》は妣國根之堅洲國《ハハノクニネノカタスクニ》に罷らんと欲《オモ》ふが故に哭くのである」と、建速須佐之男命の御言に依り、伊邪那美命の國は、根堅洲國とも呼ばるるので、其處には、「葦原色許男《アシハラシコヲ》が、須《ス》勢理毘賣《セリビメ》を負ひ、生大刀《イクタチ》と生弓矢《イクユミヤ》、また、天詔琴《アメノノリゴト》を取りて、逃げ出したる時、建速須佐之男命が、黄泉比良坂まで追ひ來りて、汝の持ちたる生大刀と、生弓矢とで、國土を平定して、大國主神と成れよと謂された」とあるから、大國主として、國土を平定し統一し統治すべき武器と、智慧、財寶、等とを所藏し居ることが明瞭である。

さうして、「大國主と成るのに、根堅洲國に入りて、第一の寶たる須勢理毘賣を得、蛇の比禮、呉公の比禮、蜂の比禮を得、鼠の言を聞き、火を遁れ、須佐之男命の心を和げ、天詔琴と、生大刀と、生弓矢とを得た」のは、人間世界を統治すべき資格を完備すべく、黄泉魔境を巡り回りて、火神の祓を仰ぎ得たことを教へて居る。「御祖命《ミオヤノミコト》が、子《ミコ》大穴牟遲神に、須佐能男命の坐します根堅洲國に行かれよ。さうしたならば、必、須佐能男大神が、教へ給ふであらうと云《マヲ》された」ので、伊邪那美命は、表に破壞を主とし、裏には、建設を計らせ給ひつつ、過今來を一貫して、天沼矛の神業を執り行はせらるることと拜察し奉るのである。

そこで、朝廷大祓の御言に、「祓給ふ事を、大海原に持ち出で、鹽の八百會に可可呑み、氣吹戸より氣吹放ち、根國底國にて、持ち佐須良比失ひ給ふ」と宣らせらるるは、畏くも、道反大神《チカヘシノオホミカミ》の神事にましまして、伊邪那岐命伊邪那美命二柱神の、神議り議り給ふ祕事で、祓禊《ミソギ》と稱へ奉るのであるが、半面だけを見れば、幽事《ウラ》は、「祓《ハラヘ》」で、伊邪那美命を主神と仰ぎ、建速須佐之男命を司神と仰ぎ、瀨織津比咩神、速開都比咩神、氣吹戸主神、速佐須良比咩神を、分掌神と仰ぎ、速玉男神、泉津《ヨモツ》事解《コトサカノ》之男神《ヲノカミ》を、應化神と仰ぎまつるのである。顯業《オモテ》は、「禊《ミソギ》」で、伊邪那岐神を主神と仰ぎ、天照大御神を司神と仰ぎ、神直毘神、大直毘神、伊豆能賣神、底津綿津見神、底筒之男命、中津綿津見神、中筒之男命、上津綿津見神、上筒之男命を、分掌神と仰ぎ、大禍津日神、八十禍津日神を、應化神と仰ぎまつるのである。

此の幽事《ウラ》と、顯業《オモテ》とを合せて、「御身之禊《オホミマノハラヘ》」と稱へまつるは、日神事《ヒノカミワザ》であり、火神事《ヒノカミノカミワザ》であり、水神事《ミヅノカミノカミワザ》である。之を圖示すれば、△《ヒ》▼《ミ》▲《リ》なので、陰が陽を覆ふものであり、陰裡に陽芽を孕めるものであつて、古老が、「あきはぎ」と教へたところの、「含牙《キザシヲフクメルモノ》」である。▲《リ》中の△《ヒ》は、「一火《ヒトツヒ》」で、その▼《ミ》は、罔象女《ミツハノメ》で、「闇黑の土」で、黄泉國で、伊邪那美神で、宇士多加禮斗呂呂岐たる八種雷で、豫母都志許賣である。

斯くて、豫母都志許賣の禊《ハラヘ》は、日本天皇の朝廷に於かせられて、年年、夏冬の二回は、特に全國に令して、行はせらるると共に、齋廷最祕の嚴儀なることを拜みまつらるるのである。阿那畏。之是、神界魔境一貫之祕事。珍重、珍重。人天萬類面伏。仰ぎ見ることを得ざるところ。

伏して惟るに、豫母都志許賣は、妖魔群團身にして、八雷神を孕み、八十禍津日神を生み、大禍津日神を養ひ育て、修理固成《スリカタメナスナルカミノカミワザ》の神業として、神國《カミノクニ》を築き成すなる天沼矛《アマノヌホコ》の神儀尊容《カミカカリ》にてましますなることを。

第十、「竺紫日向之橘小門之阿波岐原」とは、神代の神の神宮との義で、神界の祕言である。それを、人間世界に天降り來れる後にも、追憶の念《ココロ》止め難く、地上世界の國都に命名して、偲び來つたのである。宛も、高天原が、大平等海虛空藏の義としての「オホミソラ」であるのを、人類天降の後には、皇孫統率の「美頭乃御舍《ミツノミアラカ》」を讃へ奉る詞として用ゐられたのと同樣なのである。

神言靈《カミノコトタマ》は、一意專念、唯是、讃仰し奉稱しまつるべきで、本來は、分析し解說すべきではないが、不幸にして、今人は、徒に疑ひ深く、漫に分解解剖の癖のみ强いので、神の祕事さへも、說明し講釋せねばならぬやうな不祥事が起つて來た。まことに、何とも、恐懼に堪へない。

既に述べたる如く、天沼矛とは、修理固成で、修理固成とは、破壞と創造とで、破壞とは、殺で死で、創造とは、活で生である。隨つて、祓とは、死であり、禊とは、生であり、祓禊とは、死生で、禊祓とは、生死で、之を都べては、「マツリ」と呼ぶのである。ところが、人人は、生を求めて死を避けようとし、活きんことは願へども、死ぬことは嫌ふ。そこで、「マツリ」と云ふ言靈にも、祭祀なる文字を充當《ア》てて、尸祝と書くことを避けて來たのである。尸祝は、「ハフリ」であるが、それは、葬送・招魂・復活・の神儀で、魂齋の祕儀で、天鈿女の祕事で、死生解脱・天界築成との義であるから、「マツリ」と同義である。

「ハフリ殿」と稱へまつるは、此のやうな祕儀密事の行ぜらるる鎭魂殿なりとの義で、天皇治國の原泉たる八神殿の亦の御名として、「別に一座を設け給ふ大直日神殿」なりと拜承しまつるので、八心思兼神の神儀尊容と仰ぎまつらるるのである。

古典には、「高御産巣日神の御子、思兼神に思はしめて、天窟戸を開きまつる計りごとを立てさせられた」とか、「高御産巣日神・天照大御神の命せにて、八百萬神を集め、思金神に思はしめて、葦原中國を平定すべき適任者を定められた」とか、「思兼神と、八百萬神とが相議り」とか、また、其の「神議を繰返し繰返した」とか、「日子番能邇邇藝命に、五伴緒を支り加へ、それに、常世の思金神をも副へ賜ふ」とか、「思金神は、み前の事を取り持ちて、爲政者たれ」とか傳へてある。で、此の思兼神とは、現今の詞で云ふならば、「參謀總長宮殿下」であらうか。内閣總理大臣とか、内大臣とか云ふのではない。さうして、「宮殿下」であらせられるので、それも、「御直の宮殿下」でなければなるまい。が、兎に角、神代紀は、現在の人間社會とは、また甚、その趣を異にして居るから、完全には當て篏らないのである。それは、人間未聞かず、未見ず、未知らざる「久士布流多氣《クシフルタケ》」の祕事であるからである。

奇靈神異の火の海を、神代の神は、久士布流多氣と命けて、零なる一と教へ來つたのである。古典は、之を記すこと懇切丁寧であるにもかかはらず、此の祕事を、祕事なるが故に、未聞かずと云ひ、未見ずと思ひ、未知らずと稱す。

可憐憫哉。人間身心者、雜糅混淆之、
妖魔群團也。此故。住於零界而、
不識於零火。在於火中而、不見於火人。
百千萬年、令繫于獄裡。紛紛擾擾、
喧喧囂囂、而遂、不能解脱鐵鎖、
不知奉拜天日也。噫。可悲哉。

於此か。伊邪那岐大御神には、「一つ火」を揭げて、獄裡魔界の祕を發かせ給ふ。

此の火。

此の火とは、全世界人類が、太古以來忘れんとして忘るること能はず、知らざらんとするも、思ひ出さしめられつつ、各國各地に、各人種各民族が、我ともあらで、語り傳へ、描き傳へ、記し遺して、今に到れる神祕である。

察《ミ》よ。此の火。

これは是、地獄の火。六道の火。黄泉魔境の火。而して是、天界の日。神域の光《ヒ》。而して又是、天界地底踏破卓立の神魔《ヒ》。三にして二。二にして一。一にして四。四にして六。六にして零。之を、燃ゆる火と呼び、光る日と稱へて、三不可分の零であるから、そのままに一なりと稱す。一とは「カミ」であるから、また二である。

燃火物《モユルヒモ》取而裏而《トリテツツミテ》福路庭《フクロニハ》入登不言《イルトイハズヤ》八智雲無爾《サトクトモナキニ》。向南山陣雲之《キタヤマニタナビククモノ》青雲之《アヲクモノ》星離去月毛離而《ホシハサカレリツキモサカリテ》。

と傳へたる火で、月で、星で、それは、天魔地妖でもあり、亡魂幽靈でもあり、亦の名は、軻遇突智《カグヅチ》で、火產靈《ホムスビ》で、火神で、八人《ヤタリ》の泉津醜女《ヨモツシコメ》で、泉津日狹女《ヨモツヒサメ》で、山祇《ヤマノカミ》でもあり、海神《ワタツミ》でもあり、八色雷公《ヤクサノイカヅチ》であつて、伊邪那美命《ヒメガミ》にてましますのである。一つ火に照らし出されて、宇士多加禮斗呂呂岐《ウジタカレトロロギ》たる物は、本來、其の火其の物であるから、又是、伊邪那岐命《ヒコガミ》にてましますのである。

聖にあらざれば、聖を知らず。魔にあらざれば、魔を知らず。善惡邪正是非曲直を辨ずるは、之を辨別する權衡を有するが爲であることは固よりで、取り立てて說明するまでもない。さうして、其の權衡とは、善惡邪正是非曲直其のものであつて、又之を出すの火である。「櫛の雄柱一つ」の火である。此の火の前には、妖魔も隱る術を失ひ、隱德も顯彰せられざるを得ない。魔界も神園も、昭昭と照らし出さるるのである。之を「久志布流多氣の祕事」と傳へたのは、人を教へんが爲に、「火山」を指示したので、火を噴き水を呼ぶの祕を怖れ畏みては、「神吾田鹿葦津比賣《カミアガタカアシツヒメ》」と稱へ、「奇哉振魂尊《クシフルタケ》」と仰いだので、天津日子日子番能邇邇藝尊の御神德は、實に奇靈神祕、振魂尊にてましますなる哉。天照す日の御子にてましますなる哉。天照大御神にてましますなる哉。此の火に祓ひ、此の海に禊し、此の中瀨に降り迦豆伎給ふ。此の中瀨の禊。之を別の詞で云ふならば、竺紫日向之橘小門之阿波岐原としての高天原たる國都建設の神業となすのである。

此の「中瀨」に到るべく、此の「神國」を築成すべく、「衝立船戸神《ツイタツフナドノカミ》以下《ヨリ》、邊津甲斐辨羅神《ヘツカヒベラノカミ》以前《マデ》、十二神《トヲアマリフタハシラノカミ》」を「脫却し給へる《ヲシヘサトシスクヒキマシシ》」御玉體は、唯一無比、超絕零體、非神非魔。一切を脫却して、一切を攝理し給ふ。そこで、八十禍津日神・大禍津日神。神直毘神・大直毘神・伊豆能賣神。底津綿津見神・底筒之男命・中津綿津見神・中筒之男命・上津綿津見神・上筒之男命。天照大御神・月讀命・建速須佐之男命。十四柱神は、生れさせ給ふ。その生れさせ給ふとは、伊邪那岐大御神の「御身之禊《オホミマノハラヘ》」であつて、神國樂園の築き成された曉である。その十四柱神と稱へまつるは、そのまま、伊邪那岐大御神と稱へまつる三柱の貴子にてましますなれば、天津日子日子番能邇邇藝尊と仰ぎまつる天皇にてあらせらるるのである。

畏矣《アナカシコ》。

「仰ぎて見れば、天津日は、二つはあらず。人の世の、大天皇《スメラミコト》は、一柱」とは、竺紫日向之橘小門之阿波岐原の禊の約言だと云ふことが出來よう。

天津日は二つはあらず。根本中心たる直日は、唯一不二である。唯一であるから、重重無盡又無量である。此のままに、無量無限であるから、各自各自が各自各自に、其の所有せる根本直日を明め得ない。全人類統率の大天皇を拜みまつることを知らない。まことに憐むべく悲しむべきの極みである。覺めよ。醒めよ。覺醒《サ》め來つて、此の火を仰げ。此の日を讚へよ。其處は大平等海にして、一碧瑠璃の光明世界で、平和嘉悅の高天原で、豐葦原の水穗國で、全人類世界此のままの樂園で、天國で、極樂淨土とも呼ぶのである。

第十一の、「天之眞名井」とは、宇氣比と云ふに等しい。

宇氣比とは、「汗氣《ウケ》伏せて、踏み登杼呂許志」たるもので、「汝が心の清明《アカ》きこと」を知るもので、「天安河を中に置きて、十拳劒を、三段に打折る」ものである。

さうして、「物實《モノザネ》を、天之眞名井《アマノマナヰ》に振滌ぐ」ものは、天安河の禊で、天照大御神の祕事としての、御子生みなる「氣吹の狹霧」である。其の氣吹の狹霧とは、◎と書きて、水火既濟と支那人の稱する「ミヅホ」で、䷾と畫くのは、陰陽和合で、地天泰平なので、和魂《ニギミタマ》たる大平等海裡に、直毘《ナホビ》としての火を孕めるもので、古言に、「フフム」と傳へたるところ、「フフム」とは、祓禊の義であると共に、その結果でもある。祓言としての「フ」と、「フ」とを重ねて、それを結ぶに、「ム」の音を以つてして一語を成したので、生產の義で、產靈で、產魂で、產靈產魂である。その產靈產魂結び止めたる玉緒を、「ミヅホ」と呼ぶ。

玉の緒を、結び結びて、人の身は、伊着くなるなる、天安河。

「タマノヲ」とは、「五伴緒」で、「八十神」で、「八上比賣」で、神としては、「八神」で、人としては、「八千魂」で、「八十萬魂」で、物としては、分分個個で、天上にては、群星で、地下にては、妖類魔族で、分散しては、邪惡醜陋で、死と呼ばれ、統一しては、善美正誠で、生と云はるるのである。

ところが、人は生を喜び、死を惡む癖が有るので、「タマノヲ」をも、「命《イノチ》」と呼びて、生けるものとか、生くべきものとかの義に用ゐ來つた。けれども、「タマノヲ」も、「イノチ」も、本來は生死を通じて、千變萬化する靈魂《クシビ》なりとの義で、「ヒ」を活用の方面から觀て名づけたのである。それで、それがまた直に、燃ゆるものであり、流るるものであり、上るものであり、下るものであり、暖きものであり、冷きものであり、尊きものであり、卑きものであり、天で、地で、陰で、陽で、死で、生で、水火である。それで、「ミヅホ」と呼ぶのである。

「ミヅホ」の「ミヅ」は、水《ミヅ》で、滋潤《ミヅ》で、稜威《ミヅ》で、瑞祥《ミヅ》であつて、經《タテ》と緯《ヌキ》とで、十《トヲ》である。その「ホ」とは、火《ホ》で、穗《ホ》で、秀《ホ》で、高く明に顯れたるものである。此の二語を合せたる「ミヅホ」とは、奇靈異變の實體であり、妙用であるとの義で、それをまた、稱詞として「水穗國《ミヅホノクニ》」と用ゐては、萬物備はりて、瑞祥到り、稜威赫灼として、百姓潤澤なるもので、太平嘉悅の神國樂園なりとの義である。

此の神國樂園を築くべく、物實《モノザネ》たる資料としての一切合切を、天之眞名井に振滌ぐと云ふのは、資料を整理するもので、神としての上では、「八十伴緒を統ぶるもので、五伴緒を率ゐるもので、八十神を打平ぐるもので、八上比賣を得給ふもので、大直日神が、八神の亦の御名にてまします」ので、人としてならば、八千魂を統一するものである。八千魂の統一したる曉には、人の心身《ミ》ながらの神なので、之を說明的に云へば十で、一二三四五六七八九十であるが、其の實相は、一なる零である。

此の零が、天之眞名井なので、白玉光底に潺湲たるの泉である。古來、之を「本打切り末打斷ちたる天津金木」と傳へたのは、太瀰邇の祕言で、極を敎へたので、「與天壤無窮者」で、經としての時間を超えて居るから、緯としての空間を忘れて實在するもので、之が、人間世界に傳承したる「カミ」である。

ところが、人間身は、雜糅混淆なために、此の極を窮め得ないで、小我の見地に居て、神界を憶測するから、まるで、トンチンカンな悲劇が演出される。

汗氣船《ウケフネ》を踏みとどろこし、天宇受賣、かみかかりすも。うつむろにして。

「ウツムロ」と古典に傳へたのは、神吾田鹿葦津比賣の宇氣比で、戶無き室と記して、零界虛空の義なることを敎へてある。「虛空中にして御子の生れます」とあるものも、また固より此の零位なので、三產靈神座《ミムスビノカミクラ》である。三產靈神座は、零で、極で、一であるから、天之眞名井と稱へて、神代の神の神座である。此こに生れさせ給ふは、別天神で、隱身にてまします。

ところが、「天照大御神は、建速須佐之男命の物實を執らして、此の天之眞名井に振滌ぎ給ふのであるから、物實を純一不可分の零に摧きて、更に吹き生し給ふの義で、其の吹き成し給ふは、「奴那登母母由良《ヌナトモモユラ》に振滌ぎて、佐賀美爾迦美《サガミニカミ》」給ふのである。

「ヌナトモモユラ」とは、「內は富艮富艮《ホラホラ》、外は須夫須夫《スブスブ》」と云へるもので、「妻須世理毘賣《ミメスセリビメ》」の教で、箇體成立の神業である。「サガミニカミ」は、噬み咬むので、作り成すものである。之を換言すれば、「ヌナトモモユラ、サガミニカミ」とは、修理固成の義で、天沼矛の神儀尊容で、「二柱神が、淤能碁呂嶋に天降りまして、天之御柱を見立て、八尋殿を見立て、其の妹に、汝が身は如何に成れると問ひ給へば、吾が身は、成り成りて成り合はざるところ一處在りとまをしたまひ、伊邪那岐命の御身は、成り成りて成り餘れる處一處在りと詔りたまひ、成り餘れる處を以て、成り合はざる處に刺し塞ぎて、國土《クニ》を生み成さん」と、相互に契りて、身と言と意との統一するにあらざれば、神界を築き得ざるものなることを垂示したまへるもので、「成り合はざる處」とは、女《メ》で、凹《メ》で、陰《メ》で、□□《フ》と描くので、數としての二であると共に五で、それは緯《ヌキ》である。「成り餘れる處」とは、男《ヲ》で、陽《ヲ》で、⊟《ヒ》と描くので、數としての一であると共に六で、之は經《タテ》である。

緯《ヌキ》なる女《メ》とは、滋潤《ミゾ》であり、水《ミツ》であつて、罔象《スガタハナキナリ》女と傳へたる水神《ミツハノメ》である。之を二だとは、成り合はざるが故であり、また之を五だとは、成り成りて子女を產出するの母胎であるからなのである。經なる男《ヲ》とは、稜威《ミヅ》で、火で、「迦具土神《ハハミコトヲモヤキコロスモノ》」で、地界の主神である。そこで、之は、男《ヲ》としての一《ヒ》で、母たる二に對しては六である。六と云ふのは「ム」で、結びたるもので、五なる成數より產出せられたる一で、之を六なる一と說明するのである。之が、天地否塞の祕數である上からは、また、零なのである。

それは兎に角として、此の經と、其の緯との相交りたるものが、國土《クニ》であり、人であり、天神で、地祇で、天地で、泰否で、神魔である。

神魔交錯、日月生誕。三神二靈、如如出入。櫛之雄柱、本來雷火。諾冊祕契、脩禊神殿。

第十二の、「天石屋戸開《アマノイハヤドヒラキマツル》」とは、大禍津毘としての須佐之男の神性の荒び狂ひたまへる結果、「高天原も皆暗く、葦原中國も悉闇く、常夜の中に、萬の禍神は狹蠅成し、妖類魔族の領地と化した」「そこで、八百萬神は、天安河の河原に神集ひ集ひて」とあるやうに、災禍汚濁窮苦の極度な場合、或は、生死の境界線上に立ちては、本然の自性が呼び起され、飜然として其の本に歸らんとすることから初まる。「神集ひ集へる八百萬神は、高御産巣日神の御子思金神に思はしめて」「常世の長鳴鳥を集めて鳴かしめ、色色の工人と資材とを集めて、鏡と珠とを作り、木綿と麻とを取りて、眞賢木に著け、太御幣として、太玉命がそれを持ち、天兒屋命が太諄辭を白し、天手力男神は、戸の掖に隱り立たし、それぞれの準備を整へた」既に反省した諸神は、固く閉ざされた窟戸を何うして開くべきかと工夫を回らすのである。

天窟戸とは抑、何であらうか。天照大御神の隱《コモ》らせ給ふ宮である。此の宮に坐しますは「隱身《コモリミ》」の神なること固よりであらう。「天之御中主神・高御産巣日神・神産巣日神の三柱は、三柱にて一柱の神なる隱身にてましますなり」とある。

諸神は、天窟戸を開きまつらんとして、色色樣樣の物を集め、用意を整へ、最後に、「天宇受賣命が、天之石屋戸に汙氣伏せて、踏み登杼呂許志」「裳緒《モヒモ》を番登《ホド》に忍《オシ》垂れた」そこで、「八百萬神哄笑、高天原震動」「天石屋戸開闢。天照大御神出御。高天原も葦原中國も、おのづから照り明り、相互に相見て、相互に慶祝歡喜。手を拍つて云はく、阿波禮《アハレ》、阿那面白《アナオモシロ》。阿那多能志《アナタノシ》。阿那清明《アナサヤケ》。意計《オケ》」と。

八百萬神の相集るものは、擾亂を平定して、主神の出御を仰がんが爲であり、八百萬神の神智は、神器を作り、神言を誦し、神樂を奏し、神身を築き成して、神光を發揮したので、之は、天宇受賣の禊と稱へまつるべく、高天原と葦原中國との開闢を教へられたのである。

天地開闢而。神聖生其中焉。日每日每、日の大御神生れますと。
鄙の髫髪《ウナヰ》が、歌をかしかも。萬代に、我は變らじ。我が友の、
世世の玉の緒、結び結べば。
結び置きし、門の若柳、繁り合ひ、枝分かずこそ、色增さりけれ。

神代紀としての古典は、禊の行事を待つて、初めて釋くことが出來る。古典の上に、日の神御生誕の記載が、幾回となく繰り返されてあることもまた、禊の教へを待たねば分らぬであらう。

第十三、「櫛名田比賣」

「速須佐之男命は、神夜良比夜良波衣《カムヤラヒヤラハエ》て、出雲國の肥の河上の鳥髪と云ふ地《トコロ》に降られた」とある「夜良比」は、「遣らひ」「却らひ」等と當ててあるやうに、すつかりと全部を棄てるので、「瀬織津比咩神・速開都比咩神・氣吹戸主神・速佐須良比咩神。持ち佐須良比失ふ」もので、完全に祓得た曉である。

之を、別の方面から云へば、汚れた着物の洗濯が出來上つたのであり、塵塚の塵芥が焼き盡されたのであつて、「遺る罪は在らじ」と、根の國底の國にて失ひ果てたのである。尙、言ひ換へると、地獄の釜の底を打ち摧いた曉である。

すると、其處には、肥川《ヒノカワ》が流れ、日神《ヒノカミ》の伊呂勢《イロセ》の命としての本來の面目に立ち歸つた建速須佐之男命の立たせ給ふのである。その「素戔嗚尊立ちどころに、奇稲田姫に化りて、湯津爪櫛を爲《ツク》りて、「髻《ミミヅラ》に挿し給ふ」とある

日本紀の本文の如く、高天原に祓却らへ給へる御身は、肥川に禊し、鎭魂し給ひて、「足名椎《アシナヅチ》・手名椎《テナヅチ》・櫛名田《クシイナダ》比賣《ヒメ》・八俣遠呂智《ヤマタオロチ》・都牟刈之太刀《ツムガリノタチ》・八嶋士奴美神《ヤシマジヌミノカミ》」を吹き成し給ふもので、建速須佐之男命の幸魂奇魂の神をば、「クシイナダヒメ」と稱へまつることが、祓禊の神儀を仰ぎまつりて、初めて知らるるのである。

天離る鄙にはあれど、三重の子が着る衣手の、五色のその中にして、
　碧濃き大綿津見の、根の國の底ひ潛りて、
　　紫の大山祇の、足曳の山の尾分けて、
　　涯も無く限りも知らに、人の子の伊往き來にけれ。
並び立つ神の鳥居か、二柱御祖の神の、天なるや天浮橋。
　久方の天沼矛を、
　久士布留の天逆矛、
　　さかしまに手挿み立てる、
　　眞具に執りてぞ立てる。
その神のあやしきすがた、
その人のくすしき光、
　白妙の衣の袖を、
　八重たたむ裳裾の褶を、
　　から機の綾もや有ると、

しづ機の色もや有ると、
立ち立ちて我が見るなべに、
白雲の行くとも見えで、
梓弓入るともなくて、
　海の上波の穂離れ、
　潮の上蘞は消えて、
　　神躍り躍るもあやし。
幸魂さきく眞さきく、
奇魂くしい和みて、成り成れる我が幸魂奇魂、
統一魂神とこそ知れ。

三產靈の玉の緒緊く、結び置きし、根の國の妣のみもとは、
　あだ波の立つとしもなし。底ひ知れねば。

第十四、「都牟刈之太刀」

「八俣遠呂智の形《サマ》を見れば、赤加賀智《アカカガチ》のやうな目で、一つの身ながら、八つの頭と尾とが有り、其の身には、蘿の生へて居るぐらゐではなく、榲檜の大木まで生ひ繁り、八谷八尾にも度る長さで、其の腹は、常《イツ》も血に爛れ

て居る。建速須佐之男命が、其の中の尾を切り給へば、都牟刈之太刀が在つたので、お取りになつて天照大御神に白上げられた。それが、草那藝之大刀である。

いつも血あゑ爛れたる八俣遠呂智の尾を切つて得られた大刀は、「甚しく荒びて、岩や草木までが、ことごとく強暴だと云ふ此の國を平和にするには、隨一の神器で、祓禊たる氣吹の狹霧としての神にてまします。その大《タ》刀《チ》の禊《ハラヘ》を、五十串の神事として傳へられたのが、石上神宮であり、柳條百五十本と傳へたのは、建御名方富命大衍の祕事である。共に、大日本天皇國・天祖・天神・國神の武道で、伊頭之男建の祕事と稱へまつる。

都牟刈の大刀取り帶ばす吾が大君。氣吹戸主の神輪とぞ知る。

第十五、「大國主神」

「大穴牟遲神は、御祖の命の詔せのままに、須佐之男命の御所《ミモト》に參りましたが、程經て後、須勢理毘賣を負ひ、生大刀と生弓矢と天詔琴とを持つて、其處を逃げ出された。須佐之男大神は、それを、黃泉比良坂まで追はれたが、遙に望み見て、其の持ち出した神器で、汝が庶兄弟どもを追ひ伏せ追ひ撥ひて、大國主神と成れよと詔せられた」「そこで、生大刀と生弓矢と天詔琴とを持ち、八十神を平定して、國作り治められた」とあるから、大穴牟遲神は、天の下の大祓を修め、根の堅洲國の如く堅固に作り成す禊に依つて、大國主神と成られたのである。

大國主神とは、葦原中國を統一したる上の御名で、統一魂神との義で、其の曉には、そのまま、咲御魂神としての大穴牟遲神であり、奇身魂神としての葦原色許男神であり、荒身魂神としての八千矛神であり、幸御魂神としての宇都志國玉神である。「拜《アハ》せて御名《ミナ》は五つである」さうして、其の幸魂奇魂は、「日本《ヤマト》國の三諸山に住みたいと云はれたので、そこに宮を造られて、大三輪之神と祀られた」のであるが、「少名比古那神が、常世國に渡られたので、大國主神が、吾獨では何うして此の國を作ることができようかと嘆かれた。時に、海を光《テラ》して來られた神の言《ノタマ》ふには、我が前《ミマヘ》を治めよ。それならば、共與に作らう。若、然うでなければ、國は出來ぬであらう」「その治めまつらんさまは、倭の青垣東の山上に、齋きまつれ」「此は御諸山の山の上に坐す神である」と傳へてあるから、大國主神の幸魂奇魂なる大三輪神とは、他ではない。卽、少名比古那神であることがわかる。

省れば、我を教ふるものは我であり、我を導くものも我である。神としての我である。神としての我は、大穴牟遲であり、少名比古那であり、葦原色許男であり、八千矛であり、宇都志國玉であり、大國御魂であり、また、大國主である。その御名《ミナ》は、その神徳《カミノミノリ》に依りて、百千萬《モモチヨロヅ》と發き開くのである。

第十六、「須勢理毘賣」

「須佐之男命の女《ミムスメ》須勢理毘賣は、大穴牟遲神の來られたのを見て、目合《メアヒ》し、相婚《ミアヒ》ましてから、其の父の大神に、いと麗はしき神參り來ませりと白し上げられた」とあるのは、人倫でもなし神事でもないやうだが、「根堅洲國に來られた大穴牟遲神を見て、いと麗はしと賞で讃へられた。それが、彼の國に在りては、則、目合であり、相婚である。其の目合と云ひ、相婚と稱するものは、禊の行事として、海に入り、「中津瀨に降り迦豆伎滌がせ給ふ」「水底に・中に・水上に、各其の神の生れます」とあるのが、此の祕事の傳へで、猨田毘古神《サダビコノカミ》が、海に溺れた時に、「底度久御魂《ソコドクミタマ》・都夫多都御魂《ツブタツミタマ》・阿和佐久御魂《アワサクミタマ》と化《ナ》つた」のと同樣に、根堅洲國の禊をば、「須勢理毘賣」と稱へまつる。それは卽、葦原中國平定の神器たる天詔琴でもあり、生太刀でもあり、また生弓矢でもある。で、それ等を得たる曉には、統一魂神としての大國主神であり、大國魂神である。

之を、須勢理毘賣の禊と呼ぶのは、滋潤《ミヅ》の禊であり、水の禊であり、　《ミツ》の禊である。との義で、朝廷大祓の神儀に、「瀬織津比咩神・速開津比咩神・氣吹戸主神・速佐須良比咩神。持ち佐須良比失ひ」とある。その祓の裏なる禊祭として、大國主神の神事の成り成るが故である。

尚、言ひ換へると、根國に入られた大穴牟遲神が、經《タテ》としての稜威《ミヅ》であるのを、緯《ヌキ》である滋潤《ミヅ》としての須勢理毘賣が、受け入れて、神界樂土を築き得たので、「須勢理毘賣の禊」と稱へまつるのである。

此の神事を脩し得れば、最初に、顯幽兩界を劃する緯の一線を認め、次ぎには、兩界を貫き通す經の一線を認むることが出來る。緯の一線は、天地を分つもので、色無く幅無き線である。けれども、人の目には、光る線であり、五彩七色種種樣樣の象として認め得るのである。經の一線は、無限の幅を有するのだが、人の目に認めては、緯の線と等しき幅であり、色である。さうして、經にも緯にも、無限と思はるる長さを示す。之は、水中の脩禊行事に於て最知り易い「ミヅ」の神傳である。

禊に水を用ゐる理由が此處に存る。

祓禊の行事には、必、水を用ゐねばならぬ。

けれども、水無き沙漠の地では、止むを得ぬから、砂を用ゐる。其の樣式を傳へたのが、第十七、「八上比賣」の祕事である。

「ヤカミヒメ」とは、八神齋廷の祕言であると、先に述べましたが、古典は、物語體に記して、稻羽の八上比賣と稱する姫君としてある。

「大國主神の御兄弟は、非常に多かつた。けれども、みんな、國を守ることも、繼ぐことも出來なくて、大國主神に隨ふよりほかはなかつた。此の多くの御兄弟の神神が、稻羽の八上比賣を得ようと欲《オモ》ひ、其處へ行かうとして、後に大國主神と成るべき大穴牟遲に、帒を負はせてお供にした。その途中に、赤裸の菟を見て、御兄弟達は、海鹽《ウシホ》を浴みて、風に當れと告げて、菟の身を傷はしめ、大穴牟遲は、それを憐み、淸水に洗ひ、蒲黃《カマノハナ》を附けて、熱と疼みとを除かせ、本の姿に治された。菟の白すのには、多くの御兄弟の神神は、必、八上比賣を得られない。帒を負ひ、お伴を仕て居ても、汝命《アナタサマ》が、獲給ふであらう。と、果して然うであつた」

「八上比賣は、生みませる御子を、木の俣に刺し狹みて返られた。その御子が、木俣神で、亦の御名を御井神と白します」

之が何うして、沙漠の禊なのか。

沙漠地帶で、空氣のひどく乾いて居る時、大きく深く砂を堀り、西、東、南の三方に砂丘を築く。さうして、其の凹地に入り、砂を撒き全身浴をする。その仕方は、水浴と同樣の順序で、全身を淸め、了りて、太陽に面し、神拜行事《カミマキリ》を爲す。

すると、砂を透して、砂丘の中に太陽を拜することが出來る。或は、諸神の像を拜することが有り、又或は、群神を率ゐ給ふ大國主命を拜することが出來る。

此の行事は、「御井神」を拜するものであるが、深山密林の中で行ふ時は、木俣神を拜するのである。水中に於て、或は飛瀑の中で、又は、激浪の中で、又或は、雨中とか、闇夜とか、色色の場所で、色色の物に據つて爲る。すると、各〻それに相應して種種の事象を認め得る。が、結局、中心と外廓との關係を明にして、宇宙構成の事理を確證するのである。

それを、特に、今此こで、沙漠の禊を、「八上比賣の祕事」と稱するのは、火と水と湯と土との神事に對して、別趣の砂撒が、塵砂を通じて、神子生誕の道を教ふるので、則、群神統率の齋廷なりとの義で、八上比賣を獲給ふと呼び、八上比賣の禊と稱へまつる。

第十八、「沼河比賣」

「八千矛神は、八洲國を普く求めても、ふさはしと思ふ妻を得られなくて、遠い遠い高志の國の沼河比賣をたづねた」高志《コシ》の沼河《ヌナカハ》は、遠國邊地の水である。けれども、原泉滾滾、流れて止まぬものは、其の本有るが故である。

其の源を極め來れば、唯一零體で、超絶神身である。之を獲るものは榮え、之を得ざるものは枯《ホロ》ぶ。之を獲るの道は、唯正、是誠。正誠正義の人をば、神必、來りて之を教へ之を導き之を守らせ給ふ。之を「比賣神挂と稱へ、沼河比賣の禊と呼ぶ」のである。

第十九、「天之羅摩船」とは、神子産出の胎で、禊の事理を教ふることの詳密なるものである。

「大國主神が、出雲の御大《ミホ》の御前《ミサキ》に坐します時に、波の穗から、アマノカガミノフネに乘り、ヒムシの皮を、うつはぎに剝ぎて著物と爲し、此ちらに歸來《ヨリク》る神が有つた。其の名を問《キ》いても答へない。諸の神たちも皆、知らぬと云ふ。ところが、之は、クヱビコが必知つて居ませう。と、タニグクが云はれた。クヱビコを召《ヨ》んでおききになると、此は、神御産巢日神の御子で、少名比古那神と白されます。とのことであつた。神産巢日御祖命に白し上げますと、まことに、我が子《ミコ》であるが、我が手の俣からクキシ御子である」「後に、此の少名比古那神とは、大國主神の幸魂奇魂であることが解つた」

此のやうに、神の活動《ミハタラキ》は、人間的には解らぬやうであるが、禊と稱する神事を通じて、殘る隈も無く仰ぎまつることが出來る。

第二十、「御諸山上神」は、天之羅摩船に乘りて來りし少名比古那神が、大國主神の幸魂奇魂神としての御名を顯されたので、海神《ワタツミ》と山祇《ヤマツミ》とが、その物實《モノザネ》を同じくすることを傳へたのである。

綿津見の、潮の音こそは響くなれ。鹽椎の、固袁呂固袁呂に畫き鳴して。山祇の、一つ火こそは燃ゆるなれ。逆矛の、固袁呂固袁呂に畫き鳴して。火人《ヒト》知るや、天の詔琴。日止《ヒト》知るや、國の詔琴。統呂岐《スメロギ》の神の神輪は、一二三四五《ヒフミヨイ》、六七八九十《ムユナヤコト》と、照りに照りたり。

滿天の群星、亂れ飛び。

滿地の妖雰、競ひ爭ふ。

滿堂の佞奸、神策を遮り。

滿身の叡智、施すに處無し。

その物實《モノザネ》は、等しく零《ヒ》であることを繰返して述べたのであるが、特に、海神《ワタツミ》と山祇《ヤマツミ》とを擧げたのは、水と火との一つ◎《ヒ》を示して、「ミヅホ」と傳へた古老の婆心である。

之を別に、「ミヅホ」の禊とも呼ぶ。

第二十一、「天忍穗耳命」

「豐葦原の千秋長五百秋の水穗國を知らせと命せられた天忍穗耳命が、天浮橋に多多志て、その國は、いたくさやぎてありけりとて、還り上られた」「天忍穗耳命が、降らんと裝束《ヨソヒ》するまに、御子、天邇岐志國邇岐邇岐志天津日高日子番能邇邇藝命が生れさせられたので、此の御子を降すやうにと白された」

私共人間世界で、之を聞くと、随分我儘勝手なやうにも思はれるが、「装束《ヨソヒ》せる間に、大虚空中にて、皇孫は生れさせ給ふ」とは則、葦原中國の平定されたのである。之を、神界築成の天業と稱へまつる。

第二十二、「木花之佐久夜毘賣」

「邇邇藝命、久士布流多氣に天降り給ふ」

久士布流多氣の主神を「木花咲耶毘賣」と稱へまつりて、火の神にてまします。戸無き八尋殿を作り、其の内に入りまし、土《ハニ》を以て塗塞ぎ、其の殿に火を着けて、御子産み給ふ。

此の祕事を、久士布流多氣の禊と稱へて、木花咲耶毘賣の主りましますところである。

第二十三、「鹽椎神《シホツチノオヂ》」とは、「無間勝間《マナシカタマ》の小船を造り、虚空津日高《ソラミツヒタカ》を教へ導かれた」ので、天孫治國の大道たる日神事《ミソギ》の主神にてましますことは、前章以來屢次説明せるところ、また繰返すまでもないであらう。

鹽椎の翁が賜ひし勝間もよ。天地今や統一りにたる。

天地今ぞ統一る御魂。天地今や統一る御魂の神。

天地今や統一神。

此のやうに、「みそぎ」は、人の世神の代を通じて、一圓光明の零界を築き成す齋廷の祕事なのである。

『莫囂圓隣とは歸日止《ユクヒト》なれば死者の魂なり。根本中心たりし直日《ナホヒ》なり』

人間身は、此こに解體して、人間未知の天界に入り、或は、怖畏の魔獄に縛がる。その天界に入るものは、直《ナホ》日《ヒ》であり、魔獄に縛がるものは術魂《バケミタマ》である。

前生、人間世界に在りし時、病患苦悶の女を見て、日神事を授けたところが、直に復活して、天津神輪の妙相を現した。その後、幾年ならずして、我死したれば、彼の女は、天窟座を出でて、全宇全宙の直日《ヒ》であることを證明された。

直日本來神魔。中外幹枝亦皆日。

刧火洞然。婆子哄笑。

歌云。

ヤマトニハ、ヒトサハニヲリ。クニツチモ、
ミナヒカリタル。イツカシガモト。

『五可新何本とは齋庭《ユニハ》なれば身魂城《ミタマシロ》なり』

ミタマシロ、キヅキテスメバ、アメツチハ、
ヒカリミチタリ。ホガラホガラト。

斯くて、仰ぎ見るかぎり、伏して聞くかぎり、皆是、日であり、光であることを知る。

素ッ裸。スクスクとして今年竹。

解體解脱の極は奈何に。

堅固大成の極は奈何に。

『射立爲とは速別離去《トクカヘリマセ》にして身魂《ミタマシヒ》に告ぐる言《コトバ》なり』

『身魂《ミタマシヒ》とは直日《ナホヒ》を根本中心となしたる群衆魂なれば靈念思考以下所云肉體身全般の名稱なり』

此の身と此の心と、彼の事と其の物と、結べば眞金よりも固く、解くれば水に浮べる膏《アブラ》にも似る。

解き去り、剖き來れば、是の如きの一物。虚中を出で、虚中に歸る。


『此のノリトは。根本魂たる直日《ナホヒ》は今日今時人間身統率の任務を終りて歸り往くなれば。第二魂以下の身魂《ミタマ》は速に別離して。此處に備へたる身魂城《ミタマシロ》に移り住《トドマ》りませと人身に告ぐると共に乞ひ祈る言靈《カミコトタマ》なり。日本民族の傳承し來れる神事《カミワザ》に此の祕言靈《ヒメコトタマ》有り。之れによりて人身構成の一端を窺ひ知らるると共に。人身とは魂《タマシヒ》の聚散離合にして。其の根本中心魂を直日《ナホヒ》と稱すると共に。人身を解脱したる曉には日と稱へまつるなることを教へられたるなり』


中心か、外廓か。外廓か、中心か。

世人は之を知らずして、徒に憂悶を重ねつつあるのである。

之を知れば、高天原は現成し、日神は生れますので、太平嘉悦の神の國は成り成る。

神の零《ヒ》の、結ぶを見れば、七色の綾面白く。五色の、君が倭文よ。賢木葉の、香こそはにほへ。八十件の、緒こそは締れ。その日止《ヒト》の、身こそは光れ。彼の火人《ヒト》の、業こそは成れ。成り成りて、人《ヒト》こそは知れ。人知らす、その一つ身に、天地の、神輪赫灼く。神代ながらに。

その神輪と白すのは、橘家ヒキメの傳書から學んで、高木神の證左を仰ぎ得た宇宙成壞の事理《スヂミチ》である。眞理《ワケ》であるもの則、事實《コト》である。

此の事で理であるものを、日本紀は、「天地と判れた時に、一つの物が、虚中に出來た。その狀貌《カタチ》は說明するわけにいかぬ。が、おのづから化して、それがそのまま神であつた。それを、國常立尊《クニトコタチノミコト》とも、國底立尊《クニソコタチノミコト》ともまをします」と傳へてある。その化生《ナリナル》の樣《サマ》を讃美した萬葉集の歌。

『燃火物《モユルヒモ》取而裹而《トリテツツミテ》福路《フクロ》庭入登《ニハイルト》不言《イハズヤ》八智雲無爾《サトクトモナキニ》。向南山《キタヤマニ》陣雲之《タナビククモノ》靑雲之《アヲクモノ》星離去《ホシハサカレリ》月毛《ツキモ》離而《サカリテ》。』

『此の歌によりて。日神事《ヒノカミワザ》の何如なる結果を齎すかを傳へ得たるは。我等子孫として感謝銘記せざるべからず』

神の傳へは、その御言のままに、御像のままに、一音半語、一點一劃も、加減することを許されない。それをわきまへぬものが、人間的小智を弄して、撰錄だとか、採摭だとか云ふ。言語に絶する大罪である。が、それは、天津罪であるから、世人は、罪とも氣付かぬものが多い。けれども、此のやうなのは、神命冐瀆の大罪で、「畔放であり、溝埋であり、樋放で、頻蒔で、串刺で、伏馬、生剝、逆剝。さうして、屎戸と呼ぶのである。何と醜惡汚穢の甚しいではありませんか。

醜をも醜と知らず、惡をも惡と感ぜぬ人の子は、愍むべく、將、惡むべきである。鄕里の詞に、「ヨンマレル」と云ふ。小兒等に向ひ、「惡戲《ワルサ》をするとヨンマレルぞ」と云ふやうに使はれるのだが、之は、「ヨマレル」で、「讀マレル」で、「讀ミ上ゲラレル」で、罪人を所刑する時の「白し渡し」で、罪狀を讀み上げらるるの意である。

衆人環視の中で、その罪を數へられるとは、何と云ふ恥辱であらう。此の恥辱を以つて、その罪を贖ふ。之が、延喜式に載せられた祓言に、天津罪、國津罪の、罪の限りを讀み上ぐる所以である。讀み上げ數へ立てて、之を祓へ遣るのだから、現在犯して居るとか、居らぬとか、或は、何處の國とか、彼處の人とか云ふのではなくて、想像の及ぶかぎり、過去の過去際から、未來の未來際にまで、東西南北、上下內外、四維十表、涯も無く限りも無きまで、一切合切の非違不倫を祓はれんことを願ひて、身は懺悔し、人をば訓誨し、盡天盡地、晃耀世界とせねばならぬとの念願が奏し上ぐるのであると共に、如斯爲すならば、罪障は消滅して、高天原たる本來の象を現し得るのであると、祖神の垂示である。

『燃火と云ひ。星月と云ふは人間見得るところの最大または最小なり。而して其の星も月も平常目睹するところの星また月とは異るのみならず。燎ゆる火も布袋紙片すら焚くこと能はざる奇蹟を賢愚利鈍の別無く現し得るものなりとの意にして日神事《ヒノカミワザ》を詠みたるなり』

そのやうに、最大最小の物を借りて、宇宙成壊の事理を教へた日神事は、太古の神傳であるから、一地方に極限されるやうなことは無い。何處何如なる國でも、また何時でも、その人であるならば、之を悟證することが出來るのである。「道統を既に絶えたるに繼ぐ」と云ふやうに、肉體身としての師資相承が無くとも、大道は昭昭として、人の聞くに任せられてある。

『日神事《ヒノカミワザ》は單《ヒトリ》日本民族の傳承したる神事なるのみにあらず。

イスラエルの民エヂプトを出でヤコプの家あだし言《ゴト》を離れし時。

ユダは主の聖所《イヘ》となりイスラエルは主の所領《モノ》となれり。

海はこれを見て逃げヨルダンは後に退けり。

山は牡羊の如く躍り丘は小羊の如く躍れり。

猶太の詩篇は斯く傳へ來れるなれば。これ則日神事《ヒノカミワザ》にして又火神事《ヒノカミノカミワザ》なること。日本民族の傳承し來れる輪王《ワギミ》の神事《カミワザ》なる天返矢《アメノカヘリヤ》。高木神《タカキノカミ》の天返矢《アマノカヘシヤ》の神事《カミワザ》によりて知らるるなり。

或天若日子不誤命爲射惡神之矢之至者不中天若日子《モシモアメワカヒコオホセヲタガヘデアラブルマガカミヲイツルヤナランニハアメワカヒコニハアタラサレヤ》。或有邪心者天若日子於此矢麻賀禮云而取其矢自其矢穴撞返下者《モシモアメワカヒコノココロキタナクソノサガアシカリシモノナランニハアメワカヒコハコノヤニアタリテマガレヤトカミノコトバトナヘテソノヤヲトリソノヤノアナヨリツキカヘシクダシタレバ》。中天若日子寢胡床之高胸坂以死《アメワカヒコガイネタルタカムナノサカニアタリテミウセハテタリキ》。

古事記《フルコトフミ》日本書紀《フミ》等に傳へたる此の神言《カミコトバ》と詩篇の言《コトバ》とを總合し飜譯すれば次の如くなるべし。

日神《ヒノカミノ》の神功成て《カミワザナリナリテ》眺望たれば《ノゾミミタレバ》。海も海にはあらず山とても山にてはなし。我れに仇するものは自斃れ。我れを虐げんと謀れるものは己が放てる矢にて胸をば射貫かれたり。見よ。ワギミの神事《カミノカミワサ》の何如に威烈《オソロ》しきかを。

語を換へて云へば。

日月昭昭《トシテ》不レ容《レ》二邪曲一《ヲ》。

天地默默《トシテ》萬類蕃息《ス》。』

月明なる夜ではあるが、北方の山のあたりを眺むれば、紺青の色濃き中に、燦燦と星は光つて居る。ところが、不思議。我が顯魂鎮まるままに、我が幸魂躍るがままに、我が奇魂雄走るままに、我が眞魂の締り締りて、我が和魂澄み清みたれば、星も無く、月も無く、山も、水も、將、大空さへも、唯一圓の光と化《ナ》りて、それがそのまま、森森羅羅、萬象萬物、出入往返。八百萬神は、歡喜勇躍。過去も、將來も、現在も、上も、下も、四維八隅も、一切合切が、皆唯、一點より出で、一點に歸り、一點に繫がる。功罪賞罰、隱るるに處無く、遁るるに途無し。奇なる哉。妙なる哉。此是死《シ》矣。又是矢《ヤ》矣。

古老は、之を讃嘆して、「阿知米」と稱へたのである。

以上　第四章　終

昭和十九年四月十二日　東京都鷺宮祓禊《ミソギ》所に在りて　多田雄三　山谷淨書

死生觀の解説は、之で盡きて居る。けれども、本文は、なほ三分の二も有る。今、それを、第五章として、此の篇を結ばう。

第五章　火尖一閃

支那民族は、その國を、中華と自讃し、文物制度の美を誇つて來たが、太古の道は、斷簡零墨の如く、僅に、古書の間に散見し得るのみであり、文字徽號として遺つて居るに過ぎない。それ故、其の人を得なければ、また遂に、死灰と撰ぶところが無いであらう。

『支那民族の傳承せし神事には。袀と泰山との有りしことを禮記と書經とに載せたりと雖。今は唯其の名を止めたるのみなり。』

『黃帝の支那民族を統治したる大道を傳へしもの老子道德經中に存りと雖。僅に百三十七字に過ぎざるは惜むべし。』

『道可道《ミチノイヒウベキハ》非常道《モトノスガタニアラズ》名可名非常名《ミチノスガタハ　ナヅケントスルモ　ソノコトバナキナリ》。

無名天地《コノミチヨリ》之始有《スベテノモノハ》名萬物之母《アラハレキタル》。

故《コノユエニ》常無欲以觀其妙《モトメネガフコトナクシテ　ミチハアラハルルナリ》常有欲以觀其徼《モトメネガヒテハ　ソノハタラキヲシルノミナリ》。

此兩《サレド》者同出《トモニ》而異《マドカ》名。同謂《ナルナリ》之玄。

玄之又玄《マドカナルモノト》。衆妙之門《マドカナルモノトノ　ワカレテハアヒ　アヒテハ　ワカルルヲ　オヤトタタフルナリ》。』

全世界の人種を、一堂に集めたとも云ふべき印度には、勿論、印度民族と呼ぶべきものは無い。さう云ふ土地では、土地の魂と、居住者の魂との調和が破れ易い。從つて、事《ジ》と理との平衡を失ひがちである。小國に分裂するとか、或は、長く亡國の憂き目を見るやうな禍根が、其處に存《ア》る。滿洲帝國や、北米合衆國のやうに、其の成立に於て、之と類を同じくせる國を統治するものは、此處に鑑みねばならぬ。其のやうな土地柄で人を導くには、解脱の教門を適當とする。けれども、此の教門を開くと、國家は解體されて了ふ。それを自覺してか何うかは知らぬが、此の弱點を補ふべく、極端に我執を強くして來た北米は、全く大道を無視して憚るところの無いものと成つた。

滿洲の指針は何うなのか。

『印度には佛佛相傳の祕事《ヒメワザ》在り、釋迦之れが一圓光明の眞理を傳承したるもの。涅槃と云ひ維摩と呼び華嚴と稱するも不幸にして其の内容の詳傳を失へり。』

『法華經ひとり。過去七佛傳燈の一音響を掲げ來れりと雖。亦唯。普門品と云ひ。妙音觀世音梵音海潮音と稱讚したるに過ぎず。』

日本神道は、畏くも、「カムロギ・カムロミ」の祕音を傳へ來て、産靈・産魂の祕事を行はせ給ふと拜するので、其處に、全世界人類統率の大直日にてましますことが仰ぎまつらるるのである。

『阿彌陀佛音の祕言靈《ヒメコトタマ》に至りては。八萬四千の佛典遂に之れを傳ふるところ無し。七重四匝の文僊に傳はると雖。其の事《ワザ》遂に空し。』

『空海の眞言亦遂に眞言を得ず。』

「事理不二」は、眞言佛徒の常套語であるが、時に、不幸にして、戲論に墮するの過誤有るは、「宗教獨立」の悲劇である。空海の大德なるも、日本天皇の大道を闡明することを忘れたではないか。

治世安民は、政治家の任なると共に、外侮を防塞する軍務も、産業の實務も、風尚を指導する文學藝術も、子弟の教育も、宇宙の眞理を究明する學者も、悉共に、皆等しく、その標識基準は、大宇宙の大中心にましますことを明にせねばならぬ。

然るに、不幸。

『現今世上に喧傳する學統なるものに至りては。片言隻語だも道を傳へ得たるものあるを聞かざるなり。』

學問的の研究としても、實務の運用としても、それぞれに、分擔分掌するのでなければ、著しき進歩發展を期することは覺束ない。人間世界を善美に導くには、專門、分業でなければならぬ。綾羅錦繡、色面白き樂土淨地も、斯くて、築き成されるのである。けれども、分散し分裂して、その本を忘れる時には、倏忽俄然、黑風暴雨に翻弄せらるるであらう。噫。

『於此か 復《フタタビ》。日本民族傳承の古典を探る。
梓弓《アヅサユミ》手取持而《テニトリモチテ》丈夫乃《マスラヲノ》得物矢《サツヤ》手挿《タバサミ》立向《タチムカフ》高圓山爾《タカマトヤマニ》。春野《ハルノ》焼野《ヤクノ》火登見左右《ビトミルマデ》燎火乎《モユルヒヲ》何如問者《イカニトトヘバ》。玉桙乃《タマホコノ》道來人乃《ミチクルヒトノ》泣涙霈《ナクナミダヒ》霖爾落者《サメニフレバ》。白妙之《シロタヘノ》衣埿漬而《コロモヒヅチテ》立留吾爾語久《タチトマリワレニカタラク》。何鴨本名言聞者《ナニシカモモトナイヘルキケバ》泣耳師《ネノミシ》所哭《ナカル》語者心曾痛《カタレバココロゾイタキ》。天皇乃《スメラギノ》神之御子《カミノオホキミ》出御之手《イデマシノタ》火之光曾《ビノヒカリゾコ》幾許照而有《コタテリタル》。

『高圓山《タカマトヤマ》とは圓光晃耀の天御鏡尊《アマノミカガミノミコト》なれば。神界眞理の山にして又の名を天香具山《アメノカグヤマ》と稱へ來れるところ。燎火《モユルヒ》とは直靈《ナホビ》にして。霈霖《ヒサメ》とは伊頭雄走《イヅノヲバシリ》なること白妙之衣《シロタヘノコロモ》と受けたる言《コトバ》にて知らるるなり。天皇乃《スメラギノ》神之《カミノ》御子《オホキミ》とは高天原統治の神子《タカマノハラシロシメススメオホミカミノミコ》にてましませば。天孫《スメミマノミコト》にして。手火之光《タビノヒカリ》とは皇孫の神業《スメミマノミコトノカミワザ》たる神直靈活躍《カムナホビノイデマシテ》。照闇治世《ヨヲテラシマスベク》。稜威《カミノミイヅ》の赫灼《カガヤ》き彌《ワタ》れるなれば。諾冊二神が天津神《アマツカミ》の命《オホセ》を傳へたまへる神勅の顯現を讚美したる歌なり。』

『於是《ココニ》。天神諸命以詔《アマツカミノオホセモチテ》。伊邪那岐命《イザナギ》伊邪那美命《イザナミ》二柱神《フタハシラノカミ》。修理固成是多陀用幣流之國《コノタダヨヘルクニヲスリカタメナセトテ》。賜天沼矛而《アマノヌホコタマヒテ》言依賜也《オホセタマヒキ》。』

『古事記の本文は文字の拙劣なるが為。古來の學者讀み誤り解き謬れるものなれば。少しく註言を加へん。』

『天神諸命以とある諸は漢文法に云ふところの置字なれば。日本讀にては聲に出さざるもの。此の文は天津神《アマツカミ》の命《ノオホセ》と讀むべきなり。

詔と其の次に書きたるは天津《アマツ》神《カミ》の命以ちて詔《オホセモチテミコトノリ》すとの意味なれば。日本文の法としては命と詔との二文字重複せるものなり。

多陀用幣流之國とある之の文字も全く支那文法に毒せられたる蛇足なり。

修理固成の修理は日本語としての言靈にして。固成は支那文字として使用したれば。之れまた世人を誤らしめたるもの。修理とはスリなれば知《シリ》にして知《シラス》にして治《シロシメス》にして統治なり。リムサクにして禍津毘《マガツビ》調伏濟度救出との神《カミ》言靈《コトタマ》なり。固成は築城との意なれば國 成《クニナリナル》なり。平和嘉悅の高天原現成《タカマノハラナリナル》なり。』

『依之て。此の神勅は天沼矛《アマノヌオコ》の神傳を日本天皇の受けさせたまひしなること自明《オノズカラ》なり。』

『二柱神立天浮橋而《フタハシラノカミアマノウキハシニシテ》。指下其沼矛以畫者《アマノヌホコヲ》。臨許袁呂許袁呂邇畫鳴而《カキナシタマヘバ》。引上時自其矛末垂落之鹽《シホノシタタリツモリツモリテ》累積成嶋《シマトナレリ》。』

『古事記所傳の天沼矛の神事は此の一節のみなれども。日本書紀は更に教へて云く。』

『天地初判《アメツチトワカレタルトキ》。一物在於虛中《ヒトツノモノソラノウチニナリナル》。狀貌難言《カタチハイヒガタシ》。其中《ソノウチ》自有化生之神《オノヅカラカミナリマス》。號國常立尊《クニトコタチノミコトトマヲシマツル》。

居於虛天而生兒《オホミソラニシテミコアレマス》。號天津彥彥火瓊瓊杵尊《アマツヒコヒコホノニニギノミコトトマヲシマツル》。』

『在於虛 中《ソラノウチニナリナル》と云ひ居於虛天《オホミソラニシテ》と云へるは高天原《タカマノハラ》にしてアメなれば。舊事紀に傳へたる天讓日国禪日《アメユヅルヒクニユヅルヒ》のヒなるなり。』

『天先成而地後定《アメサキニナリツチノチニサダマル》。然後《シカルノチ》於高天原《タカマノハラニ》化生一神《ナリマセルカミノミナヲバ》號曰天讓日天狹霧國禪日國狹霧神《アメユヅルヒノアマノサギリクニユヅルヒノクニノサギリノカミトマヲシマツル》。』

『天讓日《アメユヅルヒ》とは天從出日《アメヨリイヅルヒ》にして國禪日《クニユヅルヒ》とは國從出日《クニヨリイヅルヒ》なれば。之れ虛中《ソラノウチ》の日虛天の日《ノヒオホミソラノヒ》天地の日《アメツチノヒ》なる日の神《ヒノカミ》なり。神《カミ》なり。而して日なると共に火なるなり。』

『是の如く天地の日《アメツチノヒ》を指示して人間身に教へたる祕言靈《ヒメコトタマ》を日本民族の傳承し來れるカミとはなすなり。』

『依之て。人《ヒト》とは直日《ナホヒ》が時處に凝止《トドマ》りて活動するを呼べる言靈《コトタマ》なることを知らるるなり。日止《ヒト》なるなり。タマシヒなるなり。故に又カミなるなり。』

『典籍には如斯に傳へたりと雖。是れ唯解說の一端のみ。神傳の一角のみ。日本神道としては又更に神言《カミコト》靈《タマ》存り。神事《カミワザ》存り。神言《カミコトバ》存り。神道《カミミチ》存りて始めて完き傳統を得たりとなすなり。而して之れを得る方圖を日神事《ヒノカミワザ》と稱

へまつりて天若比古神《アメワカヒコノカミ》の司りましますところなることは古事記日本書紀等に
　天成音棚機《アメナルヤオトタナバタ》
と傳へたる言　靈《カミコトタマ》に依りて知らるるところ。アメナルヤオトタナバタとは天界現成の美觀を讃仰すると共に一音響の神音を教へたるなり。日本民族の傳へ來りし鈴鏡は此の祕事《ヒメワザ》を行じたる神器なり。

其の神事《カミワザ》とは一音響卽一圓相の祕事にして。阿知米の祕事《ヒメワザ》と共に日本民族の傳承し來りし天皇の御行事なりと拜承しまつるなり。日本天皇の神傳は稗田阿禮錄《シル》すところ有りしと聞けども。不幸にして太安萬侶が撰錄採摭の厄に會ひたれば。現存古事記の如き所謂神話を遺すのみとなりしは痛憤愛惜に耐へざるなり。

僅に舊事紀《フルコトノリ》の存る在り。之れによりて神代《カミヨ》は五代《イツヨ》にして七代《ナナヨ》なることを知らるるなり。之れを一圓にして一音なりとなす。

一圓とは大宇大宙唯一光明の體なると共に重重無盡の妙用を現ずる圓光なりとの事《ジ》にして理《リ》なり。事理《ジリ》なり。

不一不二不三不四なり。故に又一音なり。

一圓にして一音なるをオトタナバタと稱へ舊事紀には天　祖《アメノミオヤ》と傳へ紀記三典共に尊と教へたるところ。一音卽一圓卽三重の實相なり。

　天地初發神魔剖判《アメツチトヒラケタレバカミトマガツビトモマタワカレタリ》。

　　金鈴一振。梵鍾一打。火光一閃。忽然體得此是《スレノ》一點《ひ》。

カミとミコトとの異るところを知らるるなり。』


それが「カミ」で、之が「ミコト」だとは、百千萬言を費しても、多くの人には、納得がゆくか、何うか。然う説明が出來るか、何うか。

等しく「カミ」と稱しても、零《ヒ》の神《カミ》・魂《タマ》の神《カミ》・身《ミ》の神《カミ》・身魂《ミタマ》の神《カミ》・さうして、直日《ナホヒ》の神《カミ》・直靈《ナホビ》の神《カミ》・和魂《ニギミタマ》・眞《マミ》竃《タマ》・幸魂《サキミタマ》・奇竃《クシミタマ》・荒魂《アラミタマ》・顯魂《アレミタマ》・術魂《マガタマ》・禍津《マガツ》毘《ビ》・等の「カミ」の有る如く、「ミコト」と稱へまつるも、「カミ」としての「ミコト」が有り、人としての「ミコト」・天命《イノチ》としての「ミコト」・大道《ミチ》としての「ミ コト」・天《アメノミオヤ》祖としての「ミコト」・隱身《カクリミ》としての「ミコト」・純男としての「ミコト」・罔象女としての「ミコト」等と、其のそれぞれの判別は、まことに複雜である。

けれども、一圓一音昭昭琅琅たる火として、顯幽表裏に常立つは、「ミコト」であり、その「ミコト」たる火の、産靈・産魂て、神界と魔境との整理を司るは「カミ」にてましまし、その「カミ」の火の燃えては、また、「ミコト」と化《ナ》るのである。

『天地跡別時従《アメツチトワケコシトキユ》久方之《ヒサカタノ》天津驗《アマツシルシト》常弖大王《サダメテシ》天河原爾《アマノカハラニ》璞月《アラタマノツキ》乎累而《ヲカサネテ》妹爾偶時《イモニアフトキ》侯立待爾《ヲシマツトタチマツニ》吾衣手爾《ワガコロモデニ》秋風乃《アキカゼノ》吹反者《フキカヘラヘバ》立坐《タチテキテ》多《ドキモ》士伎《シラ》不知《ニ》村肝《ムラキモノ》心《ココロ》不欲《オボエズ》。解衣《トキギヌノ》思亂而《オモヒミダレテ》何時跡《イツシカト》吾待今宵《ワガマツコヨヒ》此川《コノカハノ》行長爾鴨《ユクラカニカモ》天漢河原爾《アマノカハカハラニ》立月叙經來《タチテツキゾヘニケル》。』

『神界の眞理として神魔同几の御鏡《ミカガミ》を詠みたるなれば。ミコトの體にして用なり。天地跡別時従《アメツチトワケコシトキユ》とは天地剖判天地初發等と紀記《ノ》に載せたる文と等しく高天原《タカマノハラ》を築成したるなり。天河原《アマノカハラ》とは天津驗《アマツシルシ》と断《コトハ》れる如く神人たる證左として人身に授與したる異靈《クシビ》なり。統一魂《ミスマルミタマ》としての奇身魂《クシミタマ》なれば。これをトヲカミと稱へ十種神寶《トクサノカムタカラ》と讃仰したる饒速日尊《ニギハヤヒノミコト》にてましますなり。璞乃月《アラタマノツキ》とは月夜《ツキヤ》見《ミ》月弓月讀 命《ツクユミツキヨミノミコト》と日本書紀に傳へたる荒身《アラミ》魂《タマ》の事《ジ》なり理《リ》なり事理《ジリ》なるなれば。明なり闇なり明闇なるなり。顯なり密なり顯密なるなり。輙正邪曲直善惡美醜同几の月《ツキ》なるなり。』

『今之れを約言せんか。

天地《アメツチ》と判《ワカレ》れては偶《アヒ》び。日月《ヒツキ》とは運行《メグリメグリ》りて。人の世《ヒトノヨ》を神代《カミヨ》とは成《ナ》せ人皆《ヒトミナ》を神《カミ》とこそ爲《セ》め。神髄神のまにまに神しらすなる。

加美能麻邇麻邇加美奈賀良《カミノマニマニカミナガラ》と傳承し來れるは十種神寶《トクサノカムタカラ》としての人間身を讚美したる神言靈《カミコトタマ》なり。

十種神寶《トクサノカムタカラ》としての　魂《タマシヒ》をば加美奈賀良能比《カミナガラノヒ》と稱へて極大極小の靈《ヒ》なれば天　祖《アメノミオヤ》なり。

天　祖《アメノミオヤ》たる人身を直　日《ナホヒノヒト》と呼ぶはカミナガラノヒの時處に凝止《トドマ》りて活動する日止《ヒト》なりと悟證し得たる肉體身なりとの謂なり。

而して更に直靈團成直日《ナホビナリナリタルナホヒノヒト》をば神直日《カムナホヒ》と稱へて大八魔止須米良岐美《オホヤマトスメラギミ》にてましますなり。』

それを、天河原の「ミモヒ」と仰ぐは、天漢長流、水火交替、饒速日尊・飄《ハヤカゼ》のカミナガラで、月神事と畏みまつるのである。

伎美が代は、限り無ければ、此のままに、カミヨとこそは、人の仰がめ。

『神直日《カムナホヒ》の神業《カミワザ》は人をして日止《ヒト》たることを悟らしむる大神事《オホカミワザ》にして。此の土ながらの高天原《タカマノハラ》を現成《キツキナス》なる祕　事《ヒメカミワザ》なり。』

此の祕　事《ヒメカミワザ》は、三種の神器として、十種の神寶として、神の國を築き成すので、其の功の成る時、百姓萬民皆共に、「オホタマルワケ」と賞め讚へまつるのである。

『大淳別《オホタマルワケ》とは現世即高天原《コノヨナガラノタカマノハラ》たる《ナリナル》神業《カミノカミワザ》の行ぜらるる國土《アルクニ》を讚美したる言靈なれば所謂神國《シンコク》にして山跡《ヤマト》とは異　ると

ころ存るなり。』

大渟別と云ぶのは、神國であるとの義で、「クニ」の成り成りたるなりとの稱へ詞である。ところが、「ヤマト」とは、零界たる「ヒ」の祕言靈であるから、日月星辰を生み、嶋を生み、國を生み、神を生み、人を生み、草木禽獸蟲魚を生み、理を生み、氣を生み、生み生みて、餘すところ無き祖《ミオヤ》である。親《オヤ》である。神漏岐・神漏美である。神留美・神留岐である。それ故、朝廷に於かせられては、「皇親《スメミオヤ》」であると、「ムツミマス」ことと拜承しまつるのである。

『山常庭《ヤマトニハ》村山有等《ムラヤマアレド》山常庭《ヤマトニハ》天香具山《アメノカグヤマ》。香具山爾《カグヤマニ》騰而見者《ノボリテミレバ》國原者《クニハラハ》煙立龍《ケムリタチタツ》海原者《ウナハラハ》加萬目立龍《カマメタチタツ》。高天原現成時《タカマノハラナリナレルアカツキ》。天香具山湧出《アメノカグヤマタナリナル》。山上一圓晃耀日《ヤマトニハヒカリカガヤキ》。山下亦是赫灼火《クニタミハマドキセリケル》。此の御製或は之の語にて解《サト》り得んか。

山常《ヤマト》とは日本民族發祥の神界にして地界の修理固成《スリカタメナサレ》たる曉なり。火神事功成《ヒノカミノカミワザナリナリ》たる樂園なること天香具《アメノカグ》山國原海《ヤマクニハラウナ》原高天原《ハラタカマノハラ》等と稱へまつると等しき神言靈《カミコトタマ》なり。

煙は借字にしてケムリなれば國常立《クニノトコタチ》の御食《ミケ》なり。

加萬《カマ》目《メ》は和布にして水波能賣《ミツハノメ》の御魂《ミタマ》の御布由《ミフユ》なり。

故に虚見津《ソラニミツ》山跡乃國《ヤマトノクニ》と稱へて一圓光明の日神《ヒノカミ》なり。輪王《ワギミ》と舊記に載せたるところにして阿知米《アチメ》の曲にカミワと讃美したる魂《タマシヒ》なるなり。圓なり。圓の又圓にして一圓の體なり用なるなり。體用不一不二なる山跡《ヤマト》なり。オトタナバタなり。日《ヒ》にして火《ヒ》なれば一圓相にして一音響なる天 祖《アメノミオヤ》なり。オヤなるなり。

オヤとは宇宙構成の眞理にして實際なり。事理不二にして日止《ヒト》なるなり。又是れ人なるのみ。人身なるなり。』

「神留美《カムルミ》・神留岐《カムルギ》・神漏岐《カムロギ》・神漏美《カムロミ》」に產靈《ムスビ》・產魂《ムスビ》て、人と成り神と成る。

「伊邪那岐《イザナギ》命伊邪那美《イザナミ》命二柱神《フタハシラノカミ》は、嶋を生み、國を生み、神を生み、生み生みて、顯界神域と幽界魔境とに分れ給へり」と傳へられてある。

『生死遷流必竟如是。』

『山裡清明一塵不レ起《ラ》。山外擾亂風雨將《ニ》レ到《ラントス》。山上《ノ》圓光人不レ知レ之《レヲシラザルナリ》。今日不ニ救出《セズンバ》一將《タ》期《センヤ》ニ何《レノ》時《ヲカ》一乎。』

『定め無き人の命と人知らば定め無き身を心安かれ。』

『神ながら神の賜ひし加牟《カム》なれば消ゆること無き我が命かな。』

『銀碗一握《ノ》雪。焚盡《ス》一堆《ノ》書。香烟一縷《ノ》命。唯繫《ガル》ニ一點火《ニ》一。』

『昭和九年六月二十五日』

以上　第五章　終

昭和十九年六月二十五日　満洲國奉天省熊岳城禊所に在りて此の解説を了る。

豫母都志許賣の神事成り成る時、天窟戸は開け闢けて、八百萬神は、相互に手を拍ち、慶祝して云はく、

「あはれ・あなおもしろ・あなたのし・あなさやけ・おけ」

と。

日本古典多しと雖、古語拾遺ひとり此の祕言を傳へたのみである。

太玉《フトタマ》の太幣帛《フトミテクラ》を捧げまつりて、天宇受賣《アメノウズメ》の祕神挂《ヒメカミカカリ》と成り、八百萬神《ヨロヅノカミ》は、日神《ヒノカミ》の御田《ミタ》の身魂《ミタマ》であることを實證《サトリ》得るのである。

あなうれし・みたのみひかり・さしとほり・あめのうずめが・むなちもも・ちよろづみたま・なりなりて・ひふみよいむと・うけふねを・ふみとどろこし・あめつちに・きゆらかすやぞ・あめつちに・さからかすやぞ・あちめ・あちめ・いうをえやあと・うけふみたりや・あちめ・あちめ・ああひ・ああが・ああひがてんじん・ああひがてんじんゆうあいこう。

よしありと、ひとこそみらめ、みづうみの、ゆふべをぐらく、ふえのひびくを。

以上

言靈の幸

第二篇　豫母都志許賣　完

第三篇　天地《アメツチ》の宇氣比《ウケヒ》

第一章　十《ワガ》魂《オホ》尊《キ》身《ミ》

第一節

人の詞は、時代に依り、場所に依り、また、その人に依つて、同じ詞として取扱はれて居るものでも、必しも、同じ内容を表現するものではない。

「ミソギ《ハラヘ》」と云ふ詞も、また其の通りで、長い年月の間に、ひどく變つて、現在色色の人が、區區別別に使つて居る。それで、本來の語義を知るには、どうしても、古典に依らねばならぬ。古典のうちで、古事記の記載が最詳密で、また最解り易い。で、それに依ると、伊邪那岐大御神が、伊那志許米《イナシコメ》志許米伎《シコメキ》穢き國と申し傳へてある黄泉魔境、別の詞で云へば、人の五官的には知り得ざる、幽り世としての禍津毘群の中にお出まし遊ばされて、その醜惡汚穢の甚しきに驚き怖れ逃げ歸られて、竺紫の日向の橘の小門の阿波岐原にお出でになられ、御身之禊を遊ばされたとある。

日本古典の中に、禊祓の文字を用ゐたのは、之が最古い。さうして、それは、結局、どういふ事であつたかと云へば、「三貴子」を得させられたと白されます。で、伊邪那岐大御神の御身之禊《オホミマノハラヘ》は、色色の行事を經て、天照大御神をお生みになられた。それがその全體である。

であるから、之は近頃世間で流行的行事として居るミソギとはひどく異るので、いとも尊き神儀行事であります。が、此の御行事は、神代の神の御垂示であるから、現代人とは甚しく隔絶して居るやうでもある。

次ぎには、古典ではないが、神代より引續き行はせらるると承る大嘗祭の御前儀としての御禊《ギョケイ》であります。之は、日本天皇御即位後、日御子《ヒノミコ》として、天照大御神と御同位に在らせらるる事實を御顯彰遊ばさるることで、御一代一度の大祭でありますから、伊邪那岐大御神の禊を其のままの御神儀と拜することが出來ます。

それで、伊邪那岐大御神の禊祓と傳へられたのは、神代《カミノヨ》の神事《カミワザ》であり、日本天皇の御禊と白されますのは、その神代の神の御垂示を其のまま、現津神《アキツミカミ》として、人の世に執り行はせらるるのであることと拜しまつらるるので、共に神の國を築き成さるる御神業との義である。

が、大嘗祭御前儀は、九重の上なる御神儀であり、御身之禊は、神代の神の神事《ワザ》でありますから、私どもが、臣下として、民人として、そのままの人間身で、彼あとか此うとか考へて判斷することは不可能である。神代のことを知るには、其の神の代とは何であるかを明にせねばならず、九重の上なることは、御玉體の天壤無窮萬世一系に坐しまして、民人等の拜し得ざるところであることを知らねばならぬ。此こがなかなか難かしいのである。

私どもは、人間身として存在するのであり、臣民であるのであるから、神の代をば、一寸想像も爲兼ねるし、九重の上なる御事は、仰ぎ見ることが出來ぬ。

ところで、私どもの爲るミソギは、神代の神の御垂示を仰ぎ、朝廷の御祭儀に隨ひ、人として臣民としての位置に於て顯彰すべき神の道であるから、人間的の行事であり、また、臣民道としての祭祀である。今之を假に禊行事と書く。

それから今一つ、神代の神の御垂示にも適はず、朝廷の御祭儀にも順はず、荒び狂へる蠻狛夷狄の類が有る。此等の魔類には、神恩畏く、朝恩忝く、禊行事の一端を科することがある。從つて、それは、自進んでするのではなく、他より強ひて爲せらるるのであるから、その行事も、おのづから前者に比して甚しく異る。之を假に科禊と呼ぶ。

以上の如く大別すれば四通りである。

第一の御身之禊とは、伊邪那岐大御神が、天照大御神としての御神業を人間世界に御垂示になられたのであり、

第二の御禊とは、日本天皇に於かせられて、人類統率の御政事を執り行はせ給はんが爲の宇氣毘《ウケビ》であり、

第三の禊行事とは、神代の神の御垂示を仰ぎつつ、御政道に隨順し奉らんが爲の練磨育成であり、

第四の科禊とは、罪尤垢穢の如何なるかを知らしめて、禊行事に入らしめんが爲の解除《ハラヒ》で、醜類魔族を調伏し濟度するものである。

此の四通りは、同じくミソギと呼ぶには甚隔りがある。けれども、廣義に云へば、共にミソギではある。

そんな風に幾通りかに分れるのではあるが、私どもの禊行事は、畏くも、日本天皇に於かせられて、人類世界を高天原と築き成さるる御神業に、人類の一員として隨ひまつる祭祀であるから、其の位置に在りて、其の時に從ひ、其の身に適ひたる形式に依らねばならぬ。

そこで、その意味にての誓約が行はれる。

宣誓

今茲ニ禊行事ト稱スルハ
祖神垂示ノ神事ニ神習ヒツツ各人各自ガ各人各自ニ神ノ身内ノ我ナルコトヲ
實證スルモノナレバ參加全員ハ一團トシテ行止進退スルモノナリ
此ノ故ニ左記五箇條ヲ誓約ス
若シ故意ニ違背スルコト有ランニハ神罰直ニ其ノ身ニ及ブベキモノナリ

第一條　脩禊規約ヲ嚴守ス

第二條　全身心ヲ神律ニ隨順セシメントス

第三條　全世界人類ノ中心ヲ信仰ス

第四條　脩禊行事中ハ指導者ヲ中心トスルガ故に各班員ハ各班長ヲ
中心トシテ更ニ指導者ニ及ブベキモノトス

第五條　參加各員ハ終始全體トシテノ各員タルコトヲ忘レズ

以　上

此の宣誓の下に、禊祓の行事と解説とは進めらるるのである。

第二節

ミソギは、終始行事と解説とを並行させねばならぬ。が、行事の中に解説は存るので、行事を外にしての解説は、なかなか話すにも難かしいし、聞いても納得し難い。けれどもまた、耳から入《ハイ》るのも一つの便宜ではある。そのまた説明の仕方も、色色と有るが、私は、他の方面の事を白すよりは、自分の學んだ事、爲て來た事が、自分には一番慥なので、まづ師傳の系統からお話致します。

神武天皇の大御代に、饒速日尊《ニギハヤヒノミコト》の神事を傳へて、朝廷の御神儀に奉仕せられた宇麻斯眞遅命《ウマシマヂノミコト》が、其の祕事を石《イソ》上《ノカミ》神宮に傳へ、子孫永く執行はせられた。それは、朝廷の御神儀ではあるが、臣下として奉仕しつつある間に、臣民として隨順しまつるべき一つの形式を成して、民間に流傳するに到つたのである。

それがまた、宇佐神宮の所傳と成つた。と白しますのは、欽明天皇の御代に、竺紫の宇佐に、大神斐岐《オホガノヒキ》と稱して、時の人から、神としての人であり、人としての神であると尊崇された人が、此の神傳を得、神事畏く、八幡大神を拜みまつり、其の地に奉祀されたのが、後に宇佐神宮を八幡の宮と稱へまつる濫觴である。で、此の神人の所傳が、そのまま宇佐に遺つてゐた。それが、鎌倉時代に宇佐神宮の別當職であつたと云ふ川面家に傳はつた。

昔の神宮別當職は、神職よりも勢力が有つたので、祭儀神事も、おのづから別當職に傳はつたものが多かつたと云ふことであります。が、それはそれとして、今一つ、川面家には、神言靈《カミノコトタマ》の所傳が有つた。けれども、共にそれはただ、傳はつて居たと云ふまででありました。

ところが、明治時代になつて、その家には、不世出の偉人川面凡兒先生が現はれた。先生は、此の二つの神傳たる日本民族の靈魂觀と、宇宙觀とを提げて、時代相應に分る樣に、一つの組織立つた說明をして、全神敎趣大日本世界敎と稱へられたのである。それは、昔から傳はつた其のままではあるが、說明の便宜で、其のやうな名稱にせられたまでである。

宇麻斯眞遲命の傳へと白しますのは、舊事紀に記された饒速日尊布留倍《フルベ》の神事《カミワザ》で、その傳へを、世に鎭魂傳と呼ぶ。その鎭魂歌の一つに、「イソノカミフルノヤシロノタチモガモネガフソノコニソノタテマツル」と稱する神言《ノリト》がある。之は、死生解脫の敎で、此の身此のまま神の身であり、此の國此のまま神の國であり、此の時此のまま神の代であることを實證せよとの祕言である。

鎭魂と書くから、一寸解りにくいが、之は「フツミタマ」と訓むので、祓であり禊であり、祓禊であり、またその結果を指したのである。が、此の事本來神祕に屬するので、禊行事を脩した上でなければ、語ることを許されない。また、聞いても用を爲さぬのである。

所傳の言靈《コトタマ》と白しますのは、「アマノミナカヌシノオホミカミ」と稱へまつる。

古事記の卷頭に、天之御中主神と書いてあるのは、「アメノミナカヌシノカミ」と昔から讀み慣れて、然う讀むべきものと思つて、異論もあまり無かつたやうである。ところが此こに、「アマノミナカヌシノオホミカミ」と稱へまつるのは、古事記卷頭の文とは別な傳へである。其の異別は、主として「メ」と「マ」との二音に依るのである。

此の二つの御神名は、共に宇宙觀であり、神の內容を傳へたのではあるが、「アメノミナカヌシノカミ」の言靈は、專門的の解說を待たねばならぬので、一般人には解りにくい。それに反して、「アマノミナカヌシノオホミカミ」の御神名は、詞としての解說が割合に容易である。

最初の「ア」は、別に學問的に何うの此うのと云ふまでもなく、誰でも、ア、ア、ア、ア、と發音すれば、容易に分るやうに、開き開いて際限の無い意義《ヒビキ》が有る。無邊大の響きである。であるから、之を、大小の上で云へば大の極であり又小の極をも示して居る。際限の無いと云ふのは、大きくとも亦小さくとも際限が無いのである。開きに開いて涯無く限りが無いと云へば、ただ大きいとのみ思ひ易いが、限りの無いと云ふことに留意せねばならぬ。いづれにしても、極に達すれば大小を超越するのである。大小長短廣狹高卑を絕したのが極である。が、人の發音としては、大きく發し得る「ア」であるから、之を假に、大の極を示す音だと云ふ。

で、此の際涯無きものとは、ただ開きに開いたのであるから、未箇體を成さざるもので、「オホミソラ」と呼び、日本紀等には、虛中とか虛天とか書いてある。その本文を引くと、「居二於虛天一《オホミソラニシテ》而生レ兒《ミコアレマス》。號二天津彥彥火瓊瓊杵尊《アマツヒコヒコホノニニギノミコトトマヲシマツルナリ》一」「一物在二於虛中一《オホミソラノウチニモノアリ》」等である。此の虛天とか虛中とかを一音で現せば「ア」である。

「ア」は未物を成さず、國を成さぬので、勿論人も無い。それは抑、如何なる狀態であらうか。之を知る第一の鍵は、禊行事をすることである。行事を待つのでなくては、なかなか解りにくい。が、兎に角、及ぶだけ分るやうに説明したい。

今も白しましたが、私どもは、「極」と云ふ詞を用ゐる。有る限りとか、限りが無いとか、大の極とか、小の極とか云ふ。が、單に然う云つただけでは、摑みどころが無い。それではただ、無と云ふに似て居る。無は量りやうも無ければ、思ひやうも無い。無いと云ふ物は無いのであるから、考へやうも無い。事實として、無いと云ふものは無い。ところで、極と云ふ、それは、極が有るから然う云ひ得るのである。ただ、人の能力では量り知れぬと云ふまでのことである。

此の極を、別の詞では實在と呼ぶ。無くて有るもので、有りて無きものでと云ふのだが、人間の詞で完全に云ひ現したものは嘗て無いであらう。が、音の稍近いのは「ア」である。之を説明的には、何も無いやうだとか無に等しいとか云ふ。けれども、そんな説明では仕方が無い。

形としてならば、〇《ヒ》と書く。此う書くのは、圓いとか方《カク》だとかに拘はるのではなく、無なる有を説明する方便に過ぎない。音に發すれば「ア」で、形に書けば〇である。人が大宇宙を眺めて、何と説明の爲方も無い。唯、唯、驚嘆するのみである。その驚嘆の聲は「ア」であり、その象は〇である。ところで、此の〇は、一切合切を包括したので、圓滿具足の象である上からは「マ」と呼ぶのである。外から觀ては、唯、「ア」と驚嘆するの外はないが、其の内を觀れば、「マ」と呼ぶミタマである。と云ふので、此の二音を合せて「アマ」と呼ぶのは、大宇宙の内容外觀を一語に包括し説明した神の詞である。

で、「アマ」なる大宇宙の大宇宙たるは、その内容が「ミナカヌシ」であるが故である。そのまた、「ミナカヌシ」の展開たる「アマ」を產出するものは、「ノ」と呼ぶミタマである。そのやうな意味で、「アマ」と「ミナカシ」とを繋ぐに「ノ」の音を以つてしたのである。此の「ノ」とは、野《ノ》であり、奴《ヌ》であり、凹《メ》であり、女《メ》であり、坤《ツチ》であり、陰《ミホド》であり、人《ヒト》であり、黄泉醜女《ヨモツシコメ》であり、胎盤であり、天津神輪《アマツカミワ》であり、浄地沃土である。そこで、此の「ノ」の一語を以つて「アマ」と「ミナカヌシ」とを繋ぐのである。

その「アマ」と呼ぶところの大宇宙は、「ミ」と云ふ實體であり、其の實體たる「ミ」は、赫灼と光り耀いて居る。大宇宙の然る如く、都べてのものの中心は皆悉、照り耀いて居る。美しく照り耀くものは、「ナカ」であり、そのまた、赫灼たるわけは、その中に、他を引き締め統べ治むるミタマとしての「ヌ」が在るからである。「ヌ」とは、盗むであり、塗るであり、寝《ヌ》るであり、野《ヌ》である。「ノ」に等しくして僅に異るの凹地である。その「ヌ」の中には、又更に、全體を主宰し統率するミタマが在る。それを、「シ」と呼ぶ。「シ」とは、治《シ》であり、知《シ》であり、主《シ》であり、人《シ》であり、死《シ》である。則、生死一貫の義である。之を形に書けば、等しく〇である。説明すれば、零であり、一である。故にまた、極と呼ぶのである。

極とは、中心である。それは、唯一で、待對を絶して居るから、計算することが出來ず、比較すべきものが無いので、極と呼び、また、中心と稱す。これは是、大宇宙に唯一つのみである。大宇宙に唯一つ在るものとは、唯是大宇宙而耳である。

此の事實と、此の眞理とが、重重無盡無量の存在と成つて生滅起伏するのが、見る通りの現象世界である。如是の現象世界に在りて、現象と本體との分際を撤すれば、必竟神で、「アマノミナカヌシ」たる「カミ」にてまします。

さうしてその、「アマノミナカヌシ」たる「カミ」とは、「オホミカミ」と稱へまつるので、單に「カミ」と白しまづるとは少しく異る。

「オホミカミ」に大御神の字を當ててあるが、此の大《オホ》は、單に大小長短等の意味での大ではない。で、大御神とある漢字に拘泥しては、解りにくくなる。

「オホミカミ」の「オ」は、一音でも既に、「オホ」と伸びる性質を有つて居るが、その性質を更に確實に示して、「オホ」と二音を連ねたのである。それで、「オ」の音義《ヒビキ》は、伸びに展びて、際限無く擴がつて行く。さうしてその、涯無く廣がるとは「ホ」である。

「ホ」とは、燃ゆるので、火《ホ》である。火炫毘古《ホノカガビコ》である。明《アキラカ》なので、火火出身《ホホデミ》である。秀づるので、優れたるもので、さうして升るので、秀國《ホクニ》である。固く強く生生發展して止まざるもので、稻の穗、麥の穗、等の穗で、水穗國の穗である。此のやうな「ホ」を、「オ」に加へて、二音一語を成したのが、「オホ」である。此の「オホ」はまた、其の活用の方面から、「オフ」と化る。追ふであり、負ふであり、覆ふである。而して斯の如きものは、「オホ」で、大である。

次ぎの「ミ」は、「ミ」と云ふミタマである。それで、「オホミ」と連ねては、高隆秀麗堅固大成するところの實《ミ》としての御靈《ミタマ》で、三産靈《ミムスヒ》で、生産靈《イクムスヒ》・足産靈《タルムスヒ》・玉留産靈《タマツメムスヒ》であり、身《ミ》としての御魂《ミタマ》で、三産魂《ミムスビ》で、生魂《イクムスビ》・足魂《タルムスビ》・玉留魂《タマツメムスビ》であるとの義で、その三産靈《ミムスヒ》たり三産魂《ミムスビ》たる「ミ」は、生死遷流、出入往返、出でては歸り、歸りては出で、生へては枯れ、枯れては生へ、往生極樂、轉生死獄、發展しつつ、歸結しつつ、歸結しつつ、發展しつつ、大宇大宙、萬類萬物と、開落榮枯、連環無際、また無限。則、「カミ」にてましますなりとの義である。

次ぎに、「カミ」の「カ」は、晃耀赫灼で、開き剖くので、大宇宙の美しく照り耀ける面を眺めた嘆美の音であり、「ミ」は充滿實塞で、閉ぢまた塞がるので、大宇宙の堅固に締りたると共に、闇黑の土なる面を見たる否塞の音である。從つて、「カミ」の二音は、顯幽の意であり、明闇の義である。

そこで、「オホミカミ」とは、絕大無限にして、また、圓滿具足の統一體にてましますなりとの義で、「アマノミナカヌシ」と稱へまつるに等しいのである。「アマノミナカヌシ」、それは卽、「オホミカミ」にてまします。此の意味で、「アマノミナカヌシ」の次にある「ノ」は、「オホミカミ」と接續する詞ではあるが、單なる接續詞ではなく、「それが卽」の義で、「メ」の意を含んで居る。その「メ」とは、繼ぎ目、合せ目、別れ目、代り目、等の「メ」で、合ひては別れ、別れてはまた合ふの「メ」で、凹《ヒ》と描く。で、「ヒ」に通ふの「メ」であり、「ノ」である。

此のやうな所傳であるが、なほ搔摘んで言ひ換へると、大宇宙は、私ども人間的の機能相應に、一語で包括すれば「アマ」で、「アマ」の「アマ」たるは、「ミナカヌシ」なるが故で、「アマ」を現象と見れば、「ミナカヌシ」は、本體とも稱すべく、此の本體たる「ミナカヌシ」が、「アマ」と呼ぶ現象世界を發現するは、「ノ」と呼ぶ妙用に依るので、之を都べては、「アマノミナカヌシ」と讃へまつる。その「アマノミナカヌシ」とは、絕大無限でありながら、圓滿具足の統一體にてましますから、「オホミカミ」と稱へまつる。無始終で、無邊際で、そのまま、始終を現はし、邊際を示す。〇で、一で、極で、這箇である。と白すのであります。

第三節

ミソギは、神の言靈を稱へつつ、神の國を築く。之を、大御名奉稱の行《ギヤウ》と呼ぶ。此の行事は、極めて容易なので、專念一意、行往坐臥を通じ、時處に拘はらず、間斷無く稱へまつる。すると、初はただ耳に聽くのみの詞と思はれるが、やがて、その詞の積り積りて、明に目に見得る聲と成る。聲を聞き、さうして、聲を觀て、其處に、神の象を拜みまつる。仰ぎて見れば、晃耀赫灼たる◎で、五色光で、壯麗無比、嚴烈至極。溫容は玉の如く、威儀は鏡の如く、銳利なることは劒も例へに足らぬ。

「アマノミナカヌシノオホミカミ」と稱へまつる聲は、私ども人間の詞ではあるが、神の敎へたまへる神の詞であるから、そのままに稱へまつれば、そこに直に、神を拜みまつらるるのである。で、此のコトタマとして拜みまつる「アマノミナカヌシノオホミカミ」の神傳に依つて、日本民族の宇宙觀を明にすることが出來るのである。が、此の解說は、單なる言論ではなく、悉皆、實證に依るので、それには、大御名奉稱と共に、先に擧げた饒速日尊の神事としての布留倍《フルベ》の祕儀を仰ぐのである。

布留倍とは、零《フル》の祕事との義で、神の宇氣比《ウケヒ》に依りて、人の身ながら、神の宇氣毘《ウケビ》を得るもので、十種神寶《トヲカミ》と稱へまつる。「トヲカミ」とは、數理觀なので、「ヒフミヨイムナヤコト」と稱へ、一二三四五六七八九十と說明するので、日止《ヒト》で、火人《ヒト》で、人《ヒト》であるのが、神聖《カミ》にてましますので、發きては零で、結びては一で、妙用を現はしては一二三四五六七八九で、本體に歸り來れば十であるとの義である。が、之は說明に過ぎない。布留倍は本來、事實であり、眞理であり、不二不一の事理であるから、行事に依つて顯彰するのでなければ、明瞭《ハツキリ》はせぬのである。

布留倍の祕儀を行じつつ、神の言靈を仰ぎまつれば、あや奇しくも、靈《クシビ》なる魂《ミタマ》の實相を明にして、人間身裡の火を證し得るのである。

此火本來、不生不滅。

不生生、不滅滅。古老教云。十魂尊貴之玉體也矣。

以上　第一章　終

昭和十七年十月五日

滿洲帝國大同學院に於て講演

第二章　十種神寶《オホミタカラ》

第一節

ミソギ行事を進むるにつけて、最留意すべき靈魂観と宇宙観とを、先師は詳論されてある。

靈魂觀と宇宙觀と云ふやうに別ければ二つであるが、合すれば一つで、天御中主大御神《アマノミナカヌシノオホミカミ》のコトタマも、布留倍《フルベ》のヒメカカリも、究極、宇宙の事實で眞理で、事理不二であるところの神魔同几の火を證するのである。此の火を證し來れば、十魂尊身にほかならぬのであります。

神代紀として傳へたる古典は、必竟、此の事理を敎ふるのであるが、古今學徒の解説は、區區別別である。一例として、世間に著名な本居宣長の古事記傳を見ると、「天地は、アメツチの漢字にして、天はアメなり、かくてアメてふ名義は、未思得ず」「古も今も、世人の釋ける説ども、十に八九は當らぬことのみなり」と書き出して居る。どうも、自分は度量衡《ハカリ》を持たぬが、他人の度量衡は皆間違ひだと云ふやうで、變に聞こえるが、其の當らぬと云ふ理由を、「ひたぶるに漢意にならひて釋くゆゑに、すべて當りがたし」と斷じ、進んで、「釋かずて止むべきにも非ず、考への及ばむかぎり、試には云ふべし」と有る。謙遜なのか、無責任なのかは知らぬ。が、次ぎには、斷乎として、「天は虛空の上に在りて、天神たちの坐ます御國なり」と決めて居る。

「虛空」を、昔から「オホミソラ」と訓んで居る。人の身として仰ぎ見れば、際限も無く擴がつて、物皆を覆ひ包んで居るやうに思はれる。大きくして廣くして量り知れない。そこで、之は、大の極かとも思はれる。ところが、其の外に物が在る。覆はれて居るもの、包まれて居るものが在る。とすれば、既に相對したる物であるから、決して極大ではない。

日本の古典は、「オホミソラにして御兒生れます。天津彥彥火瓊瓊杵尊とまをしまつるなり」とか、「オホミソラの中に、一つの物生り成る。國常立尊とまをしまつるなり」とか傳へて居る。

此のやうな傳へを、宣長は、虛空と神と國と乃至人類等と相對したものと早合點をして居るのではあるまいか。さうとすれば、大間違ひである。

虚空の中に生れるとか、成り成るとか傳へてあるが、今此こに、一塵をも止めざる大空を眺めて居ると、そのままの大空に、瑞雲が起る。黑雲が湧く、軟風が立つ、暴風が渦巻く、猛雨が降る、閃電雷鳴、今までは、虚空とのみ眺めて居た虚空が直に、雨であり、風であり、雲であり、霧であり、雪でもあり、霙でもある。聲でもあれば、色《スガタ》でもある。

人が、五官的に見て虚空とする。それがそのまま、結び結んで、人と成り物と成る。國でもあれば地でもある。それが、見る通りの實際である。此の見る通りの「オホミソラ」は、在る限り有らん限りの一切合切で、人が見得るとか、聞き得るとか、味ひ得るとか、嗅ぎ得るとか、或は然らずとか、觸ることが出來るとか、出來ぬとか、思ひ量ることが出來るの出來ぬのと云ふ範疇に制せらるること無く、何も彼もが含まれて居るので、他の詞では、「アマ」で、他の文字を當てては、大宇宙と書く。此の中の生滅起伏が、人天萬類である。從つて、虚空の上の天とか、それが、天神の御國だとか云ふのは、お伽噺に似て居る。

日本古典は、宣長の見るが如きものではない。

ナツゴロモ、ワレトカナクニ、フブキシテ、カラノヒロノラ、ユキクレニタル。

寒暑來往、西東旋轉。生も生にあらず、死もまた死にあらざるものがある。古老は、之を驚嘆して「ア」と呼ばれた。まことに廣く高く大きく深く遠く、幽《カスカ》にして、また顯《アラハ》にして、人の能力では、量り知ることが出來ぬ。唯、「ア」と驚嘆するのみである。それで、此の「ア」の一音に現はされた詞としての意味は、在る限り有らん限りで、其の限りと呼ぶものも無いのである。が、その「ア」は、そのままに、妙用を現はして、頭《アタマ》とも成り、足《アシ》とも成り、在《アル》とも、朝《アサ》とも、赤《アカ》とも、靑《アヲ》とも、歩《アユム》とも、跡《アト》とも成る。それから更に、阿爺《アヤ》となり、阿婆《アバ》と成る。「アヤ」も「アバ」も共に、父《チチ》との義であり、母《ハハ》との意であり、父母《チチハハ》との意味で、親《オヤ》で、祖《ミオヤ》で、都べてのものの産出者で、造物主なのである。

此の造物主の別名《マタノミナ》を、「アマ」と呼ぶ。それは、無くて有るものであるところの「ア」が、その「ア」としての妙相のままに、「ア」としての妙用を現はしたるミタマであるとの義である。が、之を反對の面から説明すれば、「マ」と呼ぶミタマが、發き發いて涯無く限りの無い火であるとの義で、

モユルヒモ、トリテツツミテ、フクロニハ、イルトイハズヤ。サトクトモナキニ。

と、古典に傳へたる、生死起滅の事實であり、眞理である。

此の「マ」と呼ぶミタマを、人の身として仰げば、⊙《マト》で、都べてのものの標識基準である。此の「マ」が結びて神人萬有と成るのであるが、解くれば○《ヒ》と呼ばるるのである。その解けたる○《ヒ》をば、説明的に「アマ」と云ふ。天《アマ》で、雨《アマ》で、海《アマ》で、女《アマ》で、緯《ヨコ》に動いては水《ミヅ》で、經《タテ》に活いては稜威《ミヅ》で、共に三出《ミヅ》で、靈出《ミヅ》で、三産靈神《ミムスビノカミ》と稱へまつるのである。

「ミヅ」とは、活用を眺めて名づけたのであり、「アマ」とは、本體を仰いて讃へたのである。その「アマ」を神と仰いて、天帝と支那人は尊崇したのである。

「マ」を形に書けば、◎《マ》であるが、○《ヒ》の複合體であるから、また單に○《マ》とも書く。之は、三産靈《ミムスヒ》・三産魂《ミムスビ》・天《アマノ》沼《ヌ》矛《ホコ》の祕神事《ヒメカミワザ》で、地上の水《ミヅ》が、天界の稜威《ミヅ》を仰ぎて、神界樂土を築き成すのである。此の「マ」と彼の「マ」との抱合合體するので宇宙が成り立つ。小宇宙としての人天萬類また皆然うなのである。と云ふと、誤解され易い

と思ふので、言ひ換へると、宇宙本來、「マ」と「マ」との聚散離合で、その外なる物とては無いのである。
ところが、古事記に、別天神《コトアマツカミ》と記されたのは、隱身《カクリミ》と教へられたるとほり、澄《ス》み清《ス》みて明《ス》み極《キ》りたるの義で、極を示したのであるから、〇《ヒ》であつて、神《カミ》ならざるの神《カミ》とか、宇宙の外に在るの神《カミ》とか稱ふべき「アマ」である。

其のやうな別天神《コトアマツカミ》たる天御中主神《アメノミナカヌシノカミ》・高御産巣日神《タカミムスヒノカミ》・神産巣日神《カミムスヒノカミ》の高天原を説明する詞として、古事記は、「天地初發」と記したのである。それ故に、此の四字が、日本語の「アマ」に當るので、古事記卷頭の「天地」は、アメツチの漢字ではない。之を、本居風に書けば、「天地初發はアマてふ漢文字なり」と成る。「天地初發・高天原《テンチシヨハツソレハタカマノハラ》」と續けては、「アマノミナカヌシノオホミカミ」と稱へまつるの義に當る。則、皇天皇土で、大平等海と説明することの出來る一圓光明の火の海で、虛空である。都べての極を教へたのであるから、大の極で、小の極で、一切合切の物の極で、唯一超絶の〇《ヒ》で、無經無緯で、無際無涯、無邊無限で、無始無終、無生無死の火《ヒ》で、燃ゆる火で、また光る日で、重重無盡又無量の圓光で、然もそれは、唯一點である。と云ふやうに説明はするが、さて之を、古事記の上だけで知らうとしても、それは容易でない。日本記と對讀すれば、稍分り易い。「乾道獨化・純男・罔象女」とか、「居於虛天而生兒」「一物在於虛中」とか有るのが、其の一例で、之等は皆共に、火の海たる大平等海裡の生死起滅を教へて居る。

それよりもなほ解り易いのは、「天祖天讓日天狹霧國禪日國狹霧尊《アメノミオヤアメユヅルヒノアマノサギリクニユヅルヒノクニノサギリノミコト》」とある舊事紀の傳へである。ところが、舊事紀をば、「後人の僞り輯めたる物にして」「卷卷の目《メ》などもみなあたらず、凡て正しからざる書なり」「乾坤などいふことは皇國になきことにて、その古言なければ、古傳説に非ること明らけし」と、宣長は言つて居るので、宇宙の事理が何うの此うのと云つたならば、「すべて理のかなへりと思はるるを以て、物を信る《ウク》はひがごとなり、そのかなへるもかなはぬも、實には凡人の知るべきにあらず」と、一蹴しようとするか、
それとも、虚心平氣に他の言を容れ、謹愼敬虔に天祖《アメノミオヤ》の神言靈《カミコトタマ》を奉稱しつつ、「アマノミナカヌシノオホミカミ」の瑞大天照宮《ミツノオホミアラカ》を拜みまつらんと願ふに到るであらうか。

第二節

何彼と論議する程に、問題は「アメノミナカヌシノカミ」と「アマノミナカヌシノオホミカミ」との異同判別を明にせねばならなくなつて來た。

古事記巻頭に、天之御中主神と記されたのを、古來「アメノミナカヌシノカミ」と讀み慣れて居る。

ところが、先師は、「アメ」とは「ツチ」に對した詞であるのに、天之御中主神とは、大宇宙を包括したる上での全神として稱へまつる御名であるから、「アマ」と白さねばならぬと唱へ、此の大御名に依り、日本民族の宇宙觀を説明されたのである。

けれども、此こに、ツクシブミと呼ぶ書《フミ》が、川面家に傳承されて、其の巻頭に、
アメツチノ、ヒラケ、ヒラケテ、ハテモナク、ヨハ、ヒトイロノ、サギリナリ。サギリノカミノ、ノタマハク、アナオモシロ、アマサカル、アメチ、アユカ、アウヲエ、ウ。ヒトコソハ、ヒトヲサソヒテ、アチメ、アウヲエ、ウ、ウ、ウ、ウ、ウ、ト、ウト、ウ、ヤアウ。ソノカミノ、ソノカミワヅト、タチタチテ、クニ

コソキヅケ、アウヲエト、ヒトコソアソベ、アチメ、アチメ、アチメ、アチメ。ヒフミヨイムナヤコト。

と有る。

之を譯讀すると、「天地開闢、陰陽正位、俯仰乾坤、如如出入。如是ア、又是マ、則是ヒ。出入往返、三靈三神。」となる。或は平易に、「何も彼も、發き開きて、其の極《ハテ》は、唯アと呼ぶの外はない。此のアの内容は、人の知らざる◎《マ》であるが、そのマと呼ぶは、圓滿具足の身《ミ》であつて、照り赫灼ける日に外ならぬのである。その日を、内から觀れば、〇で、一で、外から見れば、森羅萬象で、内外を合せて觀れば、無くて有る物で、有りて無き物で、一つの物で、狀貌難言《ソノサマハイヒガタキモノ》である。」とでも云ひませうか。

なかなかに讀みにくいのですが、昔から川面家では、「アマノミナカヌシノオホミカミ」の祕言靈《ヒメコトタマ》だと傳へて來られたのだと白されます。

先師は、之を古事記卷頭の天之御中主神の讀方だと思ひ定められたことと、私は推測するのであります。どうも、之は推測なので、先生からお聞きしたのではない。唯此の、今人には不思議とも思はるる言靈を、私は譯讀して、聊、訝かしく思ふ點も有るが、それはそれとして置いて、

此の祕言靈は、天之御中主神・高御産巣日神・神産巣日神とある古事記の天之御中主神の讀方ではなく、天御中主大神と記して、大平等虛空藏の義で、天地初發の祕言である。

何故に、之を祕言と云ふかと白しますと、多くの人には、聞いても解らず、學者と呼ばるる者でも、疑ひを起す虞の多い事理であるから、一般人には話さないし、書物にしても、公刊發賣をしてはならぬとの義である。

然るにも拘はらず、今此の祕言を記し、且、譯讀をも附けた理由は、時代の推移に依り、此の祕言も、現代語

とは殆んど全く懸け離れてしまつたことと、現代人は、あまりにも理智的に、或は物質的に片寄り、正しき神の信仰を失つて居るものが多く、尋常一様の説明を爲ても、まるで解らぬ者のみだから、非常の行法と解説とを待たねば、殆んど用をなさぬ處が多い。二豎膏肓に居るものとも云ふべく、之を救濟するには、普通藥を以つてしても、効を奏する見込が無い。止むを得ずして、神祕の扉を開き、せめては寶藏の一隅なりとも拜みまつり、神威の畏きことを知らしめんと願ふ次第である。

從つて、之は劇藥以上のもので、毒藥以上の魔神である。之を服用するは、死生を一擧に決するもので、常人は眩惑卒倒して、遂に起つこと能はざるに到るやも許られぬ。それも亦止むを得ぬ。

あなかしこ。今、人の世に、

高木神《タカキノカミ》は、天返矢《アマノカヘシヤ》の祕事を傳へて、神界樂土を築けよと教へ給ひ、火迦具土神《ヒノカミ》は、劫火《モユルヒ》を與へて、妖類魔族を焚盡せよと命せ給ひ、水神罔象女《ミヅノカミ》は、月神事を教へて、地界平定の祕儀密言を授け給ひ、日神《ヒノカミ》は、天窟戸に隠《コモ》りて、天津璽《アマツミシルシ》を作らしめ給ふ。

時既に此の如くで、事既に此こに至つたので、摧破調伏擊攘濯除の神律を待つのでなければ、世界人類は、光明を忘れるやうにも成るであらう。

此の神律を、人の身として仰ぎまつり、此の神律のままに、人の世を築き成すことは、アメノミナカヌシノカミの祕事で、「メ」の神事と稱して、神代の神は、「ミソギ」と教へ來つたのである。

それで、此のアメノミナカヌシノカミの「アメ」は、天地と相對したのでもなければ、「アマ」の誤りでもない。アメノメヒトツのカミの祕言靈としての「メ」の妙用を教へ給へる神魔同几の「ヒ」の内容を指示されたのである。

「メ」とは、現今でも、女《メ》・目《メ》・芽《メ》・陰《メ》・陽《メ》・凹《メ》・凸《メ》・孔《メ》・穴《メ》・等の日用語として傳はつて居る如く、父で、母で、陰で、陽で、天地で、乾坤で、雌雄で、男女で、親で、祖で、祖神で、高きもので、低きもので、尊卑で、大小で、明闇で、晝夜で、乾濕で、水火で、境地でもあり、主體でもあり、分分微微でもあり、總體でもある。

今之を、數として見れば、一がそのままに二であり、二がそのままに一であり、一であつて多數であつて、造化の妙相妙用は、一二三四五六七八九で、そのままに十であることを教へて居る。

十は、カミで、一二三四五六七八九は、アメノミナカヌシノで、アメノミナカヌシノカミの十一音が、そのまま、一二三四五六七八九十の數理を示して居る。

第三節

ひどく難かしくなつて來たが、亦止むを得ない。

祖神垂示の數理觀は、先師が、一卽零、零卽一と說明して、大宇宙の祕を發かんとしながら、一も一にあらず、零も零にあらず、零卽一にあらず、一卽零にあらざることを教へられざりし憾を遺し、稜威三柱神《タマノミハシラノカミ》と稱へながら、カミの解說には、音韻轉通の俗學を借り、三不可分の〇《ヒ》を發くことを爲なかつたので、アメノミナカヌシノカミの「メ」が、二であることを教へられなかつた。

アメノミナカヌシノカミの十一音の中心を成すものは、此の「メ」である。特に此の點に留意せねばならぬ。「ア」を母音で、母音の母音の祖音であると云ふ。先にも述べたやうに、開き發きて、涯無く限りの無いのが「ア」で、無と云ふに等しい。無に等しき有であるから、父母たる二柱御祖神と稱することが出來る。古典に、「伊邪那岐命伊邪那美命二柱神」と記したのを、「イザナギイザナミフタハシラノカミ」と讀まねばならぬ譯が此こに存る。それで、之は二の一である。それとは反對に、

「メ」は、女《メ》の詞が最簡單に教へて居る如く、一の二である。と白しますのは、陰と陽とを共に「メ」と呼ぶので分るやうに、子女を孕むが故に、子女を産出するが故に、女《メ》なので、子女無き女人は「メ」ではない。從つて、子女を産出せざる男子も陽《メ》ではない。共に、「メ」と呼ぶには缺けて居ると云ふのである。陰陽《メ》としては未完成なのである。

古典に傳へたる□□《フ》が、坤で陰で女で、二であることは勿論だが、此の二は、裏に一を示して居る。□■□と書くのは、其の故で、二つであつて一つで、二つ有らざれば、完全なる用を爲さぬのが「メ」であるとの意で、目をも女をも凹をも凸をも、共に「メ」と教へられたのである。「メ」の文も、單なる音標の符號ではなく、□■□の象形で、指事で、會意である。之と等しく、「ア」は、發き發きて涯無く限りの無い音を表す文の意味で、ワ《コ》のやうに、口を開きて、其の音を出したる象形から取つたのである。

世に、カタカナ文字と呼びて、町形から割り出したのだと稱するのも、全全間違ひばかりと云ふわけではないが、一知半解の見で、其の根原を成すカミヨの「カナ」の有ることを知らぬものである。

その「カナ」と云ふのは、天津金木と延喜式にて記されたノリトの詞で、本來は、アマツカミワの象形から教へられたので、アメノミオヤアメユヅルヒノアマノサギリクニユヅルヒノクニノサギリの形狀を寫し、之を用ゐて、宇宙の事理を教へ、吉凶禍福を知ると共に、見直し聞直し又、行ひ直し語り直して、神界樂土を築き成す祕事を行じたので、其の「カミワ」は、目に見る色彩形狀であるが、それを直に、神のノリトとして、神言靈と拜みまつり、稱へまつるのである。耳に聽けば詞《コトバ》で、目に見れば相《スガタ》であることは勿論で、唯、之を受くる機關の異るが爲に、色とか聲とか香とか味とか名づけたまでである。

　人皆は、名を異にして、我在りと、相互にぞ知る。神の宇氣比て。

人天萬類は皆是、此の「メ」の妙相妙用である。

次ぎの「ノ」は、野で沃土で、萬物產出の胎で、三生一と稱するの凹《メ》で、數としては三である。それは、此の凹と相互に表裏を爲す凸と共に、四なので、三であつて一で、一で三で、都べてのものの產出せらるる狀態なので、最手近な人間身の上で云へば、親子なので、其の親とは、必二で、其の二は、必一を伴ふので、然らざれば、親でもなし、子でもないので、親子とは呼ばぬと共に、存續を失ふので、此の三を基底として、人生が組立てられる。之を三の一と呼び、三が一を生ずとなす。斯くて、生生發展の慶福を喜ぶ。諸神慶喜、三靈抃舞。

それで、「ノ」はまた「メ」の妙用である。

「ミ」とは、實で、稔で、三であるが、數としては四である。と云ふのは、物と云ふ物は、何如に分割しても、或は累積しても、その極は一であるから、其の內容は稜威《ミイヅ》で、稜威《イツノ》雄走《ヲバシリ》で、稜威三柱神《タマノミハシラノカミ》である。三柱だとは、生《イク》產靈《ムスヒ》・足產靈《タルムスヒ》・玉積產靈《タマツメムスヒ》で、生魂《イクムスビ》・足魂《タルムスビ》・玉留魂《タマツメムスビ》で、また生玉《イクタマ》・足玉《タルタマ》・玉留玉《タマトマルタマ》なので、三不可分の〇《ヒ》であるが、

「ミ」とは、身としての箇體であるから、〇《ヒ》の結び結びたる人天萬類なので、〇《ヒ》と〇《ヒ》との複合體である。〇と〇との重る時は二重であるが、既に重ると云ふ上からは、必重點が有るので、之を三重相と呼ぶ。此の三重相は、又必重點の表裏が有るから、そのまま四重である。四重にして、箇體は成立する。否、箇體としての原型が四重なのである。それで、此の「ミ」は數としての四なのである。

次ぎの「ナ」を、五だと云ふのは、五が成數であるからなので、名《ナ》・命《ナ》・目《ナ》・汝《ナ》・菜《ナ》・魚《ナ》・肴《ナ》・和《ナ》・等と稱するが如く、四としての箇體の原型が、箇體を完成すべき資料たる「ナ」を蒐集して、五なる成數と成り、更に生數として、六を産出する位置に在るので、奇數でもなし、偶數でもなし、奇數でもあり、偶數でもあると云ふ妙不可思議なる數として、五を「ナ」と呼ぶのである。

此の「ナ」が、數としての全體であるところの九の中間に位する正數たる五としての威力を發揮する狀態を觀れば、晃耀赫灼たる稜威であるから、「カ」と呼ぶ。

正數の産出する一で零であるものを六だと云ふのは、人天萬類が常に、神の完きが如く完からんと願ひつつ、數としても、滿數たる十を完成せんが爲に、此の零なる一を、成數の五に加へたるものである。それ故に、數は五で足るので、五は正數なのであるが、其の餘りの數としての零なる一を五に加へては六と呼ぶ。それと共に、その六は、五代《イツヨ》の神の御息なり、稜威《イツノ》雄走《ヲバシリ》なりとの意にて、「カ」と稱するのである。「カ」は赫灼として照り耀くもので、光《ヒカリ》であるとの音義であるからである。

「ヌ」は盗《ヌス》むので、溫《ヌル》むので、又、野《ヌ》で、資材を集めては富者と成り、肥料を施しては沃土と成さんとするもので、數としては、成立後の二で、「ナ」と云ふに等しい。と云ふのは、變化計り知られざるもので、常に他の資料に供せられつつ、他を満足せしめつつ、また、他を誘ひ惑はしつつ、往くとなく、來るとなく、變幻出沒して捕捉し難く、而してまた、乾坤獨自の存在たり得ざるもので、幽鬼妖魔と呼ばるるもので、數としては、不可思議なる活用を爲すの七である。

七が不可思議な數だと白しますのは、五なる成數の産出したる二で、陰陽不測の「メ」であるからなのである。陰にして陰にあらず、陽にして陽にあらず、陰にてもあり陽にてもあり、陰にてもなし陽にてもなきの日月《ヒツキ》としての二であるからなのだとの意である。

「シ」は死《シ》で、主《シ》で、人《シ》で、弓矢の神事としての「ヤ」で、數としての八である。往いて返らず、出でて止まらず、而してまた、出でては必歸り、往いては必來るの怪奇異靈。人間身の知り得ざるところなりとの義である。それは、高木神の天返矢《アマノカヘシヤ》で、天若比古の天返矢《アメノカヘリヤ》で、「メ」なる二の往返で、必竟、「メ」に等しきの穴《メ》で、此の凹と彼の凸との合體たる日の出入往返で、一切合切在りと在るものを緊縶堅縛して、神業に隨順せしめんとするもので、常に反省を促し、人の身をして、祓の神事を神習ひに神習はしむるもので、唯一無二、極大極小、一點不滅の〇である。

古典は之を喪と傳へて、火上の二なることを教へて居る。喪を剖けば、十口口一以で、以は火で、火の象形ᘓᘓを楷書に整理したので、二つの口は人とも書き、二人で兩者で、十は兩者の結合を教へたる指事で、一は天地を分つものであり、顯幽を隔つるものである。顯界神域と幽界魔境とを分つの一線は、口《死者》と口《生者》とが、神命のままに、祓の祕事を行ずる黄泉《ヨモツ》比良《ヒラ》坂《サカ》で、千引石を中に置きたる別離であると共に、破壞の裏に行はれつつある建設を默示したものである。

次ぎの「ノ」は、祕《ヒメ》と云ふことで、女で、姫で、美しきもので、醜きもので、胎盤との義である。胎盤は、古典に傳へたる鏡の船で、眞《マ》床覆衾《ユカフスマ》で、天津磐境の義であるから、善美正誠を極めたるもので、「與天壤無窮者」で、數としては、窮數で、九である。

以上一二三四五六七八九を總べては、九重《ココノヘ》と呼び、數の限りとなすのである。

數は、九にて窮る。此の九が、完全に統一したる狀態にあれば、統一魂で、神であるから、元に歸りて一と成りたる數としての十と呼ぶ。九が元の一に歸ると云ふのは、完全なる統一體たる實を現したと云ふので、「カミ」との義で、完全圓滿に統一したる〇《ヒ》であるからとて、◎《ヒノカミ》と稱へ、「トヲカミ」とも仰ぎて、十魂尊身にてましますなりと拜みまつるのである。

成成發達、生生化育。一より出でて一に歸る。

此の〇《ヒ》本來、無死無生。無生の生、無死の死。一にして九、九にして十。

仰ぎて見れば、唯一光明、超絶零界。非神非魔。如如生滅、如如去來。アメノミナカヌシノカミと讃仰しまつるのである。

斯くて、アメノミナカヌシノカミと稱へまつるは、一で、二で、三で、四で、五で、六で、七で、八で、九で、さうして、それを統べたる十で、ヒフミヨイムナヤコトで、日止《ヒト》である。その用は火人《ヒト》であり、又、人《ヒト》である。千變萬化の現象世界と化しても、また固より人である。

第四節

此の「ヒト」とは、「天地の生らざる時は、譬へば海の上に浮べる雪の依るところ無きが如くである。其の中に一つの物が出來た。それは、葦の牙が初て遲の中に生へたやうである。それが人と成つたので國常立尊と白します」とあるもので、アメノミナカヌシノカミのタカミムスヒ・カミムスヒで、箇體成立の過程を示されたのである。タカミムスヒ・カミムスヒ。それがアメノミナカヌシで、やがて、カミにてましますのである。が、それは未完成であるからとて、「國稚く浮べる脂の如く、クラゲナスタダヨヘル時」と記して、宇宙の未成らざる狀態を教へてある。その時、「葦牙のように萠ゆるものに因りて成ります神の御名を、宇麻志阿斯訶備比古遲神とまをします」。それが、アメノトコタチでもあり、クニノトコタチでもある。

天に常立ち國に常立つ完全圓滿なる妙相は十で、天のミヅと地のミヅとの統一る魂の神である。「天地はじめの時、物有りて葦牙に似たるが、空の中に生り成れり。かくて化《ナ》れる神をば、天常立尊《アメノトコタチノミコト》とまをしまつる。又、物有りて浮べる膏の如くなるが、空の中に生り成れり。これまた、化して神と成る。國常尊《クニトコタチノミコト》にてましますなり」とある日本紀の傳へに依りて、之を斷言することが出來るのである。

天に常立ち國に常立つ神の國は、高天原で、日神知らす日高見國で、それを分り易く十と描くのは、太古以來人類世界の常識からなのであつた。それで、支那にも、中央亞細亞、東部歐羅巴、等の諸國にも、その流れが現存して居る。否、そればかりではない。全基督教徒、全回教徒、全佛教徒、等は、皆此の信徒である。信徒であるべきはずであるが、其の名のみ冒して、其の實を忘れて居るものも多いであらう。世人の多くは、十字架の信仰が、太古以來のものであることを忘れて居るではないか。回教徒でも、月の神事が、日神の神事の半面であることを知らぬではあるまいか。過去七佛の傳燈が、十字の日であることを知つて居る僧侶が幾人有るか。日本神道の祕事とは、必竟、九魂統一して十魂尊身と成るものであることすら忘れ果てたる神職は無いか。紛粉擾擾として空論横議、世は刈菰の紊るるに委せられては居らぬか。何ぞ其の本に歸らざる。

「天地の生らざる時」と云ふ。その未生とは、物無きもので、零であるが、その無きものが、物と成つたと云ふので、之は一である。此の一は、零が零のままに結び結んだので、ハジメと呼ぶ。ハジメを初發と書く。發はヒラクで、之を初に加へたのは、初を説明したので、初發は、單にハジメと訓むか、然らざれば、ヒラケタルと訓むべく、ハジメテヒラケ等とは讀まぬのである。それはさておき、

此の人《ヒト》とは、十であるから、國常立尊と稱へまつるカミなので、神聖と仰ぐ直日である。であるから、相互に相觀ることを得る世界にての主宰者で、人類世界にては、日本天皇と稱へまつるの義である。

物でも事でも、中外本末と分けて見る時は、中と本とは、外と末とを派出すると共に統轄し、主宰すると共に育成しつつあるので、何時もカミと仰ぐのである。その中心たり本體たるカミのままに、全體の統一したる時は、統一魂神で、アメノミナカヌシノカミである。それが、「化して人と成つた」と教へられたる所以である。ところが、

アマノミナカヌシノオホミカミと稱へまつるは、大宇宙のそのままなので、統一とか分裂とかには關はらず、在るがままの事實であり眞理である。人と成つたとか成らぬとか、物が有るとか無いとかには拘はらず、一切合

切の解けては結び、結びては解くるさまを教へられた神言靈としての御像である。また繰返して云へば、アメノミナカヌシノカミとは◎《ヒト》で、アマノミナカヌシノオホミカミとは〇《ヒ》である。「ヒ」と「ヒト」との異別が有るので、火と呼び人と名づくるに等しき區別である。

第五節

〇は、零と呼ぶに等しいので、「サギリ」と稱へまつる。此のサギリとは、天安河の宇氣比に依りて傳へられたる日本神道で、氣吹の結果である。「天照大御神には、建速須佐之男命に、汝《ミマシ》が心の清明《アカ》きことは、何うして證明するのかと詔せられた。すると、それは、宇氣比して御子生みまつれば判りますと答へられたので、天安河を中に置きて宇氣比を遊ばされた。その宇氣比と白しますのは、天照大御神が、須佐之男命の御佩かせる十拳劔をお受取りになられ、三段に折り、奴那登母母由良《ヌナトモモユラ》に天之眞名井に振り滌ぎ、佐賀美爾迦美《サガミニカミ》て吹き棄《ウ》つる氣吹の狹霧」「速須佐之男命は、天照大御神の左御美豆良《ヒダリノミヅラ》に纏かせる八尺勾璁之五百津之美須麻流珠《ヤサカノマガタマノイホツノミスマルノタマ》をお受け取りになられ、奴那登母母由良に天之眞名井に振り滌ぎ、佐賀美爾迦美て吹き棄つる氣吹の狹霧」「誓約《ウケヒ》の中《ミナカ》に必子《ミコ》を生むべし」

宇氣比に、誓約の字を當ててあるので、今人は、輕く約束とのみ解釋するやうだが、此こに擧げた古典のやうに、其の「ウケヒ」とは、「必御子を生むべし」とある。それで、それは、則、禊であることがわかる。兩者の相契りて悖ることなく、示《シン》たる神の子を産出するもので、神の子を生む神のわざで、天之眞名井に振り滌ぎて、劒を齧み玉を食ひ、三女神と五男神とを得させ給ふので、洗ひ濯ぎ、掃ひ清めて、本來の姿に立歸りたる曉には、唯見る一圓光明の火の海で、サギリと呼ぶの零《ヒ》で、一《ヒ》で、大平等海で、虚空で、空であるからとて、「天常立尊も國常立尊も共に、空の中に生り生れり」と記されてある。「氣吹の狹霧に生りませる神の三女神五男神」であるから、サギリとは、空で○である。

そのサギリたる空の中に生り生れる神とは、天狹霧であり、國狹霧であり、亦の御名は、天常立であり、國常立である。其の天常立たり、國常立たり、天狹霧たり、國狹霧たる神とは、アメノミナカヌシノカミにてまします。

それは何故かと云へば、「天地初發の時、高天原に成りませる神、アメノミナカヌシノカミ」「天成り地定る。其の中に、一つの物生る。其の狀葦牙の如くなるが、神クニトコタチノミコトと成る」「天成り地定りたれば、高天原にして神生れます。天讓日天狹霧國禪日國狹霧尊」等と色色に傳へて居るが、いづれも皆、「天地開闢《アメツチトヒラケタレバ》、高天原現成《タカマノハラニシテ》。神生其中焉《カミハアレマスナリ》」で、其の神の御名は、三傳三樣である。が、然しながら、圖示すれば、等しく⊙《ヒカリ》である。さうして、其の神の生れざる以前は、○で、高天原とか虚中とか白して居る。それで、今此の、

○は、虚空であるから、未神を見ないので、唯開き發きたる一色のみである。と云ふよりは、その一色も無いと云ふべき零界なのである。之を、アマノミナカヌシノオホミカミと稱へまつる。「アメツチノ、ヒラケ、ヒラケテ、ハテモナク、ヨハ、ヒトイロノ、サギリナリ」と傳へたわけで、其のサギリとは、サギリノ神の御詞に依つて、上天下地、唯一平等、非《ヒ》否《ヒ》□□《フ》と知ることが出來るとて、「サギリノカミノ、ノタマハク、アナオモシロ、アマサカル、アメチ、アユカ、アウヲエ、ウ」と教へられた。で、此のサギリの中にして、神は生れます。其の生れますさまは、「ヒトコソハ、ヒトヲサソヒテ、アチメ、アウヲエ、ウ、ウ、ウ、ウ、ウ、ト、ウト、ウ、ヤ

アウ」と宇氣比宇氣比。更に、「ソノカミノ、ソノカミワヅト、タチタチテ、クニコソキヅケ、アウヲエト、ヒトコソアソベ、アチメ、アチメ、アチメ、アチメ」と、宇氣踏《ウケフ》み登杼呂許志《トドロコシ》給ふに依り、「ヒフミヨイムナヤコト」と、神は生れますのである。それで、其の神は、高天原の主神であること勿論なので、天之御中主神であり、天常立神であり、國常立尊であり、天祖であり、天讓日天狹霧國日國禪狹霧尊であること亦勿論である。亦の御名をば、天照大御神と稱へまつる。

唯其の御名の異るのは、拜みまつる時と處と、その人との異るが爲なのである。狹霧としては天祖で、高天原としては天之御中主神で、日本民族としては天照大御神と稱へまつる。「汝命は高天原を知らせ」と、天照大御神に詔らせ給ひし伊邪那岐命は、純男《ヲノカギリ》にてましまし、「氣吹の狹霧を吹き成す」神は、罔象女《ミツハノメ》と稱へて、共に天之眞名井の水《ミモヒ》で、稜威三柱神《タマノミハシラノカミ》と拜みまつる〇神にてまします。それは、生産靈《イクムスヒ》で、足産霊《タルムスヒ》で、玉積産霊《タマツメムスヒ》で、神魂《カミムスビ》で、高魂《タカミムスビ》で、天地《カ》の神《ミ》輪《ワ》と稱へまつる。と、一足飛びに並べても、譯が分らなくなるから、それはさておき、神代の神の御系圖を知るには、人間世界の事理を見ただけで推測しようとせずに、神の代の人と成る工夫を爲すべきである。

その工夫は、色色樣樣で、細かく別ければ、百人百色である。工夫と云ふものは、各人各自が、天與の天分の中に、自性を窮明するので、其の窮明し得たる曉に、畏くも、

大日本天皇には、天照大御神と詔せられたと、私どもは拜承しまつるのであります。

悉達多太子が、佛陀と稱し、耶蘇が、基督と呼び、各地の人人が、各別の名を揭げたのも、皆それぞれの☉を明らめ得たのであり、或は、その☉を築き成したのである。

築き成すと云ふのは、〇を發きたる後、「固袁呂固袁呂爾畫鳴」もので、明らめ得たと云ふのは、「一華開《ヒトフタトミチワケキ》五葉《タル》、結果《ヤクモゴト》自然《ナルトシモナク》成《ヒビキミチタル》」ものである。

ところで、其の明らめ得、或は築き成したる曉に、其の人人は、それぞれ其の樣式を傳へて居る。後人は、其の樣式を習ひながら、各人各自に、又更に、工夫を回らすのである。

古人の遺された樣式は、如斯にして、尊貴なる寶藏である。けれども、それは、特別保護建造物たる殿堂に過ぎない。我が住宅でもなければ、我が教壇でもない。で、各人各自に、各人各自の直日を開き來れと、我が神は宣らせ給ふ。

それにつけても、古人は何如なる工夫を爲たのであらうか。今其の遺蹟を尋ねつつ、新しき建設の鍵を造りませう。

第六節

足曳の山の尾廣く、桂川水も氷も、鳴瀧の音には入りて、往く人の夢安かれと、神樂歌神の御垣に、執る手火の我が衣手に、白玉の眞玉ぞ躍る。生産靈《ヒ》唯一つにて、足產靈《ヒ》足り滿ちたれと、一《ヒ》二《フ》三《ミ》四《ヨ》五《イ》六《ムユ》七《ナ》八《ヤ》九《コ》なる。成り成りて玉積產靈《ヒ》、十《トヲ》とこそ人知りぬべみ。十《トヲ》の一《ヒ》と人こそは知れ。一《ヒ》二《フ》三《ミ》四《ヨ》五《イ》六《ムユ》七《ナ》八《ヤ》九《コ》十《ト》と、桂川瀧の響は澄みに淸《ス》みたり。

然《シカ》の海士の、禊てあらば、綿津見の、鱗の宮は、其處と知るらめ。

志加の海に、禊する人、次ぎ次ぎに、大綿津見の、神輪とぞ知る。

「カミワ」とは、アチメの曲の傳へである。

此の言靈に依りて工夫し得た人は、舊事本紀の神傳を得たので、「アメノミオヤアメユヅルヒノアマノサギリクニユヅルヒノクニノサギリノミコト」と改め傳へたのである。それをまた一方、弓矢の祕言として、「ワギミ」と傳へたのは、高木神の天返矢《アマノカヘシヤ》の祕事を得た爲である。

「全神教趣大日本世界教常立命」とは、先師が工夫の結果である。

人人は、各自各自に工夫の結果を提げて、世を教へ、人を導かうとせらるるが、それは、その人人の殿堂であり、壁面の修飾であるから、我が建築の手本ではあつても、作畫の粉本ではあつても、我が物ではない。我が物でもない中に滿足して居ることの出來るのは、奴僕の心であり、廂下に起臥して、屋内を忘れたるものである。

シラタマノ、マタマノナカニ、スムワレヲ、カミノワレゾト、カミシラスマニ。

此の邇邇の殿堂。之は是、不增不減、不垢不淨、不成不壞。十にして一、一にして十。日本天皇の神傳畏く、「十種神寶」なりと仰せ給ふ。宇。

以上　第二章　終

昭和十年三月五日

大日本祓禊《ミソギ》所鷺宮に在りて筆録

第三章　十《ト》字《ヲ》聖《カ》火《ミ》

第一節

自分に最慥なのは、自分の學んだこと、爲て來たことであるから、先に、師傳の系統から説き起しましたが、次ぎには、先師が悟證の結果としての「全神教趣大日本世界教常立命」の實測圖を作り、後學の便《タヨリ》を得んと願ふのである。

古典に傳へた「美頭乃《ミヅノ》御舎《ミアラカ》」とは、皇孫命の天上天下《アメツチ》を安國と平けく知ろしめさるる稜威宮殿なりとの義であるから、その妙用は發きて「十字聖火」と成る。それは、日夜を通じ內外を隔つること無く嚴修せらるる太平嘉悅の神儀祭典であり、調伏摧破の祕事密言である。

別天神《コトアマツカミ》は、常時不斷に、此の火を人天萬類に廻らして、乃祖乃宗の神靈英魂を鎭めまつり、神饗和楽の賀莚を布かしめ給ふ。

その神事に隨順しまつるべく、先師は、稜威會を御創立になられた。それは、祖神の御教を宣布遂行すべき神壇である。

今、之を拜みまつれば、瑞祥は燦然として、その靈異まことに量り難きものがある。爲に、その高弟と呼ばる る人達でも、時に甚しき誤解の悲劇を演じて居る。が、鎭魂殿裡に坐して、迷雲を攘へば、白雪は碧波を潛りて、天御鏡鏡の船の妙相を示し、涼風は翠松に宿りて、窟戸開く神楽の歌の妙音を奏で、櫻雲は姫群を裹みて、天祖奉齋報本反始の道を教へ、霜葉は菊花を圍みて、伊頭の雄走天津神輪の尊容を現すのである。

みをしへの、きみがみたまは、ぬほことり、今も立たせり。世に在りし如。
ささの葉の、さやさやとして。鈿女子が、舞ひする小袖、手火に映えたる。
あな異靈《アヤシ》。雲紫に舞ひ降り、朝まだきにし、君が出でます。
まがごとも、ただひとことの、かつらぎの、神の神輪ぞ、照りに照りたる。

第二節

先師は、日本神道の傳統に就て、古事記流、日本紀流、舊事紀流、祝詞流、物語流、等と擧げられた上で、それ等は皆、語部の流《ナガレ》で、中央と地方と、全國各地に在つた語部の傳《ツタヘ》を書き記したもので、其のまた語部の傳《ツタヘ》とは、悉禊の傳《ツタヘ》から分流したものであると教へられたが、その禊とは、結局、宇宙の大道を明にして、大道のままなる神身を築き、大道のままなる大日本天皇國であることを確認して、全世界人類の覺醒を促し、渾球一圓、平和嘉悦の神國楽園なりと相互に謳歌せしむる行事である。それは、古典の明記するところであるが、其の事本來、幽遠神祕高大深奥であるから、末流時に濁り、枝葉或は亂るることがある。從つて其の流《ナガレ》を明にし、目標を慥にする爲には、「神傳」を得なければならぬ。

先師が、禊の行事を門人に傳へられた最初の遺蹟は、相州片瀬の濱である。此こは、東海孃子の神域であるから、古老は傳へて、瀰瀰の寶殿と呼び、第一の宮には、幸魂の神の神鎭り、第二の宮には、奇魂の神の神鎭りまし、第三の宮は、荒身魂八千矛の神の神鎭り居ます荒祭宮にてましします。此の三女神殿の禊を脩めたる後には、志加嶋海の祕宮を拜み、更に改めて、「燔祭」の祕儀を行ずるものである。此の祭式は、太古以來身魂齋《ミタマヽツリ》の最祕として、全世界各地に傳はつたのであるが、現在日本では、出雲日御崎神社の嚴儀が最名高い。此の御社の傳へは、須佐之男命の神傳で、根堅洲國築成の祕事である。

神劍一閃光焰天。魔類消散旭日輝。

火産靈《ホムスビ》の神性仰ぎ、經津主の氣吹の祓、今知らすなり。

思ふこと遂げで止むべき。大丈夫の、矢竹心のたゞ一筋に。

乾坤旋轉、人天往返。東天西海唯一點。四維上下天皇國。今日拜得祕宮之火。

「禊は傳統を尊ぶ」ので、唯、見眞似聞眞似で爲るやうなことは、固く戒めねばならぬ。「彼の神を拜みまつらんとせば、宜しく其の神の御象をあらはしつくりて、をぎたてまつるべきなり」と、古典にも明記してある。

植ゑ置きし、籬の菊は、西東、庭を狹しと、香ひこそ增せ。

古の香をかぐはしみ、橘の、小門の水戸に、人ぞ寄るなる。

道は一つである。けれども、時は遷り、處は變る。伊邪那岐命の御身之禊は、中津瀬にて行はれ、最後に、三貴子を得させ給へりと記されてある。大嘗祭の御禊《ギヨケイ》とは、前二日の御儀で、古は、天皇御親《オンミヅカラ》河の邊に臨みて行はせられ、近世は、京都御所中の小御所にて行はせ給ふ。其の御儀は、二十九分間にて御完了になられる。さうして、天皇、皇后、皇太后、三陛下の御行事だと漏れ承るのである。

國家の定めたる祭式も、遠く延喜式以後の變遷を擧ぐるまでもなく、明治時代からでも幾度となく變つて居る。さうしてそれは、絶對の意味に於ての好いか悪いかではない。唯その時に合ふか否か、或は其の人に行ひ得るか否か、又或は、其の處に相應するか否かである。

形式は固より大切であるが、祭典の本義を忘れてはならぬ。さうでなくて、自分の習つた形式のみが唯一眞實のものだなどと思つたならば、それは、とんでもない横路で、墓守の小屋路で、守株の斷崖で、膠着の琴線で、痴人もなほ且夢見るを耻とするところである。

第三節

先師は常に、古典の對讀を教へられたが、舊事紀の傳へには、日神奉拜の神事から入《ハイ》るのである。その祕言靈を古老は、

天津神輪、國津神輪の、神挂り。挂るを見れば、月圓なり。

と教へて居る。

此の祕言靈を證するには、最初に祓祭を行ひ、葦原中國に在りと有る限りの禍津毘をば、我が一身に引き受けて、調伏摧破救出しつつ、禊祭に移るので、之は、「靈界往返の神傳」と稱ふるのである。先師の定められた祭

器に、特別の形式を存するのも、此の祕事に依るのであり、また、世にも有り難く、限り無き伸展性を有する「祭式」を遺されたのも、その故である。

ところが、世にはまた、自由と放縱とを取りちがへるものの有るやうに、此の祭式をも誤解して、鬼窟に墮つるものが存ると聞くのは、何とも嘆かはしき限りである。

そのやうなものを救濟する爲に、古老の傳へた三種の神言がある。

蟹が行く。ひとりか歩む。足さはに、汝が歩む途。足長く、汝が行く道の。道無きか。道失へばかや。玉矛の、すくには行かで。玉きはる、內外もわかで。橫ざまに、など橫道に。今日もかも、迷ひ惑へる。明日もかも、闇途たどたど。」豐受の、神の御惠。渡津見の、御心深く。汝が迷ひ、解かし給ふと。汝が惑ひ、醒まし給ふと。潮水、たぎつ釜ぬち。迦具土の、焰の上に。汝をば置き、汝を舁き据ゑて。平らけく、うたげはすべく。安らけく、うまいはすべく。神の代の、神の御神楽。歌ひつつ、また舞ひつつも。橫ざまの、道無き步み。烏羽玉の、闇道の迷ひ。今覺めよ、今日醒めよとぞ。」大やまと、すめらが軍。西東、南に北に。ゐみしらを、和はしつるかも。禍つびの、禍のことごと、和はしつるかも。・―○

桃の花、赤く燃ゆれば、彌生ぞと、少女は舞へど。梅の花、散りてし行けば。櫻咲くと、人は歌へど。山陰は、まだ氷ゐて。山裾は、霜さへ置きて。故郷の、花の便は、何時と知らなく。・―○

時告ぐる、皷の響きに。庭の小笹、動くかと見ゆ。來寄るとぞ思ふ。・―○

此の三種の神言を稱へて後、稜威會の紀念祭に仕へまつり、先師の遺された「祝詞」の一部をも奉稱しながら、神威を畏み、神德を仰ぎまつる。

挂けまくも畏きかも。

言はまくも尊きろかも。

二柱みおやの神の、國生み國作りましまず、大稜威稜威の中にして、怪しとも怪しきかも。西東雲立ち騒ぎ、南に北に風吹きすさび、おのもおのも己が向き向き、刈菰の嵐に亂れ、萍の早瀬に惑ひ、越し方も綾目を分かず。過ぎし日のみ惠み忘れ。狂津毘の誘ふがままに、人の世は、あはれ烏羽玉闇夜なすぞと。み教の君川面のうしには、明治三そあまり九とせと云ふ年になも、言擧げなし、稜威會としての人のみわざ創めましまし。全神教趣大日本世界教常立命の神のみわざになも、世を教へ人を導き給ひける。斯かりしかども、おほ方の迷ひの雲の霽れんさまさへ有りとしもなきに、大正十あまり三とせのうづきついたち。稜威會を創めたまひしより十あまり九とせと云ふ年のみ祭の祝詞には、次の如くぞ神のみ前には白し給へりける。


「西ノ邊ニ雲立チ起リ、其ノ雲ハ自由平等。天賦人權。男女同權。階級闘爭。勞働神聖。共存生活。無政府主義。戀愛享楽トタナビキ亂レ。亂レテハ風立チ騒ギ、雨降リシキリ。自由ノ雲ハ放縦ノ嵐トナリ。平等ノ雲ハ無差別ノ雨トナリ。秩序モナク禮節モナク。親ト子トノ親ミヲ失ヒ。君ト民トノ誼ヲ失ヒ。夫ト妻トノ操ヲ越エ。兄弟姉妹ノ睦、師友ノ契モ失ヒ。烏羽玉ノ阿矢目モ分カヌ惡平等ノ暗夜ト搔暮レテ。自由ノ半面ニ唱和アリ、平等の半面ニ差別アリ、男女同權ノ半面ニ同身一體ノ契アリ、階級闘爭ノ半面ニ平和共榮アリ、勞働ノ半面ニ資本アリ、共存生活ノ半面ニ同根一體ノ生活アリ、無政府ノ半面ニ中心分派アリ、戀愛享楽ノ半面ニ子孫相續ノ血統アリト言フ事ヲ識ラズ。ヒタスラニ肉慾肉感ニノミ趁リテ、戀愛ハ淫楽放縦トナリ、其ノマゴコロヲ打チテモ忘レテ、人ノミチヲ亂ルヲモ辨ヘズ。マゴコロ既ニ曇レバヤ、己ノミヲ知リテ他有ルヲ知ラズ。厥ノ我利我慾ハ嫉妬憎悪トナリ。闘争ヨリ闘争ニ趁リテ、ヒトノヨノスベテノ組ミタテヲ打チテモ破壊リテ、幹モ吹破リ、枝モ吹破リ葉モ吹破リ、憎ヤ我儘勝手ノ黑雷赤雷青雷黃雷白雷ノ八種ノ雷トナモ叫ビ狂ヘル八十禍津毘大禍津毘トハ成リニケル。昔ノ昔ヨリ、今ノ今ニ到ルマデ、人ノミチ亂レテ其ノ國ノ治リシタメシ非ジナ。既ニ人ノミチヲ亂ルカラニハ、親ヲモ君ヲモ子孫ヲモ忘ルル慣ヒナラズヤ。親ニ忍ビ君ニ忍ビ子ニ忍ブカラニハ、亦何事ノ忍ビ得ヌモノヤアル。家ヲウシナヒ國ヲホロボスモ、ナカナカニ嬉シトコソ呪ヒモスラメ。人間ノ洪水ハ近ヅケリ。恐レテモ怖ルベキ世ナリケリ。是ノ雲立騷ギテ雨降リシキル折シモ、世ノ人人ハ如何ニ思ヒ如何ニカセントハスラム。」

あな畏しとも畏しや。

教へのうしが斯くも白しまつり給へりしより、今日はしも年二十とせになん滿ちたるを。此の二十とせがほどに、人の世のさまは如何にか變りたる。

西の邊に黑雲湧くと教へ給ひし、禍雲の禍の禍津毘いや次次に。四もの海海のことごと洪みづの押し寄せ來ぞと誡め給ひし霖あめの闇夜の嘆きしくしくに。國の中の國の柱の、嶋の中の嶋の最中の、秋津嶋やまとの國の岸邊さへ浸すかと見え。豐葦原水穗の國の、日高見の秀國の固め、神代より固く立ちたる巖さへ、碎きもやすと危ぶまれ。神の子の人の心も立ち迷ひ、鵜の羽ねごろも行くへさへ慮りかねしを。天なるや高皇產靈神八心の神のみむねのかしこくも。寄る仇波を打ち返し。騷ぐまが雲を吹掃ひ。浦安國と神ながら守りに護り。人の世の人の世ながら、神の代を築き成すべく。吾が大君、言向け和すみ旨さへ。驕りたがぶり狂へる禍津毘の。哀れや。亂れに亂れあらびにあらびて、道無きものぞ狹蠅なすなる。人の道無きものぞ、人の世をば奪はんと犇き合へる。

あな畏しとも畏しや。

今、人の世は、神のみ軍天降り。嵐の海に、逆巻く波に、雨雲の狂ふ天路に、荒振禍津毘をば、神掃ひ掃ひ賜ふぞ。

惟神、やまとの國は、八くさかみ健御雷の立ち氷成す國。日のみ神、經津のみたまの劒刃の國。大君のまけのまにまに、御民皆、劒刃成す身、立氷成す身ぞ。

　大海の波打返し立つ巖。神の御垣の多毘ぞ畏き。

此かる世に、此かる時にし。教へのうしが遺し給へる稜威會は、去ぞの秋、これの都の乾位、みづ玉つきの玉もひ受けて、湯つかつら薫りゆかしく、天のみおや命せのままに、神垣清く結び來て、全神教趣大日本世界教の教への庭とは築き成したる。稜威會のうからやからは、これの富士見の水に、天御鏡鏡の船に乘りて、石神井の闢の岩屋戸、笹の葉のさやさやとこそ開きにひらき、日高見の櫻のつつむ姫神の祕神挂り、天眞名井のみもひを汲みて、天翔り國驅りつつ、人の世人の國を、神の代神の國と祝ひまつり壽ぎまつるべくぞなむ。

これの天照宮《ミアラカ》はしも、御中主、神のみあらか。大天照宮、瑞の大天照宮のたまの三柱。鹽土の固袁呂固袁呂に、伊頭能賣の祕神挂。神の稜威のむすびにむすび、神つまり鎮りゐます神のみやしろ。天つち日つき統一るみくらあなにやし宇麻斯神くら。神の代の神のまにまに神知らすなれ。神知らす神のまにまに、執る矛の八千矛の統一るの加美。幸きく眞幸きく、わざ卒へしめ賜へと、敬み虔み恐み懼みて、稱へ辭竟へまつるになんある。

たてまつる豐の明は、始無く終無ききみがみいのち。豐のかたしは、しちのみいき。豐のみもひ。豐の米。豐の酒。山野の幸。海河の幸。幸幸のみてくらを、安幣帛の足幣帛と、相嘗に平けく安らけく聞こし食せと白しまつる。

天御中主大神《アマノミナカヌシノオホミカミ》・天照大御神・百八百萬天津神國津神。その神の亦の御名こそは、全神教趣大日本世界教常立命。その御名を稱へて、人は澄むべかりける。澄み澄みて澄みきる身とは成るべかりける。あな畏。

天地は、朗朗と、今朝霽れて、花見衣の、香ぞ香ひたる。

第四節

稜威紀念祭終らんとす。

時に、窓外聲有り。簫士谷翁の來りて、「磐境曲」を奏するなり。翁の簫は、貳尺有五寸。蓋天下の珍。其の音靈異、天に到り地に彌る。高きが如く低きが如く、絕えて絕えず。伸びて窮まらず。開きに開きて、涯も無く限りも無し。之を呼んで「阿」と爲し、之を稱へて「磐境」と爲す。其の聲を觀れば、水晶にして紫。其の象を聞けば、無にして有。故に讃へて「球」と稱す。そもそも、其の球たるは、翁の球なるか。簫の球なるか。此の音何れより出でて何れにか入る。唯是一點の出入往返。

神は之を教へて、

天御中主大神《アマノミナカヌシノオホミカミ》と仰がしむ。

先師には、その御教の「楽」を定めて、稜威會に遺さんと御心を盡され、屢、之を語られしも、遂に果し給はず。

谷翁は、幼時より普化宗に参じ、一管一身不二の妙體。足蹟内外に遍き高邁の腰を屈し、一旦先師に詣し、御教の「樂」を問ひ、且、海外遍遊の志を語る。先師爲に、神祕の扉を開きて、音義の妙趣を講じ、激勵して震旦天竺に送られしが、懷へば、奇しき縁由にぞありける。爾來二十幾星霜。

翁は、北海群熊の中をも、鮮滿餓虎の間をも、唯此の一管の妙音を以つて教化誘發し。南海瘴癘の地、蠻族蟠居の月下をも、豪雨は飛瀑の如く、炎熱は猛火に似たる赤道直下の日盛をも、又唯、一吹飄飄乎として好去好來。復り來りて皇都の地を踏みし時には、先師の神彩はやく既に多摩の聖域に隱れ給ひし夕にてありしなりと云へり。

此の翁、此の日、此處に來りて、此の神曲を奏す。先師遺教の神樂又必、稜威會に留るなるべし。

先師遺教阿字之祕曲。
天地初發鈿女之妙樂。
古往今來一貫之聖火。
必竟又唯十字之零點。

仄に聞く。師傳は之を　・ー○　と畫けりと。

第五節

「阿」を磐境なり「磐境」を阿なりと云ふ。人或は怪しまんか。「阿」とは、經も無く緯も無きの零境なるに、「磐境」とは、堅固に築き成されたる境地にして、君が御楯にして、大御寶にして、天照大御神の治ろしめす高天原なれば、甚相異れるにあらずやと。

然り、當に此の疑ひ起るなるべし。此の故に、古典には、三不可分の神勅を傳へ給はく、「高皇產靈尊は、天津神籬と天津磐境とを樹てて、皇孫命の御爲に齋ひまつるなれば、汝等は、此の神事に神習ひて、必、大日本天皇國を大日本天皇國たらしむべきなりと勅したまひ」「天照大御神は、天忍穗耳命に御鏡を授け給ひ」「また、高天原の齋庭の穗を人の世に降し給へり」と。

又云、「高皇產靈尊は、マユカフスマを瓊瓊杵尊に被《キ》せ給ふなり」と。

マユカフスマを飜譯すれば、・｜○にして、天御鏡にして、鏡の船にして、ヒフミにして、宇宙成壞の事實にして眞理にして事理不二の神祕なり。之を換言すれば、神界と魔境と一几に在るものにして、人天萬類相互出入往返の事理にして、「高天原と葦原中國と相距ることの遠からざる」ものにして、天孫降臨と教へ來りし神國築成の祕事なるなり。

然り。祕事なるが故に、人は之を知らざるなり。人身にして、人身の生滅起伏を知らず。之を知らずと雖、生滅起伏を免るるものにはあらず。生れ生れて、生の來るところを知らず、死に死にて、死の往くところを知らず。

先聖之を憐みて、天津磐境の神事を授け、天津神籬の起樹を命ず。磐境とは境地なり。古典には、之を虚中と呼び、虚空と記し、虚天と載せて、オホミソラと訓ませたり。「虚津《ソラツ》日子《ヒコ》」とは、此の義にして、一塵を止めず、一波をも起さざる零境との意なり。之を「阿」と呼ぶ。不生の生にして、不滅の滅にして、無にして有にして、先師は之を、「無經無緯之高玉座」と記し給へり。無經にして無緯なるは、無始にして無終にして、無形にして無聲にして、否と呼ぶ。・にして｜にして〇にして、非否と呼ぶ。於此か、先師は更に、「稜威雄走命《イツノヲバシリノミコト》」と記し、「稜威三柱神《タマノミハシラノカミ》」と拜み、「稜威《ミイヅ》の魂《タマ》を神《カミ》として尊び敬ひ」と教へ給へり。

「稜威三柱神《タマノミハシラノカミ》」。之は是、三柱にして一柱。一柱にして三柱。魂と結べば神。解くれば靈。靈は之磐境。神は之神籬。魂は靈ならざることなく、靈は亦必魂ならざることなし。故に、天津神籬と天津磐境とは不二なり。然り。而して又、不一なり。然れども、可哀凡愚我等は、風波擾亂の中に出頭沒頭するが故に、相互に牆壁を高くして、全貌を忘れたるなり。於此か、先聖は特に、鎭魂の神傳を遺して、牆壁を撤し、「阿」の祕境を開かしむ。

「アメツチノ、ヒラケ、ヒラケテ、ハテモナク、ヨハ、ヒトイロノ、サギリナリ」

と、ツクシブミに記されたるは、此の「阿」にして、無經無緯の磐境なるなり。此の境に一點を點ずれば、直に結びて神籬を成す。之を讃へて、非經非緯無始無終之珠なりと稱す。之は是、神界築成の祕。生産靈・足産靈・玉積産靈。生魂・足魂・玉積魂。生玉・足玉・玉留玉。九魂統一の神傳にして、先師遺教の祕言なり。阿那畏。

古老は、之を教へて、「阿摩比」の傳と云へり。結びては解け、解けては結ぶ。人天萬類は、須臾も一定の象を止むること無しとの義にして、六面晃耀磐境傳の半面なり。

磐境の祕曲を聽きて、圖らずも、問題は死生解脱に觸れ來れり。

神代紀とは、本來、神界魔境出入往返の記録なれば、之を都べて、死生觀と稱することを得べく、靈魂觀とも、宇宙觀とも、又或は、人身觀とも稱すべきなり。從つて、死生解脱の祕言祕事は、記紀の大半を占めたりとも云ふべし。然れども、其の最解き易きは、饒速日尊布留倍《フルベ》の傳《ツタヘ》なり。此の神傳は、舊事紀に記して十種神寶と云ひ。宇摩斯眞遲命は鎭魂歌《ミタマフリ》と呼びたるもの。後世に到り、朝廷に於かせられては、鎭魂の御儀式として執り行はせらるることと拜承しまつる。

二千六百許年の間に何如なる變遷を經たりや否やは別として、宇摩斯眞遲命の神事は、中世大神斐岐に依りて、西海宇佐津比古の舊地に移り、後世に到りて、川面家に傳へ、先師の闡明を待ち、禊祓の神事として、國家觀樹立の基礎を教ふるところと成り、之が、畏くも、

大日本天皇　人類統率の標識基準なることを拜しまつるに到れるなり。

人皆は、名を異にして、我在りと、相互にぞ知る。神の宇氣比弖。

磐境の曲は「阿」にして、神籬の曲は「阿知米」なり。共に祕曲にして、之を鎭魂歌の言靈に傳へては、

イソノカミフルノヤシロノタチモガモネガフソノコニソノタテマツル。

と稱へまつること、先に述べたるが如し。祕中の祕なればとて、句讀を施すことをすら、其の人を得るにあらざれば教へられざるなり。然れども、

要は、「唯一」即「重重無盡無量」と稱すべく、一見矛盾せるが如く撞着するに似たれば、之を語るに、其の人を得ざれば止む。若輕卒にして、短見者流に語らんか、却つて、鬼窟に墮し魔獄に泣かしむるの悲劇を演ぜん。噫。

道彦《ミチヒコ》の任また難き哉。

道彦とは、指導者の稱呼として、世上之を用ゆ。古は、幸彦《サチヒコ》と呼びたるもの、先師の改稱するところなり。

第六節

一曲一吹、飄飄乎として天に到る。

舊事紀に、ハヤカゼの神傳有るは、「メ」の妙用を教へたるものにして、死者の解體が、八百萬神生産の資料なることを知らしめたるなり。

言はまくは、かしこかれども。
おほ神の、み教の君。
おほやまと、み教の大人。
うつそみの、よよの教の。
かくりみの、よよの教の。み教の常立みたま。
久方の、天にを伊坐し。
荒鐵の、地にも伊坐し。
國境、隔てもなさず。
年月を、分つことなき。み教の常立みたま。

此處にな伊坐し。
其處にを伊坐す。
然はあれど、
然りと知れど。
荒身魂、あらはには無く。
幸身魂、それともあらで。
奇身魂、くすしかなしも。
然はあれど、その神のわざ。
我が友の、友の緒結び。
寄る人の、幸幸宇氣毘。
今日もかも、八十萬魂。
明日もかも、八百萬魂。
玉の緒を、産靈に産魂。
玉積の、堅くも締り。
やかみひめ、ひめかみかかり。
やはしらの、神こそしらせ。
神のみや、そのみやしろに。

人さはに、來寄り集へれ。
幸多く、よよにこそ布け。
天地の、在りのことごと、はてのあらなく。

第七節

神界築成の祭祀は、自己の身魂を齋ることから初まる。

その一つに、「天鳥船神事《アマノトリフネノカミワザ》」が有る。

天鳥船神事と白しますのは、天鳥船神の教へ給ふところである。

天鳥船神とは、現代語で云ふならば、陸海空の行通運輸を主ると共に、海軍の將帥であり、また、糧食を司る大臣でもある。

そのことは、「天鳥船神の亦の御名を、鳥之岩楠船神と稱へ、伊邪那岐命伊邪那美命二柱神の御子にましまし、健御雷神の副將として、事代主命を三穗の海に訊問した」と、古典に傳へたので知ることが出來る。と白しますのは、海の幸と山の幸とを有ち給ふ事代主命を訊すの權威であり、日本紀が、此の天鳥船神の造られた天鳥船を、其の編纂當時の事物に當てて、熊野諸手船とか、天鳩船とか記し、快速無比の船だと傳へてあることに依つて、明瞭なのである。

それで、天鳥船神の神德に導かれつつ、神の神たる身心を築き成し、神の神たる神業を建てつつ、神の國を築き成すのが、天鳥船神事である。之は、記紀三典の神傳で、流傳久しく、宇佐神宮をはじめ、各地の神社と、更に、民俗行事として、盛に行はれたのであるが、近代に到り、上下を擧げて、歐米の文物に驚倒し、其の風俗にも惑溺するが如き慘狀に陷り、遂に卒に、祖神垂示の神事をすら棄てて顧みざるに到つたのは、慨嘆に耐へざる次第である。

宇佐神宮に傳へられた此の神事と白しますのは、神武天皇御東征の御途次、菟狹國造祖菟狹津彦菟狹津媛の二人が、一柱騰宮を造りて、御饗を奉られたことから、彼の地方に行はれ、宇佐神宮奉建の後長く神儀として執り行はれたのを、中世に到り、其の別當職たる川面家に傳へたのが、先師所傳の形式である。それは、

第一、和船の艫を押しつつ行ふもの。
第二、第一に擬へて行ふもの。
第三、圓陣を作りて行ふもの。
第四、複雜なる種種の陣形にて行ふもの。
第五、徒步行進しつつ行ふもの。
第六、坐して行ふもの。
第七、俯伏して行ふもの。
第八、仰臥して行ふもの。
第九、二人一組と成りて行ふもの。
第十、唯一人にて行ふもの。

以上の十種類ではあるが、共に大虚空に在りて、無生無死非經非緯の高御座を築かせ給ふ皇孫命の神業に隨順し奉るの義で、その大虚空としても、大海原としても、國土としても、家庭としても、箇體としても、其の境地を整理すべく、其の主神の威力を發揮して、一圓光明の球體を築き成すので、自己を主として云へば、此の心と身とを完全に統一して、それを直に事業の上に及ぼして行く。それがまた直に國家の上に、全人類世界の上に、更に又、全宇宙の在る限りに及んで、その在る限りを神界とするのである。

それは、何うしてかと云へば、我としての此の身と、此の心と、此の聲とを、天鳥船神の統べ率ゐますままに、練りに煉りつつあれば、其の神のまにまに、統一魂と成るので、之は、煉成琢磨の妙趣である。

以下逐次、此の行事の解說を試みよう。

天鳥船十種の神事は、其の種別に依つて樣式の變化有るは固よりだが、それと共に、各別の目的を以つて行はれつつ、窮極の目標に到達するのである。窮極の目標は白すまでもなく、唯一光明で、超絕零界で、三不可分の一で、太古以來、⊙と描きて、全世界人類の標識基準と仰ぎ來つたところで、日本紀は、之を神聖と稱へ、國常立尊と仰ぎ、其の國は、神聖國體で、神國なりとの義である。

日本人は、耶馬臺と呼び、支那人は、中國と云ひ、印度人は、佛界となし、猶太人は、天國だと稱して來た。が、不幸にして、現在此のままの身で、此のままの國土で、そのまま、天國樂園で、佛界淨地で、中華沃土であることが解らぬ爲に、之を理想國家として、進步發展を期しつつ、然も、過つて下向轉落しつつ、戰國亂世とも化したのである。

個人としてならば、氣力の衰へ、病患に閉された狀態が、國家としての非常時で、投藥療養を必要とすることは白すまでもない。

　梧桐一葉凋落夕。秋風一陣索寞夜。

　孤燈一穗未明枕。山下一點不滅火。

何如に行き迷ひても、立ち亂れても、其の裡には、一點不滅の火が在る。

太古以來、此の火を揭げて、人類世界の燈明臺を建設したまひし吾期日御子をば、人の身として五官的に拜みまつることを得るなればとて、

「明津神《アキツミカミ》」と稱へまつるのである。

明津神を仰ぎまつれば、一圓光明の御姿にてましします。故に、日夜禮拜の御影として、⊙と描きまつる。之を、物に寄せまつりては、日像鏡と傳へて、神拜の御對象と仰ぎまつるのである。「天照大御神には、天石窟に入らせ給ひて、其の磐戸をお閉めになられたので、天の下恒《トコ》闇となり、夜晝の區別が無くなつた。そこで、八十萬神たちを天高市《アマノタケチ》に會《ツド》へて問はせられた。」「天照大御神は、天石屋戸を閉《タ》てて、お許母理《コモリ》になられたので、高天原皆暗く、葦原中國悉闇く、常夜の有樣で、萬神の騷ぎ亂れ怨み啣ち、荒び狂ひ嘆き悲しみ、泣き喚ぶ聲が、狹蠅の如く湧き立ち、萬の妖《ワザハヒ》禍事《マガゴト》の有るかぎりが發つた。そこで、八百萬神が、天安河原に神集ひ集ひて、高御產巢日神の御子思兼神に思はしめた」等と、古典には記してあるが、其の問はせられたとか、思はしめたとか有るのは、群衆群議で、人窮すれば天を呼ぶもので、衆愚亂舞の亡狀に耐へずして、其の本に歸り、其の神を拜みまつらんとするに到つたのである。で、

其の本を尋ね其の神を拜みまつるには、「彼の神の御《ミ》象《カタ》を圖《アラハ》し造りて招《ヲ》禱《ギ》奉《マツ》るべきである。それには、石凝姥

を治工と爲し、天香山の眞金を採りて、日矛《ヒホコ》を作り、眞名鹿《マナカ》の皮を全剝《ウツハギ》にして、天羽鞴《アマノハブキ》を作り、それ等を用ゐて、神《ミカタ》を造り奉る」「鏡作部の遠祖天糠戸《アマノヌカド》には、鏡を造らしめ、忌部の遠祖太玉には、幣《ニギテ》を造らしめ、玉作部《タマスリ》の遠祖豐玉には、玉を造らしめ、山雷《ヤマツチ》には、五百箇眞坂樹の八十玉串を採らしめ、野槌には、五百箇野薦《ヌズス》の八十玉串を採らしめ、之等を、それぞれの位置に集め終りて、中臣の遠祖天兒屋命が神祝《カムホサ》ぎに祝《ホサ》ぎ、神壽《カムホ》ぎに壽《ホ》ぎ給ふ」「常世の長鳴鳥を集めて長鳴きせしめ、手力雄神を磐戸の側に立たしめ、天兒屋命と太玉命とは、天香山の五百箇眞坂樹を掘《ネコジニコジ》て、上枝には、八坂瓊の五百箇御統《ミスマル》を懸け、相與に祈《ノ》み禱《イノ》りまをした。天鈿女命は、手に茅纏の矟を持ち、天石窟戸の前に立たして、巧に俳優を作され、また、天香山の眞坂樹を鬘と爲し、蘿を手繦と爲し、火處燒《ホドヤ》き、覆槽《ウケトドロコ》置し、カミカカリせり」「天兒屋命に祈《ノミマヲサ》しめた。命は、天香山の眞坂木を掘《ネコジ》にして、上枝には、石凝戸邊の作られた八咫鏡を懸け、中枝には、天明玉の作られた八坂瓊の曲玉を懸け、下枝には、天日鷲の作《ハ》かれた木綿を懸け、それを、太玉命に執らしめ、廣く厚く稱辭祈啓《ネギマヲ》した」「常世の長鳴鳥を集めて鳴かしめ、天安河の河上の天堅石を取り、天金山の鐵を取り、鍛人天津麻宇羅を求《マ》ぎ、伊斯許理度賣命に科せて、鏡を作らしめ、玉祖命に科せて、八尺瓊之五百津之御須麻流之珠を作らしめ、天兒屋命布刀玉命を召びて、天香山の眞男鹿の肩を內拔に拔き、天香山の天波波迦を取りて、占合麻迦那波しめ、天香山の五百津眞賢木を根許士に許士て、上枝に八尺勾瓊之五百津之御須麻流之玉を取り着け、中枝に、八咫鏡を取り繫け、下枝に、白丹寸手青丹寸手を取り垂でて、それを、布刀玉命が、布刀御幣に捧げ、天兒屋命が、布刀詔戸言を禱白して、天手力男神は、戸の掖に隱り立たし、天宇受賣命、天香山の天の日影を手次に繫け、天の眞拆を鬘とし、天香山の小竹葉を手草に結ひ、天之石屋戸に汗氣伏せ、踏み登抒呂許志、神懸爲て、胸乳を掛き出で、裳緖を番登に忍垂れた。そ

こで、高天原動《ユス》りて、八百萬神が共に哄はれた」とある幾通りかの古傳を擧げて見ると、不思議にも、
「天照大御神は、怪しと思召され、天石屋戸を細目に開けさせられる」
そのはじめ、天と地とも剖れず、陰と陽とも分れず、まろがれたること、雞卵子の如くで、牙《キザシ》を含めるのみである。それが剖れ分れて、天と成り地と定まる。そこで、神《カミ》聖國常立尊が御生誕遊ばされた。初は葦牙のようであられたのが、やがて、神にてましますのであつた。

群小横議、擾擾囂囂、如煤煙、似濁涙。

ところが、波涙も溺らすこと能はず、煤煙も汚すこと能はず、天地を貫き、萬有を統べ、過去の過去際より未來の未來際に亙り、天に常立ち、國に常立ち、盡十方に彌る白玉晃耀身と呼び、生老病死の波を分け、喜怒哀樂の風を鎭め、人天萬類を、一圓光裡に導き給ふ黃金剛不滅身と云ひ、貧富貴賤の牆を開き、上下尊卑の溝を渡して、安養常樂の花園に遊ばしむる漆黑水晶魔王身と稱し、賢愚利鈍の枝葉を整へ、强弱大小の按排を正して、太平嘉悅の神界を築かしむる一碧瑠璃不染身と仰ぎ、妖魔神佛の霧を拂ひ、明闇顯幽の火を揭げて、天界地底を踏破せしむる赫赫烈烈紅焔身と畏む、五彩五色の〇境が存る。

斯のやうな祕境が存つて、斯のやうな譯で、天地は定まり、陰陽は分れ、天窟戸は開け、高天原は明け、八百萬神は、大虛空を搖り動かして、拍手哄笑、鳴りも止まぬ。

此の大歡喜は、

天地初發の喜びで、

神魔剖割の喜びで、

天孫降臨の喜びで、
敵國降伏の喜びで、
神人生誕の喜びである。
この喜びを得る爲に、
「天鳥船神事」を行ふ。

第八節

行事の最初には、

「口を閉ぢ、舌を上顎の内面に著ける」

人は、ひどく疲勞したとか、衰弱したとか、病氣に罹つたとか、甚しく老齢になつたとか、急激に驚いたとか云ふ時には、識らず知らずに、舌が上顎を離れ、口が開きがちなものである。

ところが、然う開けて居ると、肺門が閉ぢて、汚濁の氣が體内に溜り、精妙の氣が涸れて來るから、疲勞は更に疲勞を增し、衰弱は更に加はり、病氣は重くなり、老衰も急に甚しくなるものである。そこで、平生此こに注意して、必、口を閉ぢ、舌を上顎に著ける。すると、唯僅にそれだけで、

「重く濁れるものも、凝りかたまることを速にして、肉體を堅固に作り、淸みてあきらかなるものは、直に發き上りて、天界を築く」から、心晴れ、氣澄み、身健に、天壽を完ふして衰ふることが無い。

故に常に、意を此こに用ゐ、立坐進退に拘はらず、起臥寤寐を通じて、失墜することの無いやうにせねばならぬ。次ぎには、

「聲」である。

人には聲が有り、物には音が有り、一切合切が音聲を有つて居る。が、自分等人間身として、聞き得るのは、その聽覺に相應した極めて僅ばかりの音聲だけである。

自分等の發し得る音聲も、それと同樣に、極めて僅の範圍である。たいして大きい聲も出し得ず、さまで小さい聲も發することが出來ぬのである。それを思ふと、自分等の身が、何如に不便なものなるかに驚かされるばかりである。

此の不完全な狹隘な身であつて、絕大無比なる神の神事に神習ひつつ、神の完きが如く我もまた完からんと願ふ。

「祭祀の起原」は此こに存る。

今此こに人が死ぬ。人の身として、之を何うして見ようも無い。無知にして蒙昧にして、神を知らない人だとすれば、鳥獸虫魚の死に接した場合と大差も無いやうなことでもあらう。

昔、支那の政治家は、無能病弱の庶民は寧、五穀菜果の肥料と爲すに如かずと唱へて、生きながら庶民を肥料に用ゐたとまで傳へて居る。實に驚くべき話である。單に話だと云ふばかりでなく、世には驚くべき事實が行はれつつある。

無智と云ふのではなく、蒙昧と呼ばるるのでもなく、自他共に許して、文明を誇り開化を謳ひつつある先進國

なるものは、後輩野蠻の徒を驅つて、常に之を自己自國の食料に供しつつある。世界史上に於ける、東西民族の勢力消長、乃至、戰闘爭奪は、此の間の消息を傳ふること詳密至極である。

人死すれば、縁類集りて、其の肉を喰ふの俗有ることは、皇軍西征してより世人の耳に新なる事實であるが、妖類魔族は如此にして怪しむこと無く、此の土此のまま、根の國底の國で、其の身其のまま、禍津毘術魂で、死となく生となく擾擾囂囂、煤煙旋風の如くなのである。其の、

「煤煙旋風の聲」を記して、古典は、

「高皇産靈尊の仰せらるるには、葦原の中つ國は、岩石樹木までも立騷ぎ、晝は五月蠅のやうにうるさく、夜は煤煙のやうにきたない」とか、「喧喧囂囂と云ひ爭ふ磐根樹根草の片葉までが」などと訓誡へてある。

土や草の語る詞など、常人には、容易に聽取ることも出來ぬので、何を話しても分らぬ憾が多い。けれども、神の完きが如く完からんと願ふ人は、やがて、「神の教へ」のままに、九天の上にも九地の底にも出入しつつ、神音も魔言も、容易に知ることが出來、從つて、死者と物語ることが出來るので、初めて祭祀を司ることも出來る。

「祭祀」とは、マツリなので、此の「マ」と彼の「マ」とが抱合合體して、新なる箇體を築くので、天沼矛の神事で、諾册二神の祕事で、鹽土翁の教へで、綿津見宮の祕儀で、水裡に火を孕みては、既濟と呼び、火中に水を點じては、未濟と誡しむ。古典に、左旋右旋の祕を傳へたのは、此の事理なので、之を、既濟未濟の傳とも、水火の傳とも呼ぶので、世に、ミヅホ傳と稱するものの存る所以である。唯、不幸にして、俗學の徒は、神傳を得ざる身にて、之を得たるかの如く錯覺するが故に、誤つて鬼窟に彷徨するのである。

今茲に、此の「マ」と彼の「マ」と云ふのは、古老が、「ミカガミ」と教へて、「カガミノフネ」の祕事であるから、筆錄する事は許されぬのだとて、古典には、「狀貌難言」と傳へて居る。けれども、學徒の爲に、いくらかでも、手がかりに成るやうにと、僅に外貌だけでも記さんことを願ひつつ、祕庫の扉を敲くのである。

いつの世に、誰築きてや。おと山の、山の麓の、道しるべ。知らぬ顔なる、旅人の、往き來る見れば、秋寂しけれ。

此の「マ」と彼の「マ」と云ふ。それを圖《カタ》に示せば、○《ヒ》であり◐《ツキ》であり、或は、△《ヒ》であり▽《ミヅ》である。詞で云へば、イキ・シニである。古典は、之を、「イキシニホ」と傳へ、宇宙萬有は、生又生、死又死、生滅起伏の連環であると云ふことを教へてある。

「イキシニホ」とは、「ホ」の音義に依つて、宇宙と無宇宙とを說示したので、それを、物として見れば、「火」である。燃ゆる火なので、有る物で、無い物で、有るとも成り、無いとも成るとの意で、先聖が凢愚を憐みたまへる遺響なので、火は常に起滅を示すから、人は其の樣を見て生死の實相を觀《サトレ》よとの慈悲心である。○《ヒ》は生であり、◐《ツキ》は死であり、△《ヒ》は上るのであり、▽《ミヅ》は下るのである。△《ノボルモノ》は火で、▽《クダルモノ》は水で、此の二つが相交はれば、《ユ》と成る。水が上から火を覆ふもので、之を湯と呼びて、支那人の所云水火既濟で、太平嘉悅の狀態である。それを逆にすれば、△▽《火水》と成つて、相乖離するから、火水未濟と云ふ。

けれども、本來の象を云へば、火は上で水が下に在ること天と地との如くである。で、天地と云ひ火水と呼ぶのが正位である。然しながら、相交はるにあらざれば、相爭ひ相鬪ふ。故に、天地否とも火水未濟とも云ひ、地天泰で水火既濟だとも云ふ。それを、日本語では、「イキシニ」と順位に稱へては、顯界神域の壽詞だと教へ、「シニイキ」と逆に稱へては、幽界魔境の祕言だと云ふ。それは、本來の相《スガタ》としての體の上から、神の教へ給ふので、活用としてならば、地天と云ひ水火と呼ぶが如く、「メヲ」と稱するのである。

此のことは、日本語の音義が教ふるのであるが、細しいことは、「言靈祕說」に讓り、天鳥船神の行事に用ゐる音を擧げますと、

第一に、「イ」
第二に、「エ」
第三に、「ホ」
第四に、「サ」
第五に、「ウ」

の五音である。

之を全身の動作と共に活用して妙境に入り神域に到る。

第九節

第一の「イ」は、上下の齒を合せ、舌を上げ氣味にせねば發することが出來ず、正しく眞直ぐに出て上升する音である。それで、此の音義を表象してんと書いたのが、イの字原である。正しくして升るから、非常な偉力を

持つて居る。で、先づ最初に此の音を出す。すると、現在の自分が、どれだけの力を持つて居るかがはつきりと其の音聲の上に現はれる。續けて又出す。連續して出して居ると、次第次第に強くなり、更に正しく美しく、威嚴を加へて來る。發して發して止まざれば、やがて、肉體と精神とが完全に統一して、凝止結晶、金剛不壞の神身を築き成すに到る。

第二の「エ」は、イとは反對に上下の齒を離して、舌を下げ氣味にせねば發し得ず、横に開いて廣がるのである。が、その廣さには限度が有る。横に並行の二線を引き、中央を縱の一線で劃つたのは、此の意味で、區劃を示し、分限を教へて居る。此の縱の一線を畔《ア》と呼びて、斯く在るべきものを斯くあらしむる軌範を教へられたのである。

畔《ア》は吾《ア》なので、存りて在るもので、結び止めたる靈《ヒ》であるから魂《ビ》と呼ぶ。その結び止むるものを「ア」と稱して、玉の緒の別名である。それで、畔放と云つて祓言に擧げた天津罪は、汚濁なる生活に慣れて居る人間世界では、それ程に思はぬでも、實は甚しき反逆で、神命冒瀆の大罪だからとて、其の第一に數へたのである。

畔《ア》として、吾《ア》としての軌範に制せられたる二は、天御柱・國御柱で、各自各自の位置分限を堅持して、相互に干犯冒瀆するが如きこと無きものである。從つて此の音には制御の力が強い。繰り返し繰り返して此の發聲を續けると、自己を引き締め他を警むる威嚴を增して來る。

そこで、正しく升る音のイを強く長く引いて、制御の音のエと連ねて切ると、イーエッと成る。小さなッは、上の音を切る符號であると共に祓詞であるから、エの音義を更に強むるのである。さぅして、之を繰返し繰返す。非常に強い善美正義の音であるから、自己を警醒し他を制御して正誠ならしめねば止まぬのである。從つて妖魔を調伏し病患苦惱を解除するので、「ハルヒヒメ」の祕事としての祓詞である。

一度之を發してから、此のイとエとの二音の順序を反對にして、エを長く引き、イを強く切ると、エーイッと成る。イーエッの發聲が、正義の音として妖類魔族を調伏摧破するのに對して、エーイッとは、正誠善美に導く音なので、善美正誠なるものは愈善美正誠の境を擴め、妖類魔族は悔悟して歸順するから、此の音義は、堅固大成で、濟度救出である。で、イーエッ、エーイッとは、祓の神德を發揮する神言靈《カミコトタマ》である。

神音であるから、「コトタマ」と淸音に唱へる。若之を濁つて「コトダマ」と呼ぶならば、魔言と化《ナ》る。一音は固より、半音でも忽にしてはならぬと云ふのは、斯のやうな爲である。

第三の「ホ」は、優れて美しいので、燃えて明なので、上升下降四維十表に雄走るので、雄大宏壯でもあり、輕快迅速でもある。

そこで、初にエーイッと發聲して正誠善美の身心を築きたる後に、此のホの音を出す。之を連ねてエーイッホとする。ところで、ホは一定區域から突き出で伸び擴がる音だから、強く力を入れればおのづから伸びる。で、伸ばして切る。すると、ホーッと成る。エーイッと引き締めて堅固に築き成したる身心を、ホーッと輕く強く明るく大きく速く美しく膨脹させ進出發展させる。從つて、エーイッ、ホーッとは、火之炫毘古《ホノカガビコ》の祓言であると共に、大事忍男《オホコトオシヲ》の壽詞で、事業建設の神德を發揮するものであることがわかる。

第四の「サ」は、咲く花の意で、開落榮枯で、分出發散で、細矛千足國《クハシホコチタルノクニ》との音義である。細かく割れて開け行くので、此の音だけを連續して強く出すことは出來ぬ。

此の音は、輕く細かいのだから、先にエーイッの發聲で全身心を引き締めて後に出す。エーイッサ、エーイッサと連續すれば、輕快に進出する。サを伸ばして切ればサーッと成る。すると、輕いと云ふばかりでなく、稍强くなる。

エーイッ、サーッの發聲を繰返し繰返すと、輕く樂樂と進行するので、衆人統率の妙音であるからとて、古老は、「ササ」の名を、小竹・酒・等に附け、又、誘導催促の意に用ゐて居る。

以上、イ、エ、ホ、サ、四音の活用は、自己を堅固にして、活潑に進出しつつ他を統率し、事業を建設するものである。が、此こに注意すべきことは、人の耳目に觸れて分り易いとか、華華しいとか云ふ部分は、體でなくて用である點なのである。多くの人が、修養に志す場合、誤つて其の働きだけを見て、偉いと驚き、それを手本に爲ようとする。けれども、それは手本に成るものではない。何ぜかと云ふに、外に現れたところは、ホーとかサーとか咲き散り、開き出でたる色香だけなので、一見その綺麗なのに眩惑させられ勝であるが、それは「木《コ》の花《ハナ》の阿《ア》摩《マ》比《ヒ》のみ」と歎かるるので、其の花を開かせ實を結ばせる本體としての、「石長比賣《イハナガヒメ》」の在ることに留意せねばならぬ。

その石長比賣と呼ばるる本體は、默默として富士山麓に埃を浴び雜草に埋もれて居る「萬古不變の道しるべ」である。此レが、

第五の「ウ」と呼ばるる祕音なのである。此の祕音を、宇斗の眞佐頭良と稱するのは、音を成さざるの音との意で、外に發せざるものであるが、それでは判らぬから、開いた口を閉ぢて、その本體の活用を現はす。

「ウ」は結局、一切を閉ぢ結び繫ぎ止めたる「闇黑の土」で、一見愚蒙の如き土塊であると云ふことが出來る。則、萬物を養ひ育てて、又、それを收藏する。で、

此の音を強く深く籠めて、身心を養ふ。

禊行事に、裏氣吹と稱するのは、主として、此の妙用を體得すべき方途を教ふるので、人間的の訓練から入《ハイ》つて、やがて神祕の零境を發かしむる祕事である。

「ウ」の音義に養はれつつ、次第次第に進み進みて、深く深く透徹したる時には、全く一點に凝結するので、人の能力では、「無」とか、「零」とか、「一」とか云ふより外はあるまい。

第十節

人の詞と云へば、口から出るのであるが、廣く音と呼ぶ上からは、全身心が音なのであり、更に、音を主として云へば、我としての全箇體は固より、全宇宙が、一音響として、「カムルギカムルミ」「ヲバシリヲコロブ」ので、天鳥船神事に、イーエッ、エーイッと唱へ、エーイッ、ホーッと唱へ、エーイッ、サーッと唱へる時は、全身體が、此の音聲と化して、此の音聲としての姿を現す。それを一一並べて記すことは非常に面白いのであるが、之は、圖として繪として畫かねばならぬから、別に發表することにする。で、今は、其の姿に到達する豫備的運動行爲としての形式の一端から概説します。

第一に、イーエッと發聲する爲に、直立せる身の左足を前左方斜に、爪先の向へる方向に、そのまま出して、右足と丁字形に一歩開く。次に、發聲と共に、上體を前屈し、兩手を握り拳として、左足の方向に、肩幅だけの間隔を保ちて、前下方斜に強く突き出すのである。その強く突き出すとは、單に手とか腕とかだけではなくて、全身を強く凝結させ、其の活用としての動作をするのである。

次ぎには、エーイッと發聲しつつ力を込めて腰を出來るだけ後ろに彎曲し、それに伴ひて肘をも引く。兩拳は、出した時と同じ間隔を保ちながら、肘と平に、略、和船の艫を漕ぐ要領で引く。その聲と動作とが完全に一致した時には、身心共に結晶して完全なる統一體に成る。そこで、其の統一したる身が、前に上體を伸して、初と同じやうにイーエッと發聲する。また、エーイッと發聲しつつ引く。

之を繰返し繰返して後、直立の姿勢に返りて、神の御名を奉稱しつつ振魂《フルタマ》の行事を爲るのである。

次ぎには、ホーッの發聲と共に、右足と兩手とを前右方斜に出す。其の要領は、左の時と同樣であるが、唯其の異るのは、エーイッと引き締めた發聲の後に出すホーッなのであるから、引いた時のエーイッが有つて後に出すホーッであることに留意すべき點である。前にエーイッの音が無ければ、ホーッとのみ出しては惡い。

その「ホ」とは、既に述べた如く、著名なるものなりとの義で、顯れたるもので、明なるもので、秀《ホ》で、火《ホ》で、穗《ホ》で、一定の區域を超越するもので、世の燈明臺で、衆庶の仰ぎて標識基準となすものでもあると共に、怖れ畏みて慴伏するものでもある。善惡美醜是非曲直共に世の常ならぬものである。さうして又、

燃ゆるものである。燃ゆるものとしては、水を化して湯と成し、水火既濟の妙用を現はし、劫火と成りては、萬類萬物を焚盡燒却するので、それは、地界魔境の主である。それで、生を象徵しては、△と作りて三角の頂點を上にし、死を象徵しては、▽と作りて頂點を下にするので、上升下向の別は有つても、共に一定區域を超越するもので、超越したるものである。

向上。向上。又、向上。

向下。向下。又、向下。

向上向下滅盡時奈何。

神乎。魔乎。人乎。否乎。

然矣。否也。非也。非否也。故云

神魔同几之火也矣。

音義の活用を究めて來ると、此のやうにして、神音が神界樂土を築成することを知る。然らば、魔音は何を爲るか。

單に一音一音として、延べも引きも連ねもしない單一のものならば、「ヒフミ」と呼ぶので、それは、必竟、「有の無」で、零に等しいのであるが、その一一の音を延べたり引いたり、更に、數音を連ねたりすると、善惡美醜是非曲直の隔りが甚しくなつて來るから、一步の謬りが、遂に地界魔境に轉落させることと成るやうな危險をも生じて來る。

上來述べた發聲の上で、一例を擧げると、エーイッと出した後でなければ、ホともサとも出さない原則であるのに、若も誤つて、ホーッとか、サーッとか出した後に、エーイッとする順序を採るならば、忽にして身心は破壞されてしまふ。殊に效き目の多い音は、またそれだけ危險も多いから、一度用法を誤ると、心意を亂し身體を破り、遂には、精神錯亂にも陷らしむるに到る。恐れてもまた懼れねばならぬ。

一知半解にして輕佻浮薄の徒が、過つて師表の位置にでも立つやうなことが有るならば、人の子はまことに禍である。

第十一節

神魔同几の火を、神代の神は、天御鏡と稱へ、其の主神を少名比古那命と教へ、其の國を鏡之船と呼び、大國魂神とも讃へ、白玉晃耀の神界なればとて、古典には、「白き裝束爲したり」と傳へて居る。之を又單に「御鏡《ミカガミ》」と稱へて祕事傳承の祕言と爲たのは、日本民族の神言に依るのである。

「ミカガミ」のミは、實であり、身であり、稔であるが、此の詞は、主として數理に因るので三である。此の三は、一を生ずるの身で、二の結びたる實で、產靈產魂たる身で、子孫を產出し育成すべく稔りたる者で、「ミトシスメカミ」と稱へまつる齋庭の穗にてましまます大年御魂神と仰ぎまつるのである。

その神の「ヒ」の何如に照り耀けることよと讃仰しまつると共に、その神の內容を教へ給へる「天御鏡・鏡之船」。その神の火の何如に威烈《オソロ》しきかを、火神は教へ給ふのである。

第一節に、「白雪は碧波を潛り」と記したのは、鎭魂裡の事相を示して、體得の便宜にもと願つたのである。

鎭魂殿裡神魔剖割。古老嘆云天地初發。之是天成地定高天原現成而。神聖生其中也。阿那畏。

人に語るべからずと誡められたる祕事なれども、其の一角なりとも提示して、共學研鑽の一助にもと願ふのである。が、然しながら、婆子の饒舌却つて人を誤ること無きかと虞る。

人間の行路は、多岐又多端である。多端多岐ではあるが、窮極に到れば〇である。

此の〇が〇のままに結び結べば神代の神と仰がるるのである。

おほそらは、はれにはれたり。あしたづの、ちよややちよと、あまぢゆくこゑ。

（タイ）

と云ふ歌があるので、之を借りて、此の境を説明する一助と爲よう。

神代の神とは、「隠身」と古事記の傳へたるところで、之を「コモリミ」と磤稲綺道秀《オタギミチホ》先生から學んだが、コモリミとしては、いまだ天降り坐さざる別天神なりとの義で、鏡之船に身籠り居坐すの義で、それは、「澄《ス》み清《ス》みて明《ス》み切りたる」〇海《ヒノウミ》である。

人の身として之を仰げば、「カクリミ」にてまします。先師の「ミタママツリ」に、經無く緯無く始無く終無しと稱へたまへる「球體」である。球は是體。體は是球。

皆人が專心一意、天御中主大神《アマノミナカヌシノオホミカミ》の大御名を奉稱しつつあれば、其處に天地は發け、其處に高天原は明けて、主の神を拜みまつるべきである。其の主の神は、御一柱としては、天之御中主神《アメノミナカヌシノカミ》と稱へまつられ、御三柱としては、天之御中主神《アメノミナカヌシノカミ》・高御產巣日神《タカミムスヒノカミ》・神產巣日神《カミムスヒノカミ》と稱へまつらるるのである。

あめなるや、あまのいはやど。こもりみの、かみのみすがた。くすしかも、あやしきかもな。ひふみよと、うけふみたれば、いつむゆな、やよここのへの、かみしらす。きみがまろやは、うちとみな、すみにすみたり。すみすみて、すみきりたれば、かくりみの、かみにこそませ。ひふみよい、むゆなやこなる。なりなりて、なりあはざるを、ふるべゆら、ゆらとをふるべ。ひふみよい、むゆなやことと、なりなりて、なりあまれれば、ひとことの、かつらぎぬしや、ほむすびの、むすぶかみわざ、てりにてりたる。

先師の全集十巻、無慮八千頁。然れども、此の「體」を傳ふるもの僅に數言。爲に讀者往往此の祕言を看過するものの如くである。今之を記すもまた婆心。若幸に便宜を得る人も有らば、ひとり予の喜びのみではない。

第十二節

經も無く緯も無く、始も無く終も無しとは、物無きものである。之を古老は、「火」と教へて居る。その歌に、

燃ゆる火も、取りてつつみて、ふくろには、入ると言はずや。さとくともなきに。

と有る。

之は「ミタママツリ」の祕言で、之に依つて、日本民族が死者を葬るには、如何なる祭式を用ゐたかがわかる。

往く人の、心知れらば、かにかくに。とく歸りませ。いつかしがもと。

と傳へたのも、亦等しくそれである。

先師は、御尊母を葬りまつるに、其の初眞宗佛式に依られた。

それを見て、脩禊の同人であつた栃木縣の神職伊藤粂三氏が激怒し、遂に稜威會を脫退した。惜しいことをされたと、私は今でも時時想ひ出すのである。近頃でも、氣の早い人たちが、自分の知らぬことを他人が爲れば、深くも究めず、親しくも聞かずに、漫然と罵聲を揚げたり、卒然と嘲笑を放ちたり、道に志すものの斷じて爲すべからざる輕浮盲動を爲て居るさうだ。

そのやうな人は、天鳥船神の發聲を忘れてでも居るのか、少くとも怠つて居るのであらう。早く反省して、日夕二回の拜神を勵み、神の御聲の中に、各自各自の日を明にすべきである。

さう言ふ意味で、天鳥船の神事を勵む。勵み勵みて、「ホ」の妙音に到達する。すると、身心一圓の火と成つて、此こに、火火出見尊の大御寶としての我であることを悟證するのである。ホの行事が終つたならば、また出した足を元に引いて直立する。

直立して御神名を奉稱することは前と等しいが、此の稱へまつる御神名に依つて、各々其の神を拜するので、神名奉稱の祕事が行はれる。それを終ると、次ぎは、前前回と等しく左の足を一歩出して、

「サ」の發聲を爲るのである。此の時だけは、手を前方に突き出したる時に十指を開く。サの音は、ホよりもより以上に分れ出で散り行く響きであるから、特に注意して、堅く強く深く、體としての我を築きつつ進まねばならぬ。で、必先づエーイッと強く引き締めてから、サーッと出すのである。

之を繰返し繰返しつつ、神業建設の妙趣を悟る。

サくらばな、
サきの
サかりを、あまをとめ、よに
サちあれと、あ
サつとめする。

と傳承したる壽詞が、「分魂統一、建業立勳、福德增進、壯快全身」との意で、幸幸滿ちたる身を築かしむる「石長比賣・木花咲耶比咩」の神言靈であるのも、神音としての「サ」の妙用を現ずるからである。

此のやうに、三段の發聲が終ると、また左足を元に返して、正しき直立の姿勢で御神名を奉稱する。さうし

て、此の行事の結果を、改めて、其の身の態度姿勢と發聲とで立證する。之を、「天津神輪・國津神輪」の祕事と稱へて、神國築成の天津宮事で、人間身として天津宮事に仕へまつるものである。それを、「詞」として現はせば、

ひとことの、かつらぎぬしや。かみまもる、もりのさかきを、わがきみの、みはかしにして。うなねつく、わがうじものよ。しづはたの、ぬさのしづりよ。みほぎする、けふのよきひよ。ももことの、にはのこすずめ。ちちことの、かはべのちどり。なにすとか、たちはさわげる。けふのよきひに。

であり、漢字で書けば、

一圓一音昭昭琅琅。卽時救出六道魔界。神魔剖割在於一几。之是　日本天皇　敎矣。

ともならうか。固より宮事を其のままに説明し得るものではないから、唯僅に仰ぎまつる手がかりにもと思ひて記すのみである。

第十三節

天津宮事の一つに、「ヌサ」の祕事が有る。ヌサと云ふ詞は、「アマノミナカヌシ」と稱へまつるに等しき神音で、體と用と體用不一不二なる事理とを敎へられたので、現象世界と本體零位との關係を示し、兼ねて宇斗の祕を傳へられたのである。

ヌサの「ヌ」は、溫むので、盜むので、野で、束ぬるので、總ぬるので、統治し統率するもので、又、産出者

なのである。さうして、それは、「ヌシ」として、人知らぬ「ウシ」で、必竟「ウ」と呼ぶところの黑色黑光水晶宮殿なりとの義である。

ぬばたまの、うのはねごろも、とりよそひ、うとのみやにし、ひとのすみたる。

で、此の「ヌ」は、ウに對しては用であるが、サに對しては體である。さうして、それが、ミナカヌシのヌであると共に、ミナカヌシの五音を總括したる音である。

それから、その「サ」は、「アマ」に當るのである。「サ」とは、細かく割れて森森羅羅萬物萬象と現出するもので、神の雄走《ヲバシリ》であり、人の事業であり、總べてのものの氣息《イキ》である。古老は之を嘆美して「アマ」と稱した。先師は、アマノミナカヌシと稱へまつる大御名を、特に一般人に解り易いやうに説明されたが、今それを掻摘んで白しますと、

「都べてのものは、中心と外廓とから成り立つて居る。が、ただ見ただけでは、一つの物で、中心が何こに在るのか、或は無いのか、外廓と中心との區別が何こで付くのかも分らぬ狀態である。單に客觀しただけでは、何と判別の仕方も無いので、アーと驚嘆するばかりである。けれどもが、よくよく觀察すれば、「マ」として立派な統一を保ち、發展し歸結するミタマである。まことに驚嘆すべきミタマの存在であるからとて、日本民族は、それを「アマ」と讃美した。そのやうに立派な統一體の統一體たり得るのは何故であらうかと、その內容を檢討すれば、堅く締れる「ミ」としてのミタマが內在して居る。その內はまた更に、光り耀くミタマで、「ヌシ」で「ウシ」である主魂が、全體を主宰統一して居る。其のやうに、層を成して內から外に外にと擴がつたものを、中心で引き締めて逸脫することを許さない。之は何如なる物も悉皆然うなので、全宇宙としてもまた固より其の

通りである。何如に微細な物でも、何如に廣大なものでも、一貫した筋道で出來上つて居る。

之を日本民族の詞で「アマノミナカヌシ」と稱へて、「カミ」と白しまつるの義である。圓輪を以つて圖解すれば、外が「マ」で、その內が「ミ」で、その內は「ヌ」で、そのまた內は「シ」と呼ぶ。すべて四重で、その全體が完全なる統一體を成して居る。

物として中心の無いものは無い。中心に統一せられて初めて存在し得るのである。大宇宙の然る如く、小宇宙の然る如く、國家も必然るべく、全人類世界も亦必然るべきものである」とのことである。

けれども、此の御解說は、人を導き世を教ふる便宜の爲であることは白すまでもない。人に依つて大道悟證のたよりを得んと願ふものは、此の點を忘れぬやうにせねばならぬ。私はかつて、先師におたづねしたことがある。「先生には、

大日本天皇　の大御寶として、全神教趣大日本世界教を御唱道になられますが、若も、漢民族としてならば、何う云ふことになりませうか」と。すると、「國がかはれば、またまるで別だよ」と。

相互拍手。師資哄笑。記紀傳統。一圓一音。過去無師。將來無資。

よしあしの、へだてもあらず、あをみたる、ひろのせばしと、よしきりの鳴く。

「ヌサ」と「アマノミナカヌシ」とが等しき神音だと云ふ。或は、人の疑ひを招ぐかも知れぬ。「ヌサ」の音義は、これまでに略、說明し得たと思ふのであり、「アマノミナカヌシ」の音義も、第一章に概說したのであるが、なほ重ねて、之をうかがひまつることにしよう。

「ア」に就ては、前に磐境曲を說く際に述べたやうに、いまだ物を成さず、國を成さず、人を成さぬので、形

としてならば、何う書きやうも無いから、假に○と書く。それを詞としては「ア」と呼ぶ。が、此の○《ア》は、一切合切を包括して圓滿具足せる象である上からは「マ」と云ふのである。外から見たでは「ア」と驚嘆するのみであるが、その内を觀れば「マ」と呼ぶミタマであると云ふので、此の二音を合せて「アマ」と呼ぶのは、大宇宙の内容外觀を一語に包括し説明したのである。で、その

「アマ」なる大宇宙の大宇宙たるは、更にその内容が「ミナカヌシ」であるが故である。そのまた「ミナカヌシ」の展開たる「アマ」を産出するものは、「ノ」と呼ぶミタマである。そのやうな意味で、「アマ」と「ミナカヌシ」とを繫ぐに、「ノ」の音を以つてしたのである。此の「ノ」は單なる接續詞ではない。それから、その「アマ」と呼ぶところの大宇宙は、「ミ」と云ふ實體であり、其の實體たる「ミ」は赫灼と光り耀いて居る。大宇宙の然る如く都べてのものの中心は皆悉照り耀いて居る。美しく照り耀くものは「ナカ」であり、そのまた赫灼たるわけは、その中に、他を引き締め統べ治むるミタマとしての「ヌ」が在るからである。「ヌ」は先に説明したやうな音義で、「ノ」に等しくして僅に異るのである。

此の「ヌ」の中には、又更に、全體を主宰し統率するミタマが在る。それは「シ」である。「シ」とは、治であり、知であり、主であり、人であり、死である。此の五字は皆共に「シ」と訓む。則、生死一貫の義で、之を形に書けば、亦等しく○で、説明すれば零であり一であるので、「極」である。

「ア」としての極は大の極であり、「シ」としての極は小の極である。さうしてそれが共に中心である。之を圖解すれば⊙で、圓輪を以つて「ア」を示し、一點を以つて「シ」となす。之を「アシ」の祕言と稱へて、「ウマシアシカビヒコヂ」の産魂言である。

小の極が中心だと云ふことは、讀者も容易に頷くであらうが、大の極が中心だと云ふことは、或は一寸躊躇されるかも知れぬ。けれども、大であれ小であれ、極と云ふからには、唯一點であること固よりで、唯一點であると云ふものは、中心であることまた固よりで、唯一無比待對無きものとは、又唯大宇宙在るのみであることとまた固よりで、此の極たる中心とは、唯是大宇宙あるのみである。之を畫いて〇となすこともまた固よりではないか。

此の事實と眞理とが、重重無盡無量の存在と成つて生滅起伏する。それを現象世界とながめては「アマ」で、其の現象を發現する本體を究め來れば「ミナカヌシ」で、本體と現象との分際を究明し得れば、おのづから本體と現象との牆壁は撤去せられて、一圓一音昭昭琅琅、日神は天窟戸を出でさせ給ふなりと、人は拝みまつるのである。

「アマ」を現象世界だと云ふのは、「ミナカヌシ」に對するが故なので、その「ミナカヌシ」とは、大裏観したる神界で、それをそのまま大表観すれば「アマ」である。それ故に、天地初發としての「アマ」は、「ミヅ」の大平等觀で、稜威赫灼一圓晃耀の象である。それで、「ミヅ」に對すれば「アマ」が本體となるのである。

「アマ」を別の詞では、「日神の御田」と稱へまつりて◈と描き、また田とも、㗊とも描く。それは、器を産出する大海で、大虚空であるとの義で、「ヒツキ」と呼ぶ。此の「ヒツキ」の中にして、神子《カミノコ》は生れさせ給ふ。その「ヒツキ」とは、〇◍であり◎であり、「カミノコ」とは、▲であり「ミヅ」であり、稜威雄走命《イツノヲバシリノミコト》と稱へまつるのである。

「ヌサ」の祕事を祭儀として行ずる爲に作られた神器が存る。之は、圖解を要するのだが、兎に角、外に顯れぬ中心が在る。それは、「ウ」と呼ばるるのであり、外に細かく分れた部分があつて、それを「サ」と呼ぶ。さうして、此の「サ」と「ウ」とを一つに結び止めた部分がある。それをば「ヌ」と呼ぶ。之を全體として「ヌサ」と稱するのである。

此の「ヌサ」の神事は、祓の神の教へとしては、「天津菅曾を本刈り斷ち末刈り切りて、八針に取り辟く」もので、禊の神の教へとしては、「天津金木を本打ち切り末打ち斷ちて、千座置座に置き足らはす」もので、祓の神は、罪障を焚盡して火の海と成し、禊の神は、天淵河のミモヒを濯ぎて神界樂土を築き成すのである。

古老詠ふて云はく、

海は逃げ、山も躍ると、古の、ふみにぞ書ける。日の神の、わざこそ成れれ。月夜見《ツキヤミ》の、矢こそは立てれ。白玉の、眞玉の中に、眞つぶさに、統一る中に、神こそは、鎭り伊坐せ。日止こそは、止まりてあれ。日止知らす、國は安けし。神守る、嶋ぞ統一る。海はなぎ、山靜なり。やまと國原。

と。

斯くて、祓の神とは、黃泉大神《ヨモツオホカミ》として、根の國・底の國を治らす伊邪那美神にてましまし、禊の神とは、三貴子を生みまし給ふ中津國の主神伊邪那岐大御神にてましますことを明らめ得るのである。

今年來て、我また息ふ、綿津見の、いろこの宮は、神の常宮。

第十四節

朝早く目の覺めたままに、そのままに、硝子戸越しの外を見ると、柳の絮綿が・之を綿と呼ぶことは、奉天の子供たちに聞いたので、枝垂柳の實が熟して、風のまにまに、或は、神のまにまに空に遊ぶので、遊ぶとも飛ぶとも形容し兼ねる輕い輕い様子で浮きて居るのである。羽化登仙などと云ふ詞は到底當らない。上つたり下つたり、流れたり飛んだり、散つたり聚つたり、行つたり來たり、唯遊んで居るのである。降りても集つても浮きて居るので、何の作意も無く喜戯する小兒の友にふさはしく、苦しみを知らず、惱み無き姿である。それを眺めて居る身も、おのづからそれに引き入れられて、何の障るものも無い。それは丁度、ミソギの行事果てし其の朝の境涯にでも比べようか。過ぎ來しことも忘れ、行くべき先をも思はず、今在る身をも知らぬ狀態である。

此のやうな狀態を、古老は○と教へた。無と呼ぶに等しいので、宇宙無きもので、未宇宙を成さざるもので、零と呼ぶ。それで、之を「隱身」と記し、「罔象女」と稱へて、「象《スガタ》ハ無キナリ」と教へられたのである。けれども、「無いと云ふものは無い」と先師の教へられた如く、無宇宙とか○とか呼ぶのも、絶對の無とか頑空とか云ふのでないことは白すまでもない。

さて此の○なる境涯とは、全宇全宙牆壁無く障礙無き狀態で、境涯無き境涯とでも云ふべきであるが、之は此のままに、千態萬様、百八百萬魂神《モモヤホヨロヅミタマノカミ》として、境涯を築き神德を顯はしつつましまます。之を、○《ヒ》が○《ヒ》のままに產靈《ムスビ》產魂《ムスビ》たる神《カミ》と稱へて、「天津神」にてましますのである。

柳の綿が、虛空に散つて、それがそのままに集り聚る。嵩は大きくなつても、そのままなる本の質を失はない。何處から來たのか、子供達は、何《ド》の樹から何う飛んで來たのかも知らぬながらに、柳の綿を拾つて居る。ところが、間も無く、それを丸めて土の上に捨ててしまふ。捨てられた綿には、細かい細かい實が附いて居る。その實は、水と火と、日と月と、天と地との溫熱濕潤に包まれて、時經つままに芽が出る。その芽には、綿の姿も實の様子も止めて居ない。一年二年三年五年十年と時は流れて、その時の子供も妙齢の美人と成つた。が、青青と繁つた門の柳、五本の柳を、かつて自分が丸めて捨てた柳の綿の生へたのだと知るよしも無い。

青雲の、たなびく雲の、我が門の、五本柳。若柳の、いと面白く、立ち靡く、糸の結びて、今日もかも、繁り合ひたり。いや榮え、榮え行くべく、結び置きし、門の若柳、枝分かずこそ。

天津神の〇は、何如に結び結びても〇であるが、その〇の結び成り成りて成り餘る身と、成り合はざる身との相偶ひ相交はるに到れば、天地の隔たりが遠くなり、天地を繋ぐ浮橋の天浮橋が失はれて滄溟と化してしまふ。すると、鹽土神の任運《マニマニ》、萬のものが生り出づるのである。生り成りて生り出でし身は、一定の範疇を築くので、それは既に元の如き〇ではない。

此の範疇とは、先に述べたやうに、「ア」で、「畔《ア》」で、「吾《ア》」で、「足《ア》」で、「イノチ」である。範疇としての「吾《ア》」は、もはや、〇ではない身《ミ》である。之を⊙《ミ》と描き、或は、とかとか畫くことも出來る。此の「ミ」も、その本體としての〇のままなる活用を彰はすならば、それは、天津神に等しき人天萬類であるからとて、國津神と稱へまつり祀り來つたのである。如斯き「吾《ア》」とは、發き發きて際無く限無き大宇大宙としての「ア」が、「ア」のままに結び結びたるに等しき「我《ワレ》」なりとの意で、讃辭《ホメコトバ》である。と云ふばかりでなく神輪の祕言なのである。

それで、「國津神」と稱へまつるは、神であつて物であつて、物でもあり神でもあるので、國津神大山祇と稱へては、土塊でもあり、水でもあり、火でもあり、草木でもあり、毛《ケ》の和物《ニゴモノ》でも毛《ケ》の麤物《アラモノ》でもある。其の女《ムスメ》石長比賣・木花咲耶比咩と稱へては、國土の神・水火の神にてましますと共に、國土にてもあり水火にてもあるのである。

人が五官的に認めては、物であつて重濁の姿であるが、その物そのままの直日は清陽にして、天津日の光充ちたる神にて坐しますのである。直日としては、○《ヒ》に等しき身であるからとて⊙《ヒト》と稱ふるのである。

人天萬類が、此の⊙と成り此の○を顯はすには、「ヌサ」の「サバキ」に依りて、過去を祓ひ、將來を祓ひ、現在を祓ふ。

過去は、一歩一歩と自分の踏んで來た道である。それを、時間的には、一分前一日前一月前二月前、また、一年二年十年二十年五十年前と回顧しつつ、空間的には、通つて來た境地を辿り辿つて、思ひ浮ぶかぎり、また、想ひ起し得ざる範圍でも、踏み來り通り來つた都べてを祓ひ祓つて、現在の人間身としての過去の一切を祓ひつつ、母の胎內に在りしその時とその境とその身とに及ぶ。其處は、我が身としての「鏡之船」。眞澄鏡・增鏡・增靈鏡・眞十鏡・增日鏡・眞經津鏡・天御鏡・鏡之船・上天下地・盡天盡地・唯一零界・大平等海。

大平等海裡に結び結びて成り出でし身は、神魔剖割して一几に在るもの。斯くて、本來、此の身の○なることを知るのである。

母の胎內にまで祓ひ祓へども、未其の來るところを明らめ得ないならば、更に、其の前に前にと遡る。父母の父母の父母の父母のと遡りて、人間身天降の境と時とその身とに及ぶ。すると、それは、劫火洞然奇《クシ》振《フル》嶽《ダケ》の巓で、白玉光である。

白玉光底に潺湲たるの泉は、之我が祖國で祖神で、悠久の昔である。

白玉の、眞玉勾玉、眞つぶさに、統一る御魂。天なるや、御中の神と、神知らすなる。

怪奇異靈の神魔殿。神魔本來非神非魔。古老は、之を教へて、「神魔同几の天御鏡」なるぞと云はれたのである。過去を祓ひ、また過去を祓ひ、祓ひ祓ひても、人間身天降の時が判らず、天地の判別がつかず、自己本來何物であるかに徹し得ないとすれば、また更に、火之迦具土《ホノカグツチ》の神徳を仰ぎて、幽界魔境に入るのである。

その幽界魔境とは、伊邪那美神の黃泉國なので、八種雷の荒び狂ひ、黃泉醜女の亂れ騷げる斯許米伎繁國《シコメキシキクニ》である。此の國に入るものは、何如なる罪障宿業も焚き盡されて、速佐須良比咩《ハヤサスラヒメ》の「ミマモリ」を得るから、此の身此のまま、此の土此のまま、此の時此のまま、一圓光明の妙相妙用を現ずるので、過去にあらず將來にあらず、現在にあらざるの過今來を明らめ得るので、此の土此のまま「鏡の船」で、此の身此のまま「神の身」で、此の時此のまま「神の代」で、「〇神《ヒシン》・〇魔《ヒマ》」。是の如くに往き是の如くに來る。

此のやうな祓。その祓の結果を、延喜式の祝詞には、「高山の末短山の末より、さくなだりに、落ちたぎつ速川の瀬に坐す、瀬織都比咩と云ふ神、大海の原に持ち出でなむ。此く持ち出で往なば、荒鹽の、鹽の八百道の、八鹽路の、潮の八百會に坐す、速開都比咩と云ふ神、持ち可可呑みてむ。此く可可呑みてば、氣吹戸に坐す、氣吹戸主と云ふ神、根の國、底の國に、氣吹放ちてむ。此く氣吹放ちてば、根の國、底の國に坐す、速佐須良比咩と云ふ神、持ち佐須良比失ひてむ」とて、四段の祓を教へ、「今日よりはじめて、天地の在りのことごと、罪と云ふ罪は有らじ」と云へるもの。上天下地唯見る稜威の赫灼たるのみである。

是の如くに往き、是の如くに來る、神魔同几の火は、東西古典の傳燈で、何處何如なる民族も、古より今に到るまで、仰ぎ來り褒め讚へて止まざる唯一無二盡天盡地の〇であるから、〇《ヒ》神とも〇《ヒ》魔とも呼ぶ。神ならざるの神で、魔ならざるの魔で、「ヒ」と稱へまつるのほかはない。先師は、稜威會の宣言書に此う書いてある。「いかに其の信仰解釋實行の形式に於て文野高卑の別あればとて、一として邪道のみのものなく、魔法のみのものもなく、均しく是れ根本大本體の天照なり、發顯なり。天照發顯としての一大活躍態なり。正邪一道、神魔一體、或は正となり、或は邪となり、或は魔、或は神たりつつあるに過ぎず。奚ぞ知んや、其の正なるもの未必しも正ならず、其の邪なるもの未必しも邪ならず、魔、魔にあらず、神、神にあらざるものあるに於てをや」と。それから、教典捧讀の注意書には、「夫れ球體に於ける內容の中心は、唯一不二にして絕對無比に候ぞ。內容の中心より表はれたる輪廓の中心は、到る處に存在し居る者に候ぞ。內容に於ける中央の中心は、其の周圍十表に於ける群中心を一貫統一し居る有樣を見よ。是れ宇宙の中心が延長して、宇宙と成り、其の宇宙には、一分分微微に、中心のあることを證明したものとなる。中心より出づるものは中心なるからである」と記されてある。さうして、また別に、「零印一」とか、「無經無緯の高玉座」とか白されて、此の「ヒ」を稱へて居る。

此のやうな「ヒ」の結び結びたる人天萬類であるから、善惡美醜是非曲直と、まるで反對なことを思ひもすれば行ひもする。種種樣樣と數限りも無いことを、肯定もすれば否定もする。一見何とも複雜至極である。

此のやうな中に、其のやうに生活しつつある人天萬類は、常に怒濤狂瀾の有樣で、黑風暴雨の狀態で、一日一時とても晏如たることを許されない。で、人人は間斷無く神音を稱へつつ、靜寧和平の神國樂園を築くやうに心掛けねばならぬ。

自己として築き成したる神國樂園は、何如に狹くとも小さくとも、國津神輪なので、天津神の詔せのままに、天沼矛の神事に隨順し得たので、聊なりとも神命に應へまつることを得たるもので、「產土神」と祀らるるのである。假令、人は之を祀ることを知らずとも、神は必之を記して祀らしめ給ふのである。

此のやうな境涯を、

ささの葉の、さやさやとして、鈿女子が、舞ひする小袖、手火に映えたる。

と、第一節に記して置きましたのは、人間的に歌へば、

吹く風に、ささの葉ずれの、おもしろく、小鳥の歌を、誘ふべらなる。

（タイ）

ものでありますから、此の歌を借りて、説明の一助と致しませう。

第十五節

不完全な人の身が、完全な「神」に成りたいと冀ふ。そこに祭祀が起るのだと、さきに白しましたが、その、人間世界の正しき祭祀は、「故人を齋る」ことから出發して、神人を産出するに到るのである。

吹く風の、風の隨。笹の葉の、さやさやとこそ、幸は寄るなれ。

此の世は、人間身心試練の道場で、神を仰ぎては、向上また向上して神界にも入り得るし、神に背いては、鳥獸虫魚にも劣る行爲を、恥辱とも思はぬやうに墮落して、地界魔境にも彷徨ふのである。

ところが、その墮獄の人も、獄裡の苦汁に驚いては、覺えず識らず、神を呼ぶ。それは、神の國の樂しさを忘れて居る身でも、その身の根本中心を成すところの魂《ヒ》は、斷えずその身に警告しつつ、本來の樂土に歸らせよう

とするからである。

「故人」と、一言《ヒトクチ》に白しても、その生前の言論行為等の様様である如く、死後の境涯も千態萬様である。その千態萬様の境涯に在るものを齋るには、それぞれに相應して、千態萬様の説示引導を必要とすべきことも、また固よりであらう。

ところが、世上の葬儀祭典を見るに、殆んど、千篇一律とか、年年様に依つて葫蘆を畫くとかの類である。それで、果して完全に濟度救出し得るであらうか。

何如に生を變へたと云つても、此の身も此の心も、生前よりの連續であるからには、ノリト、經文、聖書等の意味が俄に解つて、神界淨土天國等に往生し得るやうな都合にはなるまい。好都合どころではなく、多くの人は、「死ぬ苦しみ」と云ふ程で、生前には好く判つて居た事までも、判らなく成るとすら思はねばなるまい。

が、亦、此の生を變へると云ふやうな、人としての極度の變化に際しては、生前凢愚の身でも、忽然として、心耳が澄み、神眼が開け、神界に入り易くなつて、他《ヒト》から聞かされずとも、教へられずとも、自分自身に、神音を聞き、神象を拜し、神界を築き得べきでもあるとも想はれる。

けれども、此の世の事實を見るに、窮極に到れば、轉換すると共に、困厄の爲には、墮落しがちなものでもある。此の世の實際が然る如く、前の世も、後の世も、天界も地底も、また必然るべき筈である。何ぜならば、宇宙の眞理は一貫して變らぬのだから、事實もまた必その通りであると知らねばならぬ。

野の小草、一つ眺めて、我は生けり。

天地、日月、此こに宿れば。

狹隘なる牆壁の中に居て見れば、此の如きは、推測に過ぎないが、その牆壁は、我と我が身に造つたものであるから、何時でも取り去ることが出來る。その曉には、それ其の通りの事理である。

そこで、また、元に還つて觀ますると、三世一貫の信仰に住して、迷ひ惑ふことの無い人は、一定様式の葬儀祭典で事足るのであり、そのやうな信仰が無く、懷疑惑亂の徒は、何如程善根を積まれようと、大事業を爲て居ようと、高位高官であらうと、それ等には少しも關はること無く、亡魂幽靈と化《ナ》つて、夜となく、また、晝となく、獄卒の笞に哭き號ぶのである。それ故に、之を濟度し救出するには、妖魔斬殺の寶劍が無ければならず、鬼畜膺懲の鐵槌を持たねばならぬ。此の寶劍と此の鐵槌と、之を持つて、調伏し濟度し、救出し誘導して、神界樂土に入らしむるのである。

之を言ふことは容易であるが、之を行ふには、その道に據らねばならぬ。その道とは、齋庭の祕事で、

第一に、死者の靈と魂との過去を明瞭に察知《シ》らねばならぬ。

第二には、死者の境涯に相應して、魔界にも神域にも、自由自在に出入することが出來ねばならぬ。

第三には、何如なる妖類魔族にも優る神智を具へねばならぬ。

以上の三つが必要なことは、改めて言ふまでもないことで、若しも之無ければ、何《ド》う何處《ドコ》へ送るべきかも分らず、盲滅法で、他を救濟するどころではなく、何時何處で、自分が仆されるかも知れぬ。

世間の醫者は、多くの場合、藥劑を用ゐて、病者に接するのであるが、それでさへも、その病魔から常に襲はれて、惱み苦しみ、禍を子孫にまで遺すものである。醫と成るならば、神醫と成らねばならぬ。葬儀祭典を司るならば、神の人と成らねばならぬ。神は一切を統べ給ふが故に、神の人をば、神の完きが如く完からしむるので

ある。

斯のやうに察て來ると、「故人を齋る」には、先決問題として、神の人と成るべきことである。と云ふと、また或は、甚難事でもあるかの如く思はれそうだが、實は誰でも、爲ようとすれば出來ることである。例へば、父母妻子の死に際會したやうな場合、人の常として極度に緊張するから、我としての直日の人と成ることが容易である。

我としての直日と云ふのは、八十萬魂がそのまま凝結して、全個體一團の火と化《ナ》るので、之を、古典は、「櫛の雄柱一つ火」の祕言として傳へてある。「伊邪那美命のお崩れなされた時に、伊邪那岐命が、湯津津間櫛の男柱一つ取り闕きて、一つ火を燭して、御覽になられますと、宇士多加禮斗呂呂岐《ウジタカレトロロギ》て、八雷《ヤクサノイカヅチ》神に成つて居られた」と記して居るが、比咩神御崩御の大事にお會ひなされても、五官的にだけでは、なほ未不徹底な爲に、神魔同几の「一つ火」を燭して、はじめて、その實相を明らめ得たのである。人としてならば、全身心が、神の火と成つたので、本來本有の眞の相を顯し來つたので、其の原に歸つたので、或は、終に反つたとも云ふので、「鏡の船」を造り成したので、此こに、「黄泉比良坂」の一線を劃して、妖魔調伏の祕儀を行じ得るに到つたのである。先にも繰返して述べたやうに、支那人の傳へた「喪」の字が、此の意味をよく教へて居る。喪とは、十口口一以の合成で、中央の一線が、顯界神域と幽界魔境とを分つもので、此の境界は、線無きの線で、「メ」と呼ぶのである。卽、繼ぎ目、合せ目、變り目、別れ目、代り目、などと用ゐる目である。

此の目は、陰の「メ」であり、陽の「メ」であり、左《ヒダリ》であり、右《ミギリ》であり、左右を合せたる目であり、母《オヤ》であり、子《コ》であり、母《ハハ》と子《コ》と、子《コ》と母《ハハ》とを合せたる「メ」である。母としては女《メ》で凹《メ》で、孔《メ》で穴《メ》で、左目《メ》で、「ヒダリ」であり、子としては芽《メ》で凸《メ》で、右目《メ》で、「ミギリ」である。

古典に、八雷神《ヤクサカミ》と傳へたのは、子としての「メ」で、豫母都志許賣《ヨモツシコメ》と呼ぶ。黄泉津大神《ヨモツカミ》と傳へたのは、母としての「メ」で、亦等しく豫母都志許賣にてましまます。別れては、母と子であるが、共に「メ」である。

此の「メ」と、彼の「メ」との偶ひては別れ、別れてはまた偶ふ。過去の過去際より、未來の未來際に彌りて、止む時無く、息む時無く、運り行くのである。

古老教へて云はく、

くすしかも、あやしきかもな。あめつちの、ありのことごと。ものみなは、ここにむすびて、そこにとけ、そこにとけては、またむすぶ。そこにわかれて、ここにあひ。ここにあひては、またわかる。わかれつ、あひつ。とけつ、むすびつ。ゆきつ、かへりつ。まがたまの、いほつみすまる。くしみたま、くすしかしこし。さきみたま、さきくまさきく。やさかにの、ふゆをこそませ。かくりよの、さちをこそませ。なきひとの、みたまみし。いまみしかみ。たまほこもちて、いまぞきませる。たましひもちて、いにますみたま。いうをえあ。

と。

その「ミタマ」は、「都夫多都御魂《ツブタツミタマ》」であり、「阿和佐久御魂《アワサクミタマ》」であり、「底度久御魂《ソコドクミタマ》」であり、猨田毘古神《サダビコノカミ》の御魂である。

「猨田毘古神の御魂」の神傳が存るので、私どもは、死者を齋るに、「水」を以ってすることを知り得たのである。天の「ミヅ」と地の「ミヅ」とを合せて、「麗はしき壯夫《ヲノコ》」を造り成す道を悟り得たのである。「大穴牟遲神が、石に燒かれて死給《ミウセ》ひし時に、神產巢日命が、蚶貝比賣《キサガヒヒメ》に、伎佐宜《キサゲ》焦させ、蛤貝比賣《ウムギヒメ》に、水を持ちて、それを合せ作らせたところが、立派な男に成られた」とあるのは、その一例だが、「古典」とは、本來、此の事理の傳へで、「修理固《スリカタ》め成《ナ》すなる天沼矛《アマノヌホコ》」と稱へまつるのである。

そこで、また、前に返つて、「故人を齋る」のであるが、それには、第一に、その故人が、死に臨んで、何如なる態度想念を取られたかを知ること。

第二には、臨終の相貌。

第三、遺族緣類の故人に對する心情。

第四、臨終の季節と時刻。

第五、天候。

此の五つは、齋主の必知らねばならぬことである。之に依つて、その「ミタマ」が、猨田毘古神の何如なる御導きを受くるかを知ることが出來るので、底度久御魂か、都夫多都御魂か、或は、阿和佐久御魂か、それぞれに相應して、調伏濟度救出誘導の詞と作法とを採るのである。その時に相應し、その處に相應して、その御魂を教化誘導せねばならぬ。

直日は、本來の神であるから、死と共に肉體身とは別れる。それは何如なる人も例外は無い。次ぎには、意識想念等の所謂心であるが、之は、その人の信仰何如に依つて、直日と倶に神界に入るものと、各界に分散するものとが別れる。奇魂・幸魂・眞魂・和魂・荒魂・術魂・直毘魂・等と呼びなす各々の御魂は、その人の存在するが故にそれ等各々の御魂であるのであるから、人の死と同時に分離するのが常道である。それで、御魂齋のノリ

トは、

「ユクヒトノ、ココロシレラバ、カニカクニ、トクカヘリマセ、イツカシガモト」と教へて、人の死と同時に、その根本魂たる直日は、人間身統率の任務を終りて、その本の神位《カミクラ》に歸り往くから、第二魂以下の御魂は、速に別離して、「身魂城《ミタマ》」に移り止まるやうにと、その御魂を伊都伎祭るのである。重ねて白しますと、いかなる御魂をも、一度は必、常道に引き入れてから、それを更に聚めて、國津神と伊都伎祭り、産土神と成らしめ給ふのが、故人奉齋の筋道である。

その常道を踏み過つて居る變態のものには、亡魂幽靈と呼ばれて、諸魂の一、或は、二、三、等が、そのまま結んで、幽界の生活を繼續することが有る。また或は、戰場に散る勇士が、明津神の稜威と成り得た時には、肉體以外のその人の諸魂は、完全に統一して、明津神の衛兵と成る。と云ふやうに、死後の生活は、生前に於けると等しく、或は、それに幾倍して、複雜多様である。と云ふばかりでなく、茲に、特に留意せねばならぬことが有る。それは、人間生活中に、自己統率の薄弱なるものは、念念行行、諸魂の分裂分散を制御することが出來ぬから、遊離墮落して、その人の生前既に己に獄裡の苦汁を啜る術魂と成るのである。

そのやうに、各界に分裂分散して居る魂は、その人の死に際會しても必しもそれを知るものではない。それ等は既に通信機關を失ひ、連絡が絶えてしまつたと云ふ狀態なのであるから、知りやうが無いのである。或は亦、それを知ることは有つても、その身より分れたのだなどと云ふことは全く知らぬのである。

或は說を爲すものが有つて、「靈の世界」は、人間世界の如き不便な狹隘なものではない。何如なる境涯にも連絡の絶ゆるやうなことは無い。などと云ふ。

成る程、勸善懲悪の方便としては、何時までも連絡持續が必要かも知れぬ。原因結果は、未來永劫に彌らねばならぬかも知れぬ。

然しながら、人間の使用する算盤でも、加減乘除が、一本調子に行くのは、初等科だけである。直線が、何處までも直線として取扱はれるのも、幾何圖法の初歩に過ぎない。三十年許前のことでせうか、金子雪齋と云ふ憂國の士が、「現代の日本は、何う彈いて見ても、算盤に合はない」と、嘆聲を漏して居るが、同氏をして、今日に在らしめたならば、その算盤珠を改めて置き直すか、何うか。誰が見ても算盤珠に合はないことは、今も或は、然うかも知れぬ。

けれども、高等數學は、少し樣子が別である。

一超直入。

一圓無際。

一音普遍。

一點極大。

とも云ひ、

大小を絶する時。

曲直を忘るる時。

美醜を知らざる時。

善悪に拘はらざる時。

と云ふ魔言もある。けれども、
有るものの無くなると云ふわけは無い。
旣に有るとすれば、それに相應した結果を否定することは出來ぬ。ところが、不思議にも、
算盤に合はぬ計算が有り、人間の知らぬ彗星が有る。
彗星火神、時有つて人間に生れ。劫火を掲げて、終焉を教ふ。
罔象水神、或は來つて人間に在り。
火中に坐して、初發を示す。
火と水とを合せて麗はしき壯夫を造ることは、神產巣日命の教ふるところで、
死者を祭りて、神界を築き、故人を招ぎて、國土を經營する祕事である。
此の祕事が、葬儀祭典を主る人の行事で、地界魔境に行くべき原因を作つて居る死者をも救出して、神界樂土に入らしむるもので、常人に語るべからざる邪法であるから、祕事だと云ふのである。
一念稱名極樂往生の念佛教の如きが、此の祕事を、そのまま露骨に運用して、日本國體にまで禍を及ぼさんとしつつある一例である。
祕事は、祕事なるが故に、衆人には說示すること無く、ひとり、齋庭の火人が執り行ふべきである。然うして、此の祕事が行ぜらるる時、
はじめて、齋事が活きて來る。噫。然しながら此の祕儀密言。語るべからず。知らしむべからず。然り。而して、教へざるべからず。救はざるべからず。噫。もし、此の祕事が無いならば、惡人は遂に救はれず。鰥寡孤

獨は、希望の繫ぎやうが無い。

云はく、汝は怠惰なるが故に貧しいのだ。前生の行爲が惡いから煢獨の嘆きが有るのだ。何も彼も、因果應報である。苦しいのが厭ならば、勤め勵み、骨身を粉にして働け。假令、今生には報いられずとも、來生は、必、富者と成り、貴人と生れ、終生樂しみが盡きぬであらう。と、

それならば、「故人の齋」も、その生前の行爲を動かすことは出來ぬから、故人を救ふものは、故人以外に無い。と云ふことになる。

此のやうな教へ。

壯者は、それでもまだ可い。働く力を持つて居るから、何とか發憤して、希望をも持ち得るであらう。けれども、老病衰弱の貧人は、何といふ悲しいことであらう。憐れむべきものであらう。遂に、泣き號びつつ、暗黑の土に歸るの外はあるまい。

が、それもそれが、宇宙の事理であるならば、また何う爲ようもあるまい。けれども、もし、過れる教へを以つて、如斯他を苦しめ惱ますとしたならば、その罪は何如ばかりであらう。と、また一方に、

教への根本義は正しくとも、聞き誤つて、とんだ橫路に入《ハイ》り、遂には、路も無い斷崖に立往生をする一向宗徒のやうなのも有る。

道を教ふるは難く、之を學ぶのも容易でない。祕事は語るべからずと雖、婆心猶止み難きものが有り、重ねて云ふ。若も、惡人はその惡を辨償し盡してから、善人に變り、邪曲は、その邪曲を贖ひ終りて、漸く正直に化し、はじめて救はれるとするならば、それは、神力でも佛智でもない。常人の俗念で、何の難有いことも尊いこ

ともない。悪人も猶且救はれ、愚者もそのまま助かるので、此處に初めて、神威の赫赫たるを仰ぐのである。

そこで、祖神は、唯此の神言靈を稱へまつれよと教へたまふ。神言靈は、それがすなはち、「カミ」にてましますから、一と言一と言と、出るだけそのまま、出すだけそのまま、神の身として、神の國を築き成すので、一言の葛城主の言離の、禍言も一言の、善言も一言の、祕神挂りであります。

專念一意、神言靈を稱へて疑ひを起すこと無く、惑ひ迷ふことが無ければ、念念皆是神で、言言又是神で、行行卽神で、天地は、此こに統一魂神と成る。

神言靈を稱へまつる人は、そのまま神で、之に和するものは、また皆神で、之を聞きて喜ばざるものは禍津毘で、或は害心を生ずるものは、大禍津毘である。

その言《コトバ》は神で、その光りは神でも、その境に應じ、その時に依り、千態萬樣の變化をまぬかれぬ。邪曲醜惡のものに逢へば、それを擊攘摧破せねばならぬから、禍津日神と化して、神直毘神・大直毘神・伊豆能賣神の妙用を發揮するのである。古典に、「八十禍津日神・大禍津日神の二柱は、黄泉魔境《ヨミノクニ》の垢と穢とに因つて成りませる神である。」と傳へてあるのは、單に、その垢と穢とが禍津日だと云ふのではなく、穢き繁國に到られたから、それに應じて變化した伊邪那岐神で、「その禍を直さんとして成りませる。神直毘神・大直毘神・伊豆能賣神」とは、また固より、その三神としての伊邪那岐神で、「三柱の綿津見神」も、「墨江の三前大神」も、「三貴子」も、同じく伊邪那岐大御神にてましますこと、また勿論である。此のことは、

天鳥船神の神儀行事が、明瞭に教ふるから斷言するのである。

第十六節

天鳥船神の行事は、「イ、エ、ホ、サ、ウ」の五音を活用して、神界樂土を築くこと、先に述べた如くである。さうして、「イーエッ、エーイッ。エーイッ、ホーッ。エーイッ、サーッ。」と三段の禊《ハラヘ》をすることは、先に略々說き得たと思ふが、それを更に別ければ七段である。

第一に、左足を出す。手を出す時に、イーエッ。引く時に、エーイッ。之を繰返し終りて後、立ちたるまま、御神名を奉稱しつつ、振魂《フルタマ》の行事を爲す。

第二に、右足を出す。手を引く時に、エーイッ。出す時に、ホーッ。之を繰返し終りて後、立ちたるまま、御神名を奉稱しつつ、振魂の行事を爲す。

第三に、第二の發聲を約めて、手を引く時にも、出す時にも、エーイッホ。エーイッホ。と爲す。

第四に、第三の發聲を更に約めて、エーホ。エーホ。と爲す。

第五に、左足を出す。手を引く時に、エーイッ。出す時に、サーッ。之を繰返し終りて後、立ちたるまま、御神名を奉稱しつつ、振魂の行事を爲す。

第六に、第五の發聲を約めて、手を引く時にも、出す時にも、エーイッサ。エーイッサ。と爲す。

第七に、第六の發聲を更に約めて、エッサ。エッサ。と爲す。

此の約めた聲の意義も、既に述べ盡したと思ふが、唯、此の發聲では、「ホ」も「サ」も、極めて輕くなるから、身心を練磨すると云ふよりは、練磨の結果としての運用が主になるのである。それ故、此の點に留意し、男女剛柔と、老幼强弱等に相應して指導せねばならぬ。

今此こに擧げたのは、三段の擧動で、七種の發聲であるが、更に細別して、多種多様と爲ても可いので、之に限るやうな狭いものではない。或は、四十九音、五十音、又は、七十二音、七十七音、乃至、百千萬の言語音律をもつて、それに相應した動作を爲すことも、また可いのである。ただ、そのやうな複雑なことは、一一説明し難いから、此の三段七種を基本として熟達すれば、やがて、おのづから神音を拜し、神象を仰ぎつつ、千變萬化の歌舞妙樂を演出し得るのである。

天鳥船神事十種の名目を、先に擧げましたが、第一から第六までは、普通様式で、第七と第八とは、病患苦惱の甚しき者、或は、非常の練磨を必要とする者に科する特殊の行法であるから、應病施藥の心得が必要であり、その中におのづから、祕事口訣として、密授を待たねばならぬものがある。第九は、總合統轄の妙法で、第十は、非常行法である。共に、六種八種の行事に熟達したる後に、神傳を仰ぐのである。さうして、その神傳の神傳たることを確認するは、大綿津見魚鱗宮の祕挂に依るのである。

此の神傳有る人でなければ、幸彦の任務を完ふすることは出來ぬ。

春の日の、朗ならば、咲く花の、吉野の宮は、好しと見る、人有らめやも。

春日比咩、知らす神宮。朧朧、かすみてあれば、人毎に、人も誘はめ。神の神垣。

如月の、風吹きすさび、武藏野の、賤が伏庵、其處と知らなく。

あまり明瞭でないのが、古典だとも云へるし、昭昭として掌を指す如くなるが古典だとも云ひ得る。
それは、何れにしても、その人を得るにあらざれば、解釋は爲ないのが、古典本來の性質なので、常人は唯唯、專念一意、拜みまつりさへすれば善いのである。その理由も旣に屢々述べたのではあるが、なほ重ねて、次の章で說かねばなるまい。

人皆を、渡すも嬉し。神の代の、天鳥船、此こに造りて。

久方の、天の鳥船。
荒鐵の、岩楠の船。
天地を、固め成すべく。
物皆を、育て成すべく。
鹽土の、うまし潮路に。
渡津見の、鱗の宮に。
湯津《ユツ》香木《カツラ》、繁けき井《キド》に。
玉器を、捧ぐる女《ツマ》に。
麗はしき、壯夫は來たり。
異《アヤ》しかも、奇《クス》しきかもな。
美智《ミチ》の皮、八重敷き並べ。

絁《キヌ》疊、八重に重ねて。
　百取の、その机代。
　　百長の、それの道饗。
海の原、波路遙けく。往く年の、三年を過ぎて。
豐玉の、玉の緒結び。
禍言の、禍事《ワザ》學び。
　日皇子《ヒノミコ》の、虚空《ソラ》津日《ミツヒ》高《タカ》。國治らす、神事《ワザ》卒へて。今ぞ來ませる。
紐小刀、佐比持神。往き返る、潮路はろはろ。月は澄みたり。

昭和十九年一月廿九日正午
鷺宮に在りて記之

以上　第三章　終

第四章 十表空谷《ユツイハムラ》

第一節

「大虚《オホミ》空《ソラ》」とは、「一《ヒトツ》」と云ふことで、先師が、「一は卽零だ」（川面凡兒全集社會組織の根本原理等各所にあり）と記された大宇宙の義である。それで、之を「アマ」と呼び（さきに説明せり）「天地初發」と書く。清《ス》み澄みて空しきに似たる上からは、高天原と稱へて、「中心の中心の大中心」との意である。それ故、無中心の中心と呼んでも可い。數としての一であり零であり、物としての火であり水であり、理としての明であり暗である。之を一音に統べては、「ヒ」である。火とも日とも書き、火神とも成り、日神とも成る。

ところが、

先師は、「之に、南無阿彌陀佛の火を付ければ、南無阿彌陀佛と燃え、南無大師遍照金剛の火を付ければ、南無大師遍照金剛と燃え、天と呼べば、天と應へ、上帝と稱すれば、上帝と應じ、ドーヤスと云へば、ドーヤス、ブルハン、ゴダ、ベルース、ヱホバ、イーラ、ゼウス、ファラオ、ゴット、などと、それぞれの火を付ければ、そのそれぞれの火と成つて燃ゆるのだ」と、居常お話になられた。則、大虚空とは、零で、此の零に、一點を點ずれば、結び結びて、人類《ヒト》と成り、萬有《モノ》と成るとの意である。

「伊邪那岐命が、十拳劍を抜きて、迦具土神《カグツチノカミ》の頸を斬られた。すると、その劍の前《サキ》に着いた血が、湯津石村《ユツイハムラ》にたばしりついて、石拆神《イハサクノカミ》、根拆神《ネサクノカミ》、石筒之男神《イハヅツノヲノカミ》と成られた。劍の本に著いた血も、湯津石村にたばしりついて、甕《ミカ》速日神《ハヤヒノカミ》、樋速日神《ヒハヤヒノカミ》、建御雷之男神《タケミカヅチノヲノカミ》と成られた。劍の手上《タナカミ》に集つた血が、手俣から漏出《クキ》でては、闇淤加美神《クラオカミノカミ》、闇御《クラミ》津羽神《ツハノカミ》と成られた」と、古事記には載せてあるが、日本記には、「劍の刃から垂れた血が、天安河邊《アマノヤスカハノヘ》に在るところの五百箇磐石《ユツイハムラ》と成られた。之が、經津主神《フツヌシノカミ》の祖《ミオヤ》である」と書いてある。それから、

人間歴史には、次のやうなことがある。

「國は亡び、民人は流離して、神の選民を以つて任じて居たものも、蠻族の蹂躪するところと成り果てた。之では困る。之では困る。どうか、大人物が出て、救世主が出て、此の國を、此の人人を、安泰にしてくれねばならぬ。と、誰も彼も、一心專念に願悃希求して止まなかつた時に、その國は、基督を得られた。」

「周の政は紊れ、國力は衰へ、先王の道は行はれず、諸侯は擅恣にして朝せず、衆庶は安堵せず、堯舜を渴仰して止まざる時に、漢民族は、孔夫子を得られた。」

「外道邪説の紛紛として、過去七佛の傳燈は滅せんとし、人天共に、之を悲しむの切なるに至つて、印度の聖地は、釋尊の生誕を得た。」

「日本天皇の大道を、臣下の分際として横議し、其の大權を私するの不祥、年久しきを慨嘆する聲の切なるに及んで、東海の神域には、

明治天皇　御生誕遊ばされたのである。」

神の日の、結び結びて。人の身は、今、此處に在り。名を異にして。

人は、各自各自に、各自各自の存在を認めて居る。その如く、國土山河も、日月星辰も、各々それ自體としての自我が有り、主觀が有つて存在して居る。その主觀を起し、自我を認むるものを、靈念思考《ココロ》と呼ぶ。その解體した時には零で、結晶すれば、人であり、物であり、宇宙である。此の「ココロ」の結晶奈何に依つて、大小長短厚狹高卑の萬類萬物と分れるのである。

そこで、人類指導の大人物や、純忠至誠の大御寶は、共に、靈念思考の結晶狀態が、正整純美なのであり、鄙吝劣惡なる亂臣賊子は、靈念思考の怪奇醜陋なる結合物なるが爲なのである。その結果は、雲泥月鼈の差ひでも、その種子資料は、等しく靈念思考《ココロ》である。

群衆の靈念思考を統合しては、人天萬類統率の大人物を生み、統合すること能はずして、分散乖離に委せたる時には、退轉墮落したる泡沫微塵の物が生れる。（水泡の寄りて成〔嶌〕れるなり。）

靈念思考の群衆魂が、聚散し離合する。それを、五官的に認めては、太陽的宇宙の活用であり、五官的機能を超えて云へば、神の治らすところで、神の⿺辶麻邇⿺辶麻邇である。人も物も萬有も、神の⿺辶麻邇⿺辶麻邇神ながら、別れては合ひ、合ひては別れつつ、千態萬樣の形象色相聲音作業を現ずるのである。それ故に、大衆が一心に念ずるならば、その「ココロ」は、大なる結晶を成して、大人物大事業と成ること、孔子の如く、基督の如く、釋迦の如くである。ところが、之を、作つたのではなくて、生れたのだと、或人は云はれる。

生れたのだと云ふのは、大衆の念願の結晶したのを、外から眺めたので、それを結び成したのを、神代の神は、神直日《カムナホヒ》の神業で、生魂《イクムスビ》・足魂《タルムスビ》・玉留魂《タマツメムスビ》の神隨《カミナガラ》だと教へて居る。作つたのであるとか、作られたのであるとか、分けて云ふのは、その位置を異にしたための差別で、その物本來は、作つたでもあり、作られたでもあり、作つたでもなし、作られたでもない。唯是、大道のままに、解けては結び、結びては解け、往きては返り、返りては往く。結ぶも火。解くるも火。往くも火。返るも火。

人は、その結び來つたのを見て、人だと云ふ。此の人人が、死を以つて念願する時に、此の念は、更に多くの群衆魂を集めて化生し來る。その主動者は、根本魂であり、又は、主權者であり、爾餘の諸魂は、靈念思考であり、亦は、忠臣義人であり、聖世を築き樂土と成すのである。

死を以つて念願したる大衆とは、犧牲であつて、やがて、復活し來つた靈人である。

如此死生の神事を、天沼矛の神傳として、諾册二神が、別天神《コトアマツカミ》より受けさせられ、日本天皇に授け給へるなりと拜承しまつる。則、生死を一貫して、國土を經綸し給ふ神祕なりとの義である。

此の神傳有るが故に、大嘗祭が有り、同殿倶床、報本反始の祭祀が有り、イキシニホの祕事が有り、穗《イナボ》の傳《ツタヘ》が有るのである。此の祭事を奉ずる時は、國安く、家榮え、身健にして、六親和樂するのである。

若亦、過つて、此の神傳祕儀を遺忘失念したらんには、今日の帝王も、明日は幽囚の悲境に沈淪するのである。

日本帝國に生を受けたるものの幸慶第一は、

日本天皇三種神器の祕儀密傳として、千古易らず、天沼矛の神事を護持せさせ給ふと拜承しまつることである。

あなかしこ。

萬民安んじて、生業を勵みつつ、專念一意、

皇祖皇宗、乃祖乃宗を通じて、天津神・國津神の神業を仰ぎまつるべきのみ。

ひるとなく。また、よるとなく。神ながら、神の宇氣比《ウケヒ》て、神挂ります。

けれども、國家の實際は、その機構の複雜なのに煩はされて、上下一團の神國たる事實が、必しも昭なりとは限らぬ。爲に、草莽の身を忘れて、時に、大官をも叱咤することが有る。まことに悲しむべき事實ではあるが、また止むを得ない。

第二節

點が集合し、線が連續し、面が展開して、如是の形象を現はす。その一點一線一面の聚散離合が、民人であり、官吏であり、公吏であり、乃至、國土で、氣流で、山川草木で、その上に、日月星辰で、天地で、在るかぎりである。その在るかぎりが、各自各自の位置に居て、其の位置を、完全なる、正整なる、善美なるものに築き

成しつつある時、如是の形態のままに、如如の妙用を現ずるので、デコボコの頭は、デコボコとしての位置に、圓頂妙相の聖者は、圓頂妙相の位置に、各自各自の活用を現ずるのである。

若亦、然らざるものは、魔界牢獄で、その醜態慘狀は、日夜寢食を廢しても救濟せねばならぬ。また、その救濟者、救世主をも作らねばならぬ。「神ながら耶馬臺國《ヤマトノクニ》を築かせ給ふ、皇孫命《スメミマノミコト》の神業に隨順すべく、天與の天分有るものを選びて養ひ育てたい」と云ふ人の有るのも、此の憂を分つものである。

頭形を見て、その天分を知ると云ひ、左掌を開いて、その全人格を知ると云ひ、臍裡を見て、過今來を知ると云ひ、乃至、一指頭も、その全天分を示せりなどと云へども、時として、必しも、規矩準繩を容さざるものが有る。

頭相も、手相も、全身相も、音聲相も、乃至、その人人の發する外光相も、その人人を知るには、固より大切なる資料ではあるが、幼兒を相するに、その身魂《ミタマ》の色相を見るのは、最適確なる相法であり、少年の學業を通じて見るも、また能く、その性能素質を明らめ得るのである。

祓禊に於ては、その行事を課しつつ、その性癖長短等を知りて、各別の指針を授け、天分豐なるものをば、特に選びて、深奧の行事を授け、神傳を得せしめんとするのである。佛教、基督教、回教、道教、等の如き宗教教育にては固よりであるが、儒教の如き普通教育でも、必、行事を先にしたものである。ところが近世は、その所謂國學を初めとして、明治時代以降の學校教育は、不幸にして、如此の行事が無い。

行《ギャウ》を無視して、教育は成り立たぬ。

嘗て、古老に聞いたのだが、明治時代以前には、漢籍の素讀にも、音聲に依りて、師資相承の行《ギャウ》を成し得たと云ふ。まことに不幸にして、近時の學校教育には、全全師資授受の道が無い。

師弟の道。

師弟の道。

此の道滅びて、年既に久し。

師弟の道無くして、どうして眞人を作られようか。

父母は、子女を教ふる道を知らず。教師は、子弟を教へんとは爲ない。誰も彼もが、小我に縛せられて、一貫公通の眞心《マコト》を忘れてしまつた。何よりも速く、此を救はねばならぬ。その爲に、脩禊の第一心得として、「人我《ワガミ》の見《ワガココロヲ》を捨てよ《ワスレヨ》」と云ふ。而して、之を導くに、神儀行事を以つてするのである。

唯僅に、此の一語。

僅に、一語ではあるが、之を身に得たる曉には、昭昭瑯瑯として、經に時間を超え、緯に空間を忘れて、盡十方、過今來、一圓光明の⊙なることを證し、一文不知の匹夫匹婦でも、天音神曲を唱和演出するの妙境を發き來るものである。さうして、各人各自には、各人各自の天分が異るから、等しく體得悟證と云つても、その曉には、各自の天分を發揮して、紅紫紺碧、黃綠白黑と、色とりどりに、梅松櫻樹の趣致さまざまに、蘭菊百花の芳香を競ふが如き、妙相妙用を現ずるのである。

此の境に到達すれば、各人各自は、各人各自に、自己を知る。各人各自に、自己を識るから、他の制裁を受けず、他の容喙を待たず、その分を越えず、天與の領域を逸脱することは無いのである。

そこに明に天分を知る。天與の天分を知るから、おのづから安心立命を得て、他を犯すこと無く、自己を失ふことも無い。大小長短廣狹高卑の差別有る中に、一貫不易の大道を體して、光風清月、生死の中に生死を超えて、神業を建設し得るのである。

　ささかにの、くものいよりも、ほそければ。きづかざりけり。道の綾糸。

日本古典は、神人産出の祕儀を傳ふること詳細にして、委曲を盡して居る。それで、此の古典を奉稱しつつ、神儀行事を脩するならば、凡愚の身でも、必、神助を得て、世を益し、人を導くの徳を得るものである。

今此こで、「神人」とは、廣い意味での大人物であり、聖人賢者であり、世の燈明臺である。此のやうな神人を産出する祕儀とは、諾册二神の天沼矛の神儀行事で、天照大御神の宇氣比で、彦火火出見尊の綿津見の神事で、神吾田《カミアガタ》鹿葦津《カアシツ》比賣《ヒメ》の無戸《ウツ》室《ムロ》の祕事である。（ウツムロとは空洞にして無なりとの義なり卽虛空なり。）その要を掻い摘んで言ふならば、邪惡醜陋の魔群を集めて、之を濟度し救出して、正誠正義の皇軍を編成するので、別の詞で言ふならば、六尺の小軀を以つて、過今來一貫の大道を、人天萬類に指示し、六道を救濟して、天國樂園を築く日止《ヒト》と成らしむる教育法である。

此の教育法は、第一に、「神名奉稱の行」を授け、神名を知らしめ、信ぜしめ、仰がしめ、而して、それに化せしめる。神名とは、神の宣ふところで、人の仰ぎまつるところである。固より、人の名づけたのではない。之を「神言靈《カミノコトタマ》」と稱へまつる。

先師が、

「吾人日本民族の先人は、人生宇宙の根本大本體を尊びて、天御中主太神と稱へ、支那は、天と稱し、上帝と稱し、印度は、「ドーヤス」と稱し、梵天《ブラマ》と稱し、佛陀と稱し、波斯は、「ゴダ」と稱し、巴比倫は、「ベルース」と稱し、猶太は「ヱホバ」、亞剌比亞は「イーラ」、希臘は「ゼウス」、埃及は「ファラオ」、英、米は「ゴット」と稱するが如く、孰れも皆、その國發達の思想言語を以て、人生宇宙の根本大本體を尊稱しつつ、之を信仰し、之を解釋し、之を實行し、更に之に同化還元するを期しつつあるものなり」と、稜威會宣言書に述べられたのは、少しく趣を異にして居るので、疑を起されるかも知れぬが、之は、人を敎ふる爲に、「人を主として」説明された方便であるから、

「神言靈《カミノコトタマ》」を無視したなどと云ふわけではない。さて、その、

「燃ゆる火」が、千態萬樣なのは、人人が、そのそれぞれの火を掲ぐる前に、神の與へ給へる火が、そのそれぞれの如く、千態萬樣に燃えて居るので、人間の創作ではない。それを、創作だと見るのは、過去を忘れ、將來を忘れ、四方を忘れ、上下を忘れて、尺寸の地に、分時の間に囚はれたる小人小我の悲劇である。

若も、その種子が無いならば、人がどれ程工夫を爲ても、その火の燃ゆるものでもなければ、その草木の生へるものでも、その人類の生れるものでもない。（ソレニ相應シタモノガ生レル。時ト處トタネトモノト人モノガタネトナリ相和シテ出生ス）

その「種子」は、神言靈《カミ》であるから、此の神言靈《カミノミナ》を知りて、之を仰ぎ、之を奉稱しつつあれば、自己を神化すると共に、その稱へまつる言靈《コトバ》は、積り積りて、發き發きて、親類縁者をはじめ、四隣十方を神化するので、此の土此のまま、高天原と成り、此の身此のまま、神の人と成りて、神の世界が完成する。

之は、神界築成の最易行道である。が、それでは、なかなか急の間に合はぬと思ふならば、土地財產、住宅服

飾、親類縁者、妻子眷屬、等の一切を離れ去り、赤裸一貫、無一物となりて、海水に投じ、神言靈と一體である事實を悟證すべきである。之は、伊邪那岐命の御垂示あらせられし小門《ヲド》の禊で、その結果、三貴子を得たまふと、古事記をはじめ、諸典の傳へたること、上來屢次説明した如くである。

そのやうにして、古典は、大人物を作る最勝最貴の道を、「ミソギ」だと教へてある。

然るに不幸。日本民族は、何時の間にやら、此の神傳を忘れて、外夷の邪説に迷ひ、壬申の不祥事、妖僧の不逞事、等をはじめとして、千有餘年の間、國風泯滅するのではないかと悲嘆せしむるやうな歴史を遺すに到つた。

その中に在つて、

過去を祓ひ、將來を祓ひ、現在を祓ひ、四維、上下、中心を祓ひ、過今來、顯幽表裏に禊來て、畏くも、明治天皇、鴻業昭昭の日に、生を享けた私どもは、斯くて、人間歴史の經緯を窺ひ知ることを得たのである。

冀くば、

更に、純忠至誠の神人を仰ぎ、太平嘉悦の人類世界を謳歌し讚美しつつ、永遠悠久の樂土を、往返去來したいものである。

第三節

先師の十周年祭には、時の首相、平沼騏一郎男をはじめ、朝野幾多の名士が、祭文を捧げ、遺業を讚美された。そこに、倏忽として、先師の「國家觀」が、世界統治の大經綸を教ふるものであることを、人人は刮目し驚嘆するに到つた。

此の國家觀は、先師が、日本民族の宇宙觀として、祖神垂示の大道を闡明したる應用門で、「國家卽國體。國體卽日本。日本卽天皇。天皇卽國家」なりと示し、

大日本帝國天皇は、國の中心にてあらせらるると共に、そのまま、全國家にてましまし、主體にてましますと共に、活用にてもあらせらるるので、躰用不一不二の神にてましますなりとの義を明にされたのである。

日本の古典は、此のことを、「天《アメ》成り地《ツチ》定り、神聖《カミ》其の中に生《ア》れます」と記してある。此の神聖《カミ》とは、日本天皇にましまして、無上の尊貴、六合を照したまふのであるから、天照大御神と稱へまつり、人間世界では、晃耀赫灼たる太陽を以つて譬へまつるよりほかはないから、日神《ヒノカミ》と稱へまつり、總べてのものを産出し化育し給ふ神德を讃美しては、天祖《アメノミオヤ》と仰ぎ、大戸日別神《オホトヒワケノカミ》と稱へ、大日孁貴尊《オホヒルメムチノミコト》と畏みまつり、その御神象《ミカタ》は、天讓日天狹霧國禪日國狹霧尊《アメユヅルヒノアマノサギリクニユヅルヒノクニノサギリノミコト》にてましますのである。

それ故に、

日本天皇の統治し給ふ國は、直に神の國で、その人民民族は、神の御内《ミウチ》の人で、上下一團としての尊貴であるからとて、人民民族を、大御寶《オホミタカラ》であるぞと、天皇の攣はしたまふことと拜承しまつるのである。

神聖《カミ》なる日本天皇の統率し給ふ人民民族は、そのまま、神でなければならぬ。それは、輙、至誠の人であつて初めて、

天皇統率の瀰瀰瀰瀰たることを得るのであるから、大日本天皇國に於ては、ヒットラーの如き、ムッソリニの

如き人物を必要とはしない。ましてや、ナポレオンや、アレキサンダーなどを羨望するものではない。唯、乃木大將のやうな、楠正成公のやうな、及至、高山彦九郎先生のやうな、純忠至誠の人を求むるのである。

是は、日本神道の傳へで、日本民族國家觀の教へで、祓禊《ミソギ》の祕神事《ヒメワザ》から發けて、國土經營の基準を示されたのである。

此の神事に依つて、諾册二神は、人類世界を修理固成し給ひ、日本天皇は、天壤無窮の神國を築成し給ひ、人民民族は、純忠至誠の直日《ナホヒ》を開發し來つたのである。

先師の、「全神教趣大日本世界教」と稱するのも、此の神事を傳承して、人類世界の燈明臺を築かれたことと仰ぎまつる。

第四節

「伊邪那岐命は、天照大御神に、御頸珠《ミクビタマ》を賜ひて、汝が命は、高天原を知らせと詔せられた」とあるが、その高天原とは、清《ス》み澄みて明《ス》み切りたるなれば、「眞澄鏡《マスミノカガミ》」で、それは、中心と外廓との完全に統一したる象であるから、「日像鏡《ヒカタノカガミ》」で、和魂の宿るところであるから、「眞經津鏡《マフツノカガミ》」で、生み生みて限り無き御祖にてましますから、「增日鏡《マスヒノカガミ》」で、「增靈鏡《マスヒノカガミ》」で、發き發きて涯無き奇靈《クシビ》であるから、「增鏡《マスカガミ》」で、「天地《アマ》初發」で、「その高天原に成ります神、天之御中主神」の知ろしめすところであるから、その神は、またただちに、天照大御神にてましますことおのづから明である。

その高天原は、唯一であつて、重重無盡又無量であるからとて、「ヒトツ」と呼ぶ。さうして、◈《ヒトリ》とも、田《ヒツキ》とも書いたのは、此の故で、「鹽固袁呂固袁呂に畫き成したまへる淤能碁呂嶋《オノコロシマ》」である。

「淤能碁呂嶋に天降り坐す」は、二柱御祖神で、それは卽、天御柱《アメノミハシラ》で、中心の一點である。その一點の裏は、卽、國御柱《クニノミハシラ》である。二つであつて一つなので、その一《ヒトツ》である「大虛空《オホミソラ》」を拜みまつれば、その中心には、その全體を主宰統率し給ふ天之御中主神、卽、天照大御神の坐しますのだとの意で、唯見る大虛空も、その大虛空の大虛空たり得るは、天之御中主神の坐しますが故で、八百萬神の蕃息し給ふは、二柱御祖神の坐しますが故で、その晃耀赫灼たるは、天照大御神の治ろしめし給ふが故である。

古典には、「天地初發之時。於高天原成神名。天之御中主神」とあり、また、「伊邪那岐命大歡喜詔。吾者生生子而。於生終得三貴子。卽其御頸珠之玉緒母由良邇。取由良迦志而。賜天照大御神而詔之。汝命者。所知高天原矣。事依而賜也。故其御頸珠名謂御倉板擧之神」と載せてある。

此の二つを、人間的時間の觀念で見るならば、時代が別なので、天之御中主神の高天原は、天地初發の時で、伊邪那岐大御神のお生みになられた天照大御神の治ろしめす高天原は、後の代で、と云うやうに思はれそうだが、また、それでは、諸典の辻褄が合はぬので、高天原とは、天上だとか、天上の都だとか、天皇の都したまふところだとか、色色に說を立てて、話の筋を通らせようとする學者のあるものと思はれる。

同じ古事記の本文を、「脊肉《ソシシ》の韓國《カラクニマ》覔ぎ通り」と讀む人の有るかと見れば、「此の國は韓國に向ひ、その爲に甚吉いところだ」と、全全反對の意味に解釋する人も有ると云ふやうに、牽強附會を仕事とするのではないかと怪しまるるばかりの狀態である。

神代紀としての古典は、人間的の時處に制せられては、解き得ないのだとは、屢々述べたのであるが、現在の古典は、此の事理の分らぬ編纂者が書き傳へたものであるから、誤謬も多いし、難讀難解の憾みに耐へぬ程である。

けれども、大宇宙は一つなので、その「一つの物が、虚中《ソラノウチ》におのづから化生して、國常立尊と成られた」と傳へてあるやうに、之を拝みまつる人が、その處と、その時とに相應して、詠歎し讃美した古典であることに氣が付けば、「隱身」としての天之御中主神は、高御產巢日神と神產巢日神との御二柱にましまし、その二柱の御活用は、產靈・產魂で、天常立・國常立・宇麻志阿斯訶備比古遲神と成り、その三柱の御活用は、宇比遲邇・須比智邇・角杙・活杙・意富斗能地・意富斗乃辨・淤母陀琉・阿夜訶志古泥・伊邪那岐・伊邪那美神にてましまし、此の十柱は、伊邪那岐命伊邪那美命二柱神にてましまし、此の二柱は、十四嶋・三十五神にてましまし、泣澤女神と、御刀《ミハカシ》と、御刀に因りて生れませる八神と、迦具土神の身に生れませる八神とも、皆伊邪那岐命にてましまし、八雷神・豫母都志許賣・千五百之黃泉軍とも、之皆、伊邪那美神にてまします。

從つて、御身之禊に成りませる神は、悉、伊邪那岐大御神にてましますと共に、如此にして修理《スリ》固め成したる高天原を知ろしめし給ふ天照大御神とは、天之御中主神の亦の御名なることをも明らめ得るのである。

修理固成の天沼矛を執らせ給へる神は、二柱であつて一柱であるから、「伊邪那岐命伊邪那美命二柱神」と書かれても、之を、「イザナギノミコト、イザナミノミコト、フタハシラノカミ」とは稱へずして、そのままの文字を、「イザナギイザナミフタハシラノカミ」と白しまつらねばならぬ。合ひては一柱で、別れては二柱で、其の御活用は、千變萬化して、三柱と成り、五柱と成り、八柱とも、十二柱とも、十四柱、三十五柱、一千五百柱、八百萬柱、等とも成りますのである。
そこで、先師は、「稜威雄《イツノヲ》走命《バシリ》」と稱へ、「稜威《ミイツ》の魂《タマ》を神《カミ》として尊び敬ひ」と述べ、「稜威三柱神《タマノミハシラノカミ》」と拜ませられたのである。

一神萬神如是往返。
人天萬類如如生滅。
千波萬波不斷起伏。
宇宙萬有常時拜神。

天地の神にぞ祈る。我が心、大空の如、廣くあるべく。大海の如、深くあるべく。大地の如、堅くあるべく。大月の如、清くあるべく。大雷《オホツチ》の如、健くあるべく。大天《オホアマ》の如、高くあるべく。大日照る如、明《アカ》くあるべく。

「稜威の魂を神として尊び敬ひ」とあるのは、明に、人が斯くと尊稱するのだとの意である。さうして、各國各民族は、それぞれの「思想言語を以て、人生宇宙の根本大本體を尊稱しつつ、之を信仰し、之を解釋し、之を實行し、更に之に同化還元するを期しつつあるものなり。其の言語名稱こそ、其の信仰解釋實行の形式こそ異れ、其の實は同じ。均しく是れ人生宇宙の根本なり、大本體なり。然るを何ぞ、自國發達の信仰思想、自國慣用の言語名稱にあらざれば、眞實なる人生宇宙の根本に非ず、大本體に非ずと爲す。咄、咄、咄、怪事。天上天下、何處にか此の理ある。是れ全神教としての大日本世界教の興り來りて、其の確執を打破し、其の信仰解釋實行の統一を期する所以なり」と宣言されたのと相待つて、「カミ」とは、「カミ」が斯くと教へ給ふが故に、人はそれを複唱しまつるのだと云ふ「日本言靈學」には反するが、之は、説明すべき對手が、低劣な時代人であつた爲に取られた便宜で、また止むを得なかつたことと想はれる。

先師は居常、「人を教ふることは難し」と嘆聲を漏された。

宋儒も、「這は教でない」と云はれた。

以上　第四章　終

昭和十五年七月三日

鷺宮祓禊所に在りて筆錄

第五章 十重白装《シロキヨソホヒ》

第一節

十なる一は、「カミ」の内容を教へて居る。それが、「フルベ」の祕事の傳へである。その「十なる一」の概説は、「第二章十種神寶《オホミタカラ》」として撰鑽した如くである。それを別の方面から見れば、「十重白装《シロキヨソホヒ》」なしたる「吾が幸魂・奇魂」である。

その「奇魂・奇魂」の導くままに、「ミソギ」は行はれる。

アヅサユミ、タレヒキトメム、ヒトコトノ、カツラギヌシハ、ヨシトコソノレ。

「原泉ハ混混トシテ晝夜ヲ舎カズ。科《アナ》ニ盈チテ後ニ進ミ四海ニ放《イタ》ル。本有ルモノハ是ノ如クナリ」と、孟子が徐子に説明して居る。

先師は、紀州熊野に遊ばれた時、懸崖に岩石の裂け目を縫ひて、固く強く長く根を張つた松が、間斷無き潮風に揉まれ、年年歳歳の暴風にも堪へて、蒼龍の蟠るに似たるを見られ、嘆じて曰く、「之有ルカナ」と、爾來籠居二十許年にして、日本神道が世界人類を統一する時、初めて全世界人類は、永遠悠久の太平和楽を謳歌し得べき理を明にし、全神教趣大日本世界教を唱へられたのである。さうして、「天津日は二つはあらず、人の世のスメラミコトは一柱こそ」と、詠歎せられた。

ひとり、日本の古典と限らず、各國各地の古典には、共通して中心の唯一無二を説示し、人類民族の據るべき基準を教へてある。先師の所云、全神教趣大日本世界教とは、此の基準を全世界人類に教へて、幸福を得させようとするので、その唱道されたのは、日本内地であるが、二十三前に、西海の波を渡つて、滿洲の一角に根を下したのである。

その時の緣故に依り、先師十周年祭の昭和十四年に、私は再渡滿して、往年脩禊の友と、先師の身魂を齋ると共に、ミソギを行じ得たのである。

第二節

四十年ばかり前には、「ミソギ」と云ふ詞さへも、一般人には忘れられて居た。

先師が、その頃に、寒中禊を爲れたのを見聞きしても、殆んど全く理解し得る人が無かつたと云ふ。ところが、昨今では、唯僅に其の行事の眞似を爲る程度の未熟者でさへも、半歳にして千人の指導を爲たと聞くほどである。天下非常の時、蓋又、此の如きか。

けれども、「苟モ本無カリセバ、七八月ノ間雨集リ、溝澮皆盈ツレドモ、其ノ涸ルルヤ、立ツテ待ツベキナリ。故に聲聞情ニ過グルハ、君子之ヲ耻ヅ」と孟子が云はれ、興亡常無き列國の歴史が證明して居るやうに、大道を忘れたるものは、朝に興るかと見えても、夕を待たずして亡び、今日榮えても、明日は何うなるかわからぬ。飽食暖衣して其の富を誇るものは、衰滅期して待つべきのみである。高閣盛名に居て、養神省察を怠るものは、妖魔來りて之を啖ふ。愼まねばならぬ。

ロンドン會議當時の新聞雜誌等には、「大權干犯」と云ふ文字が散見される。その譯はさておき、先夜或ものが、得得として自己の大權干犯思想を誇るのに出會つた。何と云ふ恐るべき事實であらう。然もそれが、禊を標榜しての行爲なのには、唯呆れるのほかはない。が、之は、知らぬ爲に犯して居ることと思はれるので、說明せねばならぬ。

虔みて、古典を拜しまつるに、「大權」とは、

大日本天皇に於かせられて、全人類世界を高天原と築き成すべく、三種神器の妙用を發揮し給ふの義で、天照大御神の事依さし給ひ、皇孫命《スメミマノミコト》の人民民族を統治統率し給ふところで、中心と外廓と、根幹と枝葉との分限を明瞭に爲させ給ふことに外ならぬことと拜承しまつるのであります。

中心と外廓と、根幹と枝葉と云へば、誰にでも分り切つて居る。ところが、實際に就いて、其の判別を滿足にするものは、寥寥として甚乏しい。草木の上の根幹枝葉と云へば、間違へる人も有るまいけれども、それが直に、中心と外廓とであると云ふ時には、既に漸く分らぬ人が多い。

物は皆中心が有ると云ふ。人にも中心が有る。我が肉體に指揮命令する上から見れば、心は肉體の中心を爲し

て居ると思はれる。けれども、中心とは、唯一無二であるのに、人の心は、喜怒哀樂、强弱剛柔、正邪曲直、淸濁美醜と、千變萬化するから、中心だとは認められぬ。

「心してふりさけ見れば、久方の天のもなかぞ戀しかりける」とは、先師の詠歎である。「天のもなか」とは、中心で、上でも下でも、前でも後でも、左でも右でもない。そこで、之を、「天地一貫の大道」だと敎へて、太古以來、各國各民族が⊙《ヒ》と讚へ來つたので、日本民族の詞では、「カミ」とも白しまつるのである。

此の「カミ」を我の內に拜みまつれば中心で、それを直日と呼ぶ。則、我のカミは直日で、その全身心を直日のままに統一し得れば、直日の人と稱するのである。

日本民族は、太古からして、中心と外廓、根幹と枝葉との觀念が明瞭《ハツキリ》して居たから、その大中心にてまします天皇を「カミ」と讚へ、全世界人類の依つて以つて安心立命を得べき標識基準にてましますと信仰し來つたのである。

ところが、蠻狛夷狄の徒は、

天皇　御統率の下を遠ざかり、年久しく偏境に割據して、自分等のカミと仰ぐべき中心をも忘れ、勝手氣儘を爲て來たのである。此の勝手氣儘が、「大權干犯」の語を產出したので、本來日本民族の辭書に此んな詞は無い。

蠻狛夷狄とは、中心を忘れて居るから蠻狛夷狄なので、天に二つの太陽は無く、地に二柱の君はましまさぬことを知りて、全人類が、その中心を信じ、その中心を仰いて、

大日本天皇の大御寶であると氣が付けば、全世界人類は、皆倶に、太平和樂を謳歌することが出來るのである。

中心と云へば、すべての場合に、すべての物に唯一つで、大宇宙の大より微塵の小に至るまで、全體としても、分分個個としても、動植鑛物などとしても、皆唯一つで、人類としても、また固より唯一つである。それにもかかはらず、人人は、その各自各自の中心を明らめ得ざるが如く、全人類の中心をも明らめ得ざるものが多い。之が、蠻狛夷狄の蠻狛夷狄たる所以で、まことに悲しむべく憐むべき慘狀である。

滿洲帝國の偏境に到りし一日本人が、滿洲皇帝陛下の御德を讚美すること時餘。それを聞き終りし一滿人が、起立、質問して云はく、「皇帝陛下の給料は幾何なりや」と。亦一例が有る。日本國に楠正成公ありて、忠烈千古の龜鑑なりとて、其の事蹟を語りたる時、一人問ふて云はく、「楠公戰ひ死す。その遺產は何うなりましたか」と。蓋、如斯ものを蠻狛夷狄と呼ぶ。小人は小人の心を以つて、大人の心を忖度すと云へるが如く、荊棘堂を廻り、雜草道を塞ぎて、上下和せず、內外通ぜざるもの。況してや、全人類の中心を信仰せしめんことは、まだ容易でない。

そこで、牆壁をも高くせねばならず、國境をも固くせねばならぬ。

第三節

西戎の來寇は古今の嘆。東夷又窺ふこと年久し。皇師一たび往いて神命昭昭。南蠻北狄遙に跪拜す。

先師に隨ひ、滿洲に禊したのは、旅順口であつた。今玆二十三年後に復其の地に禊終りて、戰蹟を巡り、日本天皇寶劒の神德を拜しまつり、蠻夷化育の神業を畏みまつる。

つはものの、み魂か躍る。爾靈山の、石は裂けたり。我が立つ石は。

水師營の、棗の下に、花か植ゑむ。廻らす柵の、寂しくあれば。

君が知る、廣野廻りて。行く水の、河の邊遠く。足引の山の尾盡きて。來る人の、影の遙けく。冬籠、春はめぐりて。冬衣、今解き更へて。我が立つや。野司の上。若綠、柳の糸を結び結び。亡き人の魂、今日もかも、浦安かれと。日のみくら、築きまさねと。こひ祈り、祈りこそすれ。ねぎまつり、まつりこそすれ。内外隔てず。

既に繰返して述べた如く、人間世界の祭祀は、御魂を齋ることからはじまる。その御魂齋と言ふのは、死者をして高天原に歸らしめ、乃宗《ミオヤ》乃祖《ミオヤ》の御《ミ》魂《タマ》と共に、神界樂土を築かしむる神事なので、日神事と書き、ミソギと教へ來つたのが神代の神の御垂示である。それが、古典の上では、伊邪那美命の神避りますに由り、その御魂を齋られたのは、零《ヒ》の神としての傳へであり、天若比古の死を葬《オク》られたのは、魂《タマ》の神としての傳へであつて、共に人間的顯身《ウツソミ》魂の分際ではない。けれども、人間身を調伏し濟度し救出し誘導して神國を築かしむるのも、此の御垂示に神習ひ習ふものであるから、其の行事は、高木神の天返矢《アマノカヘシヤ》の神事から出發して、八種雷《ヤクサノイカヅチ》の祕事に入るので、櫛の雄柱一つ火の火神事《クシミタマクスシキカミノカミワザトシテノヒノカミワザ》に神習ひ習ふのである。

人間身としては、本より極祕の零位を明にする事は不可能であるが、此の神の教へのままに之に習ひつつあれば、誰導くとにはあらずとも、此の祕事を現じ得るので、齋るべき死者の境涯を明にして、之を教へ之を導き之をして高天原に入ることを得せしむるのである。

それを、詞として稱ふるのは「ミタママツリノノリト」で、古傳は頗多い。前に繰返して記した「燃ゆる火も、取りてつつみて、福路《フクロ》には、入ると言はずや、智くともなきに」とあるも、その一つであるが、之は、本來六十二音一首の歌の前半なので、珍らしき詩形として傳へ來つた一種の長歌である。その後半は、

キタヤマニ、タナビククモノ、アヲクモノ、ホシハサカレリ。ツキモサカリテ。

とあるので、日神事を詠みたる神言《ノリト》で、神界築成の祕を教へて居る。此の神言靈を稱ふれば、之に導かれつつ神界に入るので、日本民族が「コトタマノサチ」と傳へて來たのは、此のやうな意味で、神の詞が神の國を築きつつあることを讚美したので、コトタマとは、「カミ」なる詞で、詞として拜みまつる「カミ」との義である。細しきことは別に記したる「言靈祕說」にゆづりますが、ここに一言して置きたいのは、世の人人が甚しく此の詞を誤り用ゐて居ることである。一例として高名な學者の「大祓講義」を讀みませう。

「言葉と言ふものを唯普通の言語と言ふ樣な意味に使つて居りません。一つの靈として、言葉に靈魂があると信じて居たのであります。又必ず靈魂がある筈であります。言葉を文字に寫して、文章にして了へば死んだものである。云云。結局言葉に靈魂があるといふ事であります。靈は「み」とも「ひ」とも訓みます。言葉は唯口から出るものだけではない。その無形のものの間に魂があるのであります」

此ういふのである。その最悲しむべきことは、「詞には靈魂があるが、文章は死んだものだ」とあるのです。之が日本神道だなぞと言つたならば、佛教徒でも基督教徒でも、覺えず噴飯し、やがて憫笑するであらう。噫。何ぞ國學の陵夷年久しきや。

學者は學に煩はされ、才人は才に倒れ、不學者は不學に囚はれ、菲才者は菲才なるが爲に倒れ、權勢の人は權力勢力を忘ることが出來ず、大なるものは其の大に迷ひ、小なるものは其の小なるに拘泥し、貴賤尊卑の者は各々其の貴賤尊卑の内に出沒浮沈するので、富める者の神の國に入ることは、駱駝に乘りて縫針の孔を通るよりも困難だと云ふ憾みがある。さればとて、貧しきものは亦貧しきが爲に道を失ひがちである。

道は一つである。

「仙人は不養生せず、腹立てず、物慾しがらず。それで長生き」と、小學生の時に習つたが、今圖らずも、ミタママツリのことから言靈の問題に觸れて、遂に毒語を弄するの愚を演じた。書物を見ると時間潰しなばかりでなく、腹の立つことが多くて困る。腹を立てると毒素が發生するので、病氣もすれば壽命も縮まる。腹の立つやうな書物は讀みたくない。人にも讀ませたくない。

太古は讀む書物を書かなかつたと聞いて居る。ところが、希臘だ羅馬だとか、支那だ天竺だとか、殊に猶太だなどと呼ぶところの小賢しきもの等が、むやみやたらに小理窟を並べてから、人間生死の波風は、徒に荒れ狂ひ立騒ぐやうになつた。

太古は讀む書物を作らなかつた。唯、神の「ノリト」が存るのみで、人人はそれを拜誦することだけを知つて居た。歌が有り詩が有るだけで、それを謳歌し諷詠するのみで滿足だつたのである。それを聞き違へ傳へ誤つて、齋部廣成と云ふ老人は、「上古の時文字有らず」などと變なことを書いたものである。

語部と白す役は、文字の無い爲に口から耳に語り傳へたのであらうなどと思ふならば、とんだ間違ひである。それは、神の系圖を歌ひ譽め讃へつつ「言靈の幸」を仰ぎまつるので、文字の有無とは固より何の關りも無い。朝廷の語部は、天業繼紹の祕官であるからとて「斗《ト》禰《ネ》」と稱し、その讃歌は日嗣史で天界築成の祕曲である。各國各縣各郡鄉村等、地方地方の語部から家家の語部に到るまで、語部と云ふ語部は總べて、人間出生以前の記錄を主として、人間世界の標識基準を指示すると共に、人間死後の道しるべをも與へ、過去と將來と現在との何如にして起滅するかを明にし、神界と魔獄との消息を教へて處世の方針を知らしめ、人生經綸の大綱から細目までをも授け給へる神勅である。

朝廷に於ける語部は祕官だから、歴史の表面にあらはれて居ないのが當然だが、天武天皇の勅に依り、太安萬侶の修史に依り、稗田阿禮の名を知ることが出來たのである。ところが、此の語部は古事記編纂を境として其の後また聞くことが無い。

先師の說に依ると、日本神道の傳は色色の流れが有つても、それ等都べてが禊流の神傳から分流したものだとなりますが、その禊行事が儒佛等の爲に災されて、朝廷御祭事の上にまで影響するやうになり、何時とはなしに一般世間からは忘れられ、僅に一部古老の間にのみ祕め行はるる狀態となつた。それはそもそも、何故であらうか。

蓋聞く。

伊勢大神宮に於かせられてすら「阿知米《アチメ》」の祕曲を奏しまつらざること年久しきに渡らせ給へるなりと。明治天皇の叡慮に依りて、その古に復させ給へるは、畏しとも畏き極みである。

さくくしろ、五十鈴の宮居。御祖神、日の大御神。かみながら、神のとこ宮。神杉の、おくが深くも。瑞垣の、内外遠くも。天地の、音立たぬかも。さくくしろ、聲無き宮居。玉だれの、小瓶を据ゑて。五十鈴川、中にを置きて。神の夜の、神の夜宮。鈿女子が、舞する小袖。手火の火の、燃ゆるを見れば。飄す、五色衣。色冴えて、萠ゆるを見れば。葦牙の、其の一つはも。玉の緒の、玉をし結び。二つはも、光りをし呑み。三つはしも、みもひをば汲み。四つはもよ、夜見戸の風の。吹くからに、世世をこそ知れ。五つはも、何時も常世と。澄み澄みて、澄みにぞ澄める。六つの火は、黄泉津ことさか。事さかの、雄柱一つ。くすしかも。あやしきかもな。禍津毘の、禍のことごと。群れ集ふ、醜女ことごと。神の火に、祓へこそやれ。行く水に、却へこそすれ。

風薫る、奈良山越えて。今日今日と、何時か來にけり。伊勢の神みや。

そのやうにして、天窟戸は開くるので、神まゐりの有りがたさが、つくづく身にしみて、感慨無量なのである。

ひるがほの、はなさくからの、ひろのらの、つきまつほどの、うたたぬし。その。

其の神まゐりの心得として、古老の教へられたのに、次の十箇條がある。

第一、祖神垂示の大道は我に存りと心得よ。

第二、自性の發揮を習練の目標とするが故に、規約を定めたりと雖戒律的にあらず。固より他の制裁を待つものにあらず。

第三、自己の經過したる一切を顧みつつ其の主體として境地として時空十字の一點を發け。

第四、乾坤獨自の我が自性を發きて本來本有の神身なることを知れ。

第五、自己の神なることを知りて萬類萬物の悉皆神の身内に在ることを實證せよ。

第六、等しく神の分身なりと雖其の生れ來るや各人各自に天與の天分を異にす。其の分を異にするが故に各人各自には各人各自の位置存り。其の位置を異にするが故に其の時間また同じからず。其の身を異にし其の時を同じくせず其の處を別にす。此の故に此の三を明瞭に自覺して神業に隨順し奉るべきなり。

第七、祖神とは大宇宙根本神との義にして太古以來全世界人類が⊙と稱へ來りしところなり。日本民族は其の國語として天照大御神と教へられ其の神德を仰ぎて惟神なりと云へり。「惟神なる我が御子」とは天照大御神の勅らし給ふところにして人類統率の神直日なりとの義なり。

第八、天地初發高天原現成。神坐すをば天之御中主神と稱へまつる。

天成地定高天原現成。神聖生其中國常立尊と仰ぎまつる。

天成而後地定高天原現成。一神天譲日天狭霧國禪日國狭霧尊生れます。

然り。而して此の高天原統治の主神は天照大御神なることを伊邪那岐命は教へ給へり。

第九、天成ると雖地は未必しも定るにあらず。「汝命は豐葦原の水穗國を治らせ」と詔せ給ふも其の國は喧喧囂囂として天菩日の使命を忘れ天若比古の邪曲に墮ち鳴女行くも遂に歸らず。紆餘曲折何時定まるべしとも思はれず。武神威を振つて後重濁なるものも漸にして定る。國土平定して天孫降臨萬民俱に之を仰ぐ。之は是人類世界の高天原にして之を統率し給ふ天孫とは日の御子にてましませば又是惟神にてましますなり。此の故に三種神器を持たして常にもがもに此の世を神の代と成し給ふなることを拜みまつるべし。

第十、鏡は之天照皇大御神。璽は之月讀命。劔は之建速須佐之男命にましまし。之を統ぶるは「惟神我子」と詔せらるる天孫瓊瓊杵尊にてましまし。八衢にして天地を照らす大稜威なれば十字赫灼不滅の零火なり。

零の火を仰ぎて日の國は成るものなることを知れ。

此のやうな心得を掲げて、三十年前の人たちがミソギを爲たのは、世間から嗤はれ、上司からは虐遇を受け、親類家族さへ離れ、師友知人からまでも氣違ひあつかひをされ、衣食住居の自由さへ失ひながらも、猶且止むに止まれぬものが有つて斯く爲たのである。

ところが、近頃は、旅費日當を給與され、行衣袴までも揃へて當てがはれ、まるでお客樣然と參加しながら、厭な仕事を賴まれて割にも算當にも合はぬとでも云つた樣子で、唯早く時間の經つことばかりを待つやうなものを多く見掛ける。

が、それもまた止むを得ぬことであらう。求むることの無いところには何の價値をも生じない。神を念はぬものに神を拜めと云ふ。長者の一子も乞丐の群に在ることが久しければ、また其の群裡を出づることを肯ぜぬのであらう。それもまた止むを得ぬとして、一體、神を知らず神を念はぬものの身は何處へ行くのであらうか。そんなことは思はないし、考へもせぬと云ふのか。それもまた止むを得ぬ。それでも、人は幸に必死ぬ時が來る。此の生を更へたならば、また何とか成るであらう。

昭和十七年九月二十五日の夜、全滿洲某機關の主腦者集るもの七十二人。料らずも脩禊の話になつたので、「古典所傳のミソギとは、諾神慶喜、百姓抃舞。必竟、死生解脫之生だ」と述べたところが、衆人は判らぬと云ひ、或者はそんな奇抜な話しかたをされては困ると云ひ、また或はそんなむつかしいものならば手が着けられぬなどと云ふ聲も有つた。ところが、一人有り、

「如是の神、今現に日少宮にましまして、如是に敎へ給ふぞ」と應ふ。

妙音天皷も、武帝には納得が出來ぬと云ふから、少林に入り壁面に對して出でざること九年。後人普く其の道を仰ぐ。

釋迦說法五十年なりしも、遂に拈華の微風を止むるのみであり、基督三歳口に福音を絕たざりしと雖、亦唯、十字架上一點の零を遺したるのみである。

此の零本來誰が家の有ぞ。

よし。き。よし。

ひっぷ。はっぴ。

はるば。ふるば。ばっし。ばっしゃ。う。

第四節

滿蘇の國境、名山鎭より望む黑龍の河幅は八百メートル。螺文を描いて東に走る。流水の中央無線の一線を隔てて、南邦北國相向ひ相對す。

西東、隔てもなさで、行く水は。右に左に、世世を潤ほす。

圖們の月。羅津の雨。行客路を失ひて霜夜に迷ふ。

越の海、波風荒れて、沼河《ヌナカハ》の、水戸《ミナト》の船は、今日も泊てたる。

風侯《マモ》り、我は來にけり。都なる、心の友に、我は來にけり。

遂に轉じて新京に入る。

例年になく暖だと云ふが、十月の二十六日には、ストーブが焚かれ、旅人の心は何となく急がれる。

ふるさとの、もみぢば今や、散りぬらむ。とくかへり見よ。雪降らぬまに。

芭蕉翁の「奥の細道」を見ると、出羽から越後に渡る間に、「病起りて事を記さず」との一句を遺してある。子供の頃に讀んだのだが、僅な之だけの詞が、全巻を掩ふの壓力を感じさせて、今でも忘れられぬ。出立に先だち、道祖神を祭り、三里に灸を据ゑ、風雅の道の高く廣く、遠く深く、その大小を超えて、涯も無き中に遊びながら、人の世の小路を分けて、枯野の夢路、一穗の火影に消えし翁の一生は、「取らざる」ことを人に教ふるので、永き「命《イノチ》」が存《ア》る。

「取らなければ、其の命は永遠である。」

と云へば、誰も彼もが、そんなことは分らぬと云ふ。

見《ミ》よ海原《ウナバラ》を。怒《ド》濤《トウ》逆巻《サカマ》く大海原《オホウナバラ》を。聽《キ》け潮音《チヨウオン》を。天地《アメツチ》に響《ヒビ》き彌《ワタ》れる潮《シホ》の音《ネ》を。見《ミ》よ大空《オホゾラ》を。
日月《ヒツキ》の廻《メグ》る大空《オホソラ》を。聽《キ》け雷音《ライオン》を。空震《ソラフル》はして怒《イカ》れる聲《コヱ》を。

旅宿の室に、秀陵先生「春塘遠雷」の圖が掛けられてある。それを眺め、此んなことを放吟しつつ、雪降らぬ間にと、南に移り、東に歸らう。

長くなると、色色のことが起るので、思ひも寄らぬ迷惑を、人にも挂ける。

いささがは、河波立つと、見るほどに、月は碎けて、千千に散り行く。

乾井鮒魚游。釜中檍樹長。

此の世は、まことに是、怪奇異靈の神魔殿である。

いざさらば、我も急がむ。布留の宮。神の都に、いざや急がむ。

もみぢばの、散るをあはれと。さとのこが、かき渡したる、をどのしがらみ。

「滿鮮の雪は眺めぬことにして」と思ひ、十月二十九日に新京を立ち四平に寄り、そこで公用旅行の證明書を得て、十一月三日の佳節に奉天を立ち、翌翌五日の夜は下關に着き、十年ぶりに往年脩禊の跡を訪ふことが出來た。

あまさかる、ひなのをとめが、とるささの、たぐさのなるね。あめつちに、ひびきこそすれ。さやさやと。

その時の赤間宮のミソギは、火神に依つて、櫛稻田比賣の祕事を教へられたので、遙に望み拜することの出來る「メカリノミヤ」の所傳だと白されますが、現在果して正傳が存るかどうか。心無きものの爲に失はれゆく太古以來の神傳を、何とかして保存せねばならぬことをつくづくと考へさせられる。

十一日の夜になつてから鷺宮に歸り着いた。此の宮は、八幡の神をいつき祭る。源家に縁が深いので、ミソギ所の鎭守の宮と拜みまつるのである。

うぢのかみ。みまもりのかみ。うぶすなの、かみがき堅き、鷺の宮。人こそ來寄れ。今日もかも。人こそ遊べ。明日もかも。人を誘ひて、人毎に、花をかざして、何時もかも。集ひ集はめ。はるひ比咩。しらすかみみや。さぎのみやがき。

鷺宮の名稱は、白鷺山と呼ぶ眞言寺と共に、其の麓の沼澤に集る鷺群に縁《ヨ》つたのであろうが、「サギノミヤ」と稱する神代の神言靈は、神界魔境一几に在るの義で、此の地の古名であつたかも知れぬと古老は語られた。

その說明に由ると、天孫降臨して東夷征伐の將軍を派遣されたものが、此の凹地を挾み兩丘に對陣すること十數年に及び、蘆荻の間を死屍でうづむるほどになつても、勝敗を決することが出來なかつた。時に、老將が、高木神の教へを仰ぎ、火箭を作り、暴風に乘じ一擧にして蝦夷を潰滅させた。そこで、弓矢の神を奉祀して、「サギノミヤ」と稱へたのだと白すのである。

その年代など判るのではないが、弓矢は、高木神の作り給ふところだとは、橘家の舊記が傳へて居るばかりでなく、記紀三典が、天返矢の祕事を記して、高木神と天若比古との神事を明にしてある。

此の神事を「サギノミヤの祕事」と稱するので、正誠正義を敎へ給ひ、唯正是誠にして妖類魔族を調伏濟度すべき神傳である。此の神傳は、天照大御神の神德畏く高木神として天界地底踏破卓立の妙用を示し、健御雷神、經津主神の武威を現し、天鳥船神の神事を敎へられたので、人間世界を高天原と築き成すべき祕事である。大正にて大邪、大醜にして大美、大善にして大惡なるもの。之を此の祕事と云ふ。

人間各自天分存。行止進退唯是正。正誠正義神國築成。之是日本神道矣。

之を五十串《イグシ》の祕事と稱しては、石上神宮に傳へ、柳條百五十本としては、建御名方富命の敎へ給ひ、大衍の數五十としては、伏羲の所傳である。

日本神道と稱するのは、宇宙の大道で、全世界人類は固より、萬類萬物何一つとして、此の大道に漏るるものの有るべきはずが無いのである。

その名に日本と冠したのは、地名や國名としての日本ではない。「ヤマト」と云ふことで、神代の神の神座《カミクラ》との義である。神代の神の神座をヤマトと稱ふるのは、零界との義で、日神知らす日の國で、高天原としての大宇宙である。

それを仰ぎ見れば、一圓光明の日で、その活用を眺めては、五十鈴《イスズ》と呼ぶ。數理としての五であり五十であり、言靈としてのイでありイソである。上に升りては、天讓日天狹霧と成り、下に降りては、國禪日國狹霧と成る。共にカミなので、カミの國なので、之を神器としては、天津神籬と稱へ、天津磐境と白すので、二にして一であり、一にして二であり、一にあらず二にあらずして三である。と云ふのは、如是の身《ミ》であるとの意である。其の身を究めて見れば、小天地としての箇體であるからとて、ヨと呼ぶ。世《ヨ》であり代《ヨ》である。それは數としての四《ヨ》なので、生死遷轉するところの物であるとの義である。

此の物の成り成りたるは神と稱へ、その象をイと呼ぶ。數としては五である。それで、五を正數となし成數と呼び、神の氣吹《イブキ》だと云ふのである。

なりなりて、なりあまれれば、あめなるや、あめのみはしら。なりなりて、なりあはざれば、くになるや、くにのみはしら。あめつちの、かみのこころを、ひとのこに、つたへてゆかん。かみながら、かみのまにまに。くにつちを、きづきてゆかむ。おほやまと、みすまるみたま。かみとこそ知れ。御民もろもろ。

それだから、日本とは、神國と云ふに等しい。それが則、天津磐境である。

「身を清むると共に、境を清めよ。境を穢す時は、身直に穢るるものぞ」と、先師は常に誡められた。身と境とは、固より不二なので、此の身の在るところは、とりもなほさず此の境である。境を離れて存在する身とては有り得ない。境の有るところ、また必、主が在る。

大宇宙とは、境を呼んだので、其の境の清《ス》み澄《ス》みたるさまを眺めて、「ヤマト」と稱へ、其の主を仰ぎて「スメミマ」と稱へまつる。

「高皇產靈尊が、天津神籬・天津磐境を、天兒屋命と天太玉命とに授けて、人間世界たる葦原中津國に降らしめた」と、日本紀に記したのは、神器を以つて此の事理を敎へられたのである。此の神器を仰ぎながら爲る「ミソギ」は、日本天皇の大御寶たる實を顯現する爲であるから、最初に各人各自の位置を敎へて、その境を掃ひ清めさせ、次ぎには、其の身を神の完きが如くに行止進退させる。其處に身境不二の實が現れて來るのだが、それには、更に時を正しく守らせねばならぬ。處と時と身との三つが完全に一致して、はじめて神業は成立するからである。

スツパダカ。すくすくとして、今年竹。
口開《ア》いて、心の丹《アカ》き、石榴かな。

「庭の石榴が、今年は大そう甘い」と、人が云はれるから、採つて見ると、例年のやうな酸味が悉く變つて、まことに珍らしい甘さである。別に手入を爲たでも肥料を施したでもない。

吹く風の、風のまにまに、笹の葉の、さやさやとこそ、幸福《サチ》は寄るなれ。
竹林泉聲暗。梅園歌曲明。地底群魔嘯。山外孤客笑。

時は流れ世は遷る。

此の身も其の物もまた變らざるを得ない。

第五節

はろはろに、野は廣ければ、我が駒の、足並ゆたけし。からに。やまとに。
白玉は、君が裝束。赤玉は、緒さへ光れり。玉の緒の命結びて。三産靈の神輪耀く。神代ながらに。
石榴熟れて、牆の穗に在り。獨住む。

世には、子子孫孫の福德をも、兄弟姉妹朋友知人の幸運をも、自己の一身に聚めて、榮華の限りを咲かせようとする者が有つて、その神を祀り、その功德を仰いて居る。之は太古からのことで、その神とは、勿論魔神ではあるが、さう云ふことの出來るのが、まことに恐ろしくもあり、また或人たちの興味を曳きもする。

ところで、其のやうな魔神の魔行を、古典は幾箇所となく傳へてある。之がまた甚恐るべきものである。

平常時には、まことに困る記錄ではあるが、一朝非常の時ともなれば、普通のことでは用をなさぬのだから、どうにも仕方が無い。善惡だ美醜だ、是非曲直だなどと論議して居たところで、時機は用捨無く失はれてしまふ。何うでも此うでも此處を切り拔けねばならぬと云ふ大事の時に臨んでは、此の非常法を執るよりほかはない。

本來を云へば、皇祖皇宗、乃祖乃宗の神靈を上に仰ぐ日本國家は、何時でも幸福なのであるが、その民人等が、時に過つて此の祭祀を怠り、或は甚しきは忘れるやうなことが有る。すると、神と人と、幽界と顯界との流交融通が斷絕して、牆壁徒に荊棘を植ゑ、溝渠大道に橫はると云ふやうに、乾坤否塞の大不祥事が發つて來る。そこには、長幼の序も無くなるので、四時の順は亂れる。親子の愛も無くなるから、穀倉は空しくなる。夫婦の別も紊れるから、病室の空く時が無くなる。師弟の禮も忘れるから、上下相剋して讎敵は來り窺ふことになる。さう成つてからでは、所謂非常時で、相互に殺戮の慘劇を演出して、猛火の中に狂ひ、怒濤の裡に哭き號ぶのである。

瞋恚の火と溺情の水と。之を古老は、「二河」と呼んで居る。

忿怒瞋恚の火と、愛慾溺情の水との二河に隔てられて、人の子は、困窮苦悶の生に迷ひ、清涼溫和の死を忘れる。

墮在千年、二河深淵。救出渡岸、十四祕言。山裡山外、一點昭昭。妙音畫成、磤馭盧嶋。

よしありと、ひとこそみらめ。としつきの、めぐるがままに。あめつちの、かみのうけひの。よるとなく、またひるとなく。ただしきを、すくなるみちを。かみまもり、まもりこそませ。そのときの、そのひのまもり。かのときの、かのよのまもり。よしありと、われもしるなり。かみのよの、かみのうけひて。かみながら、かみのうけびて。かみしらすまに。

神代の神の宇氣比《ウケヒ》と、惟神の神の宇氣毘《ウケビ》と、日止《ヒト》の身の宇氣踏《ウケフ》み行くがままに、神の世、神の國は築き成されるので、その道をまた古老は、「白道」と呼んで居る。

「二河白道」。それは、一圓晃耀の太遮邏殿なので、人間世界一切の障礙は摧破せられ、天津罪、國津罪のある限りも消滅して、神國樂園天界淨地が湧出し現成するので、戰國亂世の人人を救濟するには、最相應《フサハ》しい行法教義である。今、日本紀から其の例の一二を擧げますと、「天照大神の高天原に、素戔嗚尊が升りまして、種種の罪を重ね、晝夜の判別もつかぬやうな常闇の國としてしまはれたので、八十萬の神が天安河に會合して、その禱るべき方法を相談された。深謀遠慮の上で、常世の長鳴鳥を集め、手力雄神、天兒屋命、天太玉命等が力を合せ、天鈿女神の火處燒《ホドヤキ》、覆槽置《ウケトドロコス》に依り、復、高天原は明けて、主の神を拜みまつることが出來た」とあるのが一つ。次ぎには、「皇孫が天降ります時、八衢の神が居られたのに、八十萬の神たちは、それと應對が出來なかった。天鈿女命が、詔せを受け、胸乳をあらはに、裳紐を臍の下に押し垂れて向ひ立たれた。すると、衢神が、汝の其の爲ぐさは何故かと問はれたので、問答の末、皇孫の天降ります道を開かれた」と記して、人に目勝《マカ》てる天鈿女の神事が、大道顯彰の最深最勝法であることを垂示せられてある。

と申しただけでは、どうお受取り下さるか存じませぬが、斯道宣明顯彰の方途は、必竟するに、大邪大惡大醜であつてはじめて達成することが出來る。不良少年を養育することが出來ぬやうでは、非常時局を安全に航行することのできるものではない。との祖神垂示である。

神魔來往神魔園。今日明夜非否劫。時空一圓又一音。一朝一夕一點天。

如是の祕事を、古典には、「天鈿女の神挂り」と書いてある。天鈿女とは、天宇受賣と古事記の記したやうに、アメノウズメで、その音義は、産出者であり、被産出者であり、多幸多福、天地の幸を集めて匂ひ香へる「火處《ホド》」で、坤道耦生の神魔であると教ふるのである。別の詞では、之を「宇氣《ウケ》」と呼ぶ。それは、「宇氣火《ウケヒ》して必御子を生むべし」と古典の傳へたところで、身境不二の意に於て、神子産出の胎でもあり、産出せられたる神子でもあるのである。

あめつちの、はるをあつめて、にほふらむ。かみのよながら、かみかかりして。

此の意味での「かみかかり」と白すのは、人間身として成し得るかぎり、至高至大、深遠幽玄微妙の極致だとの義で、神業に等しいと云ふのである。

その一例は、「人として人を作る」のであり、また、「人を殺す」のであるからとて、古典には、「アメノウズメ」を擧げ、次には、「ヒラブガヒ」を擧げたのである。ヒラブガヒとは、猿田彦大神《サダビコノオホカミ》を喰ひ殺して海底に引き入れた魔神の名で、一夜にして神人萬有の在る限りを喰ひ殺すと云はれる地底の司神である。則、黄泉大神の神業で、「破壞」そのもので、戰亂平定の主力と成る軍神の別名である。それで、此の「アメノウズメ」と「ヒラブガヒ」とは、生殺與奪の神權者で、「スリカタメナスナルアマノヌホコ」の神業に負はせ給へる神名である。

アウウ。アルバ。アルバ。云云。の祕言百八十。

は、非常行法として、有縁無縁神人萬有の力を我に集むる魔言である。が、之を集めて身に持することは、その人にあらざれば、其の身を破り、其の國にあらざれば、却つて其の國を亡《ウシナ》ふ。

天皇統治天皇國。神聖統率日高見國。豐葦原瑞穗秀國。究竟大正大邪大惡大善大美大醜之零也而耳矣。

ひらぶがひ。はるばぶるばと、ことあげて。よみのやからぞ、たちあらびたる。

何時の世に、誰植ゑ置きし。杣山の。宮木の今日に、遇へる畏さ。

ヒラブガヒの祕言百八十。能く之を行じ得るものが有るならば、世の災禍を攘ふことも難くはない。と、古老は教へて居る。が、此の祕事を行ずるには、「二河白道」の「誓約」が無くてはならぬ。此の祕事は、毒を以つて毒を制し、干戈を以つて干戈を止むるの非常法であるから、後には藥毒を殘し、創痕を止めて、或は終世それに難み苦しみ、後世子孫を悲嘆に沈淪せしむることにもなる。

二河白道の大要は、先に記しましたが、その誓約と白しますのは、建速須佐之男命の主るところで、八間田の祕事で、櫛稻田比賣の神挂りである。それは、神代の神が神の代を出でて、神の代のまなる人の世人の國を築き成さんが爲の神業なので、古老の所云、「東海漁翁之孃子」。その亦の名は、「比良武賀比」。黃泉國に在りては、黃泉津斯許賣。その魔神が、魔業を轉じて神國を築く祕事である。

祕事と云ふからには、固より語るべきものでも書くべきものでもない。それであるのに、古典は幾箇所となく之を繰返し繰返し、或は殆んどその大半とも云ふべき程に、さうして、最重大肝要の事として記載して居る。ひとり、日本の古典がさうであるばかりでなく、諸外國の古典も皆共に然うである。私が今此こで古典と白しますのは、「神代紀」を指すので、人間身の生死遷流、さうして、人間世界と各界各宇宙との成壞起滅に關する記錄を白すのであります。それで、神代紀たる古典は、其の本來の性質上、神界と魔境との出入往返を主題とせざることを得ないので、常人に對しては、祕事として知らしむべからざることをも記載すると云ふ事になる。けれども、祕事は勿論祕事なのであるから、語ることも書くことも爲ないのが常道であることは勿論である。從つて、古典とは、人間世界に於ては、神殿宮裡の祕書として、ひとり、神宮の神使のみが關與すべきところであることがわかる。さうして、殿內奉祀の御神體と白しまつるは、蓋、此くの如きの古典であり、御神影にてあらせらるのである。故に、此の意味に於て、古典は、常人の讀むべきものではなく、專念一意奉拜すべきである。

古典は、唯一專念拜みまつるべきのみである。ところが、世降り道晦く、群小横議して怪しまざるに到り、人心徒に怪奇を歡び求め、邪慾に溺れ墮ちて、魔神の樓上に喜び唄ひ、邪鬼の巣窟に樂しみ臥し、貪りて屎糞を喰ひ、爭ひて汚尿を飮む。人にして人の住居を忘れ、人の飮食を失ふ。事此こに到つては、彝倫を論じ道義を叫ぶとも、其の耳は既に聾し、彼の目もまた盲せるもので、もはや尋常一様のことでは何の應驗も現はれない。

魔神でなくては魔界を整理する手段はわからず、邪鬼でなくては邪鬼を敎化する方法がつかない。「素戔嗚尊は、頻蒔、串刺、畔放、溝埋、樋放、伏馬、生剝、逆剝、屎戶、と白すやうなひどいことをなされた」「日神の仰せらるるには、吾弟の上り來ますは必我が國を奪はうとしてであらう。手弱女のわたしではあるが、何うして之を避けることができようか」「月夜見尊が忿然と色を作し、劍を拔きて保食神を擊殺された」等と、古典に記し、てある。

日神も月神も海神も、その奥に或は表に、勇武又暴悪の力を持たれて、幽界魔境を打ち平げつつあることを傳へてある。

大祓祝詞として行はるる諄辭に、天津罪と呼ぶのは、主として素戔嗚尊の此の罪事を擧げたので、之等の罪は雜糅なる人間の身心では、それを罪ともわからずに居るやうなことが多いからとて天津罪と教へたので、その畔放も、溝埋、樋放、頻蒔、串刺、等も、共に各自各自の位置分限を忘れて、天御柱・國御柱の神聖を干犯冒瀆するを指すので、之を祓ひ清むることは、神代の神の神事であつて、八百萬神等は、人の身と等しく「神代の神の宇氣比」を仰がねば、その神事に與ることが出來ぬのである。人の身としてならば、それを「二河白道の誓約」と呼ぶ。此の誓約存る人を「火人」と稱し、「火神の御使」となすのである。

ミソギの祕儀を行じ得れば、此の誓約も伴ふので同時に密言を與へられる。

祕儀密言が存つて、はじめて日本神道の傳を得たことが證明されるのである。

先師所傳祕言百書。不斷說示大虛空藏。昭昭琅琅晃耀赫灼。盡天盡地一圓一音。阿宇袁衣耶。

「神のことは神に問へ」と神代の神は教へ給ふ。

神ながら、教へのままに、成り成れる、新宮處。須賀須賀斯加茂。

第六節

想はずも、問題が極祕のことに渉つたために、幾度か筆を擱きながらも、また續けて來ました。けれども、「二河白道の誓約」を說き、「天宇受賣・比良夫貝の祕」を語るやうなことは、天津神・國津神たちの賞で給はぬところ。寧、魔神邪鬼の來り窺ふこととなる。それ故、その人にあらざれば、其の身を破り、其の國にあらざれば、其の國を亡ぼすのだと、固く誡められてある。

ところが、古典は、大半其のやうな祕事に屬するから、解釋などすること無く、專念一意、唯唯、拜みまつるべきである。禪僧が、大般若經理趣品を佛體として禮拜供養するなどは、之と等しき一例である。

「古典は解くべからず」と、「守護神《ミマモリノカミ》」は教へさせ給ふ。守護神《ミマモリノカミ》と白しますのは、人の身を地球上に降し給ふと共に、その終生を守護し監督して離れることの無い各人各自の主神にてましますのである。

ところで、人の生れて來たに就ては、各自各自に其の天分が存る。その各人各自の天分は、「產土神《ウブスナノカミ》」の與へ給ふところで、須佐《スサ》の神性《カムサガ》に依るのである。之を言ひ換へると、人の生れるに就て、その箇性は、產土神から受け、その類性は、鎭守神から授かると白すのであります。

さうして、その受け得たる天分を完全に發揮することは、鎭守神の守護に依るのである。天與の天分は產土神から受けても、之を養ひ育てて開花結實させるのは鎭守神である。

古事記は、その劈頭に、「高御産巣日神・神産巣日神」と稱へてあるが、之は神代の神の御上で、人間身の出生を教へたのではないから、「日」の字を用ゐ、日本紀の「高皇産靈尊・神皇産靈尊」と記して、「靈」の字を用ゐたのと同じやうに、「ヒ」の神の御事と拜するのである。

ひのかみの、かみわざなりて、ながむれば。あめつちは、いまや、みすまる。あめつちは、いまぞ、わかるる。はるひひめ、しらすはるのは、かみのはな、いまさかりなり、おほひひるめのひたかのみのくに。

その國は「日」の國で、その神は「日」の神で、人間身の未成らざる神界の事理である。さうして、清陽と重濁と、或は、精粗と、厚薄と、樣々の異別は有るが、眞理は一貫して變らず、事實は眞理を離れるわけが無いから、人間身も、神代の事理をそのまゝに、「ムスビ」「ムスビ」し「ミ」である。唯、その神界を出で幾度轉。神代を去ること幾時空。そこに隔りが出來たのである。隔りを我と我が身に築いたのである。

もしも、其の隔つるものを取り去るならば、この身此のまま、神代の神に連るので、生死一貫、顯幽一途。日神の◈《ミタ》の灮《ミヒクリ》指し透るのである。その上で拜みまつれば、産土神とは、神産巣日神祖命にてましまし、鎭守神とは、高御産巣日高木神にてまします。

天《アマ》なるや、天《アマ》の返し矢、天離《アマサカ》る、夷女《ヒナツメ》の子が、神ながら、氷目矢《ヒメヤ》を受けて。神守る。眞賢木立てて。高知るや、天《アマ》つ國玉。高彈くや、天《アメ》の詔琴。人の身を、神とはすべく、人皆を、日止と成すべく、大虚空、焚き盡すらし。大海を、呑み涸しらし。夷女の、袖振るが間に。夷女の、立ち舞ふひまに。火人《ヒト》知らず、高木の神の、天返矢《アマノカヘシヤ》。

之を天返矢《アマノカヘシヤ》の祕言と稱へまつる。人の世を敎へ諭し、人の身を守り幸はひ給ふとて、正誠善美を主りましますのが、此の神言靈である。罪禍を掃ひ、醜陋を淸め、天地の在る限りが本來の神であることを實証させる妙音祕事であるから、非常時局に際しては、特に、日夜不斷に奉稱しつゝ、其の神德を仰ぎまつり讃へまつらねばならぬ。

まことに、非常時局に際會して、之を祓ひ、之を淸むることは容易でない。まことに、國を建つることは容易でない。之を守ることは容易でない。

そのはじめ、伊邪那岐命伊邪那美命《イザナギイザナミ》二柱神《フタハシラノカミ》には、別天神の詔の遞邇遞邇、嶋を生み、神を生み給ふた。が、やがて、此の二柱の神は、天津神と黃泉神と成り、顯界神域と幽界魔境とに別れ住み、黃泉神なる伊邪那美命には、須佐之男命・櫛稻田比賣をして、大國主神を養ひ育てゝ、宇宙分割の野望を遂げさせられ、天津神なる伊邪那岐命には、禍津昆を拂ひて、宇宙に君臨すべき神を生《ア》れしめられた。

そこで、二柱が一柱と成りて立てさせられた神功は、產靈產魂て嶋と成り、神と成り、一柱が二柱に割れては、天界と地底との隔りが出來たのである。從つて、宇宙に君臨すべき神も、大國主神を歸順させねば、祖神の詔を完ふすることが出來ない。つまり、二つを一つに爲なければ何事も成り立たぬのである。

ところで、大國主神は、須世理毘賣を得られた爲に、國土經營の神寶を取り佩きて、八十神たちを打ち從へられ、更に、神産巣日神の御子少名毘古那神と二柱相並びて、此の國を作り堅めさせられたのである。それは、とりもなほさず、神産巣日御祖命としての産土神たる神徳を具足し給はんが爲に、二柱の神が一柱としての兄弟《エト》と成られたのである。

それにつけて、重要なことを古典は傳へてある。「大國主神が、吾獨して何如でか能く此の國を作られようか、孰れの神と與どもに爲たならばよからうかと、御心配なされた時に、海を光《テラ》し寄つて來られた神の白されますには、何もそのやうに憂ふるには及ばぬ。唯、みづからの身魂をみづから治むるならば、必國は成るものである。が、若然うでなければ、決して出來るものではない。その治め方は、倭の青垣東の山の上に伊都伎祭《イツキマツ》るのである」と。

ひむがしの、あをかきやまの、やまのうへの、あが幸魂《サキミタマ》・奇魂《クシミタマ》。幸きく眞幸きく、常世にもがも。

そのやうにして、大國主神は、國を作り治められたのである。それを、天照大御神には、豐葦原の千秋長五百秋の水穗國は、吾が御子正勝吾勝勝速日天忍穗耳命の知らすべき國であると仰せられた。けれども、天忍穗耳命は、天浮橋にたたして、その國は、擾々囂々、始末がつかぬと思召されて、お還りになられた。

曩に、「日神の仰せらるゝには、吾弟の上り來ますは、必我が國を奪はんとしてであらう。」と、古典の記したことを擧げて置きましたが、此の仰せは、實にも畏き極みで、後代、大國主神に到つて實証されたのである。須佐之男命が宇宙分割の野望は、恐多きことではあるが、天照大御神の御仰せの如くであつたことが、此こに明になつたのである。

そこで、天照大御神の日嗣の御子の命には、

葦原の、千秋長五百秋の、水穗國は、いたくさやぎて。まがつびの、ここたあらびて。天菩日、媚び諛ひて。天若比古の、心きたなく。ひたづかひ、雉子の鳴く音、いと惡し。

と、お嘆きなされて、此の國には、遂にお降りになられなかつた。

澄《ス》み清《ス》みて明《ス》み切りたるは、別天神の神界である。その別天神には、その神界のままほる神國を築き成せよとて、伊邪那岐命伊邪那美命二柱神に詔せられた。二柱神は、詔せのままに修理《スリ》固め成しつゝも、神業半にして、比咩神の御崩御遊ばされた爲に、天地は隔り、陰陽は離れ、國土崩壞の慘劇を演出するに到つた。

古事記は、巻頭に、天地初發を擧げ、次ぎには、宇宙成壞を記された。天地初發は別天神の教で、宇宙成壞は、二柱御祖神の知ろしめすところである。

比咩神御崩御の後、比古神の御神業は、高天原建設であつたが、その高天原は出來ても、建速須佐之男命の泣き號び、荒れ騷ぐのを防ぐことは出來ないので、高天原晦冥の悲嘆を見ねばならなかつた。之れは宇宙成壞の事理に次いで、罪惡觀を教へたのである。

祓へ却へ給へる罪惡は、それ自體が其のまゝ、十拳劒として國土建設の妙用を現したが、更に發展して八千矛の神業と成り、大穴牟遲の德澤を布くに到つて、八雲立つ美しき出雲國が完成されたのである。

このやうにして建設された出雲國を、何故に天照大御神の御子の命に捧げなければならないのであらうか。それは、中心と分派と、根幹と枝葉と、本源と支流との異別を教へ、建國の精神を明にされた慈悲心に由るのである。

まことに、「國を建つることは難し。之を保つことは更に難し」。若も、唯一無二の大中心が確立しないならば、どんなに制度を整へても、文物を立派にしても、徳政を布いても、武備を固くしても、一朝地震が有れば、一夕荒風《アラシ》が吹けば、所謂土崩瓦解する外はない。何如に立派らしく出來上つても、神の日を仰ぐのでなければ、暴風猛雨には耐へられない。「然り。家を建つることは難し、然り。身を立つることは難し。此の日を仰ぐにあらざれば、遂に成らず」とて、中分本末の位を正さねばならぬことを嚴命された「日本國體觀」が是である。是は此のまま、家庭觀でもあり、人身觀でもある。と白しても、古事記の記載は、まことに複雜であるから、古來幾多の學者が秩序ある目次さへも作つて居ない。「神の車は靜なり」とは、先師の金言であるが、現代のやうに、日本の古書が盛に研究されても、さつぱり首肯すべきものの無いのは遺憾至極である。繰返して白しますが、「神の事は神に問へ」と教へらるゝ如く、其の神の記録を正しく讀むには、神に學ばねばならぬはずである。若もそれを心掛けずに、人間的の小智を弄するならば、遂に河清の期は無いであらう。

神代紀は、人間身の生れない前の記録であり、死後の道しるべであり、現在活動の標識基準である。それ故、世にこれほど大切な典籍はない。之さへはつきりすれば、全人類は安心立命を得て、全世界は太平和樂を謳歌することが出來るのである。古典は讀むべきものではない、釋くべきものではないと云つても、戰國時代ともなれば、古典正解を世に出さねばならぬ。

古事記の記載は、一見まことに複雑ではあるが、

第一章は、別天神の神界記であるから、之を數理觀から言へば、最初に一を教へ、その一は、三から成り立つて居り、その三は、經と緯との二であるからとて、時間と空間とを現し來る本體としての零を知らしめたのである。

第二章は、宇宙成壞の垂示であるから、時間と空間との二つが一つになつては十で、その十が別れては、破壞と呼ぶところの死で、その死も結び來れば、建設と呼ぶところの生で、成で、此のやうな變化は、二、三、四、五、六、七、八、九と稱するので、その成り餘れる三、五、七、九の四《ヨ》と、成り合はざる、二、四、六、八の四《ヨ》との合ひては、八《ヤ》である。此の八に依つて、宇宙の萬有は制御せられ整理せられて平衡を保つことが出來るのである。

第三章は、高天原築成の祕儀である。之をミソギと呼んで、三十神界の生滅起伏である。

第四章は、罪惡觀で、數の分散である。

第五章は、高天原開闢記で、三十六の聚散離合である。

第六章は、罪惡觀の第二で、復活の垂示である。五の百倍と、百の百倍と、千の千倍との九である。と云ふと、ひどく普通學には遠ざかるが、神界の事理が複雑なのであるから、祖神垂示の數理觀は懇切叮寧であつても、之を理解することは、まことに容易ではない。で、以下之を省略することとしよう。

第七章は、中心觀で、箇體成立の原理に立脚して、國家觀を教へ、特に日本建國の精神を明にされたのである。

第八章は、綿津見宮と日少宮、産土神と鎭守神との關係を説示したのであり、

第九章は、死生解脱の祕を教へ、
第十章は、宇斗の神言靈を垂示されたのである。此の神言靈は、一言の萬城主の主るところで、古事記は之を下つ巻に記されたが、事實は勿論神代紀である。

神の代の、神の祕事。人の身の伏し仰ぎつつ。今日もかも、國平けく。明日もかも、うら安くこそ。内外隔てず。

靜寧和平の神國樂園を築くには、唯是、爾が身を爾自、倭の青垣東の山の上に齋き祭ればよいのである。
產土神の神德《ミハタラキ》は、そのまゝ「ハハ」と成り鎭守神の神德は、そのまゝ「チチ」となる。合せては「ミオヤ」と呼ぶ。爾《ナ》が身は、固より「チチ」と「ハハ」との一つ身なれば、「ミオヤ」である。

ちち、はは、みおや、みおや。なべてのひとびと。わが、さきのよの、ちち、はは、みおや、みおや、われに、ゆかりある、なべての、みみたま。みな、ともに、さとり、さとる。さとり、さとれば、あまねく、ひとつなり。ああひがてんじんゆうあいこう。と、たたへまつるなり。

日本の古典は、之を傳へて、

天照大御神・天照皇大御神・天照坐皇大御神・大日孁貴尊・大戸日別神。

と、拝みまつるのである。固より、神代の神にてましますと共に、百八百萬魂神と御顯れ給ひつゝましますす天津神・國津神なりと拝みまつるのである。

天津神輪、國津神輪の神挂り。かゝりて今ぞ、伎美が生れます。

別れては遇ひ、遇ひてはまた別れ、破れては出來、出來てはまた破れ、生れては死に、死にてはまた生れると、人の身は驚き騒ぐ。

伊邪那美命・建速須佐之男命・十七世神を經て造り成された出雲八重垣妣の國は、伊邪那岐大御神・天照大御神・天忍穗耳命・天津彥彥火瓊瓊杵尊の神の日を仰ぎて、こゝに復び、地天泰平の歡聲を揚げたのである。

かみのひの、ひかるをみれば、あめつちは、こをろこをろに、むすびむすべる。

天成地定。ああ是れ、神のみ惠なり。また是れ。神の神わざなり、實に是れ。神のみ心なり、み祖の神の神挂りなり。

神魔出沒蓋如此、神國現成又是如是。生死遷轉連環無際。今日畫得矣。無經無緯唯一球體。

第七節

御祖神の神挂りと白しますのは、倭の青垣東の山の上の祕事で、天香具山眞賢木比咩の御教で、即、天宇受賣の神挂りなので、我と我が身を齋りて、此の身此のまゝ神の身たる大御寶と成らねばならぬ神儀行事であると、宗教的には白しますが、政治としてならば、萬邦一圓の樂土と成すことで、學問としてならば、その科學たると文學たると哲學たるとを問はず、都べてが神界を發き得べき方圖を明にすることで、藝術としてならば、そこにそのまま、神國樂園を現し得たので、軍務も農產も商工業の如きも、萬般の事業は皆悉く其のまゝに、神の日を拜し、神の國に入り、神と共に住み、神と共に思ひ、神と共に語り、神と共に行ひつつ、やがては、太極の位に於て、一圓光明の零《ヒ》と成るので、それを、誤解することの無きやうにとて、此の零《ヒ》を得るのだと重ねて白すのであります。

自分自身に自分自身を齋祭ると云ふことは、先に擧げた古事記の本文だけでは、或ははつきりとせぬかも知れず、日本紀や常陸風土記などを對讀しても、なほ或はどうかと思はれますが、その身の困つて居る時には、天を呼び、神を求めて止まぬ爲に、おのづから大道を踏みはづすやうなことも無く、事業も正しく進行する。ところが、その順調に進んで居る時に、兎もすれば、心の緩みが出來、身にも隙が出來て、細徑にさ迷ふやうなことが起りがちである。さうなれば、自分自身に、自分自身の主を失ふ。國としてならば、その國の中心を忘れる。つまり、少名彥名命は隱れ去つて、大穴牟遲は、「獨能く巡りて、その國を造り、出雲國に到り、葦原の中つ國は、もともと荒れに荒れて、磐石草木までも皆ことごとく强暴であつた。けれども、自分は今已にそれを摧き伏せて、すつかり和順させた。此の國を理むるは唯吾獨のみである」と云ふやうになつて、先に擧げた大國主神とは全く別な傳を日本紀の一書に遺されたのである。すると、その時「神光《アヤシキヒカリ》が海を照らし、忽然と浮び來れる者が有つて、汝の其の大造の績を建て得たのは、吾在るが爲である。吾在るにあらざれば、汝のみが何うして此の國を平げ得ようぞ」と云はれた。斯く云ふものは、大穴牟遲の幸魂奇魂で、大三輪の神と稱へ、倭の靑垣東の山の上に坐しますのである。之をまた、三諸山の神と白しまつるのは、日の神の肉體身と云ふことで、その肉體身が在るので、人は自分自身を知り、宇宙萬有をも知り、日神を拜みまつることが出來るのである。ですから、此の肉體身は、大三輪であり、また三諸山であり、日神の三田の賜物であつて、知知とも波波とも呼ぶところの御祖神である。

なァんだ、そんなことかと氷解するか何うかは知れませんが、

みもろは、かみのもるみや。みもろとは、かみのしらして、いつのよに、たれかまなびて。ひふみよと、かたりきにけむ。いつむゆな。やよここのへの、きみが身ぞ、はじめをはりも、はてもかぎりも、あらぬひつきと、人の仰げば。かくしこそ。ことの、かたりごとの。ひふみよい。むゆなやことと、うけふみけりな。かみのうけひて。かみのうけびて。かみのをしへて。かみかかります。

と、教へられてあります。

現在世間に行はれて居る神代紀は、複雜な事理を僅な文字で記された爲に、なかなか讀み難くて解き易くない。けれども、宇宙の事理は一貫して變るものでないことを知れば、誰でも、我と我が身を省察して直に了解することが出來るのである。之は、文字に寫さないお經だとか、一言の神の御名を解けば、その中から百千萬巻の經典聖書が發行されるとか、一夕夢殿に入れば、すぐに千萬無量の神像佛體が湧出するとか、その人その人に依つて、色色樣樣と表現の仕方は別でも、それを突き詰めて見れば、汝が幸魂奇魂である。

もも取りの、その机代。うつくしき、その物ざねを、天なるや、天の湍河。久方の、天の眞名井に、振りそそぎ、そそぎてあれば、ぬなとも、ももゆらにこそ。神の日の、かくしこそ。ここに、そこに。こをろ、こをろに。嶋こそ結べ、國こそは成れ。あちめ。あうをえ。や、やよ。ここのへの。かみしらすまに。かみのかみわぞ、てりにてりたる。

之を、天地の宇氣比として、人の世神の國を往返去來せよと、汝が幸魂奇魂、幸きく眞幸きく、奇しく奇すしく、神躍り神上りましますす。あなかしこ。あなくすし、

一穗未明の殘燈、いまだ滅せず。三千焚盡の劫火、未到らず。人間暫時少康を得べし。

第八節

はじめ、大穴牟遲神が國土を平定しようとて、出雲國五十狹《イナサ》の小汀《ヲバマ》に行き、そこで飮食《ヲシモノ》を取らうとせられた時、海の上で忽に人の聲がした。驚いて捜したが何も見えない。ところが、しばらくして、一人の極めて小さな男が、白斂《カガミ》の皮を舟に造り、鷦鷯の羽を衣に爲て、潮のまにまに寄つて來られた。大穴牟遲神は、それを取り上げて掌の中で翫ばれた。すると、その小男《ヲグナ》は跳り上つて、大穴牟遲の頰《ツラ》を齧んだ。そのするさまが怪しいので、天津神の御許に使を差し上げてお聞き申すと、高皇產靈尊が聞こしめされて曰《マヲ》されますには、吾が御兒は千《チ》柱あまり五百柱《イホハシラ》であるが、その中の一柱は甚惡くて敎養《ヲシヘゴト》にならないのが、指の間《マタ》から漏墮ちたから、定めしそれであらう。大切に可愛がつて養ひ育てなさいとのことであつた。之の小男《ヲグナ》が少彥名命で、大穴牟遲をして大國主神たらしめた大惡大邪の火で、根の國の生太刀生弓矢で、「その幸魂奇魂」である。

此の兒本來自家の火。
彼の火元來我が家の長子。
盡日相見て之を知らず。
終夜同じく居て遂に覺らず。
窮迫その極に達する時、人之を求め、

天之を教へ、神初めて來り宿る。

祝して曰く。

「爾大國主。爾が國たるや。或は、成れるところ有り。また或は、成らざるところも有り」と。蓋想ふ。

中心の一點は唯一無二、絶對無比。絶對にあらず、相對にあらず、絶對とも成り、相對とも成る、超絶零界なればとて、萬幡豐秋津根別と稱へまつるなることを。

之は高皇産靈尊の御教で、此の神事は高木神の天返矢の祕で、「ヤ」と白すのであります。數としてならば「八」で、物として人人の最熟知して居るのは「矢」で、一寸解りにくいものでは「穴」である。

序に、此の解りにくい「穴」に就いて、古典の別を擧げるならば、「大穴牟遲神が根の國に行かれると、須佐之男命が鳴鏑を廣い野原の中に射こんで、其の矢を採らせられた。大穴牟遲神が詔せを承つて野中に入《ハイ》りますと、火をつけて其の野を燒きまはされた。その時に、鼠が來て、内は富《ホ》良《ラ》富《ホ》良《ラ》、外は須《ス》夫《ブ》須《ス》夫《ブ》と云はれたから、其處を踏むと實に不思議、穴が有るとも見えぬ大野の唯中に隱れ入ることが出來て、火を進れられた」とある穴。

今一つは、「天若日子が天津神の使者を射殺された矢が、胸を射貫いて天安河にとどいた。それを高木神がお取りになつて、此の矢は天若日子のものであるが、どうして此こに來たのであらうか。天若日子が天神の詔せのままに惡神を射殺したものであるならば、彼には當るな。もしまた、天若日子の仕たことが惡いならば、此の矢に當りて痲《マ》賀《ガ》禮《レ》耶《ヤ》と咒《ホザ》き、其の矢の來た穴から衝返された」とある穴。

此の二つは共に天津神と國津神との氷《ヒ》目《メ》矢《ヤ》の穴《メ》と云ふ意味で、「ヤ」であり「メ」である。ヤでメだとは、極と云ふことで、唯一零界で、點である。それは、「スブスブ」とあるから極小で、「ホラホラ」とあるから極大である。「その矢を、その矢の穴から衝き返した」とあるのは、一點から出でて一點に返つたことを示して居るから、つまり、「そのまま」なので、使者の胸を射貫いた時、ただちに天若日子自身の胸を射貫いたもので、その間隙は無いから、之は、極小で、そのまゝ極大である。

それを、古典は、物語として語り傳へた日嗣史であるから、時間も有り空間も有るやうに記してあるまでで、その記された文字を消して讀めば、唯、一で、零で、神で、神代で、目を遮るものとては無い。耳に障るものとてはない。固より、身に觸れ鼻舌に感する範圍の物の在るのではない。けれども、そのやうに簡單に白しても、「スブスブ」と「ホラホラ」と「矢の穴」との說明が無くては、何のことやら判らない。さらば、その「スブスブ」とは何か。「スブスブ」の「ス」は、修理《スリ》のスで、鑪のスで、藥、飛白《カスリ》、等のスで、啜、進、等のスで、敏捷《スバヤイ》とか、素裸、素足、素浪人、素町人などとか云ふやうに、發語、接頭語のスで、又、筋、理、酢、酸、等のスで、鋤のスで、「アヂスキタカヒコネ」のスで、鋭く速に進み澄み清むの義である。その「ブ」とは、二《フ》で經《フ》であるところの「フ」が重なり濁つたので、經過運行の極めて速なる義である。そこで、此の二音「ス」と「ブ」とを合せては、統《スブ》で、統轄の義である。それを「スブスブ」と重ねたのは、統轄ではなく、その極に達したので、統べ治らした窮極は、有が無に等しくなつたことで、古人の所云「無爲の治」で、物としてならば、「外は須夫須夫」なる祕境である。之を「氷目《ヒメ》」と呼ぶ。此の「氷目」に鳴鏑を受けた象を「氷目矢《ヒメヤ》」と稱するので、「ナンヂ」とか、單に「ナ」とか云ふに等しく極度の愛・愛情の極を示した詞で、それは「スブスブ」と「ホラホラ」とを合せたのが「ヒメヤ」なので、此の「ヒメヤ」を表象《アラ》はすに、宗教家は、月球の象を借りて居る。つまり太陰で、「ミヅ」の義である。そのミヅとは、水で、滋潤で、瑞祥で、生成化育で、ミソギの結果を讃美した詞で、天のミズを受けた地のミヅである。と共に、天地のミヅである。

そこで、「ホラホラ」の音義を説明せねばならぬが、その「ホ」は火で、秀で、穂で、優れて美しく燃えて明なので、「ラ」は普く取り納れて獲り収むると共に、他の音と連りては、上の音義を助け強むるのであり、接尾語としては、「ロ」と等しく、親しみ睦み、賞で愛しむ義が有る。それ故に、「ホラ」とは洞で、美しきが上にも美しく、優れたるが上にも優れて、朗に明に、懐しく親しまれる我が君の「瑞の御舎」で、美田浄地で、「イヘ」の義で、我が心身を休息長養せしむる家居である。それを重ねて「ホラホラ」と呼ぶものは、極度を示して感嘆詞と成つた「ハハ」なる命で、親で御祖である。之を別の詞では胎と呼ぶ、その象は、球體で、八功德の智水を湛へた神域であるから、讃美して「アマノマナヰ」と呼び、「フルベ」とも稱するのであります。則、古事記に載せられた御井神でまたの名は、木俣神で、「彼の神は木の俣から來られました。」といふ神話を產み出したわけがわかるのであります。

そこで「メ」と「ヤ」とでは、まるで別別な音のやうでもあり、「木の俣」と「井」とでは何の關はりもなささうであるのに、それを別名と傳へたり、同じ意味に用ゐたりして居る古典の意が判るのであります。支那文字は、何故に「穴」を「宀」と「八」との合成にしたのでせうか。それは兎に角として、日本古典の「穴」の傳へは、また別に、「ヤカミヒメ」の祕事であり、「綿津見の鱗の宮」の神挂りでありますから、その細說は、別の機會に讓りますが、何れにしても、古典は、「神の祕事」を其のやうに傳へてあります。

ホラホラニ、キヅキシイヘニ、キミヰマス。スブスブノ、ミチナキミチヲ。イヅノメノ、イヅノヲハバリ。カミナガラ、カミノマニマニ。ソノミチヲ、ヒラキテヰマス。サカキバノ、カヲカグハシミ。ヤソヨロヅ、チヨロヅミタマ。ケフモカモ、マドヰコソスレ。アスモカモ、カミヨナガラニ、キミガアソバメ。

此う古典を讀んで來ると、天宇受賣と比良夫貝と、その妙用は、共に須夫須夫に富良富良にして、「メカリ」の神事であることが判る。從つて之が櫛稻田比賣・須勢理毘賣・八上比女・豐玉毘賣・玉依比賣の祕事であることも、溯りては、天地の宇氣比・天沼矛の神挂りであることも知らるゝのであります。

第九節

一から九までの數が統一すれば、日神《ヒノカミ》と稱ふる十である如く、一から算へて二十三までの各々の數が統一すれば、大虛空《オホミソラ》と稱する「母《ハハ》」で、「祖神《ミオヤノカミ》」で、第二十四神界と呼ぶところの◎海《ヒノウミ》である。

「天津彥彥火瓊瓊杵尊は、オホミソラにして生れませり」と記されたる高天原を、數として觀《ナガム》れば、二十四なのである。

此の二十四の妙相を二十四重相と稱ふるのだが、それは、必竟するに、白き裝束なしたる十重の神界なのである。

以上　第五章　終

あとがき

日本神道・禊の教典「言靈の幸」發刊に際して

多田雄三先生は號を山谷と稱され、又いちじ岸生とも申されたことがあります。

先生は千葉縣君津郡袖ケ浦町神納に明治十六年十二月二十一日出生されました。本業は日本畫家でしたが、川面凡兒翁（近代日本禊の創始者・稜威會創立・文久二年―昭和四年）の門に入られ禊の修行をなさいました。そして凡兒翁の高弟として、翁に從つて各所の禊に參加なされました。

翁の沒後東京中野區鷺宮に籠居して日本神道を研究され、遂に新境地を開拓されました。そして戰時中は舊滿州國機關の招聘に應じて禊の指導をなされ、戰後は鄉里に引揚げられて、昭和三十二年八月五日永眠されました。享年七十四。

さて日本神道と申しますよりは日本古典、特に神代紀が正確に解釋されたことは日本歴史上にないのであります。

それがため日本神道は曲解誤解され、特に戰後は侵略思想の代名詞の如くに言はれました。

しかし日本神道は決してそのような危險思想ではなく、極めて穩健妥當、ひとり日本人ばかりではなく、全世界人類がよつてもつて標識基準とする思想なのであります。

否、日本神道によるに非ざれば人類は永久に平和を樂しむことは出來ないのであります。

それを多田雄三先生は明らかにされました。まことに前代未聞の盛事と申すより外はありません。

「言靈の幸」は祕書として公刊を禁止されていました。しかしながら我等門下生も老齢となり、このままではこの貴重な書が永久に地下に埋れかねない狀態となりました。

そこで敢へて泉下の師翁の叱聲を耳に栓して本書を刊行する次第であります。

どうか大方諸賢におかせられては本書によつて正しき日本神道を理解され、本書が日本再建の祕鍵であり、これによるに非ざれば世界平和は永久に來ないことを體得悟證されんことを祈つてやみません。

昭和五十二年八月

禊同人　成瀬彌五郎
三井章義
白岩青雲

あとがき

日本神道・禊の教典

多田雄三

目次

——題　字・著者自筆——

未来

日本神道・禊の教典

未来

昭和廿一年十二月六日
東京都中野区鷺宮二丁目八八九番地
多田雄三

後に
千葉県君津郡昭和町神納三千五百九十五番地
ニウツル。
(註、昭和五十八年現在、同郡袖ヶ浦町福王台一丁目八番三号)
「ミソギのたより」は五年前に木原さんの発意で配布を始め、その後生尾さんも共に助けてくれたものである。が第三十八回を安東から出したままであとは原稿が四回分残つて昨年八月の終戦から一ヶ年半にならうとして居る。今改めて
「未来」と名づけ此の短文を続けることとします。何分にも大変動のため同人皆様方の御住所も大半変られて連絡がつきませんからどうぞお知り合せの方方を私にまでお知らせ下さるようお願ひ致します。

第一故郷編

第一章　十字架の信仰

「十字架の信仰」と云ふと多くの人はキリスト教とばかり早合点をするかも知れぬ。けれども是はそれより遙かに古く行こなはれたもので極度の愛と忍辱《ニンニク》とを教ふると共に憎悪と暴虐との(極)を示すものである。その(極)を日本の古典は色色に教へてある。その中に「火遠理命《ホヲリノミコト》天皇行《ギヤウ》」の伝へがある。

けれども古典の大半は神話の形式を採つてゐる為に読者が兎角その真意を見落しがちである。

「ホヲリノミコトは、シホツチノオヂのカガミノフネにのりタマのヰドにはいられた。

そのヰドはタマばかりでそのタマのひとつひとつに(ヒ)がもえてをる。

その(ヒ)は永劫不変の日《ヒ》で不断起滅の火《ヒ》で極大無限の零《ヒ》で極底最下の氷《ヒ》で無尽無量の一《ヒ》である。従つて是れは唯一で無限で最大で最小で無で有で空で実で大宇宙と呼ばるるのである。今その（ホヲリノミコトがタマのヰドにはいられた）とあるのは（箇体が箇体の中に入《ハイ》つて見れば(ヒ)であつた）との意味で（本来の我を覚り来つた）ので(極)を明らめ得たのである。その(極)を明らめ来たれば奇《クス》しくもあや畏くも（アマテラスオホミカミ　ツキヨ

ミノミコト　タケハヤスサノヲノミコト）にてましまます。

斯く悟証し給へるは（神ノ独子《キリスト》）則《ナル》（神《エホバ》）である。神の子が此の土に在るは神の国を築き成さんが為である。」是う言ふことで火遠理命には火火出《ホホデ》見命《ミノミコト》として天皇国築成の神業をとらせられたことと拝承しまつらるるのであります。

　三つ栗のその中栗の栗の実のあや美しき裏表かな。

その(ヒ)が永劫不変の日《ヒ》だと言ふのは万有本来陰陽不測の神《シン》だと云ふことで則ⓗで凹凸で天地で卑高で神魔でそれの不二不一なる体であり用であるその意である。

不断起滅の火《ヒ》だと言ふのは人の目には有るとも見えぬ中から燃えて燃えながらまた鎮まつてまた燃えて有るとも無いとも判別し難くて万有を焼き尽し万有が成立しつつまた壊滅しつつ連環の端無き球であるとの意である。

極大無限の零《ヒ》だと言ふのは万有悉皆崩壊を免れぬから発き発いて空しきに帰するのだとの意である。

極底最下の氷《ヒ》だとは八寒地獄の釜の底を打ち割ればまた分割することの出来ぬ極微であるとの意。

無尽無量の一《ヒ》だとは流行転換して極り無き時間と空間との中に各自各自の極限を示して居るとの意である。

此の(ヒ)が有るから人は此の中に人相応に(極)を明らめてその神を拝することが出来るのである。その極を明らめ得た時に「我は神の独子である」と躰得悟証するので之れを「神の人」なる「基督」と讃美するのでそれは太古以来中央亜細以西の地に行はれた「十字架の信仰」で⊕《カミノヒト》だとの義である。

　エスは身を以つてそれを証明した神人として名高い一人である。

第一章　終

以上　昭和廿一年十二月廿二日

第二章　受胎の心得

「取らんと欲せば先づ与へよ」と言へば策謀の臭気がひどくてまことに厭だ。けれども「得んと欲せば先づ捨てよ」とはそれと等しき意味の真理である。人の呼吸は「先づ出してから後に入れる」のだと云ふことを生児が教へて居る。

日本天皇の政道は祭事を先にする。祭天は支那学の根柢で犠牲は猶太教の生命である。仏教は布施を基底として立ち天理教は「ナンデモカンデモ上ゲテシマヘ」と云ふ。此の天理教と呼ぶ邪教が公認されてから幾十年になるか。爾来相ついで淫祀邪教が大道を塞ぎ似て非なるものが天日を隠してしまつた。⿰口民日本の哀れな姿は既にその時から形影相伴ひ来つたのである。

⿰口民日本航路難。先聖遺教総敝履。魑魅魍魎白昼躍。誰掲天壌無窮旗。

出せば入《ハイ》る。入れたものは出さねばならぬ。多く出して多く入れる。出し納れるの多いのを富者と言ふ。

「マア可イワ。富ミ足レルモノハマアソレデ可イワ。ケレドモ貧シイモノ助ケ無キモノヲ放ツテ置イタデハ国ガ治マラヌ。先ヅ第一ニソレ等ノ人タチヲ憐ミ救ハネバ平和安楽ヲ得ラレナイ。」

寒くして顫へて居る年寄りの着物を追剝ぎするやうなのを法律とは云はれない。

帝政ロシヤが亡びてから幾十年。屢ミ白系露人虐殺の報道が有つた。昨秋満州から引揚げた友人がまたその目撃談をしてゐる。

道は千古万古に渉り内外自他を通じて変るものではない。此の道を変へんと欲し紊さんとするものは必亡びる。道と共に在るものは道と共に生くるものである。

人が生れるからには必そこに人の道が在る。万有が生起するからには必そこに万有普遍の道がある。総べてのものは出て来て帰つて往く。人は生れて死ぬ。古人は「老いて死せざるを賊だ」と言つて居る。賊だとか何だとか言はれながらも結局は死ぬ。

「死ぬ」と云ふから一寸大袈裟に聞こへる。けれども「物」として見れば人の一呼一吸は生死である。「刹那生滅」と説明した古老はそれを教へたのである。刹那に生滅起伏しつつ万有は転換し流行して無尽無量の観を与へる。必竟するに是れが「天壌無窮観」である。

それだから「天壌無窮」とは固定しないので膠着しないので「琴柱《ことぢ》」のやうなのである。

八雲琴　誰掻き鳴らす　天地の　秘言籠めて　朝も夕も。

「人ノカラダハ竹筒ポウノヤウナモノダカラ芥ノ詰ラナイヤウニスルノガ第一ノ健康法デアル」此の筒を掃除するに二つの道具がある。その第一は水で第二は気吹《イキ》である。「ミヅ」には天の水と地の水との有ることを猶太の聖書が伝へて居る。それは経《タテ》の綾威《ミツ》と緯《ヌキ》の滋潤《ミツ》なので雌雄とも男女とも陰陽とも乾坤とも卑高とも呼んで凹凸で則天地なのである。日本の国家組織では之れを「君民《キミ》」と呼ばれたのである。(キ)とは統治力で(ミ)とは生産力である。それを総べてまた「クニ」と云はれたのが日本語である。「不思議なものが好くも調和統一して居るワイ」と驚嘆讃美の意を籠めた詞である。(ク)は奇霊《クシビ》で(ニ)は調和《ニギビ》で「クニ」と合せては、和魂《ニギミタマ》の義である。天照大御神の

「ニギミタマ」を伊勢の大神と奉祀されたと云ひ、その「ニギミタマ」は八咫鏡に宿りたまふと仰せられたのは現今の詞で云へば「民主国家自治の大本」を示されたのである。

斯のやうに「民主国家自治の大本」を日本古典が明示してをることを日本人は知らねばならぬ。全世界人類が知らねばならぬ。

健康法と云へば人体のことばかり聞かれるかも知れぬが箇人としての健康なのは家庭としての完全なので町村としても国家としても共にその存在の筋道が正しくて平和に安楽なので唯僅に人の詞を別にしたまでである。

それで近く身に就て窮明した道は万有を通じて変ることが無い。苟も真理であるからにはその物その事の細大広狭に拘はることはない。物に依り事に応じて詞は色々と別でもその事とその理とに相違はない。で先づ一身の健康法を回らして一家を斉へる。町村も郡県市府も乃至国家も全世界も之れを治むるに別法はない。

その道は天の水と地の水とを別けることからはじまる。それを古事記には「天地初発」。日本書紀には「乾道独化」。古語拾遺には「天地開闢」。旧事本紀には「天成地定」と記して共に皆「神人出生」を教へて居る。之れは本文に就て詳釈細説せねばならぬ。けれども今は幸にまだそれぞれの原典が在るから潜心読破すれば他の説示を待たずとも神界の天関を開いて神聖の直授を得べきである。

さうしてその結果を伝へては皆共に等しく「神人出生」である。それを別の詞で云へば釈迦再生で基督復活で天孫降臨である。

世人の多くが他国異民族の伝承には詳しくとも、日本古典には迂遠である。所云「耳を尊び目を卑しむ」ものが多いのであり自ら卑しみ他から卑しめられるもののみ多い。

何としてもそのやうに偏つては筋道が通らない。「神は偏倚を許さない」偏倚《カタヨ》つて居るのは妖魔鬼畜の隠れ径である。それで「神人の生れる」には正しく善く美しく天と地とを築き成して、正しく善く、美しきを時に、正しく善く美しき身で、正しく善く美しき位に着く。それを「ミソギ」と教へて来た。

脩禊心得三則

一、浄身清掃
身ヲ清メヨ。

身ヲ清ムルト共ニ境ヲ清メヨ。

境ヲ穢セバ身モマタ穢ル。身ト境トハ本来不二ニシテ又不一ナリ。此ノ事理ヲ悟証《シ》ルハ神界築成ノ初門ナリ。
二、魔界探究
師子ノソノ子ヲ愛スルヤ之レヲ千仭ノ崖下ニ投ズ。声聞ノ学縁覚ノ道ハソノ境ヲ転ズレバ則危シ。幽鬼妖魔ト交ハリテ初テ之レガ救済ノ方途ヲ得ベキナリ。
三、天界巡遊
天界ト地底ト一几ニ在ルヲ知レバ天御鏡尊ヲ拝シテ神界ハ現成ス。

「六年飢寒徹骨髄」悉達多太子のミソギは六年で全身心が仏陀と化せられた。天の水と地の水とに由つて善く美しく正しき仏身と再生したのである。それは涅槃《ネハン》であり解脱である。が是れは誰でも茲に掲げた三則によつて容易に成仏し得るので、日本語で言へば「カミナガラ」である。後世になつて「惟神」の字を之れに当て用ゐられた。「カミナガラアガミコ」と説明された「神人」である。

此の肉体身を神と化せしめ此の人間心を惟神たらしめる。肉体としても精神としても全然変つて了ふ。

古事記に伝へた伊邪那岐大御神の御身之禊は此の間の消息を最詳細に教ふるものである。釈尊成道記、基督洗礼、等もそれぞれその一端を伝へている。

それは孰れも健康体で正明心で昭々として天日を仰ぐが如く琅琅として玉音を聞くが如く六合を照して十表に響く。その象を仮に描いて⊕とする。一切を捨てて一切を得たので無を有《タモ》つものである。

「イキ」もまた天から出るのと地から出るのとの二つでそれを日本の古典が「天讓日天狭霧《アメユヅルヒノアマノサギリ》国禅日国狭霧《クニユヅルヒノクニノサギリ》」で「天祖《アメノミオヤ》」と讃美するのだと伝へてある。

「アメユヅルヒノアマノサギリ」と「クニユヅルヒノクニノサギリ」との二柱が「アメノミオヤ」と称へまつる御一柱でそれは天照大御神の亦の御名である。天と地と別れては合ひ合ひてはまた別れつつ宇宙万有を呑吐して窮ることがない。それでこの神の御「イキ」のまにまに在ればそこに神身は築かれ神国は現成する。

従つて天照大御神の御国は神国で「天壌無窮」である。之れに神習ふ身は神人と成り神習ふ国は神国と成る。

天地初発一円光。重重無尽又無量。晃燿赫灼白玉身。内外自他這箇神。

ちちははの　そのまごころに　ひとの身は　世を照らすべく　匂ひ香へり。

ところがその神国もその国人の「イキ」が乱れれば魔界と変りて亡国ともなる。偏倚《カタヨ》つてはならない。その

「イキ」を正しく保たねばならぬと神は教へ給ふ。片寄れば乱れる。乱れると亡びる。一たん亡びたらば何時取り戻せるか。

印度亡口三千年。哲学宗教亦復滅。鉄鎖堅縛人間身。獄卒酔眠日三竿。

「イキ」を正しく善く美しく整へる道が在れば速く復活するし、その道が行はれなければ何時になつたからとて自主独立する方途がわからず魔界獄裡を彷徨するよりほかは無い。

「イザナギノオホミカミは　ヨミノクニの穢れを祓ひ　ナカツセに　ミソギして神身を築き成された。それはヤソマガツヒノカミ　オホマガツヒノカミであり　カムナホビノカミ　オホナホビノカミ　イヅノメノカミでありソコツワタツノミノカミ　ソコツツノヲノミコト　ナカツワタツミノカミ　ナカツツノヲノミコト　ウハツワタツミノカミ　ウハツツノヲノミコトであり　さうして　アマテラスオホミカミ　ツキヨミノミコト　タケハヤスサノヲノミコトであつた。

そのやうに神の身を築き成されたのは、ミクビタマのみはたらきに依るものである。それ故にそのミクビタマをアマテラスオホミカミにお授けになつて神国統率の道を示されたのである。神国統率の妙徳を発揮するミクビタマをばミクラダナノカミと讃へまつる。そのミクビタマとはタマノヲの別名でイノチの義である。古老がイノチに命の字を当てたのはミコトなりとの意で能く調和せしめ統一せしむるものであり調和し統一したるものである。

ミクラダナノカミの御力を仰いで人の国は神の国と成る。気吹《イキ》の成ると成らぬとは唯此の神の命《ミコトノリ》のままである。それ故に人がその一切をミクラダナノカミに捧げまつれば直に其処に零境が発かれてその神徳が発揮される。

人の身に顕はれる神徳は、その人の天分の極度であり、又或はその天分の牆を超えて驚天動地の大業を成就する事もあるのである。アマテラスオホミカミの御詰問に会ひし時タケハヤスサノヲノミコトが忽然豹変して三女神五男神と化生せられたのは古典に伝へたその好例である。それは気吹《イブキ》の狭霧《サギリ》で高天原では歳月を待たずに直に大魔王身も神身を現じ神業を成し得るのであり。人間世界では五年なり八年なりの時間を経て次第次第に変化するのである。是れがまた人の国で人相応の妙用として人を教へ導くに適するのである。

天のミヅと地のミヅと天のイキと地のイキとの出入往返が神とも成り魔とも変る。之れを知りて此のイキと此のミヅとを正誠善美にすれば神国は現成する。

イキと云ひミヅと呼ぶがその活用を見るから二つなのでその本体は共に等しくカミである。カミとは陰陽《メヲ》の義の別語でそれを一つにしては(ヒ)と呼ぶのである。それを更に人の上にめぐらして云へばヒミリと呼んでと描く、所謂身と心とで精神と肉体とである。

その精神と肉体とが太陽をはじめとして天界の総べての光りと地上に生産して人の身心を養ふべき一切の物とをその人相応に摂り入れて正しく善く美しく整理する。それを総括して云へば日神事《ミソギ》で分けて云へば日神月神風神海神山神火神水神雷神雨神土神木神草神金神万有神との分掌して完全円満ならしむる妙用である。

此の妙用は神の神事《ワザ》として常時不断に行なはれつつあるから人は自己我の一切を捨ててミクラダナノカミに捧げまつればその神事が現はれる。それを史上に伝へて名高いのは悉達多太子とか耶蘇とか達磨とかであるが日本古典の神代紀は大半此の神事の伝承である。その量はおそらく全世界人類が現在に伝へて居る聖典経書中の半にも近いであらう。唯それを読む人の乏しいのがまことに惜しまれて何うかその人を得たいと切望するのである。

さてその細密な身心改造の仕方は筆舌だけではとても出来ない。がかつて書いて置いた脩禊講演録、天地の宇気毘、十魂尊身、十重白装、九魂統一、成住壊滅などをお読みになられたうへで行事をつづけられたならば案外容易なこともありませう。

第二章　終

第三章　案山子の提案

日本神代紀を読む人の無いのは何如にも寂しい。日本人としては殊に耐へがたい。先師川面凡児翁はその宗教的方面を読破闡明して全神教趣大日本世界教を唱道せられた。その居常子弟を導く公案中に「案山子問答」の一則がある。

「案山子」とは出雲史《イヅモブミ》に載せられた大国主治国が要諦である。

「案山子《クエビコ》は足は歩かねど天の下のすべての事を知る神である。クエビコと云ふのはヤマダのソホドで人でもなければ物でもない。仮に姿を現はして道を示すまでである。それだからその道を問《キ》く人が無ければ鳥や雀にまでバカにされながら山田の畦に朽ち果てるのだ。」

「出雲国のクエビコはタニグクに見出されて国造りの大業を成就させられた。」

「足は歩かずみづからは手を下すこともなくて天の下を平和に安楽に治める。」是れが大国主の神徳である。

葦原中国《ヤマト》では皇孫命《スメミマノミコト》が「天のミカゲ日のミカゲと隠り居て安国と平らけく治ろしめす」のでそれはアマテラス

オホミカミの神命のままにその道を明にされるのでカミノマニマニカミナガラなのである。是れが日本神道だと古老に教へられた。

音響瀰漓十方《カミノヒビキハハテモナシ》。 一円相裡《カミノヒカリハ》語古老《ヘダテナシ》。

旅人の足結ひ小鈴さやさやに夏野の小草靡きこそ寄れ。

山里にこはまた誰を待つとてか石ぶみ立ててひとりすみたる。

ゆめの間も忘れざらなむたびびとの野路のあゆひの鈴のひびきき。

古のやまとのふみを読みかへし人の心の夢路偲ばゆ。

古老来教神代紀要ノ序

大道行ハレザレバ荊棘生ズ。

現在世界ノ信仰状態ハ如何ニ。

信仰ハ自由ナリト思ヘル人類ガ許多ノ信仰様式ヲ行ジツツ其ノ帰結スルトコロヲ知ラザルニ似タリ。

古来各国各民族ハ幾多ノ信仰様式ヲ行ジツツモ常ニ其ノ統一シ帰結スルトコロヲ求メツツアルナリ。

然レドモ中古各国境ヲ隔テテ独自国ノ内ニノミ跼蹐シ遂ニ過ツテ内外触会ノ活路ヲ失ヒ自国ノ古典ガ他ト関聯スルトコロヲ知ラズ自他同帰ノ信仰ヲ忘レタルナリ。

祖神垂示ノ大道ハ自他ヲ忘レズ内外ヲ隔テズ昭昭トシテ六合ヲ照シ晃晃トシテ宇宙ヲ貫ク。

疑フコト勿レ。古伝ハ炳乎トシテ典籍ニ在リ。天降・再臨・再生・降臨・涅槃・解脱・算ヘ来レバ之レ皆生死ナラザルノ生死ニシテ宇宙築成ノ事理ナルナリ。

宇宙本来宇宙ニアラズ。宇宙ニアラザルノ宇宙トハ極大ニシテ極小ニシテ日本ノ古典ニハ火《ヒ》ト伝ヘ経《フ》ト教ヘ身《ミ》ト知ラシテ明瞭ニ記載シタリ。喪ト云ヒ葬ト書シ畏《キ》ト描キ神ト作リタルハ支那民族ノ伝フルトコロ。焔魔天《ヤーマ》ト教ヘ恵保婆《エホバ》ト示シタルハ印度人ト猶太民族トノ伝承スルトコロナリ。

人類ノ年暦ハ茫茫トシテ幾千万年ナルヤヲ知ラズ。古伝ノ多クハ忘失セラレテ今ニ存スルモノ甚乏シク錯綜紛糾シテ窺ヒ知ルコトスラ容易ニアラズ。此ノ故ニ誤解謬見頻ニ出デテ学徒ノ迷愈甚シキモノアリ。今ニシテ之レガ闡明ニ努メズンバ人類ハ遂ニ天界築成ノ神儀ヲ失フニ至ラン。

一念之レヲ想フガ故ニ古典研究ノ秘鍵ヲ授ケ内外自他ノ信仰統一ヲ策ス。或ハ以ッテ世界人類平和嘉悦ノ聯邦楽土ヲ現成スルノ方途ヲ得ベキカ。

以上　昭和十年十一月三十日

然うして翌年五月十七日に神代紀の大要を筆録し得たのが脩禊講演録に載せた「大日本天皇国」である。一寸わき道にそれたやうだが、鷺宮での研究経路を明にして若しも訪ひ来る人が有つたならば少しなりともその手がかりになるやうにとの願ひに依るのである。

暇無き身にも尋ねよ火の川の磧の中のあかき真玉を。

第三章　終

以上　昭和廿二年三月廿五日

第四章　禍媛《マガヒメ》の悔悟《カイゴ》

夢の間の胸の緩びに夢の間を禍媛こそは慕ひ寄るなれ。

謡曲「紅葉狩」は能く此の意を教へて居る。古人は一語を発するにも一曲を伝ふるにも人間世界を善美正誠にすることを念願としたものである。則、一技一芸も世道人心教化の役割を担ふものだと信じて大切に全力を捧げたのである。

人の世の平かなれと乞ひ祈る真心礙りて浦安の国。

朝夕に掃き清めなむ往く人の夢路の涯も迷はざるべく。

往く人の皆清かれと来《ク》るかぎり皆明《アカ》かれと神ながら神の宇気比《ウケヒ》て神の宇気毘《ウケビ》て神治《カミシ》らす神の麻爾《マニ》麻爾《マニ》神輪《カミワ》赫灼《カガヤ》く。

まことに人の身は遅かれ速かれ一度は死ぬ。万有悉皆壊滅する。一期生滅。此の世界の縁が尽きれば何処の世界にか往かねばならぬ。私どもはその時他人のお世話にならずに自分の往きたいところへ自由に往きたいものである。

欣羨世界一超直往。

天慶三年二月二十三日に法性房尊意がその弟子恒昭に命せらるるには「此界縁已尽他生期将レ至」「年来願レ生二極楽一。今改畜念欲レ生二兜率《トソツ》一。焼葬之後不レ可レ留二骸骨一」「不レ可レ念二仏名一」然うして目的を達せられた。当人の心掛けもさることながら親類縁者などがその邪魔をしないやうにせねばならない。それとともにその当人の心がけがはつきりして居なければ他《ハタ》から何処へでも引つ張つて行くことが出来る。また連れて行かねばならぬ。「引導」と云ふことが其処に行はれる。是れは大問題である。

所謂「民主主義」「民本思想」とは相容れない。「香を焚いて仏力を念じ礼拝して僧の助けを求めよ」と云ふやうにして極楽往生でも兜率転生でも人間再生でも容易なのであるがそれでは世人の所謂民主的ではなくて「惟神思想」である。「カミナガラ　カミノマニマニ　カミシラスマニ　カミノカミワゾテリニテリタル」ものである。我にあらず彼にもあらずして「カミ」である。男にあらず女にあらずして「純」である。之れを「乾道独化」と呼ぶ。是れは日本書紀の伝へである。

徒に我を主張するのでもなければ他に随従するのでもない。宇宙の大道に随順して大道のままに往返去来するのである。自分自身の力で仕事を為て生活して思ふままに生き死にが出来ると誰が断言し得るか実現せしめ得るか。「暴慢なるものよ」汝等に何の力か有る。神の恵みの中にこそ天照大御神月読命建速須佐之男命の神性を仰ぎてこそ唯僅にその生を楽しみ得るではないか。「暴慢なるものよ」悔い改めよ。汝等に何の力かある。神の御許し無くしては一歩も動かすこと能はず一呼一吸すら為し得ざることに気付かざるか。愚なるものよ。汝等に何の力かある。我は智者なり我が力能く人類文化を築き得たりと思へる愚者よ。汝の力汝に何を成さしめたりや。顧みよ。省みよ。汝等が為したりと思へるものは廃墟なるのみ。愚なるものよ。汝に何の力か有る。

葛城の一言主の神守る森の賢木を吾が君の採り佩きたれば吾が園は緑色濃く夏盛りなり。

汝の肉眼何を見得たりや。汝の顕微鏡と望遠鏡と能く幾何の世界を明らめ得たる。暴慢なるものよ。悔い改めよ。悔い改めて神の世界に帰れ。生ける身も死にたる身魂も皆共に相率ゐて　日本天皇の神の世界に帰れ。日本天皇の神界は万有の発現したるところにしてやがてまた帰り往かざるべからざる零境である。日本民族の先人は之れを「タカマノハラ」と呼びなせり。高天原の神の御声を一音響と呼びその象を一円象と呼ぶ。汝等肉眼のままにてその象を見肉耳のままにてその声を聞け。

一音琅琅瀰漓尽十方。一円昭昭古老今人囲卓而語。

生にあらず死にあらず。唯是一点。

此の点は点無きの点にして火《ヒ》と呼ばるるなり。生滅起伏無くして生滅起伏の象を現ず。此の火を明らめ得たる時、人も物もその来りしところ往くべき先を明に知る。六道十界踏破卓立の妙技が其処に演出される。

妙音観世音梵音海潮音。それは世間起滅の音ではない。

天《アメ》の御《ミ》蔭《カゲ》日《ヒ》の御蔭。それは人間生死の境涯ではない。

一円一音昭昭琅琅として人の身ながら神の世界に住む。之れは葛城主神《カツラギヌシノカミ》の為さしめ給ふところであり、日本天皇大祓の神業としてその祝詞の伝ふるところである。

さてそこで現在世界が種種様様である如く未来の世界もまた甚多種多様である。「未来」の世界と呼んで多種多様だと断言することを不合理だと言ふ人が有るかも知れぬ。けれども高天原では過去の過去際から未来の未来際に弥る一貫の事理を示されるので時間に制せられ空間に限られた人間生活とはおのづから別である。今若し各界各宇宙を一円象裡に蔵する虚空蔵仏智を仰ぐならば釈尊成道の暁に相会ふことが出来て此の愚なる疑問は直に消散すべきである。

説明が岐路に這入つたやうだが兎に角人人は速に先づその五官の捕虜から脱出して後宇宙成壊の事理を語るべ

きである。

宇宙成壊の事理を「アママト」と呼ぶ。輪玉《ワギミ》の神の主りましますところで「ヤ」の秘事の生ずるところである。「ヤ」とは高木神の天返矢《アマノカヘシヤ》で天若比古の天返矢《アメノカヘリヤ》で六道十界出入往返の宝杖である。この宝杖に由つて人も物も世界他郷に新しき住居を造る。自《ミヅカラ》も造り他《ヒト》にも造らせる。死者を引導するも生者を改悟させるも此の宝杖の徳である。此の宝杖は極大極小極無極の一点《ヒ》であるから一切の牆壁を打破して大自在身を与へる。それを「ヒ」とも呼べば「ミヅ」とも成る。古聖は之れを水火と称し既済未済の理を教へられた。死者の「ミタマ」を導くに此の理に従ひ此の宝器を用ゐる。人の身として之れを行ずるには此の理を寄せた神器を造る。さうして之れを奉祀奉賽する。すると何時とはなしに完全な神器として「カミヨリイタ」と成る。神の宿りますところで「神宮《カミノミヤ》」である。その形状などは固より千態万様である。人体では「神子《ミコ》」と呼ばれるのが此の目的に協ふやうにと其の身心を養ひ育てたものである。簡単な器物としては「水晶球」がよい。「水滴」や「火光」やはまた最便宜である。

而して又更に「拍手」がある。

両掌一打。火光一閃。忽然化生。非神非仏。非人非魔。

如是生如是滅。如如去来。帰来唯見日月清明。一点昭昭不容邪曲。

老子は云へり。「天網恢恢。疎而不失」と。大道地に堕ちて群小横暴なるも天時到りて神の行はせ給ふ審判は正邪曲直善悪美醜を誤るものにあらず。之れを因果応報の神律と呼んで万有世界の流失を守る堤防柵塘で人天諸類の崩滅を防ぐ鉄縄金索である。仮令百千万劫を経たからとて所作の業の消えるものではない。縁に随つて必その果を受ける。之れは正道である。正道は時到り機熟し縁に遇へば必回り会ふのである。けれども悔い改めるか或は神の選べる神人がその神業を発揮せんが為に「アママト」の一点を仰げば一線奇《クス》しくも尽天尽地に放射して之れを救出し、或は殺滅すること即時即刻で有縁無縁の隔ては無い。固よりその対象が生者であらうと死者であらうとその為に分け隔ての有るのではない。茲に天津宮事・天津宣事・一二三《ヒフミ》としての秘が有つて日本天皇大祓の妙用が発揮される。その祝詞の一端は幸に現存して居る。冀はくば由つて以つて天界築成の神業に随ひ奉らん。

　夢の間と思へる隙《ヒマ》に禍津《マガツ》人《ビト》我が家《ヤ》盗みて嘲笑ひたる。

金城湯池必しも堅からず。適時和親必しも安からず。唯此の一点を仰ぎて初めて神界楽土を築成し得べきのみ。

第四章　終

以上　昭和廿二年四月十八日　午前〇時〇分

サギノミヤニに在りて之れを筆録す。

第五章　故郷の荒廃

今の世に正義は行はれない。現実の世界は邪悪醜陋の跳躍に委せられている。それは乱世だからである。平和な時代と云ふのはやはり正義が行はれて悪逆無道の徒は影を隠すものである。

それは聖賢の教化に由るのかそれとも政治の力に由るのか。嘗ての人類世界には聖賢が治者としてその民人を正誠正義に導かれたと伝へてあるから所謂宗教的教化と政治力とが一致して完全に安楽国土を築き得たのである。その安楽国土と呼ぶのは上下貴賤も貧富賢愚も皆共に大道の中に大道のままに行止進退するのである。

ところが今は法律と呼ぶ冷血漢が法網と呼ぶ破れ網を張つて大衆には佞奸邪智を教へる。優勝劣敗と云ふ語は正誠正義の上にも用ゐられようが多くの人は大小強弱賢愚利鈍の上にのみ用ゐたがる。之も乱世の常で利害得失にのみ堕落した人間心の浅ましさである。然うして結局切取り強盗勝手たるべし但然しながらその行為は手際好くなければならぬ。手際好く盗め手際好く奪へ。然らば富み栄えて飽食暖衣高楼大宅に酔眼朦朧たるべしと。

我は国際歴史に於て之れを見ると共に郷党隣人の間にまた之を見る。所謂油断も隙もあつたものではない。

私は此ういふ世の中を嫌つて善美正誠の人を求めその教へを仰ぎその交はりを乞ひ先聖の教文を拝して一歩一歩と向上せんことを願ひ来つた。郷関を出でて四十六年適〻帰り住むに至りてその土音土語が既に私ども小児だつた時の面影さへも無い。何と言ふ変りやうだらうか。私の生れて育つたその土地の詞が僅に四十六年にして私には聞き分けられない程に変つて居る。何といふ激変だらうか。さうして醜悪汚濁なものと化してしまつた。まことに情ない大異変である。それに較べると政変の為一夕俄然水田火田の一切を失つたなどは比較にもならぬ生《ナマ》易《ヤサ》しいものである。

此のやうな郷関をふたたび逆にくぐつて古稀に近くなつた私が住まはねばならぬであらうか。果して住み得るであらうか。

私は祈る。私が鷺宮に修禊の為に籠居した昭和八年二月十八日を忘れざらんことを。私の学んだミソギは一切を捨てることであつた。生を捨て死を捨て親類縁者朋友知人をも此の土彼の地をも天界も地底も捨て去つて唯一光明の白玉身を学び得たのである。私は遂に父の死にも母の死にも間に合はなかつた。それが「死生観」と成りまた「修禊講演録」と成り「鷺宮伝書」と成り若干の未刊稿をも成し得たのである。

父母のかたみの我が身我が心清く正しく世をば渡らん。

正義は人の世には行はれない。

然れども之を行はざれば「神の国をば逐はるるのである」「我に従はんとするものは己が十字架を負ひて来れ」。イエスの福音書は唯此の一語に尽きてゐる。さうして是れがまた「日本精神」であり万人万類の拠らざるべからざる大道の顕現である。

まことに「日本精神」と謂ふのは古典に伝へた「高天原建設」の「ココロ」で大宇大宙一円晃耀の○と成る「ミチ」である。之れに最大切な行事は生死を通じて其のそれぞれの「ミタマ」を奉斎奉祀することである。日本古典の中では出雲史が之れを伝へて委しい。

日本天皇大祓の神儀と云ふもまた主として此の「ミタママツリ」に依るのである。

父母乃宗《チチハハミオヤ》乃祖《ミオヤ》諸有人人《ナベテノヒトビト》。我前生父母乃宗乃祖《ワガサキノヨノチチハハミオヤミオヤ》。縁由諸魂諸有《ワレニユカリアルナベテノヒトビト》。

皆得解脱《ミナトモニサトリサトル》。妙音一円晃耀赫灼《サトリサトレバアマネクヒトツナリ》。天界地底土於一几《アマテラスオホミカミトタタヘマツルナリ》。

之是三身即一神《ツキヨミノミコトトタタヘマツルナリ》。否也非也非否也《タケハヤスサノヲノミコトニテマシマスナリ》。奉称大日本天皇而日本民族《オホヤマトスメラギミニテマシマスナリ》伝承《「カミ」》「加微」也矣《トコソハタタヘマツルナレ》。

以上　昭和廿二年六月卅日　古例大祓夕敬識之

第五章　終

第六章　地底の発願

故郷《フルサト》は荒れた。

何如に荒れ廃れても父母《チチハハ》の籠り居りしところ、我が生れて来て養ひ育てられた里《サト》である。自分の出て来たところであるから帰つて行かねばならぬ。

然るに人は兎角その来た本を忘れがちである。

仏徒が位牌と呼んで死者の戒名を認める時に「新帰元何某」と書く。死んでその「ハジメ」に帰つたとの義であるが、人人は此の世に在つて平生その「元」には往返しつつ父母祖先との連繋を忘れぬやうにせねばならぬ。「報本反始」が無ければ人のやうな姿形をして居たからとて唯そのやうな生物だと云ふまでのことである。それを「人《ヒト》」とは呼ばない。苟も人と呼ぶからには出て来たところと往くべき先とを知らねばならぬ。「本に報い始に反る心有らば身も安らかに神守ります」とは先師の教訓である。

そこで「人の体《カラダ》」ですが此の体の中で過去との繋がりを忘れない個処は第一に「臍」である。ところが世人は往往にして此の臍を無用視する。過去を無視するは自己を否定するものである。それもまた教へざるの罪学ばざるの尤であるならば之れを書き遺さねばならぬ。

尤これは古来「秘事」とされてあるのだからどれだけ書けるかはわからぬが兎に角此の臍の奥には肉体身としての中枢がある。それからそれに繋がつて一線断えざる「ヒカリ」が父母祖先と出生当時の土とに及んで居る。

さて世の多くの人が何か問題に出逢つた時に先づ頭で考へる。脳漿をしぼると云つて小さな自己の智慧を手寄りとする。それではなかなか解決が着かない。そこで「ミソギ」はそのやうな場合に振魂を為しつつ全身心を凝止結晶させよと教へる。それでもなかなか思ふやうには出来ない。が、専心一意その解決を得ようとする。するとその時振魂尊には此の「臍に聞けよ」と教へさせ給ふ。「臍の神秘」その「神秘の扉」がここに開かれる。そこに「祓の秘密」「大祓の秘儀密事」が行はれる。過去を祓ひまた過去を祓ひ祓ひ祓ひて母の胎内に及ぶ。「臍に聞け」とは過今来一貫の秘鍵である。一度出て来た母の胎内に還元するのである。そこは此の世ながらの高天原である。故郷なのである。いかに荒れはてても故郷には生産神のましますことを忘れてはならなぬ。生産神の見守り給ふ我が身は安く我が業は成る。

さてその臍に聞くとだけでは唯奇抜なことを言ふぐらゐに受け取られるかも知れぬがその仕方は様様で最仕安いのは臍を叩くことである。その打ち方は握拳で宜い。すると此の身心が次第次第に変化しつつ調和し統一して白玉晃耀の球裡に住むやうになる。イエスが或時使徒の前に真白くなつてその白さは世のどんな布晒しにも出来ないやうであつたとあるのは古典に伝へたその一例である。則、「此の世ながらの高天原」である。高天原には天照大御神の常在ましますのである。「汝命者所知高天原《ナガミコトハタカマノハラヲシラセ》」とは祖神伊邪那岐命の命せ給ふところである。

そこで此の肉躰と精神と此の身と此の境と現在と過去と父母祖先と神明仏陀八百万神とさうして生産神鎮守神と共に与にして神智仏慧はそこに涌出し給ふのである。多宝塔涌出の偉観。蓋如斯である。

「故郷忘じ難し人窮すれば天を呼ぶ」

天何をか教ふるや。

天地は黙黙として万類は蓄息す。山裡も山外も日月は清明であり此の火の一点は昭昭として邪曲をば容さぬのである。畏くも之れ
天照大御神高木神の主りましますり御神業にてましますと拝承しまつるのであります。
氓口日本何をか求む。耶蘇釈尊孔聖の教化。這の裡自ら存す天壌無窮の神道。
誰か掲ぐるものぞ一円一音昭昭の火。

第六章　終

以上　昭和廿二年六月三十日　夕陽のくだちに敬み畏みて之れをのこす
翌朝未明　祖父の祭日に当りて山谷浄写

第七章　遠呂智の怨恨

日神の神わざ成りて眺むれば黒雲さへも道開くなれ。

イエスの福音書には屢〻憑依とか穢れたる霊とか悪霊などと云ふことを伝へてある。

「ヲロチ族の遠祖が須佐之男命に取られた太刀を取返さうとして暴れ狂ふが為に日本国家は現在の如き窮困状態に陥つたのだ」と何処かで騒いで居る。

然ることあり。

聖書の伝虚妄にあらず。流言蜚語と呼ぶも却つて真実なること多し。

ナカナカニ　オモフニマサル　ヒトゴコロ　ヨキニツケテモ　サラヌヲリニモ。

人は人を手寄りにして相互にその長所を以つて援け合ふので家庭も平和安楽に郷土でも郡県市府でも国家としても国際間でも相互に楽しき生を営むことが出来るのである。ところが小我の邪見に虜はれた小人は相互の長処を武器として他を排撃し自己の欲望を擅にしようとする。すべての禍乱がそこに醸し出されて善悪正邪曲直総べての人が苦しみ難むことになる。悪人も苦しむだらうが、善人は猶更ひどい目に遭はされる。善良な人は何時の世何処の国でも苦しい目に遭つて居る。それを見て短見の徒は「世の中には神も仏も無いのだ。善因が却つて悪果を生み悪因が安楽を与へる。世は暗闇《クラヤミ》である」と嘆く。果して何うか。

高木神には天照大御神の命を受けて其の然らざることを教へさせ給ふ。それを紀記に天返矢の神事として載せてあることを屢〻白しました。それでも世には信仰の無い人が多いから因果応報の原則さへも無視する。

アスノ日ヲ待チテシ居レバ　湍ノ河　磧ノ小石　一ツ光レリ。

五官に隔てられ六根分立を企つるが如き人間身心は昨日のことすら忘れ一二の事物すら容易に整理する能力が無い。唯その狭隘な場所に居て浅薄な智慧で大宇大宙の大を漫然と憶測する。さうして擅に独ぎめをする。天若比古は即時即刻に仆れても八年の非行を償ふことを為たか何うかを伝へては無い。神界のことは或はそれで終りだとしても人間身は必しも然うでない。死は一期の生を転ずるが来生の生活が何うであるかを人人は知らない。現在を見るのみで過去の生を知らない。

一期生滅一瞬往返。一朝栄辱一夕転換。凡眼俗耳匆卒開闔。焰魔天庁鏡面玲瓏。

死んで事の済むのと済まぬのと生前よりも死後の活動の盛なのと苦楽でも栄辱でも何につけても「ポツン」と

その場限りで切れてはしまはぬ。イエスは三日で復活して居る。これは最快速な例である。死後の復活を知らぬものは今生で自己の精算を着けようとする。「骨身を削つて六十年働いたのにその挙句住む家も無く着る衣服《キモノ》さへ食ふ糧《コメ》さへも得られなくて（ノタレ死ニ）をせねばならぬのか」と聞かされれば一寸甚御最な話で不都合な不合理なことのやうな気もする。

然れども聞け。

三年口に福音を絶たざりしイエスは何のやうにして死んだか。終生を宇宙真理の闡明に捧げたソクラテスは何んな死にかたをさせられたか。

また見よ。

近き日本憂国の志士が幾百千万と算へもきれぬほどに殺戮の虐刑を浴びて居るのではないか。昭和岷囗の戹に逢遭してなほ且安穏に平和に晩年を終らうなどと考へるのは抑ゝ誰人《タレ》なのか。日本は今此の断崕上に立たせられたではないか。

見よ。醒めよ。仰げよ天日を。

聞け雷音を。八種雷神《ヤクサノイカヅチ》。その音大なれば汝の耳には聞こえざるべし。されど覚めよ。覚めたる耳には万雷の轟くもアミーバの騒ぐも人語を聞くよりなほ了了たるべし。覚めよ醒めよ。日は既に三竿。妖魔鬼畜にあらざるよりははやく既に覚めたるべきに。汝等いまだ覚めざるか。

日本天皇天壌無窮の神旗は翩翻として天に飜れるを。仰げ。汝等。讃へよ。褒めよ。神孫も魔族も須佐之男の御裔も遠呂智の末も。

第七章　終

以上　昭和廿二年七月廿五日　正午

遠呂智は蛮族である。その目は赤酸漿《アカホホヅキ》のやうで一身八頭八足、檜榲《ヒノキスギナド》の大木生ひしげり蘿《コケ》かかりその腹は血あえただれて生臭し。執念三万歳なるも解けず。噫。誰かよく此の妄執を払除するものぞ。

祓へやる　やまとみかどの　つるぎたち　まが無かれとぞ　いつもかかれる。

第八章　十字架の救済

まことに怨恨嫉妬は人間生活を悩ますことは甚しい。

復讎心に燃えた遠呂智の怨念は歴史以前よりして今に至るも衰へない。歴史有つて以来亡国の怨みを懐いて流離三千年遂に世界の金権を掌握して国際興廃の秘鍵を獲得したりと聞く猶太族の遠祖また是れ遠呂智の一族。

由来日本民族はその歴史の伝ふるが如くまたその日常生活に見るが如く洒洒淡淡行雲流水を念となしたるものなり。然るに徳川開国以来国風俄に泯滅して蛮夷の邪俗上下を風靡するに至つた。それは主として彼の学とその生活様式とに化せられた為である。

その学とは主として人類進化説と唯物経済観とで、これ等のものが流れ流れて誤解謬見を醸し我利我欲の魔想を植ゑ上下乖離し自他嫉視して相互に陥穽を築き排撃を事とする惨状を呈するに到つたのは沙汰の限りである。

その生活様式とは衣服食物から住宅礼儀作法までが右が左に前が後に上が下に成つた程の激変で、その為に思想の混乱が一時に起り従来の標識基準が根柢から破壊されたかの観がある。

人は食物を摂らねば生きて居られず着物も家もなければならぬ。それとともにそれ等が集つてその人と成つて居るのでもある。物が集つて人と成つて居るのでもあるが人が動いて物を集めたのでもある。一見これは相互に為しつつ為されつつあるからいづれが先とも判らぬやうである。さうすると主従の別はない。前後の区別も立てられない。そこで「人権平等」「男女同権」校長も教頭も訓導も一様に待遇されねばならぬと叫ぶ。

従来人間世界の構成には中心があり、外郭が有り主が有り従が有つた。否、之れは従来と言はず。過今来を一貫し上下内外東西南北の隔てなく一切合切物と云ふ物、事と云ふ事は、総て此の事理の外には無いのである。ところがその然るところの真理事実を無視して自己を利し他を残害せんとするものが古来頻りであつた。その如く現在も将来とてもまた然うであらうことはまことに憂ふべき限りである。

唯ひたすら己が魔心邪想に駆られ建設を忘れて破壊を事とする。それだからその説くところの平等と云ふも同権と叫ぶも皆共に現在在るところの秩序を破壊して自己を有利に導かんが為の方便手段であるに過ぎない。曲学阿世と云ふ詞もあるが、世間では学者と呼ぶ音頭取りが有つて何かの拍子にとんだ間違ひを仕出かす。一犬虚に吠えて万犬共に騒ぐもので一夕にして秩序も統一も破壊されてしまふ。

小石を投げたつもりのものが思ひがけなく大きな渦巻を起すと自分で自分の仕事に釣り込まれてあとからあとからと止め度がなくなる。人騒がせも程程でないと人間世界が亡びてしまふ。その亡びて行くのを見て「ニタリと笑ふ」。遠呂智の怨念は蓋其のやうなものだと聞く。それだから人の世の波風は絶えない。噫。

誰かよく此の魔心邪想を調伏摧破して安楽国土を築成し来るものぞ。昔はイエスが出て柔和忍辱全身を捧げて人を愛すべき道を教へられた。その愛は固より超絶的で「純愛」と呼ぶべきであるから利害休戚には拘はらない。まことに是れ日本道である。それが猶太に起つたと云ふのは窮迫困苦の極それに耐へられなくどうかして之れを和らげようとせられたのである。和らげねばならなかつたのである。純愛の教へはそのやうにして起つた。

此の教へは一見平等観のやうだが然うではない。同権思想などとは固より雲泥の差、月鼈の隔りが、と云ふよりは全く相反するものである。此の愛は人間的魔心を調伏して神園楽土を築くもので全全相互対立を許さない。対立の中で愛すると云ふのは局限されるのだから此の愛ではない。此の愛は差別でないことは固よりまた平等でもない。平等とか差別とか云ふことを超越して「純」である。「純」とは日本書紀が用ゐた「純男」の純で一切合切を包括して実在し存在する乾坤独自の躰であり用である。従つて神魔同几の神性である。

「俺の嚊は死んだ。ガキもクタバッタ。人の病気なんかが何だ」「あの大きな奴を引つかけて弱らせて釣り上げる。実に痛快だぞ。ナニ、カワイソウ？　菜ッ葉や大根とオンナジだ」

朝鮮で牛を屠殺してその首を切る時その血を鉢に受けるのは女子の仕事とされて居る。此の日常がどんな人間を作るか。或場合に於ける彼の女等の猛悍或は残忍なることを伝へられるのもその影響に依ることが多い。肉食人と菜食者と穀食人等とその食物がどれ程性情を左右するか。少しく注意すれば容易に知られる。飲食物が人を動かすことは甚大きいが住居も服装もおのづから我を制する力が強いので忽諸《ユルカセ》にすることは出来ぬ。

ミソギがその行事の途中に於いては飲食物をはじめとして服装住居に深く留意するのもまた固より当然である。さうしてその中に坐作進退を律《タダ》して行く。

山裡《ナカ》は清明で一塵も起らない。けれども山外《ソト》は乱れがちで何時風雨の騒ぐかもわからぬ。山裡と山外と一団を成してその上には常に円光の照るのでその照る光を見てその山《モノ》、即、箇躰であるところの人が、どんな境涯を築き得て居るかを知ることが出来る。

その境涯がそのミソギの成果である。ところでその達したる暁にはその人が却つて住宅衣服をはじめとして飲食物をも制するに至る。

山上の円光はその境涯の程度を示すが「拍手」もまたその境を示すのである。身心の清濁美醜善悪は直にその拍手にあらはれる。それを知るには先づ掌を洗ふ。掌がよごれて居ると音が濁る。で、その程度を極端にして試みれば容易に自知することが出来る。さうしてその音の清濁美醜善悪を表から聞き裏から聞き上に下に前後左右に陰に陽に、何如なる力をもつて響くか活《ハタラ》くかを察《ミ》る。その音が清み澄み正整にして偏倚《カタヨ》らない。全躰が一つで唯一点に締る。統一の極で辺際が無い。大宇大宙の一音響を我が一身に圧縮したやうだと言はば推測の手がかりにならうか。

そのやうな響きを聞いてその山上《ヒト》を仰げば一円晃耀の球躰である。之れを描けば十であり⊕である。仏徒が描く円光はその中に仏躰を示されるのでそのまま「十字架」である。

十字解脱白玉身。晃耀赫灼一円光。水裡火中応化仏。之是恵保婆《エホバ》来教之秘。

よし今はかくてもあらめ。人知らぬ麻邇の御山《ミヤマ》は黄金色好《キガネイロヨ》き。

第八章　終

以上　昭和廿二年七月廿九日より八月三日の間、鷲宮と神納との魔獄を破らんと念願しつつ書写し了る。

山谷

第九章　神界の秘密

まことにおはづかしいことだが私どもの故郷は全く人の住み処《ガ》ではない。

夏の日を暑しと誰かかこつらむ餓鬼等集ひて修羅遊びせる。

よしあしを誰にか問はん故郷は夏草繁り門とざしたる。

故郷と云ふのは高天原で、天照大御神の統治し給ふ神界楽土だと聞くのに此処は所謂三悪道の魔獄である。

イエスの書《フミ》流れて世《ヨヨ》界に福《サチ》音を布く人の子何時もあはれ悩めば。

天界と言ひ魔獄と呼ぶがそれはそもそも何処に在るのか。

猶太亡口世界制覇。怪奇異変三千余年。妄念執着上天下地。今日明夜陰沈魔獄。

ああ然り矣。真に然り矣。

如是。如是。如如去来。
天界地底在於一几。
以上　昭和廿二年八月三日　神祖の詔命を奉じて　谷拝書
イツモカモ　ユキカヘリツツ　フルサトノ　ムツノコミチヲ　ハキキヨメナム。

第九章　終

第十章　鬼畜の嘲笑

地獄の救済は易しいが餓鬼や畜生やは難しい。三悪道中で獄裡の囚徒は割合にサバサバして居るが餓鬼と畜生とは何としたら良いものか実に手が着けられない。

修禊の心得に「魔界の探究」を挙げられてあるが鷺宮も神納も坐ながらにして魔界を現出したので之れを一一処理すればそれで妖魔調伏鬼畜済度の策は出来る。

人の世に難事は多い。けれども言語の通ぜぬ思想の別な者たちを相手にしてそれを教化せねばならぬとなると全く手の着けやうが無い。同じ国語を使用して居るやうでもその思想の表現はまるで違ふ。どうにも仕方が無いから「神命を仰ぐ」

　鬼畜救出六道火《マガツビヲスクフハムツノヒカリ》。天返矢水声潺湲《アマノカヘシヤハヒロクフカクタカクオホヒナリ》。忽然化生壮夫笑《シニタルヲノコタチマチニヨミガヘリテワラフ》。如是神陰陽不則《コノカミハコレアメツチノカミワナリ》。

満鉄のミソギで「貴方の平常食物は何ですか」と問《キ》いたことがあつた。それは「人人が米麦牛羊河海山野の諸類諸物を日常摂取するに何れだけ自己に同化し得て居るかを考へねばならぬ」との意味であつた。

人人は唯単に食物を摂取して活動力を得るのだ飢餓を防ぐのだとだけ考へる。さうしてその食物が何処から来たのかどんな種類だか何ういふ関係をもつて居るかは顧みなさい。植物であらうと鉱物であらうと動物であらうと自然産であらうと加工品であらうと清品であらうと盗品であらうとそんなことには一切おかまひなしに栄養価値を秤で量りカロリーを論議するだけである。斯んなのは日本学を忘れた亡口漢の為ることで世を賊し人を害することの甚しいものである。人人は漫然と口腹の欲にのみ駆られて飲食に溺れる。

それをまた悪用して他を誘惑し自己の欲望を満足させようとのみ考へる。誘ふものも惑ふものもお互に飲食物に迷はされて人間道を踏みはづす。憐むべし。折角人の姿に生れて居ながら餓鬼道にさ迷ひ然もその餓鬼の境涯に居ることを誇りとする。

餓鬼はその食の来由をも知らねば恩恵をも感じない。食へども飲めども唯我欲の満足を願ふばかりである。そこでその食物は石となりその飲物は火となる。噫。餓鬼道の醜女《シコメ》。それは火に迷つた為で火を飲み石を齧る貪欲の妖魔である。それと並んで畜生道の魔卒は汚穢を知らぬ幽鬼で糞に住み蛆を食ふ。これは水に溺れた為である。その水は汚濁で「坎」と呼ばれる。先聖伏羲の深く戒められたところで二陰が一陽を姦する破倫の鬼である。噫。まことに、沈香の中に居てはその芳薫なることを忘れる。餓鬼や畜生やは自己の何たるかを知らず却つて人間を嘲り神を詈る。

先聖垂訓百億章《カミナガラカミノヒトノミヲシヘハオホケレドモ》。一字不伝鬼畜文《アシキコトヲバツタヘタマハズ》。
此是魔境禁断地《マガツビノマガゴトハヒトノシルベカラザルトコロナリ》。悪仙豪語傾毒杯《マガツビハミチヲシラネバクニヲミダス》。

第十章　終

以上　昭和二十二年八月十三日

第十一章　山裡の火光

まことに世に餓鬼の騒ぎ畜生の躍るのは何とも耐へがたい。

けれども人間身と云ふのが必竟此の鬼畜の群団であるに過ぎない。

鬼畜群団此是神人。無始劫降出没浮沈。東西南北十万億土。往返去来一握塵沙。

それでそれが餓鬼と畜生と修羅と天上と人間と地獄との釜中に乱舞すれば三悪道の妖魔である。

此の妖魔が死ぬとすぐ分解がはじまる。分解すれば醜穢の妖魔が更に醜穢になつて「蛆たかれとろぎ」目も当てられぬものとなる。そこでそれを焼く。その焼き方で三悪道を脱し六道を出で十界を超え一点昭昭たる仏身と成る。之れが「ナミアムダブツ」の妙徳である。

南無阿弥陀仏。阿弥陀仏身此是人間。之是妖魔群団。妖類魔族必竟神。神魔雑糅三悪道。神魔剖判極楽界。

楽土与魔境在於一几者是神人。

神人と言ふのは「ミコト」であつて古老は「尊」の字を充当てて居る。

第十一章　終

第十二章　一点の往返

十魂尊貴の神身も一度あやまれば餓鬼と成り畜生とも成る。

その餓鬼も畜生も人人が貪慾の魔想に駆られ劣情に溺没してその身を穢しその位を紊すことから次第次第に堕落するので急転するものではない。従つて鬼畜には悔悟の機が乏しく救出の縁が薄い。所謂「豹変」するものでないから根機強く調伏済度せねばならぬ。その仕方を幽界の方面から教へたのが古老の所云「施餓鬼」である。それは鬼畜の魔心を和げて神性を発揮させるのに毒物を用ゐねばならぬ秘密法なのである。真に是れ難事中の難事。然うしてその畜生を救ふことは餓鬼よりもなほ一層困難である。まことに畜生なるものは何んとも始末が悪い。餓鬼にはその好む飲食物を餌として誘ひながら供養文を読んで聞かせる。その餌の遣り方がなかなかむつかしい。多すぎれば却つて逃げる少なければ寄りつかない。清ければ離れる。濁つたもの穢いもの曲つたもの悪いもので呼び集める。寄り集つたならば一しよになつて遊びながら飲み食ひをする。その飲食物がみんな腐つて毒気が漲り悪臭が鼻をつん裂く。たまつたものではない。然もそれは夜陰地底で為る。尋常一様の人には出来ることではない。却つて餓鬼の嘲笑を招く。そこで古老は簡易な形式を伝へて神秘の妙力を発揮させやうとせられた。それは深夜に神文を読みながら河流に筏を浮べ種種様様の飲食物を乗せる。その中央に火を焚く。此の火が飲食物を焼きつくすやうにと心がける。河岸で神文を読みながら清水を灑ぐ。その水は天の水で餓鬼にも飲めるやうに神の霊《ヒ》が満たされてある。それから河の中流まで送つて秘文を乗せ秘文を読みながら神界に送るのである。之れは河流に依つて行事の秘密を伝へられるのでその場所は仮令海であらうと湖水であらうと清泉であらうと総べて「河施餓鬼」と呼ぶ。

畜生の供養はまた甚其の趣を異にする。全くの秘密法で筆録を許されない。それで先聖は唯仏名を称へまつれ神命を仰ぎまつれよと教へさせられた。その伝ふるところの仏名秘言は所謂「ダラニ」であり神文である。

此の秘密はひとり神人の主るところではあるが易行法として口授されたノリトとかダラニとか称する秘言は誰でも称へつつ簡易な行事を為ることが出来る。神数として天津祝詞の太祝詞に伝へた「一《ヒ》二《フ》三《ミ》四《ヨ》五《イ》六《ム》七《ナ》八《ヤ》九《コ》十《ト》」を「ヒトフタミツヨツイツムユナナツヤヨココノヘノキミガヤド」と称ふるは畜生救済の供養文である。之れを約《ツ》めれば「ヒッフハッヒフウヤ」であり更につめたのは「ヒルブハルバ」又更につめては「ヤウエ」であり「ウワイ」である。さうして窮極に至れば「ヒ」である。その「ヒ」とは一で零で無限で唯一点の往返である。

第十二章 終

以上 昭和廿二年八月十八日 筆録

第十三章 如是の零境

貪慾の餓鬼も破倫の畜生も観じ来れば人間自身が害虫毒蛇であるに過ぎない。

「盗心有るが故に盗難有り」まことに「盗人を捕へて見れば我が児なり」善悪も美醜も正邪曲直も必竟此れ是の(ヒ)である。如是のヒ如如去来するは神人仏陀であり、窮迫困厄しては幽鬼妖魔と化《ナ》る。

如是如是。群聖拝跪大正火。群魔礼讃大邪火。必竟亦如是神。

久方の高天原を故郷と今日帰り来て。八平手に拝みまつれば。ちちの実の父の御魂は十あまり三とせに成りて。ははそはの母の命は八種雷《ヤクサカミ》おどろおどろと天地も日月も判かず常闇に鳴り響くなれ。父母のその亡き魂を故郷に拝みまつれば神漏岐の伊頭の雄建《ヲタケビ》神漏美の伊頭の雄誥《ヲコロビ》神ながら神の火燃えて天地も日月も判かず照りに照りたる。

アアヒガテンジンユウアイコウ。

第十三章　終

以上　昭和廿二年八月廿日正午擱筆

故郷篇　終

第二脱獄篇

第一章　妖魔の通信

「窮鼠却つて猫を食む」

小人はその視野が狭隘なのだから筋道の見別けが付かない。その為に貪欲にもなれば人倫をも紊す。所云餓鬼でも畜生でも修羅でもある。さういふ者を教へ導くには善を善とし悪を悪とし正邪曲直を直ちに正邪曲直だとして責めることが出来ない。どうも手加減をせねばならぬ。さうでないと折角教へようとするものを却つて反噬して来る。その結果は害毒を醸し出すことになる。そこで相手が好くなければ中途半端な不徹底な中を往つたり来たりしながら誘導せねばならぬ。不快至極なものである。何時とてもサバサバと晴れた碧空を仰ぐやうな気持にはなれない。時としては奥歯に物の挾まつたやうでさへある。

出来ることならば然ういふところを早く脱け出したい。長い間難儀をした幽鬼妖魔の岩窟は何如にも厭き厭きしたので早く脱け出したい。殊に思ひもかけぬうちに魔獄と化した鷲宮と神納との深い悩みからは何うしても脱出せねばならぬ。

魔獄脱出の苦難。

是れは真に容易ならざる事である。

殊に鷺宮は家屋を売却されたのでまことに困る居住問題が横たはつた。之れを何う切り脱けるか。之れから取りかからねばならぬ。狐には住む穴が有り烏には止る巣が有る。私どもは何処に安住することが出来ようか。神納の旧屋は不在中に壁は落ち屋根は漏り柱は傾き畳は切れてしまつた。

そこには魔想邪見の徒が蟠居してゐる。破倫の畜生を追ひ出しても貪欲の餓鬼が騒いで修羅の叫喚が物凄しい。今それを一一書き立てることは何如にも忍びない。何うか脱出記の中に点出されるものから推測してもらひたい。

昭和廿二年八月二十四日夜七時。神納から木原崇香氏と同道鷺宮に到着。その時に所有者から家屋売買の約束が出来たので九月の今頃までに空け渡せと要求して来られた。

「何処へ行く」

何処へ行くか判らぬ。

けれどももともと借りた家だから「承知致しました」。居住権とか何とか近頃流行の詞を私は知らない。借りたと心得て居るから返すよりほかはない。

「此界縁已尽」れば「他生」のほかはない。何処かへ往かねばならぬ。往くまいとしても往かせられるだらうし死ぬまいともがいても見つともないばかりである。

醜からうが穢からうが曲つて居ようが悪からうがそんなことにはおかまひなしに「ジタバタ」するのは田夫野

郎でも市井の無頼漢でも猶且潔くないとするだらう。

「何処へ行く」

何処かへ行くよりほかはない。

翌日から改めて家捜しの苦労である。五日経ち一週間過ぎた。なかなか当りが着かない。若し一ヶ月位に見当らぬ時にはどうするか。その期になつてどうも空けられませんとは云はれまい。日数に今暫の余地を置いてもらはずばなるまい。どうも九月中に動くことは出来さうが無い。止むを得ぬから予め諒解を求めて置かうとした。

氓口記念の九月二日。図らずも妖魔が来て次のやうな怪奇の一文を口授された。

「啓します。

一昨日は御多忙のところ参上長座してまことに相すみませんでした。さてお家を早く空けねばならぬこと重重心得居り兼兼手の届くかぎりを尽して居ります。けれども何分にも有りそうにして定まらず困りはてなほ百方頼み回つて居ります。そのうちに何とか成るものとは思ひながら未確定なため一応その趣の御報告に参りましたところはからずも御叱責を蒙りましてまことに耻ぢ入りました。

弁解めいたことを申上げるのではありませんが一応私が失敗した筋道を話させて頂けるならば忝しと存じ上げます。その失敗の起りはまことに私の不注意不行届きでありますが昨年十月の頃御奥様からその後売行きの経過をお聞きした時（これまで売れなかつたことが却つて幸でした。新円だつてまたどうなるかも判らず税金ばかり多くかかることではあるし……）とお話を早計にも当分の間お売りになる御意志の無いことと思ひたると次ぎには中野区役所から畳数と居住人員数との比率に対してやかましく申し来りし為あはてて若し同居者を置かねばならぬとすればまるまるの無縁故の人よりはと思ひ妻の義理ある甥が兼兼希望ある趣ではありそのまた縁故の者をとの話が有つたことと一方また荊妻が病気の為とで思ひがけぬ同居者をお家主様に予めお願ひもせずに容れましたことは全く軽率重重の不覚でありました。

ところで四月以来復びまたお家買受け希望の者が来られるやうになつたのでこれは甚迂闊なことを為たものだとひどく後悔して早速諸方に貸し家を捜し回つたのですが何分お恥かしいことながら有りそうでいまだに定まらずその為に一寸お耳をけがしたわけであります。ところがまことに意外にも（一たい捜して居るのですか）との御叱責にはまことに恐縮甚しき屈辱を感じたのです。そのお詞は（長い間かかつて何を愚図愚図して居るのか捜しもせずに越す先が無いなどと勝手なことを言ふ）とでも飜訳すべきでせうか。之れは全く困惑寧ろ呆れたと申しませうか。

（なぜ早く出て行かぬのか）と仰せになるとどうも私はまごつきます。さうして私の旋毛《ツムジ》は急転回を初めます。どうも之れは余程の馬鹿者なのでして

お前は人格者だからとか

お前の人格を信じてとかいふお説教を承るとまことに変な気になる一種の気違ひででもありませうか。さうなると（私は何も人格を看板にも売物にもして居るのではありません。唯、生き物なのです）とお答へがしたくなつて同時に尻をまくりたくなるとんでもない馬鹿者なのです。

ましてや（国は亡びても宗教は亡びない）とも先日承りました。生憎私は宗教家でもなければ宗教を喜ぶもの

でもありません。唯、一身を捧げて人間世界を
神界楽土に為たいと念願するばかりであります。
どうか誤解の無いやうに願ひます。お家を空けねばならぬのになまけて昼寝ばかりして居るわけでもなければ
と申して毎日毎日昼夜無間断に駆け回つて家を捜す程の暇有る身ではありません。どうか御賢察を願ひます。以
上。」
此のやうな妖魔の手紙を鷺宮に同居の一群は非常に歓迎して「結構です」と褒めた。彼徒から讃辞を受けたの
は之れが初めてである。
人身堕在妖魔群。鄭歌淫蕩躍肉林。
不知晴天白日光。酒池渦中倒舞女。
まがわざを、うれしとめでて、ばけみたま。歌ひ囃しつ舞ひ躍るなれ。
斯くして私どもは何う此処を脱出し得るであらうか。

第一篇　終

以上　昭和廿二年九月八日　神納に在りて浄写

第二章　無頼の放言

故郷篇が終つてとんでもないものが飛び出した。然もそれがまるで私の身辺記になつてしまひました。

尤此の魔界を調伏摧破し是の難関を突破することが乱世経綸の秘策になるはずなので暫辛抱を為ませう。が果して此の難事を遂行し得るかどうか。

イエスは十字架上に終焉を告げて後にその目的が達せられた。鷺宮はその再建を見て初めて「使徒の信仰」が確立するのであらうか。どうか。ペトロ笑ふて曰く「否」。

　久方の天晴れ渡り真昼間に星さへ照れば獄舎《ヒトヤ》ともなし。

　いささかの暇もあらばとく往きて昔語らん。花を囲みて。

　並び立つ竹の園にぞ雉遊ぶ。その兄弟の位ただして。

此の世には此の世相応、時代相応の者でなければ結局は困窮難苦の裡を出ることがむつかしい。「君子は固より窮す」「小人が窮すれば道にそむく」まことに教無き民は禍である。

　正しきを人こそ守れ。時は来て園の白菊にほひ満ちたる。

噫。無頼の放言は世を毒し人を害ふ。冀くば此の毒をして彼の毒を制せしめんことを。

第二章　終

以上　昭和廿二年九月九日正午

第三章　故郷の消息

ほんとに私たちは静に人生を楽しみたい。あの南湖に写る夕月を眺めながら帰りの馬の小鈴を遠くに聞くやうに。幼きものの手をとり老いたる人を助けながら。此の世を楽しみたい。

何事を思ふとは無き身と成りて花咲く日をば共に遊ばな。

嘗て神人が新邦の築成を命じて此の歌を教へさせられました。内憂と外患とが櫛の歯のやうに並び迫る身は少しでも現実の世界を忘れて黄金の小鈴を玩具にでも為たい。

私は今荒れはてた旧屋に坐つて真白く咲いた芙蓉の花を眺めながら幼年の頃を遙に遠く胸に画いて独楽しんで居ります。すると近くの居山で丁丁《タンタン》と鉈の音が響く。庭で野球の遊びに夢中であつたらしい子供等が立木泥棒だと騒ぎ出した。

鷺宮住人《ヒト》来るらし夜をこめて牛飼ひの子が外《ト》に立つからに。

その鷺宮に佳人は来らずして妖魔鬼畜の乱舞を見ねばならず故郷の山野は盗児の荒らすに委せられている。

手に取らば汗れもすらん。天地の神の賜ひしうづの宝も。

零海無水鮒魚笑。空山人去石馬嘶。可哀山河崩壊夕。

神聖来駕焚秘香。

神ながら神の国をば日止治《ヒトシ》りて歌面白き団居なるかも。

「己が十字架を負ひて来れ」とイエスの教へたまふ声重ねて厳《オゴソカ》である。

ああ。人の子は遂に故山に眠る時が無いであらう。

第三章　終

以上

第四章　荊棘の宝冠

塔の岩の裂け目に人の落ちもせば誰か救はん鍵無しにして。

人はその「生き物」だといふ上からはどんな場合でも「生きたい、生きよう」とする本能がはたらく。イエスが大声で「エリ、エリ、レマ、サバクタニ」と叫ばれた。それは「わが神、わが神、なんぞ我を見棄て給ひし」といふ意味だと伝へてある。神の教へのままに神の国を築く神の子もその肉躰の亡ぼされようとするに際してはその本能の声は衆生と等しい。

人が住めば「家」と呼ぶが神を祀れば神の宮であり人間身としては肉躰である。人からその肉躰を奪ひ神を祀るにその宮を毀し居住者からその家を奪ふとすれば単なる貸借とか、財産所有の問題とかいふのではない。

地上に生れた人にはその土地を、家に住むものにはその家を、と各人各自がそのそれぞれの生を営むに不足の無いやうに偏跛無く神は与へさせられるのである。その神の御心を律法として人の世界は統治せらるべきである。

ところが唯単に生物だとする人間身は貪欲の餓鬼心と不倫の畜生心と瞋恚の修羅心とが雑然混淆して相互に争奪しようとするところから紛乱闘争を捲き起して土地の所有も居住の安定も破る。その土地を奪ひその住処から追ひ出す。追ひ出されたり取られたりしては困るから取られまい出まいとする。相互の争ひは激しくなつて遂には戦闘殺傷を展開して来る。之れを人類世界の暗黒面だと呼ぶ。自己我を中心として利害得失に因はれたもので先聖の遺教は総べて無役な敝履だとして生存競争にのみ没頭し、生存競争を悪用するものである。斯くして暗黒時代が現出する。

暗黒の世に光明を掲げて人類救済の筏を造る。その人は天照大御神の神使で月読命の曲杖を帯し建速須佐之男命の十握劔を抜き持つものである。頭には荊棘を戴き足には十字金輪の宝沓を踏む。

荊棘道《イバラミチ》よし深くとも惟神踏みて渡らん鍵こそは持て。

第四章　終

以上　昭和廿二年九月十三日筆録

第五章　真井《マナヰ》の《ノ》一滴《ヒトシヅク》

あめつちの　ふたつのみづを　かみながら　わかちたまへば
ひとふたと　ひとこそは成れ　みつよつと　くにこそきづけ
いつむゆな　やよここのへの　きみこそはすすめ。

天真名井の一滴。それが結び結んで人の世も神の国も出来るのである。その一雫の水を「たより」にして私どもは此の獄舎《ヒトヤ》を脱け出す。

あめつちの　みづひとしづく　ひとしづく　結ぶを見れば
しほつちの　おぢが賜ひし　そのかたまもよ。

目無し堅間の小舟に乗り海の底の怜《ヨ》い道を唯一筋に進み行くならば荊棘艱苦の獄舎を脱けて香木《カツラノキ》の茂つて居る海津見の鱗の宮に入ることが出来る。その宮と云ふのは大平等の零海《ヒノウミ》で万類万物一切合切の消散帰入するところである。之れを火《ヒ》の海とも呼ぶのは劫火の意であり、一《ヒ》の国《クニ》だとも言ふのはさういふものは無いのだとの義である。何も彼も綺麗さつぱり捧げ尽した身心である。

兼好法師は園の果物に垣をしたのを見て「あらずもがな」と人の心の浅ましさを指摘して居る。毎日毎晩のやうに村から村へとその戸毎に盗難を訴へる現在で「何も彼も御自由にお取りなさい」と明けつ放しにして置いたならば忽にして印度のやうに布哇のやうに国は亡《ナ》くなつて人人の所有権など御本国のお指し図通り国有だか共有だか兎に角に「あなた任せ」よりほかはない。そこには自己を捨て他の食餌に供する餓虎供養が行はれて現在世界生存の幕は閉ざされる。

我れが我を捨てると共に彼また彼を捨てる。然うして相互に協力して相互の幸福を増進させる。孟子の昔から壟断を誡めて居るのは相互幸福《カタミノサチ》を念願されたのである。相互幸福の道が明であれば六道の魔獄は自ら破れて天日朗朗太平和楽の歌舞は程程であらう。我、我を保ちて彼を犯すことの無いのは彼をして彼を保んぜしむるものであると共に我を犯さしめざるものである。

犯さしめず犯すこと無くして初めて彼我の牆壁を撤し相互の国境を開いて団欒歓語長歌抃舞すべきである。是くの如きを天壌無窮の神国と呼ぶ。是くの如き人類世界を築き成すは人間出生の本懐である。

魔境がそのままに神界となる。斯くて私どもは魔獄を脱出することを要ひずして太平嘉悦の楽土に遊ぶのである。此の土此のまま此の身此のまま醜陋のままに邪曲のままに悪逆のままに高天原を築いて神の人と成る。

あめなるや　真井の水の　一滴。国こそ築け。人こそは生め。あなかしこ。

人は何処《ドコ》から来て何処《ドコ》へ行くのか。

大宇大宙は唯是れ火である。此の火の中に生れて此の火の中に死ぬ。生れるのか死ぬのか。然うではない。然うではない。唯是れ一《ヒ》なのである。否。否。一《ヒ》は生も無ければ死も無い。生死の無いのは頑空である。頑空は物を成さないから「人」も無い。無いものに往返去来の有りやうが無い。此の「無いもの」を種子にして六道十界仏菩薩が化生して来るとすればまたこれ「大不可思議」である。その不可思議だと云ふもまた甚滑稽なやうである。果してどうか。そこでその「生死」と呼ぶのは「零海《ヒノウミ》」の波だとも云ふ。「無い波」がどうして起るのか。

仏徒は「三細」を説く。猶太の聖書は宇宙の外なる神の創作だと云ふ。日本の古典は教へて云はく「天地初発《アメツチトヒラケタレバ》　神魔剖判《カミトマガツピトモタワカレタリ》。有神天之御中主神《カミキマスヲバアメノミナカヌシノカミトマヲシマツル》。」合ひては「カミ」と呼び判れては「神魔《シンマ》」と名づく。「神魔剖判在一几《カミトマガツピトワカレテハアヒアヒテハワカルルヲ》」ば「神人《カミノヒト》」と名づくるのである。その剖判離合する「物」をば総べて「三産霊《ヒト》」と呼ぶ。「三不可分の一《ヒトデモナイノ》」である。それで天真井の一滴は三出《ミツ》であり霊出《ミツ》である。則水《ミツ》である。宇宙は此の水に由つて構成されてゐる。まことに是れ「怪奇異霊の神魔殿」である。それだから正邪曲直善悪美醜は有るやうでもあり無いやうでもあり人の身は善くも成れば悪くも成る。善をも思ひ悪をも行ふ。それを先聖が哀と察《ミ》て「人道《ヒトノユクベキスヂミチ》」を教へさせられた。その懇切な心をも知らずに小人は跋扈して世を乱し国を賊ふ。まことにこれ人間世界の悲しみである。大人は世界を救済せんことを願ひ小人は我欲を満足させようとのみ争ふ。さうしてそれは共に「人」である。

ああ。

神界と魔境とまた是れ夢幻空華か。
非ず。非ず。之れは是れ尽天尽地の水《ミツ》。又是れ
天真井《アマノマナヰ》の一滴《ヒトシヅク》。

第五章　終

以上　昭和廿二年九月十五日浄写

第六章　神聖の生誕

天神名井《アマノマナヰ》の一滴《ヒトシヅク》結び結びて人と成り物と成る。その元をたづぬれば等しく共に「ミヅ」である。その「ミヅ」とは「三出《ミツ》」で「霊出《ミツ》」で「稜威《ミツ》」で「滋潤《ミツ》」である。その義理は「三産霊《ミムスビ》」と言ふことで「イクムスビ・タルムスビ・タマツメムスビ」と称へまつる「カミ」である。之れは延喜式の祝詞に伝へられてあるが各国各地の伝承もまた皆然うなのである。支那で「三生一」と云ひ印度で「三細」と説き猶太で「神とは土と息」とを教へて居る。その説明の仕方は別でも総べてのものが本来《モトモト》㈢であることに変りは無い。

その㈢であるものが結び結んで「タカミムスビ」「カミムスビ」の二つに成る。之れはまことに興味の深いことで此の二通りが出来なければ何時まで経つても新しい物も世界も成り立たない。唯同一様の連続で何の変哲も無いことになるはずだが幸にして必二つに成る。

イエスの聖書には「一揆と殺人」とを赦して「正義と福音」とを殺した大事件を載せてある。

斯くの如きもの。是れは何であるか。之れがキリスト教成立の根柢を成したのである。正しきものと邪なるものと。高きものと卑しきものと。善きものと悪しきものと。美しきものと醜きものと。それが相互に消長優劣を生じて千変万化の妙技を演出する。蓋造物主の遊楽である。それ故造物主と同じ心で居れば何も彼も面白い。

此の造物主と云ふのはイクムスビ・タルムスビ・タマツメムスビと呼ぶところの「三《ミ》」であると共にタカミムスビ・カミムスビと呼ぶところの「二《フ》」であってそれは凹と凸とだから支那では此の二つを合せて「二《フ》」は則「凹《ヒ》」だと説明してある。凹《ヒ》とはⓤ《ヒ》で日の字の源で「一《ヒ》」である。それで物本来は三で二で一で然も三でなく二でなく一でなくて零《ヒ》だと云ふ。

如是零界神魔躰。往返出没無休息。一線不断築宇宙。成壊生滅三二一。

之れを天の水と地の水とに別けては「アメユヅルヒノアマノサギリ」と「クニユヅルヒノクニノサギリ」と称へ、合ひては「アメノミオヤ」と仰ぎまつる「ヒ」で「日神《ヒノカミ》」である。一神で二魂で三霊で「一《ヒ》二《フ》三《ミ》」と呼ぶ。その天地《アメツチ》の位が正しければ「神聖《カミ》」と仰ぐ。「天成地定而《アメナリツチサダマリテ》。神聖生其中《カミソノウチニアレマス》」とは日本書紀の伝へである。

魔界獄裡本来神。清濁正邪亦是零。日月在天神人遊。地底波荒幽鬼嘯。

あめつちの　日の神のわざ　成り成りて　ほがらかにこそ　世は明けにけれ。

第六章　終

以上　昭和廿二年九月廿三日　夜半

第七章　盗児の午睡

恩恵は感じない。恩義は知らない。人の世に生れては来たが人の道は忘れてしまつた。唯単に「生き物」だと言ふことで生きようとして活動する。住居も服装も食糧も総べてその為にのみ供せられる。

そこには感謝と云ふことが無い。一切を自己の能力の所産だとする。

憐むべきものよ。汝等何を創造し得たりとするか。天地の恩恵無くして何を産出し得たりとするか。父母祖先と四隣との恩義無くして何を営み得たりとするか。

憐むべきものよ。過去の上に築かれざる現在とては有らざることすら知らざるものよ。四方の上に立たざる中央とては有らざることすら気付かざるものよ。覚めよ醒めよ。貪欲破倫の夢を覚まして汝が来りしところをたづねよ。そこに道存り。

　夢覚めて見回はす壁は真昼間の綾美しき五色の絹。

見よ。荊棘の宝冠は七色の妙光を放つ。此の光の中に相互の幸福はあるのである。

覚めよ醒めよ。

聞け。暁の鐘声は殷殷として天地に響き渡れるを。汝はいまだ覚めざるか。

　敵《アダ》防ぐ壕《ホリ》に霖《ナガアメ》　人を入れず。
　神納《カンナフ》の旧宮居《フルミヤドコロ》　人住みて昨日の夢を壁にこそ書け。

念仏の鉦の音遠く聞こゆなり　日本史《ヤマトノフミ》を繙く夜半に。

四隣寂として叢裡の虫声も絶えたるに仏名を念ずるお僧の声。

雲よりや降る。地よりや涌く。

時に丹袍の仙童忽然として来駕。妙香を焚き秘楽を奏で一揖再拝詠嘆して曰く。

いそのかみ振るの社の古宮に君は帰ると。白き馬白き鞍置き白袍《シロギヌ》に白銀の太刀白塗りの小筥の蓋をややややに開き持ちたる右左十の指には白玉の真玉ぞ光る。白き宮その古宮に君は帰ると。

ああ是れ何の象ぞ。

蓋想ふ。人間の醜陋邪悪を清掃せんとするものの装ひなるべきことを。

ああ此くて人の世は清めらるべく人の身は潔かるべし。身境清潔にして神の国は成る。

神業完遂白玉身。神国現成白玉光。神道宣揚白装宮。神魔剖割白黒殿

その綾の妙なる見れば白衣の色無き色ぞ照り透りたる。

折角人間に生れて来たのだから人間世界を完成させようではないか。神と成るも魔と成るも人と成るも仏と成るも各自各自が心のままなのである。それを何うであらう。

此んなのが有る。

貰はうとしたならばくれるだらう。が、貰つたでは面白くないから盗んでやらう。農地法のごたすたまぎれに自分の預かつて居た義叔の山林を耕作地として自分のものに為よう。

まことに是れは。

なる程。

敗戦様。敗戦様・様だと言つたその男。

まことに。まことに。

戦はぬ前に此ういふ国民の在ることを主戦論者が知つたならば。それでも猶且開戦の勇気が有つたであらうか。

此の男に嘗て日神事《ヒノカミワザ》を命じたところが「太陽を拝するに真つ黒」だつたのである。高橋止観氏がそれを聞いて一言「ア。禍津毘。」その禍津毘を神納のミソギ所に飼ひなれてから。想へば既に十年あまり。十三年にも成らう。十三の魔数と煤黒の魔相とが回り回り会つて。そのものの井戸水が涸れた。使ひなれて八ヶ月ででもあらうか。

軍の用材を終戦のどさくさ紛れに貰ひ取り。義叔の山林を盗伐して造つたそのものの新築家屋は。その義叔が沃地を択んで与へた畑中に二年越しで出来上つて既に十ヶ月過ぎである。

ああ禍津毘。

盗児には盗児仲間での自慢が有るものだと聞かされたが蓋その「盗み振り」の巧拙を論ずるものででもあらうか。

山谷が
今之れを書き遺すわけは唯「後の証《アカシ》」の為のみである。

天照大御神高木神の「天返矢の証《アマノカヘシヤ》」を人の世に明にしたい為のみである。

此の「証」さへ立つならば人の世界に人の道が行はれて鬼畜妖魔の跋扈を防ぐことが出来るであらう。

ポツダム宣言受諾の日

日本天皇国は崩壊した。

その後の日本は氓囗と言ふのが適当だと私は思ふ。氓囗の法律と呼ぶものが私どもの正義を保護するか何うかは知らない。けれども私どもは人の世に正邪曲直を明にする為に生存して居る。そのほかには何の用も無い身である。

旧屋は三径すら既に荒れはててしまった。ミソギ所経営の助けにもと念つて多くの犠牲と総べての資本とを出して造つた栗山はその世話をしたものがミソギ所の名義を詐り農地法に関する申告書を提出して横奪を謀り農地の委員会とかではそれを認めたとか云ふ。

「盗まれたらば取りかへす。盗まれぬやうにしよう」。それは随分煩《ウルサ》い話だ。一切の軍備を抛棄した氓囗日本に自衛の力は無い。亡国の法律と呼ぶものが「正義と福音とを十字架に掛け」「一揆と殺人とを公認した」ことをイエスの聖書が伝へてあることを先に挙げたが「神《カミ》の審判《サバキ》」は果して何うか。天雅彦は「天返矢《アメノカヘリヤ》」を甘受したと日本古典は記してある。

昭和氓囗の盗児。
果して好く幾時の
午睡を貪り得るであらうか。

昭和廿二年十月八日。禍津毘の眼球《メダマ》に栗の咲殻《エンガ》が刺さつたと。その妻が騒げるを聞き敬み畏みて神納の仮宮に之れを記す。

「日の神の神事《ワザ》成り成りて。望み見たれば

海も海にはあらず。山とても山にてはなし」と
猶太の詩篇は歌つて居る。それだから高木神の
天返矢は時を隔てず処に関はらず悪魔
調伏の神業を執らせ給ふことと仰ぎまつるのである。

第七章　終

第八章　奸将の遊楽

黒目玉に栗の咲殻《エンガ》が刺さつても昼寝の夢が覚めないとすれば。それは大変だ。どうしても人ではない。

「大奸は忠に似たり」

人を用ゐようとするものが。その者の才能技芸にばかり惚れ込んだならばどんなことになるかもわからぬ。禍津毘と云ふものは千変万化して相手をごまかすことに巧妙なので油断をすればどんなことになるかも知れぬ。

「大奸は忠に似たり」

古言は決して間違つてゐない。巧言令色は誠実に縁遠いのである。

天若比古と申しますのは特別に美貌でありその言論行為は他を惑はすに充分であつたが遂に神命に背き神使を射殺した。その矢が返つて来て天若比古が昼寝の胸を射抜いた。之れを
天照大御神高木神の「アマノカヘシヤ」の神威となすのである。まことに神威は赫赫として奸類魔族をば容れ

ぬのである。

焔魔王庁一面鏡。照破不断一切賊。

妖婦欺瞞一夜装。劫火焚尽一滴水。

以上

第八章 終

第九章 人身の分散

人の世に生れて悲し氓《タミ》の声

「子供」は人類の歴史を一代で表示する恰度そのヤバン時代だと高等学校の教授が教へてくれたのでその「子供」、人の子供が毎日毎晩騒ぎ立て暴れ回るのを私はジイッと辛抱して月日を送る。

日に月に子等は育ちて待つ親を喜ばせよと日に月にこそ。

ああ。その子女の発育を唯一の楽しみとして活動する。之れはヤバン人に共通であらう。ヤバン人と言ふのは唯単に生物としての本能にだけ支配されて「ヒト」の自覚をもたぬものだからである。従つてそのやうな生活者の一生は固より取り立てて人類だからと呼ぶべき何物も無い。まだ「人」ではないからである。

まだ人ではなく人のやうな姿形はして居ても人の道を弁へぬ生き物。それが死んだならば何うなるであらうか。そのやうなものの死後は何うか。私はそれを知りたい。世間に有りふれた詞に「知らなければ罪にはならない」「子供に罪は無い」「無邪気な子供」などと云ふ。それは蓋独立人ではないとの意味ではないか。

また斯ういふのがある。「一たびナミアムダブツと称ふれば一切の罪業は消滅する」「懺悔すればその罪は許される」と。之れは病苦の人が麻酔薬を呑むと苦痛を感じない。痛みを知らぬから平気で働くことが出来る。さうしてそのうちには病気も治ると言ふのと同様なのか。何うか。

「知らぬ」と云ひ「忘れる」と云ふ。

然り然り。知らぬものは罪を構成しない。忘れてしまつたことを聞きやうは無い。けれども、人の身は冷暖甘酸を感ずるばかりでなくそれに応じて動かざるを得ないのである。原因は必結果を生む。知ると知らぬとには拘はることなく一挙一動それ相応の結果がある。

若しも知らぬものには罪が無いのだとすればそれは因果撥無の邪見《ゲ》である。幼児のことを彼此と挙げたがその幼児が死ぬと賽河原で石積みを命《サ》せられる。積んでは崩し崩しては積む。実に之れは「知らぬものの浅猿しさ」である。劫火洞然大千壊滅の日をも知らずして酔眼朦朧たるは苟も人としての名誉ではない。覚めよ醒めよ。唯徒に生れて徒に死ぬのは苟も人としての名誉ではない。夜中に生へて朝日に凋む菌のやうなのを人類の手本にはされない。

ああ。然うだ。私が今知りたいと云つた「生き物」はその死と同時に身心共に分散して万有の資料万類の食餌に供せられるのである。まことに然り。此のやうなものは神仏の御名すら聞くことが出来ないのである。さうして幾千万劫を経て漸く僅に神の御声仏の御名に遭ふ。それまでは三悪道中を引きずり回はされて右往左往と彷徨《サマヨヒアル》くよりほかはないのである。ああ。まことに憐むべき万有の資料。

第九章　終

第十章　人類の発生

神はその御姿に似せて人を造らせられたと猶太の聖書は伝へて居る。まことに。まことに。そのやうに神の「寿ぎて造らせられた人」には「神の道に遵ひ」「神の国を人の世に」築かねばならぬ「人の道」をお授けになられたのである。

それがその「人の道」から次第次第に離れて「非人《ヒトデナイ》と呼ぶ」一種の生物として暴れ回る時が来た。その「生き物」の為に私どもは日となく夜となく虐げられ苦しめられて居る。

日本の古典はまた「人類は神の子孫だ」と明瞭に書き遺してある。その子孫が猿にも劣る・いやいや、雉子よりもわけのわからぬ生物と堕落したのは何うしたものだらうか。

筍の園には住みて人の道教へがほなる雉子の兄弟《ハラカラ》。

並び立つ竹の園にぞ雉子遊ぶ。その兄弟の位ただして。

ああ。野に住む禽でさへもその「位置をば紊さない」と聞くものを。

私は先に「まだ人ではない生き物」と云つたが子供を以つてヤバン時代を表示させるのは人類を次第次第に進化するものと見るのだからそれに随つたまでである。ところで之れは古来の人類がどんな「祖先観」をもつて居るかに就ての大問題なのである。

向上するか向下するか。進化するか退歩するか。上下進退交錯するものなるか。

「自分等の祖先は動物だ」と信ずるもの。さう信ずる動物崇拝族。さうは信じても動物を崇拝しないもの。

「祖先は神或は神の力又は神異奇霊の妙用」などと信ずるもの。さうしてさう信ずるものは「カミ」を崇敬する。

「上から出て来たか下から上つて来たかわからぬもの。」

「上からでも下からでもない空零の所産だ」と信ずるもの。

「一から出発した」と信ずるもの。

「日から出た」と信ずるもの。

「陰陽の合体だ」と信ずるもの。

「〇」と信ずるもの。

「ミヅ」と信ずるもの。

等と種種様様である。

けれども。皆与に等しく色色の飲食物を摂取せねばその生き物としての生命を持続することが出来ぬ。それで。

人とは物食はねば生きられぬ「生き物」である事実を知ると共に父母から生れその父母はまたその父母から父母から父母の父母の太祖《オホオヤ》から生れ来たであらうことを推測断定し得る時私どもはカラツと目が覚めねばならぬ。

「万有は我に在り」

向上向上また向上。向下向下また向下。神魔必竟我れに在り。

阿宇哀衣耶。宇。宇。宇。宇。宇斗。宇。

於於然矣。

以上　第十章　終

第十一章　天地《アメツチ》の宇気毘《ウケビ》

俗諺に「庇を貸してお母屋を取られる」と云ふ。まことに、「納屋を借りて家屋敷から田畑山林までも盗む」。二六時中四隣郷党相互争奪の世は。そもそも、誰が造つたのか。人か魔か。それとも、神か仏か。神でもなし人でもなし魔でもなし仏でもないものか。

まことに。まことに。「神の御許し無くしては一挙手一投足をも成し得ない」と聞くからには一切の罪業もまた皆「神の成さしめ給ふところ」ではないか。

然うだ。「神のほかに何が在るか」「イクムスヒ、タルムスヒ、タマツメムスヒ」も神である。「タカミムスビ、カミムスビ」も神である。神の「ムスビ」し人天万類が神ではないわけはあるまい。

まことに然り。まことに然り。

人をしてその罪業に泣かしむるも「神」ではないか。

おお。是れは。何たる「罪悪観」。然うだ。然うだ。それだから「禍津毘《マガツビ》」と呼ぶ一類が大自在に跳躍して世を毒し人を害ふ。然うして彼れ禍津毘はその害毒を害毒とは呼ばずして金殿玉楼と名づけ酒池肉林と称す。

人の世と思ひてわれは楽しくも嬉しき日をば送りつつ神代とすべく励み来し。その年月の流れては。

人知らぬまに底《ソコ》の国黄津《クニヨモツ》醜女《シコメ》ぞ荒れ狂ひたる。

嗚呼。之れを神魔雑糅の世界と呼ぶ。

されど知れ。神の恩恵を感ずる身は楽しく之れを忘るるものは亡ぶ。之れが人間の自由と叫ぶところのものである。「禁断の木の実」その味果して奈何。

知らざるものは禍なるかな。

先師教へて曰く。

天津神国津神たち守ります吾が行く道は真幸《マサク》ありこそ。

まことに天津神と国津神とは我を生み我を育て我を教へ我を導き給ふ。

その神の御《ミ》教のままにその身を衛りその名を正《タダ》せ。

神聖来駕常時不断。妖魔獄舎必竟零点。一線脉脉太迤邐伝。天津金木如是証左。

阿阿。

魔獄脱出之秘策是くの如くなり。

脱獄篇　終

第十一章　終

第三　極無極篇

よみぢ来て。学び得しかな。醜女等が、抜きたる竹の、筍の、ふし面白き園のまど居を。
よべの雨に、はへしきのこの、今朝萎えて、人目賑はすひま無かりけり。

鼠賊亡びて、旭日の赫灼たるは、
日本天皇大祓の神威にして、ミソギノニハの神伝に依るものなり。
その歌にいはく。

いそのかみ。ふるき社の、宮造り。くすしかしこし。三千年に。生るてふ桃の。三つの実を。小山を越えて。人は皆、みふゆ仰がな。神のまにまに。

ヒラサカノ、サカモトニ来テ、ミチトセノ、モモノ実得タリ。オホカムヅミノ。

之れは是れ。八種雷神《ヤクサノイカヅチナ》生りませる暁にして天皇国築成の秘儀密言なり。「神代紀要」には之れを讃へて、
「天津金木ノ太瀜邇タルコトヲ悟証セリ」と記されたるなり。

神秘神秘大神秘。如是妖魔伝承。以可平定天下也矣。

春風は綾面白く立つからに天地日月統一《アメツチヒツキミスマ》りにたる。
春の風五色絹を動かさで詣づる人に幸《サチ》をこそ吹け。

春風の立つとも知らに天地の神の心は国をこそ守れ。

ユキユキテ、ユキノハテナキ、返シ矢ノ、ヒメカミカカリ世ヲ守ルナレ。

天照大御神高木神の天《アマ》の返し矢の神威赫赫として、正義はいまだ地に堕ちず。人の世を築きて、人は神の国を現成すべきなり。かくて、神恩を感謝し神威を畏みつつ、鷺宮の筆録は第三篇に入る。

第一章　坂本の桃果《モモ》

ヒラサカノ坂本ノ桃。花咲ケリ。ヒトフタミツト。誰数ヘタル。

「黄泉津平坂の一線我いまだ人に語らず」ああ。此の秘。人の身は哀れ此の秘を語るべき口をも聞くべき耳をも備へて居ない。昭和八年以来日日夜夜之を語らんと願ひ、知らしめんと努めて来たが、説き得たと思つたことも無ければ、一人として聞いてくれたものも無いのである。

想へば爾来十有五年。語らんと欲するところは唯此の一線のみである。聞かんと欲する人も亦必や然るなるべし。然れども、不肖にしてその思ふところを尽さず。慚ぢ且怨む。

ああ。

此れ是の一線。極大にして極小にして。限無限にして。尽無尽にして。量無量にして。唯是「如是《カクノゴトク》」である。

釈尊拈華して、大迦葉僅に之れを伝承し。イエス十字架上に逝いて、使徒いまだ悟らず。慧可断臂して少林はじめて華開く。

ああ。誰か掲ぐるものぞ。天壌無窮の旗《ハタジルシ》。

雪山童子捨身の行。帝釈天王授くるに此の旗を以つてす。イエスの十字架はヱホバの与へたる此の旗なりき。日本天皇天壌無窮の神旗は、そもそも、何れよりか得たまひし。天窟戸開闢記は之れを伝へて詳密委曲を尽せり。そのほか、日本神代紀の伝、大半此のことに属す。然りと雖も。之等また皆外郭にして遐音にして、物その物にてはあらざるなり。

ああ、誰か掲ぐるものぞ天壌無窮の旗《ハタジルシ》。

日本天皇天壌無窮の神旗は。

世下りて群小横暴。畏くも、天皇神聖の事実を知らず。又、之れが闡明をも許されざること蓋幾千年なりしか。現存の神代紀編纂以前に稗田阿礼が記すところ有りしと聞けども、不幸にして太安万侶が撰録採摭の厄に遭ひて、今将《ハタ》伝はらず。大道地に堕ちて白日すらも晦きに似たり。まことに之れ「蛆たかれとろろぎ」目もあてられぬ惨状である。

さきに「十字架の信仰」の章に火遠理命天皇行の伝へを記したが。畏しや。日本天皇に於かせられては神として。その宮は神の宮にして。その御心は神の御心にして。その御身は神の玉躰にして。宣らせたまふことは神の神詞にして。人間世界を神界楽土と築き成さしめ給はんが為に仮に化生したまへる天照日御子にてましますなることを。

それは火《ヒノ》神《カミノ》事《カミワザ》に由つて海津見の鱗の宮を築き得たまひしが為なのである。その神身をば「ヒフミ」と称へ火《ヒ》踏《フミ》と書き火経身《ヒフミ》とも書くは、神儀の秘を失墜せざらん為の畏き思召と承るのである。則、直日《ナオヒ》の成り成り直霊《ナホビ》の成りませる御玉躰なりとの義で大宇大宙が一円晃耀の「ヒ」であり「ヒフミ」である事実を顕し給ふに於てはじめて神の神業を人の世に行ひ人の世を神の代神の国と成さしめ給ふことと拝承しまつるのである。

天照大御神が日本天皇を皇孫と仰せ給ふは、神の人《ヒト》で神の日止《ヒト》で神の火人《ヒト》にてましますなれば、人類世界の御光で人類統治の須米良岐美《スメラギミ》にてましますとの義である。

あなかしこ。仰ぎて見れば天津日は唯一つである。唯一つであるから正しく運行するのである。その神が唯一つである如く我が君をば天壌無窮に御一柱ぞと仰ぎまつるのである。

唯一つなのは極である。

「敢て問ふ。唯一つなるもの有りや否や。」

第一章　終

第二章　漁翁の嬢子《ワタツミノムスメ》

人は色色に物を観察するが、その観察の極まるところを言ひあらはすのに、「太極」とか「無極」とか、或は「大宇宙」だとか呼ぶ。それは在る限りを指すので、表から観て在りとする限り、裏から観て在りとする限り、表と裏と合せ観て在りとする限り、或は、人の観門には上らなくとも存在し実在すると想像される限り、又或は、人人の想像には上らずとも或は在るべきものの限りとなすのである。すると、それは「唯一《タダヒトツ》」なのであらう。

ところが、そのやうな「唯一」が有るとすれば、その「大宇宙」は増減も消長も生滅起伏も有りやうが無い。けれども、万有は私どもの日常睹るが如く生死変転して止むことなく極まるところを知らない。生死の無い「大宇宙」の中で、万有が無際限に流行転換するとすれば、それは、何うして起るのか。何如にも不思議である。

今、色色の観かたと申しましたが、それは、人間的の観察である。人間的に観ただけではまるで判らぬやうな世界も多いことであらう。一寸した例だが、人が肉眼的に五官の上で観察しても、なほ、意識の世界と更に潜在意識或は潜潜在意識の世界とか、又或は、意識には上らない世界などと云ふことを想像される。

此のやうな複雑な多種多様な存在を総括して、豊葦原《ヤマト》では「カミ」と言ひ、また「ミコト」とも伝へられた。「カミ」とは二つなる一つで、一つなる二つであり、「ミコト」とは三つで一つなので、一つなる三つである。

それを何ぜかと云ふに、「カ」と「ミ」との合躰が「カミ」であり、「ミコト」とは「三凝十《ミコト》」なのであるから、人間的に観て「単一」だとか「唯一」だとか云ふのも、その実純然たる「一《ヒトツ》」ではないと云ふことなのである。それで一寸見たり考へたりしただけでは「一《ヒトツ》」のやうでも、その実、百千万無量の集合躰だと云ふのが、日本語に表現された宇宙観である。さうして、その集合躰を分割しまた分割して止まないとすれば何うなのか。つまり、「極」に達するであらう。その時、それは何うなのか。私どもはそのやうな「極」を知ることは出来なくとも、在るであらうことを想像し推測することは出来る。

まことに不完全な人間身としての観察では、そのやうな程度に過ぎない。

けれども、人間身は孤立の存在ではない。万有とともに大宇宙に繋がれて離れることの無いものである。従つて何時何処で何のやうにしてその「極」を明らめ得ないとは限るまい。

そこに「大宇宙究明の希望」が繋がれる。「大の極」と「小の極」と「大小超絶の極」と「個個分の極」と色色に言ふことは出来ても、結局、「極」の「極」の「窮極」は「唯一《タダヒトツ》」であらう。といふやうに人の身としては想像する。大の極としても「唯一」。小の極としても「唯一」。大小超絶の極としても「唯一」。その「唯一」なるを、古老は、「山中無人之人」と称へて、日本語では「カミ」とも「ミコト」とも仰ぐのだと教へられたのである。

「カミ」とは「陰陽《メオ》」の義であり、「ミコト」とは「ヒフミ」の義で、「一二三」と数へて、一であり二であり三であり、一二三である。さうして、一でもなく二でもなく三でもないのだから、人間の計算には上らないところの秘数である。

すると、「唯一」といふのも人間の便宜で仮に名づけたまでで事実としては存在しないのである。けれども、その「存在しない」と云ふこともまた決して事実とは思はれぬ。それならば、その事実は何うなのか。それは、有るやうでもあり、無いやうでもある。無いものなのか。有るものなのか。有るともなり、無いともなるものなのか。

然り。然り。

人はその「自己の在る」ことに依つて、また、「自己の消散する」ことに依つて「有る」とも「無い」とも認めるのである。「有る」でもあり、「無い」でもあるのである。

人間として「在る」時には「有る」のであり、人間身を解き去れば「無い」のである。その「存在の世界」を

「豊葦原《ヤマト》」と呼び、その「存在せざる世界」を「黄泉の国《ヨミノクニ》」と呼び、その「有無の境界線」を「黄泉津平坂《ヨモツヒラサカ》」と呼ぶ。その黄泉津平坂の坂本で、伊邪那岐命伊邪那美命二柱神が「千引石《チビキノイハ》」を間にして一柱づつに別れられた。その「千引石」は表から観れば大磐石であるが、裏から観れば「平坂」なのである。平坂とは坂ならざるの坂で、平地ならざるの平地である。が、さて、「平な坂」などの有るわけが無い。それで、神代紀には「ヨモツヒラサカと云ふ処所《トコロ》の有るのではない。臨終に息の絶ゆる際《アヒダ》を謂ふのであらう」と記してある。まことに、生死の境界は表観すれば大磐石で裏観すれば平坂で、唯その見る位置から様子の別なまでである。それだから「唯一」と呼ぶところの「極」は有るやうでもあり、無いやうでもあり、有るともなり、無いともなるから「零」と呼び「〇」と描く。

之れをまた「海神鱗宮《ワタツミノイロコノミヤ》」とも伝へてある。それをまた天界では「高天原《タカマノハラ》」と呼ぶ。名はさまざまだが共に「神人出生の故郷《フルサト》」である。故郷篇の第一に挙げて置いた「ホヲリノミコト」が「シホツチノオヂ」の「マナシカタマ」の小舟に乗つて海底に沈み、怜き道を歩いて「ワタツミノミヤ」に行かれた。その道は「イザナギノミコトが黄泉国から逃げ帰られた」のと同じ道で、その到り着いた井上の「香木《カツラノキ》」とは、ヨモツヒラサカで云ふ所の「坂本《サカモト》の桃果《モモ》」である。今、それを断言するわけは、共に神人出生の秘境だからなのである。此の秘境には、「三神三霊が住んで人天万類生殺与奪の神権を執り行はせられるのだ」と、之れは「シホツチノオヂ」の御教《ミ》で「マナシカタマノ秘神《ヒメカミ》カカリ」である。それを、「死生観」には「人間身裡日月運行ス」と教へて、人の身の神と成るべきわけを示されたのである。

よしの山、よしとこそ見れ。よの人の、よしと選びて、越え行くからに。

第二章　終

第三　香木の井泉《カツラノイヅミ》

在る限り在らん限り一切合切を名づけて「大宇宙」と呼ぶ。唯一の存在で増減も消長も無い。然るに。人天万類がその中で生死変転出頭没頭し悲喜苦楽を演出して居る。その様を眺めて怪奇異霊の神魔殿だと言ふ。その神魔を「三神《ミハシラノ》二霊《カミ》」と名づけて人天万類生殺与奪の神権者である。その亦の名を「八種雷神《ヤクサノイカヅチ》」とも呼ぶは黄泉魔境に生《ナ》りますが為であり、亦の名を「黄泉津《ヨモツ》大神《オオカミ》」と称へまつるは死生解説の秘鍵を掌握し給ふが故であり、亦の名を「神御《カムミ》産巣《ムス》日御祖命《ヒミオヤノミコト》」とも讃へまつるは万有の祖神《ミオヤ》だからなので生者から仰ぎ眺めての御名であり、亦の名を伊邪那美命と讃へまつるは万有産出の母胎にてましますが故である。その母胎を出で万有は生死遷転を繰返す。

けれども、その母胎だとは人間的に見て産出者だと思ふからなので半面観であるに過ぎない。従つてそれは事実ではない。さればとて事実でないわけでもない。ただ、人間身が万有として対立の存在であるがため総観する神智を失墜し完全に表現する神力を忘却して居るがために「宇宙観も万有観も明瞭《ハッキリ》しない」のである。

ああ。誰か掲ぐるものぞ「大宇大宙一円晃耀の零《ヒ》」。

在る時は有りとこそ見れ。行き行きて行きのはて無く行き迷ひたる。

行止進退唯是正。正誠正義神国築成。之是日本神道伝。

「神代紀要」には此の秘を次ぎのやうに教へてある。

「天地ヲ剖タズ、陰陽ヲ分タザル幽鬼妖魔ノ群団ヲシテ、高天原ニ帰ラシムル神事ヲ、日神事《ミソギ》ト称シテ、天地剖割ノ秘事《ヒメカミワザ》ナリ。此ノ秘事《ヒメカミワザ》ヲ仰グ時ハ、天地自《オ》開ケテ、神魔亦別ルルナレバ、日月ハ昭昭トシテ、幽鬼ハ化シテ三神ニ従ヒ、妖魔ハ変ジテ二霊ニ属ス。大道ハ坦坦トシテ、白玉光底ニ泉声ノ潺湲タルヲ聴キ、一線脈脈トシテ、天津金木ノ太瀰邇タルコトヲ悟証スベキナリ。之レヲ、八種雷神《ヤクサノイカヅチナ》生リマセリト古典ニ伝ヘ、幽鬼妖魔ノ化シテ、神界楽土ヲ築成スベキコトヲ教ヘタリ。

幽鬼ニアラザレバ幽鬼ヲ知ラズ、妖魔ニアラザレバ妖魔ヲ弁ゼズ。幽鬼妖魔ヲ化育セント欲セバ、幽鬼妖魔ニ依ラザルベカラズ。神ト化《ナ》リタル幽鬼妖魔ニシテ、始メテ撥乱反正ノ大業ヲ建ツベク、天国浄土ヲ築成スベキナリ。之レ祖神ノ垂示ニシテ、此ノ土此ノママ高天原ニシテ、此ノ身此ノママ神人《カミノミ》ト化《ナ》ルベキ大道ナリ。」と。

此の大道を唯一筋に行くならば「湯津《ユツ》香木《カツラ》繁れる井」にその影の映るを見て驚くであらう。古老が此の間の消息を詠嘆したまへるを古今和歌集の選者が拾録してある。

ささのくま、ひのくまがはに、駒止めて、しばし水かへ。影をだに見む。

之れを「天真名井《アマノマナヰ》の水《ミモヒ》」と伝へて神聖生誕の秘境である。

その神聖《カミ》を日本書紀には「国常立尊《クニトコタチノミコト》」と伝へ、旧事本紀には「天祖《アメノミオヤ》にして天譲日天狭霧国禅日国狭霧尊」であると伝へてある。それを

神代紀要には「祖神垂示ノ大道ハ、神魔ヲ剖判《ワカ》チテ神魔ヲ隔テズ、天地の開闢《ヒラ》キテ天地ヲ統治ス。故ニ統一魂《ミスマルミタマ》神《ノカミ》ナリ。明津神《アキツミカミ》ナリ、荒人神《アラヒトカミ》ナリ、荒身魂神《アラミタマノカミ》ナリ、現 神《ウツソミノカミ》ナリ。天壌無窮ノ日本天皇ニテマシマスナリト仰ギマ

ツルナリ。」と記してある。

ああ。誰か掲ぐるものぞ「大宇大宙一円晃耀の零 天壌無窮の旗」。

神代紀要には更にその神旗の霊徳を讃美して曰く。

「日本天皇ノ大道ハ如斯ニシテ、太平嘉悦ノ皇土ヲ開キ、万類万物ヲ安養化育シ給フ。」と。ああ。誰か掲ぐるものぞ「大宇大宙一円晃耀の零《ヒ》」。

第三章　終

以上　昭和廿二年極月極日

第四章　十字架《カミノ》の嘆声《ナゲキ》

氓口民生岐路多。神界妙光何時到。天照赫灼人不知。窟裡魔境妖類嘲。

「それが人間の世界なのでせう」と甥が伯母に話して居る。

此の伯母は六十一歳で東京から田舎家に疎開したのだが、四隣の喧噪が激しく破廉恥漢の横行して偸盗、邪淫、妄語、などと不義無道が白昼《マッピルマ》に公公然とのさばつて居るのに驚き呆れ、これはまるで鬼畜の世界だと嘆息したのを、二十歳になる甥が異論を述べたのである。

まことに、此の娑婆を人間世界と呼ぶならば、慥に日本国家の現況は餓鬼であり畜生であり修羅であり、さうして地獄であるところの人間世界である。

ところが、此の中に居て之れが極楽浄土だと謳歌乱舞する一類が在る。それは他《ホカ》でもない餓鬼であり畜生であり修羅であるところの生物である。西方十万億土に旅立ちなど為なくとも、良心だとか善美だ正義だなどと小面倒なことを忘れてどぶ泥の中を游ぎ回ることさへ出来れば何の造作《ゾウサ》もない。

ところがカハイサウに、義人だとか道徳家だ宗教家だ、乃至、聖人だなどとなると、それが出来ない。孔夫子は陳蔡の野に飢ゑ、ソクラテスは毒盃を啜り、イエスは十字架上に消えた。伯夷叔斉の徒までも餓死して居る。

さて、此の伯母さんの疎開して来た農村では、終戦成金と呼ぶものが二日酔ひ三日酔ひで、伯母など嘗て見たことも聞いたこともない贅沢三昧に冬の夜の長きを讃へて居る。寒中に燃料が無くて困るだらうなどとは真人間の云ふことで此の農民などは何処からでも勝手放題《ハウダイ》に取つて来る。

「一寸待つて下さい。それが私には分らない。」

木枯《コガラシ》風の音に破れし夢の綾。唯片割れの月残りたる。

第四章　終

以上　昭和廿三年一月七日　未明三時

第五章　手間《テマ》ノ赤猪《アカイ》

よしあしを人にし問へば手間の山あらぬことのみ指し示すなれ。

此処に七十歳の孤独な男が居て、頻りに私を非難する。その理由は、私が長い年月故郷を空けたために父祖伝来の田畑をお上から取り上げられるバカ者だと云ふのである。

　旧屋陋居旭日遅。松声不断人未来。枯草離離楠下径。氓口惰民雷霆轟。

　ヒトフタミツヨツイツムツナナヤハココノツトヲと世界は開くなれ。

昔、伯伎国手間の山本で、大穴牟遅神がその御兄弟達に共議《タバカ》られ、焼石《ヤケイシ》に焼《ヤ》き着《ツ》かれて死んだ。それを御祖神《ミオヤノカミ》が神御産巣日神《カムミムスヒノカミ》にお願ひして、また元の壮夫《ヲトコ》に造り直していただいた。

その造りかたは、「蚶貝比売《キサガヒヒメ》火《ヒ》」と「蛤則比売《ウムキヒメ》水《ミヅ》」とを合せて産み出し、然うして乳汁で育て上げた。

そこに「麗壮夫《立派な男子》」が出来て歩き出したのである。

イエス曰く、「我に従はんとするものは、己が十字架を負ひて来れ」と。

まことに、「得んと欲せば捨てよ」とは万古不変の教訓である。

「天ハ二物ヲ与ヘズ」と、先師川面凡児翁は常にその清貧を楽しまれた。先師また常に

「鷹ハ飢ヱテモ穂ヲ摘マズ鷺ハ立チテモ後ヲ濁サズ」

とて私どもを御訓誡遊ばされた。

先生此の世を後にしたまひしより既に二十年目である。

　火光一閃。

　泉流一脉。

　道統一貫。

神魔一体。

第五章　終

第六章　大野《ヒロノ》の秘矢《ヒメヤ》

ただたのめ。神の心の一筋に祖《ミオヤ》の〇《サト》の澄み行かむ日を。

赤猪のために死なれた大穴牟遅神《オホナムチノカミ》はまた氷目矢《ヒメヤ》のためにも死なれた。それを祖神《ミオヤノカミ》は何時も復活《ヨミガヘ》らせた。けれども度重なる災難なので祖神は遂に大穴牟遅神を根堅洲国《ネノカタスクニ》に遣られた。其処は須佐之男大神《スサノヲノオホカミ》が造り堅めた「極底最悪の魔境」である。そのために。オホナムチノカミは遂に四方から焼き立てられて鼠の穴に陥ちた。其の穴が不思議にもまたオホナムチノカミを助けた。

「助けた」とは人間の五官的に見て言ふので、「内はホラホラ外はスブスブ」なる鼠の穴は、まことに「如是の秘境」。語るべからず聞くべからず。而して、亦是れ「死生解脱《ヨモツ》・黄泉津平坂《ヒラサカ》」の一線なるのみ。神人此処に再生して葦原中国《ヤマトノクニ》は建設せられ、天壌無窮の神旗は飜る。

まことに是れ「大野の秘矢《ヒロノノヒメヤ》」人天万類を靖寧和平ならしむ。征《ユ》け。慧星火神の神使《カミノヒト》。

往いて穢土を祓ひ浄地を築け。

神聖詠嘆したまはく。

ヤマトには　群山有れど。

ヤマトには　天香具山《アメノカグヤマ》。
カグヤマに　登りて見れば。
クニハラは　ケムリ立ち立つ。
ウナハラは　カマメ立ち立つ。
ウマシクニぞ。アキツシマヤマトノクニは。

「如是の秘境は是れ神人出生の魔界」。ヒフミヨイムナヤコトと教へて天津金木《アマツカナギ》と呼び太麻邇殿《フトマニデン》と称す。一にして二にして三にして四にして五にして六にして七にして八にして九なれば「十《トヲ》」と呼ぶ。

その「十《トヲ》」を捧げつくすは「十字架」にして神の宮殿なる「〇境」なり。亦の名は「天国」亦名「浄土」亦名「高天原」等とその名は多い。

あなかしこ。登りて見れば。神の火は。永劫《トハ》に変らで世を築くなれ。

第六章　終

以上　昭和廿三年一月八日夜半　十二時筆録

第七章　大国主《カミノヒト》の完成

「一にして二にして三にして四にして五にして六にして七にして八にして九なれば十《トヲ》」と呼ぶとは、宇宙完成の秘教で、国家経綸の妙諦を示されたのである。

すべての箇躰は中心と外郭とから成立して居る。それを数理観では、中心が「一」で外郭が「二三四」で中心と外郭とを総べては「一二三四五」である。そこで箇躰が成立する。「六七八」は活用で「九」はその活用の窮極であるとともに全数を統轄して「一《ヒトツ》」にする。その「一《ヒトツ》」の完成した時、それを「十《トヲ》」と呼ぶ。則、「九魂統一十魂尊貴の玉躰」だと伝へてある。人間身としての自己を完成すべき基準を示すと共に、全人類世界は固より各国家より家庭、乃至、個個の団体より一事一業の経営、或は一技一芸まで総べて此れに拠らねばならぬことを教へられたのである。

根堅洲国《ネノカタスクニ》の須佐之男大神《スサノヲノオホカミ》は大穴牟遅神《オホナムチノカミ》に「おれ、大国主神《オホクニヌシノカミ》となれ」と云はれた。「大国主神となる」。之れが個人完成、家庭完成、国家完成、世界完成で、則、箇躰完成、宇宙完成なのである。此の身を完成し此の国土を完成する。

そのために人は苦労をする。紛紛擾擾たる人類世界を「八雲立つ出雲国」と築き成すには並大抵の苦労ではない。それを「出雲史《イツモブミ》」が委しく伝へて居る。

その出雲史は須佐之男命《スサノヲノミコト》が高天原を追はれて風雨電雷の中を彷徨ひながら火の河に祓禊《ハラヒミソギシ》つつ毒蛇猛獣と闘ひ、子孫幾代となくその遺業を継紹し生死旋転悪戦苦闘を繰返し、漸くにして少彦那《スクナヒコナ》の大邪大悪を学び得て初めて大造の績を挙げたのである。

醜悪邪曲を整理するは少彦那の神智で、極底最悪の猛火で、三悪道調伏摧破の幽鬼妖魔と呼ぶ。幽鬼妖魔ではあるが、少彦那の神智のままに活躍する「神兵《カミ》」なのである。

此の神兵を養ひ育てるために苦労された大穴牟遅神の「六道魔界巡廻記」が「出雲史」として伝へられたので

ある。

その伝へは幸にして古事記や日本書紀などに委しいから、人人は須らく熟読究明すべきである。

第七章　終

第八章　少彦《マガツビ》の《ノ》協力《カミ》

「一にして二にして三にして四にして五にして六にして七にして八にして九なれば十《トヲ》と呼ぶ」とは「宇宙は統一躰なり」との義で、数を以ってそれを説明したのである。それだから、之れを数理観で宇宙観で、また、人身観だと云ふのである。

此の数の活用が神界をも、魔界をも現出するので、「鎮魂祭《ミタママツリ》の糸結び」が行はれる。

　魂《タマ》の緒《ヲ》を結び結びて人は皆神とこそ成れ。日月隔てず。

　日《ヒ》に夜《ケ》にも結び留めたる君が魂《ミタマ》。八代《ヤヨ》九重《ココノヘ》に仰ぎこそすれ。

高魂《タカミムスビ》の神の御子《ミコ》に暴悪で何うにも教へやうの無い神が在られた。大穴牟遅神はそれを良く養ひ育てたために出雲国を完成して大国主神と成られた。

暴悪なものを制御しようとすれば、それにも増した暴悪な力を持たねばならぬ。その暴悪な力を馴して神業に随順する。

それは、「神と成りたる魔」であることを屡ゝ繰返して述べたが、そのやうな神魔の協力に依って人天万類を靖寧和平ならしむることは、所謂「毒を以つて毒を制する」のではなく、「毒を変じて薬と為す」ものである。

それならば、どうして「毒が薬に変る」だらうか。

それには、二つの道がある。その一つは、毒を毒のままで分量と時間と空間とに適応させる。然うすれば、毒も薬の役を為る。是れは所謂政治家と呼ばれるものの慣用手段である。他の一つは、それとまるで趣を別にしてゐる。

それは、神音と神象と神数との活用に依つて醜を美に悪を善に邪を正に転換させるので、用ゐ方とか使ひ場所とか使用の時とかに関はるのではない。「神音を称《タタ》へ神象を画き神数を算《ヨ》む」。すると、禍津毘《マガツビ》と呼ぶところの醜悪邪曲が極底最下の火と化して根堅洲《ネノカタス》国《クニ》を築成する。

そのさまを「大祓の祝詞」が僅ながらも伝へてある。その中の文章の一部と行事中に称へる秘詞とは神音であり、行事中に画《カク》するは神象であり、斎部の算《ヨ》むは神数である。さうしてその全部が行はれれば、瀬織津比咩・速開都比咩・気吹戸主・速佐須良比咩の神座《カミクラ》が成立する。それは則、日若宮《ヒノワカミヤ》で、日隅宮《ヒスミノミヤ》で、⊙《ヒカリ》である。

かしこしや。此れ是の極底最下の一線は、即是れ極大無限の一線。線にあらず面にあらず点にあらざるの点線面なればとて之を画いて「ヒ」となし之れを算《ヨ》んで「イ」となし之れを詠《ウタ》ふて「ム」となす。

神界構成妖魔群。昨是今非術魂城。出没浮沈三悪道。顧望一夕冢間煙。

立ちのぼる煙の糸の結び来て立ち舞ふ姿神ながらかも。

天地の神の心を畏みて人の世何時も浦安くこそ。

第八章　終

以上　昭和廿三年一月十四日雨中　神納の古宮に在りて筆録
桃の花の何時か咲くやと真心の紅きを秘めて何時か咲くやと。

第九章　安河《タマ》の狭霧《ノキド》

「一にして二にして三にして四にして五にして六にして七にして八にして九なれば十《トヲ》と呼ぶ」とは、個躰の内容を説明したので、個躰といふ個躰はすべて之れだけの物が集合してはじめて成立するのだとの意である。

それで、計算の上では「一二三四五六七八九」が集つて、また、元の一に帰つたと云ふので、此の十《トヲ》は一《ヒトツ》である。一は一だが単なる一ではない。尤、単なる一といふことは宇宙観たる数理観では「無《ナイ》」のである。今唯、説明の便宜で仮にさう言ふまでである。

単なる一ではなくて一で二で三で四で五で六で七で八で九で十であるところの一。此の一は則、百千万無量の一と呼ぶべきである。

百千万無量の一が各個躰として存在して居る。で、之れを宇宙の中に在る宇宙で小宇宙だと云ふ。

此の小宇宙は其の内容たる数の集散離合の何如に由つて美醜清濁大小強弱曲直正歪と種種様様の相を現出する。それを、人の上では真善美だとか偽悪醜だとか、その活きを眺めて色色に呼ぶ。が、それもこれも、数として算《ヨ》めば一切が数であり音として聞けば一切が音であり象として見れば一切が象である。数とか音とか象とか云ふが、それは固より人の具有する機能に応じて名づけたまでで、その物本来は唯是れ「是くの如く」である。「是くの如く」なるものを人の身は完全に表現する機能を持たないので、其の活用の一端を眺めて仮に「一定不変の神律」だと言ふ。

則、虚妄を許さず邪曲を容れず醜悪をば認めない。私どもの祖先は是れを尊び畏みて「天照大御神」と称へたのであるとは、人が仮に然う云ふので、事実は「其の「是くの如く」なるカミ 天照大御神」の御声を「是くの如くなり」と聞いて称へ来つたのである。その象を画くもその数を算むも固よりそれと同じやうな事理《ワケ》である。

神音として「アマテラスオホミカミ」と仰ぎ、神象として「〇《ヒ》」と画き、神数として「ヒフミヨイムナヤコト」と算む。

それが画人だ彫刻家だ、音楽家だ詩人だ文学者だ、乃至、科学者だとなると、之れを聞き之れを見之れを数ふることも亦おのづから異るべきはずである。

人類の歴史は短い。その言語文章も乏しい。学問芸術とても幼稚である。私どもは啻に高大だ崇厳だ深遠微妙だ幽玄神秘だとか温雅和潤だなどの形容語《ゴ》を超えて、現代人の詞以上にその真を讃へまつる神人の出でんことを願悃希求して止まぬのである。

その玉をさがみにかみて、一二三四五《ヒフミヨイ》　六七八九十《ムユナヤコト》と、日止《ヒト》治らすなれ。
天地の神の生《ア》れます安河の河原の小石、玉とこそ成れ。
生死遷流。出没変転。唯正是誠。神国築成。

是くの如くにして「人の世は完成」する。

古典に伝へた「天窟戸開闢記」は高天原の事実であると共に人類統治の要諦を垂示された「神文」である。神文であるから学者も往往にして読み誤る。冀くば神の宝庫を開くに「極無極」の秘鍵を忘失せざらんことを。

アアヒガテンジンユウアイコウ。イウヲエヤ。

ヤアベ。

イイイイイ。ウ。ウ。ウ。ウ。ウ、ト。ウト。ウ。

第九章　終

昭和廿三年一月十有五日　午前〇時〇分筆録

第十章　三田の誓約《カミトマガツビト》

「一にして二にして三にして四にして五にして六にして七にして八にして九なれば十《トヲ》と呼ぶ」とは、「人の身の人の身ながら神と成る」べき事理を数に依つて教へられたのである。それを音としては、「ヒトフタミヨイムナヤハココノタリヤ」と称へ、「ヒト」が「一《ヒト》」で、「㋪フミヨイムナヤコ㋣」なる「十」で、経と緯との存在たる個躰であると共に四維十表を統轄する「カミ」であることを示して居る。それで、古老は「人《ヒト》」と書き「日止《ヒト》」と教へ「火人《ヒト》」と称し、天界地底踏破卓立の存在だと教へられたのである。神界も魔境も一几に在るもので天地剖割の暁である。

それを、象に画けば凹で、◡で、その凸・⌒は一三五七九で陽と呼び、二四六八十を陰と呼び凹・◡と画く。

合ひては「◎《ヒト》」で、「ᘎ二三四五六七八九》《ヒフミヨイムナヤコト》」と数へ分れても「ᘎ》《ヒト》」で、「ᘎ二三四五六七八九》」と算む。その「一《ヒト》」は「ヒト」であり「一《ヒ》二三四五六七八九十《ト》」も「ヒト」である。計算の上での一も十も共に音の上では「ヒト」であり象の上でも「◎《ヒト》」である。

数の算むところも音の称ふるところも象の画くところも、窮極「個躰」を指すので、その「個躰」は固より統一躰である。その統一体が百千万無量に集合してもまた固より統一躰である。「一」も統一躰であり「二、三、四、五、六、七、八、九、十」の各〻もまた固より「統一躰」である。合ひても統一躰、分れても統一躰、聚散離合に拘はらず「宇宙は統一躰」である。之れを「ヒト」であり「カミ」であると称す。「ヒフミヨイムナヤコト」とは、その統一躰であることを算みたる「数」であり、また「音」である。

その象を画いては○◎⊙である。数としても音としても象としても皆共に人間身が学び来り現し得る範囲に過ぎないことであり、その表現の音も数も象もなほ極めて多かるべきこともまた固よりである。然れども此処に挙げたる数と音と象とは、人種国語等の何如に関はらず人類として表現し得る基本であることもまた固よりである。

されぱとて、私は「人種の一元を唱ふるものではなく」人類とは「神魔交錯、出没変幻、不生不滅如是去来、不一不二不三不四、非有非無」の「神魔」を祖《オヤ》とするものであることを信ずるものである。

此の祖を「天祖《アメノミオヤ》」と呼び「天譲日天狭霧国禅日国狭霧尊伊邪那岐命」「伊邪那美命二柱神」「天照大御神月読命建速須佐之男命」「天照大御神天照皇大御神天照坐皇大御神」「国常立尊国狭槌尊豊斟渟尊」などと色色に称へて来た。

他国異民族もまた色色に称へて居る。その中で「十字架」と呼び「十字」を画くものは結びては解け解けてはまた結ぶの義であり神魔交錯であり神魔剖割である。

昭和廿三年一月十六日夜、ここまで書いた時、

隣室で昭和氓口の農民が集合して居たが、

「俺ラァ負けたやうな気はしない。」

「俺ラァどうしても負けた気がしない。」

「勝ってるのじゃないかしら。」

「俺ラァ時時勝ったのだらうと思ふ。」

「負けてこんな月日の送れるわけが無いと思ふことがある。」

酒も大分廻つたやうである。

唐紙越しにそれを聞いて居た私の妻は何如にも驚いた様子で、たうとう寝そびれたさうだが、

「アレ等はみんな小作人だからなんでせう」と呟いた。小作人だから国家観念が無いとは云はれまいが、彼等の勝ち誇った言動は慥に

「昭和氓口の象徴」であらう。

噫。

翌朝未明之れを附記す

第十章　終

第十一章　鈿女の茅桙《ウズメノヌホコ》

向上するか、向下するか。

進まんか、退かんか。

すべてのものは不断に動いて居る。動かぬものとては無い。

往くか返るか。

遣るか取るか。

上と下と前と後と左と右と言へば、まるで正反対である。ところが、此の正反対を辿り辿り行き行いて止まぬとしたならば何うであらうか。その窮極は必竟するに〇であり無である。と云ふのも言語に堕してその真を失ふ。その真は「如是」だと云ふのも将《ハタ》真には遠い。

「一にして二にして三にして四にして五にして六にして七にして八にして九なれば十《トヲ》である」とは「是くの如く」であるとの義で、宇宙の万有は相互に関連し一有一物何一つとして単独孤立するものは決して無いことを教へたのである。

それで、「根の国底の国と呼ばるる魔境」も、その極まるところは「必竟神」である。此の「神」を仮に名づけて「神魔」と呼ぶ。向上するか向下するか。一超直往、不断不休。窮極到達、如是神魔。

「如是神魔」の国を祖《ハハ》と呼び祖《チチ》と呼び祖《チチハハ》と呼ぶ。天狭霧であり国狭霧であり、天祖《アメノミオヤ》であるから天照大御神と称へまつるのである。

それで、天照大御神を数で称ふれば「一であり二であり三であり四であり五であり六であり七であり八であり九であるところの十である。」それを、人間としての位置から仰げば十字架であり南無阿弥陀仏であり日止《ヒト》であり火人《ヒト》であり天神地祇《アチメ》であり神聖《カミ》である。日本書紀は之れを国常立尊と称へ「純男」だと伝へてあるから国狭槌尊でもあり豊斟渟尊でもあり国常立尊国狭槌尊豊斟渟尊でもある。一にして二にして二にあらず一にもあらず三にして四五六七八九等にしてまた三四五六七八九等にてはあらざる「十《トオ》」である。十にしてまた十にあらざる否《ヒ》である。否ではあるがまた然うではないので「非《ヒ》」だと云ひ「非否《ヒヒ》」だと云ふ。

天なるや、鈿女が舞へば、窟戸《イハヤド》は、今開くらむ。神遊びして。

一二三四五六七八九十《ヒフミヨイムナヤコト》と、アハレ、アナオモシロ、アナタノシ。アナサヤケ。オケ。オォケオケ。と

神国は完成するのである。

以上　昭和廿三年一月二十日に第十一章を書き終つた時、東京の新聞に、「かつて北米のイリノイ大学で病理学教授をして居たピーターセンと云ふ人が、今年は太陽の黒点が二百年来最大の発生を見るはずだから、そのために、悪病が世界各地を襲ひ例年にない多数の死亡者を出すだらうと云はれたことを」報道してあつた。

つまり、「太陽の黒点は人を殺す」と云ふ前提に立脚して居るわけだ。「太陽と人類との関係」は所謂どんな野蛮時代の人でも、深く注意して居たであらう。さうして、敬虔な人人は礼拝し感謝して居たであらう。古老は或は太陽を直に「神」と仰いで

天照大御神とも天照皇大御神とも天照坐皇大御神とも大戸日別神とも大日霊貴尊とも称へたであらう。と共に、⊙《ヒノカミ》だと称へられたのでもあらう。それは、その人相応であるから必しも一定はしない。昔の猶太人は太陽の赫灼たる威烈をひどく恐れ畏みて「火」と称へ「ヱホバ」と仰ぎその称名をすら憚られた。さうしてそれはまた「地獄の火」でもあつた。そのやうな怖畏の信仰はヱホバに捧ぐる燔祭の犠牲を怠らぬやうにつとめた。「怖畏の信仰」は劫火を恐れ洪水を恐れては火を祀り水を祀りてその心を和げ怒りを避けんことを願ひ、死を恐れては「塞坐黄泉戸神《サヤリマスヨミドノカミ》」を祀られた。

「サヤリマスヨミドノカミ」とは黄泉津平坂を守る神ではあるが、また是れ、死生解脱の一線で一点で無で零で否《ヒ》で非で非否《ヒヒ》である。ところで、此の一点を古来東西各地で皆共に火と呼んで居る。地獄の火で餓鬼道の火で畜生道の火で修羅道の「火」で三千大千世界焚尽の劫火である。地底にありては劫火と呼ぶが天界浄上に在りては日と讃へ⊙と仰ぐ。

アラシホノ、シホノヤホヂノ、シホツチノ、シホノシタタリ、ヒトシリテ、クニコソキヅケ、コヲロコヲロニ。

「太陽の黒点は人類に悪病を流行《ハヤ》らせる」か、どうか。論議の前提が慥でなければ、建築の土台石が狂つて居るのと同じだから、どんなに立派らしく最らしく説明しても修飾しても戯論空華であるに過ぎない。戯論空華は人を迷はし世を毒するの虞が多い。その毒を掃ひその迷ひを解くは達識明敏の士でなければ出来ない。それだから、その位置に在るものは片言隻語も軽率には出さないやうに切望して止まぬのである。

「太陽の黒点」

月球面の桂の樹や兎の餅搗は少しも世を毒することが無くて望遠鏡裡に説明の出来る時代となつた。太陽の黒点も、人を迷はし世を毒することの甚しくならぬうちに万人の納得するやうな研究の完成されんことを切望して止まぬのである。

「太陽の黒点が知りたかつたならば太陽に問《キ》け」と云つても、それは或は太陽にも判らぬかも知れぬ。人のことを人にきいても分らぬやうに。或は「太陽の黒点に問いても黒点が何であるかは分らぬかも知れぬ」。

それならば「何にたづねるか」。

たづねても分らぬ。教へられても分らぬ。目は有つても、耳は有つても、哀な此の人の耳よ目よ。

冀くば神耳を開け神眼を得よ。

いや、待て。

神眼神耳も果してその神を明らめ得るか何うか。我はいまだ人の外に神あるを聞かず万有の外に神あるを知らず。唯是れ。「是の如き」の宇宙万有を観る。太陽の黒点も亦唯、「是くの如くなる」のみ。彼何ぞ人を殺さん。

唯恐る「人の人を殺さんことを」。

先師から嘗て「古戦場には怪光が有る。それが三百年経つても消えなければ五百年過ぎても散らない。甚しいのになると人類歴史以前からそのまま今になつても相互に闘争を続けて居る」と教へられた。

まことに、高徳知識の教化さへもなかなかにそれを解き得ない。仏陀の説法は流伝三千年、基督の祈禱は渾球に普く行き渡つて居る。けれども一度結んだ怨恨を解く力は甚微弱である。

日本天皇に捧げた護国の幽鬼も、交戦諸国各地の亡魂幽霊も、その怨念が相互に結び、結んで毒気となり渾球に漲り渡る。此の毒素悪気は類を集め友を呼び悪病大疫の流行と成る。大戦後の悪疫流行は唯単に防疫の不行届きなどから起るものだなどと思つたならば、とんでもない間違ひである。

「太陽の黒点」は、

「地球が現在のやうな固体にならなかつた頃、その表面に点点と渦巻を画いて固まつたものが出来た。その固まりに等しいものである」と古老は話された。果して何うか。

壺中水一滴。満天星一座。地底火一点。群裡聖一人。

第十一章　終

第十二章　十字架の研究《カミヨミル》

「おまへは何うい ふ意図でこんなものを書くのか」と、脱獄篇を読んだ人から問《キ》かれた。

極無極篇は、その答案のやうだが、果して何うか。試に、嬰児に向つて「おまへは何の意図で生れて来たのか」と問いて見る。と、彼はただ。「オギヤアと泣く」。先聖は、それを飜訳して、「人の世を完成するためだ」と云はれ、現在世界の労働群は、「喰ふためだ」と飜訳した。

妖魔は礼讃す妖魔の技術。
神聖は化育す妖魔の非行。
十二の使徒は己が十字架を負ひて従ひ、

十六の善神は　妙華を捧げ神楽を奏す。

東から西に延びた文明と西から東に遷つた文化とが何処かで出会ふことになる。嘗ての印度が然うであつた。埃及も波斯も支那も希臘も皆然うであつた。その他の国国でも文化らしい文化は皆東西南北相互に相交るところに華が咲き実が生つた。

ところで、近世の人類歴史は西力東漸して欧羅巴の武力財力が亜細亜を蚕食し支那分割の端緒とまで進み、更に東方海上日本列島に、西と東と北と南とから押し寄せて来たことを記して居る。之れは、その半面、文化の破壊運動であるが、他の半面は、他国文化の相互接触に依る新文化の発生を物語るものでもあつた。

西力東漸の暴風は日本列島の防波堤にぶつかつて一たん鎮りかかつたから、醜い武力や財力の争ひでなく平穏和楽の裡に、日本列島で東西文化の華が咲き実が生るものかと、明治時代に育つた私どもは思つた。ところが、昭和の暴力は全くその予想を裏切つて前後の見分けもわからず華を散らし実を結ばせなかつた。そこに憐むべき昭和氓囗の姿が現出した。渋る筆をムリヤリに引きまはしてその亡状を書き留めたのが上来の故郷篇と脱獄篇とである。まことにそれは、古老の所謂地獄巡りであつた。

今、その道を転じて極楽に往く途中図らずも黄泉平坂の坂本に立止つたのである。

顧望すれば漠漠茫茫として夢よりも淡《ウス》い。

昭和氓囗憂患深。東地西域塵埃堆。踏破卓立平坂上。古往今来唯一点。

結び来て「一点」に帰る。そこは地獄でも極楽でもない。

地獄でも極楽でもない境涯は大平等海と呼ぶべき「火の海《アマ》」である。或時代或地域では、それを「ヱホバ」と畏れた。日本で古来神を祭る場合には必、きまつて「敬み虔み恐み惶み」「ノリト」を拝承し奏上した。此の「敬み畏みまつる」ことが行はれさへすれば、神の火は結び結んで人を守り世を安らかにする。その「結び結んだ」とは⊕である。之れを「キリスト」とも「ミコト」とも称へまつる。則、「十字」である。支那文字の「十」もまたその象形である。

象形としては経と緯とである。経と緯との存在であるから個躰で独立体で、即、宇宙である。小宇宙でありまた大宇宙である。大小長短広狭百千万無量の宇宙である。

「十」はまた数である。数としては一の累積したる一であると共に「一二三四五六七八九」の統一したる「一」である。之れを言《コトバ》としては同じく「ミコト」と称へ「ヒト」とも呼ぶ。

言としても数としても象としても共に完全円満なのである。日本人は常にこれを「カミ」と讃へて来た。

かみながら
かみの火もえていつもかも
国こそ築け
かみ代ながらに。

以上　第十二章　終

第十三章　群裡《アメツチ》の神聖《ノカミ》

冬の日は寒く短い。が、また暫くすれば春の陽は暖く人の眠りを誘ふやうになる。年年歳歳その通りであつた。将来とても変りはあるまい。と、さう思ふのは常のことである。けれども、事実は果して何うか。

よしの山、よしとこそ見れ。よき人の、よにさち有れと、執るヌサの、四キダ七キダ。あめつちに、きゆらかすやぞ。あめつちに、さからかすやぞ。あちめ。あちめ。

人は生れて死ぬ。けれども、今健在《ア》る身が何時死ぬかなどとは考へない。特別の異変でも起らなければ、生ける人は、「生をのみ追ふ」。在るものは、常に在ることをのみ知る。所有せるものを失ふことは大異変でもあるかの如く考へる。奪はれる。盗まれる。取られる、失ふ、破壊される、等のことは甚常と異る、が如く、多くの場合には考へる。

然うして、然も、不思議なことに、みづから取り入れることには不思議を感ぜず、取ることのみを知つて失ふことを不思議視する。有ることのみを知つて無きことを忘れる。入れることばかり考へて出すことを知らない。それは、自分勝手な人間ばかりの考へることで、宇宙の事理ではない。「宇宙の事理でない」ことを思考する人間とは、そもそも何物であらうか。まことに、是れ、不思議なる怪物。

「サギノミヤ」とは、其のやうな怪物が二六時間中聚散離合する場処を指す日本の古語ださうだが、不思議にも、山谷が昭和七年七月十二日以来住み慣れた「鷺宮」は、その「サギノミヤ」と読むのであつた。サギノミヤは古戦場である。

サギノミヤ。昔住みたるヱミシ等が遺品も出でず、梅の花散る。

梅の花香ふを人の慕へばか。昨日も今日も、往き返りたる。

集むることに因つて苦しみを生じ、苦しむことに因つて復集むることを為る。集めて集めて、自分を造り上げて、その中で蝸牛のやうに縮んだり伸びたりして居る。

その「自分だ」とは何か。

世間に「錯覚」と云ふ詞が有る。機能の混乱から起る間違ひを指すのだが、そのために宇宙の事理を無視して人間世界を破壊する。つまり、自分で自分を殺すのである。

御覧なさい。入れて入れて入れるばかりで、出すことを為なかつたならば、人躰は直に破れてしまふ。食物でも、気息でも、食ふばかり、吸ふばかりならば、忽にして死ぬ。

此の見易き事理をすら、多くの人は省みない。何ぜだらうか。

古老は是れを、貪慾なるがため、愚痴なるがため、瞋り狂ふがため、だと云はれた。先師はまた「八千魂《ヤチタマ》分裂の結果」だと教へられた。

八千魂とは、前に述べた「一にして二にして三にして四にして五にして六にして七にして八にして九なるもの」で、そのそれぞれがそれぞれとして分立割拠せんとした状態を「八千魂の分裂」と呼ぶ。

その分裂するは何故か。

分分微微が各自各自に自己を主張するが為である。つまり、一二三四五六七八九が一つに纏らぬのである。

が、さて、その各自各自が自己を主張すると云ふのは、「物本来の性である。」「宇宙は統一躰である」と共に、「宇宙構成の分分微微は不断に、その本躰たる宇宙の如く他を統一せんとして活動する」が故に、相互に相互を主張して相容れず相許さずして相互に対立する。

之れは、物本来の自性だから、その分分微微よりも強いもの大きなものに制御されるのでなければ、各自が各自で宇宙の統一を企てる。そこで、「群雄割拠」の姿が現れる。それは、貪慾だとか愚痴だとか瞋恚だとかの為ではなくて、此の自性なるが為に、貪慾にもなれば愚痴にもなり瞋恚の毒気をも吐き出すのである。毒は本来、他から来るのではなく、自家嚢中秘蔵の妙薬なのである。

此の身本来神魔の躰。

雑糅混淆しては禍津毘と呼ばれ。剖割整理せられては直霊と仰がる。

一にして二にして三にして四にして五にして六にして七にして八にして九にして、而して十なれば、神直霊神《カムナホビノカミ》と称へまつる。

「群裡の神聖」また唯、如是の神。魔。

サギノミヤ宮遷しして、天地の神聖輪《カミワ》の光、今朝新なり。

第十三章　終

以上

昭和廿三年二月廿五日

千葉県君津郡昭和町神納《カンナフ》箕和田三五九五番地

古典伝習所に在りて筆録

第十四章　十字架《ムナシキ》の斎事《マツリ》

サギノミヤ。立つを忘れて、風侯《マモ》る。その身あはれと、人の誘へる。

昭和廿三年大寒の日、神納を出で、鷺宮に宿る。その翌朝、忽然として、佐村栄威氏が現はれた。氏は是れ、何如なればか、吾に来りて、「十字架の研究」に参ず。

「人の世は荒れたり。その思想も、行為も、混沌として、舵無き舟に似たり。古来の聖賢は、その舵を、（十字架）なりと教へたり。我が徒同人、此の旗幟のもとに、相互研鑽し、実行して、太平和楽の人類世界を現成せんことを期す。」

此ういふことで、節分の前日に、最初の研究会合を為た。

立つ鳥の、追はれながらに、サギノミヤ。あや奇《クス》しくも、人の来て、十字の旗は、朝風に、飜りたり。夕風に、高くかかれり。寄る人の。幸福《サチ》こそ増さめ、見る人の、布由《フユ》こそは益せ。神代ながらに。

「十字の研究発足する。その趣意は、荒れたる世を穏に、争ふ人を和め、ともにともに、睦み楽しみ、此の世を、此の世のままに、神の国と成して、歌ひつつ、舞ひつつ、美しき花、善き実の、真の光をかがやかさんが為なり。

神の道には栄光有り。人の道には神命昭昭たり。行け。

人天万類と与に与に、太平和楽の神園楽土を築成し、完成すべきなり。」

ところが、此の旗を見て、此の家の持ち主が、ひどく怒つて騒ぎ立てた。そこへノソノソと私が来京したので、とんでもない画面が展開されたのである。

兎に角、右の頬と、左の頬とを、一緒に打たうと、待ち構へた様子は、何とも気の毒なやうな、滑稽なやうな、サギノミヤの一類であつた。

まことに、まことに、「富めるものの、神の国に入ることは、駱駝に乗りて、縫針の孔を通るよりもなほ難し。」「己《ム》が十《ナ》字架《シ》を負《モ》へ《ノ》る身は幸なるかな。」何にしても、物をもつて居るものは、可哀さうだ。

　我《レ》在るが故に、
　我《レ》の空しきを知る。
　我《レ》空なるが故に、
　我《レ》の在ることを知る。

その、知るとは、悟証である。
悟証とは、小宇宙が、大宇宙と化《ナ》るのである。
大宇宙とは、「火」である。
「火」だとは、「ヱホバ」である。「ヱホバの神」。之れを「十字架」と呼ぶ。十字架とは、○である。
その○の結び結ばれたのを⊙と画き「ヒカリ」と称す。則、「キリスト」である。
と、此う並べても、唯、目録を見るやうなものであらう。か。

先聖後賢志相等。
十字架上◯既歿。
月下行旅雁一行。
東天西海無人人。

第十四章　終

第十五章　空室《ヒトアル》の跫音《ニニタリ》

人は取り入れることを喜び祝ふ。と共に、取り落したり、取り出したりすることは、兎角好まない。どうかすると、甚しく厭ひ嫌ふことすらある。

けれども、入れるばかりならば、人は忽にして破壊されてしまふ。

それと共に、出すばかりならば、それも忽にして自己を失ふ。その気息を出して止まぬ時に、人は死ぬ。

それを自分自身で努めて為る仕方の一つに「気吹の神伝《イブキノツタヘ》」がある。

気吹《イブキ》とは、天照大御神の天安河の伝へであるが、「気吹の神伝」として、古老の伝へ遺した行事は、人の身ながらに神であることを明にする作法である。それは、自分自身に気息《イキ》を切つて死ぬ。死ぬと云つても、境を変へるのではないから、その証が耳朶に残る。此の行事で、人は生と死との境界を味得し、「黄泉津平坂の一線《ハテナキヒカリ》」を悟証《サト》る。

その線上には、星が流れ、月が映り、人が往き、日が升る。

その人には、何の意図も無い。勿論、抵抗などの有りやうが無い。ところで、世には、無抵抗主義と云ふのがある。先師は、それを、無抵抗的抵抗だと、お笑ひになられた。弱者が強者に対する抵抗だとでも言はうか。

人類も万有も、自己保存の本能から、色色のことを為る。生ける草木は固より、人の造つた器物までも、その為に、そのそれぞれが、その気息を強くすることを忘れない。

気息を強くする。強く固く結び結んで、強健善美に大業を建設する。是れは先師所伝のミソギ行事である。その達したる暁には、息を結んで生き埋めになつても、そのまま幾十百年の生を保つことが出来る。けれども、此の仕方では、一点の抵抗が残るから、必しも神界には入らずして、天狗界に止まる。天狗界とは無色界だから、神の道に志す者には魔道である。

神魔剖割神魔殿。

又是神聖降臨峯。

日月昭昭魔獄消。

十種神宝懸障前。

その時の、その人もやと、そののうへ。その色慕ひ、その香たづねて。

第十五章　終

第十六章　未来の楽園

正しきを、人こそ守れ。時は来て、園の白菊匂ひ香へり。
くすしくも、ふりたる梅の枝寂びて、残るもあはれ。数ふばかりに。

神の車は静である。

吉凶禍福、亦必しも吉凶禍福ではない。事毎に、世人は一喜一憂する。けれども、塞上の老翁は、それに拘泥はしなかつた。まことに、人の身は、何時何処で、何のやうにして、何う変るかもはかられぬ。それを知れば、安心立命を得て、陋居晏如たるべきである。

人の生れて来たのは、神命である。その天分は何うであらうとも、神命は「神国の築成」である。従つてそれが、「人間出世の本懐」である。

イエスの十字架は、人の世が、試錬の壇上であることを教へられたが、昭和の氓囗もまた、それを教ふることが痛切である。

明治天皇鴻業昭昭の世に育つた私どもは、昭和の氓囗に遭遇して、坐ながらに、天界と地底とを巡廻したわけである。イエスの聖書は、亡囗猶太が、地獄そのままの姿であつたことを物語つて居るが、その中で説かれた福音は、「唯、己が十字架を負ひて来れ」の一語で蔽ふことが出来る。それは、

一、一切を捧げて奮闘する。

二、一切を神命のままに活動する。

三、自己我を立てない。

四、無抵抗である。

五、空の実なるを知る。

等と敷衍することは出来ても、必竟するに、「神の造らせられた我であるから、神命のままに動かねばならぬ」との意である。その神命は「神国の築成」である。

古来の聖賢は、そのやうに教へて来た。さうして、人類の矜持を其処に認めて居たのである。従つて、それを傷けられるやうなことを非常な恥辱とされたのは勿論である。ところが、何うであらう。

近頃では、人も生き物であるからには、他の動物同様に、生活第一主義だと云ふので、全く、「餌」一つで右にも左にも、白くも黒くも、変化自在に成つた。

牛を使ふ農夫の話を聞くに、飼料が充分でないと、代掻の最中に、泥田の中だらうが、ゴロリと臥《ネ》てしまひ、打つても叩いても、まるで磐石のやうで、少しも働くものではない。劇しい労働をさせやうとする時には、雞卵の六つ七つも呑ませてやる。さうすれば機嫌好く働くのださうだ。

それは牛のことだから、餌を遣れば満足する。ところが、人は。

人は然うでない。

人の餌を貪ることは、牛馬に増して、更に更に増長して、飽くことを知らない。一つ遣れば、二つ。二つ遣れば三つ四つと、幾つ遣つても満足だとは云はない。

「ナルホド。人類は牛馬と違ふ。牛馬は容易に満足するが、人は利を追ふて飽くことを知らない。」世の労働争議、小作争議が、どんな理論を並べるにしても、資本家も労働者も、地主も小作人も、牛のフテ寝のやうな心理で、お互に搾取しようとするものにほかならぬのである。

噫。また難きかなや。「神国の築成」。

第十六章　終

第十七章　空名の喧伝

此の短文も、之れで四十一章になりました。或数理学者は、四十一を神数で天照大御神の秘数だと申して居ります。

「秘数」だとは、語るべからざると共に、語ること能はざるの義である。それは則、「極であり極無極である。」それを、「天御鏡尊《アマノミカガミノミコト》」と称へまつる時は、「神《カミ》と魔《マガツビ》とが、明瞭《ハツキリ》と区別されて、然もその神と魔とが、同じく共に、神界楽土を築成せんとする」の義である。真言仏教の曼陀羅は、好く此の意を伝へて居る。それをまた、「天照大御神《アマテラスオホミカミ》、月読命《ツキヨミノミコト》・建速須佐之男《タケハヤスサノヲノコミト》の三貴子《ミハシラノウヅノミコ》だ」とは、「天皇にてましますなり」との義で、三種の神器を帯して、人天万類を安養化育し給ふとの御神号である。

日本の古典が、此の間の消息を伝へて懇切丁寧なのは、後世子孫をして、神園楽土の中に安住させようとの畏き思召である。それにもかかはらず、流伝久しきままに、世上之れを忘失して、失政相つぎ、遂に終に昭和氓口の悲境に沈淪するに至つた。

先聖の皇謨も、後賢の之れを継紹するにあらざれば、神業遂に空しく、空名徒に蠹魚の嘲笑《ワラヒ》を残すのみである。

玉の緒の、いつかゆるびて、君がわざ、継ぐよし知らに立ち騒ぎたる。

以上　昭和廿三年三月廿三日、皇祖皇宗乃祖乃宗の霊位を斎りて、その名の空しからざらんことを祈る。

第十七章　終

第十八章　産霊の裏表《ムスビノウラオモテ》

玉の緒を結びて、君が御命《ミイノチ》は、天足《アマ》らしたり。新しくこそ。

玉の緒と云ふ詞を、古人は「イノチ」の枕詞だと云つて居る。その枕詞とは、或詞の上に置いて、その「主詞」の意味を強めたり語義を説明したりするものの如くに言ひ伝へて来た。けれども、それだけでは、序詞とか縁語とかが持つて居た役目と大差も無いので、必しも「枕詞」と名づける要も無い。それを然うでなく、特に「枕詞」と称するには、その理由が無ければならぬ。昔の国語学者には、此の詞を或詞の上に置くからとて「冠辞」と名づけ冠辞考などの著書を出して居り、それに異論を述べた人も聞かない。

けれども、「マクラ」は冠るものでも上に置くものでもない。頭を「ノセ」又頭に「アテル」ものである。当てて安息し安眠するに用ゐるものである。然るにそれを、率然と体軀の上方だからとて「冠」とは決められない。「マクラコトバ」と呼ぶからには、その「マクラ」が何であるかを明にせねばならぬ。此の枕は、天照大御神を斎るに、その御神座に備へまつるのであり、死者を葬るには必備へねばならぬもので、古墳に石枕の在るのはその為である。が、その死を送るに枕の必要なのは、そもそも何故であらうか。

大嘗祭は「オホアヱノミタママツリ」で、伊勢大神宮御遷宮祭は「カミノミヤウツシマツルヒメカミカカリ」で、ともに魂　斎《ミタママツリ》だと学んで来たが、そのやうに書いたものを見たことは無い。けれども、その祭典は「報本反始」の大礼を行はせられ、兼ねて、人に人たる道を教へさせ給ふことは明瞭である。

「報本反始」は、教訓としてならば恩恵感謝とも見られるが、祭典行事としては、死生解脱の事実を示すので、そこに「マクラ」の必要が有る。その意味での「マクラ」は、人としての根本魂の出入する門戸を守るのである。

人の枕する後頭部のあたりに一つの孔が有つて、それが根本魂出入の門戸だと先師は教へさせられた、それをミソギ行事として師資授受の道がある。

上古のエヂプト人が死者の遺骸を大切に保存して、その根本魂がやがてまた帰り来て、その肉躰も再生するであらう時を待つたのは、人の魂が自由に出入するものであることから誤伝された謬見ではあるが、遺骸を大切にすることは死後の生活を安泰にする一つの方法である。特に、僅に右に傾きたる仰臥の姿勢で枕に着くものは、此の門を塞がないための用意でもある。

さて、そのやうな姿勢で頭を高くして上を仰ぐ。

人はその日常生活の位置からして、頭を上にし、光を仰いで向上せんとし向上し得るのであるから、生理的にも物質的にも或は心理的にも精神的にも「マクラ」が無ければならぬ。

人に限らず、向上を志す生物は総べて頭を高くして休息する。或は、他物を使用するのではなくとも、自己の体軀がさうなるやうにする。

手枕の夢に通ふか。佐保媛の、桜挿頭して、君待つらしも。

さて、その、「タマノヲ」の語義であるが、此の「ノ」は接続詞で、「タマ」とは「魂」で「霊」で、変幻出没測り難き奇霊《クシビ》であるとの義であり、その良く統一したる姿を讃美しては「玉」だと云ふのである。「ヲ」とは「緒」で「尾」で「苧」で「男」で「女」で「結ぶもの」で「合ふもの」で「合体」である。それで、「タマノヲ」とは「クシミタマ、マミタマ、サキミタマ、ニギミタマ、マガタマ、等」の結び結び整理統一せられたる「直日《ナホヒ》」であり「直霊《ナホビ》」であり、さうして、奇霊《クシビ》なのであるから、生死遷転であり、また、その「生死を掌握する神権」である。

玉の緒を結び結びて、人の身は、伊着くなるなる天《アマ》の安河。

日本の古語としては、生死遷転が則「イノチ」であり、「イノチ」を掌握するは「タマノヲ」である。けれども、詞は時代と場所と使用者とに由つて断えず変化するから、多くの現代人は「イノチ」を「息の内《イキノウチ》」の如くに用ゐて居る。

此のやうな言語の堕落は、その使用者が神　拝《カミマキリ》を怠り言　霊《カミノコトタマ》としての音義を忘れたが為である。それ故に、現代人はまるで古典を読む能力を失つてしまつた。之れを取り戻すことは或は不可能かも知れぬ。まことに残念ではあるが、一部篤学者の間にでも保存を図るよりほかはあるまい。

次ぎは「イノチ」の語義だが、これは正しくして升る音の「イ」と、広くして平なる沃土としての「ノ」と、血脈、血統、血族、等のチとの三音一語なので、現代使用の支那文字を当てるならば、「生死遷流」でもあらう。「遷り変り流れ行き返り来る」の義である。ところで今人の所謂「生命」とは、古語としての「イノチ」の中、現在の「ヒトクギリ」のみを指したものと変つたのである。

此のやうな言語の変遷は、その「死生観」と相互に反映して居る。

神代の神の言霊としての「イノチ」とは、「限無限の物」が「限無限の時間と空間との裡に出入往返の妙技を演ずる」の義であるのに、中古以来の人人は、「生れて来て死んで往くまでのイノチだ」と萎縮してしまつたのである。

是くの如き「死生観」の相違が、人間処世の大方針を高くも卑くも広くも狭くも深くも浅くも善くも悪くもするのである。

古老今人志不同。言語文章亦復然。現生一期徒馳走。空草乱離獄卒嘯。

第十八章　終

第十九章　神魔の零境

「古典」とは、古い羅馬の市民階級に用ゐた詞の飜訳から転転して色色様様に使用されて居りますが、日本で「神代紀《カミヨノノリ》」と記されたものに此の語を当てることができる。その意味での「古典」を「神代紀要」には、次ぎの如くに説明してある。

「古典トハ神代紀《カミヨノリ》ニシテ、人間身出生以前ノ記録ナリ。

出生以前ナルガ故ニ、人ニハアラザルナリ。人ニアラザルガ故ニ、死後ニテモアルナリ。死後ニシテ、出生以前ニシテ、人ニアラザルモノトハ、神《シン》ニシテ、魔《マ》ニシテ、神魔《シンマ》ニシテ、死者ニテモ生者ニテモアルト共ニ、生死ノ無キモノナリ。

生死ノ無キ中ニ在リテ、生死ヲ執持スルハ、人ニシテ魔ニシテ、生死ノ有ル中ニ在リテ、生死ヲ脱却シタルハ、神《シン》ニシテ神人《カム》ニシテ惟神《カミナガラ》ナリ。」

是れは、人の「イノチ」が、人としての一期生死には拘はらず時間の限り空間の限り、その「限りの無き限り」「遷り変り流れ行き返り来たる」のであるとの意である。

之れが、人天万類の常態なので、「限り無き生命《イノチ》の波」だと、人間的には説明をする。けれども、それで判るかどうか、時間を認め空間に制せられて居る人間世界は、まことに不便なので、どう説明したならばよいか。

「神代《カミヨ》には牆壁が無い。」

人として牆壁の間に生れては来ても、神の賜ひし人であるからには、その牆壁を撤去して、一円晃耀の「○《ヒ》」と成り「⊙《ヒカリ》」と成ることは出来る。それを古老は「死生解脱の暁」とか「天成り地定りて神聖《カミ》生《ア》れます」とか教へられたので、それは則、玉の緒を結び結びて、神界楽土を築き得たのである。

雨霽れて風凪ぎたれば、一言の葛城主は、善しとこそ宣れ。

まことに此れ是の零境、「一《ヒ》にして二《フ》にして三《ミ》にして四《ヨ》にして五《イ》にして六《ム》にして七《ナ》にして八《ヤ》にして九《コ》にして十《ト》にして一《ヒト》となれば、一《ソロヒテ》　二《ナラベテ》　三《イモリ》　四《サラニ》　五《タネ》　六《チラサズ》　七《イハヒ》　八《ヲサメテ》　九《ココロ》　十《シヅメテ》　四段《ヨキダ》　七段《ナナキダ》　神輪《カミワ》ながらに」と、古老は説明された。

これでは猶更難解でせうか。

天界も地底もまた唯一几に在るものを。

語黙動静如如去来。

ああ。陽《ヒ》は沒れり。月いまだ升らず。

極無極篇　終

右三篇　総べて四十有三章

以上　昭和廿三年三月廿六日　正午

第四 非否編

此の短文を未来と名づけたのは、或一つの事が起つたならば、それは必、それに相応して処理すべきものであり、処理されるものであるから、やがて来るべきことは、現在既に明瞭なためである。

それは、

現在を見て将来を卜するのではなく、現在がそのまま「未来」となつて現出するのだとの意である。

故郷篇と脱獄篇とは、古人の所云「地獄巡り」で、昭和氓囗民の見聞記であり、極無極篇は、地獄と極楽との境界線たる「黄泉津平坂」に立つて、前後左右と上下内外とを望み見た記録である。

古老の記録は、必先づ地獄を巡り、一転して極楽に遊んで居る。

古人の然りしが如く、将来も亦必然るべきである。それで、ミソギ行事は、必先づ、魔界の探究から初める。

その道程を、古老はまた「先きに地獄に下りし時よりは一倍半と思はるる程度にて晃耀赫灼たる金色の山あり」と伝へて、極楽の初門を指示して居る。

「極楽の初門に到り、暫、呪文を唱へ給へば、門は自ら開かれたり」とは、地界魔境を巡り来て、天界楽土に遊ぶものの必為さざるべからざる秘密法である。その呪文には印相を伴ふ。

その時、地蔵菩薩は、錫杖をもつて神象を描く。人は、その象裡を潜つて、神殿に入り、神界の妙象を拝し、神音を聴き、神国築成の誓約を行ふ。

　裁ち縫はぬ百重《モモヘ》の衣《コロモ》着る人は、今日九重に立ち舞へるかも。

人として此の境に遊ぶは、唯唯、「神の御恵《ミココロ》である」。

自己の力を忘れ得ざるものは入ること能はず。

多才のものは、その才を捨てざるべからず。

学を忘れ、技を忘れ、一切合切を忘れて、地蔵菩薩の錫杖に取り縋り得ざるものは入ることは能はず。

唯正惟誠にして此の境に入る。

　人間各自天分存。行止進退唯是正、正誠正義神国築成。

徒に労すること勿れ。

漫に苦しむこと勿れ。

神は決して難きを強ふること無し。

　程程に人は息ひて、

　程程に、勤めて行かば、

　惟神《カミナガラ》、正しき幸福《サチ》ぞ受くべかりける。

正しき神の御教《ミヲシヘ》は、正に是くのである。

ところが、

正とともに邪がある。

善とともに悪がある。

美とともに醜が在る。

古典に、邪神とか悪神とか記されたのを屢々見受ける。此の「神」の字を、必しも「人」とか「物」とかの意味のみには解釈されない。で、是れは、やはり「陰陽不測之神」であり、「无方之神」である。

従つて、世の人人の伝へもまたその由来するところが多種多様である。同じく「宗教」だと謂つても、必しも一様ではない。それどころではなく、時として、正邪相反し、善悪相悖るものが、同じやうに世人の信用を集めて居る。

嘗て川面先生に従ひ、山岡鉄舟の遺した寺門を過ぎた時、先生が教へられるのに、「その人が正真であるならば、此の寺も永く繁栄するであらう」と。

まことに。まことに。

「その国が神国であるならば、正にそのとほりである。」

初めて仏を拝む作法を習つた仏画家笹嶋月山翁は、また常に、「日本にも、度度邪教は渡来したが、大神宮様私がの結界遊ばされた神国だから、何時も流行はしなかつた」

「西蔵あたりのやうに、神の守りの無いところでなければ、喇嘛教など繁栄は為ない」

と、お話になられた。

その神国。

嘗ての神国日本の現状は何うか。

正しきを讃へ、善きを褒め、美しきを謳ふは、正しき神、善き神、美しき神のみである。

噫。

邪悪醜陋の魔神跳躍跋扈して、人は、祖宗の遺業をも忘れたではないか。

友人久保提多氏は、「国亡びてロクな山河も無い」と慨嘆された。

今日四月三日、庭上の桜花爛漫。植ゑた主人は既に亡い。月山翁もまた逝かれて、はやくも五年。

　大明天にあり赫赫の火。
　大月空に在り冷冷《ギンギン》の光。
　まがつびは、ここちよげにぞ。嘲笑ふ。月落ちかかる洞の暗きに。

以上　夜半十二時

非否篇　終

　亡《ナ》き人の、
　魂《ミタマ》見し。
　今見し魂《カミ》。今ぞ来ませる。玉梓《タマホコ》持ちて、
　往《イ》にます魂《ミタマ》。
　一《ヒ》二《フ》三《ミ》四《ヨ》五《イ》。斎《イツ》かしが本《モト》。
　宜《ヨ》矣《シ》。
　伊《イ》宇《ウ》袁《ヲ》衣《エ》耶《ヤ》。

耶《ヤ》宇《ウ》衣《エ》。
伊《イ》。伊。伊。伊。伊。
宇《ウ》。宇。宇。宇。宇、斗。宇斗。宇。

第五　正名編

「非否篇」は、之れを、「名無き物」と読むことが出来よう。嘗て、満州国鏡泊湖畔の集りに、「私ども各自各自《メイメイ》の中心は、何であつて、何処にあるだらうか」と問《キ》いた。すると、東京《トンキン》城の牛嶋長老が、「それは、心でせう」と答へられた。

私どもは、「中心を、一つだ」と聞いて居る。ところが、「心」は、善悪美醜正邪曲直とも成れば、喜怒哀楽好悪とも変り、貪慾をも起し、破倫をも誘ふから、千態万様で、「拠りどころ」にはならない。従つて、それを中心とは云はれない。此の故に、

　心せよ。また、心せよ。心せよ。心の駒に。心許すな。

と、誡められたのである。

「中心」は、依拠を与へ、基準を示して、「外郭」を統轄する。その統轄者たる「中心」は、唯一の存在で、総べてを率ゐる権威者である。之れを、「一にして、二にして、三にして、四にして、五にして、六にして、七にして、八にして、九にして、十だ」と云ひ、その「十は、一にして、唯一にして、また、百千万無量の一だ」と呼ぶ。乃ち、「カミ」である。それだから、各人各自の「中心」も、万類万物の「中心」も、全宇宙の「中心」も、悉皆、唯一の存在で、超絶的権威である。

と、その時、隅の方に居た若い奥さんが、

「それでは、その中心は、何処にあるでせうか」と問《キ》かれた。

さう問《キ》かれると、私にも判らない。「百千万無量で、一だ」などとは、学者も、不学者も言はない。世間の神学だとか。何々学だとか呼ぶものは、此の場合の役に立たない。哲学者の「宇宙観」などで、此の奥さんと話したとて、何うなるものでもない。

と、その時、「山中《カ》無人の人《ミ》」の仰せられるのに、

人皆は、名を異にして、我在りと、相互《カタミ》にぞ知る。神の宇気毘《ウケビ》て。

大君の稜威の身ぞと、我が名をば、清く守らな。御鏡挂けて。


と。

まことに、人は、その「名」を「中心」として、そこに、各自の存在を認める。然うして、各人各自の、その「名」は、全宇全宙一貫の「カミ」でなければならぬ。

「カミ」とは、「一」である。「一」とは、「ヒトツ」である。「ヒトツ」であるから、「中心」であり、権威である。つまり、人として、万有として、大宇宙として、それぞれに、その名は別別でも、等しく共に、「カミ」でなければ、中心としての権威は無いのである。

ところで、「非否」とは、その名の名づくべきものが無いのである。それは、老子の所云「無名」で、「天地之始」で、「道《ミチ》」である。

「道《ミチ》ノ道《イ》ヒ得ベキハ、道《モト》ノ道《スガタ》ニ非ズ。道《モト》ノ道《スガタ》ハ、名ヅケントスルモ、ソノ名無《コトバ》キナリ。

道可道非常道。名可名非常名。」

ミチは、「非否《ヒ》」で、名づけやうが無い。それだから、古聖は、之れを、「如是《ニョゼ》」だとか、「無《ム》」だとか、その時と、その場と、その人とに相応して、その「ミチ」を明にする便宜を得ようと努められたのである。

之れを言ひ換へると、此の「道《ミチ》」は、もともと、人間的に説明することの出来ない秘境だから、なまなか「名づけやうの無い無(ム)だ。」。とか、何ンだとか、彼ンだとか、説明しようとすればするほど、却つて、人を誤り、世を紊す虞があるからとて。

「唯是レ是クノ如ナリ。

如是」

などと言ひつつ、その裡に、その「神《シン》」を「悟《サ》証《ト》」らせようと為《セ》られたのである。

その、名づけやうの無い「神《ミチ》」から、「万有《スベテノモノ》」が生れて来る。まことに、此れは是れ、大不可思議。

「如是《コ》ノ神《ミチ》ヨリ、万《スベテノモノ》有ハ、出生《アラハ》レ来ル。

無名天地之始。有名万物之母。」

名づけやうの無い「始」。

「始」とは、日本語で、「ハジメ」と呼ぶ、「ヒ」と称へ、「ヒトツ」と数へる。

すなわち、「一」である。此の「一」は、数《スウ》としても、物としても、その「始《ハジメ》」であり、また、その「終《ヲハリ》」である。と云ふのは、(極)だからなのである。然うして、その内容は、「一で、二で、三で、四で、五で、六で、七で、八で、九であるところの十」である。

その「十」とは、「ヒトツ」であるから、「カミ」と称へて、存りと在るものの一切合切であり、また、その「中心」である。つまり、中心は、唯一で、無限無量で、無数で、無物で、「無」である。「無」であつて、千変万化し、千態万様の象を現はす。之れを「ココロ」と呼ぶ。そこで、牛島翁のやうに、此の「ココロ」が、「私どもの中心だ」と云ふこともできる。

「一にして、二にして、三にして、四にして、五にして、六にして、七にして、八にして、九にして、」千態万様であり、「十」にしては、「唯一《ヒトツ》」である。

まことに、此れは是れ、

「中心即外郭。外郭即中心。」とも呼ぶべき「不可思議世界」である。

さて、その、中心ともなり、外郭とも変るとは、そもそも、何故であらうか。

「〇《ヒ》」と画き、「一《ヒ》」と数へ、「ひ《ヒ》」と称へて、「物無き物」なる「無世界」は、「オホミソラ」と呼んで、「火《ア》の海《マ》」であり、「大平等海《ワタツミ》」である。そのやうな観かたをすれば、（物）も無く、（位）も無く、（時）も無い、（物）も（位）も（時）も無ければ、善悪美醜も正邪曲直も無い。之れを、

「無い」と云ふよりは、「起らない」と云ふ方が、或は、解りよいかも知れぬ。「未起らない」のである。「未起らない」と云ふのは、自己を認めないからである。けれども、万有が、それぞれに、その（自己）を認めるならば、それとともに、（時間）が起り、（位置）が定まる。

総べてのものは、その（自己《ミ》）と、その（時間《トキ》）とに由つて、その（位置《クラヰ》）が変る。

即ち、中心ともなれば、外郭とも成る。その斯くの如くに（位置《クラヰ》）の起る（因《モト》）を、「欲」と呼ぶ。

「此ノ故ニ、求メ願フコト無クシテ、道ハ現ハルルナリ。求メ願ヒテハ、ソノ活キヲ知ルノミナリ。

故。常無欲以観其妙。常有欲以観其徼。」

「欲」とは、求め願ふものである。その「求め願ふ」ことが無ければ、「本来本有《ムナシキモノ》の神身」で、「大宇大宙《モノナキモノ》」で、「無《ム》」だと言はれたのである。その「無」なるものが、「求め願ふ」「ココロ」を起せば「万有《ヨロヅノモノ》」と変る。

それは、相対で、則ち、「徼」である。絶対観では、「無」と呼んだ物が、相対観で「ココロ」と呼び更へられたのである。

「ココロ」が起れば、「位置」を認め、「万有」と成る。けれども、その源を尋ぬれば、同じく「玄」と呼ぶべく、〇《ヒ》と画くべきである。

「ソノ名ハ、サマザマデモ、必竟スルニ、宇宙万有ハ〇デアル。

此両者同出而異名。同謂之玄。」

その〇《ヒ》が結びては解け、解けてはまた結ぶ。解けては、位置の認むべきものが無い。けれども、結べば、相互に相対して、各自各自の位置を認める。喜びも、悲しみも、楽しみも、苦しみも、善きも悪しきも、正しきも曲れるも、美しきも醜きも、そこに成り立つ。その成り立つは、「摩訶不可思議」で、人には判らない。けれども、「カミ」は、それを、「玄」だと教へられた。日本語では、「オヤ」と呼ぶ。驚嘆の音で、祖で、親で、父で、母で、父母である。

「玄之又玄。衆妙之門。」

「アバ」「父よ。」

エホバの神が、万有を整理せんとして、罪業を焚尽する時には、三悪道の「猛火」と成り、万有を産出する時には、「聖母マリヤ」と変《ナ》る。即ち、「オヤ」である。

　三悪道の猛火は、憎悪の極であり。

　聖母マリアは、親愛の極である。

「人皆は、名を異にして」各自各自の存在を認める。その「物」本来は、等しく〇《ヒ》でも、その「名」が変れば、その活用も変り、その活用を変へれば、その「名」も変る。

　愛憎好悪も、本来は不二であり、正邪曲直も、別の種子ではない。

　その名が正しければ、その身も正しい。

正しい名とは、「イ」で、その数は、「五」で、その象は、「　」である。

則ち、神音であり、神数であり、神象である。その名を呼び、その数を算み、その象を描く、すると、そこに、神界が現成する。

斯ういふ修行法が、太古から教へられてある。嘗て、此の行法に由り筆受した一文が有るので、それを抄録して置かう。

「之レヲ先師ニ聞ク。一即零。零即一ナリト。当時我唯之レヲ盲信ス。

先師逝キテ後五年ニシテ。予甚此ノ説明ヲ疑フ。

幾何学ハ仮定トシテ。線無ク面無キ点ナルモノヲ置キテ。位置ヲ教ヘタリ。云ハク。経無ク緯無クシテ位置ノミ存リト。

故ニ。科学者ハ。之レヲ仮定トナシ。学問ノ方便トナス。然レドモ。位置ノミ存ルモ、有ルコトハ有ルナレバ。無キニハアラザルナリ。故ニ。之レヲ一ナリトナシ。又。零ナリト呼ビ。零ナル一。一ナル零ナリトナス。サレド。零即一。一即零トハ云ヒ難キナリ。

此ノ「点」ナルモノハ。箇体タル経緯ノ存在ヲ分割シ尽シタル「極」ナレバ。無ニ似タル有トモ呼ブベク。零ニ等シキ一トモ称スベク。経無ク緯無クシテ位置ノミ有リトモ云フベク。始無ク終無クシテ生滅起伏ストモ云フベクシテ。皆共ニ便宜ノ説明ニ過ギザルナリ。月ヲ教フルノ指ト。古人ノ嘆ジタル指ナルノミ。日本民族ハ。古来。之レヲ言霊トシテ「ひ」ト教ヘ来レル神《シン》ナルナリ。之レヲ図示シテ○《ヒ》トナシ。又◎トナシ。更ニ、⊚《ミ》トナス。共ニ「ひ」ナレドモ。○トシテハ零ニシテ一。◎トシテハ二ニシテ一ニシテ零。⊙トシテハ三ニシテ二ニシテ一ニシテ零ナリ。之レヲ「ひ」「ふ」「み」ト教ヘテ。「極」ノ内容ヲ示シタルナリ。分割シ尽シタル小トシテノ極ナルト共ニ。総合シ統率シ得タル箇体トシテノ極ナルト共ニ。拡大シ発展シ尽シタル極ニシテ。又累積シ尽シタルノ極ニシテ。大ノ極ニシテ。小ノ極ニシテ。高ノ極ニシテ。低ノ極ニシテ。陰ノ極ニシテ。陽ノ極ニシテ。深ノ極ニシテ。幽ノ極ニシテ。顕ノ極ニシテ。遠ノ極ニシテ。広ノ極ニシテ。堅ノ極ニシテ。軟ノ極ニシテ。動ノ極ニシテ。静ノ極ニシテ。総ベテノ物ノ極ニシテ。総ベテノ事ノ極ニシテ。唯一点ナリ。極トシ云ヘバ唯一ナルコト勿論ナレバ。大ニモアラズ。小ニモアラズ。総合統一ニモアラズ。分裂割拠ニモアラズ。高低。深浅。遠近。幽顕。堅軟。動静。等ニモアラズ。陰陽。男女。雌雄。乾坤。天地。等ニモアラズシテ。純一不可分ノ「ひ」ナルト共ニ重重無尽ノ「ひ」ニシテ。古老ハ之レヲ大虚空トモ呼ビ。大宇宙トモナシ。大宇宙ノ大中心トモ称シ。御中主《ミナカヌシ》トモ讃ヘ。母《ハハ》トモ呼ビ。父《チチ》トモナシ。父母《チチハハ》トモ称シ。「め」トモ称シテ。陰ナルト共ニ陽ナル凹ニシテ。日ノ字源ト教ヘ来リシ二日《フタツノヒ》ニシテ。二光《フタツノヒカリ》ニシテ。両儀ト呼ベル太極ニシテ。胎ナル仏盤ニシテ。太平等海ニシテ。白玉光底ニ泉声潺湲タル天真井ノ水《ミモヒ》ニシテ。火《ヒ》ニシテ。水《ミ》ニシテ。両柱御祖神ト讃ヘテ。祖《オヤ》ナルナリ。

此ノ祖《オヤ》ノ内容ヲ教ヘテハ。天　祖《アメノミオヤ》ト称ヘ。天譲日天狭霧国禅日国狭霧尊《アメユヅルヒノアマノサギリクニユヅルヒノクニノサギリノミコト》ト尊ビ。天祖天譲日天狭霧国禅日国狭霧尊ト拝ミ来レルナリ。

人天万類ハ此コニ発現シ。此コニ帰入ス。発現シテハ有ト呼ビ帰入シテハ無ト名ヅケテ。零ニテモアリ。一ニテモアルナリ。而シテ。此ノ「ひふみ」トハ日本天皇御神儀ニ「生産霊《イクムスヒ》。足産霊《タルムスヒ》。玉積産霊《タマツメムスヒ》」ト称フル「少《スク》名日《ナヒ》」ニシテ。日本民族が「稜威《ミイヅ》」ト仰ギ来レル神威《カミ》ニシテ。其ノ稜　威《カミノミイヅ》ノ産霊産魂《ムスビムスビ》タル魂此ノ稜　威《カミノミイヅ》ガ稜威ノママニ結ビタル時ソレヲ生　魂《イクムスビ》。足　魂《タルムスビ》。玉積　魂《タマツメムスビ》ト称ヘ。コレヲ仰ギテハ高　魂《タカミムスビ》ト称ヘ。之レニ抱カレテハ神　魂《カムミムスビ》ト親シミ。共ニ讃メ称ヘテ「御《ミ》祖命《チ》」ナリト教ヘラレタルナリ。（先師ハ此ノ間ニ。たかみむすひ。かむみむすひ」ノ御名ヲ挙ゲラレタリ。然ル時ハ。生　魂《イクムスビ》ガ「たかみむすひ」ナルベク。足　魂《タルムスビ》ガ「かむみむすひ」ナルベシ。然レドモ。先師ハ単ニ其ノ位置ヲ指シテ。経ナルハ「たかむすひ」。緯ナルハ「かむみむすひ」ナリト云ヘリ。）其ノ「たかみむすひ」ナリ「かむみむすひ」ナリトシテノ稜威ガ他ノ稜威ヲ集メテ一ツノ神界ヲ築キタル時。之レヲ生魂ト称ヘ。其ノ集メラレタ稜威ヲ足魂ト称ヘ。統一躰トシテノ生魂ヲ玉積魂ト称ヘマツリテ。三不可分ノ産魂ナリ。

其ノ生魂《イクムスビ》トハ。数トシテノ七ニシテ。実《ジツ》ト呼ビ。空《クウ》ト名ヅクル「六ノ零」ヲ外郭トシタル「一」ナルナリ。足　魂《タルムスビ》トハ其ノ「零ナル六」トシテ。生魂ノ外郭ヲ築キタル空ニシテ坤ニシテ地ニシテ⚋《フ》ト画クナレバ。二ニシテ陰ニシテ凹ニシテ孔ニシテ。成リ成リテ成リ合ハザル「陰の《メノ》初《ハジメ》」ト呼ブトコロナリ。之レニ対シテ。成リ余レル「陽の《ヲノ》初《ハジメ》」ト云ヘルハ。生魂ナルコト勿論ナレドモ。

生魂ガ凸ニシテ。足魂ガ凹ニシテ。生魂タル凸ト。足魂タル凹トノ合体タル⊔ガ玉積魂ナリト云フニハアラザルナリ。其ノ玉積魂ト云ヘルハ。凹ニアラズ凸ニアラズ凹凸ニアラズシテ。凹凸ヲ現ハス本躰ヲ指シタルモノニシテ「一なる点」ナリ。空ナル実ナリ。零ナル極ガ極ノママニ集積シタル統一躰ナリトノ義ナリ。故ニ。之レヲ統一魂神ト称ヘテ。内外自他ヲ統一シタル主神ナリ。「・｜○」ト描キテハ其ノ成立ノ順序ヲ教ヘ「○◎⊖」ト画キテハ君臣民人ノ別ヲ知ラシメタルナリ。

今彼ノ六ハ「⬡」ト描キテ。外郭ヲ教ヘ。境地ヲ知ラシメ。宮殿ヲ築成シタルナレドモ。イマダ住者ヲ知ラズ鎮坐神ヲ拝シ得ザルナリ。

家屋宮殿ハ築キタレドモ鎮リイマス神モ無ク住ム人モ無キハ空界零界ナリ。之レヲ「む」ト呼ブ。極ニアラザルノ零ナリ。

極ニアラザルノ零ハ。之レヲ空零ト呼ビテ幽鬼妖魔ノ祖先ナリ。

此ノ幽鬼妖魔ヲ繋ギ止メタル数ハ「七」ニシテ。空ナル六ニ一点ヲ点ジタルナリ。

此ノ一点ヲ宮殿ノ主神トナシ屋内ノ主人トナス。宮殿ハ神ニアラズ。家屋ハ人ニアラズ。然レドモ。宮殿ヲ仰ギテ鎮坐神ヲ拝シ。家門ヲ敲イテ来意ヲ語ル。

六ハ空屋ニシテ七ハ主アル家ナリ。

アナカシコ。

此ノ七ヲ主魂トシテ築キ成シタル八十万魂《ヤソヨロヅタマ》ヲ足魂《タルムスビ》ト称シテ「九」ナル窮数トナス。此ノ時。生魂《イクムスビ》タル主魂ハ七ニシテ一ニシテ。一トシテハ零ナル六ヲ外郭トシ。九ナル窮数ヲ統率シテ。十ナル満数ヲ完成セントシ。主《ヌシノ》魂《ミタマ》トシテハ。八十万魂《ヤソヨロヅミタマ》ノ足魂《タルムスビ》ヲ統治統率シテ。神界楽土ヲ築成セントス。

以　上

次ぎに、新邦築成の神命を筆録して、此の篇を結ばう。

宣　言

旧邦既に廃れて、新邦未成らず。

倩ら惟るに

渾球一円、人類の国を建つるもの幾千万億なるべきか。年暦また茫茫として太古に在り。国運の隆替、政躰の変遷、また甚頻なり。然りと雖、治者上に在りて、民人之れを仰ぐものは一なり。是れ、人為に依るにあらずして、宇宙真理の顕現なるが為に然るなり。

抑、宇宙とは、経と緯との存在なり。経有るが故に緯有り。緯有るが故に経有り、之れを描いて⊕《ヒ》となす。之れは是れ、神の子乃ち神なる統一躰なりとの義なり。統一躰なりとは、中心と外郭との不二不一なる事実を明に現し得た。「物」なりとの意なり。

夫れ、物は皆中心有り。中心有るが故に外郭有り。物は皆外郭有り。外郭有るが故に中心有り。中心と外郭とは不二にして不一にして別つべからず、離るること能はざるなり。是れを、

人類建国の原則なりとなす。是くの如き、

人類建国の原則は、宇宙成立の原則にして、万邦の拠らざるべからざる神則なり。

古往今来東西大小の国家は、その成立の経路を異にし、国躰また同じからず。然りと雖、窮極に於ては、此の原則に拠りて、はじめて安定し、此の原則に背きては、悉皆亡滅したるなり。

我等の古典は、此の理を教ふること懇切丁寧委曲を尽し、

我等の神道、此の祭事を伝へて、天壌無窮の実を現はしたるものなり。然るに、不幸にして、中古以来此の学衰へ、此の行顧られず、上下共に夷狄の邪説、蛮狛の魔行に溺れて、興亡常無く、浮沈測られざるに到れり。冀くば、旧来の陋習邪俗と掃攘して、⊕神《ヒノカミ》御垂範の神理に則り、経と緯と、平面と立躰との、不一不二なる⊙を掲げて、神聖国躰と成さざるべからず。

神聖国躰は、ひとり我等の古典が伝へたるのみにあらずして、全人類が建国の標識基準となしたるなり。日本国家が神《カミ》と讃へ、尊《ミコト》と仰ぎたるも、支那に於て、聖と呼び、十と描き、日と教へ光と言ひしものも、中央亜細亜より以西の諸国に於て、◈と作り、⊙と描き、十と数へ、十字架と讃美したるものも、乃至、天国、浄土、楽園、天池、中国等と、各国各地方に伝承するところのものも、皆共に、此の⊙《ヒカリ》を標識基準と仰げるなり。

然るにもかかはらず、人類は此の⊙《ヒカリ》を忘れて、雑糅混淆の魔身と化し、紛紛擾擾、闘争破壊を事として、寧日無き悲嘆を繰返しつつあるなり。

今や、全世界人類は、之等の魔身邪想を調伏し、摧破し、教化誘導する憲法を制定せざるべからざる時とは成れり。

夫れ、大宇宙は唯是れ一つなり。人類世界もまた唯一つなり。各人各自もまた唯一つなり。

此の事理に随ひて全世界人類は須らく同一精神の憲法を遵奉して、此の世ながらの神界楽土を築成せざるべからず。

然り。真に然り。然れども、人類世界はいまだ国境を撤せず、牆壁を棄てず。是れその各国各民族が、過去の経路を異にし、風俗習慣の同じからざるが為に、容易に円光裡に団欒歓語し難きに因る。

此の故に、各国各民族は暫、各自の歴史の上に立ちて、○《レイ》位を仰ぎつつ、全人類世界の憲法を立案し制定せざるべからず。

○《レイ》位とは、全人類が未知らずして、「唯位置のみ有り」と思へる、「極大極小・限無限」「大宇大宙・非神非魔」の「神《シン》」なり。されば、現在世界に行はるる宗教的儀礼に拘はらず、信教の何如を問はず、各国各地各人各自が、そのそれぞれの信仰に応じ、議政壇上を神壇として、其処に、その○《ヒ》を仰ぐ。○《ヒ》は是れ、主権ならざるの主権にして、中外不二の零境なり。零なりとは、客観的の称呼にして、大平等の義なり。零《レイ》《ヒ》それ自体が主観しては、一《イチ》《ヒ》なりと呼び⊙《ヒカリ》なりと称す。

自主独立せる人類が、此の○《ヒ》を神議の対象として、神界楽土を築けば、是れまた、⊙《ヒカリ》なる一《ヒトツ》にして、其処に人類の主権を認むべきなり。従つて人類が此の主権を行使するは人類世界を⊙《ヒカリ》の国と成すに在るなり。是くの如き⊙《ヒカリ》の国をば、暫、仮に、太平嘉悦の聯邦楽土と呼ぶ。

建国の経路、居住の地域を異にせる現在の人類世界は、そのままの国境領域を撤去せずと雖も、その出発しまた帰入するところを窮め来れば、必竟大平等の○《ヒ》に外ならざるなり。

此の故に、全世界人類は、此の○《ヒ》を仰ぎて、一円の聯邦を築き、一団の聖衆と成りて、唯一光明の⊙《ヒカリ》の裡に、都べてが重重無尽無量の円光たる事実を顕現せざるべからずとなすなり。

以　上

正名篇　終

第六　極　楽　編

先頼む椎の木も有り夏木立。

と、芭蕉翁は歌はれた。

まことに是れ極楽世界。

極楽は椎が本にてナンマイダ。十方世界一呑みにして。

正名篇で、新邦築成の宣言を為たが、徒に文字を並べたとて、氓口民の嘆きを救ひ得るわけではない。イスラエルが亡びてから幾千年でせうか。昭和氓口四年の五月十六日に、その国の独立宣言が報道され、初代大統領の名が伝へられた。

新しいユダヤは共和制である。

社会主義は、ギリシヤの昔から次第次第に発達或は変化して現在ソ連の如きものも出来た。共和政躰は、合議制と称するが、選挙権が拡がれば拡がるほど中央の権力は強化される。その極は、大統領専制政治が行はれねば止まぬ。それで、イギリスのやうに古代の王家を立てて居る国よりは、アメリカのやうな純粋共和国の方が、中央の権力は強くされて居る。ソ連の如きは、更に極端だと聞く。が、その何れにしても、中心は中心としての自覚を以つて外郭を統轄して居る。

昭和天皇の仰せ給ふのに、「朕は一民だ」と。
明治天皇は仰せられた。「朕は神である。皇后と雖も同列に在ることは許されない」と。
私どもは、僅に六十年の人間生活中に、此の不思議な夢路を辿つて、廃屋荒径の雑草中に立ち止つた。
細雨は青緑に烟り、焙爐の香は昔懐かしい。が、浄土を偲ばせるやうな桐の花が咲かない。

　園の中荒れまく惜しも。紫の桐こそ香へ、昔忘れで。

　紫の縁由尋ねて、人は皆、息へとぞ思ふ。百年にして。

寿命の長いのは芽出たい。されば と云つて、短くともまた可い。
人の天分の様様である如く、その天寿もまた様様である。その天寿の中で、その天分を完ふする。
その人を迎ふる主を阿弥陀と称へまつる。仏国浄土を築かせ給ふとて、常時不断に説示教法ましますのだと、
地蔵菩薩は教へ給ふのである。

　仏説阿弥陀経

如《クニ》レ是我聞《ハケリ》。仏在《ハリ》二肉体身《ニ》一。肉体身外天魔邪悪獄囚等ノ、群類無量諸天ノ、大集団《ナルモノ》レ是《コノ》諸 仏身《ニテアルナリ》。
司《シ》知主宰之是仏身即肉躰身即西方仏即東方仏即南方仏即北方仏即上方仏即下方仏即中央仏即是極楽国土極楽身
極楽心念是三身不三不二不一不四而七重四宝周帀宮殿矣。宮殿厳飾青黄赤白四光四色微妙香潔楽音瀰漓尽十方。
供養他方十万億仏。食時而食経行慾色無色三界。遍歴仏魔随従随処随時随縁随念応当説法如是妙躰妙用妙法是阿
弥陀仏国土。仏身即肉体身。現妙光明照見彼我即是阿弥陀。

願《ヒ》ニ求《ムル》彼《ノ》楽《ヲ》一衆生現身《モ》即仏不レ要レ成下《サンコトヲモ》仏身《トッ》一放ニ光明《ヲ》一仏身上。《トナルコトヲモモチヒザルモノナリ》如《キ》レ是《ノ》極楽国土《ニ》衆生《ノ》往生《センコト》易《ク》レ信《ジ》易《ク》レ
行《ヒ》易《キモノ》レ説《キ》。之《レハ》是《レ》仏陀《ノ》金口《タル》三蔵三進大悪大邪大醜《ナルモノニシテ》而《シテ》又方便《ナルモノ》。以《ッテ》可《ク》レ忘《ル》ニ苦悩《ヲ》一以《ッテ》可《ク》レ脱《ノガル》ニ獄鎖《ヲ》一以《ッテ》レ可《キモノ》レ洗《フ》ニ
垢穢《ケガシタルヲ》一。此《レ》是《ノ》仏身《トハ》衆魔群団《ノ》身《ナルモノ》即仏国《ニシテ》即魔獄《ナルモノナリ》。

如《キ》レ是《ノ》極楽国土如《キ》レ是《ノ》聚苦魔獄可《ク》レ楽《ム》可《ク》レ厭《フ》不レ可《カラ》レ楽《ム》不レ可《カラ》レ厭《フ》不レ不《ザルベカラズ》レ可《カラ》レ厭《フ》不レ不《ザルベカラズ》レ可《カラ》レ楽《ム》。執ニ持《スルトキハ》極
楽《ナリト》一魔軍吹ニ奏《シ》凱旋《ノ》鄭声《ヲ》一執ニ持《スレバ》魔獄《ナリト》一魔卒《ハ》跳躍《シテ》百骸《ノ》腐肉《トハナルナリ》。

非《ズ》レ楽《ニ》非《ズ》レ苦《ニ》非《ズ》レ非《ルニモ》レ楽《ニ》非《ズ》レ非《ルニモ》レ苦《ニ》。如《キハ》レ是《ノ》極楽《ニシテ》如《キハ》レ是《ノ》阿弥陀《ナルナリ》。所得《ト云ヒ》無所得《ト云フ》是《レハコレ》極楽《ニシテ》是《レハコレ》魔獄《ナルモノ》
非《ズト云ヒ》ニ所得《ニ》一非《ズトナスモノ》ニ無所得《ニモ》一又是《レ》極楽《ニシテ》又是《レ》魔獄《ナルナリ》。当《サレバタダマサニ》破《リテ》ニ極楽《ヲ》一得《ヨ》レ脱《イヅルコトヲ》ニ魔獄《ヲ》一。
如是仏言矣。（コレハボウヨミニスル）

仏説阿弥陀経

以上　極楽篇　終

古典伝習所

第七　天皇編

窟出でて、子等の遊ぶを、あなうれし、楽しきかなと、朝祭する。

人が、「正名篇」を読んで、「難解至極だ」と云はれた。

まことに、「神代《カミノヨ》」を語ることは容易でない。之れを聞くことは、猶更に難かしいであらう。

身を神界に置くのでなければ、「神《カミ》」は解らない。と言つて、此の世のほかに、「神代《カミノヨ》」が在るか、何うか。

嘗て「神命筆受」の一文を得て筐底に蔵めたが、或は、之れを解く便となるかも知れぬ。ただ、文躰が、時文と異なるので、見る人は、予め古典を読み慣れてもらひたい。

第一章　天地《アメツチ》の初発《ハジメ》

「天地初発之時《アメツチトヒラケタレバ》。於高天原《タカマノハラナリケル》。成神名《カミキマスヲバ》。天之御中主神《アメノミナカヌシノカミトマヲシマツル》。（古事記）」

「天地　初　判《アメツチトワカレタルトキ》。一物在於虚中《ヒトツノモノソラノウチニナリナル》。状　貌　難　言《ソノサマハカタルコトカタシ》。其中自有化生神《ソノウチオノヅカラナリマスカミアリ》。号　国　常　立　尊《クニトコタチノミコトトマヲシマツル》。（日本書紀）」

「天先成而地後定《アメサキニナリテツチノチニサダマル》。然後《シカルノチ》。於高天原《タカマノハラニ》。化生一神《ナリマスカミヲバ》。号曰天譲日天狭霧国禅日国狭霧尊《アメユヅルヒノアマノサギリクニユヅルヒノクニノサギリノミコトトマヲシマツル》。（旧事本紀）」

「天地跡別之時従《アメツチトワケコシトキユ》。久方乃験常《ヒサカタノアマツシルシト》。弖大王《サダメテシ》天河原《アマノカハラ》。（万葉集）」
「居於虚天而《オホミソラニシテ》。生児《ミコアレマス》。号天津《アマツ》彦彦火瓊瓊杵尊《ヒコヒコホノニニギノミコトトマヲシマツル》。（日本書紀）

以上の五節ハ天孫降臨ノ義ヲ明示シ高天原ガ楽園ニシテ浄土ニシテ神代《カミノヨ》ニシテ天孫統治ノ国ナルコトヲ知ラシメタルモノナリ。

之レヲ人ノ身ヨリ仰ギマツレバ築キ成サレタルモノナレドモ神業《カミノカミワザ》トシテハ無始終ニ無際限ニ成壊生滅シツツ始終ヲ示シ際限ヲ表シツツアルナレバ、神代《カミノヨ》ノ神《カミ》トシテハ現世スナハチ神国ニシテ此ノ土此ノママ高天原《タカマノハラ》ニシテ細戈千足国《クハシホコチタルノクニ》ニシテマシマスナリ。

人ノ身ハ此ノ内ニ在リナガラ苦悩ヲ感ジ邪曲ヲ思ヒ醜悪ヲ認メテ地界ヲ築キ魔境ヲ画キ自《ミヅカラ》悩ミ自《ミヅカラ》苦シミツツ娑婆ナリ火宅ナリ楽園ヲ追ハレタル身ナリト嘆キ喞ツナリ。

之レヲ嘆キ之レヲ喞ツガ故ニ苦悩ナリ邪曲ナリ醜悪ナルナリト雖。嘆クコトナク喞ツコトナク神業《カミノカミワザ》ノママニ神国《カミノクニ》ヲ築キ成スベキ資料ナルコトヲ悟《サト》証ル時ハ此ノ身ノママ神人《カミノヒト》タル白玉《シラタマ》ノ真玉勾玉《マタママガタマ》ニシテ神身《カミノミ》ナルコトヲ現シ得タルナリ。此ノ故ニ　天皇ノ稜威ノ中ニ在リテ始メテ民人ハ神業ヲ翼賛シ奉ルコトヲ得ルナリ。（青人草・蒼生トハ（毛）ナリ（毛）（物）ナリ（師）ナリ（獅）（子）ニシテ（毛物獣）ナリ材料ナリ資料ナリトノ意ナルニアラズヤ。）（我等ノ家屋ハ安住ノ座ナリ。）（八葉ノ蓮華ハ仏座ナリ。）

・ ─── ○

天皇トハ国家ノ全躰ニシテ日本ナレバ日本国躰ナリ。天皇即国家即日本即国躰即天皇ト称ヘマツルベキナリ。不一ニシテ不二ニシテ不三不四ナレバ非《ヒ》ニシテ否《ヒ》ニシテ唯一ナラザルハ固ヨリ二三四五等ニテハアラザルナリ。

然ルニ古典ヲ読ミ誤マレル人人ハ天御中主神《アメノミナカヌシノカミ》ハ宇宙ノ中心ナリ中心ハ唯一ニシテ二マタ三アルベキニアラズ。唯一絶対ナルガ故ニ動揺セズ。日本国躰ハ此ノ真理ノ顕現ナレバ万世一系ニシテ天壌無窮ナリト主張シ講説シツツアルナリ。

然レドモ国家ノ中心ト云ヒ宇宙ノ中心ト称スルハ其ノ外郭ニ対シテ始メテ成立スル命題ナレバ唯一ニテモ絶対ニテモアラザルト共ニ動揺セザルニモアラズ無窮ナルニモアラズ固ヨリ日本国躰観ニテハアラザルナリ。（中心ヨリ発現シテ中心ニ帰ルト云フ思想家ハ中心ガ動イテ外郭ガ動クノダト思ヒ当ラネバナラヌナリ。）

或ハ中心トハ外郭ニ対シテ始メテ云ヒ得ルナレバ外郭ト中心トハ不二一躰ナリ中心無ケレバ外郭ハ存立スルコト能ハズ故ニ中心ハ動カスコト能ハズト主張シ講説スルモノアリ。之レ動カスコト能ハズトノ論理ニハアラズシテ動カスコト勿レト希望スルカ願悃スルカノ意ナルノミ。日本国躰観トハ亦固ヨリ霄壌ノ差アルナリ。

亦更ニ甚シキハ神籬磐境《ヒモロギイハサカ》ノ神伝ハ無限無極ノ真理ヲ伝ヘタルモノナレバ此ノ祭事ヲ行ジツツアル日本国ハ天壌無窮ナルナリト叫ブモノナリ。然シナガラ神籬《ヒモロギ》トハ箇躰ニシテ磐境《イハサカ》トハ境地ナルナレバ限界有リ中心有ルナリ。限界有リ中心有ルガ故ニ国家ハ成立ス。無限ナリ無極ナリトハ無中心ナリ空零ナリ無世界ナリト云フモノナレバ国ヲ成サズ箇躰ヲ成サザルナリ。国無キニ無窮ニ隆盛ナリト主張スルノ愚ヤ遂ニ及ブベカラズトナス。

・○○

「高皇産霊尊《タカミムスヒノミコト》因勅曰《ノリタマハク》。吾《アハ》則起樹天津神籬《アマツヒモロギ》及天津磐境《トアマツイハサカヲタテテ》。当吾孫《スメミマノミコトノタメニ》奉祝矣《イハヒマツルベシ》。」トハ神儀ノ上ヨリ日本国躰ヲ教ヘタルモノニシテ天津神籬天津磐境ノ天界《タカマノハラ》主宰《シロシメス》ノ高皇産霊尊《タカミムスヒノミコト》ノ降シタマヘル天孫《スメミマノミコト》ノ統治シタマフ日本国ニシテ日本国躰ニシテ日本国家ニシテ日本天皇ニテマシマスナレバ天皇ハ神身《カミ》ニテマシマシ天皇統治ノ国ハ神国ニテマシマシ民人ハ天皇ノ稜威ノ中ニアルガ故ニ大御宝《オホミタカラ》ナルナリト天皇ノ臠ハシ給フナリ。故ニ天皇ト称ヘマツルハ一《ヒ》ニシテ一切《ヒカリ》ニシテ絶対ニテモアラズ相対ニテモアラズ相対ナラザルニモアラズ絶対ナラザルニモアラズ絶相対ト命ヅクベク極限セラルルトコロ無クシテ極限ヲ示セルナレバ限《ゲン》ニアラズ無限《ムゲン》ニアラズ躰ナルト共ニ用ニシテ躰用不一不二ナルナリ。用ナリト誤認シタルモノハ天皇ヲ国家統治ノ機関ナリトス不敬ノ言ヲ放チ躰ナリト誤認シタルモノハ漫然妄断シテ天皇ハ国家ノ主躰ナリト叫ブ。主躰ナラザルニアラズ機関ナラザルニアラズ動ニアラズ不動ニアラズシテ動不動ナリ。動不動ハ之レヲ大宇宙ノ大中心ト呼ブコトヲ得ベク中心ナラザルノ中心ニシテ宇宙ナラザルノ宇宙ニシテ極無極ナル大中心即大宇宙ニシテ日本天皇ト称ヘマツル天照大御神ニテマシマスナリ。古老教ヘテ⊙ナリト伝承スルトコロ日本国躰ニシテ日本国家ニシテ天皇即日本ト称ヘマツル所以ナリ。

各国各民族ハ近世全ク此ノ事理ヲ忘レタルガ為ニ国家機構ノ方図ヲ誤ルニ到リ上下ノ分中外ノ別ヲ混淆シ紊乱シ来ルナリ。

大宇宙ハ即大中心ニシテ大中心ハ其ノママ大宇宙ナリトハ極大極小ナリトノ義ニシテ日本ノ古典ハ比《ヒ》ト伝ヘ一《ヒ》神《カミ》トモ日神《ヒノカミ》トモ教ヘ日火一氷霊魂等ノ支那文字ヲ充当《ア》テ用キテ緋非否《ヒヒヒ》ノ義ヲバ示セルナリ。点無キノ点ニシテ線無キノ線ニシテ面無キノ面ニシテ質無キノ質ニシテ量無キノ量ニシテ陰陽ナラザルノ陰陽ニシテ神魔ナラザル神魔ニシテ天地ナラザルノ天地ニシテ上下ニアラズ向背ニアラズ君民ニアラザルノ上下向背君民ナルナリ。之レヲ一円光ト呼ビ一円相ト称スルハ完全ニ表現スベキ人間ノ言語無キガ故ニシテ人間身トシテハ完全ニ知リ得ベキ機能ヲ有セザルガ為ナリ。一音響ト呼ブモマタ人間身ノ不完全ナルガ為ニ借リ用キタルノミナリ。一円一音ノ真ト称スルモ唯推理ノ断定タルニ止ル。然レドモ宇宙成壊ノ事理ハ此ノ推理ヲ人間ニ与フルガ故ニ宇宙ナラザル宇宙ノマタ然ルベキコトヲ信ズルナリ。

・――○

天皇観

向上。

向下。

向上又向上。向下又向下。

人間行路多岐又多端。然矣。多端多岐遂帰一在光明道。是為向上向下滅尽者也。

向上向上又向上。向下向下又向下。向上向下尽時奈何乎。神乎否。仏乎否。人乎否。魔乎否。否乎神。否乎仏。否乎人。否乎魔。非神非仏非人非魔。否乎非乎。非否乎非非乎。非也否也。最大而最小者也。然矣。火也焉。

今時人皆遺忘失念之。

雖然。古伝昭昭存於典籍矣。見之。古事記・日本書紀・旧事紀・祝詞・古語拾遺及民間古老之記録。典籍皆伝之曰。比・火・日・霊・魂。五文共邦音ひ也者也矣。如是神伝即神言即神事即神道即言霊也者。誰能解得之神伝・神言・神事・神道・言霊者乎。解得体得行得者之是直日也矣。而又更直霊団成直日者日本民族伝統之言霊所云天皇読云須米良岐美也也矣。

日本民族奉戴於天皇則日本国也。奉戴於天皇国云大淳別焉。之是日本国躰也。日本国体即天皇也。故知日本即天皇也天皇即日本也矣。

如是神伝之日本民族　天皇観也矣焉哉。

以上は昭和八年五月廿五日筆受としてある。

之れに由ると、日本民族が「天皇」と称へまつるは、人間身を解脱して、人間身を得たまへる「神人《カミ》」にてましますなり。との義である。

今朝白玉晃耀身。明夜濁浪滔天鬼。倏忽俄然神魔出没。三千許年史乗証左焉。

東海旭日赫赫。西山鬼哭啾啾。北溟妖魔冷冷。南嶽黄鳥喈喈。之是宇宙成壊之実際。又是天地生滅之真。

それで、之れを西洋風に観ると、天皇を「カミ」とは云はずして「カミの独子」と呼ぶべきであらうから則ち「キリスト」である。

新約では「キリスト」だが、旧約では「モーゼ」であり、日本の伝へでは、「皇孫《スメミマノミコト》」である。

皇孫を天照大御神の「ミコ」だと仰せられたのは則ち「カミの子」である。

後世の史家は、それに「子孫《ミコ》」の字を当てて、皇統の連綿を人間身の上に奐めた。

それは恰も、神代ながらに人の世を治らすべきであるのに、神界を出でて人間世界を築いたと言ふことになる。それで、大祓の祝詞に、「天之《アマノ》磐座従《イハクラユ》」とあるべきものを、「天之磐座放《アメノイハクラハナレ》」としたのと等しき錯誤であることが知らるるのである。

之れは一例だが、此のやうにして、人間身は兎角「神代《カミノヨ》」を忘れる。

その忘れた「神代《カミノヨ》」を、また思ひ出しては、昔懐しさに耐へがたく、「神《カミ》に参《マヰ》る」その神拝《カミマヰリ》の仕方を教へて、

「過去を祓へ」と云ふ。

過去を祓ひ、また過去を祓ひ、祓ひ祓ひて、母の胎内に入る。其処は、人間身としての高天原。否。いまだ、完備した人間身とは言ひ得ない。けれども、現世に最近い身である。その身としての楽土である。此の境を、天照大御神の高天原では、天忍穂耳命と称へまつる。

命の神徳は、正哉《マサカ》吾《ア》勝勝速日《カツカチハヤヒ》であるから、之れは、いまだ国を成さぬのであり、成りかかつても、まだその国は稚くして、水に浮きて居る膏のやうな状態である。

「正哉吾勝勝速日だ」とは、建速須佐之男命が天照大御神との宇気比に、彦御子を得て、「吾勝てり」と勝ち誇り、その国の完成をも待たずに、高天原を掻き乱した神性を指すので、「未完成」なのである。「完成すべくして未然らざるもの」である。

此の未完成なるものが萌騰《モエ》て葦牙《アシカビ》の如くに成生《ナリナ》る。それを「火《ホ》之《ノ》瓊《ニ》瓊杵尊《ニギノミコト》」と称へまつり、六道十界統治の神徳を完備されるのである。その暁を讃美して「皇孫《スメミマノミコト》」と称へまつる。則ち、「神の独子《キリスト》」であり、「仏陀《ブツダ》」である。

それを、後世日本では、天皇と仰いだのである。そこへまた、支那風が加はつて、「天皇陛下」と称へて来た。

天皇ノ統治シタマフハ天皇国デアリ。神聖《カミノコノ》統率シタマフハ
日高見ノ国ト呼ブノデアル。共ニソレハ豊葦原《トヨアシハラノ》
瑞穂《ミツホ》ノ秀《ホ》国《クニ》デ。憙哉《アヤニヤシ》　可美初国《ウマシハツクニソト》。讃美スルノデアル

第一章　完

第二章　神界の成壊

豚の児を我飼ひ得たり。六十年を、心尽しの、今あらはれて。

（ココニ、挿絵ガアルノデス）

まことに。まことに。

各人各自が、その「位置」を知れば、その身は修まり、その家は斉ひ、その国は治まり、天の下は皆倶に太平和楽を謳歌するのである。

鶯の歌面白き君が庭。花こそ笑へ。朝日夕日に。

春鶯在樹、其歌喈喈。

大人在邦、民人和楽。

まことに。

是くの如き、その位置は、「天岩座《アマノイハクラ》」と称へらるるのであり、その人は、「オホヤマトスメラギミ」にてましますのである。中古以来の日本では、それを、「天皇」と白された。が、それは、支那風である。支那風を模して支那化し、印度風を学んで印度化し、ドイツを学んでドイツ化し、ヒットラーに殉じて昭和氓口は出現した。

豚の児は、今日も遊べり。溝《ドブ》の上。水にも落ちで、今日も遊べり。

孤灯一穂、いまだ明けず。

茅屋、秋霖回り、
机上の史篇、血涙を綴る。

さて。

茲に。

神代《カミヨ》の神魔《カミ》が、記紀の文字を仮借し、神人に教へられたと伝承する一文が在《ア》る。「オホヤマトスメラギミフルコトフミ」と称して、「天皇神聖《カミノヒト》」の御系図である。不幸にして、此の書、旧邦日本に行はれず。然れども、また幸にして、人間に存《ア》り。仰ぎ願はくば、普く之れを人間に流布して、日本神道の伝を明にせん。尚。此の書には、「簡」として、小序が載せてある。

簡《フミ》

稗田阿礼《ヒエダノアレ》為レ人正誠《ヒトトナリタダシクシテ》。神業円熟《カミノワザナリナリシカバ》。乃勅《ミコトノリシテ》。令レ勅ニ天津日嗣旧事《アマツヒツギノフルコトヲシルサシメタリ》一。大日本《オホヤマト》天皇古事記《スメラギミフルコトフミ》即是也《ナリ》。

然焉《シカルニ》。和銅五年正月二十八日。太朝臣安万侶《オホノアソミヤスマロガ》　奉献古事記《タテマツルトコロノ》三巻《ノ》上表文云《ニハク》。於焉《ココニ》。惜《ミ》ニ旧辞之誤《アヤマリタガヘルヲ》　忤一。正《シ》ニ先紀之謬《アヤマリタガヘルヲ》　錯一。以《テ》ニ和銅四年九月十八日《ヲ》一。詔《シテ》ニ臣安万侶一撰《エラビシルシテ》ニ　録稗田阿礼所レ誦之勅語旧辞《ヲ》一。以献上者。謹《ミテ》随《ヒ》ニ詔旨《ニ》一。子細採《ニトリソロヘタリ》　摭。

之是《コレハコレ》。何如存意《イカナルココロゾヤ》。抑。勅語者《トハ》「能理斗《ノリト》」也。能理斗者《ノリトトハ》神言《ノコトバ》也。即神伝《ノ》也矣。撰録・採《トイヒ》摭者《トイフモノハク》　如レ字《ノ》也。則知《ル》。稗田阿礼所レ勅之神伝・神言・神事・言霊・神道者。依《リテ》ニ于太安万侶《ニ》一而。被ニ取捨撰択《セラレ》一。安万侶之私見冒《ケガシマツリテ》ニ　瀆於神勅《ヲ》一。誤《アヤマリヲツタヘ》ニ伝於古事一。後世子孫《ヲ》迷妄惑乱《セシメテ》。爾来一千二百年。大日本国正史泯滅。不レ知《ラ》ニ祖先《ヲ》一。不レ識《ラ》ニ皇《スノラギミノツタヘヲモ》　統一。暗蒙愚陋。浅劣卑薄。不《ル》レ堪《ヘ》二憐憫《ニ》一之世態俗状。唯一途下向転落《シテ》。遂為レ不《ント》レ知《ラ》二底止処《トドマルトコロヲ》一。修史任重《シ》。如《キモノハ》二安万侶《ノ》一者。蓋堕獄《ノ》大罪也矣。

今茲昭和八年五月三日。稗田阿礼《ガ》所レ勅《ス》。大日本天皇古事記《オホヤマトスメラギミフルコトフミヲ》。得レ奉レ窺レ之矣《ウカガヒマツルコトヲエタリ》。輙於《スナハチ》。印行以貽《シテ》二子弟《ス》後昆《ニ》一者也矣哉。

以上

大日本天皇古事記《オホヤマトスメラギミフルコトフミ》

天地初発《アメツチトヒラケタレバ》。高天原現成《カミトマガツビトモ》。有　神《マタワカレタリ》。

天御中主神《アメノミナカヌシノカミ》。高皇産霊《タカミムスヒ》・神皇産霊《カミムスヒ》。此三柱者《コノミハシラハ》　並独神成坐而隠身也《ミハシラニシテヒトハシラノカミナリ》。

高天原現成《タカマノハラナリナリ》。雖拝主神《ヌシノカミヲヲガミマツレドモ》。宇宙未完政《オホミソラハ》。其状始葦芽《イマダナリナルニイタラズ》。従其中萌騰而成神《ソノサマハアシノメニモニタルガナカニモエテナリマスカミアリ》。

宇麻志阿斯訶備比古遅神《ウマシアシカビヒコヂノカミ》。天常立《アメノトコタチナリ》。

此二柱亦独神成坐而隠身也《コノフタハシラモフタハシラニテヒトハシラノカミナリ》。

天常立既成時《アメノナリナリタレバ》。地界亦定《クニモマタナリタリ》。

豊雲野《トヨクムヌ》・国常立《クニノトコタチ》。

此二柱亦独神成坐而隠身也《コノフタハシラモフタハシラニテヒトハシラノカミナリ》。

宇比地邇《ウヒチニ》・須比智邇《スヒチニ》。

角杙《ツヌグヒ》・活杙《イククヒ》。

意富斗能也《オホトノデ》・意富斗乃弁《オホトノベ》。

游母陀流《オモタル》・阿夜訶志古泥《アヤカシコネ》。

伊邪那岐《イザナギ》・伊邪那美《イザナミ》。

此十柱《コノトハシラモ》亦独神成《トハシラニテ》坐而隠身也《ヒトハシラノカミナリ》。

茲《ココニ》。

伊邪那岐神《イザナギノカミ》。伊邪那岐《イザナギ》・伊邪那美《イザナミ》・游母陀流《オモタル》・阿夜訶志古泥《アヤカシコネ》・意富斗能地《オホトノヂ》・意富斗乃弁《オホトノベ》・角杙《ツヌグヒ》・活杙《イクグヒ》・宇比《ウヒ》
地邇《チニ》・須比地邇《スヒチニ》。《トタタヘ》十一《トヲアマリ》柱而《ヒトハシラニシテ》一柱神《ヒトハシラノカミナル》。《イザナギノカミ》

為降《コノクニ》地球上於日《ヤマトタミタカラヲ》本民族《クダシテ》。修理固成《スリカタメナサシメントテ》於多陀用幣流国而。賜天沼矛《アマノヌホコヲ》於日本天皇《ヤマトスメラギミニ》也《タマヒシナリ》。

授《ソノ》賜於天沼矛神事《アマノヌホコノカミワザヲ》而。伊邪那岐《サヅケタマフトテ》神。《イザナギノカミ》天浮橋而《アマノウキハシニシテ》。以沼矛《ヌホコモチ》。鹽許《シホコ》袁《ヲ》呂《ロ》許《コ》袁呂邇《ヲロニ》画鳴者《カキナシタマヘバ》。垂落《ソノシホノシタタリ》塩累積《ツモリツモリテ》成嶋《シマトナ》。游能
碁呂嶋《ナリタルヲバ》是也《オノコロシマト》。《マヲスナリ》

游能碁呂嶋者《オノコロシマトハ》。天御柱《アメノミハシラ》・国 御 柱《クニノミハシラニシテ》。而《コレスナハチ》八尋殿也《ヤヒロドノナリ》。天御鏡也《アマノミカガミナリ》。美斗能麻具波比《ミトノマグハヒト》也矣《マヲスナリ》。

美斗能麻具波比《ミトノマグハヒ》而《シテ》。伊邪那岐・伊邪那美・游母陀琉・阿夜訶志古泥・意富斗能地・意富斗乃弁・角杙・活杙・

宇比地邇・須比地邇。十柱《トハシラ》相互《カタミニ》言《ノタマハク》。

憙 哉《アナニヤシ》。可愛少男《エヲトコヲ》哉。

憙 哉《アナニヤシ》。可愛少女《エヲトメヲ》哉。

於此《カクテ》。生 子 者《ウミマシシミコハ》。

水蛭子《ヒルコ》。淡嶋《アハシマ》。淡道穂狭別《アハヂノホノサワケ》。愛比売《エヒメ》。飯依比古《イヒヨリヒコ》。大宜都比売《オホゲツヒメ》。

建依別《タケヨリワケ》。天忍許呂別《アメノオシコロワケ》。筑紫白日別《ツクシシラヒワケ》。豊日別《トヨヒワケ》。建日向日豊久士比泥別《タケヒムカヒトヨクジヒネワケ》。

建日別《タケヒワケ》。天比登都柱《アメヒトツハシラ》。天狭手依比売《アメノサテヨリヒメ》。佐度《サツト》。大日本豊秋津嶋《オホヤマトトヨアキツシマ》。又名《マタノミナハ》。

天御虚空豊秋津根別《ソラミツトヨアキツネワケ》。建日方別《タケヒカタワケ》。大野比売《オホノヒメ》。大多麻琉別《オホタマルワケ》。天一根《アメヒトツネ》。

天忍男《アメノオシヲ》。天両屋《アメフタヤ》。

此二十二柱者《コノフタソマリフタハシラハ》。一柱神而《フタソマリフタハシラニテ》。《ヒトハシラノカミナリ》

大事忍男神《オホコトオシヲノカミナリ》。

次生子者《ツギニウミマセルミコハ》。

石土比古《イハツチヒコ》。石巣比売《イハスヒメ》。大戸日別《オホトヒワケ》。天吹男《アメノフキオ》。大屋毘古《オホヤビコ》。

此五柱者《コノイツハシラハ》一柱而《イツハシラニテ》。《ヒトハシラノカミナリ》

風気津別忍男神《カザゲツワケノオシヲノカミ》。

次生子者《ツギニウミマセルミコハ》。

大綿津見神《オホワタツミノカミ》。

速秋津日子神《ハヤアキツヒコノカミ》。

速秋津比売神《ハヤアキツヒメノカミ》。

此三柱神者《コノミハシラハ》。水波能売神之別名也《ミツハノメノカミノマタノミナナリ》。

次生子者《ツギニウミマセルミコハ》。

志那都比古《シナツヒコ》。久久能智《ククノチ》。鹿屋野比売《カヤノヒメ》。野椎《ヌツチ》。天狭土《アマノサヅチ》。国狭土《クニノサヅチ》。天狭霧《アマノサギリ》。国狭霧《クニノサギリ》。天闇戸《アマノクラド》。国闇戸《クニノクラド》。大戸惑子《オホトマドヒコ》。

大戸惑女《オホトマドヒメ》。鳥石楠船《トリノイハクスブネ》。又名《マタノミナハ》。天鳥船《アマノトリフネ》。大宜都比売《オホゲツヒメ》。火夜芸速男《ホノヤギハヤヲ》。又名《マタノミナハ》。火炫毘古《ホノカガビコ》。又名《マタノミナハ》。火迦具土《ホノカグツチ》。

此《コノ》十五柱者《トヲアマリイツハシラハ》一柱而《トオアマリイツハシラニテ ヒトハシラナル》。

大山津見神《オホヤマツミノカミニテ マシマスナリ》。

次《ツギニ》生子者《ウミマセルミコハ》。

金山毘古《カナヤマビコ》。金山毘売《カナヤマビメ》。波邇夜須比古《ハニヤスヒコ》。波邇夜須比売《ハニヤスヒメ》。弥都波能売《ミヅハノメ》。和久産巣毘《ワクムスビ》。豊宇気比売《トヨウケヒメ》。

此《コノ》七柱者《ナナハシラハ》一柱而《ナナハシラニテ ヒトハシラノカミナル》。

埴安比古神《ハニヤスヒコノカミ ニテマシマスナリ》。

次《ツギニ》生子者《アレマセルミコハ》。香山之《カグヤマ ニ マスナル》
泣沢女神《ナキサハメノカミ》。

次《ツギニ》生子者《アレマセルミコハ》。

石拆《イハサク》。根拆《ネサク》。

石筒男神《イハツツノヲノカミ》。

此《コノ》三柱者《ミハシラモ》並一柱神也《ミハシラニテ ヒトハシラノカミナリ》。

甕速日《ミカハヤヒ》。樋速比古《ヒハヤヒコ》。

甕速日尊《ミカハヤヒノミコト》。

此《コノ》三柱亦《ミハシラモ》並一柱神也《マタミハシラニテ ヒトハシラノカミナリ》。

建御雷《タケミカヅチ》。建布都《タケフツ》。

豊布都尊《トヨフツノミコト》。

此三柱《コノミハシラモ》亦《マタ》並《ミハシラニテ》一柱神也《ヒトハシラノカミナリ》。

　　暗游迦美《クラオカミ》。闇御津羽《クラミヅハ》。

　闇游迦美神《クラオカミノカミ》。

此三柱《コノミハシラモ》亦《マタ》並《ミハシラニテ》一柱神也《ヒトハシラノカミナリ》。

　　正鹿山津見《マサカヤマツミ》。游滕山津見《オトヤマツミ》。奥山津見《オクヤマツミ》。闇山津見《クラヤマツミ》。志芸山津見《シキヤマツミ》。羽山津見《ハヤマツミ》。原山津見《ハラヤマツミ》。戸山津見《トヤマツミ》。

　大山津見神《オホヤマツミノカミ》。

此九柱者《コノココノハシラハ》一柱神而《ココノハシラニテヒトハシラノカミナル》。迦具土神之別名也《カグヅチノカミノマタノミナナリ》。　　既而《カク》。伊邪那岐神《ミコウミタマヒシノチニイザナギノカミ》。壊給於天浮橋者《アマノウキハシヲトリハナチタマヒタリケレバ》。

天地闇冥《アメツチクラクシテ》。唯《アルモノトテハ》　見。黄泉魔界醜類而耳也矣《ヨモツマガツビノタグヒノミナリキ》。

　　大《オホイカヅチ》　雷。

　　火《ホノイカヅチ》　雷。黒《クロイカヅチ》　雷。拆《サクイカヅチ》　雷。若《ワクイカヅチ》　雷。土《ツチイカヅチ》　雷。鳴《ナルイカヅチ》　雷。伏《フセルイカヅチ》　雷。

此八種者《コノヤクサハ》一種而《ヤクサニテヒトクサナル》。

　黄泉津醜女《ヨモツシコメナリ》。

此志許米岐者之名《コノシコメキモノノナハ》。

　　衢立船戸《ツイタツフナド》。道長乳歯《ミチノナガチハ》。時置師《トキオカシ》。和豆良比能宇斯《ワヅラヒノウシ》。道俣《チマタ》。飽咋宇斯《アキグヒノウシ》。奥疎《オキサカル》。奥津那芸佐毘古《オキツナギサビコ》。奥津甲斐弁羅《オキツカヒベラ》。

　　辺疎《ヘサカル》。辺津那芸佐毘古《ヘツナギサビコ》。辺津甲斐弁羅《ヘツカヒベラ》。八十禍津毘《ヤソマガツビ》。

　大禍津毘《オホマガツビニテアルナリ》。

伊邪那岐神《イザナギノカミ》。執於天沼矛而《アマノヌホコヲトリタマヒテ》。平定醜女者《シコメキヤカラヲシヅメタリケレバ》。

伊邪那美神《イザナミノカミ》。又名《マタノミナハ》。黄泉神《ヨモツカミ》。又名《マタノミナハ》。道敷神《チシキノカミ》。又名《マタノミナハ》。道反神《チカヘシノカミ》。又名《マタノミナハ》。塞坐《サヤリマス》黄泉戸神《ヨミドノカミゾ》矣《アレマシタマヒケル》。

平定《シコメキ》醜女《シヅメタマヒシ》天沼矛者《アマノヌホコトハ》。

意富加牟頭美尊《オホカムヅミノミコト》《ニシテ》。

直霊《ナホビ》。大直霊《オホナホビ》。底津綿津見《ソコツワタツミ》。底筒男《ソコツツノヲ》。中津綿津見《ナカツワタツミ》。中筒男《ナカツツノヲ》。上津綿津見《ウワツワタツミ》。上筒男《ウハツツノヲ》《ニテマシマスナリ》。

然而《カクテ》。之是《コレマタ》。

天照大御神《アマテラスオホミカミ》。

月読命《ツキヨミノミコト》。建速須佐男《タケハヤスサノヲ》《ニシテ》。

而。又是《マタコレ》。

伊頭能売神《イヅノメノカミ》《ニシテ》。

神直霊《カムナホビ》。大直霊《オホナホビ》。

即《スナハチ》。

天照大御神《アマテラスオホミカミ》《ニシテ》。

速須佐男《ハヤスサノヲ》。多紀理毘売《タギリビメ》。又名。奥津島比売《オキツシマヒメ》。市寸島比売《イチキシマヒメ》。又名。狭依毘売《サヨリビメ》。多岐都比売《タギツヒメ》。正勝吾勝勝速日天忍《マサカアカツカチハヤヒアメノオシ》

穂耳命《ホミミノミコト》。天菩卑命《アメノホヒノミコト》。天津日子根命《アマツヒコネノミコト》。活津日子根命《イクツヒコネノミコト》。熊野久須毘命《クマノクスビノミコト》。

即是《スナハチコレ》。

速須佐男尊《ハヤスサノヲノミコト》。

天児屋根命《アメノコヤネノミコト》。天布刀玉《アマノフトタマ》。天手力雄《アメノタチカラヲ》《ニシテ》。

而是《コレマタ》。

天布刀玉尊《アマノフトタマノミコト》。

速須佐男《ハヤスサノヲ》。天児屋根《アメノコヤネ》。天手力雄《アメノタチカラヲ》。《ニテマシマスナリ》

於此《カクテ》。伊邪那岐神《イザナギノカミ》。築成高天原《タカマノハラヲキヅキヲハリ》完。又《クニヲモ》。修理固成国土了《スリカタメナシタルナリ》。

大日本天皇国古事記《オホヤマトスメラギミルコトフミ》　完《ナル》

以上は、天皇国完成の御系譜であるが、釈氏は、之れを仏界曼陀羅と号んで居る。

順にすれば成《デキ》るが、
逆にすれば壊れる。

美智《ミチ》の皮、八重敷き並べて、八重畳。国こそ築け。国こそは成れ。

第二章　完

第三章　神魔の往返

神界の成壊は秘中の秘。常人には語るべからず。常人は聞くべからず。

然り。真《マコト》に然り。

然れども。常人日常此の秘の中に在りて此の秘を行じつつあり。真に是れ。怪奇異霊の神魔殿。

神魔本来非神非魔。

古聖驚嘆天御鏡尊《ナリト》。

微臣山谷

明治天皇　鴻業昭昭の世に生を享け。

昭和天皇　の第七年。

天御鏡尊の神勅を畏み東京の西郊鷺宮の地に修禊の為籠居してより十有五年。昭和廿一年九月一日までに伝へ得たる神事三部。その第一を「言霊の幸《コトタマノサチ》」。第二を「御鏡の幸《ミカガミノサチ》」。第三を「布瑠倍の幸《フルベノサチ》」と名づく。然れども伝ふるところは此の三部の間相互に出入するが故に截然と区別することは難し。唯その主とするところに依りて仮に分てるのみ。

中に於て「言霊の幸」最伝承し易し。「御鏡の幸」は、造形芸術を借るにあらざれば伝へ難く。「布瑠倍の幸」は専ら数理に拠らざるべからず。此の故に従来の所伝大半「言霊の幸」に属す。「御鏡の幸」は先に「朝陽百図」を出したれども複製無きが故に。今はその所伝の如何なりしかをすら忘失したるところ多し。

今年四月以来再画図を借りたるもの二巻。「塞翁一笑」「蕉翁遺香」と題す。同じ五月七日に筆録せし「言霊の幸第四篇成住壊滅」と対照せば了解し易かるべし。

此の二巻は氓《タミ》の嘆きでありまたその氓口復興記である。

それ。氓《タミ》は拠るべきところ無し。然れども解けたるものはまた結び来る。蒸気の水と化《ナ》り更に雲霧氷雪を現ずるが如し。結びたるものはまた解けざること能はず。之れは是れ万有起滅の事理なるのみ。

幼時我ㇾ田間を往返しつつ生死起滅の外に在るべきものを想ひて想ひ得ず。神恩畏く遂に鷺宮に籠居するに到れるなり。籠居半にして不幸にも

日本天皇国崩壊の厄に遭ふ。

岷囗に住して初めて諸多の外国歴史を味読し得たり。噫。我や今天涯の孤客。

漂漂浪浪として依拠を失ふ。

ここに至りてまことに基督の教へを哀しみまたまことに仏陀の教へを悲しむ。現在世界に光明を失へるものは「未来」を望んで唯僅にみづから慰む。その謂ふところの天国も浄土も十万億土を隔てて通信の便《タヨリ》だに無し。娑婆には大小強弱の相剋相殺するあるのみにして善悪美醜正邪曲直は之れを論議するものすら喪《ナカ》らんとす。嗚呼。岷の囗には困苦あるのみ。罪業の蓄積せらるるあるのみ。斯くして悪は悪を誘ひ罪は更に罪を重ねて人間世界は遂に崩壊するの外無きなり。噫。また悲しむべきかな。

然れども。人間各自に天分の存《ア》るあり。生を人界に享くるものは此の世界を無上の楽土と築成せざるべからず。吾は我が学ぶところを伝へてその天分を完ふせんと冀ふこと切なり。乃ち。「言霊の幸」に継ぐに「御鏡の幸」を以つてし。やがてまた「布瑠倍の幸」を完ふせんことを期す。

斯くして岷囗記念の日。

鷺宮《サギノミヤ》修禊所を出でて

神納宮《カンナフノミヤ》に遷る。

神納宮とは伊邪那美の秘宮《ヒメミヤ》なれば○境にして鏡の船なり。その教を

神納宮の神伝《ヨノヲスクニデン》となす。月読命《ツキヨミノミコト》の神知《カミシ》らすところである。

今之れを抄録して先に挙げたる「天皇観」を補足せん。
○之伝《ヒノツタヘ》
　蚤虱馬の尿する《ノミシラミウマノシトスル》まくら《枕》もと《モト》。

芭蕉翁はその紀行「奥の細道」に此の一句を遺してある。

それは既に三百年の過去ともなつたが。私どもは今氓口に住んで御上《オカミ》のあたりを仰ぎまつるとその騒がしさを何如ばかりいぶせしと思召さるることであらうかと恐懼に耐へぬのである。

これまた支那の話ではあるが嘗て鐘馗と云はれた進士が死んでからも皇帝の御側を守りその悪鬼病魔を掃はれたと伝へてある。古老は之れを美しと感嘆して詩に歌に絵に彫刻に褒め讃へて止まぬのである。

そのやうな心が凝り集りその作品が世に遺つて人人を動かすままに結び結んで忠臣義人が生れ来るのである。

その生み成す家を「海津見の鱗の宮《ワタツミノイコロノミヤ》」と称へて白玉《シラタマ》の真玉《マタマ》の響《ヒビキ》さやさやに光り満ちたる神宮《カミミヤ》である。それを遙に望み見つつ来り宿るは日の御子《ヒノミコ》空見津日高《ソラミツヒタカ》と仰がるるのである。

斯くして漂流氓口《クラゲナスタダヨヘルモノ》を整理しつつ神の国を築かせ給ふ。

この花の散るかと見れば。さはなくて。世に幸幸《サチサチ》を布くにぞありける。

氓口だからとて必ずしも氓口たるばかりではない。結び来りてはやがて神聖国躰を築き成すのである。

神聖国躰と称するのは天と地との判別が明瞭なので陰と陽との位置が正しいのであるから男女同権でもなけれ

ば自他平等でもない。勿論「水上に浮きた膏」とか「海面に浮きた海月」とか「海中に降つて来た雪」などに譬へらるべきものではない。ところが蚔口に居ては此の見易き真理をすら忘れる。

仏徒は人類の下向転落を眺めて末世を警告するが。日本神道は産霊《ムスビ》の秘を教へて向上向下の大自在身を知らしめてある。それが則　日本天皇観である。それを昭和八年二月十八日に筆録したものを要約すると次ぎの如くである。

『人には向上し進化しようとする心もあれば向下し退化する心もはたらく。

向上し又向上して止まず向下し又向下して止まずとしたならば何うであらうか。

人間の行路は多岐であり又多端である。多端多岐ではあるが遂には一往光明の道に帰る。それは向上して止まず向下して止まざる窮極に於て一点〇界に帰入したのである。則向上向下の尽きたるもので「極」である。それを今仮に「一往光明の道」と称するのである。これは抑何であるか。神と云ふのか否と呼ぶのか。仏と呼ぶのか否と云ふのか。人と呼ぶのか否と云ふのか。魔と呼ぶのか否と応へるのか。神なのか否なのか否なのか神なのか。否なのか仏なのか。否なのか人なのか。否なのか魔なのか。神にもあらず、仏にもあらず、人にもあらず、魔にもあらざるものなのか。否と呼ぶべきか。否に非ずと称すべきか。非ざるに非ずと云ふのか。

然り。否にもあらず否にあらざるにもあらざるものである。最大で最小なのである。それは則「火《ヒ》」である。「火《ヒ》」とは譬である。「〇《ヒ》」と画くのである。それはその象である。象だとは云ふが僅に人間身の認め得たものに過ぎない。

ところが。世人はそれすらも皆忘れて居る。けれども古伝は幸にして典籍に遺つて居る。古事記でも日本書紀でも旧事紀でも祝詞でも古語拾遺でもそのほか民間古老の記録を見ても皆共に「ヒ」と記してある。「ヒ」とは言《コトバ》である。

その文字は「比・日・火・霊・魂」等で共に「ヒ」の語に充当したのである。是れは神伝《ヲシヘ》で神言《ミワザ》で神道《ミチ》で言霊《ミタマ》で「コトタマ」と称するのである。此の神伝神言神事神道言霊を解き得体し得行じ得たるものを「真日《ナホヒノヒト》」と称へて来たのである。

直日《ナホヒノヒト》を中心として築き成されたる国を大停別《オホタマルワケ》と称しその国の中心直日をば直霊団成《ナホビノヒト》と讃へて「天皇《カミ》」と仰ぎまつるのである。

天皇《カミ》の国は即天皇《カミ》なのでそこに神聖国躰が成立する。

日本民族が神聖国躰を築成すれば、日本天皇国なので「日本即天皇即日本」と称するのである。

わたのはら。ふりさけ見つつ。うましみち。まぎてぞ来ます。そら見つ日高。

それで「天皇国《カミノクニ》」をばまた「日高見国《ヒタカミノクニ》」と讃へまつる。

天皇統治天皇国。神聖統率日高国。之れは是れ豊葦原《トヨアシハラ》の瑞穂《ミツホ》の秀国《ホクニ》と称するのである。

日本天皇紀としての神代紀は都べて、天皇国築成の教へであり伝へである。その現存せるものは日本紀・古事記・風土記・古語拾遺をはじめとして民間古老の伝へとしての旧事紀・橘家伝書・其の他諸家の記録である。なほ他国異民族の間に伝へたものも多い。けれども他国にありてはその国国が興亡起滅の渦中に出没して来たためにその神伝が殆ど忘失せられて僅に空文を止むるに過ぎない。まことに痛恨事であり愛惜の情に耐へないのである。

今。古事記の伝へた火遠理命《ホヲリノミコト》天皇行《ギヤウ》の一節を翻訳してその一端を拝することとしよう。

火遠理命は不図した災難から海べに坐つて途方に暮れました。すると何時の間にか「鏡の船《カガミノフネ》」に乗せられて遠い遠い海の際涯《ハテ》を際涯《ハテ》も無く走つて玉の《タマノ》井《キド》に入《ハイ》りました。

その井《キド》には処女《ヲトメ》が居て火遠理命にその御災難を除く方図《ミチ》をお教へまをした。

井《キド》には水が無くて玉ばかりである。その玉の一つ一つに火が燃えて居る。

その「火《ヒ》」を取つて。上も下も内も外も前も後も左も右も中心も外郭も唯一つの⊙《ヒカリ》であると称へながら其の通つて来た道と。やがて往くべき先と現在に居るところとを祓はれた。すると彼も此も都べてが唯一つに和ぎ。禍《マガ》と思はれたものもおのづから福《サチ》と変るのでありました。

古事記の本文は神話の形式を採つて居るので此の「祓」の意味も魔言と魔行とで示されてある。魔を制するには魔を知らねばならぬのでその魔言魔行を学ばせられたものである。

それで此のやうなのはその任に耐へ得る人でなければ却つて禍を招ぐことになるから秘事として漫りに人には話されぬのである。

之れを鷺宮でも神納宮でも歌詞として伝へる場合が多い。


　よしありと人こそ見らめ。岩津城《イハツキ》の楓《カヘデ》の山は、天つ《アマツ》神国《カミクニ》つ神《ツカミ》たち神集《カムツド》ひ集ひたひまて。神議《カムハカ》り議りたまへば。梅香ふ春をも待たで。桜咲く月に先だち。矢《ヤ》知川《ハギガハ》幸こそ運べ。豊川《トヨカハ》の布由《フユ》こそは増せ。円《ニ》塗矢《ヌリヤ》の赤根の色のあからあからに。

天《アマ》そそる段戸《ダンド》の山《ヤマ》。地潜《ツチクグ》る矢矧《ヤハギ》の水《ミツ》。うまし国築き給ふと。中つ国造り給ふと。八隅知《ヤスミシ》る大国魂《オホクニミタマ》。山祇《ヤマツミ》の宮を畏《カシコ》み。海《ワタ》の原振りさけ見つつ。逆鉾を手挟み執らし。空《ソラ》に見つ我が日の御子は神《カミ》ながら天降《アモ》りぞ来《キ》ます。その櫛振る嶽に。

日の神の御子《ミコ》の尊《ミコト》の天降《アマクダ》り来《キタ》りますをば。立ち出でて仰ぎ畏《カシコ》み。敷嶋《シキシマ》の日本《ヤマト》の国の浦安《ウラヤス》の瑞穂《ミヅホ》の国の御民皆《ミタミミナ》声打ちそろへ歌ひつつ褒め讃へつつ八衢に立ちてぞ舞へる湯津《ユツ》桂挿頭《カツラカザ》して舞へる。海津見《ワタツミ》の鱗《イロコ》の宮居《ミヤキ》。山祇《ヤマツミ》の高千穂《タケチ》の宮居。惟神神《カミナガラカミ》の常宮《トコミヤ》。神知《カミシ》らす日月《ヒツキ》の宮居《ミヤキ》。神の子の光りを浴びて神《カミ》挂りかかりて布《フ》由《ユ》を布《シ》くとこそ知れ。

ひるがほは垣根に咲けど月読の光りを知らに。須佐之男の都牟刈大刀《ツムガリノタチ》執《ト》り佩くは。我が大君《オホキミ》の国築くなれ。

奇振《クシフル》の御嶽《ミタケ》に立てば。天《アメ》もまだ地《ツチ》を離れず。人は皆神赫灼《カミカカリ》して笑《エ》らぎ歌へり。

一夕風塵起。一朝雷雨到。一夜怪鳥叫。独坐寒巌客。

ひとりして大国主のきづけりと思ひしことの浅くもあるかな。

古老来教綿津見之秘。如如生滅天皇国。必竟天壌無窮身矣。

ありあけの海よりはれて日の国のゆたにたゆたに幸《サチ》は寄るなれ。

禅寺の松の落葉を掻き集め飯かしぎつつ神と語らん。

よしあしを煙に乗せて禅寺の松の落葉は天翔るらし。

三つ栗のその中栗の栗の実の綾美しき裏表かな。

綴り懸けし赤玉なれど。手に取れば渋いと強き柿の一群。

どんな詞で言ひあらはしたらば他《ヒト》に判明《ワカ》らうか。

どんな文字で綴つたらば他《ヒト》に間違ひ無く伝へられようか。

言語文章はどんな細密でも巧妙でも。なかなかその思想を伝へるのに完全を期し難い。

それを。何うであらう。

氓口人は神の詞を忘れ祖先の伝統を捨てて進化向上するものと誤解して居る。

せめて。その国語でも失はぬならば。また復興の手がかりをも成るであらうにと。

此の頃の国語国字制度を見聞きしては慨嘆長息止め難きかぎりである。

人間の拙き詞や文字で神界の事理を伝へることは。まことに難かしい。けれども。朧気ながらでもうかがひ知る手がかりになるならば幸である。

月夜見《ツキヤミ》・月弓《ツクユミ》・月読命《ツキヨミノミコト》。畏矣《カシコシ》。』

第三章　完

一滴水中八万四千神界存矣。

水一しづく。ひとしづく。身ひとつにして。ひとつにて。面《オモ》は四つあり。おもよつにして。よつの心。よつのこころ。ひとつをば。⊙《ヒ》ともこそよべ。ふたつをば。◎《フ》とこそはいへ。みつのこころ。水波能売《ミツハノメ》。そのよつを。

夜の食国《ヲスクニ》と。人こそは知れ。

月読の命の幸を。人の仰ぎて。

第四章　位置の転換

その位置は「天岩座《アマノイハクラ》」で、その人は「オホヤマトスメラギミ」で、その時は「神代《カミノヨ》」で、その業は「神魔剖割」で、と言ふやうな説明は、人の世で人を教ふる必要からなのである。

私が幼時絵を習つた造神宮技師、井上清《キノウヘキヨシ》先生が、誰彼を批評するのに、「位取りが分らないのだから困る」と仰せられた。まことに。その位置を覚《シ》れば、その人は成り、その事業も明で、「神代《カミノヨ》」は築き成される。

その「神代」とは、時間を超え空間を脱したのであるから、今仮に之れを「零位」と名づける。万有の出発し、また帰入するところである。此の間の消息を、古人は簡単に説明して「神は生き通しだ」と言はれた。まことに、生死無き世界に生死無き実在が「カミ」なのである。その世界たる零位は「タカマノハラ」で、その主神は「アマテラスオホミカミ」だと伊邪那岐大御神は仰せられた。

その「アマテラスオホミカミ」が、人間身として人類世界を統治統率し給ふをば「オホヤマトスメラギミ」だと、日本民族は学んで来たのである。支那文字を仮りては「皇孫」とも「天皇」とも書かれた。けれども、「天皇陛下」とは、近代語でタカマノハラ伝統の意義を失つてしまつた。これが、そもそも国躰の乱れる因であり、また、その乱れたがためにその名も変つたのである。

「その名紊れてその実滅ぶ。」

人類世界が「天皇国」を失つたことは、何物にも代へられぬ人類の損失である。

さて、その「天皇国《タカマノハラ》」を此の世に築くのが「神の使徒」たる人類の任務である。それで、此の「零位」を覚《シ》ることから、人類としての自覚が始まる。

ところが、まことに不幸にして、現在世界の人類は、まるで此の自覚が無い。イエスの生れたその時よりもまだ甚《ヒド》いのではあるまいか。

下向転落。

向上。向上。又。向上。

向下。向下。又。向下。

まことに不幸にして、現代人は「位置」を知らない。

位置の自覚が無ければ、「クラゲナスタダヨヘルモノ」で、亡国漂流民で、「利害休戚」の捕虜である。

此の捕虜は、何時解放されるか。

「位置の自覚」を得さへすれば、何時でも「自在身」と成る。イエスは二千年の昔に、それを証明して居る。

彼の福音書なるものが、それを伝へて明瞭である。

向上向上唯一点。

一点玲瓏白玉身。

白玉身心七重楼。

七重楼閣四市宮。

四市宮殿唯一点。

ああ。陽《ヒ》は入れり。陰《ツキ》いまだ升らず。

誰か掲ぐるものぞ。白玉晃耀の火。

「我レに従はんとするものは、己が十字架を負ひて来れ。」

第四章 完

天皇篇 終

窟は闇し。いざ子供。日向に出でて群れ遊べ。光りを浴びて舞ひ遊べ。老いたるものは野に立ちて。落ちたる穂採《イナボ》りて見よ。人の知らざる幸《サチ》有らむ。若き男子《ヲノコ》は根を掘りて。生命《イノチ》の本を尋ね見よ。人を育つる道を得む。少女媼《ヲトメオウナ》は手を取りて。花の雫を酌み交はせ。国を治むる法存《ノリア》らむ。

暇無き身にも尋ねよ。火の川の。磧の中の明《アカ》き真玉を。

第八　新邦篇

第一章　天皇の神性

「タカマノハラ」では、「オホヤマトスメラギミ」と称へ、日本国では、「天皇」と仰ぎまつる。それは、「超絶的実在也」との義である。

そのことは、上来屢ゝ繰返して述べたところである。けれども、その御神性を、「天照大御神、月読命・建速須佐男命」と讃へ、物に寄せては、「鏡・璽・劔」で、その象は、「○《斯う》」描くことが出来る。或は、簡単に、「・《斯》|《う》○」も書き得る事理は、尚重ねて説かねばならぬ。否。否。生生、世世、百千万劫、繰返し繰返し説明せねばなるまい。古人の然りしが如く。現在に然るが如く。亦復《マタ》将《マサ》に然るべく。然り。真《マコト》に。

人の身は、解けては結び、結びては解け、出でては帰り、返りては往く。結び来りては、百骸九竅として其の生を楽しみ、解け去つては、空しきに似て(火)なりと笑ふ。

燃ゆる(火)も。取りてつつみて。ふくろには。入ると言はずや。智《サト》くともなきに。

と万葉集の歌へる如く。

劫(火)洞然。大千壊滅ス。

と、天竺の聖者が警告せし如く。猶太の聖衆が

(燔)祭。

以つてヱホバに捧げたるが如く。

人間身の認め得る物としては、

(火)。

此の(火)が大千世界を焼く。

その様を観《ナガ》めて、「建速須佐之男命」だと恐れ畏み。「天が下皆闇し」との物語り史《ブミ》を生み出したのである。

焼き尽して真闇《マックラ》だ。真闇で、人の目には何物も認められぬから、「奇《ク》しの雄柱《ヲバシラ》一《ヒト》つ欠きて(火)を点《トモ》す。」

まことに変幻出没。計りがたき宇宙の相《スガタ》。その奇《ク》しき様を空《ソラ》に仰いて、「月読命」だと怪しみ訝かる。ところで、此の怪奇な(火)が、結び結んで天《ソラ》に挂れるをば、(日)と仰ぐ。此の(日)は、万有を化育し給ふ純愛にましますが故に、「天照大御神」だと讃へたのである。

「建速須佐之男命・月読命・天照大御神」と、そのそれぞれの御神性は異るが、その実は等しく共に

(ヒ)である。

その(ヒ)の、そこに燃え、

ここに照り、

かしこに消え、やがて

明《アカ》く。また
暗く、
　生滅起伏。
神をも祭り、
人をも焼く。
　燔祭。
　燔炙。
　燔燧。
　燔燎。
瞋恚の猛火も
　慈愛の光明を点ず。
ゆくらゆくら。時は移りて。時は来て。今ぞ華咲く。神の言霊。
天照大御神《アマテラスオホミカミ》・月読　命《ツキヨミノミコト》・建速須佐之男命《タケハヤスサノヲノミコト》。止《ト》大御名波《オホミナハ》。奉　称弖《タタヘマツリテ》。
天　祖《アメノミオヤ》天照大御神《アマテラスオホミカミ》。亦　名　波《ソノマタノミナヲバオ》。日本天皇《ホヤマトスメラギミ》。止《ト》。人皆波《ヒトミナハ》。奉仰焉《アフギ》。
奉祭《マツ》。奉祀《ラナ》。之是《カミノ》惟神《マニマニ》。
　天下大同《アメノシタ》。都　無　彼　此《タダヒトツニテカレコレト》。故称心安《ヘダテナケレバウラヤスキカモ》◎
「来れ。神邦築成の使徒。」

第一章　完

第二章　民人の安心

前章を書いた時、憂国の志士が、次の三問を発して、簡約の文章を求められた。

「皇国躰ノ本義」「天皇ノ御本質」「天皇退位ノ可否」

今、之れを一括して要を得たい。

惟ふに、民主日本の現況は、之れを、支那の古代風に云へば、「氓《タミ》」で、氓口で、連合軍の捕虜で、その思想の混乱、品性の堕落は、日本古典に所云「宇士多加礼斗呂呂岐弖《ウジタカレトロロギテ》」目も当てられぬ惨状である。

氓口日本ノ航路ハ難シ。ソレト云フノモ先聖ノ遺教ヲバ総ベテ敝履ダ。ト思ヒ誤ツタガタメデアル。マコトニ、大道地ニ堕チテ、群小横暴ナル不祥ヲ現出シテシマツタ。百鬼昼行イテ、天地晦冥。魑魅魍魎ハ白昼ニ躍ル。此ノ時、此ノ口《トコロ》ニ、誰カ掲グルモノゾ。天壌無窮ノ旗幟。

「天壌無窮」。是れ、まことに、

日本古典の伝へた「日本国躰観」である。

それだから、「皇国躰の本義」は、一言にして尽す。曰はく、「天壌無窮」なりと。

「天壌無窮とは、固定しないのだ」と、故郷篇の第二章に述べたが、宇宙の万有は、常時不断に、流行転換して、無尽無量の観を与へるから。常無常と云ふべく、尽無尽と呼ぶべく、限無限と称すべく、極無極で、燃ゆる火の如く、行く水の如く、有であつて無で、無であつて有で、神で魔で、神魔であるから、之れを整理するのが治国の要諦である。それを「神ナガラ」と呼ぶ。その「神ナガラ」に、人を治め国を築く。是れが、日本天皇の国是だと拝承する。

太古以来、そのやうにして、日本天皇国は築き成された。それが、何うして、哀れな現況《イマノスガタ》に成つたのであらうか。

古典は、また簡単に、その事理を訓誡《ヲシ》へられてある。

「因二女《ヲミナ》先言《コトニサキダチシニヨリテ》一而不レ良《フサハズ》」と。

之れを換言すれば、「その位置を乱したが為に、国が流亡した」のである。まことに、万有は、各自にその位置を保つが故に安定するので、之れを乱すものは亡びる。

天壌無窮に流行転換する日本天皇の御位置とは、「超絶的実在」なる「ヒの〇《クニ》」で、それを、天上界では、「天《アマ》岩座《イハクラ》」と称へ、日本国家では、「高御座《タカミクラ》」と仰ぐ。

天照大御神の皇孫《ミコノミコト》の知ろしめすところで、天皇の玉座である。そこで、日本民族が、「天皇」と称へまつるは、此の「玉座の主」で、孝徳天皇紀には、之れを「惟神」と記してある。則、「惟レ神なる我が御子。応に治らすべし」と命せられた。そのために、天と地と剖き、（キミ）として、此の国《クニ》を治ろしめすのである。（キミ）の治らす国《クニ》は唯一つで、彼レ此レの隔ては無い。

「天下大《カレトコレト》同都無《ヘダテナケレバ》彼此者《アメノシタ》也。」《タダヒトツニテ　ウラヤスキカモ》

それで、「皇国躰」は即、「天皇」にてまします。

国躰即天皇即日本即国躰。

天皇即日本即国躰即天皇。

従つて、「天皇ノ御本質」は「惟神」で、「天地を剖割して天地を統治する」ものである。その為に、日本古典は、

伊邪那岐命《イザナギ》伊邪那美命《イザナミ》二柱《フタハシラ》神の「祓禊《ミソギ》」を垂示《ヲシ》へさせられた。

それを別けて云へば、伊邪那美神の「祓《ハラヘ》」と、伊邪那岐神の「禊《ミソギ》」とで、その結果を示しては、「三貴子の出生」である。

「三貴子」とは、「オホヤマトスメラギミ」で、創造と破壊とで、則、神魔剖割して一几に在るの体であり用である。則、体用不一不二なる「カミ」であり「キミ」であり「クニ」である。

けれども、古典の記載は、「神界成壊の事理」であるから、人間世界では、之れに「神習《カンナラ》」ふので、時に誤つて、「氓口」ともなり、

「天皇退位」を論議せらるる不祥事をも醸し来る。

伏して惟ふ。

昭和天皇に於かせられは、畏くも、「祓禊」の神事有らせられず。はやく既に、「天皇神聖」の事実を捨てさせ給ひ、

民人は流亡して、現況を呈した。

然れども、
「カミ」の「クニ」は永遠に平安である。
カミナガラ。
カミノクニヲバ。
ヒトシリテ。
タミヤスカレト。
コヒイノルカナ。（オホヤマトスメラギミ　オホミウタ）

第二章　完

（日本語では「キミ」とは、漢字で「君民」と書くべく。「クニ」も「カミ」も、また略、同義であることは、さきに屢々述べました。）

第三章　大旱《アメアルニニタリ》の雷鼓

人の国は亡びても神の国は無窮である。
神国日本天壌無窮。
新邦世界唯一無二。
真人統治公正無私。

森羅万象往返無常。

現象世界は見るが如く出没変幻生滅起伏して刹那も常住することは無い。けれどもその裡、一点不滅の火が在る。

此の火を掲げて真人は来り新邦を築き神国は成る。

「来れ。新邦築成の使徒。」

第四章　真人の旗幟

日本語で「スメラギミ」「スメラミコト」「スメミマノミコト」「ワガオホキミ」「キミ」「ミコト」等と讃美するのは「天皇」との意で人間身としての主権者を超越して過去現在未来と表裏とを一貫統轄したる「カミ」にてましますとの義である。

その「カミ」とは長上《カミ》の意で制御統一《カミ》の義で、さうして組織《カミ》の義でもある。昔から此の語は此のやうな意味をもつて使用されつつ来たのである。

ところが、近頃は間違つた国語教育を為て居るために一般人がまるで自国のこと自分自身のことまで間違へてしまつた。

ましてや全世界人類のことなどまるでチンプンカンプンである。

若し日本人が日本古典としての神代紀を忘れなかつたならば間違つた戦争など起すはずも無ければまたその

渦中に捲き込まれるやうな過誤《アヤマリ》を為ようが無い。人人は教育の大切なことを云ひながら間違ひに間違ひを重ねて何処へ迷ひ込んで行くか分らぬ状態である。それと言ふのも向上向下の区別をはつきりさせる根本義を間違へて居るからである。

「我等は何を為すべきか」。単なる生物で満足しようとするか。実用主義便利主義で行かうとするか。それとも真《マコト》の人直日《カミ》の人と成らうとするのか。

太古の日本人は「唯単に目前の利害得失に迷はないで神界楽土を築かねばならぬ」と教へて来たのである。が、さて、何んだ彼んだ、ああか此うか、ああでもなし此うでもなしと詮索立てをして見ても、結局は唯「これ是の通りだ」と云ふまでのものである。

人は皆是の裡に生れて此の裡に死ぬ。それだから「生死に因はれるな」とは古聖の教へであり「生死線上に敢闘し争奪せよ」とは飢ゑたるものの叫喚である。地界魔境を画くも天国浄土を築くも又唯這の裡の造作であるに過ぎない。

「人間歴史は大滑稽の美だ」と理屈つぽい美学者は言つて居る。そんなことを言ふのも滑稽だと「両掌拍手呵呵大笑して何処へ往つたのか判らぬ」寒山子拾得子は身も家も郷も国も地も天も神も忘れはてて唯此れ「是くの如く」であつたのである。

「唯此れ是くの如き裡」に居て神界楽土を築き人天万類を安養化育するは人間出世の本懐である。古老は此の人を「聖《ヒト》なり」と呼び「直日《ヒト》なり」と讃へ、その座を設けてヱホバの殿裡に坐せしめたる時「基督なり」と称へ、阿弥陀の浄土に在りては「観自在仏なり」と拝み、天照大御神の高天原にては「天忍穂耳命」と祭り、人類築成の神国にては「皇孫命」と仰ぎまつる。各々その時とその処とその人人との異るが故にその名の異るまでで則、「ミコト」で「キミ」で「ワガオホキミ」で「スメミマノミコト」で「スメラギミ」で「カミ」にてまします。

別の詞で言へば(極)で(無)(極)で(極)(無)(極)で（ヒ）である。

その象《スガタ》は一円で二重で三重で四重である。一円とは○、此の○は必二重から成立つので三重だと云ふ。それは、重《カサナ》るからには重点が有るためで、そのまた重点には表裏があるから四重なのである。之れを基本として都べてのものは組織される。実は然う別けられるのではないが、説明の便宜で仮に別けるまでである。と云つても（ヒ）なる(一)の成立が然うなのだから然う説明するよりほかはない。所云「一円相」で、支那文字に伝へた(日)で(ひ)なる(∪)で太陽である。さうして此の文字に由つて日はすなはち太陽でまた太陰であることが分る。それは凹凸の結合が(∪)だからなので此の(ひ)なる一《ヒ》は即二《フ》である。一《ヒ》が中心で二《フ》が外郭でその中心と外郭との包合合躰が一《ヒ》で、それは三《ミ》で四《ヨ》で二《フ》である。が此の二《フ》で三《ミ》で四《ヨ》なる(一《ヒ》)は此のままで箇躰を成すのではない。箇躰成立の原型であるに過ぎない。此の四《ヨ》が百千万と集合してはじめて箇躰が成立する。それを数としては五で（イ）と呼び（イ）（ツ）となす。古典は之れを「神代《カミヨ》五代《イツヨ》」と教へてある。まことに是れ神の代で都べての物の種子である。此の種子が、成育しては日月星辰とも成り山河草木とも風雨電雷とも成り、人とも万有とも成る。それで、人天万類一切合切その(本《モト》)を発《ヒラ》き来れば○である。

国家組織の上で「民主」とは全民人が此の○の象《スガタ》を顕はし此の用《ハタラキ》を為し得た時初めて云ひ得るので、古典は之れを真経都鏡《マフツノカガミ》も称へて天照大御神の「ニギミタマ」だと教へられたのである。

全人類が天照大御神の「ニギミタマ」として新邦を築成する時、その世界は一円晃耀の○の国で神界楽土である。

是の如き神界楽土を築成せんと欲せば必先づ「祓禊《ミソギ》」の神事を仰がねばならぬことを伊邪那岐大御神は垂示《ヲシ》へさせ給ふ。

桃の花の　その紅の　うらぐはし。オホカムヅミの神のウケビて。

まことに是れ「天地《アメツチ》の《ノ》宇気比《ウケヒ》」にして、人天万類行蔵進止の基準である。

是くの如くにして来り是くの如くにして往く。行止進退唯是れ神のまにまに神ながら結びては解け解けてはまた結ぶ。

真人来り嘆じていはく。

聖寿《カミノイノチハ》無窮《ハテモナク》。
天地《アメツチトモニ》平安《サダマリテ》。
五穀《モノミチタレバ》豊熟《ヒトゴトニ》。
万邦《ヒトヲサソヒテ》和楽《オモシロク》。
之是日本《タノシキカナヤ》天皇教《ウチトヘダテズ》。

以上

昭和廿三年八月二十六日午前〇時〇分

第四章　完

第五章　主権の流動

故郷篇の第二章に、天照大御神の「ニギミタマ」を伊勢の大神と称へて奉祀奉賽されたことは、民主国家自治の大本を示して居ると述べたが、その「ニギミタマ」とは、他《ヒト》の為世の為に貢献することのみを楽しみとし喜びとして、他から受けることは快しと為ないものであり。之れとはまた正反対に、何んでも彼んでも自分に取り入れることばかりを喜び楽しむものは「アラミタマ」の為ることだと、先師から学んで居る。

「アラミタマ」は奪ひ、「ニギミタマ」は与へる。

与へることのみを知る時、「民主国家」が初めて発足し、相互に他に貢献するに到つて完成する。

相互に他に貢献し相互に幸福を享けることとは、「ナホヒ」の為すところで、何れにも偏倚せしめざるものである。偏倚すること無くして初めて平安世界が出来る。然うしてそれは、取ることから初まるのではなく、与へることから初まる。入れることからではなく、出すことから発足する。「先づ出すこと」は、人間身出生の最初に教へられた呼吸の原則である。之れに由つて、私どもは「先づ与へること」が、人間処世の原則で社会構成の原則であることを知る。

「先づ与へよ」と云へば、貪慾の徒は、「与ふべき何物をも持たぬ」と反駁するであらう。然れども思へ。「我レの在ること」を。百骸九竅五臓六腑の所有者でありながら、誰か貧しと云ふや。まして衣有り住有る身は富み足れるには有らざるか。

先づ出せ。先づ与へよ。然らば、汝は「主」の御旨に協ふべし。若しまた然らずんば、「主」は汝の存在を許さざるべし。「民主国家自治の大本」は「出す」こと「与へる」ことで、「取る」こと「入れる」ことではない。世の社会主義者、社会運動者なるものが此の原則を忘れては居らぬか。咄。貪慾の魔身。

雪山童子捨身の行、能く仏国浄土を築成し来る。

耶蘇十字架上の死、亦能く天国楽園を現出す。

諸神赤裸にして三貴子と化せり。

日本古典神秘の聖旨。之れは是れ、神国築成の秘鍵也。

第五章　完

第六章　空屋の壊廃

万有《モノ》の生り立つ順序は必ず中心が主動者と成つて外郭を集める。人間の組織するものの一切もまた勿論然うであること日常見聞するが如くである。然るにも拘はらず世上漫然「民主」と叫ぶ。孰ぞ知らん。「民」とは平等なる存在が、国家組織の上で外郭を構成し中心に朝宗するの義である。斯くてはじめて国家の統一が出来る。その大小広狭の何如に拘はることなく苟も団躰を成すものの都べては中心無くして存在することは出来ない。

が、さて国家或は社会組織の上で、その中心の成立には二大別が認められる。その一つは最初より中心主動者として組織したそのままの国家なり集団なりであり、他の一つは集団を成すべく国家を構成すべく衆議を集め中心を定むるものである。

太古から人類世界には色色の国躰が有り政躰が有つた。けれども、それは必ず中心と外廓とから成り立つて居り、中心は主動者で外廓は随従者である。何如に共和国だ民主国だと云つても、既に集るからには、唯一人の指導者に依つて初めて完全な統一が出来る。それ等の主動者と云ふのは、その当時の情勢相応に或は酋長であり主君であり帝王であり大統領であり総統であり委員長であり、乃至、書記長等である。多数者が選出して任命しようとも、推戴しようとも、多数者を征服して君臨しようとも、相互協調の結果として戴冠しようとも、乃至、何のやうな形式に依らうとも、究極に於て、中心は唯一であり、外廓は多数であり、中心は指揮者であり命令者であり、外廓は随従者であるよりほかはない。是れは一つの例外も無い事実である。若しも然らずと云ふもの有らば、事実を無視せんとする暴論狂人である。それ故純粋社会主義と呼ぶものは空論であり、純粋の民主主義と云ふことも自己欺瞞であり首尾顚倒である。それにもかかはらず世人の多くが中心と外廓との関係を無視して擾乱を繰りひろげ繰り返して居る。

それはそもそも何故であらうか。或は無智なるが為に此の見易き事理をすら弁へぬのでもあらうし、目前の利害得失に迷はされて筋道を見失ふ為でもあらうし、権勢暴威を擅にしようとてみづからみづからの真を見失つた為でもあらうし、又或は単なる反抗心から事理を無視することもあるであらう。が、その何れにしても、中心が中心としての位置の自覚を失ひ、外廓が外廓としての位置を弁へぬ時に此の間違ひが起る。けれども、此の間違ひたるや。その時その処での間違ひである。その時その処では間違ひであるが、それは、大道に乗つて居ないと云ふ間違ひである。

大道と共に亦細径がある。さうしてそれは、縦にも横にも入り交つて大道のやうに一本調子ではない。その為に、時間を忘れることも空間を捨てることも出来る。真《マコト》に恐るべき魔道である。時間を忘れ空間を捨てると云ふのはその時と処とを没却するのである。さうすれば、唯それ自躰だけが残る。それ自躰としてのかかる活動は単なる「自己保存の本能」であるにすぎない。さうしてそれは、善悪にも正邪曲直にも拘はらずすべての生物がその欲を遂げんとするものに外ならぬのである。従つて其処には、社会も国家も、乃至、知人朋友兄弟親子までもが相互に各自各自を保護する方便としての機関に過ぎぬものとなる。で、それは人間世界ならざる生物界だと云ふまでである。故に、人類としての進化向上は無視せられ、唯その利害得失の渦中に没入するのである。

古老はひどく之れを畏れて「秘事」とし「禁断の木の実」と呼んで、此の事理を世人には知らせたくないと願はれたのである。

噫。

生死事大。生れて来たものの必死ぬことは事実である。それと共に、その死を欲せずして生を願ふこともまた生けるものの必然るところの事実である。此の心情を善人が活用しては世を潤し人を救ひ悪人が用ゐては世を毒し人を害ふ。

善にあらず悪にあらず、正にあらず邪にあらず、美にあらず醜にあらず。之れを秘して「否《ヒ》」と呼び「非否《ヒヒ》」と称す。

第六章　完

第七章　中心の権威

米麦牛羊尽くれば、人が人を食ふ。

「それ唯聖人か。進退存亡を知りて其の正を失はざるものは、それ唯聖人か。」

利害得失の為に動揺することのないのは容易でない。口腹の欲に囚はれないことは容易ではない。容易でないことに打ち勝つのは、聖人と称する目標が存《ア》るからである。此の目標を人道と呼ぶ。人が人としての国を築く上に無くてはならぬ大道である。

若しも、人類世界に此の大道が行はれないとなれば、その世界は既に古来の聖賢が指示した人類としての目標を失ひ、人のやうな姿形をした動物が寄り集つて居ると云ふまでのものである。

「人の道無きものは人の姿はして居ても、人としての衣食住を失ふことになる」。見よ。世界労働群なるものが「働けるだけ喰はせろ」と叫んで居る。

大道は地に堕ちて群小横議。

百鬼昼行いて天地晦冥。

まことに、大道が行はれなければ、荊棘繁茂して天日を隠すに至る。

「人はパンばかりで生きて行かれるものではない」と、古聖は仰せられた。パンが有つたからとて人の道が無ければ人の世界は成り立たない。此の道を明にしようとてエスは十字架上に身を以つて教を遺されたのである。

ももくさのみてくら捧げ祈るかな。道行く人のうら安き日を。

「鷹は飢ゑても穂を摘まず。鷺は立ちても後を濁さず」。野山に住む鳥でさへも猶且此の如くである。

第七章　完

第八章　死者の再臨

暴風雨は益〻激しく濁浪は愈高く内外の情勢は険悪を加ふるばかりである。都会でも田園でも寸時も安穏には過ごせない。

斯ういふ時には、壕中窟裡の祭祀をして特に「大祓」の神儀を仰がねばならぬ。

嘗てその儀式の一端を記したものが有るから抄録して置かう。

『さて。その祭儀も進んだので、三月三日には王羲之の所云「禊事」を修めた。けれども、王羲之のそれは富み足れるものの行事であつた。それとはちがつて、まことに乏しき鷺宮でのその様は次ぎの如くである。

桃の花が手に入《ハイ》らぬので、古画の桃を挂け、梅と月との二幀を左と右とに配り、天皇御即位後御一代一度と定められて御調進遊ばされた

伊勢大神宮御料大神宝用裂地の拝領してあつたものを用ゐて祭壇を営み、社団法人稜威会の旧標札を仮に掲げ、

しみづひく　しづがせとやま　ひく水の　清き心ぞ　世の人の道。

山もとの　里には　清き水を引け。　水にみそがば　人は光らん。

十二年前に斯う認めてあつたものを挂け、正月祝ひの用として配給されてあつた清酒の数勺を白酒に代へ、裏庭を掘りかへして採つた山の薯、佐渡の海から持ち帰つたとて隣家の青年から贈られた鼬鼠魚《アブラメ》一尾、沼津の戦災者が昨秋土産だと云つて持参した栗が三個であつたのを一個だけ残して置いたものと、上総の菠薐草《ハウレンソウ》、福島県立《タツ》子山《ゴヤマ》と申す村から昨年寒中に作つた凍餅《シミモチ》だとて贈られてあつた中から三切だけ貯へて置いた蓬餅。(此処で一寸断つて置きますが、此のやうに僅ばかりのものを殊更大切らしく保存するのは、木花咲耶毘売《コノハナサクヤビメ》の教訓で「サ」の秘事としての「誓願」に基づくものである) これ等を供へまつり、更に別座には「修禊講演録二冊」。是れは先師遺教の秘事である。さうしてそれに、京都上賀茂神社と奈良手向山神社との絵馬を捧げ、去年は石榴の実が乏しくて僅にかたばかりであつたが、その二つを供へ、十年ばかり前から短冊挂けに挿して置いた五十鈴川の歌を小雀の歌と挂け更へ、平家納経の複製を置き、女竹の二年生で真青《サアオ》なのを幣串にしたのである。

五十川川浪躍り、神路山、宮木曳く手に玉の雄走る。

小雀の何騒ぐかと、立出でて、背戸の木末《コヌレ》を仰ぎつるかも。

その時のノリトは過今来一貫の火として人類の生活を司らるる木花咲耶比咩《コノハナサクヤヒメ》の神言霊で次ぎの如くである。

サクラバナ　サキノ　サカリヲ　アマヲトメ　ヨニ　サチアレト　アサ　ツトメスル。

此の神言霊「サ」の秘言と称へ、衆魔調伏神界築成の妙音だと学んだので、特に百万遍奉称を念願するのである。

察《ミ》よ。

擾擾たる山風。

滔滔たる濁水。

月は林間に隠れて民屋眠らず。』

以上である。

今の大衆日本人は大きな忘れ物をしている。全世界人類の多数者がまた然うである。

大きな忘れものとは何か。○《ヒ》と☉《ヒカリ》である。

○《ヒ》とは、日本語に伝へた「タカマノハラ」で、基督教徒の所云宇宙の外なる「カミ」である。それ故に之れは未物を見ざる境地である。厳密に云へば境地と名づけることもできぬ零である。☉《ヒカリ》とは、日本語の「カミ」で、基督教徒の所云「キリスト」なる「十字架」である。それ故に之れは結び結ばれたる物で、宇宙と呼ばるるものである。此の○《ヒ》と☉《ヒカリ》とは、自己の来りしところで往く先で、何時でも何処でも目標とせねばならぬのであるから、誰でも知らねばならぬのに、それを忘れて居る。その為に紛紛擾擾として乱れ騒いで居る。

けれども、これは必しも今に始まつたことではない。人には我利我欲の迷執が有る為に自己本来の○《ヒ》をも忘れてしまうのであり、此の○《ヒ》を忘れたが為に迷執に囚はれて我利我欲を擅にするのでもある。古聖はこれを哀《アハレ》と思召されて色色の教を遺させられた。その中に、仏徒の称名と呼ぶところの「ナムアミダブツ」の秘言霊がある。これは此の迷執解脱の妙音秘言なのである。けれども不幸にして、仏徒は解脱後の☉《ヒカリ》と成ることを忘れてしまつた。その為に子孫を断ちて悟らぬものとなつたのである。折角の○《ヒ》を見ても☉《ヒカリ》を見ない為の過誤である。

此の○《ヒ》を悟り此の☉《ヒカリ》を掲げて六道魔界を調伏摧破し神国楽園を築き成すは「御身之禊《オホミマノハラヘ》」であり「大祓《オホハラヒ》」の秘儀として伝へ来ませる神事《カミワザ》である。

第八章　完

はるかにも　広き荒野を　行きめぐり　辿り来にけり。
山の隈　幾曲りして　行きなづみ　登り来にけり。
立ち騒ぐ　八十氏人も　行きめぐり　団居《マドヰ》せりけり。
氏の神　見守るやどに　百千《モモチ》人《タリ》　団居せりけり。
桜挿頭《カザ》して。

築きては崩し崩しては築く。生れては死に死にては生る。生か死か築成か崩壊か。非ず非ず。唯是一円連環無際無涯。故に呼んで「球」となす。

第九章　妖魔の粉飾

「⿱秦⿰秦秦《クニ》」

こんな字が有ると、或人が教へてくれたので、字書を見たが見付からぬ。

マガツビハ、マガツビノイヘニシテ、マガツビト相会ス。妖婦魔女。流連荒亡。

古い支那では、聖賢有徳の人を求めて国政を托し帝位を継紹させた。その理想とするところは、唯一途、世を治め民を安んずるにある。ところが、始皇帝は、秦の世界を始めて、二世三世百万世に伝へようと宣言した。之れは、山河大地より民人財貨に至るまで、その一切を総括して私有財産に為ようとしたのである。

人類建国の理想は、その時代とその地域とその人とに由つて様様であつた。嘗ての日本は、天壌無窮に変易無く万世一系の皇統を戴きまつる神国だと号ばれた。けれども、その「神国」とは、何の意味かを明にして居ない。北畠親房の如きは、日の神の系統だからとか、神の与へて国主とされたからだとかの意味で、他の国にはその例無しと言はれた。それでは、天壌無窮の私有物だと誤解されても仕方が有るまい。

近頃の人がうるさく云ふ所の「主権の所在」でも、国の主権は人民の物だと云ふのは、酋長とか貴族とか帝王とかが我我を支配するとはケシカランと反抗してそれ等小数者からその権力を奪ひ取つたとか或は取り戻したとか云ふのである。亦、その主権は国のものだと云ふは、共産主義者が専権を糊塗する煙幕的思想の声である。共に、自己のみを認めて他を無視せんとする妄見邪想で、人道の叛逆者である。古人の所謂乱臣賊子だが、彼等の思想は、君を認めないから、その辞書に、乱臣の語は無いであらうし、父母をも道具視せんとするものだから賊子の語も無いであらう。まことに。

これ程までに堕落しようとは。

ああ。それは、仏徒の予言であつた。

転転堕落して底止するところを知らず。やがて、その極に達するならば。その時翻然として極底最悪の火を拝むであらう。まことに是れ、三悪道の猛火　○焚尽罪障。

先師は、「八《ヤ》千《チ》魂《タマ》が分裂して、その極に達すれば、単一の細胞となる。そこで、出でたるものの必入らざるべからざるが如く。往きたるものの必返らざるべからざるが如く、また中心に帰つて来る」と仰せられた。

まことに、宇宙の事理当に是くの如くである。

是くの如くであるところのものを、古聖は秘して語られなかつた。

ああ。禁断の木の実。その味何ぞ苦き

第九章　完

昭和廿三年九月廿五日

第十章　禁断の果実

同じ「水」なのに、餓鬼が呑めば「火」であり、同じ「木の実」でも、餓鬼が齧れば「石」になる。

至妙なるかなや、神の道。

禁断の木の実。その味是くの如し。

第十章　完

新邦篇　終

寿《ノ》祠《リト》

倩ラ惟ルニ、

渾球一円。人類発祥シテヨリ幾千万年ナルベキカ。国ヲ建ツルモノ其ノ数多ク、国躰同ジカラズ、政躰亦甚異ルモノアリ。然リト雖モ、治者上ニ在リテ民人之レヲ仰グモノハ一ナリ。是レ人為ニ非ズシテ宇宙真理ノ顕現ナルガ為ニ然ルナリ。

抑モ、宇宙トハ、経緯・表裏・中外・自他・ノ存在ナリ。経在ルガ故ニ緯在リ。緯在ルガ故ニ経在リ。相互ニ相互ヲ認メテ初メテソノ存在ヲ識ル。中心ノミノ中心ナルモノノ在ラザルガ如ク、外廓ノミノ外廓ナルモノモ亦在ルコト無シ。故ニ知ル。宇宙ノ統一躰ナルガ如ク、国家亦固ヨリ統一躰ナリト。

統一躰ナルガ故ニ、神聖之レヲ統率ス。

然ルニ、衆庶ハ之レヲ識ラズシテ、主権在民ト叫ビ、或ハ、主権在国ト呼ブ。共ニ之レ、対立争奪ノ魔想ナルノミ。其ノ思想乱レテ人類危シ。

中心ト外廓トノ不二不一ナルガ如ク、治者ト被治者トモ亦別ナルニ似テ異レルニハアラズ。共ニ治メ、同ジク治ラス。

是ノ理ヲ知リテ、之レヲ行ヘバ、天地ノ位定マリ、米麦牛羊倉庫ニ充満ソ、民人抃舞シテ神聖ヲ仰グ。

聖寿無窮。

天地平安。

五穀豊熟。

万邦和楽。

寿詞　完

第九　敬　神　篇

「敬」はウヤマフであり、ツツシムである。自《ミヅカラ》ツツシムが故に、他をウヤマフ。人の道は、「敬」に極まる。

「神」とは、日である。日は㋪であるから、陰陽であり、陰陽不測である。（ヒ）と訓む。

「敬にして神」。是れを聖と呼ぶ。則、神の人で、ナホヒの人で、火人で、光りである。

人の身は、聖を目標として行蔵進止を律《タダ》す。その達し得た暁には、人としての神で、神聖だと、日本書紀は伝へて居る。日本語の「カミ」で、「国常立尊」と仰ぐのである。

神を敬ふ心を失はなければ、人の国は平和で、神国を築き成さねば止まぬのである。

第一章　幸福の礎石

吹き荒れし野を辿り来て思ふかな。豊受毘売の深き恵みを。

建築の美を見はやすものも、その礎石の堅固なのに目をそそぐものは稀であり、舞姫の手振りに見入る人は多くとも、その足踏みの妙なのに意を留むるものは多くない。

世人の多くは、その運命の順逆に遭ひて、徒に一喜一憂するばかりで、其の来由するところを究めようとはしない。

従ってその生活は、浅薄皮相に流れ、便利主義、実用主義で、パンばかりを漁り貪る。そのパンは病患の因であり、苦悶の種である。それとも知らずに、彼等は、其処に幸福を求める。さうして、世を毒し、人を苦しめる。何といふ哀なことであらう。

さういふ「生き物」が在る。之れを「狭蝿なす荒ぶる禍津毘」と呼んで、人類世界の「垢」であり「穢」である。それを除かなければ、人の世の幸福は得られない。

人の世に人皆が幸福であるやうにと、イエスは十字架上に消えられた。之れを「十字架の贖罪」と呼ぶ。人類に「幸福の礎石」を与へたのである。人人は此の礎石の上に家を建てて平和安楽の生を営む。此の礎石を「人道」と呼ぶ。

人の世に斯の道を明にするために、罪無き身が、暴政の極刑を浴びて、人類世界の崩壊流出を防ぐ。まことに是れ、人間出世の本懐である。

イエス十字架上の血。流れて一千九百余年。
能く築き得たり。人類幸福の礎石。
亦察《ミ》る。尼連禅河の水。流れて二千五百年。
人天の垢穢を洗ひ、罪障を除く。

之れは、耶蘇教とか、仏教とか呼ぶ「宗教」として世に行はれた。

古い人間歴史では、聖人賢者が治者として国家を築き民人を統率せられた。従つて、その国には、殊更に宗教家と呼ぶべきものも、政治家と謂ふものも無い。唯、君子《キミ》と小人《タミ》との二大別が在るばかりであつた。そこに、渾然として「神聖国家」が成立したのである。

ところが、その統治者が世襲するに到り、神人と成るべき神事を忘れ、神業失墜して、分権対立、分業抗争、紛乱戦闘、下向転落して、中世以降の如き惨状を見るに到つたのである。

何時の世、何れの国でも、大衆が聖賢であつたことは無かつた。過去に然りしが如く、現在に然る如く、将来も亦必然るなるべし。尤、先師は、「国に一人二人の聖人賢者の在るのは恥辱なので、億兆悉皆知者賢者聖者でなければならぬ」と仰せられた。当に然るべく願悃し希求して止まぬのである。けれども、それの実現するまでは、大衆は愚劣人なのである。その愚劣な多数人を籠絡し欺瞞して与論政治を行ふと叫ぶ。則、衆愚狂騒の世である。足を上にし頭を下にして乱舞すること終日終夜。

遂に、斯くの如きものが現出した。

山の上から見れば、能く麓が分る。けれども、下から上の判るものではない。全人類が聖者と成るまでは、政治機構に於ける「投票競争制度」は無意味である。

全人類が聖者であることが、民主国家自治の大本だと、先きに述べましたが、その是くの如くなるべき方途《ミチ》を、古典は「祓禊《ミソギ》」と垂示《ヲシ》へられたのである。伊邪那岐大御神は、その然る実証を示して、神代の昔、檍原の中津瀬に「御身之禊《オホミマノハラヘ》」を行ぜられた。その行事の御継紹に由つて、御代代の日本天皇には、高御座を築かせられたのである。それは、天照大御神・月読命・建速須佐之男命・三貴子としての御神性の完成で、鏡・璽・劒・三種神宝に依つて、その御神性を発揮し給ふことと拝承しまつるのである。

徳は是れ統治力。能は是れ生産力。之れを合せて「君民」と呼ぶ。即、「キミ」である。「天地」と言ふに等しく、陰陽と呼ぶにも似て、「神魔」である。之れを名づけて「カミ」となす。亦、「クニ」とも呼ぶ。

カミナガラ、カミノⓤモエテ、アメツチハ、ホガラホガラト、テリニゾテリタル。

第一章　完

第二章　山上の円光

民主国家では国民全躰が治者だと云ふので自治を叫ぶ。全国民の成年者が政治者で各人各自は各人各自で治める。従つて他から指導などされない。「いや大したものだ」。みんな平等の権利を有つて自主独立して居る。けれども日本国民は劣敗者だから連合軍の支配下にその命令に従はねばならぬ。いや。これは戦争と呼ぶ気違ひの産出した畸型児なので一時の変則である。そのうちに解放して自由を与へてやる。

何んでもアメリカ第一主義。日本も速く此のアメリカに追ひ付くやうに努力せよ。四五日前隣村に火事が有つた。アメリカが来たので最小限度の損害で消し止めた。水が無ければ有るところからトラックで運んで来るのだから偉い。アメリカにはかなはない。

彼等が占領の目的は大半達せられたやうである。

大衆と呼ぶ愚者を懐柔するには卑俗なところから手を付ける。便利なものを与へる。実用向きに仕込む。すると肉躰身は満足する。

けれども人は肉躰だけで構成されては居ない。

山裡清明一塵不レ起《ラズ》。
山外擾乱風雨将《ニ》レ到《ラントス》。
山上《ノ》円光人不レ知《レヲシラザルナリ》レ之。
今日不ニ救出《セズンバ》一　将《タ》期《センヤ》ニ　何《レノ》　時《ヲカ》一乎。

日本語では「ヤマ」と云ふのは一定の線から超出して居るとの義である。それを支那文字では「」と書く。或は「」の如くに作るのは火を表したので著名なるものだとの意である。則、「ヒ」である。「ヤマ」の「ヤ」は超出の義で「マ」は箇躰である。それで此の二音を合せて「ヤマ」とは、勝れたる箇躰だとの義である。その「山裡」には不滅の火が燃え、無尽の水が涌いて居る。「カミ」の火であり、「カミ」の水である。

けれども肉躰身はそれに気も付かない。

昔から東西共にその宗教画を見ると、神像、神使に円光を書いて有る。その神像は全躰が円光の裡に在り、その使徒は頭に円光が耀いて居る。

ところが肉我肉慾に捕はれた大衆はそれを知らない。知らないで「絵《エ》虚事《ソラゴト》だ」と妄断する。まことに困つたものだ。

肉眼的に認められぬ物でも精巧な写真機では撮れる。そこで幽霊の如きものも写る。すると「神」の写真も出来よう。けれどもいまだ之れ有るを聞かぬ。幽霊も果して写るか。

「山裡清明一塵不起」。

「カミ」は塵埃の如きものではない。それ故写真機には上らない。けれども幽霊は「塵《チリ》なるもの」だから写りもしよう。

「山外擾乱風雨将到」。

「山上円光人不知之」。

知らざるものは禍なるかな。

古聖は之れを哀と思召され絵画彫刻の技を借りて教へさせられた。

まことに幸せなことに人には「詞」が有る。神の詞が有る。之れに由つて神を拝む。またまことに幸にして人には「象《スガタ》」が有る。神の象が有る。それに由つて神を知る。神はその御姿に似せて人を造らせられた。けれどもその肋骨の一本を抜き取られたので完備の姿ではない。その抜き取つた肋骨の一本を「女」と呼び、残りの全躰を「男」と呼ぶ。それで「神の御姿」は此の「男」「女」を合せたものに似て居るはずである。

まことに神は一にして一でなく二にして二でなく一の如く二の如くにして「否《ヒ》」である。と、此のやうに猶太の聖書が伝へたのは支那の聖者が「神とは陰でもなく陽でもなく陰でもあり陽でもある」と教へられたのと同じことである。そこに陰陽男女と算数との起源が秘められてゐる。

一であつて一でなく、二であって二でなく、二でないものでもなく一でないものでもなくしてⓊ《ヒト》である。Ⓤ《ヒト》とは一であり十である。まことに幸にして人には此のやうな「数」が有る。此の数を算《ヨ》んで「神」と成る。「神の詞」と「神の象」と「神の数」とに由つて人の身ながら神を拝み神を知り神と成る。

その基礎を成すものは「敬」である。唯是の「敬」のあるあり以つて能く神界楽土を築く。

ああ。幸なるかなや。人の世には詞有り。幸なるかな。神の詞有り。神の詞に由りて、人は神を拝む。幸なるかな。人の世には象《スガタ》有り。幸なるかな。神の象有り。神の象に由りて、人は神を知る。幸なるかな。人の世に数数《カズカズ》有り。幸なるかな。神の数は有り。神の数に由りてぞ。人は神と成る。幸なるかな。讃へよ。褒めよ。人の世は幸なるかな。神の詞以て讃へよ、褒めよ。神の象を仰ぎて讃へよ、褒めよ。神の数数算《ヨ》みて讃へよ、褒めよ。人の世は幸なるかな。

ヒフミヨイ　ムユナヤコトト　カグラウタ　カミノミカキノ　タビゾカシコキ。

第二章　完

昭和廿三年十月廿一日正午

柿紅葉。甘藷畠にて、六つ七つ。

此う書き終つた時、美作の山中から、敬神篇の第一章を読んで「禅譲放伐も宇宙真理の顕現だが、それにつけて支那歴史に伯夷叔斉の為たことは何うなのか。また、君が君たらざれば臣が臣たらずと云ふことも間違ひではない」と言つて来た。

まことに。

「義」周の粟を食はず。人の世に節操が無ければ混濁漂流するばかりである。伏羲氏はそれを恐れ、「坎」の卦をあげて人間と畜生との区別を教へられたのである。「坎」は濁水である。☵は二陰一陽を姦するもので人間世界終末の亡状である。ところが氓囗日本の現状はその鬼畜が白昼に横行して憚るところが無い。

次ぎの問題は、先師が居常「君、君たらずと雖も臣は以つて臣たらざるべからず」と力説訓誡せられたところである。

自然の勢は、売り詞に買ひ詞・先方の出様次第・魚心有れば水心・待遇相応の勤労・と成りがちでもあらう。が、それでは殊更人間道と呼ぶべき何物も無い。唯単なる生き物であるに過ぎない。

雉子でさへも長幼の序は紊さないと云ふ。

「民、民たらずと雖も、君は以つて君たらざるべからず、君、君たらずと雖も、民は以つて民たらざるべからず」してはじめて天地は平安なのである。

けれども、此くの如きは「非常時」で「非常道」である。従つて世に行はれるものではない。さればとて之れを行はなければ「人道」は滅びてしまう。於此か「死ぬ」。「死」は人間に与へられた最後の自由である。

第三章　山裡の一点

天皇は神にてましします。

明治時代に生れ、明治時代に育てられ、明治時代にその半生を過ごした私どもは、現実に神なる天皇を拝んで来たのである。

古典には、八幡大神を拝んだのに、「満月の如くであつた」と記してある。

明治天皇の鹵簿を神田橋内に拝んだ人の記事には、「太陽を仰ぐが如くで、赫灼たる円光の裡にお坐しました」とある。之れは、その時、その人がまた聖なる境涯に居たからでもある。「聖にあらざれば聖を知らず。」「神たる直日を発いて初めて神を知る。」

東洋でも西洋でも、昔から宗教画が数多く作られてある。その神像とか仏画とかには円光が描かれて居ることは先にも述べましたが、或は金色光であり、又、青、赤、白、四色五色の光彩を放して居る。が、さて、それ等が悉く事実を写して居るか何うか。それ等多くの作品を見るに、必しも一様ではない。或は作者の想像に止まるものもあり、それの模倣もあり、亦は、願望を造り上げたものや、それの模倣品もある。けれども、それ等多数の中には作者の空想とか想像とか希望とかではなく、事実としての天国なり浄土なり高天原なりと呼ぶところの○《ヒノウミ》に常在せらるる神であり仏であつて、世人の所謂理想画だとか想像画だとか或は人を教へ導く方便として無形の心を形で説明したなどと云ふのではなく、作者が明に見て写されたものが存る。そこに初めて神の世が拝まれ無窮のイノチが耀く。

姿形として然うである如く、声音としても勿論然うである。伝ふるところに由れば、聖徳太子は夢殿に坐して金人を拝し、法華・勝鬘・維摩、等の経義を解き記された。則、金色仏から聞かれたので、仏さんから直接に口授されたとか筆授したとかの義である。此の義疏を世に上宮経疏と称して今に伝はつて居る。が、兎に角、そのやうにして絵もまた作られる。法隆寺金堂壁面に描かれた仏界曼陀羅の如きはそれであらう。法華寺来迎仏の如きもまた然うであらう。が、さて、何うしてその境涯に入るか。先師は、

之を念ひ念ひ念ひて止まざれば、神は必ず我ㇾに宣ります。

と教へられた。
日本古典に「御身之禊《オホミマノハラヘ》」として伊邪那岐大御神が神と成り神の国を完成すべき方図を伝へて居ることは屢々挙げたのであるが、それに由ると、「一切を捨て」て初めて神界が築かれ、天照大御神・月読命・建速須佐之男命の三貴子を得させられた。「得させられた」とか「御生誕になられた」とか云ふのは、神話の形式だからなので、事実は「御身之禊」に由って神身を築き得たので、その神身を説明するに器《モノ》を借りて「鏡・璽・劔」と称へ、天皇としての御活用《ミハタラキ》を教へられたのである。之有るが故に、天皇は神にてまします。
此の三種の神宝は常時不断に玉躰を護り玉躰はまた常時不断に此の神宝の妙徳を発揮し給ふ。此の故に、天皇は神にてまします。

第三章　完

以上　昭和廿三年十一月三日

第四章　山下の泉声

天皇は神にてまします。

明治天皇御製歌

まきばしら、たちさかゆるも、うごきなき、いへ《家》のあるじ《主》の、あればなりけり。

「家の主」とは「中心」である。小宇宙の中心であり、大宇宙の中心であり、大小を一貫したる大中心でもあ

る。之れを、

人の世では「聖」と呼ぶ。則、「カミ」である、我の内に拝む神であると共に、内外不二に拝みまつる

「天皇《カミ》」にてまします。

聖寿無窮《カミノイノチハハテモナシ》。

之れは単なる讃へ辞でも祝ひ詞でも希望の詞と云ふのみでもない。まことに宇宙の事実で真理なのである。

太古以来、その聖なる人類は此の事実を明らめ得て、此の真理の上に国を建てたので、それは「神聖国躰」であつた。

その国は穢れ無ければとて「土」と書き「穢土」と区別したのは注意深き支那文字の成立である。形に書けば○である。或は□とも描く。之れを日本語ではアマと呼ぶ。空なのである。「天《アマ》」であり、「海《アマ》」であり、「女《アマ》」である。

「ア」は発き発いて、果て無く限りの無いのであり、「マ」は円満具足であるから、「アマ」とは大宇宙の義で、都べてのものの産出者で、祖《オヤ》である。則、母胎で空界で零境である。之れを「イヘ」と呼ぶ。

此の○《イヘ》には不断起滅の火《ヒ》が有る。その火《ヒ》の燃ゆるを見て、○《イヘ》の中に一点を点ず。則、⊙である。「いへ のあるじ」で「光」である。「不断起滅の火」であるから即「一点不滅の火」である。

一点不滅の火は、則、無尽無量の水で、それがそのまま無際無涯の身であり、身も無く境地も無い心である。

それは身でもなく水でもなく火でもなく心でもないところの⊙《ヒト》であるからとて、古老は、

一二三四五六七八九十《ヒフミヨイムナヤコト》と称へて、円満具足の箇躰だと讃美したのである。

山裡一点ノ火。
無始劫来ノ泉。
無際無涯ノ身。
無人無境ノ心。

それだから国家組織の上で、民主だとか君主だとか分けて言ふのは、唯是レ方便なるもので、真理ではない。主権在民も滑稽だし、主権在国も可笑しい。君主専権は猶更愚劣だ。

唯是レ是くの如くにして成立し、是くの如くにして崩壊す。

如是生。
如是滅。
如如去来。
ああ。

第四章　完

以上　昭和廿三年十一月廿三日夜半

第五章　山外の一塊

天皇は神にてましします。

過去に於て「天皇行《ギャウ》」を完うし、現在にまた之を行じつつあるが故に、
天皇は神にてまします。
天皇の統治し給ふは神国であり、その民人は稜威《カミノミイツ》なのである。

晃耀赫灼一円光。
一円光裡一点火。
一点火中一滴水。
泉声潺湲一塊土。
山裡山外日月清明。一点昭昭不レ容《ユルサズ》二邪曲《ヲ》一。

雄略天皇が葛城山に御射《ミカリ》された時、現人之神《アラヒトカミ》が在《オハシマ》して、面貌容儀《ソノサマ》鹵簿人衆悉皆《スベテ》天皇と同じで、「雖悪事《マガゴト》而《モ》一言《ヒトコト》、雖善事《ヨゴト》而《モ》一言《ヒトコト》、言離之神《コトサカノカミ》、葛城之一言主之大神《カツラギノヒトコトヌシノカミ》」だと名告《ナノ》られた。まことに、

天皇は神にてまします。
現身《ウツシオミマシ》有ます神を知らざるものは禍なるかな。
現人之神《アラヒトカミ》と成るべき身を忘れたるものは禍なるかな。
祖《ミオヤノカミ》神の教へ遺されたる「天皇行《ギャウ》」を忘れたるものは禍なるかな。
教へ無き身は禍なるかな。

苟も人であるからには、知らねばならぬ。その祖《オヤ》を忘れたとは何うしたものであらうか。
宮中に「御拝《ギョハイ》の鏡《カガミ》」が存る。「天皇行《ギャウ》」の第一歩だと承る。唯是れだけでも行はれるならば、その神徳《ミオヤノカミノミノリ》

の及ぶところ
天成地《アメナリツチ》定《サダマリ》。神国は現成するのである。

「御拝之鏡」は天照大御神の神勅に淵源するので、その本文を挙げて置かう。

天照大神手持㆓宝鏡㆒。授㆓天忍穂耳命㆒而祝之曰。吾児。視㆓此宝鏡㆒。当猶㆑視㆑吾。可㆔与同㆑床共㆑殿。以為㆓斎鏡㆒」

とあるのは日本書紀だが、古事記にはそれを、「其遠《ソノヲ》岐《ギ》斯鏡《シカガミ》」と説明してあるので、伊斯許理度売神《イシコリトメノカミ》が作り、真賢木の中枝に挂け、天照大御神を天窟戸から「遠岐《ヲギ》」まをした鏡で、

「此之鏡者。専為㆓我御魂《ミタマ》㆒而。如㆑拝㆓吾前㆒。伊都岐《イツキ》奉㆑」とある。

で、之れを後人は五官的に見て、

「御魂代《ミタマシロ》」と呼ぶ。

それは、儀礼で、「虚」なるが如くで、「実」ではないやうで、唯、然う「敬《ツツシ》め、敬《ウヤマ》へ」と言はれるまでの「教《ヲシヘ》」らしくもある。それで、今人が、「日本神道とは、単なる祖先崇拝教で、民族信仰だ」と妄断するわけが知られる。

茲に引用したやうな文章を表面からだけ見て、「拝」「伊都岐」等の内面行事を忘れるならば、まるで、権威の無い「虚礼」で、人を縛る方便に過ぎない。それで古典を読むには、何時も全貌を忘れないやうにせねばならぬ。

是れは、「其遠《ソノヲ》岐《ギ》斯鏡《シカガミ》」であるから、天窟戸開闢記と幷せて見なければならぬと共に、溯つてその天照大御神の生誕記を見なければならず、そこに伊邪那岐大御神の「御身之禊」を明にせねばならず、更に伊邪那岐命伊邪那美命二柱神の「生成国土《クニウミ》」を知らねばならず、「天神諸命《カミノココロ》」の奈何なるかを知りて「天成地定」の事理を躰得悟証せねばならぬ。

ああ。

陽《ヒ》は入れり。

陰《ツキ》いまだ升らず。

我は慮る。人類は遂にその祖神を忘失して終日終夜荒野に彷徨せんことを。

第五章　完

「古典トハ神代紀《カミヨノノリ》ニシテ人間身出生以前ノ記録ナリ。

出生以前ナルガ故ニ人ニハアラザルナリ。人ニアラザルガ故ニ死後ニテモアルナリ。死後ニシテ出生以前ニシテ人ニアラザルモノトハ神《シン》ニシテ魔《マ》ニシテ神魔《シンマ》ニシテ死者ニテモ生者ニテモアルト共ニ生死ノ無キモノナリ。

生死ノ無キ中ニ在リテ生死ヲ執持スルハ人ニシテ魔ニシテ、生死ノ有ル中ニ在リテ生死ヲ脱却シタルハ神《シン》ニシテ神人《カム》ニシテ惟神《カミナガラ》ナリ。

古典トハ神代紀《カミヨノノリ》ナルガ故ニ惟神《カミナガラ》ノ記録《フミ》ニシテ古事記《フルコトフミ》トモ日本書紀《フミ》トモ旧事記《フルコトノノリ》トモ云ヘル神伝《カミノツタヘ》ナリ。」（神代紀要の一節を附す）

以上　昭和廿三年十一月廿七日　朝

第六章　天祖の宝鏡《ミオヤノカガミ》

「此之《コノ》鏡者《カガミハ》。専為《モハラアガ》二我魂《ミタマトシテ》一而。如レ拝《アヲ》二吾前《ヲロガムガゴト》一。伊都《イツ》岐奉《キマツレ》。」（古事記）

まことに、唯是れだけでは、「鏡」を「御魂代《ミタマシロ》」として、祖先に対する「礼儀」を尽せよと教へられた人間的の儀式作法に過ぎないものとも見られる。が、そのやうにして、自己の出て来た本を忘れないことは、所云「報本反始」の教と成り、経《タテ》の道徳を強くして、子孫を慈しむ心を豊にする。

経《タテ》の道徳が立派に行はるれば、緯《ヌキ》としての兄弟姉妹四隣郷党より天下万民の和親が行はれて平和嘉悦の神国楽土が現成する。

つまり、此の道徳を押し進めて行けば、宗教的行為に成つて祖先の祖先を尋ね、尋ねて太祖《オホモトツミオヤ》を尋ね当てるやうになる。

自分の出て来た本の本の大本を尋ね当てることは、古くから宗教的に行はれ、また哲学的に進められて来たが、近代の科学者は分析解剖を重ねて、人類は微生物から次第次第に進化したと云ひ、更にまた、原子だとか電子だとか、なほ細かく分けて行くことを怠らない現況である。で、之れが窮極を明らめ得たとしたならば、何が現出するであらうか。

各国各地で、各民族が古来色色に各自の祖先観を有つて居たことは先にも述べたが、嘗て、神界天降論者が、動物・微生物などを祖先と信ずるものは、その行為が何んなに堕落しても耻ぢを知らないであらうと言はれた。が、之れは或は正反対に、祖先が微弱者或は劣悪者だから自分は不断に向上を念願して止まぬのだとも言ひ得るであらう。まことに、どちらとも言ひ得るので、事実はその各自の種性奈何に由るのである。

兎に角。

人は人から生れた。之れは、誰でも認めるであらう。

人から生れて天地の間に天地を呼吸して生長し発育し行蔵進退を遂げて居る。精粗強弱種種様様の資料が、人と呼ぶ「型」に嵌つては「人」に成る。万有は都べてそのやうにして発生する。

類は類を集め、友は友を呼んで、相依り相集りて箇躰を築き万類万物と成る。まことに、人人が日常摂取する物を見たならば、人の身がどんなに雑多な物の寄り合ひ世帯だかに思ひ当つて驚くであらう。見るかぎり聞くかぎり触るるかぎり味はふかぎり嗅ぐかぎり思ふかぎり考ふるかぎり身と心との働くかぎり一切合切の物といふ物を取り入れようとする。さうして、その一端一角づつなりとも摂取しつつあるのである。さうしてそれが「人」の身に摂り入れらるると共に「人」と化してしまふ。その如くにまた何物とも化し得るのである。

向上するか。堕落するか。人は何物かに交渉を持つ。神を仰げば神と成り、魔を望めば魔とも成る。万類万物六道十界。その希望も願悃するがままに、その境に入る。

向上するか。堕落するか。その思ふがままに、その為すがままに。万有各自に万有世界を築く。

大照大御神の「宝鏡《ミカガミ》」を「伊都岐奉《イツキマツ》」るものはまた必や天照大御神の神界に入らねば止まぬ。

神を祭るものは神と成り、魔を拝むものは魔とも成る。

此身本来無繋縛。

順願而万境現成。

よしや今

神のめぐみの。厚からぬこともやあると迷ふとも。また来る日をば心して。いざやはげまむ。人の世の道。

第六章　完

以上　昭和廿三年十二月一日

第七章　原型の神秘

「人と呼ぶ型に嵌れば人に成る。」

人の肉を犬に遣るとか、虎が人を喰つたとか云ふ場合に、その「人」と呼ばれたものは何うなるか。虎とも変り犬とも成る。何如にも怪奇な万有の起滅ではないか。

此の「型」なるものは何如にも不思議だ。

誰が造つたのか。何うして出来たのか。猶太の聖書は簡単に、「カミが造つた」と伝へて居る。日本の神典は「天神の詔命を奉じて、諾冊二神が国土《クニ》を生み神祇《カミ》を生み、更に伊邪那岐神に由つて天下の主を生ませられた」と伝へ、その神祇《カミ》の子孫が人類として蕃息したので、猶太の如く「カミが土を捏ねて造つた」ものだとか、「何う造つた」の「造られた」のとかは云はない。が、

兎に角。既に「人が出来た。」そこに「人が在る」。それは、「人」なる原型が造り出されたことである。その「人」なるものが継続し繁殖するには、同時に、その形式が存在せねばならぬ。さうして、その肉躰身の継続は都べての生物に共通の形式に由つて行はれる。そこには、いまだ人類にのみ特有とすべき形式は認められない。生物普遍の「道」に由つて生滅起伏聚散離合するのみである。

ところが、その生物の中に「人」と呼ぶ一類が、自己を認め、「人としての道」を知り之れを行ふ時、そこに、

人以外の生物には企て及ばざる形式が成り立つ。之れが「人類としての型」である。

此の「型」が存るので初めて人人は人人相互にその「型」の中に人類世界の存在を知る。

そこで、人類には人類の「型」の有ることが明瞭《ハッキリ》する。

夫婦としても、親子としても、家庭としても、村落郷土としても、社会組織・国家組織・国際関係の如きにしても、道徳であらうと、宗教であらうと、政治でも、軍事でも、万般の学術技芸にしても、都べてが人類を人類たらしむる「型」である。

ところで、日本は近頃俄仕込みの民主思想でムヤミヤタラに旧型打破を叫び、「型」をバカにする。

道徳でも、孔子教を徳目の羅列だと云つて排斥する。

明治天皇の御勅語までも何彼と文句をつける。

沙汰の限りである。

「道」は一つである。けれども、凡愚にはわからない。

誰も彼もが自由意志で自由研究で真理を探究する。とだけ聞いたでは、まことに「最」らしく立派なやうで結構らしくもある。けれども、

「大衆なるもの」は、あんまり智者でも賢者でも善人でも聖人でもない。

それ等一一が自由に何を思惟したからとて果して何が出て来るか。

そこで先聖が哀と思召されて、

「型」をお残しになられた。その「型」を「型」の如くに践む時、人間世界が光明を放つ。

謡曲、能楽などに「稽古」が有る。古人の「型」を専念一意真似て行くうちに秘庫の扉が開かれて「神楽《シンガク》」の妙境に遊び神人仏陀と成る。
人間日常の坐作進退でも、その礼儀作法なるものを、その「型」の如くに実践すれば、そこに礼儀正しき「君子国」が現成する。
人に人の型の有る如く、禽獣虫魚にも山河草木にも、各〻そのそれぞれの「型」が有る。で、何物でもその各〻の「型」に入《ハイ》れば直に溶解して、禽獣虫魚山河草木等に組み直されて新しき世界が成り立つ。
善良なる人の子よ。
若しも
「型」をバカにする気が起きたならば
「鏡」を見るがよい。その
「鏡面」には、自分が写る。と共にその背景が写る。此の影像には、過去の過去の過去際から未来の未来の未来際までが「現在」と呼ぶ「唯一点」に縮刷されて居る。
此の「宝鏡《ミカガミ》」は天照大御神の「ミカガミ」である。過去にあらず現在にあらず将来にあらずして過今来を現はす「アマノミカガミ」である。
海原《ウナバラ》を照して今日も少名比古《スクナヒコ》加賀美《カガミ》の舟の往き返るなる。

以上　昭和廿三年十二月八日　正午

第七章　完

第八章　土蜘蛛の穴倉

「其んなことを為《ス》るなよ」とか、「それは悪い」とか云へば、悪い子供は尚更「悪戯《ワルサ》」を為る。その悪を指摘されて素直に改める子供は殆んど稀である。それを反対に、悪童でも「坊やは好い子だ」と云へば、喜んで得意満面になる。世の大衆心理は此の悪童と同様なので、その指導は「オダテル」にかぎる。「オダテ」て置いて一緒に遊ぶ。「呑む・買う・打つ」すると、天下の人心は翕然として集まる。そこで、選挙運動をする。大統領に成るも、国会議員に成るも、乃至、町村会議員までも、此の要領で多数の投票を獲得する。「オダテル」にかぎる。それと気取られぬやうに煽てる。それは、秘密だから、大衆に気取られては駄目なのである。決して口外してはならぬ。書くことは勿論である。ところで、満州建国に鄭孝胥と呼ぶ男が王道書院を設け、子弟に講じて云ふのに、「人は皆欲が有り利を好むのだから、その欲を満足させ利を与へねばならぬ」と。

憐むべし。斯くの如き指導者に依つて、その国は倒壊するに速く、その民人は君主と共に流亡してしまつた。是くの如きは真理だから万古不変であるのに、今茲に此の秘を記すわけは、昭和の氓口に遭遇し、鬼畜の跳躍に囲繞せられ、「オダテ」を「オダテ」と知つても敢て怪しまぬ程に大衆が悪童化したので、寧ろかかる策謀を知つた方が却つて「隔意が無く」「親しみを覚える」とでも云ふべく、急転堕落した時代に応じたものである。

察《ミ》るが可い。現在「中共」と呼ぶものが、農民に基盤を持つからとて、土地全部の没収と再分配を主要政策だと宣伝して、巧みに民心を把握したと伝へる。それは、中国の政治力の基礎をイデオロギーではなく、労働者の職業だと認めてのことである。

ところが、最近ロンドンからの報道では、オックスフォード・グループに依る道徳的武装運動が唯物主義へのイデオロギー戦を盛に展開して居るさうである。全世界大平和運動とでも呼ぶべきであらうか。絶対的正直・絶対的清浄・絶対的非利己心・絶対的愛・の四つを生活の実践条件として、常に相互に「相済みません」といふ心持で行けと説く。

まことに、残虐暴悪の魔界では、新約的の「愛」を説く。人人が無反省に歩いて、又は走つて行き詰る。耐へられなくなつて、天を呼び神に求める。窮余の人心は殆んど一様に反省する。その反省して天に帰り神と語る心が直に平常心であることは畏くも

日本天皇の大御教だと承る。まことに

天皇は神にてまします。

明治天皇の御製歌

己が身は顧ずしてひとのため尽すぞ人の務なりける。

まことに是れ、純愛・清明心。また何の不正をか容れん。また何の利己心か有らん。

往昔、孔夫子は「仁」の一字を説かれ、孟子は世情の変化に応じて「義」を説き加へられた。

世道人心次第次第に下向転落するほどに徳目は増加し法文は繁多になる。斯くて、

土蜘蛛の穴倉が出来る。

日本の歴史は屢ゝ土蜘蛛退治の事を載せてあるが、それには、日本天皇大祓の神儀を仰ぐのだと、古典は教へ

て居る。

以上　第八章　完

第九章　大祓の神儀

日本天皇の御神儀に「大祓」と云ふのは、伊邪那岐大御神が「御身之禊《オホミマノハラヘ》」に依り、「天皇行」として伝へさせられたものだと承るが、何時の頃よりかその真意は失はれて、「真似事」だけが残つた。

それでも、その「真似事」でも存る間は、国に自主独立の気が燃えて居た。それが、何うであらう。一たび軍閥政治なるものが横行するに到り、その「真似事」さへも失はれ、遂に氓口に堕ちてしまつた。

まことに不幸にして、日本人は「神を忘れた。」

神を忘れた人類と云ふのは人類ではなくて唯単に生き物だと云ふに過ぎない。従つて彼等は祖先を知らない、歴史を無視する。斯ういふ生き物が寄つて集《タカ》つて最近に法隆寺金堂の壁画を焼いてしまつた。

此の絵が存つて此の金堂は完全な仏界であつた。それを、不信無智の生き物が寄つて集《タカ》つて破壊してしまつた。何と云ふ悲惨事であらう。

神を忘れ神の守りを知らずに却つてさういふことを厄介視する放埒無慚の生物は遂に神園を破壊してしまつた。

僅でも信仰の燃えて居る人ならば、あの金堂に入《ハイ》るとともに「如是仏国浄土」と拝跪するであらう。それを、不信忘恩の魔類は寄つて集《タカ》かつてとうとう打ち壊してしまつた。まことに是レ人類世界の大損害。まことに、人類世界の大損害である。日本国躰の破壊、日本国語の破壊、法隆寺仏界曼陀羅の破壊、頻頻として起る人類世界の大損害。

之れを見、之れを聞いては、どんな人でも安閑として居られないではないか。さて、国家は、国家の権力など と云ふのではなく、その責任として国家を守らねばならぬ。

ところで、物質的に守ることは知つても精神的には等閑に為がちなのが、現代大衆の陥り易い過誤である。此こに国家宗教の問題が潜む。

近頃は信仰の自由を看板にして国家と切離したから、国家が宗教に依つて自衛することを否認された。まことに、箇人単位の散点式社会。

之れをバラバラ世界とでも呼ぶのか。平面だけを見て立躰を知らず、空間だけを眺めて時間を忘れ、表だけを見て裏のあることをに気付かないやうな薄つぺらな不具《カタハ》な社会観国家観で大衆を指導しようとするなどは沙汰のかぎりである。彼等は何でも彼んでも民主民主と云ふが、健全な民主国家と云ふのは完全に一円光明国躰を築き得たので、四肢五躰が分立割拠せんとするが如きバカな話ではない。然るに軽浮盲動の徒が寄つて集《タカ》つて、統一無き国家、統一なき家庭、統一無き箇人、而して統一無き人類世界と堕落して行く。

此のやうに観来る時、日本国家成立の歴史が何如に崇高で森厳で幽遠で玄妙で神秘であるかに思ひ当り、此の散点世界と比較対照せずには居られぬであらう。

さて、我が古典は各〻能く之の事理を伝へて居るが、今、「大祓の祝詞《ノリト》」を解説して、此の事実を明にしよう。

此の祝詞《ノリト》の本文は延喜式に載せてあり、流布本が多種多様であり、大正三年以後改竄本が行はれた。読者は、その官命改竄本と式の旧本とを対照することが必要である。筆者もまた此の両者を詳細に比較説明すべきである。

が、順序として「修禊講演録」に載せた「祓言」から始めよう。

それには、昭和十九年から終戦直後にかけて書いたものがあるので、それをそのまま採録する。行文も甚しく趣を異にして居るが、敢て改めない。さて、

○

現代の日本人は、その大部分が「日本神道《カミ》」を知らない。知らうとも為ない。それでゐて何んだ彼んだと批評がましいことを並べる。

せめて日本書紀なり古事記なり常陸風土記なりの一冊でも読むならば、そんな馬鹿気たことは無いはずである。

その古伝には、「大己貴神と与に、出雲国を完成した少名毘古那神が、最小の火であつたために、高皇産霊尊の指間《タナマタ》から漏堕《クキオ》ち、最悪の火であつたから、大己貴神の頰《ツラ》を齧み、極大で極小で極で無極で唯一点の火であつた為に、常世《ニシ》の国を回《マハ》つて常陸《ヒガシ》の海に上つた」とある。

是れを知るならば、数理の窮極を教へ、生物発生の原理を示し、宇宙成壊の秘を発くことを窺ひ得て驚倒するであらう。

○

往昔、印度の聖者が、国王の問に対へて、

「数《シバシバ》相集り政を議り備へを修めて自《ミヅカラ》衛れ」

「上下常に相和ぎて倶に国事を行へ」

「相率ゐて法を奉じ妄に之を更めるな」

「礼を重んじ敬を守り男女の別をば正しく長幼は相順へ」

「父母に孝にして師長には順であれ」

「宗廟を崇め祭儀典礼を行へ」

「道を尊び徳を敬ひ持戒の人が遠くから来たならば供養して怠るなよ」

国を有つものが此の七つの法を行ふならば、仮令、天下の兵を挙げて来り攻むることが有らうとも危《アブナ》いことは無い。と教へられた。


昔から今に到るまで、人類建国の経路は大概、征服者が被征服者を使役して自己の権益を保護する為の機関としたのである。それ故に聖者所説の七法護国と云ふも、此のやうに利害得失の教へであつて、其の「神《シン》」を得ては居ない。

ところが、「日本建国の道」には、「天照大神の穂《イナボ》の神伝」がある。若し善く斯の道を護持するならば、上天下地、牆壁を撤し、人天万類は和楽抃舞するのである。


古老讃嘆、歌ふて曰く。

大君《オホキミ》の大御宝《オホミタカラ》の。皇神《スメカミ》の遠《トホ》の御厨田《ミクリダ》。渤澥《ボツカイ》の尾上《ヲノヘ》小治田《ヲハルダ》。その穂今《イナボイマ》か稔《ミノ》ると。木綿花《ユフバナ》の今《イマ》か開《ヒラ》くと。人《ヒト》は皆《ミナ》待ちにぞ待《マ》てる。

大日本《オホヤマト》統一国《ミスマルクニ》の。天皇《スメラギ》の越《コシ》の御厨田《ミクリダ》。渤澥《ボツカイ》の尾上小治田《ヲノヘヲハルダ》。その幸《サチ》の今《イマ》か来寄《キヨ》ると。その血族今《チカライマ》か栄《サカ》ゆと。

人《ヒト》は皆《ミナ》待ちにぞ待《マ》てる。

大海《オホウミ》の深《フカ》き御恵《ミメグミ》。日神《ヒノカミ》の三《ミ》つの大御田《オホミダ》。渤澥《ボツカイ》の尾上小治田《ヲノヘヲハルダ》。その稔《ミノ》り豊《ユタ》けき御代《ミヨ》と。その御布由仰《ミフユアフ》ぐ御民《タミ》と。立《タ》ちて居《ヰ》て、待ちにぞ待《マ》てる。

大空《オホソラ》の高《タカ》き神垣《カミガキ》。注連《シメ》結《ユ》ひし三《ミ》つの大御田《オホミダ》。渤澥《ボツカイ》の尾上小治田《ヲノヘヲハルダ》。その時《トキ》の回《メグ》り回《メグ》ると。大御膳《オホミケ》に仕《ツカ》へまつると。世界《ヨヨ》群世界《ヨヨ》の人皆《ヒトミナ》待てり。御等皇《ミトシ》神祭《マツ》りて。

○

昔者《ムカシ》、賢哲が世を憂ひ、「仁義」をお説きになり、「何もそのやうに利害とばかり曰されぬが宜しいでせう。」「利を先にするものは、他人の物でも他の国でも、奪ひ掠めねば饜き足らぬであらう。」「さうなつては闘争戦乱の世界と化して国は治りません」と誡められた。

当時の諸侯は之を用ゐなかつた。けれども、その「教」は、広く久しく伝はつて世の美風を成したのである。ところが、今の世には、天下の要路を塞いて、「千古の講学者は皆欲を言はず利を言はぬが、此れはとんでもない誤りだ。人は皆欲が有り利を好むのだから、利を与へ欲を充させるのでなければ国は治らない」と叫ぶものが多くなつた。

何と云ふことでせう。濁悪末世の人は皆利を逐ふことを知るばかり、欲を遂げようと願ふばかりである。世は滔滔として互に相争ひ相奪ひ、それでもなほ且饜くことを知らない、然もそれが「進歩」の途だと叫ぶ。噫。何と云ふことであらう。

日本神道《カミ》は斯かる時、畏くも「大祓」の神儀を厳修せよと仰せ給ふのである。

「大祓」とは、人類神化の祭儀である。その祝詞には、初に国家機構の根本原理を示して各自各自の位置分限を明にし、次ぎには国土を破壊《ヤブ》らうとする魔類に対する調伏の方途《ミチ》を教へられたのである。之を分けて云へば、

第一、中心と外廓。第二、外廓の統一。第三、外廓の分裂。第四、中外不二。第五、人類建国。第六、国土破壊。第七、神と人。第八、天津宮事。第九、天津宣事。第十、神人不二。第十一、神国完成である。

之れを約めれば、神と魔との対立とその還元であつて、「隠身天之御中主神《カクリミアメノミナカヌシノカミ》の秘事《ヒメワザ》たる神魔同几《シンマドウキ》の天御鏡伝《アマノミカガミデン》」と呼ばるるのである。

○

人間世界の悲劇は「神と魔との対立」から起る。

之を救はうとして、古聖は「神と魔との還元」を教へられたのである。其の教に由つて人が人の身のままに「神魔同几の一道《ヒ》に帰る」ことが出来る。そこで、その諄辞《ノリト》を普く世界に流布《ヒロ》め永く天下に伝へようとして、古老には次ぎのやうな誓約が遺されてある。

「斯の言霊《ノリト》は尊きかぎりである。我は能く忍び、皮を剝ぎても紙となし、血を刺しても墨となし、髄をも水となし、骨をも筆となして、之を写し、之を世に伝へ、又広く斯の義理を説き明さう。若し貪慾の者があるならば、我は之に財を与へて後に之を勧めよう。凡庶の者には威勢を以つて之を率ゐて誦ませよう。驕慢の者には僕使となり其の心を喜ばせて後に之を導かう。若し謗法の者があるならば、勢力を以つて折伏して後に之を読ませよ

う。若し又、此の「ノリト」を愛で楽しむ者があるならば、我は当に躬ラ出かけて往つて之を敬ひ之に供へて讃めたたへよう」と。

まことに、八万四千の法筏を整へて一切衆生を済度することは、畏くも「日本神道《カミ》」の神事《カミワザ》として「少名毘古那神の主りましますところ」である。

○

人類世界の歴史は、西力東漸の結果として、「日本国家の武装解除」せられたことを伝ふるに到つた。

そもそも、成住壊滅は万有の免れ得ないところ。古来の万邦は盛衰興亡の渦中を彷徨して居る。けれども、「日本神道正伝の存る国《カミノミチアルクニ》」は然うでない。

その神 国《カミノクニ》に、何時の間にか佞奸邪曲の徒輩が横行して、徒に牆壁を高くし、漫に荊棘を植ゑて、上下和せず、内外通ぜず、高卑別無く、乾坤否塞して、遂に終に、「神聖国躰《ソノクニ》」は潰され、恥無きものの右往左往と立ち彷徨ふに到つた。噫。何たることであらう。

　寄る年の波をたたみて、故郷の、道遙なる旅をしぞ思ふ。

以上　昭和廿年九月二日　午後十二時

○

鏡泊湖上白雪皚皚。虎狼遠近半月凍結。孤舟失擢主客拱手。三千年来未聞之非。

　行く秋を梢に仰ぐ群雀。

小雀の何騒ぐかと立出でて背戸の木ぬれを仰ぎつるかも。

あなかしこ。咲き残りたる彼岸華。

鳥雀日日来りて小庭を荒し、三日一回五日両回悪童来りて熟柿を狙ふ。

人間の悲哀は四帀して断ゆるひまなく、天界も地底も劫火は将に到らんとす。

もみぢして緑にまじる雑木山。人目繁けき昨日今日かも。

昭和廿年十二月五日。突如として山中無人の人来り導くままに、旧縁の地木更津駅頭に立つ。

此のあたり、航空基地の為に地形変貌して旧屋の所在すらわからず。

短日暮るるに速し。噫。

東海漁翁之孃子。六万年前悟道之因。倏忽俄然開華之縁。水底無波山下無火。一超直入如来境。

鯉も鮒も底に沈みて冬木立まばらに白き堤根の宿。

今日来ずばまた何時の日を頼み得ん。流れ激しき谷川の水。

日月往き野を色どれる百種の千種の花は何時か散りたる。

よしあしの隔てもあらで人の世は唯往き返す波の音かも。

何時かまた、昭和の古戦場を弔ふ客の来ることもあらんか。我はその学びたるところを以って之に応へん。

○

人類の伝へた古典は多い。けれども、時を隔て処を異にし、伝承の人がまた別であるから、その通有性を知らずに、相互排撃の過誤をすら繰返して来たのは慨嘆に堪へない。

日本古典の中に「大祓祝詞」が現存して居る。その中に「天の下四方の国には罪と云ふ罪は在らじ」「遺る罪は在らじと祓給ひ清給ふ」と記して、之を日本天皇治国の神儀と為給ひしことを承るのである。此のやうに明確な国家の大憲章が在るのに、それを教へずまた学ばなかった近代人は、遂に終に、皇宗皇祖天祖天神が「宇麻斯国」「水穂の秀国」と祝ひ寿ぎて授け来賜ひし大御心を傷けまつるに到ったのである。

それでもなほ且悔い改むることを為ない。

「爾等悔改めよ。人間世界崩壊の時は遠からず。天国は近づけり」と、古聖の叱咤は今猶、耳に新なるが如くである。

「天国は近づけり」。我は我が愚を守りて此の「諄辞《ノリト》」の解説を続くるのである。

○

延喜式大祓祝詞は、天皇国築成の神文である。

然るに、之を「中臣祓詞」とか「中臣祭文」とか云はれた。それは、此の祝詞が、朝廷大祓の「次第書」のやうになつて、初に「集侍、親王、諸王、諸臣、百官人等、諸聞食止宣」と書き、終りに四国卜部等、大川道爾持退出氐祓却止宣」との命せを記し、「斎部氏」の仕へ奉る「天津祝詞乃太祝詞事」をば単に「宣礼」と記しただけで、諸多の行事等を書かず、「中臣氏」の仕へ奉る「祓詞」だけを記してあるからである。固より俗称で、「祝詞の内容」に触れては居らぬのである。

それならば、此の「祝詞の内容」は如何と云ふに、一言にして尽せば「神漏岐・神漏美の神徳」である。

その「神漏岐・神漏美」とは、神の詔せで、天皇の命せで、遠皇祖の命せで、過今来四維十表を貫き通したる真理であるとの義で、時代に拘はらず国境に限られず、万有に通じて変ることの無いのである。さうしてそれは、その宇宙一貫の神律を「御声として拝みまつる」のだとの意で、「詞としての神」で、「言霊」と称へまつるのである。古事記には、それを「天神諸命」と記して、伊邪那岐命・伊邪那美命・二柱神の受けさせ給へる「詔命」である。で、それは則、天皇の受けさせ給へる天神諸命《ヒノカミノオホセ》であると共に、それを、全人類に宣べさせ給へる天皇の命せである。と云ふのは、「中心の力は同一」であるから、大宇宙の大中心としての〇《ヒノカミ》の出ださせ給ふ詔《ミコト》命《ノリ》は、天地一貫、顕幽一途、時空一本の◎《ミチ》で、

「神漏岐《カムロギ》・神漏美《カムロミハ》」即《スナハチ》「天神諸命《コトアマツカミノオホセデ》」即《スナハチ》「遠皇祖詔命《トホツスメミオヤノミコトノリデ》」即《スナハチ》「天皇命《スメラミコトノオホセデ》」即《ソレガ》「神漏岐《カムロギ》・神漏美《カムロミデアル》」と、無際限に響き渡るのである。則、外廓と中心とを隔て認めて存在せる人人も、その各〻が、中心の中心の大中心に徹すれば、一音響としての「神漏岐・神漏美」たる不二不一の「カミ」なることを悟証するに到る。

「大祓」の目的は、人天万類をして、此の悟証を得て、相互の牆壁を撤し、大平等海裡に、大平等のままの神界楽土を築かしむるに存るのである。

茲に、「天皇命《スメラミコトノオホセ》」だと白すのは、大平等海と呼ぶべき無宇宙も、それがそのまま、万有としては、必、中心と外廓とを具へて居り、その万有の成立は、必、陰陽の合躰である。けれども、本来は、合躰すると云ふのではなくて、無始劫来の合躰である。否、不二不一の躰である。故に、合躰と呼ぶべからざるの□《ヒ》である。之を大宇宙となし、又、小宇宙の根本種子となす。此の種子である□《ヒ》を中心として許多の□が集る。さうして新なる万有が成立する。

成立とは云ふものの、その実は、無間断に成壊離合するので、固定した同一の万有とては無い。在るものは、唯種子だけである。種子とは□である。之れを中心となし、更に大中心となす。此の中心たり大中心たる種子

を、人間的の位置からは、全躰の統率者と仰がざるを得ない。それ故に、その統率者をば、超絶的存在として「天皇《スメラミコト》」と称へ、其の御活用をば、「天皇命《スメラミコトノオホセ》」ぞと畏みまつるのである。別の詞では「直日《ナホヒ》」と呼ぶ。我の中心であり、万有の中心である。国家でも、家庭でも、何如なる集団でも、全人類世界としても、乃至、各界各宇宙全宇宙としても、総べて此の組織に依らぬものは無い。之に依るにあらざれば成立することは出来ない。現在に見るが如く、何如なる国家と雖、必、中心が有る。中心が無ければ国家でもなし、物でもない。

国躰或は政躰としての民主とか共産とか或は君主とか叫ぶのは、対立相剋の結果であつて、「天皇国檠成」の過程に属すべきものか、或は、魔界に転落する途中に在るものである。何如に民主主義国家だと云つて見たところで、其の民意の多数者が選出して構成した国家機構は、必竟、少数の、或は唯一の中心的存在に依つてはじめて運用されるのである。さうしてそれは、後から認めた中心に過ぎない。何如なる人でも、何如なる者でも、乃至、何如なる国家でも、中心無くして活動し得るものは無い。酋長でも君主でも、乃至、大統領でも総統でも委員長でも、名称を何う変へて見ても、集団の中心なので、其の中心は、集団に於ての絶対者たることに変りはない。之を日本語では「天皇《スメラミコト》」と称へて、人間出生以前よりの根本直日にてましますなりと仰ぎまつるのである。

それで、「根本直日」にてまします「天皇」は、宇宙の中心としての㈢のまままなる神国楽園を檠成すべく「大祓」の神儀を行はせらるるので、その目的を達する為に、「天津宣事」としての諄辞を読み、「天津宮事」としての行事を為させ給ふことと拝承しまつるのである。

「天津宣事」とは、天神の御教へであるから、現今のやうな複雑な人類世界では、祭事政治に亙るのであり、道徳と法律とを別にするやうな事無く、人天を貫く法則としての「ミコトノリ」で、然うして其の「ミコトノリ」の遵奉である。単に詞としての「ノリト」と云ふばかりでなく、それが、言霊としての御活用をも併せて称ふるのである。

「天津宮事」とは、神の宮の神業なので、人間世界ならざる「隠身《ヒノカミ》」「皇産霊《タマノカミ》」の神儀を仰ぎて、それに則るのであり、亦、其の神代の神儀行事を奉じて、人間世界を改廃整理し建設し固成するのである。斯くて、「天津宣事」と「天津宮事」とは、人間に、その思想・言論・行為・等の基準を示して、人の世が人の世のままに神の国である事実を顕現せしむる神事なのである。

然うして、此の「神事」の中心を成すものは「敬畏」である。祓が、必竟「敬神」であることは、次ぎの「祓言」に依つて知ることが出来る。

「祓言《ハラヘコトバ》」

参集閇《マキリツドヘ》留《ル》人人《ヒトビト》。国土山河《クニツチヤマカハ》。草木《クサモキモ》。空行雲毛《ソラユククモモ》。地潜虫毛《ツチクグルムシモ》。天地乃《アメツチノ》在乃《アリノ》尽尽《コトゴト》。今日乃《ケフノ》祓乃《ハラヘノ》御祭爾《ミマツリニ》。各自各自我《オノモオノモガ》。過犯計牟《アヤマチオカシケム》。雑雑乃《クサグサノ》尤云尤《トガトイフトガ》。罪云罪乃《ツミトイフツミノ》。垢斗《アカト》穢斗乎《ケガレトヲ》。祓却閇清給布《ハラヘヤラヘキヨメタマフ》。神乃《カミノ》御恵《カミワザ》。神言霊乎《カミコトタマヲ》。敬美畏美拝美坐勢《ツツシミカシコミヲロガミマセ》斗白須《トマヲス》。

伊宇哀衣耶。

宇斗乃宮。宮斯呂築成住我乎。神乃我叙斗。神知須遍邇。神乃神輪叙晃耀《テルニ》赫灼《テリタル》矣。

阿知米。

阿知米。

阿宇袁衣耶。宇。宇。宇。宇。宇　斗。宇斗。宇。

如此《カク》久失氐婆《ウシナヒテバ》。人天万類尽天尽地《アメツチノアリノコトゴト》。今日以降《ケフヨリハジメテ》。罪止云布《ツミトイフ》罪波不在止《ツミハアラジト》。祓却給事乃尊乎《ハラヘヤラヘタマフコトノタフトサヲ》。恐美惶美弖《カシコミカシコミテ》。奉《ヲロガ》拝《ミマツリ》。奉感謝《キヤマヒマツリ》。奉祭止奉白留《マツリマツルトマヲシマツル》。天照大御神《アマテラスオホミカミ》・神漏岐命《カムロギノミコト》・神漏美命《カムロミノミコト》・建速須佐之男命止《タケハヤスサノヲノミコトト》。大御名波《オホミナハ》奉称弖《タタヘマツリテ》。天《アメノ》祖天《ミオヤアメ》譲日天狭霧国禅日国狭霧尊《ユヅルヒノアマノサギリクニユヅルヒノクニノサギリノミコト》。畏《カシコシ》。」


「祓言」を普通の文法としては、言の上に置かれた祓であるから、「ハラヒコトバ」であらうが、それを、然うは読まずに、「ハラヘコトバ」と読む。それは、対待を超えたる神の命せであって、日用語として四段に活用する「払ヒ」ではなく、「ハラヘ」と言ふ躰言としての言霊であるからなので、人の行為としての「ハラヒ」ではない。


「参集閇留人人」とは、主躰である中心、即、根本魂としての直日が、外廓である多くの細胞、即、枝葉花果を構成するところの八十万魂に呼びかけたので、それを更に拡げて、

「国土山河」と云ったのは、組み組み織り成されたるもので、輙、組織躰系であり、

「草木」とは、柔軟で靡き寄るものと、強剛にして他の制御に服せざるものとで、

「空行雲毛」とは、変幻出没して捕捉し難きもの、

「地潜虫毛」とは、下より下に、陰より陰にと潜み隠れて、陰謀詐略を回らし、他の和平歓楽を嫉み憎み、その

幸福を奪ひ、その生活を覆さんとするもので、

そのやうに経と緯との在る限り、

「天地乃在乃尽尽」物と云ふ物、宇宙を構成して居る都べてのものにと云ったのである。で、その一切が、

「今日乃祓乃御祭爾」此処に居る人も居らぬ人も、全世界人類をはじめとして、万類万物、天地として存在する限りを祓へ却へ給ふ「日神の御子の命の大祓《カミナガラスメミマノミコトノツカサドラルルカミワザ》」は、人天万類が、大宇宙の大法則に随順するので、然うすれば、

「各自各自我」各自各自が、各自各自に、その、

「過犯計牟」「雑雑乃尤云尤」「罪云罪乃」「垢斗穢斗乎」と、過ちたる尤、犯したる罪。主観的に尤と云ひ罪と呼ぶものを、客観的には垢と名づけ穢と呼ぶが、その罪尤垢穢であることを畏み敬む時は、常にもがもに、神の神事としての「天津宮事・天津宣事・神の恵み・神の言霊」を拝して、本来本有の神象を現じ、神業を建て得るものである。

それで、

「祓却閇清給币」「神乃御恵」「神言霊乎」「敬美畏美拝美坐勢斗白須」と、此のやうに、

「祓　祭《ハラヘノミマツリ》」が行はれる。固より、人の力で何うするの此うするのと云ふのではない。神代の神は、その神事として常時不断に、天地の都べてを、其の神の如く、即、中心の如くに、直く正しく善く美しく成さしめ給ひつつまします。それを「祓《ハラヘ》」と教へられたのである。それで、

人も物も、各自各自に、其の自性を発き来れば、そこに、「祓の神事」が行はれる。それは、人天万類、唯此

の「神を拝みまつる心」さへ誠であるならば、皆共に等しく救済の筏に乗りて即時に神界に入るのである。故に、古老は、斯の道を「敬神」と教へられたのである。敬は「ツツシム」であり「ウヤマフ」である。「ツツシム」とは、自律としての制御統一で、鎮魂であり、「ウヤマフ」とは、他律として信仰《アフグ》するもので、中心直日に随順して、直日のままなる全身心と成るのである。その暁に、本来の我は、「神《シン》で、魔《マ》で、神魔で、神魔同几の天御鏡」と呼ばるることを悟証し来るのである。則、

「人天万類尽天尽地」何如なるものであらうと、仮令、極重悪人であらうとも、此の神事を拝するならば、即時即刻、

「今日以降《ケフヨリシテ》《ケフヨリハジメテ》」「罪止云布罪波不在止」垢も穢も、垢でなく穢でなく、善美正誠を養ひ育つる肥料と化し、資料と成るのであることが知られて、其の御祭の畏さ尊さを拝みまつらるるのである。

「祓却給事乃尊乎」「恐美惶美氐」「奉拝」「奉感謝」「奉祭止奉白留」

斯く称へまつることが、とりもなほさず、祓の神事に随順して、その神事を仰ぎ、その神の御業の果《ミシルシ》を戴きまつる所以である。

その神の「ミワザ」の「ミシルシ」を仰ぎまつれば、此の土此のまま、此の身此のまま、

「天照大御神・神漏岐命・神漏美命・建速須佐之男命止大御名波奉称氐。天祖天譲日天狭霧国禅日国狭霧尊」と畏みまつらるる神界楽土・神人神使であることを知り、其の分を尽し、その神命に応へ奉ることを得るのである。

あな。

「畏」と、をろがみまつり讃へまつる。

大祓祝詞の大意は蓋如此である。

　人の世に禍無かれとぞ我が君は常にもがもに祓へますなる。

　以上昭和十九年九月十有五日　午前零時零分

神納宮を遙拝しつつ　新京南湖に在りて　拝写

前には、その大意を述べたが、更に其の本文を解説して神恩の尊さを拝みまつらねばならぬ。それに就き、その本文を拝読すれば次ぎの如くである。


「高天原《タカマノハラ》爾《ニ》神留《カムツマリ》坐《イマシマス》。皇　親《スメラガムツミマスナル》。神漏岐《カムロギ》・神漏美《カムロミ》乃《ノ》命以弖《オホセモチテ》。八百万神等《ヤホヨロヅノカミタチ》平《ヲ》。神集集賜比《カムツドヘツドヘタマヒ》。神議議賜比氐《カムハカリハカリタマヒテ》。

我皇御孫之命《アガスメミマノミコト》波《ハ》。豊葦原《トヨアシハラ》乃《ノ》水穂之国《ミヅホノクニ》平《ヲ》。安国《ヤスクニ》斗《ト》平久《タヒラケク》知所食《シロシメセ》斗《ト》。事依《コトヨサ》志《シ》奉伎《マツリキ》。

如此依志奉国中《カクヨサシマツリシクニノウチ》爾《ニ》。荒振神《アラブルマガツビ》平《ヲ》婆《バ》。神問《カムトハ》志《シ》問《トハ》志《シ》賜《タマ》比《ヒ》。神掃掃賜比氐《カムハラヘハラヘタマヒテ》。語問《コトドヒ》志《シ》磐根樹立《イハネコノダチ》。草之垣葉《クサノカキハ》平《ヲ》毛《モ》語止《コトヤメ》氐《テ》。天《アマ》之《ノ》磐座《イハクラ》従《ユ》。天之八重雲《アメノヤヘタナグモ》平《ヲ》。伊頭《イヅ》乃《ノ》千別《チワキ》爾《ニ》千別《チワキ》氐《テ》。天降依志奉伎《アマクダシヨサシマツリキ》。

如此依志奉志四方之国中登《カクヨサシマツリシヨモノクニノモナカト》。大倭日高見之国《オホヤマトヒタカミノクニ》平《ヲ》。安国斗定奉氐《ヤスクニトサダメマツリテ》。下津磐根《シタツイハネ》爾《ニ》宮柱太敷立《ミヤバシラフトシキタテ》。高天原《タカマノハラ》爾《ニ》千木高知《チギタカシリ》氐《テ》。

皇御孫之命《スメミマノミコト》乃《ノ》美頭《ミヅ》乃《ノ》御舎仕奉《ミアラカツカヘマツリ》氐《テ》。天之御蔭《アメノミカゲ》日之御蔭《ヒノミカゲ》斗《ト》隠　坐氐《カクリイマシマシテ》。安国斗平久所知食武《ヤスクニトタヒラケクシロシメサム》。如此知食《カクシロシメ》須《ス》国中《クヌチ》爾《ニ》成出《ナリイデ》武《ム》。天之益人等《アマノマスヒトラ》我《ガ》。過犯《アヤマチオカシ》計牟《ケム》雑雑罪事《クサグサノツミゴト》波《ハ》。天津罪《アマツツミ》斗《ト》。畔放《アハナチ》・溝埋《ミゾウメ》・樋放《ヒハナチ》・頻蒔《シキマキ》・串刺《クシサシ》・生剝《イキハギ》・逆剝《サカハギ》・屎戸《クソヘ》・許《コ》許太久《ダク》乃《ノ》罪《ツミ》平《ヲ》。天津罪《アマツツミ》斗《ト》法別《ノリワ》計《ケ》氐《テ》。国津罪《クニツツミ》斗《ト》波《ハ》。生膚断《イキハダタチ》。死膚断《シニハダタチ》。白人《シラヒト》。胡久美《コクミ》。川入《カハイレ》。火焼《フヤキ》。己母犯罪《オノガハハオカセルツミ》。

己子犯罪《オノガコオカセルツミ》。母与子犯罪《ハハトコトオカセルツミ》。子与母犯罪《コトハハトオカセルツミ》。畜　獄　罪《ケモノオカセルツミ》。昆虫乃災《ハフムシノワザハヒ》。高津神乃災《タカツカミノワザハヒ》。高津鳥乃災《タカツトリノワザハヒ》。畜仆志《ケモノタフシ》。蠱物為罪《マジモノセルツミ》。

許許太久《ココダク》乃《ノ》罪出武《ツミイデム》。

如比出婆《カクイデバ》。天津《アマツ》宮事以氐《ミヤゴトモチテ》。天津《アマツ》金木乎《カナギヲ》。本打切末打断氐《モトウチキリスエウチタチテ》。千座置座爾《チクラノオキクラニ》置足波志氐《オキタラハシテ》。天津《アマツ》菅曽乎《スガソヲ》。本刈断末刈切《モトカリタチスエカリキリ》氐《テ》。八針爾《ヤハリニ》取辟氐《トリサキテ》。天津祝詞乃《アマツノリトノ》太祝詞事乎《フトノリトゴトヲ》宣礼《ノレ》。

如此乃良婆《カクノラバ》。天津神波《アマツカミハ》。天磐門乎《アマノイハトヲ》押披氐《オシヒラキテ》。天之八重雲乎《アメノヤヘグモヲ》。伊頭乃千別爾《イヅノチワキニ》千別氐《チワキテ》所聞食武《キコシメサム》。国津神波《クニツカミハ》。高山之末《タカヤマノスエ》。

短山之末爾《ミジカヤマノスエニ》上坐氐《ノボリマシテ》。高山之伊爾理《タカヤマノイホリ》。短山之伊穂理乎《ミジカヤマノイホリヲ》撥別氐《カキワケテ》所聞食武《キコシメサム》。

如此所聞食氐婆《カクキコシメシテバ》。皇御孫之命乃《スメミマノミコトノ》朝廷乎《ミカドヲ》始氐《ハジメテ》。天下四方国爾波《アメノシタヨモノクニニハ》。罪止云布罪波不在止《ツミトイフツミハアラジト》。科戸之風乃《シナドノカゼノ》。天之八重雲《アメノヤヘタナグモ》乎《ヲ》吹放事之如久《フキハナツコトノゴトク》。朝之御霧夕之御霧乎《アサノミギリユフノミギリヲ》。朝風夕風乃《アサカゼユフカゼノ》吹掃事之如久《フキハラフコトノゴトク》。大津辺爾《オホツベニ》居《ヲル》大船乎《オホフネヲ》。舳解放艫解放氐《ヘトキハナチトモトキハナチテ》。大海原《オホウミノハラ》爾《ニ》押放事之如久《オシハナツコトノゴトク》。彼方之繁木本乎《ヲチカタノシゲキガモトヲ》。焼鎌乃敏鎌以氐《ヤキガマノトガマモチテ》。打掃事之如久《ウチハラフコトノゴトク》。遺罪波不在止《ノコルツミハアラジト》。祓給比清給事乎《ハラヘタマヒキヨメタマフコトヲ》。高山之《タカヤマノ》末《スエ》短山之末与里《ミジカヤマノスエヨリ》。佐久那太理爾《サクナダリニ》。落多岐都《オチタギツ》速川能瀬《ハヤカハノセ》坐須《ニマス》。瀬織津比咩止云神《セオリツヒメトイフカミ》。大海原爾持出奈武《オホウミノハラニモチイデナム》。

如此持出往婆《カクモチイデイナバ》。荒塩之塩乃八百道乃《アラシホノシホノヤホヂノ》。八塩道乃《ヤシホヂノ》。塩乃八百会爾坐須《シホノヤホアヒニマス》。速開都比咩止云神《ハヤアキツヒメトイフカミ》。持可可呑氐牟《モチカカノミテム》。

如此可可呑氐婆《カクカカノミテバ》。気吹戸坐須《イブキドニマス》。気吹戸主止云神《イブキドヌシトイフカミ》。根国底之国爾《ネノクニソコノクニニ》気吹放氐牟《イブキハナチテム》。

如此気吹放氐婆《カクイブキハナチテバ》。根国底之国爾坐須《ネノクニソコノクニニマス》。速佐須良比咩登云神《ハヤサスラヒメトイフカミ》。持佐須良比失氐牟《モチサスラヒウシナヒテム》。

如此失氐婆《カクウシナヒテバ》。天地乃在乃尽尽《アメツチノアリノコトゴト》。今日以降《ケフヨリハジメテ》。罪云罪波不在止《ツミトイフツミハアラジト》。敬美虔美恐美惶美弖《ツツシミツツシミカシコミカシコミテ》。奉拝《ヲロガミマツリ》。奉感謝《キヤマヒマツリ》。奉祭《マツリマツル》止奉白留《トマヲシマツル》。


此の「ノリト」は、神の詞を連ぬるに、私共の日用語を用ゐたのであるから、どうしても語義を解かねばならぬが、それには予ねて、言霊詳説を為すべきである。けれども、言霊とは、詞としての神であるから、その伝を得るには、「禊行事」に熟せねばならず、「神の宇気毘」に依らねばならず、単なる言説を忘れねばならぬから、其の人を得て伝ふるよりほかはない。が、出来るだけ本文の言霊をその範囲で判明するやうに努めよう。さて、「高天原爾神留坐」とある。その「高天原」とは、此の「天」は「アマ」だと古事記の訓ませてあるのをはじめとして、世間では、「タカマガハラ」などとも訛つて居る。その読み方よりも、その解説はなほ更に雑多なものが行はれて居る。けれども、次ぎの文を見れば此の読み方も自《オ》ら判明するのである。

「皇親。神漏岐・神漏美乃命以弖」

「皇親」は、古来「スメムツ」とか「スメラガムツ」とか読んで居る。これは、「スメミオヤ」であり、「ミオヤ」で「オヤ」で、「隠身《ヒノカミ》」としての「神祖たる皇親」であつて、人間的の親子関係ではないから、「オヤ」「ミオヤ」「スメミオヤ」を妙用《ミハタラキ》の方面から「スメムツ」とも「スメラガムツ」とも読み、更に「スメラガムツミマスナル」と読んで、「カムロギ・カムロミ」の「命《オホセ》」と応ずべきことを明にしたのである。従つて、「皇祖」とは書かずに「皇親」と書く。それは、「スメラガムツミマスナル」「カムロギ・カムロミ」の「カムツマリイマシマス」「タカマノハラ」であるから、「皇親《スメミオヤ》」は即「神祖《ミオヤ》」ではあつても、時間を認めての過去の存在と云ふのではなく過今来に弥り四維十表を超えて常時不断に顕霊一貫の活用として都べてを産み出すので、「祖」では誤解され易いために「親」とされたのである。則、「スメラガムツミマスナル」は、「カムロギ・カムロミ」を説明したものとなる。

時間と空間とを超えて大宇宙の御《ミ》活用《ハタラキ》を観《ナガ》めまつれば「カムロギ・カムロミ」と称へまつるところの「オヤ」で、「スメラ」で、「ミオヤ」で、「スメミオヤ」で「スメラガムツミマスナル」で、躰の上から云へば「スメミオヤ、カムロギ・カムロミ」である。さうして、「スメミオヤ、カムロギ・カムロミ」の「神留」と充満実塞し鎮坐するところの「高天原」である。

「鎮坐」と云へば、空間が存るやうに聞こえようが、実は大宇宙の一切が「カムロギ・カムロミ」と雄《ヲ》走《バシ》り雄《ヲ》誥《コロ》ぶので、「神留」と書いてはあるが、此の漢字に拘泥して「神」と「留」と二つの活きと思つては間違ひになる。古来此の二字を「カムツマリ」と読み、神鎮《カムシヅマ》るの意味も含まれて居ると説明されてある。それで、「カムツマリ」の語義を検討して見るに、「カム」と「ツマリ」と二語の熟したのではなく、「カムツマリ」なる五音一語である。その五音各の意義は、赫赫烈烈の「カ」、制御の「ム」、出でまた出づるの「ツ」、円成の「マ」、改廃整理の「リ」で、総べて云へば、強固に制御せられ、善美正明の妙相妙用を示現され、完全円満なる統一躰を築き成したと云ふのである。で、「高天原」と「神留」とは相対ではなく、「神留」に依つて「高天原」が出来て居るとの意である。「高天原」は則「神留」で、それは「皇親」で、「神漏岐・神漏美」で、両儀なる「太極」で、別の詞では、一音響と云ひ一円相とも呼ぶのところの「一《ヒトツ》」である。

そのやうに、大宇宙なる「高天原」は「一《ヒトツ》」である。と共に、私どもの認め得る万有は都べて「一《ヒトツ》」である。その「一」なるものが「一」の内に在る。古典には、その「一」なる「タカマノハラ」を亦、「イクムスヒ・タルムスヒ・タマツメムスヒ」と呼び、「一二三」と数へ、三が一を産み、一がまた三だとの意味を伝へてある。之は、日本民族伝承するところの「神数観」なので、窮極に於ける「数ノ成立」は、極大としても極小としても、如此にして「零ナル一」と呼ばるることを教へられたのである。その象を描けば「〇◎⊙」である。大宇宙としても小宇宙としても、一切合切に亘つて在るものの都べては、「高天原」としての〇《ヒ》と◎《フ》とが⊙《ミ》として「カ

ムツマリ」又「カムシヅマリ」ましますので、
「神鎮《カムシヅマリ》」の意味も有ると云ふのである。

そのやうに、「有《モノ》」と云ふ「有《モノ》」は、その未「有《モノ》ヲ成サザル零」のそのままに都べて「中心ト外廓ト」から成り立つて居る。之れが天地の実相で真理であるから、人間相互の結合も勿論然うでなければならぬ。従つて、
「建国ノ精神」乃至
「国家ノ機構」も、此の外には有りやうが無い。

さてその「ムツミマス」とは、相和ぎ相牽き相合ふの意で、則、男性と女性との両性・陰と陽と・天と地との相互活用である。詞としては「ヒ」と「フ」とで、数としては「一」と「二」とで、象・図《スガタカタチ》としては「・」と「◎」とである。「ヒ、一、・」は「カムロギ」と称へ、「フ、二、◎」は「カムロミ」と称へ、相合ふては「ミ」と呼び、「三」と算へ、「⊙」と画くので、「天祖《アメノミオヤ》」と呼ぶところの「皇親・皇祖」である。その「ムツミマス」なる神性は「カムロギ・カムロミ」であるが、やがて、その神性の発き出でて旋転活躍の速度を増す時は、相互に其の位置を破りて相結合するに至る。其の結合するをば「カムルミ・カムルギ」と呼ぶ。それで、産霊《ムスビ》産魂《ムスビ》の妙用《ミハタラキ》を「カムルミ・カムルギ・カムロギ・カムロミ」と称ふれども、御神名としては「カムロギノ命・カムロミノ命」と称へまつる。世俗に、御活用としては「カムロギ・カムロミ」で、御神名としては「カムルギノ命・カムルミノ命」と称ふるのだと云ふのは、音義を知らぬ為の誤解である。「カムルギ・カムルミ」の音義は、「ムスビムスブ」活動妙用なので躰言ではない。

「皇親」は即「神漏岐・神漏美」であり、「高天原」は即「神留」である。それで、「皇親《スメラガムツミマスナル》。神漏岐《カムロギ》・神《カム》

漏美《ロミ》」は、「高天原爾神　留　坐《タカマノハラニカムツマリイマシマス》」のであるから、「惟　神《カミナガラ》嚙ミ嚙ミ組ミ組ミ結ビ結ビ蒸シ蒸ス」御《ミ》活用《ハタラキ》として「神留、神漏岐・神漏美」とある三字の「神」は、皆共に「カム」と読み、「神留坐」をば、「カムツマリ」の下に「イ」の一音を加へ、「マシマス」と重く確実に強固に云ひ据うるのである。さうして、其の「皇　親《スメラガムツミマスナル》。神《カム》漏岐《ロギ》・神漏美乃《カムロミノ》」「神　留　坐《カムツマリイマシマス》」「高天原《タカマノハラ》」であるから、「高天原《タカマノハラ》」とは、産霊産魂《ムスビムスビ》生産《ウミナス》「胎《ヤド》」を讃美した詞で、日本書紀・旧事本紀共に「天成地定、高天原現成。神生其中」と伝へてある。それで、之は「タカマノハラ」と読まねばならず、その「タカマノハラ」とは、美しく整理せられ堅固に築き成された浄地であることがわかる。

「タカマノハラ」の音義は、高隆堅固充満実塞の「タ」、赫赫烈烈の「カ」、円満具足の「マ」、胎の「ノ」、派生の「ハ」、随従親愛収納の「ラ」で、六音共に皆悉く「ミタマ」の義である。それで、此の「タカマノハラ」と云ふ詞の本義は、「充ち満ちて光り耀ける沃土浄地で、美を尽し、善を尽したる境地で」、それは亦唯単に「ハラ」でもある。「ハラ」の一語に高天原の全語義が尽されて居る。「ハラ」とは、腹で、原で、産出者で、別の詞では「ノ」である。つまり、「ノ」の一語にも高天原の全語義が含まれて居るのである。「ノ」とは、野で、箆で、野としては、産み出す境地で、箆としては、助けて長ぜしむるもので、それ自躰としての独立躰は無いが、之無ければ何物も産出し育成さるることは無いのである。

さて、此のやうな訳で、「ハラ」は「ノ」で、「ノ」はまた「タカマ」である。何れも共に足り満ちて照り耀ける○《ヒ》で、未、宇宙を築かざる零海《ヒノウミ》である。同一意義の詞を重ねて一語としたのは、其の意味を強くしたのである。さうして此の「タカマノハラ」を更に、天《アマ》とも、海《アマ》とも大虚空《オホミソラ》とも、虚中《オホミソラ》とも、虚天《オホミソラ》とも、女《アマ》とも天地《ア》初発《マ》とも伝へてある。で、「タカマノハラ」は即「アマ」で、「オホミソラ」である。客観しては、「狭霧《サギリ》」で、浄土とか天国とか呼ぶに等しく、主観しては、「天忍穂耳命《アメノオシホミミノミコト》」と称へまつる。亦名は、「稜威三柱神《タマノミハシラノカミ》」にてまします。

其のやうに、「高天原爾《タカマノハラニ》」「神留坐《カムツマリイマシマス》」「皇親《スメラガムツミマスナル》」「神漏岐・神漏美乃命以弖《オホセモチ》」「八百万神等乎」とあるのを言ひ換へると、「スメラガムツミマスナル」「ミオヤノカミ」「ミオヤ」「オヤ」と称ふる「加微《カミ》」は、即、「陰《メ》陽《ヲ》」で、「天地《アメツチ》」で、「経緯《タテヌキ》」で、「｜《カムロギ》」「一《カムロミ》」「」であるところの「十《ヒツキ》《カミ》」で、その「十《カミ》」と結び結ぶ「隠身《ヒノカミ》」。その「隠身《ヒノカミ》」の「カムロギ・カムロミ」としての「ヒメコトタマ」を仰ぎ、「ヒメコトタマ」のまにまに、「八百万神等」を「カミナガラ、カミノマニマニ、集へ給ふ」のである。それ故に、「神集集賜比」「神議議賜比底」は、「カムツドヘツドヘタマヒ」と読み、「カムハカリハカリタマヒテ」と読む。

此の「カムハカリハカリタマフ」は疑義を相談するのではない。中心たり根本たる「神」には固より疑義は無いのである。けれども、外廓たり枝葉たる八百万神は之を知らぬから、忘れて居るから、中心より外廓に向つて、根幹より枝葉に対して、疑ひ無からしむべく八百万神の議を開陳せしむるものである。之を、人間的に云へば、直く正しく明く美しく誠に善き与論を作るのである。さうして、「神命《カムロギカムロミ》」を明にし、その神命に応へまつる。之が、「カムロギ・カムロミ」なる「天神諸命《ヒノカミノオホセ》」の「カミナガラ、神ノ国ヲ築キ成ス憲法《ミコトノリ》」である所以である。

此の「神国ノ憲法」は、「我《アガ》皇御孫之命波」「豊葦原乃水穂之国乎」「安国斗平久知所食斗」拝承しまつるのである。

「アガ」の「ア」は親しみ睦む意。「吾《ア》」であり、「吽《ア》」である。その「ア」の凝りて赫灼と照り耀ける身なりとの意にて「アガ」と云ふ。

人皆は名を異にして我在りと相互《カタミ》にぞ知る。神の宇気比弖。で、人が五官的に表から見れば、名を異にして相互の存在を認めて居るが、五官を捨てて裏から見れば、一円平等の「◎《ウミ》」である。その「ア」としての中心と仰ぎまつるなる「我皇御孫之命《ヒノカミノミコノミコト》」は、「豊葦原《トヨアシハラ》・水穂之国《ミツホノクニ》」と呼ばるる人類世界を「カムロギ・カムロミ」と親しみ睦み和ぎながら強く堅く制御統一して逸脱せしむることなく、平和に安楽に喜び満ちたる生を、天地と共に享けよ、享けさせよ。「聞コシ食セ」。「噛ミ噛ミ組ミ組ミ」「組織し制御し主宰し統一して円満具足の」「統一魂神《ミスマルミタマノカミ》」たる実を明にせよ。と、

「事依志奉伎《コトヨサシマツリキ》《コトヨサシタマヒキ》」

「コト」は事であり言であり命せごとで、さうして、「宇宙の大道」で、単なる命令とか希望を述べるとか依託するとか云ふのではない。勿論、強制するのでも要求するのでもない。ましてや、予言などとはまるで縁の無いことである。「是クアルベクシテ是クアル神ノ道」である。と言ふのは、「宇宙」即「箇躰」即「統一躰」。本来の筋道が然うなので、その筋道のままに、人の世人の国は成立し統治せらるべきものである。と命せられたので、治国の原理は、修身、斉家と等しく⊙であると教へられて、「中心ノ麻邇麻邇、外廓ノ機能ヲ発揮スル」のである。

中心は、「超絶ノ実在」として全躰を主宰し統率して居るのだから、その外廓を観れば、そこにそのまま、中心の「神性」をうかがひまつらるるのである。彼の相者が、一指頭を見ただけで、その全身心の正邪曲直善悪美

醜から過今来の命運までをも知り得ると云ふが如く、中心の力は直に外廓に顕れ、外廓の活動はまた直に中心に反響して中外不二に正邪美醜の相を現はすのである。故に、中心は勿論常に「神」でなければならず、外廓も亦必、「明津神《アキツミカミ》」であるべく、「荒人神《アラヒトカミ》」であるべく、「荒身神魂《アラミタマノカミ》」であるべく、「現神《ウツソミノカミ》」であるべく、「統一魂神《ミスマルミタマノカミ》」でなければならぬのである。

「中心《ナカ》ト外廓《ソト》ト本ト末ト旋リ回リテ統一《ミスマ》リタレバ、平等《ヒ》ト差別《フ》トノ分チ正シク、換リナガラニ位ゾ安キ。身ヲ置クトコロ身ヲ作リ、処ノママニ相《スガタ》顕ハル。影ト躰《モノ》ト顕《ヒナタ》ト幽《カゲ》ト統一《ミスマ》ル見レバ、神ナガラ神ノ象《スガタ》ゾ照リニ輝リタル。」

「一音琅琅、一点昭昭、中外不二、上下帰一、尽天尽地唯一円。」

今仮に、説明の便宜として言ふことを許さるるならば、若しも、中心が外廓の統率を怠るとか、外廓が中心に随順しないとか云ふやうに、上が上であることを忘れ、下が下である勤めを為さず、上下の道は塞がり、内外の交はりは絶えることになつたとすれば、禍乱は立地に到り、内憂と外患と踵を接するが如き不祥を招ぐ。まことに恐れても懼るべきである。

人と云ふ人、皆は、此の理を省みて、上下内外自他与に各自各自の位置分限を自覚し、敬み虔み恐み惶みて、大道を行かねばならぬ。

斯くて、其の

「事依志給布」「神」は、「オヤ」で、「ミオヤ」で、「皇親《スメミオヤ》」であるから、「アメノミオヤ」であつて、「神産巣《カミムス》日《ヒ》御祖神《ミオヤノミコト》」と称へまつる「日神《ヒノカミ》」にてましますことを知らるるのである。何ぜかと云へば古典に

□□《カムロギカムロミ》の二つの光を陰陽《メヲ》と称へて、「◯・囗・日・日」等と画き、之を⊡《ヒカリ》となすので、その亦の御名を「天照大御神《アマテラスオホミカミ》」と称へまつらるるのである。其の御活用《ミハタラキ》を御声として拝みまつれば則、「カムロギ・カムロミ」で、其の産霊《ムスビ》・産魂《ムスビ》ます御活用《ミハタラキ》が「カムルミ・カムルギ」である。「カムロギ・カムロミ」たる御神声を仰ぎまつれば、「命《オホセ》」で、「命《ミコト》」で、「命《イノチ》」で、「命《タマノヲ》《玉緒》」で、その「カムロギ・カムルミ・ヲバシリ・ヲコロブ」を拝みまつれば、

「八百万神達平《ヤホヨロヅノカミタチト》」「神集集賜比《カムツドヘツドヘタマヒ》」「神議議賜比氐《カムハカリハカリタマヒテ》」。

「カムツドヘ」と咀嚼・制御・統治・統率して、そのそれぞれをして其の分を発揮せしむるのである。天与の天分を完全に発揮させる為に、制御統一を必要とするのである。分分はその中心に完全に統一するので其処にはじめて中心の如き神業を分分相応に完成することが出来るのである。それにつけて、「中心ト外廓トノ完全ナル統一」を得なければならぬから、中心は外廓を啓発すべく

「神議議《カムハカリハカリ》」。分分相応に其の議を出さしむるのである。それは決して勝手気儘に自己の意見を発表すると云ふのではないから、「カムハカリ」で、一定不変の神律を仰いて、その「神律」の「麻邇麻邇」に、「豊葦原ノ水穂国ト呼バルル人類世界」は、「皇御孫之命《ヒノカミノミコノミコト》」が安らけく平けく知ろしめすべき国である。

此の神律を干犯《オカ》すならば、寸時も平安なることを得ない。と云ふことは、既に述べたところではあるが、「中心ト外廓トノ完全ナル統一」を得るには、全外廓たる分分微微が悉く、中心を仰いて中心の任運《マニマニ》たらねばならぬ。

に依つて、国を成すには、その国を構成すべき全躰が、「日神ノ事依サシ給ヘル」「中心・皇御孫之命」を仰ぎまつり、「中心・皇御孫之命」は、また善く其の全躰を制御統轄して恣に逸脱することを許さない。背反せしめ

ない。

その状態を喩ふれば、人の飲食物を摂取しては、良く消化せしめねばならず、飲食物も亦良くその人に同化せねばならぬやうなものである。之は、

「カムロギ・カムロミ」たる「日神《アマテラスオホミカミ》」の事依さしたまふところで、「八百万神」の仰ぎ奉り、「事依《ササ》志奉《ゲマツル》」ところ。

「神聖《カミノ》国躰《クニ》」は如是にして成立するのである。「人類世界ノ高天原」は斯の道に依りてのみ完成することが出来るものであるからとて、之れを人類建国の規矩準縄として垂示せられたのである。

さて、
其のやうにして、「基準法」は明にされた。けれども、

「如此依志奉志国中爾」「荒振神《アラブルカミ》」が在る。此の「神」は、「荒振」が故に「マガツビ」である。「アラブルマガツビ」と呼ばるるのである。

「荒振《アラブル》　神《マガツビ》」とは、抑、何か。

他《ホカ》ではない。此の「我《ワレ》」である。分裂し分立し対立したる「モノ」である。対立の境涯を執持した「モノ」を「荒身《アラミ》魂《タマ》」と呼ぶので、その分立相対の「モノ」たる「我《ワレ》」としての「我ガ荒身魂」の荒び狂ひて自他を苦しめ悩ますのが「アラブルマガツビ」である。その荒び狂ふとは、自己の位置分限を忘れ、他の存在を無視して、之を干犯し侵害するもので、自己が自己の制御統一を失ったのである。

自己が自己を制御し得ない。自分で自分の家を統一し得ない、自国を治めることが出来ない。となると、身は死に、家は紊れ、国は亡びる。

それを防ぎ護らうとするには、「天窟《アマノイハヤ》」にさし隠《コモ》りて鎮魂し統一して、一円光明の㊀である本然の「神象」を現はし、神声を発《オコ》し、神数を算へて、「天磐座《アマノイハクラ》」を築かねばならぬ。則、「荒振神乎婆。神問志問志賜比。神掃掃賜比氏。語問志磐根樹立。草垣葉乎毛語止」めしめねばならぬのである。

若し亦、その「荒振神」を自己の外に認めたとすれば、之を問ひ糾し、之を掃ひ清めて、鎮静靖寧ならしめる。斯くて、内と外とが一体としての「神」と成り、「天磐座」が成立する。その「天磐座」に在りて、「天磐座《アマノイハクラ》従《ヨリ》」宇宙を築きて、其の宇宙を統治し統率すべく、「天之八重雲乎。伊頭乃千別爾千別氏。天降依志奉伎」とは、「天神諸命《ヒノカミノオホセ》」であり、皇御孫之命には、「伊頭乃男建踏建氏。天降坐《アモリマス》」のである。で、その制御統一の上から、「神留、神漏岐、神漏美、神集、神議、神問、神掃」等の「神」は皆共に「カム」と読む。そのことの一端は、既に先に述べた如くである。その「カム」とは、宇宙一貫の真理としての「神律」に随ふもので、「個個我《ガ》」の対立を制御して、一円光裡に一音琅琅の「一十《ヒト》」たらしむる「力《チカラ》」なのである。

百千《モモチ》千《ヂ》に競ひ立つ歯の鋸も、正目は得こそ乱れざりけれ。

「皇御孫之命」は、則、此の「中心《カ》直日ノ力《ヂ》」として、此の国を築き、此の国を治め統べ率ゐましますが故に、靖寧和平の神国楽土が成立するのである。

「国ノ統治権」は如是にして、超絶神聖であり、中心と外郭との分際は、また自《オ》ら明である。

此の理を明にし、此の道に立ち、此の教へを履むとき、相互に「神ナガラ」神の神たる神業を建て得て、人類世界は、太平嘉悦の神国と成るのである。その「神国ノ姿」は、

「如此依志奉志四方之国中登。大倭日高見之国平。安国斗定奉氐。下津磐根爾宮柱太敷立。高天原爾千木高知氐。皇御孫之命乃美頭乃御舎仕奉氐。天之御蔭日之御蔭斗隠坐氐。安国斗平久所知食武。」とある。まことに、正誠善美で、国と云ふ国の軌範である。則、

「安ラケキ日高見ノ国デ」「ソノ民ハ下ノ下ヨリ上ノ上マデ堅固ニ平安ニ築キ成シテ」「ソレヲ、皇御孫之命ノ美頭ノ御舎ナリト捧ゲマツリ」「皇御孫之命ニハ、ソノ御舎トシテノ国民ヲバ、天ノ御蔭デアリ日ノ御蔭デアルト仰セラレテ」「ソノ国民ノ中ニ一切ノ徳ヲ隠シ給フノデ」「国ハ自ラ安ラカニ平ナノデアル」。之を「無為ノ治」と呼ぶ。「君民相互ニ其ノ功ヲ譲リ其ノ徳ヲ禅ル」。之を「治国ノ大道」として垂示せられたのである。

その象を描けば、〇《ヒ》が〇《ヒ》のままに結び結んだので、「天譲日天狭霧《アメユヅルヒノアマノサギリ》」で、「国禅日国狭霧《クニユヅルヒノクニノサギリ》」で、「尊《ミコト》」と呼ぶところの◎である。さうして、「アメユヅルヒノアマノサギリ」は、「カムロギ」であり、「クニユヅルヒノクニノサギリ」は、「カムロミ」であり、その二神の合躰しては、「天祖《アメノミオヤ》」で、「尊《ミコト》」で、「命《ミコト》」で、「皇親《スメミオヤ》」で、「オヤ」と称へまつるのである。

此の「オヤ」の御象《ミスガタ》の如く、此の「オヤ」の御心《ミココロ》の如く、世界人類が、万有と共に、相互に貢献し、相互に推奨し讃美し、相互の幸福を願悃し希求し、相慈しみ、相和ぎ、相睦み、相親しみ、相愛でて、楽しき生を営めば、其処に、「天益人」の発展伸張が実現される。ところが、「如此知食須国中爾成出武」。その「天之益人等」

は、必しも此の大道をのみ践まんとするものではない。それは抑、何故であるか。

既に前に述べたる如く、唯その「自己我《ガ》ノ迷執」に由るが為のみである。怖るべし。此の「自己我ノ迷執」の為のみに由りて、一切の罪障は起る。「天津罪・国津罪・許許太久乃罪」は出で来るのである。そのやうにして起る罪であるから、それを失ひ澄ますには、その「自己我ノ迷執」を去るより外はない。従つて、「大祓」は、此の「迷執ノ祓除」を教へ、行ぜしむるものである。宇宙の大道・神界の正法は、唯這裡に存るのみである。で、「天津罪・国津罪・許許太久乃罪出婆」「天津宮事以氏。天津金木乎。本打切末打断氏。千座置座爾置足波志弖。天津菅曽乎。本刈断末刈切氏。八針爾取辟氏。天津祝詞乃太祝詞事乎宣」るとは、「我《ガ》ノ迷執」を祓却るものであることが判明するのである。

「天津宮事」とは、天津神の神宮にて行はせらるる神事である。古典の記載に依ると、その之を伊邪那岐命伊邪那美命二柱神に教へさせられたのは、二柱神が、そのお生みになられた御子の不良なのを悔いて、天神の命を請はせられた時に、「布斗麻邇爾卜相」ておさとしになられたとあるから、それは、「フトマニ」の「ウラアヒ」である。さうして、「二柱神ガ悔イ改メテ」「天神ノ御所ニ参リ上リ」「天神ノ命ヲ請ケ、還リ降リ其ノ命セノ如クニナサレタ」のは、「天津宮事以」ことの垂示であり、その時、「因女先言而不良。亦還降改言」と詔せられた。その「ヲミナ言ニ先ダチシニヨリテ良《フサ》ハズ」とあるのが、

「天津祝詞ノ太祝詞事」である。それで、

「天津祝詞乃太祝詞事」とは、その時その事に応じて「神ノ詔セ給フトコロ」であり、

「天津金木乎。本打切末打断氏。千座置座爾置足波志弖。天津菅曽乎。本刈断末刈切氏。八針爾取辟」は、その

時その事その人相応に其の神の詔命を請けまつる「行事」であるべきことが知られる。すると、此の「行事」とは、「太麻邇」である。それをまた、

天照大御神の天窟戸開闢記には、八百万神が天安河の河原に神集ひ集ひて、種種の神器を作り、「天香山ノ真男鹿ノ肩ヲ内抜キニ抜キ、天香山ノ天波波迦ヲ取リテ、占合麻迦那波シメ」て、また種種の神器を作り、「天宇受売命が汗気伏セテ、神儀尊容《カミノスガタ》ヲ現ハサレタ」とある。その「ウラヘマカナハ」しめたとは、亦、「フトマニ」の「ウラアヒ」である。

「フトマニ」を形象で示せば、がその一例である。詞では「球《タマ》」と云ふよりほかはあるまい。説明するならば、経でもなく緯でもなく始も無く終も無いところの一円一音一点の神象神声神数で、それは、「一切我《ガ》」を破却した「火《ヒ》」で、天界地底を踏破卓立した「日止《ヒト》」であるとでも言はふ。それであるから、「罪モ尤モ垢モ穢モ」消滅して、唯是「大平等海」と化《ナ》るのである。世上に、「地獄ノ釜ノ底ヲ踏ミ破ル」と云ふのが此の境涯である。それで、此の地底魔界破却の秘密を、

「天津宮事以弖。天津金木乎。本打切末打断氐。千座置座爾置足波志氐。天津菅曽乎。本刈断末刈切氐。八針爾取辟氐。天津祝詞乃太祝詞事乎宣礼。

如此乃良婆。天津神波。天磐門乎押披氐。天之八重雲乎。伊頭乃千別爾千別氐所聞食武。国津神婆。高山之末。短山之末爾上坐氐。高山之伊穂理。短山之伊穂理乎撥別氐所聞食武。

如此所聞食氐婆。皇御孫之命乃朝廷乎始氐。天下四方国爾波。罪止云布罪波不在止。科戸之風乃。天之八重雲

乎吹放事之如久。朝之御霧夕之御霧乎。朝風夕風乃吹掃事之如久。大津辺爾居大船乎。舳解放氏。艫解放氏。大海原爾押放事之如久。彼方之繁木本乎。焼鎌乃敏鎌以氏。打掃事之如久。遺罪波不在止。祓給比清給事乎。高山之末短山之末与里。佐久那太理爾。落多岐都速川能瀬坐須。瀬織津比咩止云神。大海原爾持出奈武。如此持出往婆。荒塩之塩乃八百道乃。八塩道乃。塩乃八百会爾坐須。速開都比咩止云神。持可呑氏牟。如此可呑氏婆。気吹戸坐須。気吹戸主止云神。根国底之国爾気吹放氏牟。如此気吹放氏婆。根国底之国爾坐須。速佐須良比咩登云神。持佐須良比失氏牟。」と詔せられたことが理解されるのである。

此の「根国底之国」と呼ばるる地界魔境は即、「極」である。「小ノ極」で、「大ノ極」で、「美ノ極」で、「醜ノ極」で、「善ノ極」で、「悪ノ極」で、「正ノ極」で、「邪ノ極」で、必竟「無極」で、「無」である。それ故に、「サスラヒ失ヒタル〇デ、大平等海デアル」から、之は「死」である。

人類万有は、此の「死」なる大平等海裡に在りて、此の「〇」を種子として、また新なる「生」を営む。

生死遷流。如是にして連環無際また無涯。

「祓去リ祓来レバマタ一物モ無イ」「無イト云フコトモ亦無イ」時。一切は復活して、「神界楽園天国浄土」が涌出現成する。それは皆、「天津宮事ニ依リテ、神ノ象ヲ学ビ、神ノ器ヲ作リ、神ノ麻邇麻邇ニ神ノ数ヲ算《ヨ》ミ、神ノ言霊ヲ称ヘ」し結果である。

「如此乃良婆」とは、「其ノ如クニシテ神ノ詔ノママニアレバ」である。先には、「天津祝詞乃太祝詞事乎宣礼」と記し、茲には、「如此乃良婆」と「カナ書キ」にされたのは、特に注意を与へたるもので、「宣」に対して「復唱シ」又、「履行スル」もので、「乗ル」であり、「則ル」であり、「神ノマニマニ神ナガラ」で、「宇宙一貫ノ法則ニ順フ」ものであることを知らしめた「古老ノ口訣」なのである。

従つて、「天津神波。天磐門乎押披氏。天之八重雲乎。伊頭乃千別爾千別氏所聞食武。国津神波。高山之末。短山之末爾上坐氏。高山之伊穂理。短山之伊穂理乎撥別氏所聞食武。」とある「聞」の字は、唯単に表面のみを現はしたので、裏は「其ノ如クニ為サレル」との意である。

「如此所聞食氏姿。」「如此失ハレテ」「天地乃在乃尽尽。今日以降。罪止云布罪波不在止。」如此にして「神界ガ現成スル」。然うしたならば、また「罪ヲ犯スコトノ無キヤウニ」と、特に「今日以降」と宣べ、然うするには、「敬美虔美恐美惶美弖。奉拝。奉感謝。」と、「神祭ル至誠」を現はし、感謝を捧げ、「奉祭止奉白留。」とて、「マツリ」の本義を明にされたのである。

「マツリ」とは、「箇トシテノ自己我ヲ改廃整理シテ、神ノ完キガ如ク完キモノトスル」の義で、その「マ」は、円満具足の箇躰であり、その「ツ」は、出でまた出でて、善悪美醜正邪曲直と転化するの義で、その「リ」とは、調伏摧破で改廃整理の意である。それ故に、「此ノ〇ト彼ノ〇トガ回リ回リ往キマタ返リ出デマタ入リナガラ、完全ニ凝止結晶スル。マタ、然ウ為《サ》セル」のが「祭《マツリ》」である。

さうしてそれは、「ツツシミツツシミ、カシコミカシコム」に依つて其の目的を達し得るのだとの意で此の「結ビ詞」が称へまつらるるのである。

天照大御神・天宇受売神・八百万神・神の神輪ぞ神ながらなる。

以上　昭和廿一年一月廿一日

〔これが「スガソ」だよ。之を晒すと白く綺麗になる。それを細かく裂いて「祓ヌサ」に用ゐたものだ。すると良い音が出る。〕

秩父の仙人が「山菅」を指示して斯う言はれた。

その仙人は何時の頃よりかいとも不思議な途を人の世に通い慣れて居られた。ところが昭和十九年の夏至を過ぎてからは全全消息が無い。

　寄る年の波をたたみて遙なる故郷念ふ昨日今日かも。

山の温泉《ユ》の夕《ユウベ》　術《スベ》　無み前《サキ》の世の運命《サダメ》のままに人の逝くなる。

仙人が初めて鷺宮《サギノミヤ》に来られたのは「ミソギ所所伝、死生観」の引合せであった。けれども当時鷺宮では天照大御神・天照皇大御神・天照坐皇大御神・大日霊貴尊・大戸日別神の御教を仰ぎて門を閉された為に幾年かの間を疎遠に過ぎた。

　祓へやる其の禍津毘は春日比咩神の稜威に神ながら神知らす野の高天原に。

その祓の祝詞に「菅曽」とあるのを仙人は山菅だと断定し神器として「祓ヌサ」に仕立てて大祓の行事に用ゐたものだと信じて居たことと推定される。

従来世間多くの学者は菅曽の菅をば笠縫に用ゐるものだと云ひ、更に川面凡児全集には其の菅に「雌雄の別が有つて祓に用ゐるのは雄菅の中の直立したのを選んだものだ。曽とは割くである。大祓の行事に雄菅の立つたのを用ゐて割くことが有るのだ」と記されてある。それに従へば「菅曽」とは山菅でないばかりか「菅を割くとか割く料としての菅とか」の意となる。

山菅か野菅か何菅か。裂くか割るか。それはさて置き、「祓」には必菅曽を要することは本文の如くであり万葉集をはじめ幾多の古書にも記されてある。その「菅曽」とは抑、何か。

古典の教へは誰がとか彼がとか何れが此れがなどと人人の論議を例に挙げたり比較したりして見たところで煩はしいばかりだからそれは一切止めて祝詞の本文と行事としての天津宮事と天津宣事とをそのままに拝みまつらねばならぬ。素直に見れば難かしくもないことを世の人人の多くは其の知識学問に拘泥する為に百千万言を並べ立てて却つて益〻枝葉末梢に迷ひ込んでしまふのは何とも嘆かはしい。

本来を云へば大祓の祝詞は専心一意唯唯拝みまつるべきで人間的小智を弄して解釈説明など為すべきではない。

よし今は斯くてもあらめ人の身の往き返るなる白玉の真玉の光真つぶさに統一る御魂天なるや御中の神と神知らす麻邇。

麻邇の宝殿を此処に築きて仙人もただの人も神も仏も空行く雲も地潜る虫も天地の在りのことごと神つまり鎮りますを、

日本天皇大祓の神事なりと拝承しまつる。従つて「菅曽」は其の為の行事であり又神器であり又更に言霊でもあり更に又神言たる神の教へでもあり然うして神道である。

菅曽に「天津」と冠したのは天津神の神事としての菅曽であると限定したのである。さうしてまた讃め詞でもある。それを

日本天皇の御行事だと拝しまつるのは

隠身天之御中主神のそのままなる神の国を此の世に築き成さるる御神業にてあらせらるるが故である。と白すのは「大祓祝詞の全文を通じて拝し得る」ので今其の本文を飜訳しつつ神秘の扉を敲かう。

「大祓」とは神代の神の御垂示を人間世界に宣べ布き給ふ日本天皇の御行事であるから、神代の神の神事たる「オホミマノハラヘミソギ」に神習ひますとの意で「オホハラヒ」と読む。清音である。

延喜式として定められた「大祓祝詞」は次ぎの如くである。

「集侍親王諸王諸臣百官人等諸聞食止宣。天皇朝廷爾仕奉留比礼挂伴男手襁挂伴男靫負伴男劒佩伴男伴男乃八十伴男乎始氐官官爾仕奉留人等乃過犯家牟雑雑罪乎今年六月晦之大祓爾祓給比清給事乎諸聞食止宣。高天原爾神留坐皇親神漏岐神漏美乃命以氐八百万神等乎神集集賜比神議議賜氐我皇御孫之命波豊葦原乃水穂之国乎安国止平久知所食止事依志奉伎。如此依志奉志国中爾荒振神等乎波神問志爾問志賜神掃掃賜比氐語問志磐根樹立草之垣葉乎毛語止氐天磐座放天之八重雲乎伊頭乃千別爾千別氐天降依志奉伎。如此久依左志奉志四方之国中登大倭日高見之国乎安国止定奉氐下津磐根爾宮柱太敷立高天原爾千木高知氐皇御孫之命乃美頭乃御舎仕奉氐天之御蔭日之御蔭止隠坐氐安国止平気久所知食武。国中爾成出武天之益人等我過犯家牟雑雑罪事波天津罪止爾畔放溝埋樋放頻蒔串刺生剝逆剝屎戸許許太久乃罪乎天津罪止法別気氐国津罪止ハ生膚断死膚断白人胡久美己母犯罪己子犯罪母与子犯罪子与母犯罪畜犯罪昆虫乃災高津神乃災高津鳥災畜仆志蠱物為罪許許太久乃罪出武。如此出波天津宮事以氐大中臣天津金木乎本打切末打断氐千座置座爾置足波志氐天津菅曽乎本刈断末刈切氐八針爾取辟氐天津祝詞乃太祝詞事乎宣礼。如此久乃良波天津神波天磐門乎押披氐天之八重雲乎伊頭乃千別爾千別氐所聞食武国津神波高山之末短山之末爾上坐氐高山之伊穂理短山之伊穂理乎撥別氐所聞食武。如此所聞食氐波皇御孫之命乃朝廷乎始氐天下四方国爾波罪止云布罪波不在止科戸之風乃天之八重雲乎吹放事之如久朝之御霧夕之御霧乎朝風夕風乃吹掃事之如久大津辺爾居大船乎舳解放艫解放氐大海原爾押放事之如久彼方之繁木本乎焼鎌乃敏鎌以氐打掃事之如久遺罪波不在止祓給比清給事乎高山之末短山之末与里佐久那太理爾落多支都速川能瀬坐須瀬織津比咩止云神大海原爾持出奈武。如此持出往波荒塩之塩乃八百道乃八塩道之塩乃八百会爾座須速開都比咩止云神持可可呑氐牟。如此久可可呑氐波気吹戸坐須気吹戸主止云神根国底之国爾気吹放氐牟。如此久気吹放氐波根国底之国爾坐速佐須良比咩登云神持佐須良比失氐牟。如此久失氐波天皇我朝廷爾仕奉留官官人等乎始氐天下四方爾波自今日始氐罪止云布罪波不在止高天原爾耳振立聞物止馬牽立氐今年六月晦日夕日之降乃大祓爾祓給比清給事乎諸聞食止宣。四国卜部等大川道爾持退出氐祓却止宣。」

以上が通例流布本の全文である。なほ幾十百種の異本が有り明治時代には官命で改められたものが全国の神社で用ゐられた。その事は「大祓」の神事として実に重大問題である。

けれども中古以来「日本神道の正伝」が失はれた結果其の祝詞も行事も混乱紛糾を招ぐに到つたので勢の趨くところ何うにも仕方が無かつたのであらう。此の後は果して何うなるか。

よしや今人の前には敗るるも神の前には吾勝大丈夫。

よしやよし人の前にぞ吾勝てる神の前にも大丈夫にして。と先師は詠嘆せられた。

此の祝詞には朝廷行事の次第書きが加はつて居るので本文は次ぎの詞からはじまる。

「高天原爾神留坐皇親神漏岐神漏美乃命以氐八百万神等乎神集集賜比神議議賜氐我皇御孫之命波豊葦原乃水穂之国乎安国止平久知所食止事依志奉伎。」

以上を第一段とする。表から観れば国家機構の基準を教へられたのであり裏から観れば人天万類生滅起伏の大道を啓示せられたのである。

抑、此の大宇宙は境地として観れば高天原と白されますがそれ自躰は主観して神漏岐神漏美二柱皇親命と仰せ給ふのである。

現代の私どもは「在る限り」を指すのに「大宇宙」の語を用ゐて居る。けれども太古の詞では「タカマノハラ」と称へた。その「タ」とは高隆・堅固・充満・実塞であり「カ」とは赫赫烈烈で「マ」とは円満具足である。此の三音「タカマ」を一語としての本義は「充ち満ちて光り耀ける沃土浄地」で美を尽し善を尽したる境地であるとの義でそれは則「ハラ」である。その「ハ」は派生・分出で「ラ」とは収納で「ハラ」と合せては腹で原で産出者である。「ノ」とは野で箟で野としては産み出す境地で箟としては助けて長ぜしむるものでそれ自躰としての独立性は無いが之無ければ其のそれぞれは成立しない。で此の「ノ」は「ハラ」に等しく又「タカマ」と呼ぶにも等しいのである。「タカマ」は即「ハラ」で「ハラ」は即「ノ」である。此の六音三語を合せて一語としたのは其の意味を極度に強めたので浄土・天国と呼ぶに等しいのである。

ところで宇宙万有物と云ふ物は総べて存在し活動して居るのだから中心が有り主観が有る。若しも中心が無ければ物は成り立たないし主観が無ければ活動することは出来ない。と言へば人は或は生物には心は有つても無生物には無いとか有機躰と無機躰とでは異るとか峻別し主観の有る者と無い者と区別して取扱はうとするかも知れぬ。けれどもそれは自己の省察が足らず他を観察する途を忘れて居る為である。

古典を解くには、

第一に、大宇宙の唯一であることを知らねばならぬ。

第二は、唯一つである大宇宙はそのまま万有であることを知らねばならぬ。

第三には、唯一つであり万有であるものは唯一筋の真理で貫かれて居ることを知らねばならぬ。

第四には、以上の故に一塊の土にも一滴の水にも一抹の雲にも一陣の風にも一閃の光にも一管の音にも一葉の草にも一点の塵にも大宇宙の事理は具はつて居ることが判らねばならぬ。

第五には、事実で真理である唯一の道とは極大で極小で大平等であることを知らねばならぬ。

第六には、大平等であるのに其の万有がその中に在つて相互の対立を認めるのは個個の結晶が異る為であることを知らねばならぬ。

第七には、万有はその結晶が異る為に牆壁を高くし境界を固くして居るがそれを取り除きさへすれば一円光明の身と成るべき理を知らねばならぬ。

第八には、牆壁境界を撤したる人の身は人の身ながら「カミ」と称すべきことを知らねばならぬ。

第九には、人の身としての神は神代の神と不一不二であることを悟らねばならぬ。

第十、唯一つなる大宇宙とは零なる一であるから万有はそれを種子とするのである。

第十一、宇宙万有は総べて主観すると共に他を客観し他より客観せらるると共に自らは主観して居るので主観中に客観が有り客観中に主観が有る。相互に観門を開いては相互観をする。裏からも観れば表からも観る。総合しても観れば分解しても観る。自他を総べても観れば箇箇分分を箇箇分分のままに表裏主客観をもする。その観門は多角多面重重又重重百八観千八百八万八億無数観が行はれる。そこで唯一つの大宇宙ではあるが、

┌客観しては高天原で〇《ヒ》であり┐
└主観しては神で⊙《ヒカリ》であり┘─主客合観しては神漏岐神漏美二柱皇親命にてまします。

「高天原爾神留坐」とあるが

対立的境涯に出頭沒頭しつつある人類を対象として分り易からしむる為に「神留坐」と書かれたのである。「カムツマリマス」とか「カムツマリイマシマス」とか読むので其の「ツマリ」とは充塞の義で「タカマノハラ」それ自躰が然うだと云ふに等しい。それで客観しては「タカマノハラ」であるが主観しては「カミ」でその「カミ」は一神で万神である。

人はそれを人としての機能相応に拝むより外は無いから種種様様の名称で讃めたり貶したり勝手なことをして居る。従つて自分等人類の祖先を「カミ」と拝むものと乃至「微生物」だと論断するものと実に多種多様である。

此の祝詞には唯一の高天原が「カムロギ・カムロミ」二柱の皇親であることを伝へて居る。

「皇親神漏岐神漏美乃命以氐」とある神漏岐神漏美二柱皇親命を古事記には伊邪那岐命伊邪那美命二柱神とも高御産巣日神神産巣日神二柱御祖命とも伝へられてある。まるで別なやうな御名を同じ神の亦の御名だと申しますのは此の神が共に等しく宇宙万有産出の祖神にてましますが故である。その御名の異るのは之を拝む人の異るが故であり或は時を異にするが故であり亦は処を異にするが為である。それは単に日本古典の上のみではなく各

国各地の古典に通じて認めらるるところである。

宇宙万有産出の祖神は対待を絶して居ること固よりであるから時間に拘はらず空間に限られざる唯一超絶の神にてましますのである。それで古事記は「隠身」とか「独神」とか「別天神」とか記し、極大で極小で極で無極で「零」であることを明にしてある。零とは大平等であるが人は其の中に自己なる一点を認めて其処に「カミ」を拝む。故に此の神は既に零ではない。隠身でも独神でも別天神でもない。相対の妙用妙象を現はされたのである。で是を御声として拝めば「カムロギ・カムロミ」であり御象として仰げば「伊邪那岐・伊邪那美」であり数として算めば「〇十《ヒト》」で⊕《ヒト》で十字架で十《カミ》である。

此の「カミ」とは一であると共に二でまた三で五で十で百千万無量である。一としては天之御中主神で二としては高御産巣日神神産巣日神で三としては天之御中主神高御産巣日神神産巣日神で五としては天之御中主神高御産日神神産巣日神宇麻志阿斯訶備比古遅神天之常立神で十としては宇比地邇神須比智邇神角杙神活杙神意富斗能地神大斗乃弁神淤母陀琉神阿夜訶志古泥神伊邪那岐神伊邪那美神で百千万無量としては百八百万天津神国津神と称へまつることを古事記は伝へてある。なほ日本書紀旧事本紀祝詞式等と対読すれば一層明瞭になるし他国他民族の伝へた古典をも併せて見るならば更に良いのであるが今は成るべく煩を避けて古事記だけに止めたい。

さてこの大宇宙たる高天原は超絶零界であるがその御活用を仰ぎまつれば神漏岐・神漏美として万有を発現するので之を皇親と讚へまつる。その皇親とは「スメムツ」であり「スメラガムツ」であり「スメラガムツミマスナル」であり「スメミオヤ」である。「スメミオヤ」としては皇祖である。けれども皇祖とは等しくして僅に異る。「祖」とは「ミオヤ」であるが「親」は更にその御活用を示して相和ぎ相親しみ相睦み相誘ひ相合ひ相交はるの義であるから「カムロギ」であり「カムロミ」であり「カムロギ・カムロミ」であり「カムルミカムルギ」である。躰言でもあり活用語でもあり其の時と其の人と其の処と其の祭典の目的とに相応して変化するのである。

天之御中主神と称へまつるのみでは一切を包括し給ふ御名であるが其の御活用を仰げば高御産巣日神神産巣日神にてましますからそれを祖神としては神漏岐神漏美とも伊邪那岐伊邪那美とも称へて皇祖で皇親で「皇親大《スメラガムツミマ》倭須米良岐美《スナルオホヤマトスメラギミ》」で「吾大伎美《ワガオホキミ》」で「伎美《キミ》」にてましますのである。之を支那人は陰陽と呼びまた乾坤とも称へ近く身に取りては男女と云つて居る。日本人は敬虔の念から「加微《カミ》」と称へ支那人は不可測だからとて「神《シン》」と呼び陰陽だと云つたまでの異別なので共に「祖」で「親」で「ミオヤ」で「オヤ」である。

その「ミオヤ」の「ミイノチ」の変幻出没が人であり物であるからとて「天命」とか「命」とか書き天神の詔命なればとて「ミコト」と称へ「ミコトノリ」と仰ぎ「オホセ」なりと畏みまつるのである。

此の御声として拝む神漏岐神漏美の妙用を高天原にては「男建《ヲタケビ》」と呼び「雄誥《ヲコロビ》」とも称へて大宇大宙の勅命則別天神の命で古事記に所云の「天神諸命」である。そこで神漏岐神漏美として男建び雄誥ぶ大宇宙の神勅のままに皇親《ミオヤ》の神には百八百万と在る限りの神《カミ》を神《カミ》ながらにお集め遊ばされてその神道《カミミチ》を神《カミ》の灑爾灑爾神《カム》顕し各自各自の神性《カンサガ》を発揮させようとて神ながらにお議り遊ばされお諭し遊ばされお教へ遊ばされお導き遊ばされた。その結果として八百万神は皆悉宇宙の事理を明にしたのである。之を人間的に観て現今の詞で言ふならば「正しき与論」を作られたので茲に其の真理のままなる国を建てさせ給ふとて先其の中心の超絶性をお示し遊ばされたのである。則国家機構の中心は唯一超絶神にてましまし日本民族は之を皇御孫之命と讃へまつり仰ぎまつるのである。

零《ヒ》の神としては

高御産巣日神
隠身天之御中主神
神産巣日神

魂《タマ》の神としては

月読命
天照大御神
建速須佐之男命

身《ミ》の神としては

石長比売
皇御孫之命
木花之佐久夜毘売

と称へまつるが如く経に次序を逐ふて其の御名を異にされるが与に一貫したる「カミ」にてましまます。更に人類世界の神としては

葦原醜男
意富耶馬台須米良岐美
八重事代主

と称へまつるのである。

ところがその国は本来神魔包括の◎《ヒ》の神であるから時あつては神とも成り魔とも変るので人間の波瀾が其処に起る。皇御孫之命は天降りまして人間世界を統治統率し給ふ為に人間身として君臨せさせ給ふので人は玆に五官的に拝みまつることの出来る「神」即「中心」を仰ぎ得たのである。

阿那畏。

日本語にては此の「神」を「オホヤマトスメラギミ」と称へまつりて「葦原醜男」「八重事代主」の妙用を御現はしましますことと拝承しまつる。

人間世界の波瀾曲折は隠身天之御中主神が神魔の躰にてましまます為の活用変化なのである。之を数として見れ

ば零の内容が二であり三であり四五六七八九であり然うして一であり十であるが為に其の一二三四五六七八九の加減乗除が美とも醜とも善悪とも正邪曲直とも変化し治乱興廃ともなるのである。之を換言すれば善悪も美醜も正邪曲直等も「我」の外なるものではないのである。此の「我」を古聖は「如来」と呼ばれた。そこで

「如此依志奉志国中爾荒振神等乎婆神問志問志賜神掃掃賜比氐語問志磐根樹立草之垣葉乎毛語止氐天磐座放天之八重雲乎伊頭乃千別爾千別氐天降依志奉伎。」

と、高天原なる皇親の命には人の国を神の国と築き成されて建国の天道をお示し遊ばされたのである。此処で注意すべきことは「天磐座・天降」の文である。「天磐座」は〇界であるから説明語の用ゐやうが無い。けれども此処に用ゐた文字に従つて堅固の意とするならば堅固になること此の上も無い。が此の「磐」は「イハサカ」の「イハ」と等しく正しく発き升る義を表したのである。それ故に人間から仰げば「天降る」であらうが「高御座」たる「天磐座」の御光は十方に等しく発くので「正しく升る」ので方位に拘はるのではない。十表に雄走る稜威《カミノミイツ》である。神代に於ては之を「稜威雄走神《イツノヲバシリノカミ》」と称へまつる。その雄走が発き発くのであるから玆に「天磐座放」とある「放」は「従」の誤りである。若しも「放」とするならば下降転落で不祥の語となる。天之磐座を放れずして天降りましますが故に神位なのである。此の神位を高御座として国土を経綸し給ふが故に重重無尽の円光として万世一系にましますのである。

既に述べたる如く中心は唯一超絶の零神《ヒノカミ》でそれが高天原にては皇親神漏岐神漏美命と仰ぎまつられ神国浄地を築きては皇御孫之命と讃へまつらるるのである。然うして皇親の神には建国の大本をお示し遊ばさるると与に悪神邪鬼をば教へ諭して其禍《マガ》を掃ひ清め草木の一葉までも乱れ擾ぐこと勿らしめてさて高天原なる神座より神代の

ままに神ながら神の国を築き成すべくその神を人間世界にお降し遊ばされたのである。皇御孫之命にはその皇親《ミオヤ》の勅命のままに猛然踊躍してお降り遊ばされたのである。

往くか返るか来るか去るか。窮め来れば唯是一点である。之を古老は「高天原」だと教へさせられた。

斯くして此処に此のまま高天原は成り成る。

「如此久依左志奉志四方之国中斗大倭日高見之国平安国止定奉氐下津磐根爾宮柱太敷立高天原爾千木高知氐皇御孫之命乃美頭乃御舎仕奉氐天之御蔭日之御蔭止隠坐氐安国止平気久所知食武。」

之を第三段とする。第一段では中心としての皇御孫之命とその外廓たる八百万神との関係を教へて先其の中心の確立と外廓の統一とを命ぜられ第二段では外廓の分裂と統一と其の結果とを明にせられ「天之磐座」のそのままなる神国浄地を人間世界に築き成したる暁を第三段に詳述せられたのである。

その神国浄地は「大倭日高見之国」と呼ばるるので「四方之国」を外廓として緯《ヌキ》の在るかぎりと「下津磐根」「高天原」と下の下までも上の上までも経《タテ》としての在るかぎりとを「美頭乃御舎」即「天之御蔭日之御蔭」としてその中心に隠り《コモ》「隠身《カクリミ》天之御中主神」のそのままに上天下地四維八隅一切合切を安らけく平けく統治統率せさせ給ふ。

それは人間身として拝しまつることを得る御玉躰が高天原にての皇親神漏岐神漏美命にてましまし隠身の神としての天之御中主神にてましますが故に近く図解を借りて説明すれば〇なる球躰で⊕である。之を古聖は十字架と教へられた。「十字架上一点之火」は時空を超えて時空を現はしつつ過去も如是将来も如是現在も如是経に緯に際涯無き日なる光である。之を「日神《ヒノカミ》」とも「⊕《ヒノカミ》」とも「・―〇《ヒノカミ》」とも称へて来たのは人間身の機能相応に判り易からしめた神の御恵である。

重ねて語義の上から解くならば「皇御孫之命の瑞の御舎」とは境地で外廓である。それをそのまま「天之御蔭日之御蔭」とする。「天」と称へ「日」と仰ぐのは境地から云へば主躰で外廓からは中心を指すので神国としては「皇御孫之命」にましますのである。

「御蔭」とは瑞の御舎を用《ハタラキ》の面から称《ヨ》んだので其の中心であり大中心である皇御孫之命の「隠《カク》りい坐します」「御蔭」なのである。それを国家としてならば人民民族領土財産等の一切合切である。

此の「御蔭」の存在に由つて「皇御孫之命」の稜威を仰ぎ知ることが出来る。譬へて言へば朝の光を見て太陽の在ることを知り得る如く其の国としての気候風土から歴史風俗習慣さうして現在の国家機構と其の活動能力等を見て其の中心に隠《コモ》り居ます「神《カミ》」たる皇御孫之命を拝し得ること宛も箇人の外廓たる土地家屋器具服飾等より其の肉躰身までが屋舎たる「蔭《カゲ》」と成りて箇人の人格を表現してをるやうな訳である。なほ前に述べたやうに、

此の祝詞は行事を伴ふのだから文章の表面を見ただけでは意味の判りにくい点が少くないので今それを補へば左の如くにならう。

「斯く授け此く受け来りし国と言ふ国の最中の国としての此の国をば平けく安らけく完全円満なる神界浄地たるべく祓ひ清め祝ひ寿ぎ定めて・さて・八百万神等は其の各〻の本生の国たる顕界神域乃至幽界魔境をも兼ね治め統べ知らし給ふ皇御孫之命の神界の麻邇麻邇に・それをば・破壊と建設とを超越したる秘境としての○《ヒノクニ》と築き成して・其処にそれを・「御舎《ミヤシロ》」として褒め讃へて皇御孫之命を仰ぎ奉れば・皇御孫之命には其の「御舎《ミヤシロ》」を御蔭として総べての御《ミ》事《ワザ》を八百万神等に寄さしまして・隠身天之御中主神のそのままに鎮り居坐して・斯くて・

安らけく平けく關はし給ふ。」

で此れは中心と外廓との不一不二を知らしめ「中心と外廓」とが渾然として一球たる〇《ヒト》である事実を顕彰すれば其処は根堅洲国で魔境でそのままに神界たる高天原であるから上下内外の牆壁は撤せられて誰も彼も我も人も物も心も総べてが一円光明の神として超楽無窮たるのである。斯く成さねばならぬのである。との御教である。

「大君の稜威の身ぞと我が名をば清く守らな御鏡挂けて」とは此の御教を人民たる位置から詠嘆したので

「しきしまの日本島根に庵して今日かも見らむ花の盛りを」

とは現津皇神の御製歌であると拝承しまつるのである。

中心は外廓を通じて仰ぎ知ることの出来ると共に外廓は中心に統率せらるるが故に初めて其の存在し活動し得るものなることを明らめらるるのである。

皇御孫之命は白すも畏けれども人民民族領土財産等の所云「御蔭」は「隠《コモ》り伊坐します」が故に国は平に民は安らかなのであり国民は「美頭の御舎」と成りて「仕奉」るが故に太平を楽しむことが出来て其処に神国は現成するのである。ところが宇宙万有は無間断の活動運行をして居る。さうして其の動き方は「振子」のそれである。右に左に西に東にと動く様を人人は認めて居ると共に正中の一点をも否定することは出来ない。けれども、憐むべし。此の一点を摑むことを知らない。世人の中心を閑却し忘失しがちなのは此の故である。此の為に罪尤垢穢は積もり重なり神国も忽に魔境と化し楽土も俄に苦海と変る。如此にして人間世界は寧日無き悲嘆を繰り返すのである。

噫。

「如此知食須国中爾成出武天之益人等我過犯計牟雑雑罪事波天津罪乎畔放・溝埋・樋放・頻蒔・串刺・生剝・逆剝・屎戸・許許太久乃罪乎天津罪斗法別計氏国津罪斗波生膚断・死膚断・白人・胡久美・川入・火焼・己母犯罪・己子犯罪・母与子犯罪・子与母犯罪・畜犯罪・昆虫乃災・高津神乃災・高津鳥乃災・畜仆志・蠱物為罪・許許太久乃罪出武」

さて此の第四段では、祓の対象としての罪事を列挙されたのである。之を観て異様の感を起させるのは「母と子と」「子と母と」と繰返されたことと「畜犯せる罪」とあることで之れが此の一段の中心点であることが判る。で其の「ケモノ」に畜の字を充ててあるから狭く見て単に家畜とのみ思はれがちのやうだが其の「ケモノ」とは毛物で産物で毛柔物毛麤物を都べての名称である。その毛物を犯すとは産物を害ふもので生産破壊で人類の生活を脅かすものであるから罪中の罪たる大罪である。然うして国を築く上には人を生み人を養ふことが主であるから其の資料としての毛物と其の資料を整理して新なる生命を産出する母と産出せられたる子とが中心となることまた当然である。

己が母を犯し給へる例を古典に求むれば火迦具土神が適例であり己が子を斬殺せるは伊邪那岐命の御事蹟であり一日に千頭絞り殺すと宣へるは伊邪那美命である。八上比売が其の生める子を木の俣に挿みて流亡したのは母と子との犯せるものであり子と母との犯せるものでもある。なほ此の例を人間世界に求むるならば枚挙に暇が無い。

天之益人は神国浄地を築いて太平和楽を謳歌したならば好かりさうなものだがそれとは反対に国土を破壊し平和を防害する罪事の数数が行はれる。まことに不思議なやうだが「事実」は善悪美醜是非曲直の雑然羅列に外ならない。否否。それどころではない。現在の世相には善悪美醜の観念も正邪曲直の判別も失はれて唯残存するものは大小強弱のみなるかの如きあさましさである。

ここに列挙された罪事を大別すれば「形而上と形而下」「精神的と物質的」「天界と地底」とに起るもので天津罪と国津罪と呼ばるるのである。その天津罪として記されたものは建速須佐之男命が天上に升られて天津神の神宮を冒瀆し奉らんとせられた例を挙げて代表としたのであり国津罪として挙げたものは人類世界に在りて日常見聞する事柄である。さうして

天津罪としての八つの名目は名目こそ別であるがいづれも各自各自の位置分限を破壊亡失して紛乱混雑に堕し入るるものである。「アハナチ」の「ア」は吾《ア》で足《ア》で畔《ア》で存りて在るものである。それを破却するのが「ハナチ」である。「ミゾウメ」の「ミゾ」とは身《ミゾ》で溝《ミゾ》で区画である。それを廃滅せしむるのが「ウメ」るものである。「ヒハナチ」の「ヒ」は氷《ヒ》で日《ヒ》で樋《ヒ》で日止《ヒト》として是くあるの謂である。それを破壊し潰滅せしむるのが「ハナチ」である。「シキマキ」は「頻蒔」で重複混乱せしめて成立せしめざるものである。「クシサシ」の「クシ」は奇《クシ》で串《クシ》で刺し貫きて活動することを得ざらしむるを「クシサシ」と呼ぶのである。「イキハギ」と「サカハギ」とは反逆であり「クソヘ」は冒瀆である。

と云ふやうに一応の説明はするのであるが何れも皆禍津毘の魔言であるから詳細に渉りては秘言としてその人にあらざれば語るべきものではない。若し之を語る時は必

「スガソ」の秘言を唱へねばならぬ。此の秘言を唱へ得る人でなければ語ることを許されぬのである。さてその「スガソ」の秘言とは禍津毘調伏摧破の神言霊で神界築成の妙音で日本天皇治国の天津宣事で「神なる詞」で

ある。

国津罪とは国土破壊の罪であるから「母と子と」を中心とすることを前にも述べたが此処に列挙された数数は「イキハダタチ」「シニハダタチ」「カハイレ」「フヤキ」「ケモノタフシ」「マジモノセル」等の残忍なる破壊行為と「シラヒト」「コクミ」の如き痼疾病患と「ハラムシ」「タカツカミ」「タカツトリ」の如く人類の生存繁栄を脅かすもの等能動的にもあれ行動的にもあれ皆悉く「破壊」惨禍である。

なほ古事記は仲哀天皇の御崩御後に「国の大祓を為る」とて「更めて国の大奴佐を取りて」「生剝・逆剝・阿離・溝埋・屎戸」それから「上通下通婚・馬婚・牛婚・雞婚・犬婚の罪」と云ふ奇奇怪怪なことを載せてある。それを或るものは「大祓の祝詞に列記せられた罪」だと、書いて居る。けれども斯の「婚罪」とは人間世界では想像の及ばないことである。然しながら嘗て想像するものが有つて列挙したことではあらう。が勿論此の祝詞の本文とは別である。別ではあるが若しも其のやうなものが有るならば生産破壊人類亡滅の罪業であることはまた勿論である。

罪業の有る限りを挙げ想像の及ぶ限りを数べ立てて祓遣ることは「スガソ」の秘事である。それ故古事記の此の文にしても大祓の祝詞の所云罪事にしても祭典行事を為るのでなければ読むことを許されぬものだとて神は厳秘を命ぜさせられたことと漏れ承るのである。

身修らずして閨門紊れては家斉はず国は治らず天の下の寧き日とては無きに到るのである。伏羲氏は之れを憐み「坎水破壊の惨劇」を警告せられ仏陀は「三悪道の亡状」を説かれたのである。が哀れ世降りては空文と化し了るのではあるまいか。噫。

「如此出婆天津宮事以氐大中臣天津金木乎本打切末打断氐千座置座爾置足波志氐天津菅曽乎本刈断末刈切氐八針爾取辟氐天津祝詞乃太祝詞事乎宣礼。」

延喜式の祝詞であるから其の当時朝廷祭儀の実際を知ることが出来る。玆に「大中臣」と有るのは朝庭祭儀の長官である。その長官に天津神の神宮に於ける神儀に則り「天津金木・天津菅曽・天津祝詞」の秘事を為よと命せ給ふのである。

或は長官たる大中臣は天津金木と天津菅曽との天津宮事を為し「天津祝詞乃太祝詞事乎宣」るものは他の祭官であるから此の文は「八針爾取辟氐」までを一段とし「以下」をまた一段と区切るべきものである。さうすると之れが第六第七の両段である。

式の記載は祝詞の本文に朝廷大祓行事の次第書きを加へたものであるから前文として、

「集侍親王諸王諸臣百官人等諸聞食止宣。天皇朝廷爾仕奉留比礼挂伴男手襁挂伴男靱負伴男劒佩伴男伴男乃八十伴男乎始氐官官爾仕奉留人等乃過犯家牟雑雑罪乎今年六月晦之大祓爾祓給比清給事乎諸聞食止宣。」と記してある。それから本文として、

「高天原爾神留坐皇親」が「神漏岐神漏美乃命以氐」「八百万神等乎神集集賜比神議議賜氐」「我皇御孫之命波豊葦原乃水穂之国乎安国止平久知所食止事依志奉伎」と建国の根本精神を明にされた。で斯う訓めば此の「皇親」とは天照大御神であり「神漏岐神漏美」とは男系女系の遠津神祖ともなり其の遠津神祖等の一貫したる神勅即「命」であるともなる。が此の文章は単にその表面だけを見たでは「皇親たる神漏岐神漏美の命」とも「皇親が神漏岐神漏美の命を」とも何れとも解釈し得るので「行事」に依らねば決められぬ。そのまた行事は祭典の対

象が異れば必しも一様ではないので自《オ》「秘事」に属する。それ故此の文の説明を一方に決めることは無理でありまたその必要も無いので広くまた多面多角的に説き得る限りをそのままに存置すべきである。

がさて上述の如くに建国の精神を御垂示になられてもその国は必しも平和ではない。そこで「荒振神等平婆神問志問志賜神掃掃賜比氏語問志磐根樹立草之垣葉平毛語止氏」然る後に「天降依志奉伎」とて顕幽の二途を一貫して初めて神国の経綸を完ふすべきことを垂示せられ

更に「皇御孫之命と八百万神との不一不二なる事理を明にして」「安国止平気久所知食武」と宣ひ此の土地のままの高天原を教へさせられたのである。

けれども世には「人人の過ち犯したる罪事」が有つて平和嘉悦の高天原をも擾乱闘争の幽界魔境と化せしめつつある。そこで之を建国の初に還さねばならぬ。其の為に「天津金木」「天津菅曽」「天津祝詞」の神儀を行はせ給ふのである。然うすれば雑雑の「罪事」は消えて本来の面目と成る。此の身此のまま此の土此のままの高天原と成る。是を神国現成と呼び神聖出生と称するのである。

ここで今一度列挙された罪事を検討する必要がある。

人間世界の罪と云ふ罪は大別して天津罪と国津罪との二つになる。その天津罪を大別すれば干犯の罪と冒瀆の罪とであり国津罪を大別すれば主観的の名称としては犯したる罪と過てる尤とであり客観的には垢と穢とで病患痼疾と天変地妖との災害である。害ふものであると共に害はれたるものである。それ等総べては箇躰破壊国土亡滅の因であり縁であるからとて「ツミ」と呼び「罪事」と書くのである。「ツミ」の「ツ」は其の位置より出づるの義である。従つて他を犯すものとなる。「ミ」は霊《ミ》で身《ミ》で実《ミ》で身魂であり固定である。故に「ツミ」とは自

己の位置分限を忘れて他の位置分限を干し害ふものでありまた其の結果である。此の意味で総べて正しからざる存在を「ツミ」と呼ぶのである。

「罪事《ツミ》」とは其のやうなのであるから之れを祓却るには

第一　各自各自の位置分限を明にすること

第二　位を正しく名を正しくして数を知ること

第三　数を算《ヨ》みて中心と外廓との総合統一を為すこと

第四　神象と神声と神数との不三不一不二なる零を明にすること

第五　零の一にして一の零なる超絶世界に住むべきこと

第六　一二三四五六七八九なる秘言を称へて神命を仰ぎ神命に応へまつること

第七　日止《ヒト》と火人《ヒト》と人《ヒト》との一躰なる事実を顕現すること

第八　天磐座を築くこと

第九　九が一にして十なることを明にすべきこと

第十　中心と外廓との不二不一なる事理を明にすること

然うすれば根国も底之国もそのままに高天原と呼ばるるのである。それは九の魂が統一して十魂尊貴の玉体と成り天照日之御子として天津日嗣を知ろしめし給ふのであり亦其の御業に随順しまつるものである。則「罪事《ツミ》」も「罪事《ツミ》」ではなくて明く清く直く正しく善く美しき神界楽土を顕現する資料と成るのである。

此の「天津宮事《ミワザ》」「天津宣事《ミコトノリ》」の神儀としての「天津金木」とは大宇宙の大中心を此こに此のまま拝むのであ

るから本も末も無い零境秘数で「千座置座」と呼ばるるのである。「チクラオキクラ」とは千座置座と書かれた如く境地で際涯無き場所で無限の空間との義である。無際無涯の空間に無始無終の時間を描くものが「本打切末打断」たる「天津金木」を「千座置座爾置足」はすものである。是を神器に作れば「神籬磐境」と成る。則「宇宙」を象徴したものである。然うしてその宇宙とは「無宇宙」の結び来れるもので「零なる一」である。図解すれば⊙である。また⊡と書いても⧈と書いても可い。神勅に「天津神籬天津磐境起樹」と伝へたのが則是である。「天津菅曽」とは「本刈断末刈切」て「八針爾取辟」くので本も無く末も無く数限り無く発くものである。乃、生に対しては、「死」である。がその死も無いので生死解脱である。之を神器としては「奴佐《ヌサ》」である。「ヌサ」は其の製の如く束ねたるものであり束ねて分つものである。束ねては「生」であり分れては「死」である。で「天津菅曽」とは「生死起滅」を教へて超絶零界に入らしむるものである。

それで「天津金木」も「天津菅曽」も共に○なる⊙である。が其の⊙の躰を「金木」と呼び其の用を「菅曽」と称するのである。或は「金木と菅曽」とは卜占の具であり支那に渡りては算木筮竹と成つたものだと説くものが居る。それは「太麻邇《フトマニ》」の片鱗を伝へたので誤謬ではないが完きものではない。

「フトマニ」とは「球」である。図解すれば「天津金木・天津菅曽」と等しく○であり⊙であり更に⊕である。その⊕であるとは十字架で結び結べる「玉の緒」である。それは「フトマニ」なる詞が数ふるので「マニ」とは「宝珠」とか単に「珠」とか言ふに等しく調和の音義たる「ニ」と御魂の意味としての「マ」との二音合成の語で円満具足の義であり「フト」とは経過運行の「フ」とその終息休止を表はせる「ト」との合成で回り回りて結び結びて完全に統一したりとの意である。従つて「マニ」を讃美したのでもあり「マニ」をして「マニ」たらしめし妙用神巧でもある。それで特に「天津金木・天津菅曽」とは名を異にして伝へられたのである。然うして之は伏羲氏所伝の「易」と云ふに等しい。算木や筮竹やはその易の運用の具に過ぎないのだから其の区別を明にせねばならぬ。

さて此の「天津金木・天津菅曽」の教へに依つて生死解脱の神象を描いたのが〇で之を「日像《ヒカタ》」と称し「日像鏡」と書いては「カミ」と訓んで来たのである。之は古老の秘教で此の図は天界と地底とを踏破卓立したる「火神」なりとの義である。古事記日本書紀古語拾遺等古典の伝へた天窟戸開闢記は能く此の消息を伝へて居る。

「火神」を生みますは根国底之国の主神なる伊邪那美命にてまします。火神には其の母命の神性を受けて世の罪障を焚き宇宙を清めさせ給ふのである。

かくて「天津金木」と「天津菅曽」とは「火神」の知ろしめしますところで「極大で極小で極無極で〇である。」それ故に之を数としては「一」と云ひ「一二三四五六七八九」と称へ「ヒフミ」と呼ぶ。

「ヒフミ」とは「一二三」で「火経身」で「日文」である。

「一二三」としては神数観であり「火経身」としては神声観であり「日文」としては神象観である。共に日本民族の宇宙観である。完成した宇宙を神数観では「一二三四五六七八九十」と数へ神声観では「ヒトコトヌシ」と讃め神象観では「・―⊙」と描く。共に宇宙成壊の事理を教へ給へる神恩である。

人は此の神恩の中に神徳に導かれつつ其の境に応じ其の時に随ひて妙用を現はすのである。斯くて神の教へ給ふ祓言を「天津祝詞乃太祝詞事」と称へまつる。乃、「天津祝詞乃太祝詞事乎宣礼」と命せ給ふ所以である。

「如此宣良婆」荒振禍津毘は悔改めて神威を畏みまつるから其処に太平嘉悦の神国が湧出現成するのである。其の様を以下次ぎ次ぎに教へさせられたのである。

「如此乃良婆」「天津神波天磐門乎押披氐天之八重雲乎伊頭乃千別爾千別氐所聞食武」「国津神波高山之末短山之末爾上坐氐高山之伊穂理短山之伊穂理乎撥別氐所聞食武」

「天磐門」とは天之磐座の門戸との義であるからそれを披きて聞こしめさるる天津神とは「隠身之神」のやうである。けれども此の文は必しも然う云ふ厳密な意味ではなく高天原に生れませる諸神との義で国津神に対したまでである。その国津神とあるのもまた厳密な意味での「地界魔境之非神」との意味ではなく国土所生の神とか国土経営の諸神とかの義である。さればとて高天原と呼ぶ所から移転来住した神に対する先住民族とか先住民族の祀れる神とか云ふやうな意味では固よりない。

此の「天津神・国津神」とあるのは天上に御坐します神も地上に御坐します神もと云ふ程の意味に過ぎない。さうして天上であるから高天原と呼び地上であるから常人の住所よりは少しでも天上に近い山山の上をその宮居とせらるるのだと云ふ意味で高天原にましゝます天津神はその磐門を開けてお聞き届けになり地上にましゝます国津神はそれぞれのおはしゝます山山の雲霧の如き邪魔になるものをば撥別け掃ひ除けてお聞き届けになるのだとの意に過ぎない。それで此こに云ふ神とは「上《カミ》」の意で高きもので、尊きもので、有能有徳のもので下きもの卑しきもの不徳無能のものに対したもので、霊異妙徳の所有者で其の主神は全智全能に御坐しますと云ふ意味になる。何故かと云ふに此の「大祓の神儀」は祝詞の第六段までで完了し第七段以下は其の結果を其の当時の人人に理解させる為に「超絶的神理」をば措いて其の神理に「時代」と云ふ衣装を着せ「相対的」と云ふ粉飾を施す必要が有つたからである。

さて、その「時代」であるが此の祝詞は何時から世に行はれたのか。それに就ては古来の学者が諸説を掲げて居る。

文書に記載して現存するのは醍醐天皇の大御代に選定された延喜式としてであるが遙に遡ること一千六百許年神武天皇の大御代に天富命とか天種子命とかが書かれたとか或は此の二人が力を協せて綴られたのだとか云ふものとそれよりは千幾百年の後天智天皇或は文武天皇の大御代等に書かれ又は書き加へ書き改めなどせられたものだと云ふのとである。兎に角何時から成文として伝承したかに就て文書の徴すべきものは無い。唯。其の文は雄渾壮大で深遠幽玄で其の事の神秘なのを能く表現して絶妙と称すべく之を万葉集上期の神品に求むるも容易に匹儔を得ない。蓋天智天皇時代を降るとも遠からざるべく古事記撰録以前なるべきか。その人を求むれば稗田阿礼の神事に柿本人麻呂の文彩を以つて初めて得らるべきか。

ところで此の大文章の前後に加へられた延喜式の文字は何とも釣合ひが取れない。「集侍親王諸王諸臣百官人」「朝廷爾仕奉留比礼挂伴男手繦挂伴男靫負伴男劔佩伴男伴男乃八十伴男乎始氏官官爾仕奉留人等乃過犯家牟雑雑罪乎」「祓給比清給事乎諸聞食」とあるのでは「大祓」にならない。諸臣官人の罪を祓ひ百官有司と幸福を共にし楽を頒つと云ふのでは日本国躰でない。また固より祓の神事は行はれない。勿論日本神道でない。それのみか仏教でも儒教でも耶蘇教でも回教でもない。小人の小儀と云ふべく慨嘆に耐へないのである。けれどもまた人間的には邇きより遐きに及ぼすの意で官人を祓ひ庶人に到り自国より初めて四方国に及び人類より初めて万類万物に及ぼすのが事の順序でもあるのだから本文にも、

「如此所聞食氏婆皇御孫之命乃朝廷乎始氏天下四方国爾波罪止云布罪波不在」と宣ひ又「天皇我朝廷爾仕奉留官

官人等乎始氐天下四方爾波自今日始氐罪止云布罪波不在止」と重ねられてある。

茲に「皇御孫之命」「天皇」と両様に書かれてある。之は等しきに似て少しく異るのだから「皇御孫之命」は「朝廷乎始氐天下四方国」と係け「天皇」は「朝廷爾仕奉留官官人等乎始氐天下四方」と係けてある。前には「朝廷」で「国」であり後には「人等」で「四方」である。乃、皇御孫之命とは此の豊葦原の水穂国の中心にてましますす上の御称号として用ゐさせられ天皇とは其の中心の御活用として用ゐさせられてある。それだから躰と用との御異別が明であると共に裏と表とも拝せらるるのである。すると此の両様の御称号は単なる亦の御名ではなくて常在不変の皇御孫之命と万世一系の天皇との御区別にてあらせらるることと拝せらるるのである。然う拝すると此の祝詞の前と後とに「天皇」とあるは現在の朝廷に仰ぐ大君であり古来よりの本文中に「我皇御孫之命」「皇御孫之命乃美頭乃御舎」「皇御孫之命乃朝廷」とある「皇御孫之命」とは「天磐座従」常にもがもに天地を統べ知ろしめさるる「天照大御神の亦の御名天照日之御子」にてあらせらるることを明らめ得らるるのである。則◯《ヒ》なる⊙《ヒカリ》で正しき意味での「天地の神」で「カミ」にてまします。

此の「カミ」とは唯一超絶の実在にてあらせらるると共に重重無尽の天津神輪国津神輪にてまします。極大極小極無極の日にてまします。三産霊で高魂神魂で神漏岐神漏美と称へまつるのである。けれども之は神のみが明らめ得て明らかに伝へ給ふところで人間身としては明確に説明する機能を具へて居ない。唯、神の教へを信仰するに過ぎない。それ故に遺憾ながら其の時代相応に其人相応に其の境地相応に方便を回らして方位も立てれば年暦も算へ行蔵進退をも人格的に説示せらるるのである。従つて延喜式の祝詞の如く幾度か幾人かの加筆添削を経たものにはまるで筋の通らないものがある。それを識別判定するのはまたなかなか容易でない。

唯此の大祓祝詞の前文のやうに本文との隔りの甚しいのは判別し易いがそれでも末文との関連が巧であるから或は迷はされるかも知れぬ。それはさて置き、

茲に何時の誰とも知れぬが此の大祓祝詞の前文として左の如きものを遺したのが世に行はれて居る。

「参集《マキリツド》閇《ヘ》留《ル》人人《ヒトビト》国土《クニツチ》山河《ヤマカハ》草木《クサモキモ》空行雲《ソラユククモ》毛《モ》地潜虫《ツチクグルムシ》毛《モ》天地《アメツチ》乃《ノ》在《アリ》乃《ノ》尽尽《コトゴト》今日《ケフ》乃《ノ》祓《ハラヘ》乃《ノ》御祭《ミマツリ》爾《ニ》各自《オノモ》各自《オノモ》我《ガ》過《アヤマチ》犯《オカシ》計《ケ》牟《ム》雑雑《クサグサ》乃《ノ》尤《トガ》云《トイフ》尤罪《トガツミ》云《トイフ》罪《ツミ》乃《ノ》垢《アカ》斗《ト》穢《ケガレ》斗《ト》乎《ヲ》祓却《ハラヘヤラ》閇《ヘ》清《キヨメ》給《タマ》布《フ》神《カミ》乃《ノ》神恵《カミワザ》神言霊《カミコトタマ》乎《ヲ》敬《ツツシ》美《ミ》畏《カシコ》美《ミ》拝《ヲロガ》美《ミ》坐《マ》勢《セ》斗《ト》白《マヲ》須《ス》」

当に此くの如くなるべきではありますまいか。

またそれと共に左の如き末文が附けられてある。

「如比《カク》失《ウシナ》氐《ヒテ》婆《バ》」「人天万類《アメツチノアリノ》尽天尽地《コトゴト》今日《ケフ》以降《ヨリハジメテ》罪《ツミ》止《ト》云《イ》布《フ》罪《ツミ》波《ハ》不在《アラジ》止《ト》祓《ハラヘ》却《ヤラヘ》給《タマフ》事《コト》乃《ノ》尊《タフトサ》乎《ヲ》恐《カシコ》美《ミ》惶《カシコ》美《ミ》氐《テ》奉拝《ヲロガミマツリ》奉感謝奉《キヤマヒマツ》祭《リマツリマツル》止《ト》奉白《マヲシマツ》留《ル》」

「身を清むると与に境を清めよ。境を穢す時は身もまた穢るるものぞ」とは先師の遺教である。日本天皇大祓の神儀は「天地の在るかぎりが天津神国津神の神のままの一円光明神と成るべく行はせられるので之は神の御恵みで神の神事で神代の神の神言霊である」と畏みまつり拝みまつらるるのである。此く白す訳は人天万類一切合切は本来の神で「別天神」と称する「隠身」が結び結んで小宇宙と成つたので其の「本来の象《スガタ》」を此処に此のまま現はせば「天津神国津神」である。之を現はすには八千魂を制御し統一すれば善いのである。此の行事が「人としての神の神事であり神としての神の神言霊であり神代の神の御恵みである」とは神代の神の教へ給ふところである。故に人天万類皆共に此の儀を「敬み畏み拝みまつれよ」とは「大宇宙の神漏岐神漏美」である。別の詞では「一音響の不断の雄走《ヲバシリ》」と呼ぶのである。則大宇宙を声音として拝みまつれば「無始無終の神漏岐神漏美」

であり象形として拝めば「伊頭之雄走神」である。

大祓の神儀は斯くて此のまま神の国を此処に築き成すので上天下地悉皆白玉光焔の身である事理が明にされ此の身此のままの神身を悟証し神業を建設し神事を完成するのである。それ故に之は畏くも日本天皇の御行事にてあらせらるるのだと拝承しまつる。まことに如斯其の意義の深遠宏大崇高幽玄なること筆舌の能く及ぶところではない。唯朧気ながらも推し測る手がかりともならばと願ひつつ解説を試むるばかりである。

さて此の前文は「ハラヘ」の意義を簡潔に教へられた「ノリト」で前文とは云ふものの之だけでも完結した「祓《ハラヘ》言《コトバ》」である。それ故に今之を敷衍して本文解説の一助と為よう。

「参集閇留人人」とは主躰としての中心即根本魂たる直日が全躰たる外廓即多くの細胞・枝葉・花果・等を構成する八十万魂に呼びかけたのである。此の場合文の主格は一見省かれた形式であるが必しも省略の文法と云ふのではなく超絶零躰として主客自他を包括した様式である。或は世俗の風習としては行はれぬかも知れぬが大宇宙の大中心としての神たる上からは極大で極小で極で極無で唯一点で無なる有で有なる無であるから此のやうな文躰が認められる。次ぎに

「国土山河」と云つたのは組み組み織り成されたるもの輙組織躰系に対して

「草木」とあるのは柔軟にして靡き寄るものと強剛にして他の制御に順はざるものとに

「空行雲毛」とは変幻出没して捕捉し難きものに

「地潜虫毛」とは下より下に陰より陰に潜み隠れて陰謀詐略を回らし他の和平歓楽を嫉視してその幸福を奪ひ其の生活を覆さんとするものと云ふやうに

「天地乃在乃尽尽」宇宙を構成して居る総べてのものに対して各其の自性を発き来れよと教ふるのである。

抑、神は常時不断に天地の総べてを其の神の如くに直く正しく善く美しく作り成しつつましますが故に「各自各自我」各自各自に其の神の祓へましつつまします中に、其の祓の神業のままに在れば「過犯計牟雑雑乃尤云尤罪云罪乃垢斗穢斗平祓却閇清給布」神乃「御恵神言霊乎」戴きまして一塵一埃も神身に外ならず一挙手一投足も神業にあらざるはなく一言一行皆悉神事となるのであり万有の神である事実を顕し来るのである。

「今日乃祓乃御祭爾」と前にある如く今日の祓は天地の在りのことごと祓へ却へ給ふ皇御孫之命の大祓であるから此処に居る人も居らぬ人も居るとか居らぬとかにはかかはらずまた人類であらうとなからうと宇宙万有一切合切が其の過てる尤犯せる罪のその垢であり穢であることを自覚して本来の神たる事実を現さしむる神事である。

此の神事を拝みまつれば皆共に皇御孫之命の救済の筏に乗るので

「敬美畏美拝美坐勢斗白須」のである。

敬み畏み拝むことが人としての位置に於ける「ハラヒ」と成るので神の神事としての「ハラヘ」に帰命し了するものである。

「ハラヘ」と称へ「ハラヒ」と呼ぶは共に同じく神事ではあるが其の位置の異るために其の妙用を異にするので其の言霊もまた別なのである。乃、神に即しては「ハラヘ」であり人に即しては「ハラヒ」である。「ハラヘ・ハラヒ」の「ハ」は葉国《ハクニ》神の「ハ」で分出派生の義であり「ラ」とは上の音義を助くると共に相睦むもので親愛収納の義である。故に「ハラ」は出入往返で腹とか原とかに等しく産出者である。「ヘ」は胎で「ハラ」の本躰である。此の三音を重ねたのは陰陽不測之謂神なりとの義で神の本躰と妙用とは如是なりと言ふに等しい。「ヒ」とは火で日で一で無の有で零なる一である。故に「ハラヒ」とは万有と万有の発現する根本本躰との一躰観で「神の任運《マニマニ》神ながら」と称へ神命に随順し奉るの義である。人も物も万有《ヨロヅノモノ》も其の罪尤垢穢の罪尤垢穢であることを畏み敬む時は常にもがもに神の神事神の御恵神言霊を拝み本来本有の「神象」を現し神業を建て得るものであるから「敬神《ツツシミ》」を人間行為の羅針盤にせよとの垂示である。

「如此失氏婆」「人天万類尽天尽地今日以降罪止云布罪波不在止祓却給事乃尊乎恐美惶美氏奉拝奉感謝奉祭止奉白留」と伝へた末文は必竟前文の括りで更に約めては「敬神」の一語に尽くるのである。

「天照大御神・神漏岐命・神漏美命・建速須佐之男命止大御名波奉称氏天祖天譲日天狭霧国禅日国狭霧尊」

大宇宙の真を忘れて牆壁境界の間に跼蹐せる人天万類も神の日の導くままに神の言霊を称へまつれば其処に「日《カ》像鏡《ミ》」を拝し「カミ」の中に我が真象《モトノスガタ》を認めて天皇国の大御宝たる実を現し来るのである。斯くて此の国をば「天照大御神の稜威」なりと畏み其の御活きを仰ぎては神漏岐命神漏美命建速須佐之男命と称へまつり其の御象は天譲日天狭霧国禅日国狭霧と称へらるる天祖にてまします。天祖は日神にして二つの零の産霊《ムスビ》たまへる身《ミ》なれば隠身天之御中主神の「カミナガラ」である。

阿那「畏《カシコシ》」とも畏き極みなりと拝みまつり祭りまつる。

此の前文と末文とを付けた「祓言《ハラヘコトバ》」の全文は次ぎの如くである。

「参集閇留《マキリツドヘル》人人《ヒトビト》。国土山河《クニツチヤマカハ》。草木《クサモキモ》。空行雲毛《ソラユククモモ》。地潜虫毛《ツチクグルムシモ》。天地乃《アメツチノ》在乃《アリノ》尽尽《コトゴト》。今日乃《ケフノ》祓乃御祭爾《ハラヘノミマツリニ》。各自各自我《オノモオノモガ》。過犯計牟《アヤマチオカシケム》。雑雑乃尤云尤《クサグサノトガトイフトガ》。罪云罪乃《ツミトイフツミノ》。垢斗穢斗乎《アカトケガレトヲ》。祓却閇清給布《ハラヘヤラヘキヨメタマフ》。神乃《カミノ》御恵《カミワザ》。神言霊乎《カミコトタマヲ》。敬美畏美拝美坐勢斗《ツツシミカシコミヲロガミマセト》白須《マヲス》。

高天原爾《タカマノハラニ》神留坐《カムツマリイマス》。皇親《スメラガムツミマスナル》。神漏岐《カムロギ》。神漏美乃命以弖《カムロミノオホセモチテ》。八百万神等乎《ヤホヨロヅノカミタチヲ》。神集集賜比《カムツドヘツドヘタマヒ》。神議議賜比氐《カムハカリハカリタマヒテ》。

我皇御孫之命波《アガスメミマノミコトハ》。豊葦原乃水穂之国乎《トヨアシハラノミヅホノクニヲ》。安国斗《ヤスクニト》平久《タヒラケク》知所食斗《シロシメセト》。事依志奉伎《コトヨサシマツリキ》。

如此《カク》依志奉志《ヨサシマツリシ》国中爾《クニノウチニ》。荒振神乎婆《アラブルカミヲバ》。神問志問志賜比《カムトハシトハシタマヒ》。神掃掃賜比氐《カムハラヘハラヘタマヒテ》。語問志《コトドヒシ》磐根樹立《イハネコノダチ》。草之垣葉乎毛《クサノカキハヲモ》語止氐《コトヤメテ》。

天之磐座従《アマノイハクラユ》。天之八重雲乎《アメノヤヘタナグモヲ》。伊頭乃千別爾《イヅノチワキニ》千別氐《チワキテ》。天降依志奉志伎《アマクダシヨサシマツリキ》。

如此《カク》依志奉志《ヨサシマツリシ》四方之国中登《ヨモノクニナカト》。大倭日高見之国乎《オホヤマトヒタカミノクニヲ》。安国斗《ヤスクニト》定奉氐《サダメマツリテ》。下津磐根爾《シタツイハネニ》宮柱太敷立《ミヤバシラフトシキタテ》。高天原爾《タカマノハラニ》千木高知氐《チギタカシリテ》。

皇御孫乃命乃美頭乃御舎《スメミマノミコトノミヅノミアラカ》仕奉氐《ツカヘマツリテ》。天之御蔭日之御蔭斗《アメノミカゲヒノミカゲト》隠坐氐《カクリイマシマシテ》。安国斗《ヤスクニト》平久《タヒラケク》所知食武《シロシメサム》。

如此《カク》知食須《シロシメス》国中爾《クヌチニ》成出武《ナリイデム》。天之益人等我《アマノマスビトラガ》。過犯計牟《アヤマチオカシケム》雑雑罪事波《クサグサノツミゴトハ》。天津罪牟《アマツツミト》。畔放《アハナチ》。溝埋《ミゾウメ》。樋放《ヒハナチ》。頻蒔《シキマキ》。串刺《クシサシ》。

生剝《イキハギ》。逆剝《サカハギ》。屎戸《クソヘ》。許許太久乃罪乎《ココダクノツミヲ》。天津罪斗《アマツツミト》法別計氐《ノリワケテ》。国津罪斗波《クニツツミトハ》。生膚断《イキハダタチ》。死膚断《シニハダタチ》。白人《シラヒト》。胡久美《コクミ》。川入《カハイレ》。

火焼《フヤキ》。己母犯罪《オノガハハオカセルツミ》。己子犯罪《オノガコオカセルツミ》。母与子犯罪《ハハトコトオカセルツミ》。子与母犯罪《コトハハトオカセルツミ》。畜犯罪《ケモノオカセルツミ》。昆虫乃災《ハフムシノワザハヒ》。高津神乃災《タカツカミノワザハヒ》。高津鳥乃《タカツトリノ》
災《ワザハヒ》。畜仆志《ケモノタフシ》。蠱物為罪《マジモノセルツミ》。許許太久乃罪出武《ココダクノツミイデム》。

如此出婆《カクイデバ》。天津宮事以氐《アマツミヤゴトモチテ》。天津金木乎《アマツカナギヲ》。本打切末行断氐《モトウチキリスエウチタチテ》。千座置座爾《チクラノオキクラニ》置足波志氐《オキタラハシテ》。天津菅曽乎《アマツスガソヲ》。本刈断末刈切《モトカリタチスエカリキリ》
氐《テ》。八針爾《ヤハリニ》取辟氐《トリサキテ》。天津祝詞乃太祝詞事乎《アマツノリトノフトノリトゴトヲ》宣礼《ノレ》。

如此乃良婆《カクノラバ》。天津神波《アマツカミハ》。天磐門乎《アマノイハトヲ》押披氐《オシヒラキテ》。天之八重雲乎《アメノヤヘグモヲ》。伊頭乃千別爾《イヅノチワキニ》千別氐《チワキテ》所聞食武《キコシメサム》。国津神波《クニツカミハ》。高山之末《タカヤマノスエ》。

短《ミヂカ・オト・ヒキ》山之末爾《ヤマノスエニ》上坐氐《ノボリマシテ》。高山之伊穂理《タカヤマノイホリ》。短《ミヂカ・オト・ヒキ》山之伊穂理乎《ヤマノイホリヲ》撥別氐《カキワケテ》所聞食武《キコシメサム》。

如此所聞食氐婆《カクキコシメシテバ》。皇御孫之命乃朝廷乎《スメミマノミコトノミカドヲ》始氐《ハジメテ》。天下四方国爾波《アメノシタヨモノクニニハ》。罪止云布罪波不在止《ツミトイフツミハアラジト》。科戸之風乃《シナドノカゼノ》。天之八重雲《アメノヤヘタナグモ》
乎《ヲ》吹放事之如久《フキハナツコトノゴトク》。朝之御霧夕之御霧乎《アサノミギリユフノミギリヲ》。朝風夕風乃吹掃事之如久《アサカゼユフカゼノフキハラフコトノゴトク》。大津辺爾居大船乎《オホツベニヲルオホフネヲ》。舳解放艫解放氐《ヘトキハナチトモトキハナチテ》。大海原《オホウミノハラ》

爾《ニ》押放事之如《オシハナツコトノゴトク》久。彼方之繁木本《ヲチカタノシゲキガモトヲ》乎。焼鎌《ヤキガマノ》乃敏鎌《トガマ》以《モチテ》氏。打掃事之如《ウチハラフコトノゴトク》久。遺罪《ノコルツミハ》波不在《アラジト》止。祓給《ハラヘタマヒ》比清給事《キヨメタマフコトヲ》乎。高山之末《タカヤマノスヱ》短《ミヂカ・オト》山之末与里《ヒキヤマノスヱヨリ》。佐久那太理《サクナダリニ》爾。落多岐都《オチタギツ》速川《ハヤカハノ》能瀬《セニ》坐《マス》須。瀬織津比咩《セオリツヒメ》止云神《トイフカミ》。大海原《オホウミノハラニ》爾持出《モチイデナム》奈武。如此《カク》持出往《モチイデイナバ》婆。荒塩之塩《アラシホノシホノ》乃八百道《ヤホヂノ》乃。八塩道《ヤシホヂノ》乃塩《シホノ》乃八百会《ヤホアヒニ》爾生《マス》須速開都比咩《ハヤアキツヒメ》止云神《トイフカミ》。持可可呑《モチカカノミテム》氏牟。如此可可呑《カクカカノミテバ》氏婆。気吹戸《イブキド》坐《ニマス》須。気吹戸主《イブキドヌシ》止云神《トイフカミ》。根国底国《ネノクニソコノクニニ》爾気吹放《イブキハナチテム》氏牟。如此気吹放《カクイブキハナチテバ》氏婆。根国底国《ネノクニソコノクニニ》爾坐《マス》須。速佐須良比咩《ハヤサスラヒメ》登云神《トイフカミ》。持佐須良比失《モチサスラヒウシナヒテム》氏牟。如此失《カクウシナヒテバ》氏婆。天皇《スメラ》我朝廷《ガミカドニ》爾仕奉《ツカヘマツル》留。官官人等《ツカサツカサノヒトラヲ》乎始《ハジメテ》氏。人天万類尽天尽地《アメツチノアリノコトゴト》。今日以降《ケフヨリハジメテ》。罪《ツミ》止云《トイフ》布罪《ツミハ》波不在《アラジト》止。祓却給事《ハラヘヤラヘタマフコトノ》乃尊《タフトサヲ》乎。恐《カシコミ》美惶《カシコミテ》美氏。奉拝《ヲロガミマツリ》。奉感謝《キヤマヒマツリ》。奉祭《マツリマツルト》止奉白《マヲシマツル》留。天照大御神《アマテラスオホミカミ》。神漏岐命《カムロギノミコト》。神漏美命《カムロミノミコト》。建速須佐之男命《タケハヤスサノヲノミコト》止。大御名《オホミナ》波奉称《ハタタヘマツリテ》氏。天祖天譲日天狭霧国禅日国狭霧《アメノミオヤアメユヅルヒノアマノサギリクニユヅルヒノクニノサギリ》尊《ノミコト》。畏《カシコシ》。」

「畏」と結んであるのは「火上の群生」なりとの義で「敬神」と称するに等しく「ツツシミ・ツツシム」ものである。「畏」は田一以の合成でその一は天地を判つもので以は火で田は箇躰で宇宙である。

如此にして「祓」が行はれ神界楽土が現成する。その様は

「科戸之風乃天之八重雲乎吹放事之如久」であり

「朝之御霧夕之御霧乎朝風夕風乃吹掃事之如久」であり

「大津辺爾居大船乎舳解放艫解放氏大海原爾押放事之如久」であり

「彼方之繁木本乎焼鎌乃敏鎌以氏打掃事之如久」であつて

「遺罪波」無い。まことに疾風迅雷よりも快速に「天下四方国」の「罪止云布罪」は失ひ去られるのである。

その速なることは蓋「ナムアミダブツ」一語の称名に一切衆生の罪障が消滅するものと等しきものである。然うしてそれは、

「天津祝詞乃太祝詞事乎宣」る結果である。

如此結果を齎す「天津祝詞乃太祝詞事」とは抑何であるか。それを形象であらはせば、

「本打切末打断氐千座置座爾置足波志」たる「天津金木」であり「本刈断末刈切氐八針爾取辟」たる「天津菅曽」である。

仏徒に云はせるならば金胎両部乃至仏界の実相たる曼陀羅でもあり詞としてならば「南無阿弥陀仏」の六字の名号でもあり真言でもある。なほ太古中央亜細亜に起り現在も基督教徒の行ずる十字架もその一つの神象である。

がさて奈何なればそれが垢穢を掃ひ浄土を築き苦悩を去り楽土と成すのか。それは既に前に述べた如く「零境」に徹するからである。「零」とは「無」である。「無」なるものが「有る」のである。之を別の詞では「極」と呼ぶ。一切を脱却するもので脱却したるもので人間身の認め得るものを仮借しては「火」である。地獄の火で餓鬼道の火で畜生の火で修羅道の火で三千大千世界焚尽の火である。

此の「火」を忘れざる人は「畏れ無く」此の「火」を畏るる国は「憂ひ無し」。此の「火」を掲げて一切衆生を靖寧和平ならしむるは畏くも日本天皇の神伝にして「大祓」の秘儀なりと拝承しまつるのである。

一二三四五六七八九十《ヒフミヨイムナヤコト》と神楽歌神の御垣の手火《タビ》ぞ畏き。

嗚呼是レ神の御恵みなり皇親《スメラガムツ》神漏岐神漏美の命《オホセ》なり。

阿知米。

阿知米。

　阿宇袁衣耶。宇。

之は是「施無畏者」。

此の「施無畏者」は速佐須良比咩神であり気吹戸主神であり速開都比咩神であり瀬織津比咩神である。

此の四神の御活きの様は

「高山之末短山之末与里佐久那太理爾落多岐都速川能瀬」の速きが如く「瀬織津比咩」の綾目奇しく「荒塩之塩乃八百道乃八塩道乃塩乃八百会」の勢すさまじきが如く「速開都比咩」の呑み尽せばその神の身のそのままにその禍津毘のそのままに「気吹戸主」の神性発《カンサガオコ》して三悪道の大魔王と変じ「速佐須良比咩」何処をそれとも知らに白日晃耀一円の妙相と化するのである。

之を「ヒ」と称へ「零」と呼び「一」と算へ「◎」と描く。

まことに是れ上天下地過今来如是の妙象妙音妙数である。

阿那畏。

　登り来て道忘れけり夏の山。

　降り行く谷の底道温泉《ユ》の香《カヲリ》。

泉声は潺湲として白玉光底に雄走る。

どうやら是レで概説し得たようである。

結局。「大祓」とは古事記等に伝へられた「伊邪那岐大御神の御身之禊」の御垂示を人の世にて神習ふものであるから「神の宇気毘」を得なければ行はれないのである。随つて此の行事には先決問題として「惟神」なる身と成らねばならぬ。それで古典に「惟神我子」と伝へたるところの「天皇」の御行事だと云ふことが断言し得らるるのである。

「惟神我子応治故寄《カミナガラアガミコシラスベシトコトヨサシタマヒキ》。是以与天地之仰君臨之国也《ココヲモチテアメツチノハジメヨリキミトシテシロシメスクニナリ》。自治国皇祖之時天下大同都無彼此者也《ハックニシラシシスメミオヤノトキヨリアメノシタハミナヒトシクシテカレコレトヘダテタマハヌナリ》。」

「天下は大同で彼レ此レと別け隔てが無い」とは大平等の儀である。

この「我」だと執持して来た「我」を極めて観れば「大平等海」である此の大平等海が大平等海のまま生滅起伏する。その生滅起伏する様を観《ナガ》めて正邪曲直だと言ひ善悪だ美醜だと判別を立てる。彼であり此である。其処に相互の存在を認めて切磋琢磨する裡に人類の進歩発達が展開される。と共に相互に対立し仇遇敵視して下向転落の悲劇をも演出する。神園と魔境とが交錯し紛糾して禍乱闘争をも惹き起せば歓談抃舞をも繰りひろげる。差別が平等の裏面であり平等が差別の裏面であつて平等と云ひ差別と呼ぶも畢竟大平等海裡の波瀾曲折に外ならぬことを知れば風は凪ぎ波は鎮まつて「三貴子」は生れます。之を祓の秘儀で禊の妙徳で伊邪那岐《イザナギ》命伊邪那美《イザナミ》命二柱《フタハシラノカミ》神の神事《カミワザ》で神漏岐神漏美の命であると仰ぎまつり畏みまつるのである。

あなあはれ梅の立枝はにほへども杉木立して昼としも無き。

以上　昭和廿年十二月廿一日　午前零時零分筆録

歳月の過ぎ往くままに天地の神の気吹ぞ結び結べる。

之れを書き終つてから正に三年六ヶ月、今茲昭和廿四年六月廿一日。庭上の梅果雨に落つること頻である。さて、

人が夏大根を欲しいと云つて神納の庭に作られた。すると黒虫が発生したから丹念に取る。取られまいとするのか、コロリと下に落ちる。なかなか完全に取り尽すことは出来ない。けれども必、幾らか減るべき筈である。ところが、半日後に見ると、少しも減らない。また取る。また半日して見ると、同様に居る。葉の表も裏も土も残る隈無く尋ねて取る。それでも、半日と経たぬうちに同じやうな害虫の群れである。是れはそもそも、何故であらうか。蓋、その発生発育の速な為であらう、か。

が、その害虫駆除の薬剤でも撒いたならば割合に良い結果を得られよう。それでも、その薬剤と作物と害虫との強弱の度合が適当でなければ却つて作物を枯らすことにもなる。髄虫でもあればなかなかその薬も利かない。害虫の駆除は容易でない。

第八章に、アメリカの宣教師でフランク・ブックマンなるものの唱へ出したと云ふ道徳復興運動に対して寸評を下して置いたが、近頃、その大会がスイスで開かれて居ることが報道された。長い間の大戦で全世界人類が幾歩或は幾十歩野蛮化したからそれを取戻すのだと云ふのであらうが。新聞紙などの報道を見ただけでは、何か有閑人の遊戯ででもあるかのやうだ。

平和運動は美名である。人はそれに反対の理由を見出し得ないかも知れぬ。けれども、害虫の駆除は害虫を知悉せねばならぬ。

「平和を齎さんが為に我は来らず」とイエスは云はれた。人類の歴史は不幸にして殆んどその大半が動乱の記

録である。平和の使徒は常に迫害を受けるか軽侮を浴びるかであつた。支那歴史の伝へた徽宗皇帝は千古に耀く名画を遺したが敗亡の主君であつた。絵画、彫刻、音楽、等をはじめ文学芸術の如き歴史は必しも華やかなものではない。僧侶の如きも木の端のやうだと自覚して居た。

権力勢威さうして豪奢。俗人は之れに眩惑しがちである。ところが、日本天皇に於かせられては常時不断に伊邪那岐大御神の「御身之禊《オホミマノハラヘ》」に依つて大祓の神儀を行はせらるるので、「天皇伝」は全く俗世間の歴史とその撰を異にして居り、その国家組織も大祓の祝詞に示されたるが如く、天皇は万世一系にして皇統を保有し、民人は、天皇の稜威として大平等の光明を現じ、君民一躰の神国を築成し来つたのである。

大祓の神儀は美の極を教へ、善の極を教へ、真の極を教へ、都べての「モノ」の極を教へ、且、顕さしめ給ふが故に、紛紛たる宗教的行為や児戯に等しき道徳運動を要せずして此処に此のまま神界を現成するのである。それが、

天皇国の国是であつたことを日本の古典は明瞭に記して居る。それにもかかはらず、群小は聖明を掩ひ専権横恣にして、神聖国躰を破壊してしまつた。自国の国躰を知らず、自己の位置の自覚を失ひ、急転直下、蛮夷の群れと化し去つたのである。

今、私の居る郷人は全くの野蛮人で善悪美醜是非曲直の判別を知らず、唯単に生物としての持続欲に狂奔して居る。正義や道徳やは、その名さへ忘れて居る。古人が神の御名仏の御声を聞かざること久しき亡者とは実に之れを言はれたのである。私は此処に住んで三悪道の躰験を新にした。

地蔵菩薩が地獄をお巡りになる。火中に投げ込まれた裸躰の夫婦が菩薩の衣の裾に取り縋り、初めて仏名を聞

く。

地界魔境一円鏡。仏国浄土一音響。下向転落一群衆。是非曲直一点火。

悪逆無道の魔類でも、窮迫の極に達すればその自性が芽を出す。

ブックマン博士はアメリカの宣教師だが、イギリスに渡り、オックスフォード・グループに依つて道徳復興運動をして居る。その運動は誰でもがその良心に誠実に従つて行動するのだと説く。ところで、その人達は真の困苦を嘗めたことの無いやうな顔をして、「私利私欲を捨てろ」などと云ふ。何んと安易な話ではないか。

「恒産無ければ恒心無し。」

恒産無くして恒心在るの士にして初めて共に「道を語るべきのみ。」

大根の黒虫は何時になつたらば居なくなるか。それは、人類世界に戦争行為の無くなつた時でもあらうか。

まことに、その黒虫のやうなものが日本の隅隅までも喰ひ荒した。その様が、畏くも「大祓祝詞」の上にあらはれたのである。

明治の大御代は長い間の武家政治を脱して、正道に立帰らうとした。けれども、国学の陵夷年久しく荊棘徒に繁茂して大道を塞ぎたれば、民人遂に帰趨を誤り群小横議して細径に踏み迷ふの不祥事を招ぐに到つたのである。

自国の古典を理解すること能はず、外夷の容喙を甘受して「大祓の神文を改竄し神威を冒瀆した」のはまことに拭ふべからざる大汚辱で国家民族の独立を蹂躙せられたものである。斯くて全国神社に奏上された官命改竄本が次ぎの如くである。

支那文字は式の原文であり、カタカナは旧来多くの人の読みくせであり、ヒラガナは改竄本である。支那文字のみありてカナの無きもの或は支那文字が無くてカナのみある等はそれぞれ改竄の箇所である。

高天原爾《タカマノハラニ》《たかまのはらに》　神留座《カムヅマリマシマス》《かむづまります。》　皇親《スメラガムツ》《すめらがむつ》　神漏岐《カムロギ》《かむろぎ》　神漏美乃命以氏《カムロミノミコトモチテ》《かむろみのみこともちて》　八百万神等乎《ヤホヨロヅノカミタチヲ》《やほよろづのかみたちを。》　神集《カムツドヘ》《かむつどへに》　集賜比《ツドヘタマヒ》《つどへたまひ。》　神議議賜氏《カムハカリハカリタマヒテ》《かむはかりにはかりたまひて。》

我皇御孫之命波《アガスメミマノミコトハ》《あがすめみまのみことは。》　豊葦原乃水穂之国乎《トヨアシハラノミヅホノクニヲ》《とよあしはらのみづほのくにを。》　安国止《ヤスクニト》《やすくにと》　平久《タヒラケク》《たひらけく》　知所食止《シロシメセト》《しろしめせと》　事依志奉伎《コトヨサシタテマツリキ》《ことよさしまつりき。》

如此《カク》《かく》　依志奉志《ヨサシマツリシ》《よさしまつりし》　国中爾《クヌチニ》《くぬちに。》　荒孫神乎波《アラブルカミドモヲバ》《あらぶるかみたちをば》　神問志問志賜比《カムトハシニトハシタマヒ》《かむとはしにとはしたまひ。》　神掃掃賜比氏《カムハラヒニハラヒタマヒテ》《かむはらひにはらひたまひて。》　語問志《コトトヒシ》《ことどひし》　磐根樹立《イハネキネタチ》《いはねきねたち》　草乃垣葉乎毛《クサノカキハヲモ》《くさの片はをも》

語止氏《コトヤメテ》《ことやめて。》　天之磐座放《アメノイハクラハナチ》《あめのいはくらはなち》　天之八重雲乎《アメノヤヘグモヲ》《あめのやへぐもを》　伊頭乃千別爾千別氏《イヅノチワキニチワキテ》《いづのちわきにちわきて。》　天降依志奉伎《アマクダシヨサシマツリキ》《あまくだしよさしまつりき。》

如此依志奉志《カクヨサシマツリシ》《かくよさしまつりし》　四方之国中登《ヨモノクニナカト》《よものくになかと。》　大倭日高見之国乎《オホヤマトヒタカミノクニヲ》《おほやまとひたかみのくにを。》　安国斗定奉氏《ヤスクニトサダメマツリテ》《やすくにとさだめまつりて。》　下津磐根爾《シタツイハネニ》《したついはねに》　宮柱太敷立《ミヤバシラフトシキタテ》《みやばしらふとしきたて。》　高天原爾《タカマノハラニ》《たかまのはらに》　千木《チギ》《ちぎ》

高知氏《タカシリテ》《たかしりて。》　皇御孫之命乃美頭乃御舎仕奉氏《スメミマノミコトノミヅノミアラカツカヘマツリテ》《すめみまのみことの瑞のみ殿つかへまつりて。》　天御蔭日之御蔭斗隠坐氏《アメノミカゲヒノミカゲトカクリマシテ》《あめのみかげひのみかげとかくりまして。》　安国斗平久所知食武《ヤスクニトタヒラケクシロシメサム》《やすくにとたひらけくしろしめさむ》

如此知食須国中爾《クヌチニ》《くぬちに》成出武《ナリイデム》《なりいでむ。》　天之益人等我過犯計牟《アメノマスビトラガアヤマチオカシケム》《あめのますびとらがあやまちおかしけむ》　雑雑罪事波《クサグサノツミゴトハ》《くさぐさのつみごとは。》　天津罪斗《アマツツミト》《あまつつみ》　畔放《アハナチ》　溝埋《ミゾウメ》　樋放《ヒハナチ》　頻蒔《シキマキ》　串刺《クシサシ》

生剥《イキハギ》　逆剥《サカハギ》　屎戸《クソヘ》　許許太久之罪乎《ココダクノツミヲ》　天津罪斗法別計氏《アマツツミトノリワケテ》　国津罪斗波《クニツツミトハ》《くにつつみ》　生膚断《イキハダタチ》　死膚断《シニハダタチ》　白人《シラヒト》　胡久美《コクミ》　川入

火焼　己母犯罪《オノガハハオカセルツミ》　己子犯罪《オノガコオカセルツミ》　母与子犯罪子与母犯罪《ハハトコトオカセルツミコトハハトオカセルツミ》　畜犯罪《ケモノオカセルツミ》　昆虫乃災《ハフムシノワザハヒ》　高津神乃災《タカツカミノワザハヒ》　高津鳥災《タカツトリノワザハヒ》

畜仆志《ケモノタフシ》　蠱物為罪《マジモノセルツミ》　許許太久乃罪出武《ココダクノツミイデム》《ここだくのつみいでむ。》

如此出波《カクイデバ》《かくいでば。》　天津宮事以氏《アマツミヤゴトモチテ》《あまつみやごともちて》　大中臣《オホナカトミ》　天津金木乎《アマツカナギヲ》《あまつかなぎを》　本打切《モエトウチキリ》《もとうちきり》　末打断氏《スヱウチタチテ》《すゑうちたちて》　千座置座爾《チクラノオキクラニ》《ちくらのおきくらに》　置足波志氏《オキタラハシテ》《おきたらはして》　天津菅曽乎《アマツスガソヲ》《あまつすがそを》

本刈断末刈《モトカリタチスヱ》《もとかりたちすゑ》　切氏《カリキリテ》《かりきりて》　八針爾取辟氏《ヤハリニトリサキテ》《やはりにとりさきて》　天津祝詞乃太祝詞事乎宣礼《アマツノリトノフトノリトゴトヲノレ》《あまつのりとのふとのりとごとをのれ。》

如此久乃良波《カクノラバ》《かくのらば。》　天津神波《アマツカミハ》《あまつかみは。》　天磐門乎押披氏《アメノイハトヲオシヒラキテ》《あめのいはとをおしひらきて》　天之八重雲乎《アメノヤヘグモヲ》《あめのやへぐもを》　伊頭乃千別爾千別氏《イヅノチワキニチワキテ》《いづのちわきにちわきて》　所聞食武《キコシメサム》《きこしめさむ。》　国津神波《クニツカミハ》《くにつかみは》　高山《タカヤマ》《たかやま》
之末《ノスヱ》《のすゑ》　短山之末爾《ヒキヤマノスヱニ》《ひきやまのすゑに》　上坐氏《ノボリマシテ》《のぼりまして》　高山之伊穂理《タカヤマノイホリ》《たかやまのい褒り》　短山之伊穂理乎《ヒキヤマノイホリヲ》《ひきやまのい褒りを》　撥別氏《カキワケテ》《かきわけて》　所開食武《キコシメサム》《きこしめさむ。》
如此所聞食氏波《カクキコシメシテバ》《かくきこしめしてば。》　皇御孫之命乃《スメミマノミコトノ》　朝廷乎始氏《ミカドヲハジメテ》　天下四方国爾波《アメノシタヨモノクニニハ》　罪止云布罪波不在止《ツミトイフツミハアラジト》《つみといふつみはあらじと》　科戸之風乃《シナドノカゼノ》《しなどのかぜの》　天之八重《アメノヤヘ》《あめのやへ》
雲乎《グモヲ》《ぐもを》　吹放事之如久《フキハナツコトノゴトク》《ふきはなつことのごとく》　朝之御霧《アシタノミギリ》《あしたのみぎり》　夕之御霧乎《ユフベノミギリヲ》《ゆふべのみぎりを》　朝風夕風乃《アサカゼユフカゼノ》《あさかぜゆふかぜの》　吹掃事之如久《フキハラフコトノゴトク》《ふきはらふことのごとく》　大津辺爾居《オホツベニヲル》《おほつべにをる》　大船乎《オホブネヲ》《おほぶねを》　舳解放《ヘトキハナチ》《へときはなち》　艫解《トモトキ》《ともとき》
放氏《ハナチテ》《はなちて》　大海原爾《オホウナバラニ》《おほうなばらに》　押放事之如久《オシハナツコトノゴトク》《をしはなつことのごとく。》　彼方之繁木本乎《ヲチカタノシゲキガモトヲ》《をちかたのしげきがもとを》　焼鎌乃敏鎌以氏《ヤキガマノトガマモチテ》《やきがまのとがまもちて》　打掃事之如久《ウチハラフコトノゴトク》《うちはらふことのごとく》　遺罪波不在止《ノコルツミハアラジト》《のこるつみはあらじと》　祓給比《ハラヘタマヒ》《はらへたまひ》　清《キヨメ》《きよめ》
給事乎《タマフコトヲ》《たまふことを》　高山之末《タカヤマノスヱ》《たかやまのすゑ》　短山之末与里《ヒキヤマノスヱヨリ》《ひきやまのすゑより》　佐久那太理爾《サクナダリニ》《さくなだりに》　落多支都《オチタギツ》《おちたぎつ》　速川能瀬坐須《ハヤカハノセニマス》《はやかはのせにます》　瀬織津比咩止云神《セオリツヒメトイフカミ》《せおりつひ売といふかみ》　大海原爾《オホウナバラニ》《おほうなばらに》　持出《モチイデ》《もちいで》
奈武《ナム》《なむ。》　如此持出往波《カクモチイデイナバ》《かくもちいでいなば》　荒塩之塩乃八百道乃《アラシホノシホノヤホヂノ》《あら潮の潮のやほぢの》　八塩道之塩之八百会爾坐須《ヤシホヂノシホノヤホアヒニマス》《や潮ぢの潮のやほあひにます》　速開都比咩止云神《ハヤアキツヒメトイフカミ》《はやあきつひ売といふかみ、》　持可呑氏牟《モチカカノミテム》《もち加加のみてむ》　如《カ》《か》
此久可呑氏波《クカカノミテバ》《く加加のみてば》　気吹戸坐須《イブキドニマス》《いぶきどにます》　気吹戸主止云神《イブキドヌシトイフカミ》《いぶきどぬしといふかみ》　根国底之国爾《ネノクニソコノクニニ》《ねのくにそこのくにに》　気吹放氏牟《イブキハナチテム》《いぶきはなちてむ》　如此久気吹放氏波《カクイブキハナチテバ》《かくいぶきはなちてば》　根国底之国爾《ネノクニソコノクニニ》《ねのくにそこのくにに》
坐《マス》《ます》　速佐須良比咩登云神《ハヤサスラヒメトイフカミ》《はやさすらひ売といふかみ》　持佐須良比失氏牟《モチサスラヒウシナヒテム》《もちさすらひうしなひてむ》　如此久失氏波《カクウシナヒテバ》《かく佐須良ひうしなひてば》　天皇我朝廷爾仕奉留《スメラガミカドニツカヘマツル》　官官人等乎始氏《ツカサツカサノヒトドモヲハジメテ》　天下《アメノシタ》
四方爾波《ヨモニハ》　自今日始氏《ケフヨリハジメテ》《けふよりはじめて》　罪止云罪波不在止《ツミトイフツミハアラジト》《つみといふつみはあらじと》　高天原爾《タカマノハラニ》　耳振立聞物止《ミミフリタテテキクモノト》　馬牽立氏《ウマヒキタテテ》　今年六月晦日夕日之降乃大《コトシノミナヅキノツゴモリノヒノユフヒノクダチノオホ》《けふのゆふひのくだちのおほ》
祓爾《ハラヘニ》《はらへに》　祓給比清給事乎《ハラヒタマヒキヨメタマフコトヲ》《はらひたまひきよめたまふことを》　諸聞食止宣。《モロモロキコシメセトノル》《もろもろきこしめせとのる。》　四国卜部等大川道爾《ヨクニノウラベドモオホカハヂニ》　持退出氏祓却止宣。《モチマカリイデテハラヒヤレトノル》

以上である。

旧本も決して完全でないことは先に繰返し説明しましたが改竄本は「その祓の対象たる罪事を挙げない」から宛も懺悔を知らぬ罪人の如く飽迄もその非を飾り罪を隠し世を欺く小人の態度で「免れて耻無きもの」に等し

い。此んなバカ気たものが「ノリト」であるべき筈がない。その悪を悪とし罪を罪として悔い改むるところに初めて道が立つ。何時の世でも犯罪に懺悔の無い宗教も道徳も有りやうが無い。之に由つて国家としての「大祓」は茲に全く亡びたことがわかる。さうして同時に民人も「国家宗教」としての依拠を失ひ路傍に投げ捨てられた敝れ草履の如き状態となつたのである。

想へば其の時既に日本国家は宗教を失ひ宗教と離れたので其の後三十余年を経て敗戦の結果聯合軍から「神道」を奪はれるまでもなく当時既にみづからそれを捨てて居たのである。

「大祓」が日本天皇行《ギヤウ》でありその祝詞が天皇国築成の神文であり日本国憲法であることは上来屢次説明したところであるが不幸にも私どもは今、生きて自国崩壊の渦中に出没して居る。

その昔、イエスはパプテスマのヨハネに由りて「我は神の独子なり」と自覚し「ユダヤの王なり」と叫ばれ、悉達多太子は尼連禅河に浴し菩提樹下に坐し虚空蔵仏智に住し過去の七仏と遊びて「我は仏陀なり釈迦如来なり」と宣言し、孔夫子は典礼に則り先聖を祀りて「三王五帝の道我に在り」と悟証された。

日本天皇に於かせられては天祖天神に由りて「天照日之御子なり」と躰得し、神籬磐境を起樹《タ》てて皇御孫之命と号け、「大祓」の厳儀を設けて人天万類を化育せられた。まことに「日本天皇の坐しますところには必ず大祓を伴ひ、大祓の在るに由つて天皇国は完成する」。

それで、

「皇御孫之命乃朝廷乎始氏天下四方国爾波罪止云布罪波不在《アラヌ》」のだと式の本文に記された。それすら改竄本は忘れて居る。噫。何と云ふことであらう。

大祓祝詞を講じ此処に到りてまた云ふべき詞が無い。

以上　昭和廿四年十一月廿三日

敬神篇　終

第九章　完

第十　言霊篇

人には眼が有り耳が有り計算の機能が有る。それに由つて神象を拝し神音を聴き神数を算む。則、人は神を求め神を知り神と成るべき機能を具有するのである。是れは必しも人類に限られたことではないが他の万有には人類ほど完備した機能が無い。それ故古来人類を万物の霊長だと言ひ、神の御姿に似せて造られたと伝へてある。人はその有する五官六根を手縁りとして神を求め神を知り神と成る。まことに幸である。人の身を受けて此の世に在ることは容易ならざる因縁で一度死んだならばまた何時の日に回り遭ふことが出来るかわからぬ。刹那も怠ることなく分秒の間も弛むことなく神の言霊をたたへ神の御光りを仰ぎ神の御内の身《ミ》心と成ることを心挂けねばならぬ。

その言　霊《カミノコトタマ》に由つて吾が

古典伝習所は築き成されたのである。今、その当時を回想し伝習の蹟をたどりて言霊篇と名づけた。昭和八年二月十八日にはじまり十六ヶ年半にわたり急激な世間の変化に遇ひながら筆受したので行文もまた甚異るものが多い。それを一一整理し統一することは不可能なので唯一重に後人の来るを待ち茲には旧い稿本をそのまま世に貽す。

昭和廿四年七月七日　神納に在りて敬み記す

言霊《コトタマ》の幸《サチ》　礎石篇　第一

歌詞評釈

小引

言霊の幸第一篇は古典研究録であり、第二篇は歌詞評釈であり、第三篇は神秘境闡明録であり、第四篇は能理斗集であり、第五篇は修禊講演録であり、第六篇は日本民族死生観であり、第七篇は歌詞類聚であり、第八篇は書簡集であり、第九篇は家庭訓であり、第十篇は天皇国憲法神示録である。

今第一篇に先だちて第二篇を刊行するものは、歌詞の評釈が古典研究の階梯となるべきを思ふが為である。或は、第一篇第二篇第三篇等の次序を逐ふことなく、各ゝの一部分を交互に世に出すを便宜となすやも知れぬ。

此の歌詞評釈は古典研究録の外篇であり、応用門であると共に之れに依りて、神の言《コトバ》の如何なるかを知り得べきものなれば、神道悟証の津梁であると信じて世に出すものである。

歌詞は現存古伝の中にて最簡易に神事を伝へて居り、またその典拠とされ易いから最初に之れを選んだのである。が、或は、絵画、彫刻の類を以つて之れに代ふるも、政治、法律等を以つてするも、産業・経済或は、倫理・道徳又は物理・化学・数学・天文乃至は、医学にても、日常の風俗習慣の如き実際の行為にても、人間身心の見聞する万般の事象に就てするも、皆等しく宇宙成壊の事理をさとるたよりとはなるのである。

冀くば、之れに依りて日本神道の伝を躰得し、以つて世上流布の偏狭なる国粋論を打破し、外夷盲拝の鼠賊を掃滅し、本来本有の光明身を悟証して、太平嘉悦の聯邦楽土を現成せんことを。

以上　昭和十年十一月三十日

山谷識之

先考の身魂城を築かんとして

之は、出版したいと考へて斯んな小引まで書いたのだが。今茲、満州から帰つて、不図筐底を探ると見付かつたので読みかえしながら「礎石篇」の一端に加へた。

やがてまた世に出ることもあらう。

昭和十九年十一月九日　雨霽れたる朝　山谷また之を識す

此の歌詞評釈が「言霊の幸第二篇」であつたのを改めて「言霊の幸礎石篇第一」とした為に他の篇名もおのづから変更せねばならなくなつた。

昭和廿一年九月廿九日

山谷附記

第一章　作歌の目的

○事に触れては喜怒哀楽の情が起り、物に接しては好悪美醜の感が起る。此の感情を他《ヒト》に伝へんとするのが人の常情《ツネ》である。人は父母兄弟親類縁者をはじめとして、多くの人類と共同の人生生活を営みつつ在るが故に、自己の知りしこと感じたることを発表して、相互に其の喜怒哀楽好悪美醜の感情を分たんとするのである。

その発表の仕方は言語でも動作でも出来るのであるが、言語と動作とだけでは其の場と其の時とだけであるから、広く其処に居らぬ人や、遠く後の世にまで伝へようとするには、物に造るか書き記すかの方法を採らねばならぬ。そこで、絵画・彫刻・詩歌・文章・楽譜の類が必要になるのである。

絵画・彫刻・詩歌・文章・楽譜の類は各其の表現方法の異ると共に表現の対象も異るので、之れ等の一つ一つを用ゐただけでは完全に其の事物感情を表現することは出来ぬ。で更に、演劇・写真・映画の類も考案されて、能ふかぎり完全に其のままを表現しようと努められて居る。けれども、事実の其のままと云ふことは二つと有るのではない。故に、作られたるものは作りたる人のものであり、写されたるものは写したる人のものであつて、単なる複製でも再現でもない。此の作られ写されたるものは絵画ならば絵画として独立の存在であり、彫刻ならば彫刻として、詩歌・文章・楽譜或は演劇・写真・映画等ならば各それ等として各独立の存在であるのである。此の独立の存在であると云ふことが特に留意すべきところで、絵画は絵画の表現し得る範囲内に於て、彫刻は彫刻、詩歌は詩歌・文章・楽譜・演劇・写真・映画等は各それ等として、其の表現し得る範囲内に於て完全なる独立躰を成すべきである。若も、完全なる独立躰を成し得て居らぬならば、其の作品は未成品であり、或は畸形であり、怪異である。畸形怪異でも物でないのではない。けれども、人は完全を求めて居る。大小長短広狭高卑の差別は有るにしても、それぞれ完全に成らうと願はぬものはない。自己を完全にすると共に、自己の作品を完全にしようとするのである。延いては他人他物一切の事物の完全ならんことを希望して居るので、それが実現するか否かには関らず総べてを完全に造り上げたいのが人の天賦である。此の天賦存るが故に、人は種種なる職業を営みつつ集団としての社会を構成して居るのである。

集団としての社会を完全にするのも、個人としての一身を完全にするのも、其の根本に基準となるものが在るからである。其の基準を日本の古典には天之御中主神《アメノミナカヌシノカミ》と伝へて居る。「アメノミナカヌシノカミ」とは詞《コトバ》である。其の御相《ミスガタ》は隠身《カクリミ》にてましますなりと古事記に載せてある如く、人の身としては完全に知るべき機能は無い。完全には見ることも聞くこともできずとも、信仰《アフ》ぎまつれば、我もまた其の身内《ミウチ》に在ることが悟証《ワカ》るのである。

天之御中主神《アメノミナカヌシノカミ》の身内《ミウチ》に在る身は天之御中主神《アメノミナカヌシノカミ》である。が、大小長短広狭高卑の差別有る人の身で、直に天之御中主神《アメノミナカヌシノカミ》と称することはできぬ。若も人が天之御中主神《アメノミナカヌシノカミ》だと云ふならば、それは主たる神《カミ》の身内《ミウチ》に在りながら神《カミ》を計り神《カミ》を試みつつあるものである。譬へば佐久間大学とか伊藤好子とか呼ぶ人が在るとして、其等の人の内臓が、或は手が、亦は足が、我は佐久間大学であるとか亦は伊藤好子であるとか名乗つたとすれば、それは幽鬼《バケダマ》とか妖魔《マガツビ》とか呼ばるる怪物であるのと同様で、主に叛くものである。病患の人、不和の家庭、戦乱闘争の世界がそれである。邪神とか悪神とか日本書紀等に記されて、疎び《ウトビ》擾げる《サワゲル》魔《マガ》で、主を忘れ主に叛きたる亡状である。悪人でも狂者でも、人でない訳ではないが、それ等は人間世界を攪乱《カキミダ》すものであるから、人でないものだと云ふのに等しいのである。猶太《ユダヤ》の古典には「主たる汝の神《カミ》を試むべからず」と載せて此の理を教へられたのである。主たる神《カミ》に習ひて個人は完成し、国家は完成し、人類世界は完成し、全宇宙は完成するので、神《カミ》を総べての基準と仰ぎまつるのである。総べてのものの基準は神《カミ》である。「神を基準であると自覚して利害得失の為に迷ふことの無いのが聖人だ」と支那の古典には載せてある。聖人の世界は一円光明の妙相で、一音琅琅の妙音であるから、印度の古典には「浄土」と伝へ、猶太の古典には「天国」とも「楽園」とも教へ、日本の古典は、「高天原《タカマノハラ》」と記して居る。

高天原《タカマノハラ》の主《ヌシ》たる神《カミ》を天照大御神《アマテラスオホミカミ》と称へまつるので、人の世にては聖人であり、仰ぎ見る天界にては太陽であり、人の身には直日《ナホヒ》である。直日《ナホヒ》のみの人が在るのでもなく、聖人のみの世界が在るのでもなく、太陽の如き光《ヒカリ》のみの天界が在るのでもない。けれども、人として直日《ナホヒ》を知り、聖人を知り太陽を知るからには、直日《ナホヒ》の如く聖人の如く太陽の如く、光《ヒカリ》充ちたる身となり光《ヒカリ》充ちたる世界と成さんことを念願とし目的とすべきである。

人は其の心の千態万様なる如く、千態万様の物を作り事を成し得ようとも、我等は神《カミ》の如く太陽《ヒ》の如く聖人《ヒト》の如く直日《ナホヒ》の如く、完全円満なる人と成り世と成さんことを目的として事を成し物を作るべきである。

之れに依つて、作歌の目的も、完全なる人となり完全なる人生を営み此の世を神《カミ》の世界と成すに存ることが自《オノヅカラ》明瞭《アキラカ》である。従つて其の作られたる歌詞《ウタ》は完全なる独立躰でなければならぬ。

完全なる独立躰を国常立尊《クニトコタチノミコト》と日本の古典には記してある。それは「天成《アメナ》り地定《ツチサダマ》りたる時に出生《ウマ》れたる神聖《カミ》」で、「純男《ヲノカギリ》である」と日本書紀に説明が加へてある。擾乱の平定された時で、風波の鎮静《シヅ》まつた時で、病患無き健康躰で、天之御中主神《アメノミナカヌシノカミ》と等しき御相《ミスガタ》を顕された存在であると云ふやうな意味だから、完成された箇躰で、光《ヒカリ》である。之れを昔から各国民族が⊙と書いて、太陽神《ヒノカミ》を讃美するのに用ゐて居る。人類世界で最尊く仰がるるのは太陽であるから、完全円満の御相《ミスガタ》を太陽に求めて朝に夕に信仰の誠を捧げ来つたのである。

此の光《ヒカリ》である国常立尊《クニトコタチノミコト》と此の身を作り固め此の国を築き成し其の事業を完成せよと、神代《カミヨ》の神《カミ》の教へ給ふ御《ミ》詞《コトバ》が歌詞《ウタ》として人の世に伝へられた神言《カミコトバ》で、之れを「言霊《コトタマ》」と讃へまつるのである。「しきしまの、やまとのくには、ことたまの、さちあるくに」と伝へて来たのは此の故で、詞として仰ぎまつる神《カミ》が言霊《コトタマ》なので、或学者等の如く、詞には魂が有るから言霊だとか、此の詞が微妙な活用を有するので言霊だなどと云ふ意味ではない。

それは兎に角として、私どもが歌を詠むのは、詞として教へられた神を讃美しつつ、我もまた神の完きが如く完かんと願ふので、作歌に志すものは専念一意神《カミ》の御教《ミヲシヘ》を仰ぎまつるべきである。

神の教へ給ふ歌詞《ウタノコトバ》は幾種幾様であるか、人の身として知り得るところではない。人は唯、教へられたる範囲内で、知り得たることを褒め讃へ歌ひまつれば可いのである。

以上第一章　終

第二章　歌詞の基準

○大宇大宙に標識基準を示し給ふ天之御中主神《アメノミナカヌシノカミ》とは、換言すれば原型である。宇宙構成の基準である。之れを人間の位置から仰げば原型の原型の原型のそのまた原型である。それは、純一不可分の霊《ヒ》で、極小の一《ヒ》で、極大の霊《ヒ》で、其の御活用を人間的には二柱御祖神《フタハシラミオヤノカミ》と仰ぎ伊邪那岐命伊邪那美命二柱神と称へまつるのである。其の原型が中心たる位置に着かせたまへる時には主《ヌシ》の神天照大御神《カミアマテラスオホミカミ》にてましますのである。其の時の御有様を「伊邪那岐命《イザナギノミコト》大歓喜詔《イタクヨロコビテノリタマハク》。吾者《アハ》生生子而《ミコウミウミテ》。於生終得三貴子《ウミノハテニミハシラノウヅノミコヲエタリトテ》即其御頸珠之《ソノミクビタマノ》玉緒《タマノヲ》母《モ》由良邇《ユラニ》。取由良迦志而《トリユラカシテ》。賜天照大御神而詔之《アマテラスオホミカミニタマヒテノリタマハク》。汝命者《ナガミコトハ》。所知高天原矣《タカマノハラヲシラセト》。事依而賜也《コトヨサシテタマヒキ》。故其御頸珠名謂《カレソノミクビタマノナハ》御倉板挙之神《ミクラダナノカミトマヲシマツル》」と古事記に載せてある。

御倉板挙之神とは伊邪那岐命の御頸珠である。それをお持ちになつて天照大御神は高天原を御統治遊ばれたのである。物に寄せまつりては御頸珠と称するので、「それを持ちて」と白しますが、その物を忘れて観れば、「於《ココ》是《ニ》天神諸命《アマツカミノミコト》以《モチテ》。詔伊邪那岐命《イザナギ》伊邪那美命《イザナミ》二柱神《フタハシラノカミニ》。修理国成是多陀用幣流之国《コノタダヨヘルクニヲスリカタメナセヨトテ》。賜天沼矛而《アマノヌホコタマヒテ》。言依賜也《オホセタマヒキ》」と古事記に記されたやうに、「天神諸命《アマツカミノミイノチ》」であり、「天沼矛《アマノヌホコ》」であり、「修理固成《スリカタメナス》」であり、「天命《ミイノチ》」である。之を種子とし資料として天照大御神の高天原は築き成さるるのである。

けれども、其の「築き成さるるのだ」とは、仮に客観し得たりとしての説明であるから之もまた事実ではない。事実は産霊《ムスビ》産魂《ムスビ》たる玉緒《タマノヲ》で、其の完成された箇躰は国常立尊《クニトコタチノミコト》とたたへまつるのである。

箇躰を示したる神《カミ》は国常立尊《クニトコタチノミコト》と称へて、一円一音昭昭琅琅の光《ヒカリ》である。此の箇躰とは宇宙の中に在る宇宙で、宇宙無き宇宙と等しき実在で存在であるから、零《ヒ》に等しくして零《ヒ》ではない。⦿《ヒカリ》だと云ふのである。此の⦿《ヒカリ》とは人の眼に仰ぎ見る名称《ミナ》であるが、印度の古典には「其ノ御声《ミコエ》を観《ミ》て解脱《サト》るべきなり。妙音観世音梵音海潮音・普門示現」と伝へて⦿《ヒカリ》の音《ヒビキ》を教へ、猶太の古典には「詞《コトバ》は神《カミ》なりき」と伝へ、日本の古典は「言霊の幸《コトタマノサチ》・葛城一言主《カツラギノヒトコトヌシ》・天成音棚機《アメナルヤオトタナバタ》」と教へて、白玉光底泉声潺湲の零を悟証る《シラタマノマタマノナカニスムワレヲカミノワレゾトサトル》方便《テダテ》を遺されたのである。

専心一意神の《タダヒトスヂニカミノ》言霊《コトタマ》を称へまつれば、其処は神の国《カミノクニ》で其の人は神《カミ》の人で⦿《ヒカリ》の天地で国常立尊の幸《クニトコタノチミコトノサチ》である。

国常立尊の幸《クニトコタチノミコトノサチ》としての人が神《カミ》の教へのままに詠む歌は等しく国常立尊の幸《クニトコタチノミコトノサチ》である。之を統一魂《ミスマルミタマ》と称へ妙《ア》音天鼓《ミダブウ》と仰ぐ。輙、神音《カミコトバ》で言霊《コトタマ》である。

以上　第三章　終

第三章　題詠添削

○神の教へ給ふまにまに神《カミ》の歌詞《ミコトバ》を歌ひつつ、神《カミノ》象《ミスガタ》を拝み、神《カミノ》数《カズカズ》算《カゾ》へ得べく練習する方法に「題詠添削」が有る。

以下其の例を挙げつつ評釈を試むることとしよう。

○或老大家の「春夜」の添削。

△まちの灯は霞のうちにまたたきてほのかに白き梅の花見ゆ。　　原　作

まちの灯は霞のうちにまたたきてふくる夜しるく花の香ぞする。　　点　者

作者の意想は霞の中の白梅に存ること固よりである。それを無視して目より奪ひ鼻に与へたのは添削でなく改造である。此の点者は「春夜」として最切実なる景致情趣は夜の白梅でなく且又梅と霞とにて季節の上に不適当の点が存るとしたのであらうか。

○歌題は概念である。

概念である歌題に最適切の意想を強ゆるのは不合理であるばかりでなく若も之れありとせば唯一に帰結して歌

詞詠出の自由は失はるるに到る。

題詠では其の題は仮設であるから実情景致の資料を外に求めて自己の見聞覚知乃至理想想念を詠出せねばならぬのは当然である。其の資料は千態万様であつて作者が自由に選択すればこそ滴滴脈脈愈出でて愈多かるべきである。

翻つて此の添削を観ると「まちの灯は霞のうちにまたたきてふくる夜しるく花の香ぞする」とあるから上の句では霞の中の灯を見て居るのに下の句は夜の更けたのが其れと感じられて花の香がすると鼻にうつたへて居る。が古来の習慣で単に花と云ふだけでは桜を指すことになつて居るから香も無い桜の香がすると云ふことにもなる。それで何が何やら解くことのできぬ迷児歌になつたのは実に奇怪至極である。

歌題は既に概念であるとすれば意想は千態万様である。梅を詠むに霞を点出したからとてそれが春夜であることに何の不思議も不都合も無い。此の原作の根本意想に誤謬は無い。が唯注意すべきは作者が嘗て見聞した実際を歌にする時の用意が足らぬのである。其の点を指摘すべきである。

原作は「まちの灯」と断《コトハ》つたから狭くなつて白梅が無意味に陥ちたので事実は街であつたとしても唯其のままでは聞く人に作者が嘗て感じたことを伝へ得ない。此こが作者の技工なので歌人か否かの区別が存るわけである。

○霞の中に白梅と云へば茫漠としたところが趣致なので灯の瞬くと云ふことは能く之れを助けて居るが街と云ふことは全全反対に此の趣致を破壊して居る。それで此の歌は「まちの」の三字を除きさへすればよいのである。

□灯は霞の中に瞬きてほのかに白き梅の花見ゆ。
町とか田圃とか局限されぬところに霞と云ひ瞬と呼びほのかと称した気分が所云函蓋相合ふて夜の梅花と不二不一の妙趣を味はすことができるのである。

○初めて詠まう

とすると意想を何如《ドウ》表現《ラハ》したらば他《ヒト》に間違ひ無く聞かるるかに迷ふものである。

△朝ぼらけ葉末に光る露の玉すすきが友や姫萩の花

原　作

芒交りに姫萩の咲いて居る朝は美しいから此の意想は悪くないが詞が回らぬから歌とは受け取れぬのである。「朝ぼらけ」では朝気色のボーッと霞んだ形容だから「露の玉」とは気持が別である。画家の所云まとまらぬ画面である。「明け来れば」とやうに明瞭《ハッキリ》と云はねばならぬ。「すすきが友や」と云へば芒が主になるから姫萩は能楽に云ふ所の「子役」になつて此の場面は芒原の朝となる。が此の原作は其のやうな野原の風景画ではなく萩を主とする作者の意想であることは「姫萩の花」と結んだので明だから芒を主にする場合の「が」と特に取り立てて意を強むる「や」とは除かねばならぬ。其の上で詞を整理して見ると

□明け来れば葉末に光る露の玉すすきの原に立てる姫萩。

之れならば萩の歌として立派な女主人公が出来上つたので佳作と云ふことが出来る。

○又或先生が「鮎」の兼題で添削したものを見ると、

△水底に真砂光る川の面鰭もゆたかに香魚のさばしる。

原作

水底の真砂光りて早瀬川鰭もゆたかに香魚子さばしる。

点者

此の点者は所云調格の皮相を執持して作歌の根本義を忘れたのではあるまいか。詞の調子だけ口ざはりが好くなつたと云へるが肝心の意想はまるで変つたばかりではなく全く鮎の特性とも云ふべき点を無視して悪作に堕してしまつたのである。

歌人だ画家だと呼ばるる人でなくとも「早瀬川」で「鰭」が「ゆたか」に鮎の游ぶものでないこと位は気の付くものである。「早瀬川」はよし奇麗ではあらうとも「香魚の鰭がゆたか」に眺められやうはない。

此の添削では全全反対の情景を一幀の画面に点綴したもので醜の醜なる悪作となり了つたのである。之れでは習ふものは習へば習ふ程堕落するの奇怪事を招致するの外はあるまい。

飜つて此の原作を見るに「鰭もゆたか」とは不当であるから其の意想に錯誤がある。「水底の真砂光れる川の面」と云ふのも切実でない。と云ふのは「底の真砂」と呼んで「川の面」と場所を二分したためにどちらがどちらともわからぬものとなつたのである。で之れは「早瀬」とのみすれば其の病は無くなる。

□水底の真砂光りて早瀬には香魚子さばしる玉のせせらぎ。

○少しは詠みなれても

詞の洗煉と云ふことはなかなか容易でない。

△武蔵野の原の名残もかげ絶えて木の香ゆかしく並ぶ軒かな。

「武蔵野」と云へば「原」とは云はずとも知らるることだから特殊の場合でなければ重複させて僅少《ワツカ》である歌詞に無駄遣ひがあつてはならぬ。此の作例でも此の詞は除くが可い。「かげたえて」とは何か動作を示す場合に主として用ゐる詞だから此所では「名残止めず」とやうにすべきである。「ゆかし」とは特に新室を称讃するならば兎に角。立並びて新築されたと云ふのには重過ぎて却つて利かぬ詞。云ひ換へれば不釣合なのであるから之れは用ゐられぬ。

□武蔵野の名残止めず開け来て木の香新に並ぶ軒かな。

此の様にして添削して見ると作者の意想は少しも変更することなく其の詞の不当なると調格の佳からざる点とを改めしのみにて幾段の佳作を得たのである。

△月影は賤が垣穂を洩れ出でて涼しく照らす夕顔の花。

原　作

うつかりして読むと別に誤りも無さそうであるが為か或る老歌人は之れを添削して「月影は」の「は」を「の」と改めしのみにて佳作なりと讃めて居る。然し「月影が垣穂を洩れ出づる」とは云はない。「垣穂」とは垣の頂であるから月が「洩れ」ではない。升つたとか現れたとか云ふべき事象である。次ぎに大錯誤でありながら気付かぬがちなのは「月が涼しく照らす夕顔の花」とあるので、之れは其の実夕顔の花を月が照らしたのが涼しく眺めらるると云ふ作者の意想だから前に反る文法にならねば意味が通らぬのである。故に「照らす夕顔」ではなくて「照らしたる夕顔」なのである。老歌人の如く「は」を「の」と改むる時は「月影の賤が垣穂を洩れ出でて涼しく照らす（ナル）夕顔の花」であるから此の「の」は「が」に通ふ「の」で月を取り立てて云ふことは明である。するとこの歌には中心が二つ作られて月の歌とも夕顔の歌とも判別することのできぬもので所謂二重人格的奇観を呈してしまつたのである。佳作どころか鵺的怪物である。さればとて此の作者の意想は何如にも涼しさうなところを表現《アラハ》さうとして居ることは窺はるるのでその意想を完全に表現して見たいとなると

□賤が家の垣穂に月の升り来て照らすも涼し夕顔の花。

此の表現法は正確であるが世の正調歌人と自称する者は句割れなりと貶すのである。

○句割れ

を歌詞の病であると主張するのは五音七音五音七音七音を一定不変の正調なりと固執する迷蒙からなので意想を主とせず外形をのみ整へんと主客転覆倒置したものである。さればとて意想が主なれば調格なぞとは旧臭しと一蹴せんとする自称新人に至りては之れ亦美醜の判別すら知らざる非歌人である。

○調格は規律である。

之れを無視するは自堕落を標榜するに等しい。立派な美しい歌詞とするには意想は固より主であると共に其の主たる意想が美であり善であり真であり神であるが上に必之れと等しき外形の詞華を着けねばならぬ、斯くて歌詞の長さは自《オノヅカラ》其の意想に相応せねばならぬことが判明するのである。古の歌人が歌詞の長さを主とすることなく意到り想足るがままに其の詞数を裁ちたる態度の当然なりしことを想ふ時所謂万葉歌人等の多数が俑を作りたる三十一音の形式が流れ流れて歌とし云へば三十一文字《ミツヒトモジ》などと呼ばるるが如き闇愚の風を作すに到りしを慨嘆せざるを得ないのである。

三十一音で五音七音五音七音七音の句立ての歌詞は美しい。けれども人の意想は千態万様であるから三十一音

だけで又五音七音五音七音七音の句立てのみで表現して美しい場合よりは然らざる場合が多いかも知れぬ。否、それよりも歌詞は意想を主とするのであるから之れに適当なる長さを自由に駆使するやうに練習さすべきである。

○其の老歌人が又「樹陰夏月」と云ふ兼題で添削して居るのを見ると

△夕立の名残の露の木の間より洩れ来る月の影の涼しさ。

原　作

□夕立の名残涼しき木の間より露を洩れ来て月の影指す。

原作は見たまま在りのままを工まず飾らずに表現し得て居るから誤りは無い。然し歌ではない。之れでは独立の箇躰を築いて居らぬから他の附属物たるに過ぎぬのである。附属物とか随従者とか云ふものは日本民族伝承の「ウタ」ではない。

○歌《ウタ》

とは箇躰である。換言すれば子女である。而して美しいのである。故に立派なる独立躰系を成さねばならぬ。然るに不幸此の作品には中心が無い。中心の無い物は箇躰を成さぬから

「如浮脂而《アブラニニテ》。久羅下那洲多陀用幣流《クラゲナスタダヨヘル》」物だとて古典に「水蛭子《ヒルコハ》。此子者《アシノ》。入葦船而流去《フネニイリテナガレイニキ》。次生淡嶋《アハシマモ》。是亦不入《マタミコノカズニ》子之例《ハアラヌナリ》。」と記してある。物ならざるの物で他の資料に供せらるるに過ぎぬのである。

「夕立の名残の露の木の間より洩れ来る月の影の涼しさ」とは唯ことわりを云つただけであるから散文の一句《ヒトク》切《ギリ》たるに過ぎぬので歌とすべき資料は有つても歌と成すことを知らぬものである。それならば「夕立の名残涼し

き木の間より露を洩れ来て月の影指す」と添削して歌に成つたかと云ふに不幸にして同じく歌を成さざるばかりか又更に劣悪なる技巧を弄して醜悪のものと化し去つたのである。それは原作を

○平板の病

有りとして句を切り綾を附けたのであらうが徒に詞藻を弄び無理な工作をして「露を洩れ来る月」と云ふが如き所謂素人嚇しとか素人誤魔化しとも呼ぶべきものとしてしまつたのは固く誡めねばならぬ技巧の弊である。「巧言令色《マコトナキノタクミ、》。鮮矣仁《タネナキノカザリハ人ノ世ヲソコナヒ人ノ心ヲミダスモノノミ》。」と古聖の警策有りしところ三思反省すべきである。

此の原作は立派な歌と成すべき資料は有るのだから点者は此の素材を活用し統一して玉成すべき責任を担ふものである。それにもかかはらず此のやうな添削をするとは古老の所云「天を畏れざるもの」であらう。

□夕立の後《アト》の木の間に露の玉照して今宵月円なり。

「樹陰夏月」として生誕したのである。

○又此の兼題に「樹陰」の文字を用ゐて居る。古代支那文字の数乏しかりし時は一字を多義に用ゐたから「陰」を「カゲ」と読ましたが其の混淆し易き文字遣ひを避くる為に別字の製作され使用されつつある現代に於て斯ういふことは衒学でないまでも偏固の趣味とも見らるるので悪戯に近しとの誹謗を受くることであらう。深く誡めねばならぬ。

○同じ社中の例を尚一つ挙げて見よう。「月照草花」と云ふ兼題である。

△にほひぬる秋の花野の錦をば涼しく照らす月の影かな。

原　作

打ちにほふ秋の花野の綾錦露をくまなる月の影かな。

此の添削で佳作になつたと称讃して居る。

「にほひぬる」と原作者の云つたのは其の働かしたので「香」であることを示して居るが添削して「打ちにほふ」としたから「香」とも「匂」とも判別はつかなくなつたのに其のことわりを云はぬのは不注意である。「にほひぬる秋の花野の錦」と云へば「香」と「匂」とを讃美する意想が受け取れるのに其のどちらとも判ち難きものにしては困る。若理由が有るならば説明を加ふるのが点者の責務である。

花野を照らす月影だと云ふのみでは前に挙げた「樹陰夏月」と同じく唯単に資料を並べて説明したにすぎぬ。然も添削して同じく「ことわり歌」であるのは甚遺憾である。その上「露を隈なる月の影かな」と云ふ奇怪な詞を添へられたのは何事でせうか。露が隈をなすとは露の為に隈が出来たと云ふのだから、私どもが月の光りに照らされて露は光るのだと思ふのとは正反対なことになる。それから単に「花野」と云へば秋草の花咲ける野であること中古以来の常識とされて居るから此の「秋の」と副へたのは蛇足である。斯かる原作を其のままに存置して「露を隈」と云ふが如き語を加へたのはかへすがへす遺憾ではありませぬか。

□綾錦色とりどりの花野らに月影指して匂ひ香へり。

独立体系を成し得たのである。

△幾秋と限りも知らじ御園生の千代を籠めたる白菊の花。

原　　作

或点者は之れを添削して「限りも」を「限りは」と改めただけで佳作だと称讃して居る。が此の原作は「限りは知らじ」と正確に算へてと云ふ意味ではなく「限りも」である。此処に感懐を述べた妙味が存るべきである。そこではじめて「千代を籠めたる」と云ふ漂渺たる詞と照応の妙を味はすことができるのである。それを点者の如く「限りは知らじ」とすれば「無限だ」となるから「千代を籠めたる」の語が愚劣極まる註釈になつてしまつて歌としての価値は無くされたのである。

唯原作の瑕を云へば「園生の菊」の語であらうが。「園生」と云へば園に生ひたる華木草葉の義で畑の生産物を畑に生ひたる「ケ」なるが故に「ハタケ」と呼ぶと等しく園中の菊花なる「ソノフ」の義として通ぜぬのではないが現今の俗語に「ハタケ」と呼びて「畑」の意に用ゐると同様に「ソノフ」を「園」なりと思ふならば誤りである。今此の「生」を除くとすれば調格が甚不味《マヅ》い。さればとて此のままの句立てで調格を面白くする詞は見当らぬとすれば何如《ドウ》添削したらよいか。

□千代八千代限りも知らじ御園には幾代籠めたる白菊の花。

○此の点者は又同じ作者が

△君が代の千代を寿ぐ菊の花匂ひぞまさる万代の秋。

と云へるを　　原　作

君が代の千代は物かは菊の花匂ひぞまさる万代の秋。　　点　者

と添削して佳作だと云つて居る。「千代を寿ぐ」を「千代は物かは」と改めたのである。「物かは」とは「物ではない」であるから物の数ではないと云ふ俗語の意味なのであらうが之れが日本語の正調と云ふことを標榜して

居る点者だとはどうしても受取れぬではないか。或は云ふかも知れりぬ。

中古文学としての物語類に用ゐられてあるから宜しいと。がそれは其の当時の俗間に流行した新語で新造の俗語であるので幾百千年経過したからとて俗語であることに変りは無い。

時間に依つて雅俗正邪善悪美醜が変るかの如く思ふのは思ふものの基準が確立して居らぬからである。之れが前にも述べた「海月如多陀用幣流物《クラゲナスタダヨヘルモノ》」なので漂漂浪浪として来時を知らず帰途を弁ぜざるものである。

さて此の添削ですつかり卑俗にされたが原作も決して高雅ではない。「君が代の千代を寿ぐ菊の花」とは一とほり聞こゆるが。「匂ひぞまさる万代の秋」とは何であらうか。「匂」が其の相色彩《スガタ》が増して行く万代にまでもと云ふことであらうから千代を寿ぎ余り余つて万代にまでもと云ふと「君が代」は千代でも「菊の花」は万代にまでもとなる。

作者の意想は虞らく唯単に芽出度き心をとのみ志して資料の何たるかを瞭《ハツキリ》さすことの出来ぬ程度の裡に作られたものであらうから所云「御子之例《ミコノカズ》」には入らざるもので資料となるや否やも未判明して居らぬのである。故に「種子」が無いのである。男女雌雄は固より子女となるべき資料が集められて居らぬのである。之れを添削しようとした点者がそもそもまちがひなのである。

△語らはん言葉も出でず心《ムネ》せまる学びの友に会へる嬉しさ。

原作

点者は之れを添削して

語らはん言葉も出でず年を経し学びの友に会へる其の時。兼題は「逢旧友」としてある。学窓に別れ年経て其の学友に会ひし時。何で心《ムネ》が「せまる」だらうか。話す詞も出ないだらうか。之れが果して事実だとすれば所謂変態性と言ふものか。変態性とは妖怪である。魔障である。醜悪である。則禍津毘《マガツビ》で天魔地妖で人天万類を残賊するものである。故に古老は之れを誡慎して歌の資料とすべきではないと教へて居る。若し資料とするならば必や之れを調伏し済度し救出して生産せしめねばならぬ。点者が佳作だと評したのは点者も亦之れ変態性なるかとの誹謗を受けねばなるまい。

然し此の原作も添削も共に所謂ことわり歌で説話の一句切《ヒトクギリ》たるに過ぎぬ。之れは今時所謂新派歌人と称して歌を独立躰系とすることを知らぬ者等と同じき邪見を懐いて作つたからである。

△日の出づる国知ろしめす日の御子の御代万代と祝ふ諸人。

原　作

題して「寄日祝」としてある。が之れでは「諸人」の題である。「日の出づる国知ろしめす日の御子の御代」を「万代と祝ふ」なる「諸人」であるから「寄日」でもなければ「日御子」でも「御代」でもない。其れを祝ふところの「諸人」が主眼にされたのである。之れを佳作だと点者は讃めて居る。

○以上十余の例を挙げて歌詞構成の根本問題を論議したのであるが尚幾首かの作例に拠りて何如にせば箇躰を築き得るか否かを提示しよう。

□高円の山には百舌鳥の声高く霧霽れし野を遠くどよもす。

△故郷の小野の細径越え来れば狭霧の中に鴿の声する。

「高円山」の歌は首尾一貫して百舌鳥を中心に総べての資料が使用され総べての資料は百舌鳥を中心として活

動して居る。此の故に完全に統一したる箇躰である。

「故郷」の作は径を行けば鵙の声がしたと云ふので作者自身が主になり鵙は客として取扱はれたに過ぎぬから鵙は中心をなさない。さればとて作者は作中の主人公ではないから歌の中心とはならぬ。之れでは資料を蒐集並列しただけで箇躰を築き成さぬのである。故に歌ではない。歌を成し得て居らぬのである。それならば此の資料で歌は出来ぬかと云ふに決してさうではない。

□故郷の小野の細径霧深み声のみぞする百舌鳥の騒ぎて。

一点半画の資料も増さず減さずして百舌鳥を主人公とし中心とすることが出来たのである。

△池の水清くぞ澄める風吹かで真鯉緋鯉の楽しげに住む。

之れでは池の水が主であるか鯉が客であるかどうとも判然しないものとなつて居るが

□池の水真鯉緋鯉の住みよげに清く澄みたり風吹かずして。

明に池水を中心とし、主人公として居るから初めて箇躰を築き得たのである。若又此の資料で鯉を主とするならば

□池の水清く澄めるを楽しげに共に游べり真鯉緋鯉の。

斯のやうに中心のはつきり定まつた時一首の歌としてまとまつたので初めて歌に成つたと云ふことができる。ところが現今歌と称して点者選者の手を経て世に発表さるるものを見るに多くは此のまとまらぬもののみである。古人をして今に在らしめたならば必や歌道の衰へるたること甚しきかなと慨嘆措かざることであらう。

○歌詞構成の根本的問題として中心の確立を論じて来たが。なほ或歌学者が紀貫之と紀友則とを比較したこと

を思ひ合せて此の章を補ふこととしよう。

△桜散る木の下風は寒からで空に知られぬ雪ぞ降りける。　貫之

△久方の光長閑けき春の日に静心無く花の散るらん。　友則

評者は貫之を抑へて友則を揚ぐるとて歌は情を主として景を尽したのが佳い。友則は情景至れり尽せりであるが貫之は巧に過ぎて趣致を損じて居る。それ故此の二首では友則がよい。それればかりでなく友則は古今集中の第一人者であると云つて居るが果してさうであらうか。

「久方の光のどけき春の日」であるのに「静心無く」あはただしくもなぜ花は散るのであらうか気の知れぬことである。

之れが歌であらうか。どこに中心があるのか。何が主なのか。読み去り読み来りて幾度玩味したとて唯スルスルと口ざはりのよい詞だと云ふより外に何物も無いではないか。所云巧言で令色で誠無き戯である。之れが感情を遺憾無く景致の上に盛つた絶品だなぞとは抑《モ》何を見て居るのであらうか。

作者の惜む情を表現しただけでは主となるものは作者である。作者は歌ではないから之れをまとまらぬものである箇躰を成さぬ単なることわりもので散文の一句切《ヒトクギリ》にすぎぬものだと云ふのである。何如に自分は強く感じて居るぞよと云ひ張つて見たところでそれは理屈とか強弁とか云ふ醜骸に過ぎぬことを忘れてはならぬ。貫之のものは風は寒くもないのに雪が降る。それは桜の花だ。と云ふのであるから之れも理屈を並べことわりを云つたに

過ぎぬ。主となるものは同じく作者であるから作中に中心の無いことは友則と同様である。

貫之は巧を弄して其の痕を隠し得ない為此の評者はそれを見付けて巧みすぎたと貶したのを友則の弄した巧は貫之よりも手際がよいので評者の目を誤魔化し終せたと云ふまでどちらも歌でないことは同様である。

○歌人と称し点者と自任しながら歌詞の調へりや否やをも弁へぬとすれば世の歌を詠まんと志す人は其の津梁を問ふよしも無い。

以上　第三章　終

第四章　歌詞の構成

歌詞の原義は「神《カミ》の《ノ》詞《コトバ》」である。其の用を云へば「言《コトバ》は《ハ》神《カミ》なり《ナリ》」と躰得し悟証せしむると共に其の神言《カミコトタマ》に依りて身を清め境を掃ひ俗を化し家を斉へ郷国を治め天地を平定するに存《ア》る。

此の目的に準拠《ヨ》りて我が歌詞評釈の筆は進めらるるのである。

□噴き升る水に集ひぬ少女等は暑さを避けて水に集ひぬ。

「噴泉」を詠んだのだと思はば全く見当違ひである。然し此の歌詞はまとまつて居る。それのみならず立派な作と云ふことができる。と云ふのは「少女等」なる中心が「暑さを避くる」慥な目的で「噴泉」と云ふ暑さを消すべき物に集つたから整然たる統一躰系が構成されて一糸も紊れない。で人間の見聞きする事象として完全に表現された上に聞く人をして少女等の美しさと納涼のすがすがしさとを味はすに充分であるからである。

歌詞構成の上からは之れを

◎椅子対

と呼ぶことができる。図解すれば左の如くである。

噴き升る水に集ひぬ
少女等は暑さを避けて水に集ひぬ

此の例は万葉集を初めとして現代歌集にまで及んで居る。

□人の世を綾美しく見はやせと花を紅葉を見はやせと。

此の中心は何処であるか。或は中心が無いのではないかと疑ふ人が有るかも知れぬ。図解すれば同じく椅子対である。前向きと後向きとの差だけである。

人の世を綾美しく見はやせと
花を紅葉を見はやせと

「綾美しく見はやせ」「花を紅葉を見はやせ」「人の世を見はやせ」「人は見はやせ」此の四句から成り立つて居るから中心は「人の世」である。極楽世界である。此の作例は万葉集以降現代までの歌集に見たことが無い。

世の歌学者は

○歌の病

として第三句の末と第五句の末との同音なのを斥けて居るが第二句の末と第五句の末との同音なのは可しとし

てある。その理由は披講諷詠の際の調格と短冊に認めし時同字が下に並ぶを嫌ふ為だと云ふから之れは殊更弁明するまでもない僻見である。

□くれ竹の生ひそはりつつたしみ竹生ひ増さりつつ繁り合ひつつ。

之れも作例を見ない。中心が何処であるかも一寸判別し兼ねるかも知れぬ。

図解すれば、

くれ竹の生ひそはりつつ
たしみ竹生ひ増さりつつ
繁り合ひつつ

○嬰児対

とも呼ぶべきか。中心は竹であること此の図解にて自《オノヅカラ》明である。

□曙の赤根の色の有衣の有りてぞ人のあな珍らしの。

図解すれば左の如くである。

あけぼのの
あかねの色の
ありぎぬの
ありてぞ人の
あな珍らしの

○冠履並列

と云ふべきか。中心は人世で極楽世界である。「曙の明《アカ》らかに」「赤根色の美しく」「有衣の豊麗《ユタカ》に」「世に在り時めきて」「あな珍重《メヅ》らしき人の世やあな」と分解さるべき歌である。作例は万葉集以後今までの歌集にも紀記以来各般の文書にも載せて居らぬやうである。

□程程に人は祝ひて屠蘇の香に年は開けて御代は豊に。

○交互対

とも称すべきか。

ほどほどに
人は祝ひて
とそのかに
年は開けて
御代は豊に

紀記万葉以降此の作例を見ない。「大御代」と題すべきことは自《オノヅカラ》明である。「大淳別《オホタマルワケ》」と古典に記載《ノセ》たるところで此の土ながらの高天原《タカマノヘラ》である。

□春は今水は豊に野は青く風は和みて幸は寄り来も。

題は春である。

図解すれば、

春は今
水は豊に
野は青く
風は和みて
幸は寄り来も

○並冠対立

とも呼ぶべきか。「春は水豊に」「春は野は青く」「春は風静に」「春は幸福である」。此の四句対立して然も悉く春に摂《オサ》められて居るから「春」が中心だと云ふことは明である。此の作例は中古以前には無いが近世の歌集に存《ア》る。唯惜むらくは完璧でない。

□雲雀は升《アガ》る春を嬉しと麦の畑雛を嬉しと雲雀は升《アガ》る。

○連環躰

とも云ふべきか。題は「雲雀」である。

雲雀はあがる
春を嬉しと
麦の畑
雛を嬉しと
雲雀はあがる

連環端無きものである。古来其の作例を載せたるを見ない。

□いとせめてかくてぞひとのいつかまたありつつもとなよをきづかなむ。

図解すれば、

いとせめて
　かくてぞひとの
いつかまた
　ありつつもとな
よをきづかなむ

○飛橋対

いとせめていつかまた世を築かなむ
かくてぞ人の在りつつ本無

と云ふべきか。

題は「人」である。生死遷流である。出没顕蔵である。神魔交錯で神魔同几である。作例の記載されたるものもあるを聞かぬ。

□亡きあとを人偲べとや吹く風を人とがめそと散る桜花。

亡きあとを人偲べとや
吹く風を人とがめそと（ヤ）
散る桜花

此の図は

○並冠対立

である。然し又、

○嬰児対

でもある。題は桜花であるが寓意であるから「逝く人」である。木花散比咩《コノハナチルヒメ》の神徳たる生産であると共に木花《コノハナ》咲耶比咩《サクヤヒメ》の神徳で「山祇《ヤマツミ》」と称へまつる「豊酒《トヨノミキ》」である。

木花散比咩《コノハナチルヒメ》と木花咲耶比咩《コノハナサクヤヒメ》と山祇《ヤマツミ》と豊酒《トヨノミキ》とが等しく「逝く人」の義を示して居ることは日本民族死生観の教ふるところで「生死遷流如如去来」の意である。古語では「ユク」と「クル」とを同じく往来の義に用ゐて居た如く。現今も九州地方で物を「ヤル」と云へば受くる意と遣はす意とに並用せらるる如く。生と死との境に立ちて此の世の死が彼《ア》の世の生であることを知るが如く。生即死死即生にして環の如くに端無き一円相裡の起伏往来たるのみで。必竟空と名づくるも神《シン》と名づくるも神《シン》と云ふも魔《マ》と呼ぶも共に仮の名で。我と彼と相対し天と地と相対し明と闇と相対する間の人間身を蟬脱したる暁には昭昭琅琅として⊙《ヒ》なることを悟証《サト》るので。河海の岸に立ちて水を眺むる時は水の岸なれども陸を見れば土の岸なる如く。「カミ」もまた前後左右上下を別つから木花咲耶《コノハナサクヤ》比咩《ヒメ》を前とすれば木花散比咩《コノハナチルヒメ》は後であり伊邪那美《イザナミ》は右で伊邪那岐は左で山祇《ヤマツミ》は上で豊酒《トヨノミキ》は下で。前後左右上下を合せては日若宮《ヒノワカミヤ》と称へまつるのである。此の理は十方諸仏が一仏の妙用を分掌する名号であることと同様である。

「伊弉諾尊《イザナギノミコト》神功既《カミノワザナリ》に畢《ナリ》りて《テ》日若宮《ヒノワカミヤ》に帰《カヘ》らせたまふ《ラセタマフ》」と伝へられたのは此の故である。

作例は古今和歌集以後の歌集に稀に見るが完璧は無い。

○歌詞構成の形式を論じ来りて図らず

○無形式

とも呼ぶべきもので古来人口に膾炙しつつある。

△照りもせず曇りも果てぬ春の夜の朧月夜に如くものぞなき。

と云へるを世の点者評論家などが杳妙の美を詠出したる完璧だと称讃せるを思ひ出したから之れを批判して形式の尊ぶべきことを明にしよう。

「照りもせず曇りも果てぬ」とは「春の夜」の註釈的説明で。其の春夜の月夜の朧なのに及ぶものとしては無いとダラダラ蚓のやうに曳きづつただけで朧夜が一番好いと云ふことわりのみである。春の夜だ朧夜だ好いなァと俗語で云ふ。その「好《イ》いなア」と感嘆しただけでは頭も胴も手足も一つに溶けて熟《ナ》れた醢のやうなもので食料には供し得るとしてもそれ自身の独立性は無い。繰返して云ふことであるが。唯「好《イ》なア」では歌でも絵でもない。四肢五躰が完備して均衡の善美を得たものを人類は人類自身の原型に求めて文学芸術の基準と仰ぐ。其の原型とは「カミ」で「直日《ナホヒ》」で「・◎⊙《ヒフミ》」で中心と外廓と不一不二不三不四の統一魂神《ミスマルミタマノカミ》で天饒饒《アメニギニギシ》国饒饒《クニニギニギシ》天津彦彦《アマツヒコ》火瓊瓊杵尊《ヒコホノニニギノミコト》と仰ぎまつる天孫《スメミマノミコト》にてましますのである。

「因勅皇孫日《アマテラスオホミカミスメミマノミコトニノリタマハク》。　葦原千五百秋之瑞穂国《トヨアシハラチイホアキノミヅホノクニハ》。　是吾子孫可王之地也《コレアガウミノコノシラサンクニナリ》。　宜爾皇孫就而治焉《イマシスメミマイデマシテシラセ》。　行矣《タカミクノラノ》。宝祚之隆当与天壌無窮者矣《サカエマサンコトハアメツチトトモニキハミナカルベキモノナリ》。」と仰せ給へるは御言《ミコトバ》で御教訓《ミヲシヘ》で御寿言《ミホギタマ》である。が之れを事実の上に現し給ふには更に御神儀を必要とせらるるので「天照大神手持宝鏡授天忍穂耳命而祝之曰《アマテラススメオホミカミテヅカラミカガミヲモタシテアメノオシホミミノミコトニサヅケタマヒ。》　吾児視此宝鏡《コトホギタマヒツラク。》当猶視吾《コノミカガミハア》可与同床共殿以為鏡《ガミカガミナレバトモニトモニシテイハヒマツルベキナリ》。」 「又勅曰《マタノリタマハク》。 以吾高天原所御斎庭之穂亦当御於吾児《タカマノハラニシラスナルユニハノイナボモチテマタマサニスメミマノミコトニシラサシメヨ》」 と仰せ給ひて神国築成の秘儀をお授けなされたのである。此の神儀が則形式なので「高皇産霊尊因勅曰《タカミムスビノミコトノリタマハク》。 吾則起樹天津神籬及天津磐境当《アハアマツヒモロギアマツイハサカヲタテテスメミマノミコト》為吾孫奉祝矣《ノタメニイハヒマツルベシ》。 汝天児屋命太玉命宜持天津神籬降於葦原中国亦為吾孫奉斎焉《イマシアメノコヤネノミコトアマノフトタマノミコトハコレヲモチテアシハラノナカツクニヲコトムケヤハセ》。」「高皇屋霊尊以真床追衾覆於皇孫《タカミムスヒノミコトマユカフスマモチスメミマノミコトニキセマツル》。 天津彦彦火瓊瓊尊使降之。」「爾《ココニ》。 天児屋 命 布刀玉 命 天宇受売命伊斯許理度売命玉祖命弁五伴緒矣支加《アメノコヤネノミコトアマノフトタマノミコトアメノウズメノミコトイシコリトメノミコトタマノオヤノミコトノイツトモノヲヲクマリクハヘテ》而天降也《アモリマサシメタマヒキ》。 於是副賜其遠岐斯八尺勾璁鏡及草那芸剣亦常世思金神手力男神天石門別神而詔者《ココニソノヲギシヤサカニノマガタマカガミマタムラクモノツルギマタトコヨノオモヒカネノカミアメノタチカラヲアメノイハトワケノカミヲモソヘタマヒテノリタマハク》。 此之鏡専《コノカガミハモハ》為我御魂而如拝吾前伊都岐奉《ラアガミタマトシテアヲミルガゴトクイツキマツレ》。 次思兼神者取持前事為政《オモヒカネノカミハミマヘノコトヲトリモチテミマツリゴトヲセヨトオホセタマヒキ》。 此二柱神者拝祭佐久久斯侶伊須受能宮《コノフタハシラノカミハサククシロイスズノミヤニイツキマツル。》。 次登由宇気神《ツギニハトヨウケノカミ》。 此者坐外宮之度相神者也《コノカミハトツミヤノワタラヒニマスカミナリ》。 次天石戸別神《ツギニアメノイハトワケノカミ》。 亦名謂櫛石窓神《マタノミナハクシイハマドノカミトモ》。 亦名謂豊石窓神《トヨイハマドノカミトモマヲシマツリテミカドノカミ》。 此神者御門之神也《ナリ。》。 次手力男神者坐佐那県也《ツギニタチカラヲノカミトマヲシマツル ハサナガタニイマスカミナリ》。」 と伝へられたるが如く人間身を受けて此の土に生れ此の国を築き後世子孫をして此の国土を天界楽土と謳歌せしむる神業を建つるには如是の秩序を整備して各自分掌するところを失墜することなく其の位置を厳守せざるべからざるものである。

斯く詔り給ひ斯く教へ給へる大御心を拝しまつれば建国の基準が高天原《タカマノハラ》であることは明瞭である。其の高天原《タカマノハラ》と云ふ神国《カミノクニ》を築くものの総べては神《カミ》でなければならぬこともまた当然である。

歌詞詠出の目的が神界現成に存るので例を日本古典に取つたが此の古典の教ふる如くに形式を整へて初めて完全なる箇体が出来るのである。其の暁に境地としては神界で国としては神国で人としては神人で詩歌彫刻絵画等ならば其のそれぞれの神作神品である。此こに到れば内容と外形とは不二不一で意想と形式とも不一不二で之れを統一魂神と讃美するのである。

我等は共に与に神作を仰ぎ神品を歌ひ神人と成りて神国築成の大業を成就せんことを願ひ悃ひて止まぬもので

ある。

□万代に我は変らじ我が友の幸多かれと祈り祈りて。

歌詞の中心と云ふことを繰返し繰返し論じて来たが此の作例の中心は何処に存るか或は無くはないかとの疑問が起きはせぬか。「万代に」とあるから多くの人は単なる誇張だと速断するかも知れぬ。而《ソ》して「我は変らじ」と意志を表示しただけだから箇躰を築いて居らぬではないかと云ふかも知れぬ。然し「万代」とは時間であると共に空間を築きたる円満具足の箇躰としての人即「直日《ナホヒノヒトナリ》なり」との意なれば此の歌は「直日《ナホヒ》」の歌である。統《ミス》一魂《マルミタマ》を讃美したのである。

歌詞構成の形式は、

┌万代に我は変らじ
　　我が友の┘
└幸多かれと
　　┌祈り
　　└祈りて

「万代」と「幸」とは同意義であるから一種の対句である。
「我」と「我」とは同語である。之れも一種の対句である。
「祈」と「祈」とも亦同じである。之れを
○同意並冠同語並列躰

と命名《ナヅ》くることができる。
作例は万葉集以下累代の歌集に存るが完璧を見たことは無い。
□山里に我は遊べり来る人の幸多かれと道しるべして。
之れもまた中心に疑ひを起す人が有るかも知れぬ。「山里」とは住む人稀なる地であるから従つて来る人の路踏み迷はんことを惧れて我は「道しるべ」を立てたりであるから動作は「我」でも主躰は道しるべである。故に「道しるべ」の歌だと云ふことは明である。

山里に我は遊べり
来る人の
幸多かれと
道しるべして

「山里」と「来る」と「幸」とは同意義の対句で「我」と「道」とも同義対である。
○同義並冠並列躰
と云ふことができる。
万葉集以来累代歌集に作例は多いが完璧は無い。
□皷打つ高殿にして夏の燈を何慕へばか虫の騒げる。
「夏の燈」の題である。「虫」が客であるが「皷」も従者ではない。「高殿」は場所であるが単なる場面ではない。それは「何慕へばか」と何気無く云つては居るが他より寄り来るだけの光明を与ふべき「高殿」である。而《ソ》してそれが皷である。「高殿」の「皷」から「燈」としての光明を放つのであるから光明の主躰が「鼓」で之れを養成するは「高殿」である。故に「高殿」とは母胎で「皷」とは直日《ナホヒ》で根本魂たる陰陽合躰の日《ヒ》で火《ヒ》で一《ヒ》である。「燈」とは直霊《ナホビ》で伊頭雄走《イツノヲバシリ》で「虫」とは群衆魂で群生で蒼生である。直日《ナホヒ》は根本中心なれども用を現ずるは直霊《ナホビ》であるから此の歌としての中心は「燈」である。その「燈」とは躰用不二の観世音で妙音天鼓で二柱で一神《ヒノカミ》で天譲日で国禅日で天狭霧国狭霧で天祖であるから二柱御祖神と称へまつるので仏眼仏母で母《ハハ》で父母《チチハハ》で乃祖《ミオヤミ》乃祖《オヤ》で祖《オヤ》で親《オヤ》で淡路《アハヂ》と伝承したる胞《エ》である。「以淡路洲為胞生大日本豊秋津洲《アハヂヲエトシテオホヤマトトヨアキツシマヲウミマス》」と日本紀等に記されてある「兄《エ》」である。

此の歌詞構成の形式は万葉集に多数を載せ累代の歌集にも見出し得るところであるが完璧はない。

┌皷打つ高殿にして
├夏の燈を
└何慕へばか虫の騒げる

○三管一韻

と呼ぶべきか。

□素裸直直として今年竹。

此のやうな構成の歌詞を今時の人は俳句と呼んで居る。三四百許年前には俳諧の発句と云つたがやがて単に発句とのみとなへた。

或老歌人は長歌が縮んで短歌となり短歌は更に俳句に縮んだと云つて居る。慮らく時代を追つて流行した趾を見ただけの短見であらう。紀記には三十一音の歌が数首。それより少数の音で歌詞としてまとまつたものは無い。或人は「あなにゑやえをとめを」と紀記に載せたるを歌詞なりと唱へて居るが本文に明なる如く対話の一齣にすぎない。

紀記等には音の多い歌を多数に挙げ年代の下るにしたがひ三十一音歌多くやがて十七音のものの多く作られたやうになつて居る。

然し長歌が短歌に縮まつたなぞとは何の拠るところも無いから所謂無智の妄論である。俳句と称するものが三十一音の歌詞から縮まつたと云ふに至りては一層甚しき妄言である。所謂俳句がまるで短歌と異《チガ》つた調格を採つて作られたのを見ても知るべきである。

○日本民族伝承の歌詞は其の音数の多少に拘はることなく総べて「ウタ」と称へて来たのでそれは讃美の言霊《コトタマ》である。美しき子女との意である。

「ウ」とは旨《ウマ》しである。巧《ウマ》しである美《ウツク》しである麗《ウルハ》しである愛人《ウジモノ》である極端なのである。「タ」とは足《タル》である高《タカシ》である淳《タマル》である助《タスク》である秀麗善美にして円満具足したのである。故に統一躰である。「ウタ」とは「統一魂神《ミスマルミタマノカミ》なり《ナリ》」との言霊《カミコトタマ》である。「ウタタノシ」とは之れを更に重ねて其の意義を強むると共に伸べ顕したる言霊《カミコトタマ》である。「ウタタ」とは後世単に切迫したとか極端なとか云ふ程の詞として用ゐられて居るが言霊《カミコトタマ》としては子女生産との秘言《ヒメコトタマ》である。

さて「ウタ」とは音数の何如には拘はらぬとすれば十七音となればて俳句と命名《ナヅケ》ずとも十七音歌で「歌《ウタ》」でよいのである。殊に俳と云ふが如き文字を撰び用ゐる要が何処にあらう。自《ミヅカラ》卑めて人之れを卑しむと古老は誡めてある。又殊に句とは未完成である満足でないのである具備さすべき資料と云ふのみである。その意味ならば俳句は歌でない。俳人は俳句を作つて結局十七音歌を作らなかつたのであらう。実《ウベ》なるかな幾百千と数多き俳句集中完全なる箇躰を築き得たものが果して幾らあるであらうか。

其のやうなはずはあるまいと人は疑ふかも知れぬ。が俳聖と世人の呼ぶ人人の名ある作品でも其の一一が悉く其の名の如く短句であり俳諧である。

今年竹

├すっぱだか
├すく
└すくとして

の構成である。此の作例は有るが完璧は無い。

○三管一韻

世の歌人等は半濁音や拗音塞音迫音と称すべき音韻を排して和歌《ヤマトウタ》にはかかる音を容れずと主張して居る。古今和歌集中に名ある作者等が当時支那より輸入せし動植物の清音ならざるものあるを嫌ひて源語の意味を滅却してまでも「牽牛花《ケニコシ》」などと呼ばせたる。一種の遊戯とならばいざ知らず真面目なる歌人の執るべき態度にあらざるは論ずるまでもなかるべきに。奇怪。爾来歌文字とし云へば悉清音に書して清音に書くべきものなりとして現今に到るも之の愚劣なる行為を更へんともせぬのである。

□無花果の熟れしを我は知らざりき。

人或は箇躰を成さぬと云ふかも知れぬ。然し無花果と称する中心を活かす為に「我」は資料となつて居るので「熟れしを知らざりき」と説明語ではあつても其れは「我」が知らぬので其の知らぬことに依つて無花果の特徴を明に表現して動揺が無いから悉皆中心を助けて統一躰系を紊すことの無い健全躰である。之れを立派な歌であると称揚することができる。

┌いちぢくの
└熟れしを
　┌我は
　└知らざりき

「いちぢく」と「熟れし」とは同義をなすから対句と云ふべきであり「我」と「知らざりき」とも同義をなすから対句である。則

○同義並冠並列体

である。

作例は多く存るが完璧を見ない。

□無花果の今日は人目に咲み交す。

□深緑無花果の果に野分せず。

┌いちぢくの　　今日は┐
└ひと目に　　咲み交す┘

○飛橋対

である。

├深緑
└無花果の果に　　野分せず┘

○同冠同列躰

と云ふべきか。

二首共に作例は多いが完璧は乏しい。

○十七音の作者は切字《キリジ》の構成論を強調して居り中心主眼と云ふことには注意を払へるにも拘はらず其の完璧を見ないのは主として彼等の意想が低劣卑陋であつて箇躰を築き成す方図を弁へなかつた為である。此の点は中古以後の画家と酷似して居る。今時其の作品の多きこと彼が如くにして然も完璧無きことも再復《マタマタ》両者其の軌を一にして居る。

□朱珠を綴る山本柿の宿。

├朱珠を綴る
├山本
└柿の宿

此の図解を見ると八音四音五音で

○並冠躰
を成して居る。

中心は柿であつて朱珠は比喩山本は場所であると共に群生であること宿と同様であるから「綴る」も亦復群衆魂である。

之は事実であつて真理である。事実不二で不一不三又不四で「ヒト」である。四にして四ならざるので窮数の窮数であるから窮数でもないのであるところの箇躰である。九魂にして九魂ならざるので十魂尊貴たり得べき九魂の四重相であるから之れを開けば三十六の神界と成るのである。

直日《ナホヒノヒト》と修理固成すべき窮数である。則満数を予想し得る窮数である。神と成り得べき人なのである。

□朝露を玉と貫きたる花野には月の影さへ来り宿れる。
此の歌も前例と同じ事理を詠んだので

- 朝露を
- 玉と貫きたる
- 花野には
- 月の影さへ
- 来り宿れる

五音七音五音七音七音の
○並冠躰

で表から見た中心は「花野」であるが寓意だから裏は「玉」が中心である。神界真理の天御鏡尊《アマノミカガミノミコト》の神儀《ミノリ》を詠嘆し讃美したものである。

以上　昭和八年二月十八日伝習

第四章はなほどれ程続くものか判らぬ。唯此の伝書は此こで切れて居る。

今之れを筆録して世に貽すものは後人の来りて此の伝を継紹するものの有らんことを冀ふが故である。

大日本祓禊所鷺宮に在りて多田雄三山谷識す

昭和廿一年八月卅日　夜半

（平等海裡に一円光明身を築き一円光明裡を出でて濁悪世界を統治するは　日本天皇がその継紹し給へる神業を完成し給はんが為なり。）

第五章は万葉集解剖であり、

第六章は言霊秘説であるが、ともに脩禊殿裡に於て授受すべき秘言なので、ここには載せず次ぎに移らう。

以上　歌詞評釈　終

言霊の幸　礎石篇　第三　天地の宇気比

第六章　十指両掌

第一節

十指両掌は「カズカズ」と読んで人間世界の数理である。若しも此の数理の運用が無いならば人が人としての向上発展をすることは出来ない。

十指は「ヒト」で、分ければ「一《ヒ》二《フ》三《ミ》四《ヨ》五《イ》六《ム》七《ナ》八《ヤ》九《コ》十《ト》」で、生産築成を教へる。両掌も人で、分ければ「ミギリ・ヒダリ」で分割と統合とを教へる。此の十指と両掌とを合せて二つにすれば、陰陽で男女で雌雄で乾坤で天地である。がさて、此の数の聚散離合には順逆があり清濁があるので、人はその運用の如何に依つて向上もすれば向下もする。順に清く明く進めば向上するので其の算みかたは「ヒフミヨイムナヤコト」である。その様に順に数へて二十三にになる。二十三と云ふのは十指両掌拍手の「参進」で「三が一を生みだすのだ」と伝へたる子女産出の妙用で、それの完成した時には一点に帰つて二十四と成る。之レは大平等の空界であるから二十四の零とも呼んで神子産出の母胎である。

此の胎中に養ひ育てられたる神を第廿五神界の主神と称へて、日本古典には「天津彦彦火瓊瓊杵尊」と伝へたのであり、その御親神天忍穂耳命とは廿四の零神《ヒノカミ》にましますので葦原中国《ヤマト》には御降臨遊ばされなかつたことが判明するのである。が、之レは「神代紀」の伝へだから人間身の事でも人間世界の数理でもない。人間身が既に忘れ、未知らざる奇振岳《クシフルタケ》の秘事で、「零神《ヒノカミ》」としての御生誕である。

零《ヒ》の神の御生誕を、古事記はその巻頭に隠身の神として、日本書紀は純男として、旧事本紀は天祖として、各々僅に数言を載せ、次ぎには、魂《タマ》の神の御事蹟が記されてある。ところで、現在の古典は、まことに不幸にして、神界の事理を知らざる俗学者に潰され、零《ヒ》の神と魂《タマ》の神と身《ミ》の神と身魂《ミタマ》の神と人畜動植鉱物等との判別も無い雑糅混淆の記載と成つてしまつた。為に、後学は全く津梁を失ひ五里霧中に彷徨するの悲嘆を繰返して居る。

此の霧を掃ふに「米《メ》」の秘事が有る。それを、瓊瓊杵尊隠身の神伝と教へられたのが現存行事の「散米の祓」である。

祓去り祓来れば、あや奇しくも「天成り地定り、高天原は成り成る。」「その一点を仰げば、神《カミ》聖国常立尊である」とは日本書紀の伝である。「その一神とは、天祖《アメノミオヤ》天譲日天狭霧国禅日国狭霧尊である」とは旧事本紀の伝である。「その時の神は、隠身《カクリミ》天之御中主神である」とは古事記の伝である。「並び給ふ神とてはましまさねば、天照大神と称へまつるのである」とは古語拾遺の伝である。卒然として之等各々を読めば各々別々の如くである。

けれども、是くの如くそれぞれが皆共に「一」である。日本語では等しく之を「ヒ」と称へて有るかぎり在らんかぎり一切合切との意である。乃、「大宇宙」である。人天万類は各自各自に大宇宙としての起伏波瀾であることを明らめ得たる時、各自各自分分個個としての人天万類がそのまま、身魂《ミタマ》であり魂《タマ》であり零《ヒ》である事実を顕影して一円光明の⊙《ヒ》と成る。

各自各自が⊙《ヒ》と成り得たる時、緯《ヌキ》としては神界《カミ》で経《タテ》としては神代《カミ》で経緯《タテヌキ》を合せては十《カミ》で、共に「一《ヒ》」である。之を「日《ヒ》」であり「日神《ヒノカミ》」であり「人《ヒト》」であると云ふ。その「人《ヒト》」とは、「日止《ヒト》」であり「火人《ヒト》」であることを教へて⊕《ヒトツ》と描き田《ヒツキ》とも◈《ヒトリ》とも㗊《ヒト》とも吅《ヒ》とも曰《ヒカリ》とも串《ヒル》とも串《ヒメ》とも伝へて、吕《カミ》たる示《ヒト》である。そうして又、䷾《既清》と画するのは伏羲の所伝を敷衍したので「湯」であり「ユ」である。それを日本の古典には「中津瀬」と伝へて純真無垢の一点で中心であることを知らしめてある。之を「否《ヒ》なり」と呼ぶ。「そのやうなものの有るのではない」との義である。

珍重珍重。如是の「否《ヒ》」。如如起滅。怪奇至極。故に呼んで「神《シン》」となす。之は支那人の「无方」と云ひ「陰陽不測」と称するところの「神《シン》」である。

世界の学者中には此のやうな「神《シン》」は日本人云ふ所の「カミ」とはまるで別だと云ふものが多い。さうして、古典所伝の「零神《ヒノカミ》」を忘れようとする。

先聖の教へ遺された大道に荊棘を植ゑ牆壁を築いて神道は民族信仰だなどと呟く。それだから偏狭固陋で役に立たない。

その現状を観《ナガム》れば「何処へ行くのか」と愁へざるを得ない。世界人類は、太古の神伝を忘れて小我の邪見に繋縛せられ相互に闘争殺戮の惨劇を演じ来つたのである。魂《タマ》の神としての天照大御神には、之を「かしこしと思召されて」天窟に挿し隠《コモ》らせ給ふ。「天の下皆闇し」とて、八百万神は高御産巣日神の御子の御教へを仰ぎつつ「大祓」を行はせられた。過去を祓ひ将来を祓ひ祓ひ祓ひて天窟戸の御前に太祝詞《フトノリトゴト》白し太幣帛《フトミテクラ》捧げまつり祭りまつれば、あや奇しくもあや畏くも高天原は明けて天照大御神には天地の在りのことごと御照《ミ》し給ふ。

「あはれ・あなおもしろ・あなたのし・あなさやけ・おけ」

と、神の国の完成したのは「大祓」の神事に依るのである。それは「今日よりはじめて罪と云ふ罪はあらじ」と、式の祝詞に記された如く、「速佐須良比咩根国底国の秘神挂」である。之を「日本天皇三種神器の神徳なり」と拝みまつり畏みまつる。

第一節　完

第二節

数理観と言霊観とは、神象観と相待つて日本神道の扉を開く秘鍵である。之無くしては神秘を伝ふることも行ずることも出来ぬ。

それ故、難解な説明をも繰返したのである。けれども、之は日本天皇の神伝なりと拝承しまつるので、微臣の分際としては、その深奥に入るを憚る。仍つて今は、出雲史に就き「日隅宮《ヒスミノミヤ》」の伝へを拝することとしよう。

ヒトミナハ。ウツソミノママ。スミスミテ。ヒスミノミヤニ。スムベカリケル。

伊邪那岐大御神が修理固成の神業を完成しては「日少宮《ヒノワカミヤ》に神留りましませり」と伝へてある。此の宮は天津神の秘宮で、零神《ヒノカミ》の常宮《トコミヤ》で、高天原とも称へて、無経無緯の高御座で、唯一点たる零《ヒ》である。亦の名は大虚空で、零海で、虚中で、虚天で、天忍穂耳命の神治らすところである。

その御児神は、その国を出でまして葦原中国をその国の如く治ろしめし給ふのだと神は教へ給ふ。色相を以つて之を称ふれば晃耀赫灼たる一円光であり、声音として之を聴けば琅琅として十方に遍き一音響であり、数としては零なる一である。

人類世界に神の与へたまへる瑞宝としての「数理」と「言霊」と「神象」とを「天浮橋」と「たより」て、我等凡愚の其のままに、神の国には升り得るのである。

此の「たより」とは、球と球との接触面で「点」である。此の「点」は、幾何学に「長さも無く幅も無くして位置のみ有る」と言ふが如きものではなく、其の位置としての長さも幅も有るのである。けれども、人間的に計算することは容易ではないから、普通学の範囲には置かぬのである。

球と球との接触面たる一点は、神の秘宮で、天津神と国津神との相交はるところで、成り余れる一点と成り合はざる一点との相回り相遇ひて国を生み成す「零《トコロ》」である。零《レイ》で一《イチ》で、無より生ずる有としては火と呼び、無に帰する有としては日と称へ日少宮《ヒノワカミヤ》と伝へ来つたのである。之を秘宮とか天浮橋とか称へまつることは、人間身として知り得ざる奇霊《クシビ》であるからでもある。

古典に「天浮橋に立たして望み見たまふ」と伝へたる神は、伊邪那岐命伊邪那美命二柱神としても、天忍穂耳命としても、いづれも共に、新しき国土を生み成し給はんと御準備遊ばさるる時なので、零《ヒ》の神が魂《タマ》の神としての国土を生み成す時、魂の神が身《ミ》の神としての国土を生み成す時、身《ミ》の神が身魂《ミタマ》の神としての国土を生み成す時、また、身魂の神が人の国を生み成し給ふ時、等と、次第次第に、精より粗に、清陽より重濁にと転化し、或は、単純より複雑に、簡素より繁多にと組み直さるる時、その代り目、それを「秘《ヒメ》」と呼び、その胎《ヤド》を「宮《ミヤ》」と称へ、その通ひ路を「天浮橋」と仰ぐのである。

そこに拝みまつる神は「産土神《ウブスナノカミ》」で、その宮を「日隅宮《ヒスミノミヤ》」と称へて、大国主神の神治らすところである。

前に第四章に述べたる如く、世の大人物を造る道に「ミソギ」の秘事が有る。それは、人の身が「神《カミ》の宇《ウ》気《ケ》毘《ビ》」を得て、此の身此のままに生を代へるので、その時の此の身をもまた「日隅宮」と称するのである。

第二節　完

第三節

禊祓《ミソギ》に、月神事《ツキノカミワザ》と云へるは、高木神の与へ給へる「弓矢」を持ちて妖類魔族を摧破調伏し救出誘導して神界に入らしむるもので、魂　斎《ミタママツリ》の一儀である。

魂《ミタマ》を斎ることは、生死を通じて常時不断に神の行はせ給ふところで、人はその神事に神習ひつつ自他に拘はらず為さねばならぬ大事である。此の斎事が好く行はるるならば其の魂《ミタマ》が和らぎ心が平に身は安らかに、万類万物と共に調和を保ち統一を得るので身心は健全強壮に、世界は太平和楽を謳ふのである。

人の身として日隅宮を築くには種種の行事を要するのであるが、特に自他の身魂を常時不断に斎ることを大切とするのである。かくて築き得たる宮は、八雲立つ出雲国の秘宮で、身魂神《ミタマノカミ》の社《ミヤシロ》としては、大国主神が須勢理毘売を負ひ生大刀と生弓矢とを持ち天《アメ》詔琴を画鳴し給ふところであり、魂神《タマノカミ》の神宮《カミミヤ》としては、須佐之男大神が櫛稲田比売と共に隠《コモ》らせ給ふ須賀宮であり、日神《ヒノカミ》の大神宮《オホカミミヤ》としては、天照大御神の天河原《アマノカハラ》と称へて、「天津験《アマツミシルシ》」であると古典は伝へてある。

そのやうにして古伝を探究すれば幾多の典拠を得られるが、何れも共に大宇宙の大中心なりとの義で、「ヒノカミ」としても「タマノカミ」としても「ミノカミ」としても「ミタマノカミ」「ヒトノカミ」としても、一貫したる中心で、それは、単に、そのものの中心と云ふのとは別なので、人間的に見てとか五官的に見てとか云ふ範囲での中心ではなく、それを超えての大中心なのである。

それで、此の大中心は、唯一無二の「極」なる「零」である。

従つて、日少宮と仰ぎても日隅宮と称へても、等しく共に別天神《コトアマツカミ》の火海《ヒノウミ》で、大平等海で、綿津見の鎮守《ミマモ》る海で、白玉光である。その白玉光底に潺湲たる泉は、天真名井の「ミモヒ」と称へて稜威三柱神《タマノミハシラノカミ》にてまします。

「タマノミハシラノカミ」をば、数理観にて「零なる一」と解き、言霊観にては「ヒフミ」と称へ、神象観にては「アメユヅルヒ・クニユヅルヒ」と画く。その図を書かねばならぬが、転写誤伝が有ると良くないから他に別に伝へよう。兎に角、そのやうに、此の三つの「たより」に依つて、人人は各自各自に自己の躰得を古典に照らし合せ正しき神の伝へを確認すべきである。

日本神道の正伝を得た人の身には、必、其の証左《シルシ》が存る。

日本古典の中では、「天地と別けこし時ゆ、久方の天津験と定めてし、天河原に、璞の月を累ねて、妹にあふ時をし待つと、立待つに、吾が衣手に、秋風の吹きかへらへば、立ちて坐て、たどきも知らに、村肝の心おぼえず」とあるのがその最簡明なるものである。そのことを、

「天河原《アマノカハラ》とは天津験《アマツシルシ》と断れる如く神人たる証左として人身に授与したる異霊《クシビ》なり。統一魂としての奇身魂な

れば、これをトヲカミと称へ十種神宝と讃仰したる饒速日尊にてましますなり」

と伝へて、十魂尊貴の身だと、神の国では白されるさうです。けれども、葦原中国では、天菩日《アメノホヒ》とか天稚彦《アメワカヒコ》とか天探女《アマノサグメ》などとかがやがやがやと騒いで居るので、何と云ふか私は知りませぬ。

が、
人の身は何時何処で死なねばならぬかも図られぬので何時でも美しく死に得るやうにして居なければならぬ。

大君の稜威の身ぞと、我が名をば、清く守らな。御鏡挂けて。

さうして、生前には仮令、日隅宮を築き得ずとも、その死に際しては、必、日少宮に帰るべく、日隅宮を築かねばならぬ。

第三節　完

第四節

まことに、人の身は何時何処で何のやうにして死なねばならぬかも図られぬ。

それ故、何時でも我が身魂を神の宮と成すことの出来るやうに錬成して置かねばならぬ。

近頃、世間流行の詞に「錬成」と云ふのは、人材を有用に造り上げるものらしいが、それも究極は、満足に死ぬことの出来るやうにすることでなければならぬ。

「満足に死ぬ」と云ふのは、死に臨んで他人から葬礼祭儀の助けを借ること無く、自分自身で自己の身魂を完全に斎ることである。

それには、平生行往坐臥の間に自己を斎りつつあると共に、過つて火中地底に堕在せる都べてのものを教へ導きて、共に同じく日隅宮を築く方途を攻ぜねばならぬのである。之は日本神道に於ける最要至重の行事で、人と云ふ人皆が寸時も怠つてはならぬ任務と云ふべきである。此の行事に対する自覚さへ出来れば、人間世界は固より各界各宇宙は和らぎ睦み太平和楽を謳歌するに到るべく「惟神言挙せぬ国」と伝へて来た意味も判るのである。

「カミナガラ、コトアゲヌクニ」と云ふのは、何ゝだ彼ゝだと文句を並べたり無闇に説明ばかり求めたり宣伝戦を気にしたりすることなく、常に大中心を仰いで「都べてを捧げまつる」神の道が明瞭《ハッキリ》して居る世界だと云ふ程の義である。

正しい意味での宗教は必ズ此の「捧げまつる」ことに立脚して居る。民は君に都べてを捧げ、児は親に都べてを捧げ、妻は夫に都べてを捧げ、子弟は師父に都べてを捧げ、人天万類は天神に都べてを捧げまつる。之を「ミチ」と呼び「ミソギ」とも称へて「オノヅカラナル、ノリ」則、大宇大宙の真理で事実で、「日本神道」なのである。亦の名をば「日本国躰」と仰ぎまつる。従つて

日本建国の精神は全く宗教的である。

と云ふと、或は日本国躰を宗教だなどとは「けしからん」と敦圉く人が有るかも知れぬ。けれども、何も彼も「上げてしまへ」と云ふのは、神と人との関係に於て初めて徹底する思想であり行為であるから、それは明に「宗教」である。さうして、生死を解脱したるもので、その活用を観《ナガ》めては「日本精神」と称するのである。

世に天理教と呼ぶ邪教が何彼と非難されながらも多くの信徒を集め得たのは「上げてしまへ」と云ふ思想を生

かして居るからである。

コトサヘグ、カラノニタチテ。カミナガラ。コトアゲヌミゾ、カシコカリケル。

「中心から出て中心に帰る」。それだから「上げてしまへ」と事新しく叫ばずとも、またその自覚せると否とには関はらず人天万類皆共に何時かは一切合切をその本に帰さねばならず、帰させられ、帰つて往くのである。

此の筋道を吾と我が身に躰得悟証する為に魂斎の行事をするのが、自己の魂を斎るものである。此の間の消息を「中分本末、旋回統一。按分平差。転換平衡。身境不二、顕幽一体。躰顕神神、超楽無窮。」と先師は伝へられた。之は全神教趣大日本世界教の根柢を成すものである。

ところが、世には何を間違へてか、先師の遺された法人団場で「中心が中心らしくせぬから外廓が乱れ騒ぐのである。

それ故に、中心を中心らしくさせる為に日本祭祀の制度改革を為ねばならぬ」と叫ぶものが出て来た。何と云ふ悲しむべきことであらう。

成程、外廓とは中心の拡大であるから、外廓の混乱は、とりもなほさず中心が良くないからである。けれども、そのやうな意味での中心とは、分分微微の各個躰の群中心を見てのことだから相対的の存在である。ところが

日本天皇国に於ける祭祀は超絶的行事であるから「相対的の中心」などとは在るべからざる詞である。然しながら、人間身心は雑糅混淆の存在だから対立の中心をも認めざるを得ない。そこで、敵の大将とか味方の元帥とか、自国の帝王とか他国の大統領とか、自己の中心とか他人の根本魂とか云ふ。則、個個分分には個個分分の中

心が有ると、個個分分が認めて居るのだとの意で、之を仮に「小宇宙の群中心」と呼ぶ。

ところで、近頃、世間の識者とか指導者とかは、「何でも彼でも上げてしまへ」と教ふること天理教にも増して居る。それは全全自己を捧げ尽せよと云ふのだから、勿論、自分の中心とか外廓とかには拘はることなく一切合切を一丸として、より大なる中心に帰入せよとの意である。すると、その大なる中心は更にまた、より大なる中心を仰いでそれに帰入する。その大なる中心はまた更に、より大なる中心を仰いで、と云ふやうに、我が身、我が心、我が物の都べてを捧げ尽す。すると、その究極に於て、我は明に中心の内なる我であることを知る。と共に、その中心とは、完全に全外廓を統べたる「カミ」であることが判るのである。此の「カミ」は斯くて対待が無いのだから、絶大無限であり極小零界である。従つて、中心本末の見《ケン》にとらはれては、之を知る由も無い。また単に、群小慣用の「中心」なる詞では紛はしい。そこで、特に「大中心」と称へまつる。此の「大」は大小と相対したのではなく、計算的の大小を超えたる「極」を指すのである。

此のやうな唯一絶対の「大中心」。それは即「カミ」にてましいます。此の「カミ」たる「大中心」は必、全外廓を包含するのだから、大中心の活動はそのままに全躰の運用である。それで、漫然と相対的小我の見地に立てば「外廓の良くないのは中心の責任だ」などと云ふやうな、殺風景な責任論まで持ち出す小人さへ起つて小我の悲劇が演出される。

けれども、其のやうに、中心だ外廓だ全体だ分派だと別けて言ふのは、分分個個が各自各自の位置から観《ナガム》るからなので、本来は、まことに渾然たる唯一つなのである。

此の「ヒトツ」。それは、比べまつるものとては有らぬので、「天照大神」と称へまつるのだと、古語拾遺の伝へたことを上来屢〻述べて来たのであるが、之を別の詞では、極大極小、極無極の「日神《ヒノカミ》」と称へまつり、其の御活用を仰ぎては、皇孫命《スメミマノミコト》の稜威ぞと畏みまつる。則、明津神にてまします。と、拝みまつるので、そこには唯、「捧げまつる」を知るのみである。「捧げまつる」とは活動である。何物でも動かぬものは無いが、特にその「ヒトツ」なる大中心を仰いでその規律の中に活動することを指すのである。そこには固より紛紛たる中心分派の観念などの有り得べきではない。

ところで、此の「大中心帰入の活動」を、人としての位置からは、出て来たところに帰るのだとの意味で、帰入と称するのだが、事実は、一円光裡の波瀾だから、原始と呼ぶとも、反始と称するとも、また共に此の義に当るのである。さうして、それは、人としての位置からは、上に升るので、善美正直を求むるので、「カミ」の完きが如くに完からんとするので、その人は静寧和平の愛好者で、天沼矛を仰ぎ三種の神器を戴き十種瑞宝を執佩くものである。

斯くて、その人はその身そのままに日隅宮を築き成すことが出来る。

その暁には、中心と外廓と、共に与に、一円晃耀の天御鏡たる事実を現し来る。

燃ゆる火の、燃ゆるともなく。行く水の、行くとも知らに。回り回る。五何新可本《イツカシガモト》。

第四節　完

第五節

「メグリメグル、イツカシガモト」

之を別の詞で、「十指両掌」と言ふことが出来る。神数の事理なので、「カズカズ」と呼ぶ。さうしてそれは、左と右とであり、左右を合せたるものでもある。「左を左とし、右を右として、その位置分限を正しくせよ」と、先聖の誡められた神理である。第三十三神界主神の秘言霊で、応化自在なるの妙数で妙音で妙象である。

之は、箇箇分分としての小宇宙を超越したる大宇大宙の秘で、全宇全宙一円晃耀の火で、本来本有の神身を現成したる凡夫身で、「身魔同几の天御鏡」と称するのである。

分分個個は、その分分個個が、分分個個を築いて居ると想ふことが多い。けれども、それは、分分箇箇相互の境界に制せられて全宇全宙を観ることの出来ぬ為の管見なので、事実の全貌ではない為に、時に或は、甚しく誤解謬見に堕つることがある。

ところで、事実の全貌は、説くべき人間の詞が無いからとて、仮に、如是とか這箇とか呼び、それがそのままでは、人を導き世を教ふるとは云はれぬ為に、先聖は、之を「秘」と呼び「ヒメ」と戒めて来たのである。仏徒の戒律と言ふのも、猶太教、基督教、回教、等に於ける訓誡も、その本義は、此の秘数から出でて鬼畜の慾求を制御しつつ神国浄地を築かせようとせられたのである。

けれども、世人は、教への外形だけを見て、先聖の心に徹せぬ為に、誤解謬見に堕ちて尤も重ね罪を犯すものが多く、世道日日に晦く不祥の事の続出する現在世界と堕落したのはまことに悲しむべきの至りである。

ヨミドフク、マガノサワギテ。ネノクニハ。ヒツキモワカズ、アヤメナクコソ。

神魔交錯。日月出没、人天往返。鬼畜跳躍。

必竟、是くの如くであるから、常にもがもに神の恩恵を仰ぎまつらねばならぬ。

神恩でもなく神徳でもなく人の意の如くになるものとては何一つとして有るのではない。神命に依り神命を仰ぎてはじめて都べての活用は現はれる。一切の活動は、善悪も邪正も、是非曲直も、皆悉、神命に依つて発現するのである。それは何故と説明するまでもなく、唯一つである大宇宙とは、固より神であり神の有《モノ》であるからである。

が、さて、問題は次ぎから次ぎと、其処から此処と、誰から彼と、間断無く起つては消え、消えてはまた起る。それを、それぞれに処理することが、蓋、人間世界の教へである。それで、「大きな疑問を起すところに、はじめて大きな悟証が得られる」と、古老が教へて居る。ところで、先師は、一日、予の掌裡を覗き観て、「ひどく苦労の多い相だ。速く、お神様にお願ひして、取り除いてお貰ひなさい」と、お憐み下された。蓋、豎子、此の労苦に耐へて、相応の教門を開き得るものでない。と、諷し給へるものであらう。か。

先聖既に歿して後賢未現れず。寒房採暖の方を弁ぜず。炎天納涼の途を知らず。噫。

然り。然れども、轍鮒も雨を求めて止まざる一念徹すれば、時有つて旧泉に帰る。之を努めよ。と。

這は教でない。

這は種子である。委しく云へば、種子の種子の、その種子で、種子ならざるの種子と呼ぶべき「火」である。それは兎に角として、種子が無くては、物は成り立たぬ。と共に、種子は、土中に潜まねば、完全に発芽生育するものではない。この「土」を胞《エ》と呼び、兄《エ》とも書く。日本の古典は「淡路」と教へ、古老は仏盤とも称へ、湯と伝へたのである。

さて、その土中の種子にも「名」は有らう。けれども、その名を謳ひ褒め讃へよと、他《ヒト》に求むることは為ないであらう。

此の種子を「日隅宮」に播いて、発芽生育するのを眺め楽しむのは、大国魂の秘神挂りである。

這が秘である理由は、上来略、説き得たと思ふ。若しまた会せざる者も、そのままで、次ぎに進まねばならぬ。言論文章の捕虜と成つてはならぬ。言語文字は、月を指すの指にほかならぬ。指にこだはり、指に囚はれ、指に迷つてはならぬ。筆者もまた、他の誇りを誉とする理由は無い。

第五節　完

第六節

暁を告ぐる太鼓の音は、国の内外に響き、曙の光は、天地を裹む。

大宇宙は一つである。その一つである日隅宮の比売神の大稜威は、世を照し人を導きて、神国浄地を築かせ給ふ。

此の宮を、数理観では、第三十五神界と称へ、三十五の零と教へて、春日比咩《ハルヒヒメ》の神の知ろしめします「火海《ヒノウミ》」である。

春日比咩の神と称へまつるは、燃ゆる火を取り、光る日の神代を築かせ給ふ三柱の貴子《ウヅノミコ》にてまします。

　あなかしこ。

神の代の栄光は涯ても無し。

その慈光限り無し。

烈烈たり。

　赫赫たり。

而してまた、

　穆穆たり。

ああ。されど、

人の世界は、鬼畜妖魔と離るることを能はず。否、人間以外の六道十界とては在らざるなり。然り。而して、神、之を

「よし」と宣ふ。

美しさを求め、正しきを願ひ、善きを行はんと思ひ煩ふ人の子を、神また、

「よし」と宣ふ。

善か悪か、美か醜か、正か邪か。唯是、這の存続を願悃希求して燃えに燃ゆるなることをも。神また、

「よし」と宣ふ。

まことに、

這は教にあらず。

　釈尊拈華。復、言説せず。

　日本神道言挙げずして、神国築成せらる。

之を、第三十六神界主神の秘と称へて、宇宙完成の妙徳なり。大日本天皇国完成の秘儀また這の裡に備はる。

日本古典は、之を伝へて、「天沼矛」と称へまつる。その亦名《マタノミナ》また幾十百千。而して、之また、上来縷述せると

ころ。日少宮・日隅宮・の古伝また甚多し。
這は教にあらず。然りと雖
教は這にあらざるにあらず。

第六節　完

第七節

「零が結び結んで」とか、「火が燃えに燃えて」とか、「日が照りに照つて」とか、又は、「一が積り積つて」とか、色色に説明は別でも、結局、それは、「稜威の魂」の「産霊産魂」であり、その完成された暁を、「日少宮」と讃へ、神数観の上では、第三十六神界と称して、天津神の神座《カミクラ》である。

それを、日本古典は、伊邪那岐命が、伊邪那美命に、事戸を渡し、阿波岐原に禊された結果として伝へられたのである。之は、神代の神の御上であるが、人間身として見れば、此の身を清く明くして、此の身此のままに、神の身と成り得たのである。此の身此のままの神の身を築き成せば、それは則、天皇国の大御宝たる実を顕し得たので、人としての仕事は、此処に完成されたのである。

「天皇の稜威の中の我である事実を完全に顕現する」。

それは、平生無事の時には、気も付かぬ人が多いのであるが、非常時局に際会すると、外からの刺戟と、内からの覚醒とで、「大君の稜威の身」であることを悟つて、全身心を捧げまつる勇者と成るのである。

マスラヲノ、トルヤ。タマホコ。タママキテ。コヲロコヲロニ。ヒトムスブナレ。

よしや今。神の恵みの、厚からぬこともやあると、迷ふとも。また来る日をば、心して。いざ励まなむ。
　人の世の道。
励み、励まし、相率いて、相互に、「大君の稜威の身」として、神国浄地を築く、

そのやうにして、その国の成り成る時、その人の生り出でし時、それを讃へて、「加牟《カム》」と呼ぶ。それは、日神の三田の賜物であり、三不可分の一である。三柱御祖神の神挂りであるとの意である。さうして、その神界が完成した時、それを、数としては、「三十六」だと云ふ。それは、累積し尽した大数だからなので、「一二三四五六七八九十」としての満数が、「ヒト」で、日止《ヒト》とも、火人《ヒト》とも、また、人《ヒト》とも書かれるのに対し、三不可分の一たる三重の一、即、「ミイヅ」を単位としての十は、神数としての三十六なのである、と云ふと、三の十倍ならば三十であらうと反問されるかと思ふ。

三の十倍は慥に三十で、此の三十なる「カミ」は、古典が、別天神とも、无方とも、陰陽不則とも伝へたるところ。之を、人間的の位置からは、仮に、三十神界と称するのである。之は、古典に所云「天地初発」で、「神界は未完成」である。それを、古典は、「水に浮べる脂の如くである」と記された。此の三十神界を制御し主宰する二柱御祖神のましまして、はじめて、宇宙は完成するのである。それで、古典は、「天地初発之時、於高天原成神名、天之御中主神。次高御産巣日神。次神産巣日神。此三柱神者、並独神成坐而、隠身也。」「次国稚如浮脂而、久羅下那洲多陀用幣琉之時、如葦牙因萌騰之物而、成神名、宇麻志阿斯訶備比古遅神。次天之常立神。此二柱神亦独神成坐而、隠身也。」とて、宇宙構成の次序を教へられたのである。

その初は、天之御中主神・高御産巣日神・神産巣日神と仰ぐ三柱の十《カミ》である。之を、別の詞では、生産霊・足

産霊・玉留産霊・と称へ稜威三柱神《タマノミハシラノカミ》と仰ぎ、未、御身を顕はし給はぬのである。

「御身を顕はし給はぬ」とは、「極大極小の零界」との義で、大平等海である。それ故に、それを、「水に浮べる脂の如くである」と譬へたのである。それが、「許袁呂許袁呂邇画鳴され」結び結ぶ様を形容すれば、葦牙の萌え出づるにも似て居る。之は、「神《カミムスビ》魂であり、高《タカミムスビ》魂である」。此の二柱の十《カミ》が、宇宙主宰の神として、神界を完成するのである。がそれは、未、隠身にましますから等しく零の神である。零は零でも、此の位置に於ける零は、稜威《タマノ》三柱《ミハシラ》の陰陽《メヲ》の祖神である。それ故、数としては、三の二倍で、六で、六としての零である。〓《ムユ》と画き、又、〓《ツチ》とも画す。無にして有にして、非神非魔。それで、宇宙を完成するものは、「六の又六」であり、三十と六との和でもある。仍て。此の神界を、第三十六神界とも、三十六　《シン》とも称へまつる。則、火中水裡一点昭の⊡で、春日《ハルヒ》比咩《ヒメ》の神《ノカミ》と仰ぎまつる。亦名　　　　日神で、　　　三貴子にてまします。

古典は、日神御生誕の秘を幾通りか伝へてあるが、世人の読み慣れ聞き慣れて居るのは、阿波岐原の禊と、天窟開闢記とであらう。異域他邦の仏誕生記。旧約創世紀、基督生誕伝、等に就いては、また別に、解説の日があるであらう。

さて、その、第三十六神界の主神は、二柱御神とも、三貴子とも、造化三神とも、数多の御称号が太古以来伝へられてある。が、兎に角、三十六で完成した神界は、また、三十七から一つ一つと数を増す毎に破壊されて行く。

行く水の、行くがまにまに、行き行きて。行きのはてなく、行きなづみたる。

之を、第三十七神界主神の秘言を称へ、無限ならざる有限で、零ならざるの一で。終りの始めで、一音に称へては、「シ」である。それは三十六で結ばれた神界が、破壊されながらも、やがてまた結び来たるべき種子なのである。此の種子が有るので、人天万類は、生死関頭を縦走横馳しつつも、安心立命し得るのである。

日本天皇の古典は、之を「穂《イナボ》」の伝として教へ来られた。その「イナボ」は、いとも醜く穢き物を摂り集めて、そこに、天津日の御光を仰ぎまつれば、不思議にも、その醜悪汚穢のものが変じて、善を尽し美を極めたる資材として、人の身を養ひ、神の心を和らげ、万有の命《イノチ》と成るのである。此の事理を、天照大御神には、天孫降臨の勅としてお授けになられた。それを、日本書紀には、「天照大神勅曰《アマテラスオホミカミノリタマハク》。以吾《アガ》高天原所御斎庭之穂《タカマノハラナルユニハノイナボモチテ》。亦当《アガ》御於吾児《ミコニヨセマツレ》。」と記してある。

之を飜訳すると、「此の穂《イナボ》は、神から人に、親から子に、次ぎ次ぎに際限無く継続して、醜きものを陽《アカ》く美しく、悪しきものを善く正しく、濁れるものを清く精しく、養ひ育てて、神の代の高天原に、神と成らしむる種子《ミイノチ》であり、瑞宝《ミタカラ》である。」となる。

之は、斎庭の秘事で、宇宙成壊の事理を教へ諭されたのである。その斎庭とは、神斎る祭りの庭である。それは、神の御位置から神を斎る神事との義で、それが則、「穂」の行事である。「庭」とあるから単に客観的の場所とのみ思ひ誤るかも測られぬ。けれどもその「庭」には、庭の主観が有り、また、主客合観が有る。場所として客観しただけでは、物であるが、その物は、何如なる物でも、必、存在すると共に活動して居るので、そこに主観が有る。それは則、心である。物であると共に心である。其の「物であり心である」ものを合せて観れば、中枢で、「神」と呼ばるるのである。此の神が、神ながらに、別れては会ひ、遭ひてはまた別れ、往きては返り、来ては去る。それを「ユニハ」と呼ぶ。その「ユ」は、従《ヨリ》であり、湯である。「天ヨリ地ヨリ。彼ヨリ此ヨリ。

火ヨリ水ヨリ。乾ヨリ湿ヨリ。雌ヨリ雄ヨリ。陰ヨリ陽ヨリ。」等の「ヨリ」で、其の妙用は「湯」で、人としての位置から云へば、「日に新に、日に日に新に、又日に新」なのである。「二」は、煮で、似で、熟で、和で、仁で、二で、相倚り相助けて、神界楽土を完成するの義である。「八」とは、葉で分派分出で、子女たる芽である。出でて窮まらず、流れて尽きざるものである。此のやうな「ユニハ」とは、神子産出の胎で、神人長養の資材であり、やがて又是「神」である。之を「ミトシスメカミ」と畏みまつるのは、創造建設の神徳を讃美しての御名で、天真名井の「ミモヒ」たる水神《ミツノカミ》にてまします。此の水神を、裏から拝みまつれば、破壊を司る第三十七神界の主である。が、日本の古典には、その教へが無い。支那には、之を「坎」と伝へ、禹の治水と表裏して、破壊と建設との分岐点を明示してある。

破壊の水を「坎」と教へたのは、科《アナ》の義で、包犠氏が ☵ と描いて、二陰が一陽を姦するもので、人間世界の終末を指示したので、人と禽獣虫魚との区別は、唯此の一線の境に依るものであることを知らしめたのである。「唯此の一線」「線無きの線」。之を「黄泉比良坂《ヨモツヒラサカ》」なりとは、復活の面より教へたる日本古典の神伝である。

此の一線を境として神界成壊の秘事が行はれる。その数理は、固より秘数であるから、細説を憚るが、その数字の一端を並べて置かうならば、先、零。次ぎは一。それから三十六・三十七。四十四・四十九・五十。その次ぎは五十有五で、天地の数だと伝へてある。之は、祖神の教へ給へるに依りて、包犠氏が伝承したのである。

第七節　完

第八節

建設の裏を観れば、そのまま破壊であり、破壊の裏は、直に建設である。之を観る位置を変へれば、同一事実が、そのまま破壊と呼ばれ、建設とも云はれ、生とも死とも、起滅とも、往返去来とも名づけらるるのである。ところで、古典に、「水に浮べる脂のやうだ」と形容された「高天原」には、まだ此の「位置」が定らない。唯一円の光のみである。

その位置を定めるのは、「天沼矛《アマノ》」で、その位置は、「天御柱《アメノ》・心御柱《シンノ》」である。天沼矛の神事に依つて、天地万有の位置が定まる。

さてその「位置」の未定らざる「高天原」とは、「天地初発之時。於高天原成神名。」と記されてあるので、勿論「境地」である。ところが、その「高天原に成ります神、天之御中主神・高御産巣日神・神産日神」と伝へてある為に、此の「成神」の二字が禍して、高天原の主神が天之御中主神であるかの如くに思ひ過るものが多い。けれども、次ぎに、「独神。隠身」とあり、更に、「別天神」とあるから、之は、明に零なる神である。零神は、高天原なる境地の超絶観とでも云ふべき意味に於ての神なので、換言すれば、神ならざるの神で、天神地祇と別つべからざる隠身で、即、独神にてましますのである。之を「ヒ」と称へまつる。

此の「ヒ」の神は、三柱でそのままに一柱にましますところの「稜威《タマ》」で、三不可分の一と説明せらるる極底最下の一で、極大無限の一で、未、宇宙を成さざるの宇宙である。

宇宙を成さざるの宇宙とは、則、無宇宙で、「無」である。けれども、万有を産出する上からは「有」でもある。

無としては、隠身なる「零」であり、有としては、独身なる「一」である。さうして、それが共に、参神なる「天之御中主神・高御産巣日神・神産巣日神」である。然しながら未、位置の確定しない零境だとの証左は、国稚く、水に浮きておる脂のやうだ」と記されたことである。

さうして、それが「萌えて宇麻志阿斯訶備比古遅神・天之常立神と成られた。」それもまだ、隠身であり、独身であり、別天神にてまします。之を別の詞で言ふならば、一円平等の火海《ヒノウミ》で、海月の如く捕捉《トラ》へどころが無いと形容されるのである。

位置がまだ定らないから、国は出来て居ない。

それを、別の古典は、「天地と剖れず、陰陽とも分れぬ。」「雞卵子のやうで、どちらとも判別が著かぬ。」「それがやがて、開け闢け剖れ割れて、天と成り地と成り、陰とも陽とも成つた。」「すなはち、天譲日天狭霧と国禅日国狭霧との二柱であるところの天祖で、」「生み産みて、日月星辰、山川草木、尽天尽地、宇宙万有を生成化育し給ふ伊邪那岐命伊邪那美命二柱御祖神と成り出でられたのである。」

それで、此の「御祖神は、天浮橋に立たして、天沼矛の秘事に、シホツチの産霊・産魂で、万《ヨロヅノモノ》有と生り出でられたのである。」

其の生み成し給ひ、成り出でますからには、必、其の位置が定る。其の位置の上下向背に依つて正邪曲直善悪美醜の異別がおこる。それを、古典は委しく教へ、堅く誡められたのである。「二柱神が、国をお生みなさるとて、陰神から先に、お声を挂けさせられた。すると、目的とは反対に、水蛭子と成つて流れ失せた。そのやうなのは、他の資料に供せらるるまでで、独立性が無いから淡嶋と呼ぶのである。淡嶋であり水蛭子である物は、神の子でも人の子でもない。」「此のやうな物の出現。それは、陰陽の位置を紊した為に起つたのである。陰は卑《ヒク》く、陽は尊《タカ》いのだから、此の次序に順はねば、何事も成立しない。」「天神の詔せらるるには、天が上に在り地が下に在るやうに、男女尊卑の位置は定つて居る。それを紊しては、国の成り立つものでない。」そこで、「二神は悔い改め、位を正し言を正しくして、茲に、国も嶋も八百万の神も、美しく産み成されたのである。」

　位置を正しく、
言語を正しく、
行為を正しく、
茲に初めて、物が出来、国が成り立ち、神が生れます。
神の知ろしめる国は「神国《カミノクニ》」で、火も焼くこと能はず、水も溺らすこと能はず、刀杖砲弾も破壊することが出来ぬ。先聖は、是を「大倭豊秋津根《オホヤマトトヨアキツネ》別《ワケ》」と教へられたのである。

　カミナガラ、カミノクニヲバ、キヅキナス、正シキミチヲ、瑞宝《タカラ》トゾ知ル。

天音琅琅、珠玉珊珊。尽天尽地。一円一音。

　以上　昭和二十年五月七日　正午　浄写し畢る

天地の宇気比　終

　もみぢばの　散るをあはれと、里の子が　かきわたしたる　をどのしがらみ

後　記

昭和五十二年八月に、多田雄三先生二十周年記念として、その著『言霊の幸』（講談社出版サービスセンター）を刊行致しました。

『未来』はその第二冊目であります。

前著は日本古典の解剖であり、古典は禊の伝へであることを明らかにされ、また禊行事中の天鳥船神事について解説もなさいました。これは今までの古典解釈になかつた画期的な事であります。

さて本書は様相を変へまして、先ず『故郷篇』と『脱獄篇』においては昭和氓口民の苦悩であります。これによつて多田学が、高遠な理想をのみ説くものではなく、大地にしつかりと足を踏み締めて立つ学問である事を理解して戴きたいのであります。

尚、冒頭の『第一章　十字架の信仰』について多田先生は「十字架の信仰に徹すれば日本神道全し、この故に冒頭に掲げ来たれるなり」と申されました。これ一つお読み下されば、日本神道が狭い民族信仰などではなく、世界を包容する大精神である事が分かります。

『極無極篇』においては、昭和氓口記と合はせて、数理観、出雲史《イソモブミ》など、日本古典の今までになかつた解説であります。

『非否篇』では天界楽土を説明され、また『正名篇』は老子経による大宇宙の説明をされ、そして新邦築成の宣言です。

この篇はよく多田学の特徴を現はしています。

『極楽篇』では『仏説阿弥陀経』を記され、『天皇篇』は天地初発の説明、そして天皇観であります。尤も最重要な『大日本天皇古事記』が記載されてあります。これは今迄の日本古典が、神話の形式をとつてゐただけに前代未聞の出来事と申すより外はありません。

『新邦篇』は日本国躰観であり、『敬神篇』は大祓解説であります。

このやうな大祓の解説がなされた事は、日本国学史上にかつてありません。これによつて日本人が大祓の神儀を捨て、それが昭和氓囗の遠因になつた事をよく説明されてあります。

『礎石篇第一歌詞評釈』でありますが、歌といふものが独立躰である事を日本古典に基き解説をされたのは、本篇が最初であり、また最後ではなからうかと思ふのであります。これによつて作歌の基準を明瞭にされました。

『礎石篇第二』は『言霊の幸』を御参照下さい。

『礎石篇第三十指両掌』は数理観であります。これは秘書で公開禁止かと思ふのですが、といつてこのままでは埋れてしまひますので敢へて刊行します。

以上本書の概説をしましたが、固より浅学短才の末弟が、神人多田雄三の著作など説明し得るものでなく、只々その誤りなきやを恐れるのみであります。

御一読でお分かりの如く『歌詞評釈』と『十指両掌』は、本書とは自ら別のもので、前者は独立の書となすべきであり、後者は、前著『言霊の幸』の終りに属するものなのですが、原本がこのやうに騰写印刷されてありますので、敢へてその通りに印刷を致しました。

本書の成立の過程については、お読み下さればお分かりの事と存じますが、最後にどうしても申し上げておかなくてはなりませんのは、本書の底本の謄写印刷に奉仕された兵庫県姫路市生尾哲夫氏（一哲）の御労苦であります。

終戦直後の用紙不足の中で、使用済の用紙の裏に謄写されてあります。もし同氏の奉仕なくば、本書は世に出なかつたかも知れません。今は亡き氏の御冥福をお祈りします。

尚、また前著『言霊の幸』と同じく、同人成瀬弥五郎氏の絶大なる努力により、本書も出版の運びとなりました事を附記します。

漢字は、正字躰を新字躰に改めざるを得ませんでした。（青雲）

昭和十六年

修禊講演録

脩禊講演録目次

目次終

能《ノ》理《リ》斗《ト》

壽《ホギ》詞《コトタマ》

行《ユ》久《ク》水《ミヅ》乃《ノ》返《カヘ》良《ラ》奴《ヌ》知《シ》良《ラ》婆《バ》。一《ヒト》時《トキ》毛《モ》徒《ノ》爾《ド》爾《ニ》奈《ナ》勿《ス》過《ギソ》。世《ヨ》乃《ノ》

人《ヒト》乃《ノ》爲《タメ》。

心《ココロ》志《シ》弖《テ》我《ワレ》波《ハ》行《ユ》加《カ》奈《ナ》吽《シ》。生《ア》死《サ》一《ユ》貫《フ》爾《ニ》。神《カミ》乃《ノ》心《ココロ》乎《ヲ》心《ココロ》止《ト》波《ハ》

爲《シ》弖《テ》。

置《オ》久《ク》露《ツユ》乎《ヲ》掃《ハラ》比《ヒ》弖《テ》波《ハ》行《ユ》計《ケ》。朝《アサ》每《ゴト》爾《ニ》。道《ミチ》乃《ノ》長《ナガ》途《チ》乃《ノ》長《ナガ》伎《キ》

旅《タビ》路《ヂ》叙《ソ》。

祓《ミ》禊《ソギ》初《ハジメノ》言《コトバ》

掛《カケ》巻《マク》毛《モ》畏伎《カシコキ》。

伊《イ》邪《ザ》那《ナ》美《ミノ》神《カミ》。

伊《イ》邪《ザ》那《ナ》岐《ギノ》神《カミ》。

今《ケ》日《フ》志《シ》毛《モ》。我《ワレ》等《ロ》乎《ヲ》招《オギ》給《タマ》比《ヒ》。千《チ》早《ハヤ》振《ブル》神《カミ》代《ヨ》乃《ノ》太《オホ》古《ムカシ》從《ユ》。人《ヒト》乃《ノ》世《ヨ》爾《ニ》教《チシ》邊《ヘ》來《キ》坐《マ》志《シシ》。大身祓禊《オホミマノハラヘミソギ》乎《ヲ》。今《イマ》乃《ノ》現《ヲツツ》爾《ニ》。習《ナラ》波《ハ》世《セ》給《タマ》比《ヒ》。「自今日《ケフヨリ》志《シ》弖《テ》。日《ヒ》五日《イツカ》夜《ヨ》五《イツ》夜《ヨ》。」此《コレ》乃《ノ》大《ワタ》平《ツミ》等《ノ》海《ミマモル》裡《ウミ》爾《ニ》。白玉《マシミソノ》光底《イソミノナカ》爾《ニ》。天眞《アマノマナ》井《キ》乃《ノ》水《ミモヒ》乎《ヲ》汲《ク》美《ミ》。諸《モロ》有《モロ》乃《ノ》禍《マガ》事《ゴト》乎《ヲ》祓《ハラヘ》遣《ヤラヘ》禊《ミソギ》坐《マシ》弖《テ》。明魂淸魂《アカキミタマキヨキミタマ》乃《ノ》美志伎《ウツクシキ》身《ミ》乃《ノ》直《ナホ》日《ヒ》乃《ノ》火《ヒ》人《ト》止志《トシ》弖《テ》。天翔《アマカケリ》國《クニ》驅《カケリ》。人《ヒト》乃《ノ》功《イサ》績《ヲ》。神《カミ》乃《ノ》神《イサ》德《ヲシ》乎《ヲ》。神彰《カムアラハ》志《シ》寄《ヨサ》志《シ》給《タマ》布《フ》御《ミ》惠《メグミ》乃《ノ》尊《タフトサ》乎《ヲ》。奉拜《ヲロガミマツリ》奉感《キヤマヒ》謝《マツル》。

奉獻《タテマツル》。豐明《トヨノアカリ》。豐鹽《トヨノカタシ》。豐水《トヨノミモヒ》。豐米《トヨノヨネ》。豐酒《トヨノミキ》。山野《ヤマノノ》幸《サチ》。海河《ウミカハノ》幸《サチ》。幸《サチ》幸《サチ》乃《ノ》幣《ミテ》帛《クラ》乎《ヲ》。相《アヒ》嘗《ナメ》坐《マセ》止《ト》白《マヲ》須《ス》。

祓《ハラヘ》言《コトバ》

參集《マキリツド》閇《ヘ》留《ル》人《ヒト》人《ビト》。國《クニ》土《ツチ》山《ヤマ》河《カハ》。草《クサモ》木《キモ》。空《ソラ》行《ユク》雲《クモ》毛《モ》。地《ツチ》潜《クグル》虫《ムシ》毛《モ》。天《アメ》地《ツチ》乃《ノ》在《アリ》乃《ノ》盡《コト》盡《ゴト》。今《ケ》日《フ》乃《ノ》祓《ハラヘ》乃《ノ》御《ミ》祭《マツリ》爾《ニ》。各《オノ》自《モ》各《オノ》自《モ》我《ガ》。過犯《アヤマチオカシ》計《ケ》牟《ム》。雜《クサ》雜《グサ》乃《ノ》尤《トガト》云《イフ》尤《トガ》。罪《ツミト》云《イフ》罪《ツミ》乃《ノ》。垢《アカ》斗《ト》穢《ケガレ》斗《ト》乎《ヲ》。祓却《ハラヘヤラ》閇《ヘ》淸《キヨメ》給《タマ》布《フ》。神《カミ》乃《ノ》御《カミ》惠《ワザ》。神《カミ》言《コト》靈《タマ》乎《ヲ》。敬《ツツシ》美《ミ》畏《カシコ》美《ミ》拜《ヲロガ》美《ミ》坐《マ》勢《セ》斗《ト》白《マヲ》須《ス》。

高《タカ》天《マノ》原《ハラ》爾《ニ》神留坐《カムツマリイマシマス》。皇親《スメラガムツミマスナル》。神《カム》漏《ロ》岐《ギ》・神《カム》漏《ロ》美《ミ》乃《ノ》命《オホセ》以《モチ》弖《テ》。八《ヤ》百《ホ》萬神《ヨロソノカミ》等《タチ》乎《ヲ》。神《カム》集《ツドヘ》集《ツドヘ》賜《タマ》比《ヒ》。神《カム》議《ハカリ》議《ハカリ》賜《タマ》比《ヒ》氐《テ》。我《アガ》皇《スメ》孫《ミマ》之《ノ》命《ミコト》波《ハ》。豐《トヨ》葦《アシ》原《ハラ》乃《ノ》水《ミヅ》穗《ホ》之《ノ》國《クニ》乎《ヲ》。安《ヤス》國《クニ》斗《ト》平久《タヒラケク》知《シロ》所《シ》食《メセ》斗《ト》。事《コト》依《ヨサ》志《シ》奉《マツリ》伎《キ》。如《カ》此《ク》依《ヨサ》志《シ》奉《マツリ》志《シ》國中《クニノウチ》爾《ニ》。荒《アラ》振神《ブルマガツビ》乎《ヲ》婆《バ》。神《カム》問《トハ》志《シ》問《トハ》志《シ》賜《タマ》比《ヒ》。神《カム》掃《ハラヘ》掃《ハラヘ》賜《タマ》比《ヒ》氐《テ》。語《コト》問《ドヒ》志《シ》磐《イハ》根《ネ》樹《コノ》立《ダチ》。草《クサ》之《ノ》垣《カキ》葉《ハ》乎《ヲ》毛《モ》語《コト》止《ヤメ》氐《テ》。天《アマ》之《ノ》磐《イハ》座《クラ》從《ユ》。天《アタ》之八《ヤヘ》重《タナ》雲《グモ》乎《チ》。伊《イ》頭《ツ》乃《ノ》千《チ》別《ワキ》爾《ニ》千《チ》別《ワキ》氐《テ》。天《アマ》降《クダシ》依《ヨサ》志《シ》奉《マツリ》伎《キ》。
如《カ》此《ク》依《ヨサ》志《シ》奉《マツリ》志《シ》四《ヨ》方《モ》之《ノ》國中《クニノモナカ》登《ト》。大《オホ》倭《ヤマト》日《ヒ》高《タカ》見《ミ》之《ノ》國《クニ》乎《チ》。安《ヤス》國《クニ》斗《ト》定《サダメ》奉《マツリ》氐《テ》。
下《シタ》津《ツ》磐《イハ》根《ネ》爾《ニ》宮《ミヤ》柱《バシラ》太《フト》敷《シキ》立《タテ》。高《タカ》天《マノ》原《ハラ》爾《ニ》千《チ》木《ギ》高《タカ》知《シリ》氐《テ》。皇《スメ》御《ミ》孫《マ》之《ノ》命《ミコト》乃《ノ》
美《ミ》頭《ヅ》乃《ノ》御《ミ》舍仕《アラカツカヘ》奉《マツリ》氐《テ》。天《アメ》之《ノ》御《ミ》蔭《カゲ》日《ヒ》之《ノ》御《ミ》蔭《カゲ》斗《ト》隱坐《カクリイマシマシ》氐《テ》。安《ヤス》國《クニ》斗《ト》平久《タヒラケク》所《シロ》
知《シ》食《メサ》武《ム》。
如《カ》此《ク》知《シロ》食《シメ》須《ス》國中《クヌチ》爾《ニ》成《ナリ》出《イテ》武《ム》。天《アマ》之《ノ》益《マス》人《ビト》等《ラ》我《ガ》。過犯計牟《アヤマチオカシケム》雜《クサ》雜《グサノ》罪《ツミ》事《ゴト》波《ハ》。
天《アマ》津《ツ》罪《ツミ》斗《ト》。畔《ア》放《ハナチ》。溝《ミゾ》埋《ウメ》。樋《ヒ》放《ハナチ》。頻《シキ》蒔《マキ》。串《クシ》刺《サシ》。生《イキ》剝《ハギ》。逆《サカ》剝《ハギ》。屎《クソ》戸《ヘ》。
許《コ》許《コ》太《ダ》久《ク》乃《ノ》罪《ツミ》乎《チ》。天《アマ》津《ツ》罪《ツミ》斗《ト》法《ノリ》別《ワ》計《ケ》氐《テ》。國《クニ》津《ツ》罪《ツミ》斗《ト》波《ハ》。生《イキ》膚《ハダ》斷《タチ》。死《シニ》膚《ハダ》
斷《タチ》。白《シラ》人《ヒト》。胡《コ》久《ク》美《ミ》。己《オノガ》母《ハハ》犯罪《オカセルツミ》。己《オノガ》子《コ》犯罪《オカセルツミ》。母《ハハ》與《ト》子《コ》犯罪《オカセルツミ》。子《コ》與《ト》
母《ハハト》犯罪《オカセルツミ》。畜犯罪《ケモノオカセルツミ》。昆《ハフ》虫《ムシ》乃《ノ》災《ワザハヒ》。高《タカ》津《ツ》神《カミ》乃《ノ》災《ワザハヒ》。高《タカ》津《ツ》鳥《トリ》乃《ノ》災《ワザハヒ》。畜《ケモノ》仆《タフ》志《シ》。
蠱《マシ》物《モノ》爲《セル》罪《ツミ》。許《コ》許《コ》太《ダ》久《グ》乃《ノ》罪《ツミ》出《イデ》武《ム》。

如此《カク》出《イデ》婆《ハ》。天津《アマツ》宮事《ミヤゴト》以《モチ》氐《テ》。天津《アマツ》金木《カナギ》乎《ヲ》。本《モト》打切《ウチキリ》末《スヱ》打斷《ウチタチ》氐《テ》。千《チ》座《クラノ》置座《オキクラ》爾《ニ》置足《オキタラ》波志氐《ハシテ》。天津《アマツ》菅曾《スガソ》乎《ヲ》。本《モト》刈斷《カリタチ》末《スヱ》刈切《カリキリ》氐《テ》。八針《ヤハリ》爾《ニ》取辟《トリサキ》氐《テ》。天津《アマツ》祝詞《ノリト》乃《ノ》太祝詞《フトノリト》事《ゴト》乎《ヲ》宣《ノ》禮《レ》。

如此《カク》乃《ノ》良婆《ラバ》。天津神《アマツカミ》波《ハ》。天磐門《アマノイハト》乎《ヲ》押披《オシヒラキ》氐《テ》。天之八重雲《アメノヤヘグモ》乎《ヲ》。伊頭《イツ》乃《ノ》千別《チワキ》爾《ニ》千別《チワキ》氐《テ》所聞食《キコシメサ》武《ム》。國津神《クニツカミ》波《ハ》。高山之末《タカヤマノスヱ》。短《ミヂカ／オト／ヒキ》山之末《ヤマノスヱ》爾《ニ》上《ノホリ》坐《マシ》氐《テ》。高山之伊穂理《タカヤマノイホリ》。短《ミヂカ／オト／ヒキ》山之伊穂理《ヤマノイホリ》乎《ヲ》撥別《カキワケ》氐《テ》所聞食《キコシメサ》武《ム》。

如此《カク》所聞食《キコシメシ》氐婆《テバ》。皇御孫之命《スメミマノミコト》乃《ノ》朝廷《ミカド》乎《ヲ》始《ハシメ》氐《テ》。天下四方國《アメノシタヨモノクニ》爾波《ニハ》。罪《ツミ》止《ト》云布《イフ》罪《ツミ》波《ハ》不在《アラジ》止《ト》。科戸之風《シナドノカゼ》乃《ノ》。天之八重《アメノヤヘ》雲《タナグモ》乎《ヲ》吹放事之如《フキハナツコトノゴト》久《ク》。朝之御霧《アサノミギリ》夕之御霧《ユフノミギリ》乎《ヲ》。朝風夕風《アサカゼユフカゼ》乃《ノ》吹掃事之如《フキハラフコトノゴト》久《ク》。大津邊《オホツベ》爾《ニ》居《ヲル》大船《オホフネ》乎《ヲ》。舳解放《ヘトキハナチ》艫解放《トモトキハナチ》氐《テ》。大海原《オホウミノハラ》爾《ニ》押放事之如《オシハナツコトノゴト》久《ク》。彼方之繁《ヲチカタノシゲ》木《キガ》本《モト》乎《ヲ》。燒鎌《ヤキガマ》乃《ノ》敏鎌《トガマ》以《モチ》氐《テ》。打掃事之如《ウチハラフコトノゴト》久《ク》。遺罪《ノコルツミ》波《ハ》不在《アラシ》止《ト》。祓給《ハラヘタマ》比《ヒ》清《キヨメ》給《タマフ》事《コト》乎《ヲ》。高《タカ》山《ヤマ》之《ノ》末《スヱ》短《ヒキ オト ミヂカ》山《ヤマ》之《ノ》末《スヱ》與《ヨ》里《リ》。佐《サ》久《ク》那《ナ》太《ダ》理《リ》爾《ニ》。落《オチ》多《タ》岐《ギ》都《ツ》速《ハヤ》川《カハ》能《ノ》瀬《セ》坐《マ》須《ス》。瀬《セ》織《オリ》津《ツ》比《ヒ》咩《メ》止《ト》云《イフ》神《カミ》。大《オホ》海《ウミノ》原《ハラ》爾《ニ》持《モチ》出《イデ》奈《ナ》武《ム》。如《カ》此《ク》持《モチ》出《イデ》往《イナ》婆《バ》。荒《アラ》鹽《シホ》之《ノ》鹽《シホ》乃《ノ》八《ヤ》百《ホ》道《チ》乃《ノ》。八《ヤ》鹽《シホ》道《ヂ》乃《ノ》。鹽《シホ》乃《ノ》八《ヤ》百《ホ》會《アヒ》爾《ニ》坐《マ》須《ス》。速《ハヤ》開《アキ》都《ツ》比《ヒ》咩《メ》止《ト》云《イフ》神《カミ》。持《モチ》可《カ》可《カ》呑《ノミ》氏《テ》牟《ム》。如《カ》此《ク》可《カ》可《カ》呑《ノミ》氏《テ》婆《バ》。氣《イ》吹《ブキ》戸《ドニ》坐《マ》須《ス》。氣《イ》吹《ブキ》戸《ド》主《ヌシ》止《ト》云《イフ》神《カミ》。根《ネノ》國《クニ》底《ソコ》之《ノ》國《クニ》爾《ニ》氣《イ》吹《ブキ》放《ハナチ》氏《テ》牟《ム》。如《カ》此《ク》氣《イ》吹《ブキ》放《ハナチ》氏《テ》婆《バ》。根《ネノ》國《クニ》底《ソコ》之《ノ》國《クニ》爾《ニ》坐《マ》須《ス》。速《ハヤ》佐《サ》須《ス》良《ラ》比《ヒ》咩《メ》登《ト》云《イフ》神《カミ》。持《モチ》佐《サ》須《ス》良《ラ》比《ヒ》失《ウシナヒ》氏《テ》牟《ム》。如《カ》此《ク》失《ウシナヒ》氏《テ》婆《バ》。天《スメ》皇《ラ》我《ガ》朝《ミカ》廷《ド》爾《ニ》仕《ツカヘ》奉《マツ》留《ル》。官官《ツカサツカサノ》人《ヒト》等《ラ》乎《ヲ》始《ハジメ》氏《テ》。人天《アメツチノ》萬類《ア》盡《リノ》天《コト》盡《ゴ》地《ト》。今《ケ》日《フ》以降《ヨリハジメテ》。罪《ツミ》止《ト》云《イ》布《フ》罪《ツミ》波《ハ》不《アラ》在《ジ》止《ト》。祓却《ハラヘヤラヘ》給《タマフ》事《コト》乃《ノ》尊《タフトサ》乎《ヲ》。恐《カシコ》美《ミ》惶《カシコ》美《ミ》氏《テ》。奉拜《ヲロガミマツリ》。奉感謝《ヰヤマヒマツリ》。奉祭《マツリマツル》止《ト》奉白《マヲシマツ》留《ル》。

天《アマ》照《テラス》大《オホ》御《ミ》神《カミ》。神《カム》漏《ロ》岐《ギノ》命《ミコト》。神《カム》漏《ロ》美《ミノ》命《ミコト》。建《タケ》速《ハヤ》須《ス》佐《サ》之《ノ》男《ヲノ》命《ミコト》止《ト》。大《オホ》御《ミ》

名《ナ》波《ハ》奉《タタヘ》稱《マツリ》氐《テ》。天《アメノ》祖《ミオヤ》天《アメ》讓《ユヅル》日《ヒノ》天《アマノ》狹《サ》霧《ギリ》國《クニ》禪《ユノル》日《ヒノ》國《クニノ》狹《サ》霧《ギリノ》尊《ミコト》。畏《カシコシ》。

大日本天皇國

大日本建國以降《コノカタ》幾千萬年。

天照大御神《アマテラスオホミカミ》ノ神勅ヲ奉戴シテ、萬世一系ノ天皇之レヲ統治シ給フ。日星炳耀トシテ國體ハ自《オノヅカラ》昭《アキラカ》ナリ。

然レドモ、年暦ノ茫茫タルガ爲ニ、古傳ノ多クハ忘失セラレテ、今ニ存スルモノ甚乏シク、錯綜紛糾シテ、建國ノ精神ヲスラ窺ヒ難シトナスモノノ有ルニ到レリ。

神勅ハ昭ナリト雖。古典ヲ學バザル今人《モノ》ハ、誤解謬見ニ墮ツルノ虞アリ。

國體ヲ明瞭ニ把握セント欲セバ、古典ヲ正確ニ認識セザルベカラズ。

或ハ云ハン。古典ヲ學バズトモ、帝國憲法ノ國體ヲ明示セルアルニアラズヤト。

然リ。然レドモ、人ハ現在ノミノ人ニアラズ。國家ハ現代ノミノ國家ニアラズ。過去無キノ人無ク、過去有ラザルノ國家無ク、將來無キノ人モ國家モ有ルコト無シ。

サレバ、現行ノ憲法ハ、何如ナル過去ノ上ニ築カレ、何如ナル將來ヲ產出セントスルカヲ知ラザルベカラズ。

若モ將來ヲ知ラザランカ。人ニハ安心立命無ク、國家ニハ太平和樂無シ。非常時ナリト叫ブモノハ、非常時ヲ招致シ。天界樂土ナリト歌フモノハ、天界樂土ニ遊ブ。察《ミ》ヨ。前鑑ハ昭昭トシテ典籍ニ存リ。現在ヲ知ラント欲セバ、過去ヲ知ラザルベカラズ。過去ヲ知ラント欲セバ、古典ヲ究メザルベカラズ。

古典トハ神代紀《カミヨノノリ》ニシテ、人間身出生以前ノ記錄ナリ。出生以前ナルガ故ニ、人ニハアラザルナリ。人ニアラザルガ故ニ、死後ニテモアルナリ。死後ニシテ、出生以前ニシテ、人ニアラザルモノトハ、神《シン》ニシテ、魔《マ》ニシテ、神魔《シンマ》ニシテ、死者ニテモ生者ニテモアルト共ニ、生死ノ無キモノナリ。

生死ノ無キ中ニ在リテ、生死ヲ執持《シフヂ》スルハ、人ニシテ魔ニシテ。生死ノ有ル中ニ在リテ、生死ヲ脫却シタルハ、神《シン》ニシテ神人《カム》ニシテ惟神《カミナガラ》ナリ。

古典トハ、神代紀《カミヨノノリ》ナルガ故ニ、惟神《カミナガラ》ノ記錄《フミ》ニシテ、古事記《フルコトフミ》トモ、日本紀《フミ》トモ、舊事紀《フルコトノノリ》トモ云ヘル神傳《カミノツタヘ》ナリ、

神傳トハ、生死解脫ノ書《フミ》ニシテ、宇宙成壞ノ事實ニシテ眞理ナル大道《ミチ》ヲ指示シタルナリ。

宇宙成壞ノ事理ヲ悟證スレバ、過今來一貫ノ皇土ニシテ、大宇大宙ニシテ、大宇宙ノ大中心ニシテ、大日本國體ナル高天原《タカマノハラ》ニシテ、天津磐境《アマツイハサカ》ニシテ、火神《ヒノカミ》トモ、日神《ヒカリ》トモ、一神《ヒ》トモ、獨神《ヒトリノカミ》トモ、隱身《カクリミ》トモ、純男《チノカギリ》トモ、神《カミ》聖《ナガラ》トモ、別天神《コトアマツカミ》トモ、天神《ミ》諸命《コト》トモ、天祖《アメノミオヤ》トモ、神人《カミノヒト》トモ、惟神《コレカミナリ》トモ、古典ニ載セタルトコロニシテ、神《カミ》ナラザルノ神《カミ》ニシテ、尊《ミコト》トモ、天命《イノチ》トモ、道《ミチ》トモ教ヘ來リシ、神魔《シンマ》同几ノ體ナリ用ナルナリ、

神魔同几ノ體用不一不二ナル大日本國體ハ、耶馬臺《ヤマト》ト古典ノ傳フルトコロニシテ、莫囂圓《サヤギナキヒ》ニシテ、高圓《タカマト》ニシテ、的形《マトカタ》ニシテ、零《ヒ》ニシテ、靈《ヒトツ》ニシテ、魂《ヒト》ニシテ、一《ヒ》ニシテ、日《ヒカリ》ニシテ、火《ヒ》ニシテ、氷《ヒト》ニシテ、○《ヒ》ニシテ、⊙《ヒカリ》ニシテ、□《ヒ》ニシテ、⊡《ヒカリ》ニシテ、◈《ヒトリ》ニシテ、田《ヒツキ》ニシテ、鏡《カガミ》ニシテ、劒《ツルギ》ニシテ、璽《タマ》ニシテ、日本天皇タル天照大御神《アマテラスオホミカミ》ノ統治シタマフトコロナリ。

疑フコト勿レ。神代紀《カミヨノノリ》ハ明瞭ニ記載シテ、豊葦原《トヨアシハラ》千五百秋《ヒイホアキ》瑞穂國《ミソホノクニ》ハ、皇孫《スメミマノミコト》ノ統治スベキ國ナリト教ヘ給ヘリ。之レ單ナル命令ニアラズ、希望ニアラズ、豫言ニアラズ、强フルニアラズ、求ムルニアラズ、作リタルニアラズ、造ラレタルニアラズシテ大道《ミチ》ナルナリ、宇宙成壞ノ事理ナルナリ、神《カミ》モ動カスコト能ハズ、佛《ホトケ》モ更フルコト能ハズ。然リ。然レドモ、妖魔《マガツビ》ハ之レヲ變ヘント欲シ、幽鬼《マガダマ》ハ之レヲ壞ラント謀ル。

幽鬼妖魔トハ、抑、如何ナルモノナルカ。轉輾輪回シテ、日《ヒ》ヲ忘レ光《ヒカリ》ニ乖キタル空零ノ群團。之レヲ幽鬼妖魔ト呼ブ。幽鬼妖魔ナリト云フト雖。本來幽鬼妖魔ナルモノノ有ルニハアラズ。轉生又轉生シテ、其ノ位置《クラキ》ヲ忘レ、其ノ時季《トキ》ヲ忘レ、其ノ身心ヲ忘レタルガ爲ニ、位置《クラキ》ヲ紊シ、時季《トキ》ヲ亂シ、身心ヲ穢スニ到リテ、天地ノ判別ヲ忘レ、陰陽ノ分際ヲ忘レ、晝夜明闇ヲ辨ゼズシテ、幽鬼妖魔ト化シタルノミ。古典ハ之レヲ訓誡《ヲシ》ヘテ、渾沌タリ溟涬タリ、大海ニ浮ベル雪ノ如シト云ヘルナリ。雜糅混淆ニシテ、基準ヲ忘レ、標識ヲ失ヒタル物ナリト雖。之レヲシテ、日神《ヒノカミ》ヲ拜シ光《ヒカリ》ヲ仰ガシムレバ、自《ミ》其ノ日《ヒ》ナリシコトヲ悟リ、光《ヒカリ》ナルコトヲ知リテ、高天原《タカマノハラ》ニ歸ラント願フニ至ルベキナリ。

天地ヲ剖タズ、陰陽ヲ分タザル幽鬼妖魔ノ群團ヲシテ、高天原《タカマノハラ》ニ歸ラシムル神事《カミワザ》ヲ、日神事《ミソギ》ト稱シテ、天地剖割ノ祕事《ヒメカミワザ》ナリ。此ノ祕事《ヒメカミワザ》ヲ仰グ時ハ、天地自《オ》開ケテ、神魔亦別ルルナレバ、日月ハ昭昭トシテ、幽鬼《イウキ》ハ化シテ三神ニ從ヒ、妖魔《エウマ》ハ變ジテ二靈ニ屬ス。大道ハ坦坦トシテ、白玉光底ニ泉聲ノ潺湲タルヲ聽キ、一線脈脈トシテ、天津金木《アマツカナギ》ノ太麻邇《フトマニ》タルコトヲ悟證スベキナリ。之レヲ、八《ヤ》種雷神《クサノイカヅチ》生《ナ》リマセリト古典ニ傳ヘ、幽鬼妖魔ノ化シテ、神界樂土ヲ築成スベキコトヲ敎ヘタリ。

幽鬼ニアラザレバ幽鬼ヲ知ラズ、妖魔ニアラザレバ妖魔ヲ辨ゼズ。幽鬼妖魔ヲ化育セント欲セバ、幽鬼妖魔ニ依ラザルベカラズ。神《カミ》ト化《ナ》リタル幽鬼妖魔ニシテ、始メテ撥亂反正ノ大業ヲ建ツベク、天國淨土ヲ築成スベキナリ。之レ祖神《ミオヤノカミ》ノ垂示《ミチシヘ》ニシテ、此ノ土此ノママ高天原《タカマノハラ》ニシテ、此ノ身此ノママ神人《カミノミ》ト化《ナ》ルベキ大道ナリ。

祖神垂示ノ大道ハ、神魔《シンマ》ヲ剖判《ワカ》チテ神魔《シンマ》ヲ隔テズ、天地ヲ開闢《ヒラ》キテ天地ヲ統治ス。故ニ統一魂神《ミスマルミタマノカミ》ナリ、明津神《アキツミカミ》ナリ、荒人神《アラヒトカミ》ナリ、荒身魂神《アラミタマノカミ》ナリ、現神《ウツツミノカミ》ナリ、天壤無窮ノ日本天皇ニテマシマスナリト仰ギマツルナリ。

日本天皇ノ大道ハ如斯ニシテ、太平嘉悅ノ皇土ヲ開キ、萬類萬物ヲ安養化育シ給フ。我等希クバ、此ノ皇謨ヲ奉戴シテ、以ツテ天界樂土ヲ築成シ奉ランコトヲ。

生《ア》死《サ》一《ユ》貫《フ》之《ノ》誓約《ヨゴト》

挂《カケ》巻《マク》毛《モ》畏《カシコ》伎《キ》加《カ》毛《モ》。
言《イハ》巻《マク》毛《モ》尊《タフト》伎《キ》呂《ロ》加《カ》毛《モ》。
佐《サ》久《ク》釧《クシロ》五十《イ》鈴《スズノ》宮《ミヤ》爾《ニ》。神留《カムツマリ》鎮坐《シヅマリイマ》須《ス》。天《アメ》成《ナル》哉《ヤ》。天《アメノ》常《トコ》立《タチ》。地《クニ》成《ナル》哉《ヤ》。國《クニノ》
常《トコ》立《タチ》。日《ヒ》止《ト》成《ナル》哉《ヤ》。皇祖《スメミオヤ》神《カミ》。天《アマ》照《テラシ》坐《マシマス》皇《スメ》大《オホ》御《ミ》神《カミ》乃《ノ》。見《ミ》霽《ハルカシ》坐《マ》須《ス》。群《ヨ》星《モノ》
各《クニ》界《グニ》。天界地底《アメモツチモヒトモモノモ》。萬類萬物者《モノミナハ》。皇孫統治之零境也矣《スメミマノスメラミコトノシロシメスヒノクニニコソアルナレヤ》。
天《アマ》津《ツ》神《カミ》。地《クニ》津《ツ》神《カミ》。八《ヤ》百《ホ》萬《ヨロヅ》神《カミ》。人天萬類《カミモヒトモヨロノノモノモ》。奉齋《イツキマツリ》。奉壽《コトホギマツリ》。奉祭《マツリマツリ》。奉《ササ》
事《ゲ》寄《マツ》留《ル》。神座也矣《カミクラニコソアルナレヤ》。
阿《ア》那《ナ》畏《カシコ》。
阿《ア》那《ナ》清《サ》明《ヤケ》。

奉仰《アフギテミレ》婆《バ》。天津日波《アマツヒハ》。唯一光明《フタツハアラズ》。人類統治之《ヒトノヨノ》。日本天皇矣《スメラミコトハヒトハシラコソ》。奉拜《アフギマツレ》

婆《バ》。生《イク》嶋《シマ》乃《ノ》足嶋《シマノコト》伊《ゴト》。生《タル》國《シマ》乃《ノ》足國伊《サチコソハヨレ》。盡天盡地之《ヤマト》。日本天皇矣《クニハラ》。

天皇統治天皇國《アキツシマヤマトノクニハ》。神聖統率神聖國《カミナガラカミノシルクニ》。旭日晃耀《アサヒユフヒノ》。夕陽赫灼《ミフユマスクニ》。豐《トヨ》

葦原水穗國《アシハラノミソホノホクニ》。天照日高見國《アマテラスヒタカミノクニ》。憙哉可美初國《アナニヤシウマシハツクニ》。佐久釧五十鈴宮《カミノヨノカミノマニマニカミシラスナ》

止《レ》。神留鎮坐須也《カミフヨノカミノカミクラ》。

ココニ　ウツシテ　カミノカミミヤ　ココニ　キツキテ　カミノオホミマ　ココニ　マネギテ

阿波里也。阿宇袁衣。宇。

萬邦《カミナガラ》與仰《ヒカリミチタル》。五十鈴宮《オホヤマト》。人類均信《ミスマルクニヲ》。日本《ヒトスヂニ》天皇《アフギテ》。上下《アラバ》和樂《ヒトハミナ》。人天《ヤハラギムツミ》

抃舞《ヒトノコハ》。太平嘉《ヱラギタノシミ》悅之《ヒトミナハ》神國現《マヒアソブナレ》成矣《カミノカミミヤ》。

ココニアフギテ　カミノオホミマ　ココニマツリテ　・―○

神園《ヒサカタノ》魔境如《アメノカグヤマ》出沒《キヅキテハ》。如是《ミスマルミタマ》天地《アメナルヤ》白玉樓《ミナカノカミト》。白玉樓《カミシラスマニ》閣七《アラガネノ》重四匝《ソコツイハネノ》。怪《イハホサ》

奇《ケ》異靈《ソコドクミタマ》魔殿《アラビテハ》。神魔本《アメノカガセヲ》來非《ヒトシラヌマニ》非魔《アメツチノ》。向上《ヤスケキナカニ》向下《クニタミノ》間身《マドキノチカニ》。人間《イツノマカ》身

裡日月《マガハサワギテ》運行《ヨルノマニ》。倏忽《カゼハアラビテ》然《ヒトノヨハ》。黑風暴《カキクモレニタル》雨。雷鳴《ヌバタマノ》閃電《ウノハネゴロモ》。人間《ヤミヨユク》路者《ヌバタマノ》。

多岐《ウノハネゴロモ》又多端《ヤミヨユクナル》。雖多《ヒトノヨハ》端多岐《ツネナキモノカ》。必竟《ヒトノミハ》神矣《ヒマナキモノカ》。神魔交錯《タチサワギユキミダレテモ》。人天往返《カミナガラ》。
摧破《ミチコソシマレ》救出《シホツチノ》。都牟賀《マナシカタマノ》理能太刀《ムスビオキシミチコソシマレ》。
オホヤマト　ミスマルミタマ　カミトコソシレ　ミタミモロモロ　・―○
久方《ヒサカタ》乃《ノ》。天詔琴《アメノノリゴト》。天照日御子《アマテラススメラミコト》乃《ノ》。神身《オホミマ》乃《ノ》。大御寶《オホミタカラ》止《ト》。我《ワレ》毛《モ》亦《マタ》。
天瓊矛《カミノミワザ》乃《ノ》中《ナカ》爾《ニ》而《シテ》。我身《ワレトイフワガミ》。我《ワガ》心《ココロ》。我《ワガ》物《モノ》乃《ノ》一切《スベテ》乎婆《ヲバ》。大君《ワガオホキミ》乃《ノ》御《ミ》楯《タテ》也《ソト》
矣止。奉靖獻《イマタチイテテ》而。禍神者《ヒトノヨヲ》。追伏《カミヨトスベク》。追撥《ヒトミナヲ》而。俾彼悔《カミトナスベク》改遷善《オホヤマト》。國《ミス》護《マル》
國作《クニノ》堅成《ミサキモリ》筒。使萬類《ミマモリビトノ》萬物《ワレナリト》。無《タケク》苦《ヲヲシク》惱事《イサマシク》弖。大日本《イクタチノ》天皇《ヤマトヲノコノ》乃。大稜《トゴコロヲ》威《トク》
稜威《フリオコシ》乃我也《イクユミヤ》事乎。茲爾《イヅノヲタケビ》。可奉《フミタケビ》顯彰《イヅノイブキニ》。嚴乃雄健《フキハラヒ》踏健毘《ウラヤスクニト》。嚴乃氣《タヒラケク》吹
爾吹掃《マモリマツラナ》比。浦安國《カミノマニマニ》止。築成・―○也哉矣。
茲《ココ》爾《ニ》奈《ナ》毛《モ》。我《ワ》賀《ガ》立《タチ》出《イデ》弖《テ》。天職《トルワザノ》爾。地《アマツツカサニ》務爾《クニツツトメニ》。奉獻奉《ササゲマツリ》仕留《ツカヘマツル》。明心《アカキココロ》。清《キヨキ》
心《ココロ》。善心《ウツクシキココロ》。正誠《ヨキココロ》正義乎《マコトスクナル》。使貫《ココロバセヲ》徹給閇止《ウケヨサシタマヘト》。奉祈《ネギマツリ》。奉壽《コトホギマツリ》。奉祭《マツリマツ》留《ル》。
祭《マツリ》弖《テ》波《ハ》。奉獻《タテマツル》。豐明《トヨノアカリ》。豐鹽《トヨノカタシ》。豐水《トヨノミモヒ》。豐穗《トヨノヨネ》。豐酒《トヨノミキ》。山《ヤマ》野《ノ》乃《ノ》幸《サチ》。海《ウミ》

河《カハ》乃《ノ》幸《サチ》。幸《サチ》幸《サチ》乃《ノ》幣《ミテ》帛《クラ》乎《ヲ》。安《ヤズ》幣《ミテ》帛《クラ》乃《ノ》足《タル》幣《ミテ》帛《クラ》止《ト》。平久安久《タヒラケク、ヤスラケク》。聞食《キコシメ》勢《セ》止《ト》。
敬美《ツツシミ》畏美《カシコ、ミ》旦《テ》白《マヲ》須《ス》。
天《アマ》照《テラス》大《オホ》御《ミ》神《カミ》。建《タケ》速《ハヤ》須《ス》佐《サ》之《ノ》男《ヲノ》命《ミコト》。皇《スメ》睦《ムツ》神《カム》祖《オヤノ》神《カミ》。彦《ヒコ》睦《ムツ》乃祖《ミオヤノ》神《カミ》。此《コ》
處《コ》乃《ノ》鎭《ミマ》守《モリノ》神《カミ》。生《フル》國《サト》乃《ノ》産《ウブ》土《スナノ》神《カミ》。辭《コト》別《ワケ》。百《モモ》八《ヤ》百《ホ》萬《ヨロヅ》御《ミ》魂《タマノ》神《カミ》。直《ナホ》毘《ビ》大《オホ》
直《ナホ》毘《ビノ》神《カミ》止《ト》。大《オホ》御《ミ》名《ナ》波《ハ》奉稱《タタヘマツリ》旦《テ》。天祖《アメノミオヤ》天《アメ》讓《ユツル》日《ヒノ》天《アマノ》狹《サ》霧《ギリ》國《クニ》禪《ユヅル》日《ヒノ》國《クニノ》狹《サ》霧《ギリノ》
尊《ミコト》。
一《ヒ》二《フ》三《ミ》四《ヨ》五《イ》六《ム》七《ナ》八《ヤ》九《ココノ》十《タリヤ》百《モモ》千《チチ》萬《ミテリ》。
天照大御神。天照皇大御神。天照坐皇大御神。大日孁貴尊。
大戸日別神。
布留倍由良。由良斗袁布留倍。瓊奈斗母母由良。由良斗袁布
留倍。

・—○

祓《ミソ》禊《ギノ》果言《ハテニマチスコトバ》

挂《カケ》巻《マク》毛《モ》畏《カシコ》伎《キ》。

伊《イ》邪《ザ》那《ナ》岐《ギノ》神《カミ》・伊《イ》邪《ザ》那《ナ》美《ミノ》神《カミ》乃《ノ》。　神《カム》漏《ロ》岐《ギ》・神《カム》漏《ロ》美《ミ》・神《カム》留《ル》美《ミ》・神《カム》留《ル》岐《ギ》爾《ニ》。　産《ムス》靈《ビ》爾《ニ》産《ムス》魂《ビ》。　「日《ヒ》五《イツ》日《カ》夜《ヨ》五《イツ》夜《ヨ》。」　祓禊《ハラヘミソキ》乃《ノ》神事《カミノワザ》神言《カミコトタマ》乎《ヲ》神習給《カムナラヒナラハセタマ》比《ヒ》。　我等《ワレロ》乃《ノ》身《ミ》魂《タマ》波《ハ》統《ミス》一《マ》理《リ》。　六《ムツ》乃《ノ》身《ミ》魂《タマ》七《ナナツ》乃《ノ》身《ミ》魂《タマ》乃《ノ》和《ヤハラ》岐《ギ》。　直《ナホ》靈《ビ》乃《ノ》團《ナリ》成《ナリ》。　神《カミ》乃《ノ》御《オホ》身《ミマ》乃《ノ》直《ナホ》日《ヒ》乃《ノ》人《ヒト》止《ト》志《シ》弖《テ》。　明《アカル》妙《タヘ》照《テル》妙《タヘ》和《ニギ》妙《タヘ》荒《アラ》妙《タヘ》爾《ニ》。　今《ケ》日《フ》乃《ノ》喜《ウレシ》美《ミ》樂《タノシ》美《ミ》爾《ニ》。　會《アヒ》爾《ニ》相《アヒ》偶《ア》布《フ》畏《カシコ》佐《サ》尊《タフト》佐《サ》波《ハ》。　又《マタ》不《イフ》可《ベク》云焉《モアラズナン》。　今《イマ》叙《ゾ》知《シ》留《ル》。　神《カミ》止《ト》成《ナル》身《ミ》乃《ノ》我《ワレ》存《ナル》乎《ヲ》。　天《アメ》地《ツチ》乃《ノ》在《アリ》乃《ノ》盡《コト》盡《ゴト》。　天《アマ》翔《カケリ》國《クニ》驅《カケリ》津《ツ》津《ツ》。　神《カミ》乃《ノ》人《ヒト》。　人《ヒト》乃《ノ》神《カミ》。　直《ナホ》日《ヒ》乃《ノ》人《ヒト》乃《ノ》。　神徳《カミノミノリ》乎《ヲ》。　茲《ココ》爾《ニ》顯彰《アラハ》志《シ》可奉《マツルベ》久《ク》。　茲《ココ》爾《ニ》誓《ウケ》毘《ビ》。　茲《ココ》爾《ニ》奈《ナ》毛《モ》。　「五《イツ》日《カ》五《イツ》夜《ヨ》乃《ノ》」　神事《カミノミワザ》乃《ノ》果《ミシルシ》乃《ノ》祝言《イハヒノコトバ》奉終矣《ヲヘマツル》。

奉献《タテマツル》豊《トヨノ》明《アカリ》・豊鹽《トヨノカタシ》・豊水《トヨノミモヒ》・豊米《トヨノヨネ》・豊酒《トヨノミキ》。　山《ヤマ》野《ノ》乃《ノ》幸《サチ》。　海《ウミ》河《カハ》乃《ノ》幸《サチ》。　幸《サチ》幸《サチ》乃《ノ》幣《ミテク》帛《ラ》乎《ヲ》。　安《ヤス》幣《ミテ》帛《クラ》乃《ノ》足《タル》幣《ミテ》帛《クラ》止《ト》。　相《アヒ》嘗《ナメ》坐《マセ》止《ト》。　恐《カシコ》美《ミ》惶《カシコ》美《ミ》弖《テ》白《マチ》須《ス》。

能《ノ》理《リ》斗《ト》

解説

撰録の詞

ミソギの講演は、その行事と表裏を爲すので、兩者相待つて、初めて完璧を成すべき性質のものである。それ故、單獨に講演だけを聽かれても、果して何程の得るところが有るかは疑問である。

けれども、東西古今の宗教的經典聖書の類が、其の儀式作法とは別に、一般人の讀物となつて居り、日本神道の諄辭が、必しも、神儀行事と併せ見ねば解釋し得ぬとばかりは限らぬので、其の諄辭だけ、或は、經文だけを讀むつもりで、ミソギの講演集を見ることも、敢て無駄ではなからう。

諄辭とか經文とかを例に擧げては惡いかも知れぬが、ミソギの講演は、ミソギの半面だから、假令拙劣でも、目指すところは、神の御詞の如くならんとするので、之れは、私のものではない。

今年、「脩禊の辭」を書いた時に、滿洲から、脩禊の指導を求むるものが有つたので、奉天、吉林、牡丹江、哈爾濱、等で、五箇月間に瀰つて禊を爲た。其の講演の處處を、奉天の木原崇喬氏と哈爾濱の生尾一哲氏とが筆錄されたので、各處のミソギ別に綴らうかとも思つたが、全體を通じて項目を別けた方が、見る人には便宜かと考へ直して、何處其處のミソギ講演とはせずに、五箇月間を通じて話したことを、全般に瀰つて撰錄したのである。が、各處で同じ行事を繰返すたびに、似寄つた講演を爲たので、大分重複して聞こえるかと思ふ。

ミソギは、行事でも講演でも、問題は唯一つなので、唯一つの宇宙を明かにする爲なので、其の究明する角度は色色でも、目的は二つと有るのではない。從つて、同じようなことを繰返す。之れがまた其の特色でもある。

唯此の一點として宇宙。經緯無きの經緯。終始無きの終始。
之れを了得し、之れを活用し、此の中に生死する。

如是の生死は、生死と呼ぶ能はざるの火であることを、體得悟證せんが爲の資料にもとて、此の筆錄を世に貽すのである。

昭和十六年極月極日

脩禊の辭

大道行はれざれば荊棘生ず。

人類世界の現狀は如何に。

相互に對立せりと思へる人類は、相互に牆壁を造り、國境を築き、各人各自に、各國相互に、牆壁の間に跼蹐し、境界の內に繫縛せられて、內外融會の活路を失ひ、自他同歸の大道を知らず、天地一貫の神界を忘れて、紛亂鬪爭を演出しつつあるなり。

然れども、統一無き人類世界も、遂には統一せざれば止まず。對立し排撃しつつある個人も國家も、遂には原始反終せざること能はず。人天萬類は生滅起伏の波に漂ひ、國土山河も成壞出沒の流れに漾ふ。風波擾亂の荒天も、寂寞陰沈の闇夜も、何時かは淸明の滿月を仰ぎ、復び朝陽の赫灼たるを拜す。

之れを聞く。太古素樸の人類は、神と共に住み、神と共に思ひ、神と共に語り、神と共に行ひつつありしが故に、和樂にして苦惱を知らず、太平にして擾亂を聞かず、上下內外一團の神界を築き得たりしなりと。是の如きは則、日本國體にして、天皇統治の神國なるなり、樂園なるなり。

荊棘を剪除し、妖雰を掃滅して、神國樂園を築成するは、畏くも
日本天皇治國の大道にして、人類統率の神業なりと拜承す。此の故に、我等世界人類は、專念一意此の神業を仰ぎまつり、此の大道を讃へまつりて、大稜威稜威の中に、安養常樂の皇恩を感謝し奉るべきなり。

我が徒同人此の理を明にし、世界人類をして、均しく、此の大道を仰がしめんと念願すること年久し。されど、機熟せず、時到らず。且又、民間には其の人乏しく、徒に九重雲深きを嘆くの憾みのみ多かりき。然るに、幸なるかな。

明治天皇の大御代にして、神人大神斐岐《オホガノヒキ》の神傳に依り、宇摩斯摩遲命《ウマシマヂノミコト》の神事を傳承したる偉人川面凡兒先生の出づるあり。日本民族の宇宙觀に依りて、日本國體觀を明にし、日本國體觀は、直に全人類世界觀なることを知らしめ、統一無き世界人類は、統一を求めて止まざるものなれば、全人類は擧つて、世界唯一無二の
日本天皇を、全人類世界の
大天皇として仰ぎ奉らんと、密に切望すること、飢ゑたるものの食を求むるよりも急なるべきを洞察し、全神教趣大日本世界教を唱道し、惟神の神業を讃仰し、全人類をして、統一し歸結するところを知らしめ、各國各民族をして、一圓光裡に神國樂園を築き、共に與に太平和樂を謳歌

すべき標識基準を指示せられたるなり。

これ是の標識基準は、太古の各國各民族が、日神《ヒノカミ》と讃へまつりしところにして、日本民族は、後世に到りて之れを惟神と稱したり。之れは是、人天萬類の發展し歸結する大道にして、發きては大宇大宙となり、結びては萬類萬物と成る。此の神業を、神代の神は祓禊《ミソギ》と教へて、神界現成の御行事なりと拜承す。

大道行はれざれば荊棘生ず。

世界人類は、遂に危惧煩悶一日も安からざるの非常時を招致したり。

まことに、迷雲を掃ひ妖雰を除くは、惟神の教ふるところなれば、世界人類は、神代の神に神習ひて、上下内外一團としての祓禊を專脩せざるべからず。否、今は唯、此の禊事を脩するの外に、内外自他を靖寧和平ならしむるの方途有ること無し。

然れども、脩禊は神事なり。神傳其の身に存るの指導者を得るにあらざれば、亦遂に、俗間流行の宗教的兒戯に類せんのみ。　我が徒同人

又甚之れを憂虞す。不世出の大偉人川面凡兒先生神去りまして既に十有三年。其の遺第一萬と稱す。されど、此の大道の一角片鱗を傳へ得たるものすら、寥寥として甚稀なり。悲しきかな。世態人情輕浮雜糅にして、神事をすら遊戯視するの不敬漢世を擧げて滔滔たり。噫。

神人出でよ。純忠至誠の眞人出でよ。

茲に、其の人を得んことを願悃希求して、全世界人類の脩禊を促し、特に今、大亞細亞、別して滿蒙の野に之れを叫ぶ。

昭和十六年六月一日

康德八年六日朔日

脩禊講演十則

第一　神魔雜糅

ミソギと云ふ詞が、近頃急に世間で多く用ゐられ、新聞雜誌等の記事にも、大分見掛けられて來た。

けれども、昨年の十月、或處の脩禊に、一人の高等官が參加しての話に、主催者から勸められても、內容が判らぬので、辭書を披くと、「ミソギとは、名詞で、禊と書く。みそぐことで、身に罪有り又は穢有る時、河原に出でて、水にて身を淨め祓ふこと。ミソグとは、身滌ぐの約まつたので、禊を爲すこと。ハラフとは、神に祈りて、災穢等を除くことだ」とある。どうも判然しないが、兎に角、來て見たとのことであつた。

今年はまた、或青年隊の指導員が、脩禊を命ぜられて參加した中に、幾人かが、ミソギと云ふ詞を、初めて聞いたと云つて居られた。亦或處では、中等學校の敎諭が、初めて此の詞を聞いたと話された。これは恐らく、初めて聞かれたではなからうが、平生用ゐぬので忘れて居たことと想はれる。が、何れにしても、現代人には、大分耳遠いことが、此等の例で判る。

耳遠い詞だと云ふ爲ばかりでもあるまいが、世間で此の詞を使用する意味が、また實にまちまちである。

昨年のことと記憶するが、東京市内で、或團體が、路傍に掲示して、「朝起きたならば、洗面後、宮城を遙拝しませう」と云ふ洗面の二字を、ミソギと讀ませてあつた。其の人等に從へば、顔を洗ふのが禊である。そうかと思へば、宗派神道の禊教本院では、卜相《ウラナヒ》の詞を唱へながら鈴の行事を爲るので、水は用ゐない。亦或人等が、毎日禊を爲て居ると云ふのを聞けば、水をかぶることであつたり、水に這入ることであつたり、時には冷水摩擦であつたり、勞働奉仕であつたりする。近頃はまた、早朝に水を二升三升と呑ませて、之れが眞の禊だと呼號して居る者すら在る。世間で又、水垢離《ミソコリ》を取ると云ふのは、水をかぶるので、殊に、寒中などは、寒垢離《カンゴリ》と云つて、修業者が、心身を引き締めて、學問技藝の上達を祈誓するとか、何事かの願望成就を祈念するとか云ふ場合に、一つの樣式とされて居る。之れなども、或人達には、禊と呼ばるるので、何《ド》れが何《ド》れなのか、甚取り止めがつかぬ。禊とは果して何であらうか。

橿原の大御代から三千年の歴史には、幾多禊に關する記録が有り、中にも齋宮の禊と申す如き重き傳へもある。京都御所に於かせられて、七瀬の禊所を立てさせられしことを初めとして、鎌倉七瀬の禊所などとも申し傳へ、今も各地に、禊の日とて、神祭りの日に、潮を汲みて神儀を仰ぐことが行はれて居る。殊に沖合三里の海中から汲んで來るような遺風も存る。

そうして、それが、歴史以前と云ふのか、それとも、神代史と申すのか、幾萬年とも、幾億萬年とも、人間的には計算して見ようも無い悠久の昔、伊邪那岐命《イザナギノミコト》の御神儀として、日本古典に明記されて以來、朝廷に於かせられても、民間にても、都會たると邊境たるとを問はず、廣く遠く行はれて來たのである。

從つてまた色色樣樣と形式の變化も有り、殊に、儒教、佛教、基督教等、外國遠地の宗教形式が傳はつて、或時代には、上下を通じて佛教國なるかの如きことすら有つたので、哀れ、祖神垂示の御身之禊《オホミマノハラヘ》は、後世民人の拜し奉ることも能はざる現狀と化し去つたのである。世の人人が正しい解釋を失ひ、雜多な樣式を行つて居るのも、また止むを得ぬ次第と云はうか。

然れども、古典は之れを明記して、「伊邪那岐大御神《イザナギノオホミカミ》は、伊那志許米志許米岐《イナシコメシコメキ》穢き國の黄泉《ヨモツ》醜女《シコメ》に追はれて來たので、禊を爲ねばならぬと詔《オホ》せられて、竺紫《ツクシ》の日向《ヒムガ》の橘《タチバナ》の小門《チド》の阿波岐原《アハギハラ》に到《イ》でまして、禊を遊ばされた。その禊と白しますのは、初めに、御杖、御帶、御裳、御衣、御褌、御冠、左右の御手の手纒、等を投棄てられてから、速すぎる瀬をも、弱過ぎる瀬をも避けて、適度な中つ瀬を選んで、降り迦豆伎《カヅキ》滌がせられた。すると、八十禍津日神《ヤソマガツビノカミ》・大禍津日神《オホマガツビノカミ》と、神直毘神《カムナホビノカミ》・大直毘神《オホナホビノカミ》・伊豆能賣神《イヅノメノカミ》と、更に底津綿津見神《ソコツワタツミノカミ》・底筒之男命《ソコツツノヲノミコト》・中津綿津見神《ナカツワタツミノカミ》・中筒之男命《ナカツツノヲノミコト》・上《ウハ》津《ツ》綿津《ワタツ》見神《ミノカミ》・上筒之《ウハツツノ》男命《ヲノミコト》と、次ぎ次ぎお生れになり、最後に、天照大御神《アマテラスオホミカミ》・月讀命《ツキヨミノミコト》・建速須佐《タケハヤスサ》之《ノ》男命《ヲノミコト》との三貴子を得させられた」とあります。

畏くも、御身之禊《オホミマノハラヘ》と白しまつるは、此のように崇高で、森嚴で、廣大で、深遠で、幽玄で、そうして、おのづからなる御行事にてあらせらるるのである。

それから、「伊邪那岐大御神《イザナギノオホミカミ》は、いたくお喜びになられまして、天照大御神《アマテラスオホミカミ》には、高天原《タカマノハラ》を知らせと事依《コトヨ》さし給ひ、月讀命《ツキヨミノミコト》には、夜食國《ヨノヲスクニ》を、建速須佐之男命《タケハヤスサノヲノミコト》には、海原《ウナバラ》を知らせと仰せられた」と有るので分るように、御身之禊《オホミマノハラヘ》とは、究極《ツマリ》、漂へる國を作り堅め成して、三貴子を得させられたのであり、また、そのように、修理《ツクリ》固成《カタメナ》さるる御神業を白しまつることと拜察せらるるのである。

そこで、ミソギと云ふ詞を、音義の上から、簡單に解説して見ますと、ミソギのミは、三で、身で、實で、稔で、充滿實塞の義で、ソとは、十《ソ》で、完全圓滿の義で、ギとは、凝止結晶である。此の三音を合せたる一語としてのミソギとは、堅固に築き成されたる箇體であり、また如此ならしむる神事であるとの義である。

之れで、古人が「禊」と飜譯したことが判る。禊の示は神で、陰陽不測であると共に、兩儀結實であり、箇體成立である。御覽なさい。此の箇體を産出するは、相互誓約の結果であることを示して、示に配するに契を以つてしてある。契とは、二つのものが一致して悖ることの無いので、神事としては、之れをウケヒと稱し、神と人との間では、ウケビと云ひ、人と人との間では、誓約と白します。ですから、一言にして盡す。禊とは、産靈《ムスビ》・産魂《ムスビ》の神業であると。之れを人間的に云へば、死生觀であり、人身觀であり、家庭觀であり、社會觀で、國家觀で、世界觀で、宇宙觀である。もう一つ言ひ換へると、人の世を人の世のままに、神の代と成すことである。

次ぎに、これを少し註釋すると、禊とは、靈注《ミソ》ぎで、水注《ミソ》ぎである。靈注《ミソ》ぎとしては、天のミヅで、經《タテ》に屬し、水注《ミソ》ぎとしては、地のミヅで、緯《ヌキ》に屬する。それは、古人が、「天の水と地の水とを別ち給ふ」と傳へ、また、「合せ給ふ」と敎へたるところである。其の「別ち給ふ」とは、經《タテ》としての稜威《ミヅ》と、緯《ヌキ》としての滋潤《ミヅ》との位を定むるので、「天地剖割」と敎へて、陰陽《メチ》の位置を正しくすることである。

古典には、「天《アメ》と地《ツチ》と剖れず、陰《メ》と陽《チ》とも分れず」と傳へてあり、「女《ヲミナ》が男《ヲトコ》の先に出て、位を紊したから、御子の例にも入らぬ子が生れた」とも敎へて、天地の位置、陰陽の分際を明瞭にせねばならぬと、嚴しく訓誡《ヲシ》へてある。そうして、其の位置分限の確立した時、「天《アメ》成り、地《ツチ》定りたるもので、それが、神聖《カミ》にてましますのである」と垂示してある。それと同時に、「合せ給ふ」とは、經と緯との相交はるので、箇體成立の義で、「宇宙創造」と稱するもので、國を生み、嶋を生み、神を生み給ふものである。「成り成りて成り餘れる陽《ヲ》と、成り成りて成り合はざる陰《メ》」との抱合合體して新しき箇體が成立するので、其の完全圓滿なる御相《ミスガタ》は、十と描き、⊙《ヒ》とも描き、神代の神の日神《ヒノカミ》と稱へまつるので、人間世界では、太陽神の御活用《ミハタラキ》が、それであることを日日夜夜、私どもは仰ぎまつりつつあるのである。其のことを、竺紫の日向の橘の小門の檍原《アハギハラ》の神事として古典に明記されたのである。

それで、ミソギとは生產である。生產する爲に、破壞をも伴ふのだと云ふことになる。その破壞を垂示したのは、伊邪那美命《イザナミノミコト》の神事が古典の上では最著しい。そうしてそれは、伊邪那岐大御《イザナギノオホミ》神《カミ》の御身之禊《オホミマノハラヘ》の裏に潜んで、火神迦具土《ヒノカミカグツチ》の祓《ハラヘ》の神事を傳へられたので、此の祓《ハラヘ》の後に、御身之《オホミマノハラヘ》禊《ミソギ》を行はせられたことを記されてある。禊《ミソギ》の裏に祓《ハラヘ》が行はれ、祓《ハラヘ》の裏に禊《ミソギ》が行はれる。之れを言ひ換へると、破壞と建設とが、相互に必相表裏すると云ふことである。

ですから、廣い意味では、太陽神《ヒノカミ》を仰ぎて、生育せる總べての類《モノ》は日日夜夜間斷無く、此の神業の一部を營みつつあるので、其の自覺せると否とには關はらず、神國樂園を築き成さねば、滿足することの出來ぬのが人天萬類の天性である・自性である。

けれども、萬類萬物は、日日夜夜、破壞もすれば、掠奪もする。横領もすれば、竊取强盗をもする。他を困しめ惱ますことをも敢へて爲て居る。其の狀態は實に恐ろしき紛亂鬪爭の慘劇である。それは、抑、何故であらうか。

先師は、「誰でも自己の大を欲せざるものは無い」とて、全神教趣大日本世界教を唱へ、全世界を日本化するのだと教へられた。ところが、之れを聞き誤つて、天孫民族は優秀だから全世界を支配するのだと云ふものがある。自己の大を喜ぶことは、人情であらう。けれども、總べてのものの自性と云ふわけではない。今此の誤解者の如く、總べての人が、總べてのものが、其のような心で、競爭を爲た時。其の結果は何うなるか。勝つか負くるか。相互に鎬を削るに立到ることは無いか。先師はまた、「天狗は非常に競爭を樂しみとするものだが、勝負が着けば、敵味方共にドッと哄笑して、少しも宿怨を止むるようなことはない」と云はれた。すると、其の競爭は遊戯である。が、さて、優勝を競ひ、强大を爭ふとなると、天狗笑ひに終るような暢氣では濟むものでない。遂には相剋相殺、闘爭の慘劇と成り、擊滅摧破、戰亂の非常時局を招致せねば止むものでない、倒すか倒さるるか、殺さるるか殺すかとなつて、人間の世界も、阿鼻叫喚の修羅場と化せねば止まぬであらう。否、修羅場と化したる時には、更に、鬼畜の心を養ひ、餓鬼の巷に彷ひ、獄裡の苦汁に哭くであらう。

自己を大ならしめんとする心は、遂に他を奪はざれば止まず、他を喰はざれば飽かず、盜み又奪ひて、尙且足ることを知らず、みづからみづからの身をも嚙み喰ふこと章魚の如きに到つて、遂に自潰自滅するの外は無いであらう。之れが果して人の道であらうか、神の敎へであらうか。自分の出て來たところを知らず、行くべき先をも忘れて、五尺の小軀をのみ執持し、對立の境涯をのみ認めて、みづから牆壁の中に嚢虫を學ぶところに、雀の嘴にも啄まるるような、みじめなことが起るのである。

之れを救ふには、自己を反省して、其の出て來たところを明瞭に把握させるのが第一の急務で、大小强弱とか、賢愚利鈍とかは、抑、末のことである。人の身は、何處から來たのか。何處へ行くのか。之れを明にするのが、私ども人間身として、神代《カミヨ》の神《カミ》の神事《カミワザ》に習ふ脩禊《ミソギ》の初門である。が、此の初門を透れば、大道坦坦、沃野萬里、直に天御中主神《アメノミナカヌシノカミ》の瑞《ミヅ》の大天照宮《オホミアラカ》を一眸に拜し得るのである。で、脩禊は、その行事も解說も、總べて此の一點を明瞭にする方針で進めて行くのである。

人の身として脩むべき禊の行事は、可なり複雜であるが、約めて云へば、聲《コヱ》と、色《イロ》と、身《スガタ》とを一つにすることから入《カヘ》るのである。

其の聲《コヱ》と云ふのは、神の敎へ給へる神言《カミノコトバ》を稱《タタ》へまつりつつ、其の言《コトバ》が神《カミ》であることを體得するので、之れを言靈《コトタマ》の神事《カミワザ》と白します。

次ぎに、色と云ふのは、自己としての箇體が、客觀上の森羅萬象と共に、一つの色であり、一つの光であることを、初には、裏から観て體察し、やがて、表から観て確認し、更に、表と裏と合せ観て、色ならざる色と稱すべき色の實在を認めて、重重無盡の火《ヒ》と、一圓光明の日《ヒ》とが、唯一點より發顯し、又歸結することを悟證するので、之れを一圓昭昭の神傳と白して、日神事《ヒノカミワザ》である。

第三の身《スガタ》とは、此の聲と色とが、出でては歸る經路を明にするので、私どもは、日常、中心と外廓と云ふことを認めて居るが、其の中心と外廓とは、相互に中心と成り、又相互に外廓と成りつつ、本來、外廓とすべき外廓も、中心と定まりたる中心も有るわけではなく、唯是、重重無盡無量の圓光であつて、然も、中心は自《オ》中心で、外廓は亦自《オ》外廓であることを體得悟證するので、之れを、紀記三典一貫の神傳と稱へまつるのである。

此の三つを了得する爲の行事は、第一に、神拜《カミマキリ》、第二に、氣吹《イブキ》、第三に、振魂《フルタマ》、第四に、伊頭《イヅ》能賣神事《ノメノカミワザ》、第五に、水神事《ミツノカミワザ》、第六に、火神事《ヒノカミノカミワザ》、第七に、魂齋《ミタママツリ》、第八に、天鈿女神事《アメノウズメノカミワザ》と云ふように、序を逐つて解説し、實行するのである。

最初から此ういふと、甚面倒なように聞こえて何うかと思はれるが、脩禊の荒筋だけは、知つて居る必要も有らうかと思ふので、搔い摘まんで白して置きます。

第二　白玉晃耀

ミソギとは、廣義に云へば、人天萬類の總べてが、間斷無く、相互に爲しつつ、また爲されつつあることなので、何も特別のものではない。

人はもとより、生物無生物の隔て無く、一切を通じて、それぞれが、亂れ騷ぎ、濁り穢れ、筋が通らず、曲りくねり、醜くなつたと云ふ場合には、自他相互に、それを綺麗に整理して、筋の通るようにする。

單《ヒトリ》、地球上に限らず、天體を眺めても、若き星と、老いたる星と、破壞せらるる星と、創造せらるる星と、順行する星と、逆馳する星と、神光を發する星と、魔閃を出す星と、色色樣樣ではあるが、その色色樣樣な活動を、一定不變の神律に依つて制御し統一して居る。

此の神律の發動がミソギなので、天地一貫の大道に外ならぬのである。

それにも拘らず、御國にては、特に神儀行事として、太古から、朝野を通じて傳へ來り行じ來つたので、殊に朝廷に於かせられては、最重き御事として行はせられ、今後も、天壤無窮に傳へさせられ給ふことと拜察せらるるのである。どうして、朝廷に於かせられても、民間にても、斯く大切に護持せられて來たのであらうかと申しますと。太古。今、ここで、太古と申しますのは、神代《カミヨ》と云ふことで、人間的の年代ではない。此こに特に留意せねばならぬのである。過去でもなく、將來でもなく、現在でもない。そうして、過今來を現はしつつある神界《カミノヨ》の事實として、伊邪《イザ》那岐大御神《ナギノオホミカミ》が、筑紫の日向の橘の小門の檍原と申す神界《カミノクニ》に於て、特に御身之禊《オホミマノハラヘ》と申す神儀行事を御垂示《オシメシ》になられた。其のことを前にも述べたように、日本の古典が明瞭に記載してある。で、其の御行事の前に、伊邪那岐大御神は、黄泉國《ヨミノクニ》にお出ましになられた、とあります。

其の黄泉國《ヨミノクニ》と申すのは、伊那志古米斯許米伎穢國《イナシコメシコメキ》であるが故に、其の垢と穢とに觸れかからせられたのを、洗ひ清め給はんが爲に、御身之禊《オホミマノハラヘ》をなされたと記されてある。

前か後か、過去か將來か、それは、人間的に知り易からしめたまでの記載法である。それで、人間的に白しますれば、其の生活の上に、何か特別の異變が起つた場合、之れに留意して、特別の行事をする。平常と變つて居るから、之れに處すること自《オ》異るので、特に、禊祓の神儀行事を御垂示になられたのである。則、伊邪那美命が、火神《ヒノカミ》を御生みになられた爲に、神避りまして、黄泉國《ヨミノクニ》に赴き給ふ。それを、伊邪那岐命は、泣き悲しみ、御あとを慕ひて、黄泉國にまで追ひ往き給ふ。之れはただならぬ御事柄である。

そこで、人間生活としても、色色樣樣と變つた事が起り、此のままでは、世の常の人間生活が保たれぬと云ふ場合には、國としてならば、國全體として、家庭としてならば、一家全體として、又個人としてならば、個人の全心身として、其の總べてを捧げて行ふところの神事。それを特に、禊祓として御垂示になられたことを拜承しまつらるるのである。

太平の世に正しき業を行つてをる場合には、取り立てて、禊祓と叫ばずとも、日日夜夜の神祭りが行はれて、此の土此のまま、安養常樂の天界淨地で、此の身此のまま、嘉悦長舞の神人であるから、其の常の生活を變へて特殊の行事を爲すべきではない。平常の言論行爲が、そのまま神の神業である。其の心は明く、淸く、直く、正しく、其の事業も直く、正しく、廣く、深く、高く、大きく、堅く、强く、輝り耀いてあれば、それがそのまま神の御姿に等しく、神の神業に等しいので、殊更なる行事を必要とせぬのである。此の場合に行はるる神事を、「第一に神拜《カミマキリ》」として前に擧げたので、中古、國守等の神拜と稱するのは、此の遺風の一端である。

神拜行事は、拍手・拜・奉幣・獻饌・立坐・行止・能理斗《ノリト》奏上・等である。

之れ等の行事は、國家としても、家庭としても、個人としても、少くとも朝夕二回づつは嚴脩せねばならぬ。之れが全人類を通じて行はるるならば、全世界人類は、長く太平和樂を謳歌するの幸福を享くるであらう。

ところが、人類は不幸にして、生死遷轉する間に、此の行事を忘れて、魔界醜類と交はることが多い。爲に、取り立てて、全生活を變へて、掃滅戰を行はねばならぬことが起る。古典の上では、伊邪那美命《イザナミノミコト》の死が其の一例であること、右に述べた如くであるが、それは、單に、おかくれなされたと云ふのみではなく、顯《ウツ》し世にまします伊邪那岐命《イザナギノミコト》が、黄泉國《ヨミノクニ》と呼ばるる根《ネ》の國《クニ》・底《ソコ》の國《クニ》・醜惡邪曲の極を盡したる魔界にお出ましなされた。其の根の國・底の國には、蛆たかれとろろぎと形容されてある八種雷《ヤクサノイカヅチ》・黄泉津醜女《ヨモツシコメ》などと呼ばるる黄泉軍《ヨモツヤカラ》が、暴虐の亂舞を演じて居る。人類日常の世界では想像も出來ぬ醜惡の極度の國である。そんな境涯に入られて、それを御覽なされ驚き恐れて、逃げ歸らうとなされた。けれども、黄泉魔境に入りて、顯界神域に歸ることは容易でない。すなはち、黄泉醜女《ヨモツシコメ》の追ひ來るあり、八種雷《ヤクサノイカヅチ》、千五百黄泉軍《チイホノヨモツヤカラ》の追撃するあり、黄泉《ヨミノ》大神《カミ》の來り迫る有り。漸くにして、之れ等魔軍の間を逃るるにも、意富加牟頭美《オホカムヅミ》の援兵を待たねばならず、塞坐黄泉戸神《サヤリマスヨミドノカミ》の御力に依らねばならぬ有様であり、其の上、境涯として穢ければ、身も心も、おのづから穢れるので、襲ひ來る魔軍の手は遁れられても、主觀的の醜穢苦惱は容易に消ゆるものではない。そこで、之れをも洗ひ清め澄まさねばならぬ。此こに特に、禊祓と稱する神事が行はれるのである。との意味で、伊邪那岐大御神の御身之禊《オホミマノハラヘ》を御垂示になられたことと拜察しまつるのである。此のようなわけで、狹義には、特種の神儀行事であり、廣義には、總べてのものが、何時も爲しつつあり、爲されつつあるのであると申すのである。

現今では、ミソギと云ふことが、一種流行の如く、各地で行はれてをること、前に述べたようで、或人は流行性身滌などと皮肉まじりの批評さへ發表して居るが、先師は三十四年前に、民間には久しく行ふ人も絶え絶えであつた此の行事を、唯一人の弟子に敎ふる爲、大寒中に、相模の片瀨の濱邊で行はせられた。その時、東京の新聞紙は、寒中に素裸で、海に飛び込むなんて、氣違ひのようなことをするものがある。あれは、失戀の結果だそうだなどと書き立てたものである。それが、僅に三十年後の今は、喧喧囂囂と、其の功德を羅列し、隨處に、似たようなものが行はれて居る。ワイワイと附和雷同の有様で、似もつかぬ行事すら、祓禊の名を冐して、得得と世俗を惑はして居る。

まことに、人間思想の變轉して常無きことは、猫の眼玉よりも甚しい。斯くの如くにして變轉常無き人心は、徒に動き亂れ、搖ぎ騷ぎて、遂に卒に、我等人類は、全世界を擧げて、紛亂鬪爭の非常時局を現出したのである。私どもの同胞は今、彈丸雨飛の下を潛つて居る。亦そうでない人人の前にも、何時爆彈が炸裂するかも測られぬ。當に、非常時の非常時である。

如此き非常の時には、必國を擧げて祓の祭を行じたことを、日本の歷史は傳へて居る。「仲哀天皇、熊襲御討伐半にして、行宮に御崩御遊ばされた。皇后氣長足姫尊は、天下に令し、天津罪、國津罪、種種の罪有るものを求めて、天が下の大祓を行はせられ、過を改めて神を齋きまつり、斯くて、寇なすものを打ち鎭められた」と記して、變亂非常の事は、天益人《アマノマスビト》等が過ち犯したる罪尤垢穢の實を結んだものであることを默示してある。

斯かる神事を行はせられたことに依つて、變事に臨みては、第一に、自己を反省せよと訓誡《チシ》へ、然る後に對手に臨むべきものであることを御示しになられたのが、日本の神傳であることを拜察しまつらるるのであります。

それで、平常時にも、毎年、夏と冬との二回には、日本天皇の御行事として、天の下四方に、罪と云ふ罪、尤と云ふ尤の無きようにと、大祓の御祭を遊ばさるることと拜承しまつるのである。神代の神事をそのまま、人の世に執り行はせられて、人民民族の過ち犯したる罪尤も無くなるようにと、大御心を盡させたまふ御仁慈の程は、何に例へようも無く畏き極みである。

上天皇の行はせらるる御儀を畏みては、臣民民族の在るかぎりが、その御神儀を奉戴して、天皇の大御寶ぞと仰せ給ふ御心のままに、各自各自の過ち犯したる罪尤をば、各自各自に、祓ひして、大御心に添ひ奉り、白すは畏けれども、大御心を安め奉らねばならぬことを自覺し、敬み虔みて、津津浦浦、國の八十國、嶋の八十嶋、在るかぎりが、祓の御祭につかへまつり、上下內外共に與に、光り耀く身と成り心と成りて、日本天皇の大御寶たるの實を顯現せねばならぬ。

我は神の子なり、我等は天孫民族なりと自覺したるものは、徒に言擧すること無くして、神の子たり神たるの事實を證明せねばならぬ。さて、平常時に於て、過つこと無く、犯すこと無からしめたまふ大御心にも添ひ奉ることの能はず、過ちたる尤、犯したる罪の積り積り、垢と穢との充ち滿ちては、其の罪と尤との、醱酵し醞釀しつつ、罪に罪を重ね、尤また尤を積み、惡は惡を誘ひ、穢れたる塵塚には、塵芥の集まる習ひにて、醜は益々醜に、惡は愈惡に、邪曲は更に邪曲に墮ちて、遂に、反省することも無きに到る時、人間世界は、修羅の巷と化し、餓鬼の叫喚に鎖されて、地界魔境を現出するのである。

臨時の大祓に、天津罪、國津罪とて、許許太久《ココダク》の罪を數へて、根の國底の國に、祓へ却へ給ふ神儀行事を、大日本天皇の御親遊《ミ》ばさるるのは、其のような非常のことを御軫念せさせ給ふが故と拜承しまつるのである。

非常時局とは、臣民民族等が過ち犯したる罪尤の凝止結實に外ならぬので、之れを拂ひ、之れを解き、之れを失ふべく、祓の神事は行はるるので、御民我等は、一念一言一行も忽にすることなく、常時不斷に、日本天皇治國の大道にそひ奉らんと念願せねばならぬのである。

昔、鎌倉武士が、戰場に臨む時には、必、祓を爲し、禊を爲たと傳へて居る。今の片瀨は、鎌倉禊所七瀨の內の一つである。鎌倉幕府は、云ふまでもなく、覇者の甚しきものであるが、それでも、なほ且、かかる神儀を拜せんと願つたものである。

太平の時代にすら、年年二回の大祓は行はれる。ましてや、今のような超非常時には、國家として、大祓を行はせらるるは固より、國民擧つて、津津浦浦、殘る隈無く祓をせねばならぬことに立到つたのである。

それならば、祓の結果はどうなるのか。

「伊邪那岐大御神が、禊祓を爲さるとて、種種の物をお棄てになられた。その御杖には衝立船戸神《ツイタツフナドノカミ》。御帶には、道之長乳齒神《ミチノナガチハノカミ》。御裳には、時置師神《トキオカシノカミ》。御衣には、和豆良比能宇斯能神《ワヅラヒノウシノカミ》。御褌には、道俣神《チマタノカミ》。御冠には、飽咋之宇斯能神《アキグヒノウシノカミ》。左御手の手纒には、奧疎神《オキサカルノカミ》と、奧津那藝佐毘古神《オキツナギサビコノカミ》と、奧津甲斐辨羅神《オキツカヒベラノカミ》。右御手之手纒には、邊疎神《ヘサカルノカミ》と、邊津那藝佐毘古神《ヘツナギサビコノカミ》と、邊津甲斐辨羅神《ヘツカヒベラノカミ》と云ふように、十二神が御身に著けさせられし物を、お脱ぎになられたに因つて、生れられた」とある。

此の十二神は、悉く、魔神《マガカミ》で、生老病死とも呼ぶべきもので、經《タテ》としての時間と、緯《ヌキ》としての空間との存在に依つて、人天萬類が、苦惱と感じ、騷亂と聞くところの一切を総括したる禍津毘である。此の一切を脱ぎ棄てたまへる御身は、畏くも、素裸にてまします。繋縛無き玉體にてまします。過今來の境界も無く、上下內外四維十表の檣壁も無い。檣壁も無く、境界も無いのは、大平等海である。別の詞で云へば、綿津見《ワタツミ》の見守る海である。渡　神《ワタツミノカミ》と古典に記したるが如く、依つて以つて、太平嘉悅の神國樂園を築き成すべき津梁であると共に資料である。天で、海で、大虛空で、一圓平等の大母胎である。

此の大母胎の中にして、神聖《カミ》は生れさせ給ふのである。則、中瀬《ナカツセ》で、純眞無垢の一點である。中心と外廓との分際で云ふならば、中心にあらず外廓にあらざるの中心で、中心の中心の大中心と呼ぶのである。數としてならば、純一不可分の一であるから、零なる一と呼ぶべきである。人間身として見得るもので例ふるならば、不生不滅であつて、生滅起伏するところの火である。ヒと日本語では呼ぶのである。日神《ヒノカミ》の御田《ミタ》と稱へまつりては、□《ヒ》とも、○《ヒ》とも描くので、人間的に見れば、境地で、大虛空藏で、一碧瑠璃の神域である。佛徒が之れを仰ぎて瑠璃光如來藥師佛と讃美し、青面金剛藥叉菩薩大魔王と畏みまつるのは、生殺與奪の神權者にてましますが故である。如是の魔神たる時間の神、空間の神、經緯無くして經緯を築く十二神とは、大の極で、小の極で、唯一《ヒノ》神《カミ》と稱へまつらるるのである。故にまた魔神ならざるの魔神で、神魔同几の火と稱するのである。

そこで、「此の中つ瀨にして、墮《オ》りかづき給へば、八十《ヤソ》禍津《マガツ》日神《ヒノカミ》は生れまし、大禍津《オホマガツ》日神《ビノカミ》も生れます」と云ふのは、大平等海裡に在るが故に、邪惡醜陋の邪惡醜陋なることを觀破することが出來るのである。と同時に、善美正明をも確認するので、神直毘神《カムナホビノカミ》・大直毘神《オホナホヒノカミ》・伊豆能賣神《イヅノメノカミ》。底《ソコ》津綿津見神《ツワタツミノカミ》・底筒之男命《ソコツツノヲノミコト》・中津綿津見神《ナカツワタツミノカミ》・中筒之男命《ナカツツノヲノミコト》・上津綿津見神《ウハツワタツミノカミ》・上筒之男命《ウハツツノヲノミコト》の生れさせ給ふ所以である。之れは、神の代のままに、神の國を築き成さんが爲の神業で、天沼矛《アマノヌホコ》の神儀尊容である。と云ふと、ひどく飛び離れたように聞かるるかも知れませんが、先に、禊とは、産靈《ムスビ》産《ムス》魂《ビ》の神業であると白しました。此の禊の字を、古老は、ハラヘと讀んで居る。伊邪那岐大御神《イザナギノオホミカミ》の御身之禊《オホミマノハラヘ》と讀んで來たので、禊をも祓をも、共にハラヘと飜譯し得ることを窺はるるのである。

其の一例を手近なところで擧げるならば、「風そよぐ奈良の小川の夕暮はミソギぞ夏のしるしなりける」と云ふ歌がある。奈良の小川の夕暮は、夏ともあらぬ涼しさである。ところが、夏越の祓を河原で爲て居られるから、夏だなと知られる。朝廷大祓の神儀をミソギと詠んだのである。其の意味で、祓禊と書いて、ミソギと訓むことも、禊祓と書いて、ハラヘと訓むことも出來る。日本語で、ハラヘと云ふも、ミソギと呼ぶも、共に相表裏して、修理固成の神業を稱するので、天沼矛《アマノヌホコ》の神事《カミワザ》である。破壞しつつ、建設しつつ、建設しつつ、破壞しつつ、其の事の破壞ともなく、建設ともなく、人知らぬ間に行はれつつあることを、人皆は、顧るべきである。森羅萬象、事事物物、何一つとして、破壞を伴はぬ建設が有りますか。建設の資料とならぬ破壞が有りますか。否否。破壞と云ふも、建設と呼ぶも、人間身を本位として、彼と此と相對して眺むるが故である。一圓光明の○神《ヒノカミ》としては、建設と呼び、破壞と稱するのではなく、修理固成天沼矛《スリカタメナスナルアマノヌホコ》と稱へまつりて、伊邪那岐《イザナギ》命伊邪那美《イザナミ》命二柱神《フタハシラノカミ》と仰ぎまつるのである。

○神《ヒノカミ》と稱へまつる純一不可分の一が、産靈《ムスビ》産魂《ムスビ》て、人と成り、物と成り、神と稱し、魔と呼ぶ。

本來は、魔も魔にあらず、神も神にあらざるものであることを知らねばならぬ。之れを知りて、神魔同几、則、諸冊二神の降し給へる我が身、我が心、我が物であることを悟證すれば、其處に、天照大御神《アマテラスオホミカミ》を拜しまつり、月讀命《ツキヨミノミコト》の神業を仰ぎ、建速須佐之男命《タケハヤスサノヲノミコト》の神性を畏みまつらるるのであります。

斯の如きの悟證を得べき方途は、神《カミ》の神事《カミワザ》として、伊邪那岐大御神の御垂示《ミシメシ》あらせられし、御《オホ》身之禊《ミマノハラヘ》であることを、拜みまつり讃へまつらるるのであり、之れが又、日本國體成立の根本源泉であります。と云ふよりは、私どもが、神の教へのままなる祓をすれば、それが直に、神の神事であるから、內憂外患の魔類は消散し、日本天皇の稜威赫灼として、全人類世界は一圓光明の神國樂園と成るのである。

第三一點昭昭

ミソギ行事の第三に、振魂《フルタマ》と云ふことを擧げたが、之れは、振魂尊《フルタマノミコト》の神事《カミワザ》である。振魂尊とは、舊事紀に記された神の御名で、日神の別名《マタノミナ》だと承つて居ります。人の身として、神界のことを話すのは、中中面倒でもあり、聞く人にも解りにくいことが多いようだから、成るべく手近な例に就いて平易に説明しようと思ふ。

先づ、私どもの住宅としても、家の內外、其處此處に、何かとごちやごちや散らかつて取り亂されて居り、曲りくねり、汚れて穢く、暗く濁つて、不愉快だと云ふ狀態だとすれば、それを正しく整理し整頓し、清潔にして、明るく氣持好くする。之れは私どもの常識である。此のような常識の有ると云ふことが、實は、振魂尊の敎へ給ふところで、人間世界としては、太陽の御働きが、それである。

此の常識を我我が持つて居ることは、我我が太陽の子であるが爲なので、太陽の產出し育成し給ふ人間身であるが故に、善美正誠にして、清明和平を樂しみとするのである。

物を綺麗に整理し整頓して、生生發展せしむる働きは、太陽神《ヒノカミ》の敎ふるところで、振魂尊の神德である。そうしてそれは、働くと云ふ上から、此の振魂を御神名として居るのである。間斷無く活動するから、徹夜して眠くもなければ、長く坐つて足の痛いことも、減食して腹の空いたことも忘れてしまふ。

何事か何物かを研究し思考する場合に、靜にして沈思默考する仕方もあるが、振魂を爲ながら、それを爲れば、强く深く高く大きく廣く活《ハタラ》くので、好い考、正しい思想が纒まり易いのである。で、その事物に相應して振魂をする。すると、心身が容易に統一して、其の問題に集中する。それればかりでなく、進展また進展して、極地に到達することが出來る。單に、靜思默考する仕方では、此の極地に到達せず、中途で止まりがちである。之れが最留意すべき點である。唯に靜思默考する行き方は、時間を要することの多いばかりでなく、其の人の天分を超越することが殆んど不可能である。ところが、振魂は此の天分の檣壁を突破り、人間的範疇を脫却することも難くはない。之れがまた最留意すべき點である。

それは兎に角として、振魂を爲しつつ突進することは、必しも祓禊の行事と云はず、實際には、誰でも平生に不完全ながらも爲て居ることなので、物を考へるのに、身を引き締める、心を鎭める。それだけではうまく行かぬので、拳を握る、力を入れる。それでもいかぬので、腕組みをする。遂には立つて歩き出す。首を振る、手を振る、目を閉ぢ、空を仰ぐ、うつ伏す、右に廻る、左に廻る、室内を歩き廻つても足らずに外に出る。天を拜し地に跪き、水流を眺め鳥語を聽き、豁然として進路を發見するとか、大發明大發見を爲るとか云ふことは、必しも其の様式を他から習つて爲るのではない。で、彼の大ナポレオンの如きは、戰陣に立つて、常に之れを自《オ》なる方法にて實行し、連戰連勝、歐洲を一國となさんとするに到つたと謂ふ。之れを爲すは、自然のことなのだが、平生變つたことの無い時には、氣が附かずに居る。それを特に一定の様式を立てて、禊の行事として、平常と異つた振魂を爲しつつ、專心一意、整理整頓に取りかかるので、常には氣の附かなかつたことを省る。反省することが、其の行事の第一步である。自己の一日の事、服裝から食事行住坐臥等。また、學生であれば學業。それぞれの職業の有る人は、其のそれぞれの職業。また例へ、老幼病弱の身で、職業と名づくる程のことは出來ずとも、人と云ふ人は、誰も彼も、各自各自に、何かを爲て居るのではあるが、多くの場合、唯、その爲ることを爲て居ると云ふだけで、特別に取り立てて、其の爲ることが結局何處に纏まるのか、何を窮極の目標として進んで居るのか、乃至は退いて居るのかと云ふことは考へない。たまに考へることが有つても、まづ差當つてのことを爲て居るのが、人人の實際である。が、禊の行事は、それを考へさせる。其れが問題になるのである。

試に問ふ。あなた方は、何を目的に此處に來られたのですか。「修養の爲に來られた」と謂はるるのですか。「人格を磨く爲に」「偉い人に成る爲に」等と云はるる。そうですか。

けれども、修養するとか、立派な人に成るとか云ふ、其の立派とは、どんなのですか。目當てがはつきりして居なければならぬ。各自の行く先、目標をはつきりさすのが、禊の一つの目的である。人は各自に天分が有る。職業としても色色樣樣で、生れながらの天分相應に適當な働きをする。それは色色である。色色の道が有る。で、それぞれの仕事をする。其のそれぞれの人の行く先は皆まちまちなのか。

それぞれの人が、それぞれの方向に向ひ、それぞれの仕事を爲て居る。之れは事實である。又其の天分相應の事でなければ、發展もしない。成業も覺束ない。天與の天分が多種多樣であるから、人間の行路は多岐多端である。

それを一歩離れて眺めて見る。其の中に頭を突込んで居たでは、全貌を見ることが出來ぬので、正しい判斷が付かない。それならばと云つても、めいめいがみんな、その中に居るのだから、實際にそれを離れることは、云ふべくして行ひ得ない。之れが悟道の最大難關である。それで、平生自己を客觀する習慣を養つて居る職業の人は、比較的容易である。

ところで、振魂尊は、此のようにそれぞれの者が、それぞれの事をそれぞれの方向に働いて居る中に、窮極の目標を敎へ給ふのである。窮極と云ふのは、唯一點である。唯一點であるから窮極なのである。極が唯一つであることは云ふまでもない。唯一點であるところの極を中心と呼ぶ。

中心と云ふのは唯一つである。二つ三つと有るものは中心でないこと、また云ふまでもない。

人が朝に家を出て外に働く。外で働いて一日を過し、又夜になれば、それぞれ自分の家に歸る。そのように、人の身は其の出て來たところに歸る。出て來たところは唯一つであるところの極で中心である。歸つて行くところも固より唯一つの中心たる極である。

どのように行き迷ふても、窮極になれば、其の本に歸る。けれども、歸るまで歸るべき處が分らず、行くべき先が知れずに彷徨ひ歩かねばならぬものであらうか。

朝に家を出たものは、暮に家に歸る。人が生れて來た。人間としての活動を始めた。それが、五十年八十年と經つて、人間としての活動を止めてしまふ。それは、人が家から出て、家に歸つたと同じであるが、兎に角、人間身としての活動は、それで止んでしまふ。其のようにして、人間生活は止めて、何處かへ行くのか。其の行く先は何處であらうか。

取り散らし入り亂れて居るものは、之れを整理し整頓する。そうして、一家は一家としての正しい姿で正しい位に着く。自然に時が經つて流れて行く。生れたものは死ぬ。家を出たものは家に歸る。それを、唯行くがままに委せないで、自分は何處へ行くのか、或は修養をすると云ふが、修行して一體何處へ行くのか。其の目標、此處へ行くのだと謂ふ所を認めて進んで行く。其の目標をはつきりと自分自身に悟らなければならぬ。

目標を、唯偉い人と云つても判らない。人の見て偉いと云ふのは、其の働きを眺めたまでのことであるから、それを目標とすれば、斷えず動搖するので、目標としようとしても、目標に成らぬのである。

人はそれぞれ獨立して活動して居る。他から敎へられずとも、此處に此うして居るのである。それならは、そのまた行く先も、自分自身で分るはずである。色色の技術なり知識なりは、或は、他から敎へられもするが、それも結局自分自身で悟らなくてはならぬ。體得悟證するのでなければ、自分自身の血となり肉となり魂となるものではない。他から習つただけでは、完全には分らぬ。他の云ふことは、悟る手だてにはなるが、書いたものだけ、聞いたことだけでは、完全には分るものでない。それぞれの人が、それぞれの天分相應に、それぞれの方面に向つて、働いては居ても、とどのつまりは、出て來たところに歸るのである。其の歸るべきところと云ふのは、窮極の一點である。唯一無二の中心である。中心から出て中心に歸る。歸つたらば、また出かけて働く。働きつつ廻りつつ、其の中心に歸る。之れを繰り返しつつ、連環の端無き筋道が、中外本末一貫の大道である。

それで、此の大道たる中心を目標として働かねばならぬ。此の目標たる中心を知らぬものは、迷ひ迷つて、闇夜の中を手さぐりして居るか、對手も居らぬのに暴れ狂ひ劒戟砲銃の亂舞を爲すが如きものである。

人生は多岐又多端であることが事實であると共に、唯一つに歸結するものであると云ふことも、亦事實である。此の唯一つの目標をはつきりと握る爲に、禊をするのである。唯一つの目標を慥に認めて、勇往邁進する。そうして、其の唯一無二の中心のままなる神國樂園を築く爲に、禊を爲るのである。

唯一つだとは、物の總べては、此の一點から出て、此の一點に歸るものであると云ふことなので、在りと在るものの中心は唯一つで、全體としても一つ、分分箇箇としても一つ、極小としても一つ、極大としても一つ。之れを一貫したる筋道。それは唯一つ。經《タテ》に緯《ヌキ》に、表に裏に、幽に顯に、上に下に、天に地に、陰に陽に、四維十表を貫き通したる唯一筋。百千萬無量の一。宜しう御座いますか。重重無盡又無量の一です。之れを天地一貫の大道と呼び、神魔同几の火《ヒ》とも稱するのである。中心が唯一つである如く、大宇宙もまた唯一つであること白すまでもない。其の中に在るところの人天萬類でありながら、我他彼此の見を懷き、紛亂鬪爭を演出するのは何故であらうか。

何如なるものも、中心は二つあることはない。二つあれば中心ではない。唯此の一つ。一點から出て一點に歸るの一。重重無盡又無量の一。經《タテ》か緯《ヌキ》か、表か裏か、上か下か、幽か顯か、在る限りは唯一つ。

之れは、一寸むつかしくなつたが、總べてのものが、總べてのもののままに一つである。であるから、手は手として働き、足は足として、內臓は內臓として、それぞれが、それぞれの働きをするが、それを統べて居るのは、私ならば私と云ふ唯一つの此の箇體である。であるから、それぞれに、それぞれの人が働くと云ふことは、人としての四肢五體五臓六腑百骸九竅と、各〻持場持場の働きを爲て居ても、結局は一つの我と云ふ箇體に過ぎない。

天照大御神《アマテラスオホミカミ》と稱へても、月讀命《ツキヨミノミコト》と稱へても、之れを稱へまつるは唯一つの私である。唯其の聲の働きが異つて居る。が、結局私以外ではない。一箇の私でも、千態萬樣の變化をすることが有り、することが出來る。之れを小さく云へば、貴方ならば貴方、私ならば私としての心身が、色色樣樣に働きながらも、唯一人の人である。家としても、甲の家ならば甲の家、乙の家ならば乙の家。其の家庭であつても、主人主婦子女兄弟姉妹使用人等と、各自に、其の働きは異つて居ても、家としての働きは同じである。團體としても、町村としても、郡縣市府等としても、皆然うなので、稍大きくしては、滿洲國全體としても、誰が何を爲ようと、又は、何が產出しようと、乃至は、雨が降らうと風が吹かうと、寒からうが暑からうが、山が有らうが、川が有らうが、何如に微細なものの存在であらうとも、其の在るかぎりの總べては、善惡美醜是非曲直一切合切、何んであらうと彼んであらうと、何を爲ようとどう爲ようと、結局滿洲國の姿を形造り、滿洲國の働きをして居るのである。日本國としても、亦同じく大日本と稱する姿であり働きである。地球全體、或は全世界人類としても、亦固よりそれ以外のことでは無い。又或は、太陽系としても、同じく其の內の地球は地球として、金星は金星として、火星は火星としてと云ふように、それぞれが、それぞれの働きをしながらも、究極太陽系中以外の何物でも何事でもない。其の又澤山の群太陽系がある。それを眺めて、大宇宙としても、群太陽系の活動の一つ一つが、此の大宇宙以外の働きではない。其の中の一微塵の活動と雖、又等しく、此の大宇宙の姿を形造つて居るのである。どんなに厭だと思ふものでも、醜いと思ふものでも、惡いと思はれるものでも、敵も身方も、天界も地獄も、それぞれに色色樣樣と動いて居ても、變つて居ても、どれ程大きくなつても、どれ程小さくなつても、或は、中間のものであつても、五官的に認め得るものであらうが、五官的には認め得ないものであらうが、何んであらうと彼んであらうと、結局は唯此の一つに繫がる。そうして、それがそれぞれに完全な活動を爲る。それぞれがそれぞれの働きを爲て居るとしても、それが其のままに、振魂尊の御活動の如く完全な働きをすれば、總ゆるものが一貫して過ることはない。

此の一貫したる筋道を、日本人は昔から「ヒ」と讚へて居る。單に「ヒ」と云ふ音で現はされた詞として用ゐ來つたのである。之れを太古の人は、形として⊙《ヒ》と書いて居る。日本でも、支那でも、印度でも、歐米でも、亞弗利加等でも、皆等しく用ゐ來つたので、共に皆、日本語の「ヒ」に等しき意味である。

日常使用の文字としては、書き易くなければならぬので⊙《ヒ》と書いた。現在でも、太古のままの此の文字を使つて居るところが有るそうである。

支那人は、後世之れを楷書に直して日とした。何れにしても、此の文字は、宇宙を貫き通したる筋道を指示したのである。此くそれぞれに一貫したる筋道。それは、人が出て來て間違ひなく歸つて行く筋道である。それを太古から「日」と申して居る。此の「日」を標識基準として、人類は固より萬類萬物が發展し歸結しつつあるので、振魂尊の神德に導かれ、振魂の神事に神習ひて、混亂し紛爭しつつあるものをば、審議し裁判し、汚濁醜惡なるものをば、洗濯し敎化し、邪曲闇愚のものをば、訓誡し育成して、善美正誠靜寧和平の神界樂土を築き成すのが、祓禊の目的であつて、其の斯くの如くならしむるのは、振魂尊の御敎である。

第四　冷暖自知

ミソギの心得として、先師は、「猛烈なる振魂は、人をして神界樂土に遊ばしむ」と敎へられた。

振魂は、フルタマと讀むのである。之れを、そう讀むわけは、フルタマノミコトと申しまつる神の御名に依るからなので、此の御神名に、後世漢字を當てたのである。ですから、フルタマノミコトと稱へまつる神の御名は、漢字を當てても、フルタマノミコトと讀まねばならぬことは云ふまでもない。

フルタマノミコトと稱へまつると白しますのは、フルベの神言靈《カミコトタマ》で、フルノミヤの祕言《ヒメコトバ》で、零《フル》と云ふことで、靈《クシビ》なる魂《ミタマ》との義である。支那に靈魂と云ふ熟字の有つたのは此の意味なのである。ところが、後人は謬つて、ミタマの語に靈魂の二字を充てるようになつた。

フルのフは二で、經過で、隔りで、時間で、空間で、經《タテ》と緯《ヌキ》とで、物在りとの義で、其の在るものとは、陰《メ》と陽《ヲ》とで、大宇宙の内容を指示したのである。ルとは、攝理主宰の意で、上の音義を強むると共に、收納の義が有る。で、フルと二音を合せては、神にてましますなりと云ふことになる。圖示すれば、〇《零》である。ところが、ここに、振魂と云ふような漢字が當ててあるから、現今日用の語格を盾に取つて、フリタマと讀まねばならぬと云ふ學者もあるが、それは、主從顚倒した話で、御神名が主か、充て字が從かの區別を考へぬものの妄見である。日本語を解くには、第一に、其の詞全體を主にして見なければならぬ。

振魂は、此のフルタマノミコトと稱へまつる神の御名に依つて、昔からフルタマと申してをるままに讀まねばならぬ。

さて、前回には、ごく平易にと思ひ、日常卑近な事柄に就て、振魂尊の神德を話したのですが、茲に、或目的を以つて仕事をする。その仕事をすることが、直に振魂尊の神事と一致しなければならぬと云ふのであります。

私どもは、平常右に左に、或は前に後に、各自各自が、向向樣樣に、身《ミ》體も心も動いてをる。動き動いて行く先がわからなくなることがある。まとまりがつかなくなることもある。そこで、均しく動くにしても、何處へ何う行くのかもわからぬのでは困る。動くことは同じく動くのだが、はつきり目標を定めて爲る。その目標を慥にする爲に、迷ひ惑ふことの無いように、特に、振魂に云ふ神事をするのである。

その行事の形式は、坐つて居ても、立つて居ても、或は臥しても、仰いても、蹲んでも、種種樣樣の姿勢でするのであるが、最初の樣式としては、先づ坐つてする。其の時は、足の右拇指を半分位、左の拇指の上に置く。膝と膝との間を開ける。それは、男女の別と、其の體格や、肥瘠等に依つて異るのだが、普通の男ならば、握拳二つか二つ半位、女子ならば、一つ半位這入る程度にする。腰を落して樂にして、上體が、前後左右に傾かぬように坐つて、兩掌を前方で、十字に組み合せ、掌の中を、雞卵一つ入れた位に空けて握り、下へ押して向ふへ圓く振り動かす。息は必鼻から入れて、口から出すのが、初歩の形式である。上體を輕く、下を重くし、目を輕く閉ぢて、神の御名を唱へる。稱へまつる御神名に依つて、各各其の神を拜するのである。

其の御名の異るが如く、御相《ミスガタ》も、御德《ミノリ》も、各各異るので、其處に留意せねばならぬ。

立つて爲る時は、特に氣を付けて、腰に力を入れる。腰と一口に云つただけでは、分らぬでせうが、實は、要の字が、コシと云ふ日本語に當るので、此の字が、其の留意すべき一點を教へて居る。之れは祕事で、肉體身の中樞との義であるから、今は、臍の眞裏にあたる腰椎部と、下腹部との間に氣を充たし、力を滿たすとだけ申して置きます。それから、唱ふる聲に力を入れて、強く長く深く大きく、神の御名を稱へまつる。すると、自然に、息は口から出るから、また鼻から入れる。そうして、聲と身と心とが一つに凝結して、神の御聲で、神の身で、神の心で、三つで一つであるように心掛ける。

人は平生に於て、身體も色色に動き、心も樣樣と何かを考へて居る。身體としても、第一に顏が有る。其の顏には、目鼻耳口等が有る。胴が有る。手が有る。足が有る。指が有る。內臟も有ると云ふように、色色まちまちである。心としても、智情意だとか、意識だとか云ふように、樣樣の活きをする。そうして、それが、それぞれの役目をしてをる。

其の多くの機關が、もしも、めいめいに勝手なことを爲るとすれば、甚危險なことになる。それは、目の好むところ、必しも全身心に好結果を齎すとはかぎらず、耳の好むところ、鼻舌身意等の好むところ、亦必しも全身心を利するものではない。口舌は口舌の慾を滿たし、耳目は耳目の慾に走り、身意等亦皆、各自の慾にのみ走るとすれば、酒色にも惑はされ、懶惰にも陷り、放逸無慚をも意に介せず、分分各自に分裂分散して統一することがなくなる。すると、分分は、全く分解されて、手は手として、足は足として、四肢五體五臟六腑の各〻が、各自各自の存在をも保ち得なくなる。

死ぬと云ふのは、一箇體としての生物が、其の一箇體としての活動を止めて、激變した狀態を呼ぶ。で、その時には、手も足も働くことが出來なく、同時に、各々の位置を保つことも出來なくなる。ところで、四肢五體が、各々其の處を得て、活動し得るのは、生きて居るからである。生きて居ると云ふのは、統一が保たれて居るからである。その統一するものとは何であらうか。眼耳鼻舌四肢五體等のそれぞれが統一されて居り、一箇體として存在してをる。其のように存在し得るのは何故か。

分分が一箇體として統一して居ると云ふには、其の如く統轄し統率して居るものが有るからである。その統率者とは何であらうか。

私達は、何うして此處に存在して居るでせうか。

どなたか答へて下さい。

「命《イノチ》が有るからだ」とか、「魂《タマシヒ》があるからだ」とか云はれますか。

勿論、命でもあり、魂でもあるでせう。尙、「ここに存在する」と云ふのは誰が云ふのか。私のことを云ふのは、私だらうと思ふが、あなた方は何でせうか。何ものが、一たい貴方だとか、私だとか云はせるのですか。

此う云ふ歌がある。

ココロココロ、ココロノウチニ、カミアリト、ヒトコソハシレ、ミヲバササゲテ。

ミとは、肉體身を云つたのである。ミヲバサヽゲテとあるから、我を捨てると云ふことである。一切を捧げ盡すのである。手とか足とかを忘れてしまつて、それでも、心が、ああとか、かうとか思つたり考へたり、怒つたり笑つたり、悲しんだり喜んだりと云ふように動いてをる。そういふ心の外廓を成して居るものは肉體身である。で、我なら我と云ふ個體全身は、外廓の肉體身と、其の中の心と、また其の中に何か在るかどうか。兎に角、それが総がかりで、振魂を爲し、また振魂をする。猛烈に、嚴肅に。すると、此の內外不二に、また不三不四に、凪ぎ和ぎて、玲瓏透徹、秋天の如く、一碧瑠璃光明身と化し、或は光明遍照白玉身と化し、又或は、漆黑巍然大魔王身と化し、若しくは、赫赫烈烈紅玻璃光焰身と化し、乃至、黃金剛神體を現じて、心身共に一圓晃耀の相《スガタ》を示す。之れを假りに描いて◉《ミ》となすので、身も心も、分分個個の働きを忘れて、或は、捨ててと申しますか、どちらでも、まだ云ひ足らぬ。共に語弊がある。人間の言葉は神界を完全に語り得ぬのが殘念である。忘れてでもあるが、働きを止めてではない。捨ててでもあるが、無くなるのではない。それで、分分個個が分分個個としての存在であつてはならず、働きであつてはならぬ。それを統一してと云ふと稍可いが、ただ統一してと云つたでは、不徹底である。統一とか、不統一とか云ふのではなくて、◎《ヒ》である。一でなく、二三四五等ではなくて、全體で、全神で、それは、此れ是の通りである。之れを言語道斷と云ふべきか。這箇か。如是か。否か。非か。非否か。非と呼び、否と云ふも、唯其の人の便宜に隨ふのみである。

兎に角、分分個個は、緩急遲速の差こそあれ、皆動いて居る。一切合切動かぬものはない。分分個個が動いて勝手なことをして居るようでもある。

例へば、皆さんが此處に集る。私の話を聞く爲に、一應勝手な話を止めて、身體もあまり動かさぬ。そうして、心も、どんなことを話すかと云つたところに集中してをる。けれども、それは、比較的にと申すまでであり、また僅に自己を制御して居ると云ふに過ぎない。それでも、先づそのように全身心を一點に集める。一點に集めて、全體を一點と化せしむる。其の曉を、假に名づけて、重重無盡の圓光と呼ぶ。或者が、五色光背を作る所以である。五色光背とは、佛界の妙相を表現する爲に、五彩を以つて旋廻の工を施したので、「色卽是空。空卽是色。如如去來」と悟證せしめんが爲の慈悲心である。そのような境涯を築く爲に、フルタマを爲るのである。息をジッと入れて凝結する。堅く、綺麗に、強く、結晶さす爲に、激しく動かすのである。例へば、鍛冶良工が名刀を作る。正宗と云ふような人であれば、強く激しく、鍛へに鍛へる。火に入れ、水に入れ、繰返し繰返して、鍛錬するので、初めて立派になる。亦、獨樂を回すとする。強く早く激しく動いて居れば居る程、靜止したるが如く正しく回つて居る。色々の事に就いて、色色の方法は有つても、いづれも激しく動かす。強い熱を與へ、又、水に冷やす。又、熱鐵の如くにと振魂をする。それで、「猛烈なる振魂」と敎へてある。

振魂の行事は、肉體的に激しく動かす。初は、外から激しくする。外を激しくすればする程、内は鎮靜《シヅ》まつて來る。激しく烈しくして、やがて、外から見て、鎮靜まつて居るようになつて、眞に死したるが如く、微塵も動かないように見えて來ると、中は激しく動いて、活火噴泉の如くになる。又、寒い時には、特に力を込めて、中を強くするように心掛けて練習をする。

今朝位潜水してから、振魂をすれば、何かこれまでに氣の付かなかつたことがわかるはずだが、何うでしたか。

「目を閉ぢて居ると、中心が取れない」と云はれますか。

まことに、目の大切なことは、單に物を見るからと云ふばかりではない。其の目を閉ぢて、其處に展開さるる、天界と地底と、神園と魔境と。それが我等を敎へ、我等を導きて、高天原にも、黄泉國にも入らしむるのである。二つであつて、一つの用を爲す目、一つの用を爲すに、二つでなければならぬ目。「メ」と呼ぶ日本語は、宇宙成壞の事理を敎ふる祕言《ヒメコトハ》である。神魔同凡の天《アマノ》御《ミ》鏡《カガミ》を指示せる神言靈《カミコトタマ》である。

そこで、目を閉ぢて目に見えるものは、どんなですか。普通は「暗くなる。」その暗い程度はどんなですか。

「薄紫だ」とか、「眞暗だ」とか、「無色だ」とか云はれますか。

そうです。無色の境涯もある。色色の色を發現するところは、無色と云ふかも知れぬ。色々の色が見える人は云つて下さい。

初、目を閉ぢる。すると、中心が取れぬ。が、色々に變つてくる。肉體的にも、精神的にも、一番判り易いのは目である。靜にして修行する場合、例へば、坐禪と云ふような時に、目を閉ぢて居ると、黑山鬼窟と云つて佛徒が誡めて居る。靜坐では、目を閉ぢては、いかぬ。が、振魂をする時は、それと全く異ふ。此こが大に留意すべきところ。修行者は、片言隻語を執持して、魔界を彷徨するようなことが有つてはならぬ。話を半分聞いて早合點をしてはならぬ。達頂徹底、窮極を明らめねばならぬ。

さて、そのうちに、色々の現象が起る。目を閉ぢて物を見る。目を閉ぢて居ると、自己の境涯がどんなに變化しつゝあるかが分り易い。又、振魂を爲て居て自然に目の開くことがある。閉ぢようとしても閉ぢられず、開けようとしても開けられぬこともある。それはそれで宜しい。最初は、兎に角目を閉ぢる。故意に開けるようなことは最良くない。行事は、行が目的だから、自分自身としても、行に到達するに最良きようにする。その目的に到達する爲に振魂の行がある。到達した時に、總べてが始めてはつきりと分る。此の⊙《ヒ》と云ふ文字を、古人が作つて、昔から、幾千萬年の昔からか、太陽の象形として、同時に光明の義として、教へてある。之れが、人類の標識基準であることを忘れぬように、後世子孫に教へようと、深切に、書き易いように傳へてある。日本語では、また更に難有くも、同じくヒと呼ぶ名稱として、火、日、一、氷、靈、魂、陽、樋、緋、等と、幾つかが現代にまで用ゐられてをる。之れ等各のヒは、各ゝ多少の別義は有るが、共に根幹枝葉一貫の生命を指したので、イノチの義を含んで居る。中心に完全に統一してをる狀態である。であるから、之れを又、別な方面から見れば、中心が即イノチであると云ふ事が出來る。私ならば私が此こに此うしてをるのは、中心が有るからだと云へる。此の個體ならば個體の中心。その中心が目標にならねばならぬ。すべての人は皆、そうでなければならぬ。その中心がはつきりして、その中心に向つて、活動すれば、總べて正しい道を歩むので、間違ひは起らぬはずである。

ところが、世の中はそうでない。紛亂鬪爭を常の如くにして居る。と云ふのは、中心を明瞭に摑んで居らぬからである。外廓たる肉體と、全中心との間には、幾重にも、物が挾まつて居る。為に、どこが、何が、中心なのかも分らぬ。その分らぬことを、實際に證明して居るのが、目を閉ぢて暗黑であつたり、色色樣樣の色が出たりすることである。それが、その人人に、自己の中心がはつきりして居らぬ證據である。

それでは困るから禊をする。そうすると、目の方から云へば明るくなつて、綺麗になつて、嘗て認め得なかつた光明の世界を認め得る。差し當り、目を閉ぢても、開いたと同じように、總べてのものが見えると云ふようになる。それからまた更に、千態萬樣の世界であるとのみ見て居り思つて居た天地萬有が、總べて唯一光明の體であり用であることをも認め得る。それは、目を開いても閉ぢても明瞭に認め得るに至るべきものである。其處のところを、人類はもとより總べてのものが目標として進んで行くべきものである。そのことを簡單に敎へて、日本人はヒと云つて居るのであります。

　繰り返し繰り返して述べて來たように、◎《ヒカリ》の義である。之れは、一寸むづかしく聞かれるかも知れぬし、結論が先になつたようでもあるが、兎に角、行事を進めるには、目標を示さねばならぬから、其の目標を先づ明示して、それから次第次第に、講演も行事も進めて行くのである。どうか、そのつもりで熱烈なる振魂を續けて下さい。

　人間的に云つて、今お話したような一つの境地がある。それを拜神裡に自分で認めて、自己の行く道を明瞭に確める。その爲に振魂と云ふ行事が最近い手がかりになるのである。それから、禊は振魂をするに先だち、飲食物の制限をする。僅少の粥をすすらせられる。それは、日頃は頭だ腹だ手だ足だと云ふように各〻活動して、或は分裂して、色々樣々と勝手な要求をするので、ついつい、全體としての我を忘れて居る。それを制御する爲に生活の樣式を變へる。飲食物も單純な少量なものにして、起居動作も一定の埒内に置く。平常世間的に色色見たり聞いたりして居ることと緣を切る。これまで、人間的に色色な仕事をして居つた。それとも緣を切る。そうすると、これまでの自分でなくなる。これまで學問もして來た。色色のことを知つて居る。知識も有る。技能も有るが、其の働きを暫く止める。そうして、間斷無く・行住坐臥・寢ても覺めてもと云ふように、神の御名を稱へ、神の振魂をする。その神の中に、我本年何者であるかと反省する。我は何れより來りしか、何れに行くのかと窮明する。で、我が過去を、過去の一切を、過去の過去際にまでと祓へやる。

それが、禊の最初の行で、之れは、一つの手だてである。それで、やがて到達したる曉。其の時のことは、冷暖自知。各人各自に、自分自身で知る。私は知らぬ。

第五　稜威赫灼

ミソギの結果は、此の⊙《ヒ》を得るのだと、上來繰り返して述べましたが、之れを、形の上から眺めると、外廓と中心とで、その中心は、能く外廓を統率し、外廓は、また能く中心に隨順してをる狀態である。

簡單な形ではあるが、中心と外廓との關係をよく現し得てをる。中心と外廓とが、よく一つに成つて、圓滿具足して居る相《スガタ》で、之れを、支那人は、日と云ふ楷書に整理して日用文字として居る。

ところで、之れは少し順序が顚倒するが、此の文字からお話すると、玉篇には、日の字源を說明して、⊙《ヒ》と書いてをる。そうして、之れを、太陽の象形だと解釋を加へてある。私は之れを始めて見た時に、覺えず吹き出した。此の字は實に奇奇怪怪である。常に、私どもは、太陽を眞圓と思つてをる。それだのに、此のような長い楕圓でさへある上に、妙不可思議な、饂飩でもこぼしたようなものが、中に置いてある。之れが、太陽の象形だと云ふのである。

けれども、一寸見ただけでは、まことに變てこな此の字も、よくよく眺めて居ると、次第に其の形が解つて來る。

物の位置を示す方便としては、○《マル》でもよし、又、□《カク》でもよい。で、此の外廓は、◯《ヒ》でもよし、□《ヒ》でもよいわけで、㋪《ヒ》を角にして見れば⊡《ヒ》である。㋪《コ》の中間の線《ヒモ》を兩端に着けて見れば分る。眞中は區劃である。つまり、◯《ヒ》なり□《ヒ》なりの「一《イチ》」なるものは、此うい ふ相《スガタ》である。物と云ふ物の內容は、此うなつて光つて居るのだとの指事なので、また象形でもあると云ふ方が適當でせうか。之れを、別の方面から言ひ換へて見ると、二つのものが一つになつて居る。二つのものが一つであり、一つのものが二つであると云ふことなので、之れは、一《イチ》の內客を示したのである。一體、此の㋪《スガタ》は何でせうか。間違ひなく太陽は太陽である。が、之れだけでは一寸わかりにくい。

「伊邪那岐大御神が、筑紫の日向の橘の小門の檍原で、禊を遊ばされた時、最後に、三貴子が生れられた。天照大御神《アマテラスオホミカミ》・月讀命《ツキヨミノミコト》・建速須佐之界命《タケハヤスサノチノミコト》と稱へまつる」と申されますが、その天照大御神と稱へまつるは、姬神にてましますと信ぜられてをる。明にそうである。ところが、それを、日神《ヒノカミ》と稱へまつる。それも明に記してある。日とは、大陽である。太陽とは男性と云ふことである。其の太陽神としての日神は姬神にてましますと云ふ。それから、月讀命は、其の御光が日に次ぐので、月に配して月讀命と白すとあります。そうして、男神にてましますと傳へてある。けれども、私どもは、月を太陰と云ふ。陰とは女である。其の陰としての月讀命は男神にてましますのである。之れはどう云ふわけでせうか。

古典を注意して讀むと、實に不思議である。僅に一行か二行の中でも、ただ日本の古典だけでは分りにくいことが、他の國のものと比較すると直《スグ》に分る。

支那人には、太極と云ふ詞がある。有らんかぎり在る限り、はて無く限り無きもの。今の言葉では、大宇宙と云ひますか。そうして、此の太極が兩儀だと云ふのです。兩儀とは何か。(ひ)《ヒ》で日《ヒ》である。それは陰と陽とである。太極卽兩儀。兩儀卽太極。太極の內容は兩儀だと云ふのである。それが、物本來の姿だと云ふのである。一切合切、大であらうと小であらうと、人であらうと物であらうと、何んでも彼でも、此うなんだと云ふのである。それを、猶太の古典には、「神二つの光を與へ給ふ」と傳へて居る。現在の科學者も、男女の別は、初から有るのではない。胎內に在る間に其の區別が出來るのだと證明して居る。

此こに物が在る。それを分割し分割して其の極に達した時、之れは最小の物で、數としては最小の數と呼ぶが、日本語では、「ヒ」と稱して、一である。それから、物を積み重ね積み重ねて行く。その有らんかぎり、之れをまた、數としては、最大の數と呼ぶが、日本語では、最小と等しく、「ヒ」と稱して一である。

最大としても、最小としても、共に一で、ヒと呼ぶ。最大と最小との中間の數は、私共の算へきれぬ多數の一である。之れをもまた、ヒと日本民族は呼び來つたのである。貴方でも私でも、皆共に、其の中間としての一《ヒ》である。

ところで、中間であらうと、大の極であらうと、小の極であらうと、すべてが兩儀である。で、此の兩儀である上からは、また之れを「フ」と日本民族は教へてをる。フとは二である。別れても二であり、重ねても二である。

ところが、之れを其のまま又、「ミ」だと教へてをる。ミとは、三《ミ》で、稔るであり、木の實、草の實、等の實で、物の充實し、實塞したる姿で、それは、此う云ふ一個體としての「身」である。三であつて、同時に一で、二であるのが、極大としても、極小としても、中間の物としても、一貫したる相《スガタ》である。

神代の神は、之れを、「生產靈《イクムスヒ》・足產靈《タルムスヒ》・玉積產靈《タマツメムスヒ》」「生魂《イクムスビ》・足魂《タルムスビ》・王留魂《タマツメムスビ》」「生玉《イクタマ》・足玉《タルタマ》・玉留《タマトマル》玉《タマ》」と教へて、三不可分の魂《ヒ》で、純一不可分の靈《ヒ》で、不一不二不三の玉《ヒ》で、共に一で、二で、三で、之れを種子として、人天萬類は發現するのである。

古來、之れを祕事として、其の人にあらざれば、語るべきものではないと誡めてある。けれども、之れを說かぬと、人が何處から出て、何處に行くのかが分らぬ。故に、止むを得ずして、神祕の扉を開かんことを乞ひ、祕庫の一隅を拜みまつらんと願ふものである。

さて、⊙と書いただけで、之れを總べてのものの標識基準だと申しましても、漠としてをる。

が、其の內容は、「生產靈《イクムスヒ》・足產靈《タルムスヒ》・玉積產靈《タマツメムスヒ》」と稱へまつり、神の稜威と仰ぐので、靈出《ミイヅ》で、三出《ミイツ》で、之れを神と拜みまつるのである。

話が一足飛びになるようだが、兎に角、古典に、そう傳へてあるので、先づ差し當りさう覺えて置いて下さい。

そこで、玆に、物を分割し盡したとする。その極は、どう書きようもない。が、それは、極であるから、無に等しくして、無ではない。幾何學に云ふところの點で、長さも幅も無くして、唯位置のみ有りと、人間的には說明する。位置のみ有ると云ふものは、計算の上に用ゐては零である。假に○と書く。○は數でないようだが、無ではない。若しも、之れが無かつたならば計算は成立たない。位置が無ければ、混沌として、否、眞暗闇で、「闇黑の土なりき」と傳へたる「天地未剖、陰陽不分」の鬼窟である。

其の中に一點を點ず。之れを「ヒ」と呼ぶ。太古より傳へ來り、用ゐ來りし詞として、文字として、記號としての一《ヒ》で、火《ヒ》で、日で、靈で、魂で、氷で、陽で、緋で、△《ヒ》で、○《ヒ》で、⊙《ヒ》で、□《ヒ》で、⊡《ヒ》で、《ヒ》で、之れ等は悉、日本語の「ヒ」に當る。

此のように、私どもの日用語としては、全然別なように思はれるものに、同じ詞が附けられてある。そうして、現今まで用ゐられて來た。よくも長い年月、之れが、所謂人間的に整理されずに傳はつたものだと、感謝にたへないのである。外國流に整理と云ふことが流行して、歴史習慣を無視し、事理をも究めず、過去をも忘れて、唯に目前の都合位で、別の事物に同一の名稱はまぎらはしくて困るから、火をヒと呼ぶならば、日はニチに限るとか、一はイッに、氷も、靈も、魂も、陽、緋、等も、皆それぞれの名稱を、それぞれ劃然と別にせねばならぬなどと云ひそうなので、之れが議題に上つて、漫然と、多數決できめるとすれば、多數者は何と決めるか。若し過つて、衆愚政治が世に行はれることが有るとすれば、一體、國家の前途はどうなるであらうか。後世子孫は何とするであらうか。まるで、祖先の恩惠を失ふことが起りはすまいか。

幸にして、私どもの先人は神代ながらの言葉を多くそのまま傳承して來て居るので、日本民族が、宇宙成壞の事理をどう眺めたかを知る便りを得るのである。

あなかしこ。

神のひ《ヒ》の結び結びて、人の身は、今此處に在り、名を異にして。

人皆は、名を異にして、我在りと、相互《カタミ》にぞ知る。神の宇氣比弖《ウケヒテ》。

引き寄せて結べば、草の庵にて、解くれば元の野原であると、古人の嘆じたる、それも一時。

野に山に、春は來にけり、草も木も綠葉萠えて花ををりたる。此是の存在《アリテアルモノ》。

そこで、話を元に返して、此の零であるが、人間的には、何も無いと思はれるのだが、實は、大宇宙に遍滿して居る。遍滿して居るとは、大宇宙卽零だと云ふことで、之れを、實在《ナクテアルモノダ》と呼ぶ。此の無くて有るものが、「生產靈《イクムスヒ》・足產靈《タルムスヒ》・玉留產靈《タマツメムスヒ》」として、產靈《ムスビ》產魂《ムスビ》たる萬類萬物である。萬類萬物を、萬類萬物は、慥に在ると認めて、各自各自に、之れを執持して居る。

あなあはれ。

存在《アリテアルモノ》で實在《ナクテアルモノ》で、◎《ヒカリミチタル》。之れを、日本民族は、「カミ」と白しまつるのである。之れが、日本語の「カミ」の一面の解釋である。なほ言ひ換へると、小の極も神であり、大の極も神である。此の極は、大であれ、小であれ、唯一で、有と呼ぶところの無で、無と呼ぶところの有で、無としては、無際無涯無邊無限無始無終無生無死で、有としては、人天萬類で、無としては、「狀《イ》貌難言《ヒカタキモノ》」で、共に一で、一切で、㋪《ヒノカミ》である。等しく㋪《ヒノカミ》ではあるが、中心と外廓と、根幹と枝葉と、本體と現象と色色樣樣と、其の位置と活用とを異にするままに、名稱もまた異るのである。が、その異るとは、それを呼ぶところの我の異るので、物其の物の本來は、非神、非佛、非人、非魔、小も無く、大も無く、唯一不可分超絕零界。小にあらず、大にあらず、大小にあらざるにあらずして、大小を現はす。小と觀れば、其の極は、極底最下の一とも呼ぶべく、大と觀れば、其の極は、極大無限の一とも云ふべし。共に之れは、純一不可分の㋪《ヒ》である。

極大としても、極小としても、此のひ⃝《ヒ》は、生產靈神《イクムスヒノカミ》で、足產靈神《タルムスヒノカミ》で、玉積產靈神《タマツメムスヒノカミ》で、生魂《イクムスビ》で、足魂《タルムスビ》で、玉留魂《タマヅメムスビ》で、生玉《イクタマ》で、足玉《タルタマ》で、玉留玉《タマトマルタマ》で、神《カミ》で、神《カミ》の稜威《ミイヅ》で、靈出《ミイヅ》で、三出《ミイツ》で、水《ミヅ》である。けれども、此ういふと、まるで、現代人には分らない。それで、どうか、古典をお讀み下さいとおすすめするのである。

現代人には、分らないから止むを得ず方便品を立てて、大小長短の中に在る我であり、人であるとする。その小の極は、無とも云ふべき程の唯一點であるとする。其の一點の中に、人天萬類一切合切のものの種子となるべき種子の種子が在る。その種子の種子を、生產靈《イクムスヒ》と呼ぶ。其の種子をば生魂《イクムスビ》と呼ぶ。其の種子が芽を出すと、それを生玉《イクタマ》と呼ぶ。そのようにして、總べてのものが出來る。

それ故に、種子は同じで、同じように育つ。同じと云ふのは平等である。平等と云へば、無で、空で、〇《レイ》である。

ところが、之れは假說で、假說以上に、之れを認むることは、人間身の能《テ》きることではない。そこで、私ども人間身としては、平等は無い。從つて、同じ種子でも、萬有《モノ》と成るには、直《スグ》に、中心と外廓とが出來る。其の中心を、一點として、百千萬無量の點が集る。其の分分個個を、足《タル》產靈《ムスヒ》と呼ぶ。其の足產靈《タルムスヒ》を統率して居ると云ふ上から、中心の一點を玉積產靈《タマツメムスヒ》と呼ぶ。之れを統一體だと云ふので、生産靈《イクムスヒ》だけの生産靈《イクムスヒ》無く、足産靈《タルムスヒ》だけの足産靈《タルムスヒ》と云ふのも無く、玉積産靈《タマツメムスヒ》だけの玉積産靈《タマツメムスヒ》と白すことも、勿論有り得ない。唯、其の位置を異にして居る人天萬類は、相對的に人天萬類を觀るので、其の觀點を異にする上から名を別けるまでのことである。共に「カミ」で、◯《カム》で、三不可分の一《ヒ》と呼ぶのである。三にして一、一にして三、如此に、日本民族は、神の内容を學び來たつたのである。日本の古典中では、祝詞式に、此のことを能く傳へてある。

三不可分の一を、人類世界にては、太古以來、⊙と描き、日と稱へたので、日本民族は、特に、天照大御神と拜みまつるのであります。人天萬類の出でては歸る根本本體で、開きては、大宇大宙として、天御中主神と稱へ、結びては、百八百萬魂神《モモヤホヨロツミタマノカミ》と白しまつる。暫も離るることのできぬ、大本つ《オホモトツ》御祖《ミオヤ》にてましますから、同時に總べてのものの等しく據るべき標識基準である。そのように、標識基準と仰ぐは、私どもの出でては歸る唯一點である。

此の一點は、我が身の上では、直日《ナホヒ》と呼び、一家としては、家長と稱し、人類世界では、天皇と稱へまつり、人天萬類は、◎《ヒ》と仰ぎまつる。

此の◎《ヒ》を仰ぎ、此の天皇を載き、其の家長に從ひ、各人各自に、各人各自の直日《ナホヒ》を發き來らば、其處は高天原《タカマノハラ》と稱へて、天照大御神の知ろしめす神界であることを、各人各自に知るのである。其の曉に、各人各自は、八百萬魂神《ヤホヨロツミタマノカミ》だと、古典は敎へてある。其の八百萬魂神たる實を顯はすのに、禊と稱する神儀行事が存る。

此の禊とは、伊邪那岐大御神の敎へ給ひ、日本天皇の朝廷に於かせられて、天壌無窮に執り行はせらるる御祭儀で、人民民族の等しく之れに神習ひ仕へ奉るべきことと拜承しまつるのであります。斯くて、上下内外一團としての◎《ヒ》であることを體察し體得して、身に顯はし、家に現はし、國家、世界、萬類萬物の上に顯彰《アラハ》さねばならぬのが、祖神の垂示であります。

第六　泉聲潺湲

ミソギは、總べてのものの出でては歸る根本を敎へる。此の根本が、私どもの標識基準である。太古の各國各民族は、其の據るべき根本を、日神と仰せらるるのだと信仰して居た。と白しますのは、「カミ」が、斯くと敎へられたのを其のままに、人人は仰ぎまつり讃へまつり、祭り來りしものであるとの意である。

ところが、何時とはなしに、人の心の紊るるままに、懷疑惑亂、各人各自に、各國各地に、四分五裂の邪見妄斷を逞ふするものが出でて、相互に對立し排擊すること、中世以降の如き慘狀を呈するに到つたのである。

此こに、日神と白しますのは、人間身の五官的に認め得るところでは、太陽を主とし、太月、星晨より、聖人、賢者、君主、家長、等までが、其の席末に連るので、それ等を統率し給ふ高御《タカミ》座《クラ》は、白すも畏き日本天皇たる天照大御神にてましますのである。

其の日神の御相《ミスガタ》は、晃耀赫灼として、仰ぎ見ることは出來ぬ。唯是れ一圓光明の我等を裹み給ふを感ずるのみである。之れを描きまつれば、〇である。之れは、此のまま、神にてましますと共に、一點一劃の末までも、〇なる光である。で、其の一點が、其のままに結び結べば、八百萬の神であつて、分體神である。

分體神から仰ぎまつれば、全體神とも白すべき全宇宙神は、其のままに結び結びて、生產靈神《イクムスヒノカミ》・足產靈神《タルムスヒノカミ》・玉積產靈神《タマツメムスヒノカミ》と稱へまつるのである。人間的に說明するのは恐多いが、純一不可分の〇と稱へまつることの出來るので、一神《ヒノカミ》である。此の一神《ヒノカミ》の內容は、「天祖《アメノミオヤ》で、天譲日天狹霧國《アメユソルヒノアマノサギリクニ》禪日國狹霧尊《ユノルヒノクニノサギリノミコト》である」と舊事紀は傳へて居り、日本紀は、「純男で、國常立尊《クニトコタチノミコト》・國狹槌尊《クニサヅチノミコト》・豐《トヨ》斟渟尊《クムヌノミコト》である」と記し、古事紀は、天御中主神《アメノミナカヌシノカミ》・高御產巢日神《タカミムスビノカミ》・神御產巢日神《カムミムスヒノカミ》」と載せ、延喜式には、「生產靈《イクムスヒ》・足產靈《タルムスヒ》・玉留產靈《タマツメムスヒ》」と敎へてある。先師は稜威三柱神《タマノミハシラノカミ》と白されました。つまり、三柱で、一柱で、造化三神と仰ぎまつるのである。別の御言《ミコトバ》では、二柱御祖神《フタハシラミオヤノカミ》と白しますから、神御產巢日御祖神《カムミムスビミオヤノカミ》で、一神で、二神で、三神で、稜威《ミイソ》と稱へまつるのである。

その稜威《ミイヅ》とは、三出《ミイヅ》で、靈出《ミイソ》で、稜威《ミヅ》で、三出《ミソ》で、靈出《ミソ》で、水《ミヅ》で、瑞《ミヅ》で、身出《ミソ》で、實出《ミツ》で、三品《フ》不可分の〇《ヒ》であるとの義で、生產靈《イクムスヒ》・足產靈《タルムスヒ》・玉積產靈《タマツメムスヒ》は、三にして一、一にして三にして、品と描くので、又、二であるとの意である。

之れは、古典にあるから、一寸、御注意を願つたまでで、今は、其の三出《ミイヅ》たる神の身から、人天萬類の發現し歸結する筋道を、我と我が身に悟證する爲に、禊祓《ミソギ》をするので、其の禊祓の神事に、氣吹《イブキ》の傳への有ることを話したいのである。

人天萬類の發現し歸結する筋道と申しますが、別の詞で云へば、物の出來ては壞れ、壞れては出來する筋道である。大平等海とか、大虛空藏とか白しますところの神界を、人間的には、唯見る一圓光明の○であると白すより外はないが、此の神界は、大の極としても、小の極としても、共に唯一の○であるから、之れを三柱としては、「イクムスヒ・タルムスヒ・タマツメムスヒ」と稱へまつり、二柱としては、「カムミムスヒ・タカミムスヒ」と仰ぎまつり、一柱としては、「ヒ」と讃ふるので、共に清音である。清み淨みて澄み切りたるなれば、隱身《カクリミ》にてましますのである。

此の大平等虛空藏裡の一點が、○のままに、結び結びたる時、三柱としては、「イクムスビ・タルムスビ・タマツメムスビ」と稱へ、二柱としては、「タカミムスビ・カムミムスビ」と仰ぎ、一柱としては、「オホナホビ」と讃へまつるので、之れは、複數語を御名とせらるるのである。「ヒ」も、「ビ」も、共に、日本語であることは、勿論で、各國各民族は、またそれぞれに、詞が異るから、別のように聞こえるが、事實は、各國各民族共に、○《ヒ》であり◎《ビ》である神を傳へたのである。日本民族は、○《一》で、⦿《三》で、◎《二》である日神を、天照大御神と稱へまつるのであるが、支那人は、□《一》□《三》日《二》等の文字として、神界の事理を傳へて居る。此の文字は、象形であり、指事でもある。之れを傳へたる先聖の心を知るや否や、其の字形の幾變化して來た現代までも用ゐては居る。用ゐることは用ゐて居ても、それが自分等に、出發點と歸着點と、出發點卽歸着點たる大道を教へて、日日夜夜の行動も、一生一代の方針も、唯此の中に指示せられてあることと、箇人としても、家庭としても、團體としても、町村郡縣市府等としても、國家としても、全人類世界としても、宇宙萬有としても、皆等しく之れを標識基準と仰ぎまつらねばならぬことを、幾人自覺して居るであらうか。

支那人は、純男である天としての⊙を忘れ、印度人は、釋迦大日としての⊙を忘れ、猶太人は、二つの光を與へたる神の⊙を忘れたる中に、日本民族のみは、天照大御神の⊙を日日夜夜、貴賤上下の隔てなく、拜みまつりつつあるのである。

此の基準に隨順し、此の標識を信仰して、築きたる國家は、神國淨地と成るべく、太平和樂を謳歌することが出來るのである。之れが、畏くも大日本天皇の御教で、其の神業を、禊祓《ミソギ》と稱するのである。境地としては、日神知らす◎國《ヒノクニ》で、高天原と讃へて、人天萬類の依つて以つて、安心立命すべき純眞無雜の神界樂土である。人天萬類の出發點で、歸着點で、則標識基準である。此の道は、坦坦たる大道で、過今來を貫き、四維十表に瀰りて、障礙を見ざる光明である。此の光明を圖示したのが、⊙である。⊙は、「ヒ」であるが、其の內容を說明しては、「ヒカリ」と云ふ。

「ヒカリ」とは、⊙の働く方面から見た名稱である。「ヒ」を體とすれば、「ヒカリ」は、その用であると說明してもよい。「ヒ」が、日用語となつて、現今も行はれて居る如く、「ヒカリ」も、また日用語となつて居る。本來、神の詞は、半音でも變へれば、別義となるのであるが、人間の身は、放恣であるから、それを忘れて、時と場所と、各自各自の變轉常無き心とのままに移り變り、墮落することが多い。

それで、甚しいのは、「ヒカリ」を、ヒカケリのケを一音だけ省いたのだなどと說明する者も出て來たのである。

「ヒカリ」は、本よりヒカリなので、三音一語の詞で、增したでも省いたでもない。日本にも、變な言靈學者と呼ぶ贋物が有つて、人間の發音が、轉通訛拗するのを見て、自分勝手な妄見獨斷を振廻し、人を迷はし世を惑はして居るから、氣を付けねばならぬ。

さて、其の神たる「ヒ」の働きを、外から眺むれば、「ヒカリ」だと云ふので、それは、晃耀赫灼と輝いてをる。其の御姿としても、御働きとしても、人間的には、說明の出來ぬほど、かけ離れてをるのだが、幾分か近いように話せば、晃耀赫灼と輝いて居るのが、神の御姿であり、御働きであるとでも白しませうか。が、此んな說明では、さつぱり仕方が無い。美しいことを知らぬものに、美しいと云つて聞かせても、何が何やら分らず、善いことを爲ぬものには、善いと云つても、感じの無いようなものだから、各自各自が、神界樂土に入つて、初めて自知るべきである。兎に角、私どもは、日常、善美正誠を敎へ給ふ神を仰いで、其のように輝しく、明るく、美しくあり、正しくせねばならぬのである。そうせねばならぬことを、「ヒカリ」の三音一語が敎へて居る。

日本語の音義から見れば、ヒカリのヒは、〇で、零であり、カは、赫赫烈烈で、高隆堅固の義であり、リは、調伏濟度の意で、摧破し整理するものである。で、此の三音を合すれば、極無極の大宇大宙には、一點不滅の火が在る。其の火は、何物をも燒き盡すの威力で、稜威と呼ばるるのである。火であつて、水であつて、水火としては既濟で、火水としては未濟で、合ひては、湯と呼ぶ。湯とは、中庸を得たるもので、中津瀨と稱するので、禊祓に於ては、神界を築き、三貴子を得させたまひ、天安河と讃へては、神の宇氣比に依りて、三女神と五男神との生れさせ給ふのである。支那人は、此のことを、光の一字で傳へて居る。光とは、御覧の通り、火と人との合成で、人天萬類を調伏し、濟度し、救出し、誘導して、神界樂土に入らしむるの義である。

古典の傳へた中津瀨の禊祓は、伊邪那岐大御神の御神事で、上來屢次說明したが、天安河の宇氣比は、◎神事《ヒツキノカミワザ》で、現象世界と、本體零位との出入往返である。それは、畏くも、現身《ウツソミ》にまします日本天皇が、御卽位式には、⊙神天照大御神の高御座と御同位に卽かせ給ふと拜承しまつることに依つて、日本神道の傳を明にするのである。

そうして、此の御神儀は、「伊邪那岐大御神が、御頸珠《ミクビタマ》を、天照大御神に賜ひて、汝命《ナガミコト》は、高《タカ》天原《マノハラ》を知らせと仰せられた」。其の高天原を知ろしめす⊙神事《ヒノカミワザ》を人類世界に宣べ布き給ふ明津御神《アキツミカミ》にてましますとの御義で、都牟賀利能太刀《ツムガリノタチ》を取り佩き給ひては、建速須佐之男命《タケハヤスサノヲノミコト》にてましまし、八咫鏡《ヤタノカガミ》を取り掛け給ひては、天照皇大御神《アマテラススメオホミカミ》にてましまし、八尺勾璁之五百津之御須麻流之珠《ヤサカノマガタマノイホツノミスマルノタマ》を取り持ち給ひては、月讀命《ツキヨミノミコト》にてまします。

此のことを、「天之眞名井《アマノマナキ》に振り滌ぎ、佐賀美《サガミ》に迦美《カミ》」と云ひ、「吹《フ》き棄《ウ》つる氣吹《イブキ》の狹霧《サギリ》」と傳へてある。「ウツル」に、棄の字を用ゐて居るのは 遷移の義で、出沒變幻で、生死起滅で、現象世界の事實である。此の現象を起す本體は、天之眞井《アマノマナキ》と稱して、水火を產出する母胎である。天之眞井の「ミモヒ」と稱へて、水ならざるの水で、火ならざるの火で、「天の水と地の水と」で、稜威《ミヅ》と滋潤《ミヅ》とで、經《タテ》と緯《ヌキ》とで、乾と坤とで、品《フ》とも◎《フ》とも描きて、氣吹《イフキ》の未發せざる體で、氣吹戸主神《イブキドヌシノカミ》と白しまつるのである。

氣吹戸主神《イブキドヌシノカミ》の活用として拜しまつるのが、氣吹《イブキ》で、狹霧《サギリ》で、天狹霧《アマノサギリ》とも成り、國狹霧《クニノサギリ》とも成る。零界一點の火を種子として、產靈《ムスビ》產魂《ムスビ》たる身は、天津神《アマツカミ》とも仰がれ、國津神《クニツカミ》とも拜まれ、八百《ヤホ》萬魂神《ヨロヅミタマノカミ》とも祀らるるのである。固より人間身ではない。又固より死者ではない。

然れども、此の神とは、別天神《コトアマツカミ》ではない。別天神《コトアマツカミ》は、◉《ヒ》神なれども、天津神國津神とは、魔神邪神と對立せる八百《ヤホ》萬神《ヨロヅノカミ》である。此の八百《ヤホ》萬神《ヨロヅノカミ》を吹《フ》き生《ナ》し給ふは、氣吹戸《イブキド》主《ヌシ》の司りましますところで、天照大御神の知ろしめすところと拜承しまつるのである。

また、話が神界のことになつたので、話すにも聞くにも、人間身を忘れねばならぬ。或は捨てねばならぬと白しませうか。そうして、此の身ながらに、生死を解脱する。禊祓《ミソギ》の神事《カミワザ》として、氣吹《イブキ》の傳への有るのは、これが爲で、氣吹戸主神《イブキドヌシノカミ》の神儀尊容《カミカカリ》として、全宇全宙の火を證明するのが、其の初門である。

人が五官的に、現象世界を觀れば、森森羅羅、重重無量と思はるるが、五官を閉ぢて裏に這入れば、磅礴として、氣吹の狹霧たるのみである、「二柱神《フタハシラノカミ》が、天浮橋《アマノウキハシ》にして、天瓊矛《アマノヌホコ》を指し下して探りたれば、滄溟《アヲウナバラ》を獲させられた」とも、「二神《フタハシラノカミ》が、天霧《アマノサギリ》の中に立たして、天瓊矛《アマノヌホコ》を指垂《サシオロ》したまへば、磤馭盧島《オノコロシマ》を得たまひき」とも、「二神《フタハシラノカミ》、高天原《タカマノハラ》に坐《マシマ》して、天瓊矛《アマノヌホコ》を以ちて、磤馭盧島《オノコロシマ》を書き成したまふ」とも、「二神《フタハシラノカミ》相謂《アヒカタ》りていはく、物有り浮膏《ウカベルアブラ》のごとし」等とも傳へて、國の未成らざる時は、大虛《オホミ》空《ソラ》で、滄溟《アヲウナバラ》で、「ア」と開き開きたる一色であることを敎へて居る。音で示せば、唯「ア」なので、アメとも、アマとも、アタマとも、アシとも、アトとも、アユムとも、アルとも、アカとも、アヲとも、アサとも、一方に決らないのである。で、此のような裏に居て、表を觀ると、沫那藝《アハナギ》・沫那美《アハナミ》・頰那藝《ツラナギ》・頰那美《ツラナミ》で、それが、上に升りては、天之水分《アメノミクマリ》と成り、下に降りては、國之水分《クニノミクマリ》と成る。共にミヅで、氣吹《イブキ》の狹霧《サギリ》に成りませる神《カミ》なのである。

そこで、此のように傳へてある境涯に居て、其のような神《カミ》を拜みまつるには、氣吹《イブキ》の神事《カミワザ》に依るべきもので、禊祓の行事としては、最初に、端坐の姿勢で瞑目する。次ぎに、靜に強く息を拂ふ。それは、出るかぎり口から出すので、「フ」と「フッ」との二音を發しつつ、全身の氣を拂ひ去る。すると、此こに息が絶える。そうして、息の止つた時は、安靜として、波無き水の如くである。之れを、氣吹《イブキ》の拂《ハラ》ひと稱して、妖魔調伏の祕事で、病患苦惱を解除する作法である。で、此の行事を修するものは、經津主神《フツヌシノカミ》・建御雷神《タケミカヅチノカミ》の見守りを得て、火神事《ヒノカミワザ》を拜し、神の《カミノ》氣吹《イブキ》の身に止まるが故に、彗星火神《ヒノカミ》の神徳《ミノリ》を發揮し得るのだと傳へてある。

が、それはそれとして、兎に角、自分自身に舐めて見なければ、甘いか辛いかも分らないし、見たことの無いものを、どんなに説明されても、徹底はせぬ。學者は、斷じて、群盲が象を評するような悲劇を演じてはならぬ。體察し體驗せぬものが、漫然と批判でも爲ようとするならば、其の輕浮な態度を憐み、世を毒すること無きやを恐れ悲しむのである。

願はくば、人も我も、皆共に、神眼を開き、神耳を澄まして、神音を聽き神容を仰ぎ、神の敎へのままに、神國樂園を築きたいものである。禊祓をすると云ふも、唯此の一事の爲のみである。

第七　變易無常

ミソギの行事に、「イブキ」と白すのは、天照大御神《アマテラスオホミカミ》の天安河《アマノヤスカハ》の神傳である。

其のイブキに、氣吹の字を充てて居るのは、「イ」の妙用であるとの義理から來たのである。イとは、氣息の義で　廣い意味での呼吸である。廣い意味でと云ふのは、私どもの肉體的に、口や鼻や毛孔などの呼吸と云ふのでなく、萬類萬物が、大宇大宙として、出入往返することを指すのである。都べてのものが、相互に有形と化《ナ》り、無形と變りつつ、相互の世界を造りつつ、まに破りつつ、變轉窮り無き活動の筋道を主る神音で、神名である。と白しますのは、大宇宙神の御活動を、日本民族は「イ」と稱へまつるのだとの義である。

日本民族の詞としては、神の稜威を仰ぎて發する音が、イなのである。

ミイヅとは、本來、神としての◎《ミ》を種子とし、✹《ミヅ》を體とし、其のミヅの威嚴妙用を仰いて、畏みまつるが故に、イの一音を加へて・イの音が加はつて、ミイヅと稱へまつらるるのである。故に、ミヅは、ミイヅのイが省かれたのではなく、ミヅにイの加はつたのがミイヅなのである。

それで、此の「イ」は、大宇宙の呼吸だと云つたならば、稍眞を傳へ得るであらうか。大宇宙の呼吸であるから、小宇宙としての萬類萬物の呼吸も、其の内に運行する。小宇宙たる私どもの呼吸を、大宇宙の呼吸と一つにする。これが、氣吹の神傳を一言にして盡すものである。それから。「ブ」とは、經《フ》・二《フ》・等の複數語で、經過運行の敏速なる意味である。「キ」の音義は、本來、凝止結晶であるが、イブキのキは、キダとか、キザムとか、キルとかのキと等しく、區切りの意を示して居る。「ブキ」の二音を「イ」に加へたのは、神の稜威が、出でては歸るのに、必、箇體を築きつつ、破りつつ、一段二段と變化して行くもので、人の身の漫然と考へるような、直線的のものではないことを敎へた詞である。絕對的直線と云ふものの無いことは、現代科學も證明して居るが、古典は、太古以來之れを傳へて、氣吹の狹霧と敎へてある。

氣吹の狹霧とは、神の稜威で、三柱神として、無始終に、無際限に、神界樂土を修理固成遊ばされつつましますので、⊙《ヒフミ》であるから、大小長短廣狹厚薄深淺等に拘はらず、直線ではない。從つて、禊祓の行事としての氣吹《イブキ》も、直線的ではならぬ。

前に、息《キ》を絕ると申しましたが、それは、經津能御魂《フツノミタマ》の神儀で、五十串《イグシ》の祕事で、最初に、身を洗ひ淸め、火食を絕ち、太陽を拜し、太月を仰ぎ、神名を奉稱して、振魂の神事を行ひつつ、漸漸次第と、鎭魂の境に入る。

鎭魂とは、「フツミタマ」で、經津主神《フツヌシノカミ》の神德に導かれつつ、神國樂園を築き成すの義である。

「フツ」とは祓で、祓言で、二であり經過であるのフと、一定の區域から突き出で進み行き、亦退き去るのツと、二音合成の一語で、摧破調伏で、改廢整理で、内外自他を靖寧和平ならしむるの祕言である。永世《ナガヨ》の神事に、必、息を拂ひて後に吸ひ入るるのは、此の祕事から來て居る。「ミタマ」とは、神の稜威の身であるとの義で、生產靈《イクムスヒ》・足產靈《タルムスヒ》・玉留產靈《タマツメムスヒ》の三產靈《ミムスヒ》たる稜威《ミヅ》であり、また人天萬類であるとの神《カミ》の言靈《コトタマ》である。

故に、「フツミタマ」とは、祓の結果を示したので、祓の神の神德を體し得、また顯し得たるもので、氣吹戶主《イブキドヌシ》の神儀と稱へまつるのである。唯、朝廷に鎭魂の御神儀として行はせらるるは、九重の上なる御事で、亦自異るものでありませう。

振魂の行事は、其の初步の形式を、先に說明しましたが、立坐行臥の位置に於て、千變萬化するので、其の各に就ては、各自の境涯に應じて、お話するの外は無い。が、先づ初步の形式に熟して、さて、端坐或は直立して、息を拂ふ。拂ふには、上體を徐徐に前屈しつつ、經津能御魂《フツノミタマ》の神音と共に拂ひ去るのである。が、之れは、容易に息の絕ゆるものではない。そこで、自分に能ふかぎりまで拂つて止《ト》める。此の止《ト》めると云ふのは、出しも入れもせぬので、それも出來るだけ長く止める。耐へられぬところで、徐に上體を起しつつ、强く深く長く大きく吸ひ入れる。此の時の神音は、宇斗能神言靈《ウトノカミコトタマ》である。そうして、這入る限り入れる。其の入れかたは、喉ではなく、氣管ではなく、□□《ココ》に入れるのである。□□《ココ》に入れるには、此う云ふ要領で、繰り返し繰り返す。

何處から這入つて、何處へ行くとも知らず、幾らでも這入る。が、之れも、そう容易には出來ぬから、多くは、僅に入れると一ぱいに詰つてしまふ。どうにも這入らなくなつたらば止《ト》める。出しも入れもせぬ。何時までも止める。耐へられなくなつたらば、徐に上體を前に屈めつつ、靜に強く長く大きく息を拂ふ。そうして、上述の如く、呼吸を繰り返し繰り返す。

之れは、息の練習で、人間身としての煉磨に過ぎない。唯僅に神音の奉稱を伴ふから、其處に、神界に入るの道が開けるのである。けれども、之れは、禍津毘《マガツビ》の教へで、古人が、「あまり強くすることは、平生はよろしからず」と訓誡したるところ。身を傷り損ふことにもなるの邪法である。つまり、劇藥なので、毒藥なのである。之れを用ゐる其の人にあらざれば、必其の身を破る。それで、非常の時、非常の行法、調伏摧破の祕事としての妖魔傳である。妖魔の教へであるから、妖魔を調伏し濟度するの權威が有る。之れを脩するは、毒を以て毒を制するもので、神兵で、義軍で、建速須佐之男命の御佩かせる十拳《トツカ》の劒《ツルギ》、御取らせる都牟我利《ツムガリ》の太刀《タチ》で、日本天皇寶劒の御義と拜しまつらるるのであります。支那人も、赫として怒り、三軍を動かし給ふは、天地を泰からしむる我が君の御德《ミノリ》であると教へて居る。斷の德たる大なるかなと仰ぎまつらるるのであります。で、之れは、平生爲ることではない。

さて、其の祓言としての二音、「フツ」は、裏に「ウ」の音が潛んで居る。フツと發音すれば必、ウの音が伴ふ。「ウ」は極小の音で、神音としては漆黑で、魔音としては煤烟の如くである。經津《フツ》の神音と、宇斗《ウト》の神音とを繰り返し繰り返しつつ、二柱御《フタハシラミ》祖神《オヤノカミ》の神音に到達する。其處は、極大極小の一點・陰極陽極の一點・神魔同几の火である。之れは、零境だから、人間身としての呼吸は無い。そこで、鳥の肌毛を鼻頭に着けても動かぬ呼吸と成る。人間身としての呼吸が絶えれば、然うである。けれども、絶えたと見るのは、五尺の小軀が見るまでのことで、大呼吸と一つであるところの呼吸は、完全に行はれて居る。此の大呼吸を別の言で云へば、氣吹戸《イブキド》主《ヌシ》で、神音で、如如生滅で、死生解脱で、假に名づけて「永世《ナガヨ》」と呼ぶ。

之れを、數として眺むれば、大宇宙の上では、一で、零で、零なる一で、無なる有であるが、人天萬類の上では、累積したる數としての窮極たる九が、元に歸つて一と成つたところの十である。故に、十は一に等しくして零ではない。之れを、滿數と呼び、神人と稱へまつる。九重の上なる一にてましませば、吾期《ワガ》大君《オホキミ》と仰ぎまつるの義である。畏くも、過今來を一貫し、四維十表を統轄したまふので、皇祖皇宗乃祖乃宗人民民族領土財產子子孫孫を統治統率し給ふ日本天皇にてまします御玉體なりと拜みまつるのである。

十は、白玉光で、⌖であり、⊕であり、田であり、◈であることを、內外古今の古典が傳へて居る。古典がと申しても、僅に文字として、徽號として、東西古今の人類が、使用したと云ふのである。こちたき學問とか、複雜な理論とか、浩瀚な書物とかでなければ、納得の出來ぬようなものではない。三尺の童子も、白髮の婆子も、一目瞭瞭、一見昭昭、日常茶飯の事である。日月の運行し、四時の推移し、乾濕の交替し、老幼の代謝し、生死の遷轉する現象が、此のまま、神の御働きとして拜みまつらるるので、人間身として、之れをどう變更しようもない。單《ヒトリ》、人間の身としてばかりでなく、神も、佛も、變更することは出來ぬ。此の大道の中に、大道のままに、行止進退するのが、人天萬類の道で、十方を貫き通したる神の道である。

神の道は、時空一點、經緯一本、顯幽一途、天地一貫。唯、此の⊙《ヒ》を仰ぎまつるべきことを教へ給ふ。

⊙《ヒ》を仰ぐものは、⊙《ヒ》に歸る。⊙神《ヒノカミ》は、太古以來、各國各民族が、大根本大本體と仰ぎまつりしところだと申しましたが、日本民族は、後に、惟神と云ふ字を之れに當てたのである。

惟神とは、勿論漢字である。けれども、支那人は、こんな字を用ゐては居ない。尤、此の熟字は有るには有つたが、全全別義である。

現在までも用ゐて居る日本古典の惟神と云ふのは、漢字を借りて、新しく作つたので、日本書紀は、自註を加へて、其の義理を明にしてある。唯、不幸にして、訓み方を教へて居らぬ。爲に、後世の學者が、勝手なことを云つて居る。萬葉集には、屢ゝ「カムナガラ」と云ふ詞が用ゐてあるから、惟神をも、「カムナガラ」と讀むのだ、讀まねばならぬのだと主張する學者のまゝに、現今では、世上殆んど全般が然う讀んで居る。カムナガラと讀むと云ふから、發音の便宜で、カンナガラと稱へて居る。之れ等の發音を、本に返して見ると、カミナガラともなる。どれがどれなのか。

惟神を、文字のまゝに讀めば、「コレカミナリ」である。コレカミナリとは、單に、「カミ」と申す事とは、少し異つて居ると云ふので、カミならざるのカミとも稱すべきである。ただに、カミと云ふのと少し義理が異つてをると云ふのは、單に美しい、眞直だ、正しい、と云ふのではない、善くもなり、惡くもなる、曲りもすれば、くねりもする、淸むかとすれば、濁りもする、と云ふのである。それは、何であるか。凡てのものの發現し歸結するところの、體でもあり、用でもある。

日本書紀孝德天皇紀に、「惟神我子」として、「惟神者、謂下隨二神道一、亦自有上二神道一也」とあるのが、此の文字の典據だが、ここで、最注意すべきは、「亦」の字である。簡單に、譯讀すると、惟神とは、神の道に隨つて、神の道と相並ぶべき、神の道を具有して居るので、自なる大道である。とか、道のまゝに、道有るの謂だ。とか、神德のまゝに、整理されたのである。とか云へませう。それで、之れは、支那人の謂ふ、陰陽不測の神《シン》で、神《シン》旡方と呼ぶところの神《シン》で、人間身として見れば、變幻出沒して測り知れない。則、陰でもあり、陽でもあり、陰でもなし、陽でもなし、否で、非で、非否で、人と云ふのだとの義である。

此の「人」とは、「カミ」でもあり、「マガツビ」でもある。「カミ」とも成り、「マガツビ」とも成る。日本書紀に、「天地《アメツチ》の生《ナ》らざるときは、海に浮べる雪の倚るところ無きが如くである。其の中に、一つの物が生れた。葦の牙が、泥の中から萠え出でたようである。それが人《ヒト》と化《ナ》つた之れを、國常立尊《クニトコタチノミコト》と號《マチ》します」と傳へたところの「人《ヒト》」である。

「天成《アメナ》り、地定《ツチサダマ》りて、神聖《カミ》が生れられた。國常立尊《クニトコタチノミコト》と號す。次ぎには、國狹槌尊《クニサヅチノミコト》。次ぎには、豐斟渟尊《トヨクムヌノミコト》。すべて三神で、乾道獨化の純男にてましますとも記して、人の身として仰ぎまつれば、神魔同几の天御鏡《アマノミカガミ》と稱へまつるべき◉《ミ》で、◎《フ》で、○《ヒ》で、生滅起伏、出沒陰顯するものであり、また其の筋道であるとの義である。

「カミ」の道は、正誠正義である。正誠正義は、空名ではない。正誠正義の實を顯はすには、邪惡醜陋を整理せねばならぬ。妖魔斬殺の寶劍が無ければならず、鬼畜膺懲の鐵槌を持たねばならぬ。そこで、「惟神《コレカミ》なる我子《アガミコ》」と記されたる本文の如く、日本天皇を惟神と稱へまつる。三種の神器を以つて、人類世界を、神國樂園と築き成さるる玉體にてましますとの御稱號である。

大宇宙神としては、◉神《ヒノカミ》と稱へ、太陽系神としては、日神と仰ぎ、地球神としては、神聖と讃へ、人類世界としては、日止《ヒト》と拜みまつる。則、日本天皇。則、惟神。則、カミナガラ。則、カム。則、神人。

故に、單に、カミと申すとは、少しく異るので、統一魂神《ミスマルミタマノカミ》と稱へ、明津神《アキツミカミ》と仰ぎ、荒人神《アラヒトカミ》とも、荒身魂神《アラミタマノカミ》とも、現神《ウツソミノカミ》とも讃へて、天壤無窮の日本天皇にてましますのである。

畏くも、日本天皇の神業は、神魔を審議裁判せらるるも、其の共に、大宇大宙の外ならざることを知ろしめすが故に、檣壁を設けたまはず、天地陰陽の位置分際を正すことは、嚴しくせられても、それが互に相交はるので、はじめて、萬類の蕃息することを知ろしめすが故に、境界をば築きたまはず、坦坦たる大道で、洋洋たる樂園で、晃晃たる神域で、始も無く、終も無く、經も無く、緯も無く、一圓昭昭、一音琅琅、非神、非魔、非佛、非人、唯是一點。一點の白玉身にてましますことと仰ぎまつるのである。

人が目を開いて、周圍を見る。御覽の通りである。唯美しいと云ふ一色のみでも、正しいと云ふ一色のみでも、邪と云ふ一色のみでもない。正邪曲直、善惡美醜、すべてを現してをる。此の見る通りの姿である。で、説明的に、神魔同几の天御鏡《アマノミカガミ》と云ふ。之れが、物本來の姿である。

それならば、そのままで、何うしようも無いのか。

ところが、今申したのは、此の目を開いて見たる現象世界である。現象世界は御覽の通りであるが、まだ、目を閉ぢて見た世界がある。それで、禊の行事の初に、目を閉ぢて、色彩、形狀があるかと聞いたのである。其の後、幾日か經つたので、何か變化がありましたか。

必、閉ぢてをる目に、之れまでに氣の着かなかつたものが見えねばならぬはずである。目を閉ぢて見る世界がある。それは、肉眼を開いて見た現象世界と別なわけではないが、目を閉ぢて見れば、我と云ふ此の箇體、此の箇體が、何如に組立てられてあるかを、端的に知ることが出來る。恰も、天井裏に這入り、或は、椽の下に潛つて、自分の住宅でも、平生は氣の付かなかつた家屋の構造を一見了得するようなものである。建築家の製圖を待たず、科學者の分析の手數をも要せずして、自分自身に、其の身と、其の處との、何如なるものであるかを知ることが出來るのである。之れが、禊の至妙な處である。

科學の發明と雖、人が發明したものである。人を基礎として居る。機械に依つて、分析し運用しても、作つたものは、人である。此の人本來何物であるか。自分自身のことは、自分自身に問へ。別の事ではない。別の物ではない。唯これ火。又これ日。⊙《コレ》である。如是《コレ》であることを「ヒト」と云ふ日本語が敎へてをる。

此の⊙《ヒ》が、幾千萬億兆京と、人間身の計算し得ざる大多數集合して、一つの個體を築いてをる。此の箇體が、瘠せたり、肥えたり、色色のことを考へたり、行つたり、來たり、臥たり、起きたり、間斷無く出たり入つたりしてをる。それが、五十年なり、八十年なりと、一定期間、此こに止まつて居る。「ヒ」が止まるとか、出入往返するとかの意味で、「ヒト」と呼ぶのである。それで、人は、太陽の子であると申すのであります。

其のような、人であるから、各人各自に、自分自身を顧みて、其の何物であるかを開悟すべきである。

我がヒを開けと云ふのは、大宇宙本來の面目を、小宇宙たる我の内に認めて、大宇宙と同一の呼吸をせよとの意である。

大宇宙も⊙《ヒ》。小宇宙も⊙《ヒ》。我も⊙《ヒ》。彼も⊙《ヒ》。物皆は⊙《ヒ》の聚散離合である。合ひては、「日止《ヒト》」と呼び、分れては、「零《ヒ》」と呼ぶ。人の身は、本來、作つたとか、造られたとか云ふのではなく、大道のままに結びては解け、解けてはまた結ぶのである。解き去り剖き來れば、別のことではない。柳綠花紅。鳥舞魚躍。變易本來不變不易。常無常唯我造作。

第八　火中生滅

ミソギの行事は、呼吸を整へることから入《ハ》る。「呼吸をするのに、鼻から入れて、鼻から出してしまふようでは、いけません」と、先師は敎へた。

此の息は、我が息ならず。氣吹戸《イブキド》の、神のみいきの、往き返る◎《ミ》ぞ。

大宇宙神の活用たる「イ」の神德を明にするのが、禊祓の行事としての「氣吹《イブキ》」である。昔から各地で、息に關する研究なり脩煉なりは、隨分色色樣樣と行はれて、私どもから見れば、妙不可思議な、人の身の此のままに羽が生へて、或は鰭が出來て、自由自在に、大虛空をも、大海原をも、飛び翔り、游ぎ潛るようなことも、熱鐵猛火の中に縛せられても、死ぬことの無いようにも、又は年を取らず、病氣をすることも無いようにも成ると敎へて居る。蓋、支那小說、印度神話、希臘、羅馬の昔話ででもあらうか。

けれども、人間的の食物を止め、住宅を捨て、衣服をも更へて、息の鍊磨を續ける。すると、肉體が、次第次第に變る。鳥獸虫魚の類も、見て驚かず、飛び來り、走り集り、共に棲み、同じく遊ぶ。身は輕く、鶴の背に倚りて、空を翔り、龜の甲に立ちて、海底を潛る。之れが初步の修行で、やがて、他の何物をも借ること無く、風よりも輕く、電よりも早く、九天の上にも、九地の下にも、一瞬ならずして往返去來する。それは皆、息の修行を第一とするのだと聞いた。支那の仙人など、皆此ういふことを願悃希求する人達が努力の結果である。仙人の修行は、常人ならば、必出來る。其の達したる曉には、更に天狗界に入る。仙人の境涯を經ずに、人間身から直に天狗身と化《ナ》ることも出來る。けれども、其の修行は、非常に困難なので、常人には望めぬものだとも聞かされた。それは、決して、昔話でも、お伽噺でもない。先師が現實に證明して、鬼谷道人が記錄に止めてある。唯、私の知らぬまでのことである。

　昔から、奇蹟談と云ふものは、各國各地に澤山傳はつて居る。どうかすると、「伊邪那岐大御神が禊祓して、左の御目を洗はせ給へば、天照大御神、右の御目を洗ひ給へば、月讀命、御鼻を洗はせらるれば、建速須佐之男命が生れさせ給ふた」ことをすら、奇蹟だと云ふ人が有る。之れを、先師は、人天萬類蕃息の經路は、皆如此なるもので、根本魂となるべき種子が父母に宿る狀態を、後世子孫たる人類に知らせたまへる祖神の垂示である。靈子とも呼ぶべきものの出入往返は、私どもの五官的にこそ奇蹟とも見らるれ、靈界に在りては、それが、平常事なので、何も、殊更に奇蹟などと呼ぶべきではないと敎へられた。

　何如にも、科學的常識的で、誰でも首肯しそうである。禊して、身も心も淸く明く直く正しくあれば、それに相應して、淸明正直の靈が集り來り、宿り止るので、之れは當然らしくもある。

ところで、世に痲醉藥と云ふものが有る。病患の者が、之れで、苦痛を忘れる。苦痛を感ぜぬから、平氣で活動する。其の間に苦痛の原因たる病患も除き去られ、健康體に恢復する。實に不思議である。

之れに依つて、病氣と肉體と精神と云ふようなものが、同一箇體と成つて存在するのではなく、我と云ふ一つの箇體だと思はるるものが、實は、百千萬烏合の箇體であるばかりでなく、何時何《イツナン》時《ドキ》でも、其の集合したる分分微微が、相互に對立割據することの出來るものであり、また、さうすることの有るものであることを敎へて居る。

此の一身だけでさへ、其の分分が、相互に對立し割據する。何と云ふ悲劇でせう。一家庭の幾人かが、常に同一歩調で進退することは容易でない。一町村郡縣市府として、幾百千萬家庭の集團が、どれだけ統一したる行動を爲し得るであらうか。更に、幾千萬億の人を一團と爲したる國家が、完全なる統一を保つとか、又更に、全世界人類が統一すると云ふには、並大抵のことではあるまい。

そこで、昔から、統治者と呼ぶものが有つて、多數者を統一するに苦心して居る。權力を以つてとか、武力を以つてとか、財力を以つてとか、學力を以つてとか、技能を以つてとか、德行を以つてとか、神命を以つてとか、色色樣樣である。が、それ等は、皆、力を以つて壓制するか、徳を布いて悦服させるとか云ふように、相對的である。治者と被治者と、征服者と被征服者と、相互に對立し、利害休戚に依つて、時に合從し、時に乖離する狀態で、幾年の安きを保つことすらむづかしいのが、人間世界の實際である。其の多數の者が、各自各自に、自己を執持するからには、どんな權力でも方法でも、完全な統一は出來ない。神命だと云つても、承知するものではない。

之れに處する唯一つの道は、對立を忘れることである。忘れると云つただけでは分らぬとすれば、捨身と云はふか。上下内外共に、上下内外の見を捨てるのである。其處に、我と彼と、共に唯一光明の體であり用であり、體用不一不二なる實在であることを知る。

人人は、よく、我だとか彼だとか、有るとか無いとか云ふ。有るとは何か。無いとは何うか。有るとは有るであり、無いとは無いである。無が有とも、有が無とも變ることはない。そこで、「無いと云ふものは無い」と、先師は敎へた。何如にも、其の通りである。

大宇宙の一切合切、都べては存在であり、實在である。存在《アリテアルモノ》で、實在《ナクテアルモノ》であるところの大宇宙が、大宇宙の内に、結びては解け、解けては結ぶ。それが、人天萬類の生死起滅である。生滅起伏だと人は云ふが、それは、唯に、波瀾なので、物其の物の有無ではない。有無ではないのに、人は有無の觀をなす。有無に似て起滅するところの我はまた、其のままに、生死起滅をなしつつ、出沒往來するのである。其の我の內にまた生滅起伏する。我の內なる生滅起伏を我が言論行爲と呼ぶのである。我の言論行爲は、我の知るところで、我がものである。と共に、「カミ」の知ろしめすところで、神のものである。我の一言一行、何であらうと彼んであらうと、一切合切を、神は知り給ふのである。神の前に隱れたるところは無い。そうして、それは、神と共に永劫の存在である。何如なる方法、何如なる手段を以つてしても、一度爲したることは、その一點一劃でも、除き去ることの出來るものではない。消すことの出來るものではない。從つて、自己の犯したる罪、過ちし尤に對する後悔の念も起るものである。その念の起つた時には、過去を責むると共に、過去の延長たる現在の我を責めて、如何にせば、之れを消滅し得べきかに惱むであらう。眞面目であればある程、其の苦悶懊惱は愈益ゝ甚しかるべく、居ても立つても耐へられぬ程にもなるであらう。

けれども、之れを消すことは出來ぬ。黑板に書いた白墨の文字は消しても、書いた文字を一色に塗りつぶしても、一度作つたもの、爲たことが、無くなるものではない。消ゆることはない。無始終の神は、無始終に、それを記錄するのである。

ところが、人は、忘れることがある。あるどころではない、大部分は忘れてしまふ。自己の經過した道道の極極僅少のことだけ記憶して、大部分は忘れてしまふ。何と云ふ不思議であらう。

僅ばかり覺えて居る、僅ばかりの過去の經歷。僅ばかり記した人間歷史。其の時、其の時に、其の人其の人が、忘れまいとして書き記した履歷經過でさへも、國家の重大事として書き殘した國史でさへも、時に、幾多の相違がある。同一事實を書いた甲乙丙丁の記錄が、甲乙丙丁と區區別別であるのが、人間歷史である。人間身として、人間歷史を書いてすら、完全には傳へ得ない。同じ人として、自分のことを自分で書いてさへ、滿足には書き得ない。ましてや、人として生れ來らざりし前生の記憶を、どれだけ人人は所有して居るであらうか。日本民族が、其の發祥の神界を記した書《フミ》に、神代紀《カミヨノノリ》が存る。私どもは、之れを、古典と呼ぶ。人間身出生以前の記錄であるから、古事記《フルコトフミ》とも、日本紀《フミ》とも、舊事紀《フルコトノノリ》とも云ふ。人間歷史の先驅をなすものであると共に、人間死後の道しるべでもあり、現在世界にて活動する目標でもある。此う云ふものが、人間發生以來、各國各地、各人種各民族の間に傳はつて居る。全全人間出生以前の記錄を有たぬ人種民族は殆んど無い。

人類は、何時から地上に棲息したのであらうか。人間世界ならざる世界から、何時如何にして、移り來つたのか。此の土に轉生して來た我等人類の遠き祖先は、神であることを、古典は明記して居る。それは、別天神《コトアマツカミ》の產靈《ムスヒ》給へる天津神《アマツカミ》であり、國津神《クニツカミ》であり、次次には、天であり、地であり、虛空であり、土であり、草であり、木であり、雲であり、水であり、火であり、金であり、石であり、電であり、雷であり、氣であり、理であり、物である。引つくるめて云へば、乾坤で、陰陽で、天地である。別の詞で云へば、天魔地妖亡魂幽靈六道十界佛菩薩である。約めて云へば、神魔である。

此の神魔の出沒變易する物。之れが、人間身心の種子であり、資料である。「天地《アメツチ》と開けたる時、一つの物が、虛空の中に生り成る。其の狀貌は說明することが出來ぬ。其の中に、神と成つたので、國常立尊と號します」とも、「大虛空中に在りて、御子生れます。天津彥彥火瓊瓊杵尊《アマツヒコヒコホノニニギノミコト》と白しまつる」とも記してあるように、神の出生するは、虛空中である。從つて、神は虛空を資料として生ることが解る。「天安河《アマノヤスカハ》を中にして、十拳劍《トツカノツルギ》を、三段《ミキダ》に折り、奴那登母母由良《ヌナトモモユラ》に、天之《アマノ》眞名井《マナキ》に振り滌ぎて、佐賀美爾迦美《サガミニカミ》て、吹《フ》き棄《ウ》つる氣吹《イブキ》の狹霧《サギリ》に成りませる神は、多紀理毘賣命《タギリビメノミコト》・市寸嶋比賣命《イチキシマヒメノミコト》・多岐都比賣命《タギツヒメノミコト》」とあるのは、十拳劍を種子として、天照大御神の氣吹給へる神で、これも、高天原の事實で、固より、大虛空たる高天原を資料として生れ給へるものである。

ところが、「天津彥彥火瓊瓊杵命天降りまして、大山祇《オホヤマツミ》の女《ムスメ》、木花佐久夜毘賣《コノハナサクヤビメ》と目合《マグア》ひ給ひては、無戶室《ウツムロ》の火の中にて、御子をお生みになられた」と傳へ、「御子火遠理命《ミコホヲリノミコト》、海《ワタ》の中に入り、綿津《ワタツ》見《ミ》の女《ムスメ》、豐玉毘賣《トヨタマヒメ》と目合ひしては、鵜羽《ウノハネ》の產殿《ウブヤ》の葺きも合へぬに、御子は生れさせられた」との御事である。

天神地祇、往返去來。火中水裡、變轉出沒。

又見る。神界魔境、相互交錯。人天萬類、晝夜雜住。

熟〻古典を拜しまつれば、人間身の前生を傳へたまふこと、委曲を盡し、懇切を極めて居る。

蓋、神の傳へて、人を敎へ導き給ふにあらざるよりは、好く此の如くなることを得るものではない。

現在地上の人間身は、神界を出ててより幾億萬年なるべきか。次次、彌次次に、天降り來りし人類民族は、幾種幾類であらうか。

年久しくしては、地界鬼窟の妖類魔族と化し、蠻狛夷狄、走獸蟠蛇と選ぶところ無きに到りて、天地晦冥。乾坤否塞。此の土此のまま、根の國底の國と化し去る。

佛徒は早くも、之れを怖れて、末世澆季と嘆く。神界を忘れて、魔業を累ぬるものは、此の身此のまま、魔界を築きて、魔獄に繫がる。

悲しきかな。自《ミ》、自《ミ》の來りしところを忘れ、往くべき先を知らず、惑亂迷妄、暗夜の中に、亡魂幽靈の出頭沒頭するが如き境涯に、自繩自縛の報酬を辭する方途は無いのである。

ところが、人天萬類の所有する「忘矣」たるや、此の憐むべき境涯をも忘れて、金殿玉樓なりと誤認し、樂園淨地なりと錯覺するものすら多いのである。

支那の書經には、「今殷民乃撰ニ竊神祇之犧牷牲用一」と載せて、天神地祇に捧ぐる犧牲をすら、竊みごまかしたと傳へて居る。何たる人間歴史でありませう。念ふに、亡魂幽靈の類が轉生して來ると、常人には、惡逆無道と思はるる行爲をも、平常事となし、五逆十惡の罪業をも辭せぬのであらう。

史乘之れを傳ふるものが多く、現在にまた之れを聞くことも屢である。庶幾くば、之れを整理するところの、「天若比古《アメワカヒコ》の天返矢《アメノカヘリヤ》」「高木神《タカキノカミ》の天返矢《アマノカヘシヤ》」の神德が明であつて、此の土此のままの高天原を築き成されんことを乞ひ祈り祈ぎまつるのほかはないのである。

其の乞ひ祈り祈ぎまつることを、神の聞こし食さるる時、祭祀が成り立つ。祭祀をマツリと訓むのは、其の故で、彼のマと此のマとが抱合合體して、神界樂土を築き成すとの義である。

神界に於けるマツリは、先に三產靈《ミムスビ》の祕事として、其の一端を述べましたが、人間世界のマツリは、神の敎へを仰ぎて、三產靈の祕事に神習ふものであるから、稍複雜の感がある。それには、第一に、神のままなる人と成らねばならぬ。

境を掃ひ、身を淸め、心を明くして、神の火と一つになる。之れは、自律から出發しつつ、他律を仰ぐもので、或は他律に制せられて自律の伴ふもので、自他相互融會の神律に於て、神の我と成るのである。

其處には、執持するところの無い白玉身の在るのみである。此の白玉身を築くのは、禊祓の初門で、白玉身を築き得たる曉には、此の土此のまま、此の身此のままに、三產靈の祕事が行はれる。其處に、祭祀の道が昭になる。ですから、人として、祭祀を主るには、先以つて、白玉身と成らねばならぬ。

白玉《シラタマ》の眞玉《マタマ》勾玉《マガタマ》まつぶさに、統一《ミスマ》る御魂《ミタマ》、天《アメ》なるや、御中《ミナカ》の神《カミ》と、神知《カミシ》らす遯邇《マニ》。

之れは、太遯邇《フトマニ》の祕言靈で、妖類魔族を調伏し濟度する神音だと傳へてある。此こに、人が死ぬ。すると、之れを齋りて、神界を築かねばならぬ。それは、先人に對する第一の勤めで、人類世界に盡す第一義である。

ところが、其の心は有つても、神界とは何うかが分らぬ。死者とは何うかも分らぬ。神が分らず、死者が分らぬから、何うして、死者を神と成すかの分りようが無い。それでも、神と云ふ詞を知つて居るから、死者を神だとして祀らうとする。祀らうとはするが、不幸にして、其の祀り方を知らぬ。他を知らぬから、境涯を異にして居る死者を祭るのに、人間的に、勝手なことを爲る。知らぬものが、知らぬことをするのだから、盲滅法でやる。折角、志だけは有つても、指示するところを知らぬから、神界に送ることが出來ず、往く道が解らぬ。可哀そうに、妖魔身と墮落して、獄裡に繫がれ、百千萬年を經ても、それを、出ることが出來ぬのである。

死者は、云ふまでもなく、人ではない。

想ふに、世上どれだけの人が、好く鳥獸の類と自由に對話が出來ませうか。草木の詞が解りませうか。雲霧雷霆と物語り得ませうか。日月星晨の話を聞くことが出來ませうか。神佛乃至妖魔の言論行爲が知れませうか。

旣に、人としての身も心も分解して後の父母祖先と何う話を爲るのでせうか。

先師は、拜神して、鎭魂裡に在れば、大宇宙の各界に出入して、何物とも、自由自在に物語ることが出來ると敎へられた。まことに便利である。人と人との間ですら、滿足には話し得ない、凢愚我等は、どうかして、然う成りたいものだと、粥を啜り、體膚を飢ゑしめ、寒暑に曝され、專心一意、海に潛り、瀧に打たれ、振魂を爲し、氣吹を行じ、祝詞を讀み、神名を奉稱し、幾多の行事を、敎へられしままに續けて來た。十年、二十年、三十年、歲月は徒に流れ去つて、唯見る白頭の蓬の如くなるのみである。「愚なる者よ」と、一瞥を與へ給ふや否や。

神もまた、此の愚なるものを奈何とも爲し給ふことの能はぬことでありませうか。

實に、愚なる者よ。鳥には鳥の詞が有り、草木山川、風雨電雷、萬類萬物、各自各自の言語を異にするものを、果して、自由自在に通達し得るであらうか。また其の必要があるであらうか。

人の身は、五官に縛られて、我と彼と、物と心と、分け隔てをして、百千萬類と區別を立てる。

此の百千萬類の各〻は、各〻の存在であるから、他類と相互交通することは容易でない。いや、それどころではない。我が一身と思へる、四肢五體の各〻が、何如なることを思ひつつ語りつつあるかすら、我が身の內にてすら、相互に何れだけ理解が有らうか。咄。

我が毛髮の一端さへも、其の意を解すること能はずして、漫然剪除して、其の悲しみ嘆き泣き號ぶをも顧みざる人人にはあらざるか。

人類全部の智囊を集めても、僅に人類相互の生存の自由不自由の範圍を出ない。紙一枚を隔ててすら、眼前尺寸の天地を知ることが出來ぬ。聰明叡智、人間未聞の大聖人と呼ばるるも、世を救ひ人を敎ふること、果して幾何であらうか。

人間身は、兎もすれば、五尺の殼を脫出することを忘れる。五十年とか、八十年とかすれば、全全生活狀態の變つてしまふ此の殼の中に潛り込んで、僅な時間の中に繫がれて居て、他を觀察するから、神をもまた、こんなものかとか、そんなものかとか思ひ、非常に大きな、綺麗な、御姿で、其の壽命も、幾千歲とか、幾萬年であるとか、神代とは、上代で、何萬年とか、何億年とかの過去だと計算する。

そこで、其の昔の死者が神であるから、昨今他界する人も神だと云ふ。死ねば神で、生きて居ては、神でないとすれば、生死の差は、神と人とを分つのか。何と云ふ不思議でせう。

「伊邪那美命《ヒメカミ》は、お崩れ遊ばされて、黄泉國《ヨミノクニ》に入られた」「伊邪那岐命《ヒコカミ》はお崩れ遊ばされて、日少宮《ヒノワカミヤ》にお止りになられた」と傳へられてある。等しく、御崩御になられても、天と地と、顯界と幽界と、全く反對の御境涯に入らせられたのである。そうして、伊邪那美命《ヒメカミ》は、黄泉大神《ヨモツカミ》として、伊邪那岐命《ヒコカミ》は、天津神《アマツカミ》として、各其の神業を建てさせ給ひつつましますのである。

人間身は、神をも、人間身の如くに思ひ誤るから、神界の事理が解らず、生死遷轉を見て、不生不滅を忘れる。神の身内の我であることを忘れるから、總べての禍亂が、其處に生ずる。之れが最留意せねばならぬ點である。

幾度となく繰返して申しますが、時間の差も無く、空間の隔りも無く、過去の過去際から、未來の未來際に瀰り、四維十表、涯無く限りの無いのが、神であり、神の代である。であるから、神は、大小長短高低深淺等の尺度には上り給はぬ。それは、實在であり、存在である。故に、一切合切、存りと在る物の限りを神《カミ》と稱へまつるのである。勿論、顯界も幽界も、天も地も、神代の神にてましますので、現在も神代で、將來も、過去も、亦皆神代で、西も東も、南も北も、上も下も、共に神世で、人天萬類悉皆、神の身内《ミウチ》である。其の中に在りながら、それを忘れて、生だ死だ、我だ彼だと分け隔てをする。愛憎好惡だ、利害得失だと騒ぎ爭ふ。之れを繰返し繰返しつつ、出頭沒頭、生死遷轉の波を起す。火中の生滅。蓋、如此である。

第九　天界地底

ミソギは、火中の生滅を教へて、此の火を體得悟證させる。

目を開いて、外界を見れば、森森羅羅、凹凸出入、生滅起伏、大小長短、廣狹厚薄、高低明闇、青黄赤白、深淺遠近、千態萬様である。

此のような物。それが、私ども人天萬類の姿である。善いのか、惡いのか、美しいのか、醜いのか、正しいのか、曲つだのか、治《チ》つたのか、亂れたのか。一見まことに、ごちやごちやで、何のまとまりも無いようである。

けれども、毎朝毎朝、太陽を東の天《ソラ》に仰ぎ、毎月毎月、太月の盈虧を知る。水は低きに流れ、火は乾きたるに燃ゆるのである。生れて來たものは必死に、出來たるものは必壞れる。秩序整然。表から觀れば、譯が解らぬようでも、裏から觀れば、一糸紊れざる筋道が存る。雲行き雨施す。着るに衣有り、居るに家有り、食ふに五穀菜果が有る。老幼抃舞。壯夫耕耘。一家一國一世界から、全宇宙まで、皆共に、此の生を喜び、其の死を樂しむ。病患無く、苦惱は無い。唯是れ、此の如くに推移するのみで、刹那も靜止することはない。動き動いて、止むことの無い中に、我もまた、其の動き動く大宇宙と一つに動き動いて居る。其處には、矛盾撞着が無い。紛亂鬪爭が無い。宇宙の大道を知るものは、大道のまゝに動いて居るから、太平和樂の神國を成すのである。大道と云ふのは、天地を貫き通したる筋道で、人天萬類一切合切を縛つて、勝手氣儘を爲せぬのである。ところが、之れを何か窮屈なように思つたり、邪魔なような氣を起したりすることがある。

縛られて居ると云ふのは、説明の便宜なので、事實は縛られて居る譯ではない。唯、一定の範疇を脱出することは出來ぬ。例へば、大宇宙の外へ飛び出さうとする。いくら考へても、どうしても、それは、不可能である。自殺することは出來る。が、自殺して見たところで、すべてが無くなる譯のものではない。物質としても、精神としても、唯、形が變るだけである。どんな工夫をして見ても、大宇宙の外に脱出する事は出來ぬ。之れが、總べてのものの事實である。眞理である。

それで、人は此の中に在つて、正しいこと、善いこと、美しいことも考へるが、又、惡い事も、醜いこと、曲つた事をも考へる。色色樣樣な事を考へたり爲たりして居る。紛紛擾擾として、自己の由つて來るところも、行く先も知らぬ。之れを日本の詞では、幽鬼《マガダマ》・妖魔《マガツビ》と云ふ。ところで、善は善、惡は惡、正は正、邪は邪、美は美、醜は醜と、はつきり判別する事は、容易《ヤサシイ》なようであるが、實は、なかなか困難《ムツカシイ》なのである。込み入つた問題になると、多くの人は、ぢきにわからなくなる。それが、幽鬼妖魔の常である。幽鬼妖魔は、善の善たることも、惡の惡たることも、美の美たり、醜の醜たることも、正の正たり、邪の邪なることも、明瞭でない。之れを、別の詞で云へば、天を知らず、地を知らぬもので、天と地とを剖き得ざるもので、「大海に浮べる雪の如し」と云ふのである。それを、天は天、地は地、正は正、邪は邪、善惡美醜は善惡美醜と、判別が着いた時には、惡も惡でなく、醜も醜でなく、邪も邪でない。そこで、それを、神魔同几と云ふのである。邪惡醜陋なるものが、其のまま善美正誠と化《ナ》つたので、鏡の船《カガミノフネ》と古典に傳へたる祕事であるから、此の相《スガタ》を讃へて、神魔同几の天御鏡《アマノミカガミ》と呼ぶのである。

なほ、例を擧ぐるならば、敵國外患、賣國內憂、警備防諜と云ふのは、其の對手が明瞭でないから起る問題なので、其の故に、憂患であり、害毒であるまでのことである。若、對手を明瞭にして、討伐し捕縛したとすれば、それは旣に、敵國でも間諜でもないのと同樣である。歸順したる敵は、敵ではなく、就縛したる賊は、賊ではない。邪惡醜陋歪曲汚穢なるものが、之れは惡いと分つて、それを直すと云ふ事がはつきりして、正誠善美の方向に働けば、それは、神と化《ナ》りたる幽鬼妖魔である。

日本の古典だけでは、一寸分りにくいが、眞言佛敎の曼陀羅を見ると、之れが容易に解る。其處には、佛菩薩と、天龍夜叉等、極めて美しい姿と共に、極めて醜い者が在つて、横を向いたり、後を向いたり、泣いたり、喚いたり、笑つたり、怒つたり、又、足の下に踏まれて、踠いて居るようなものまでが、種種様様でありながら、然も、その全部が、一つのものにまとまり、一つの佛界の中に納まつて居る。それは、妖魔鬼畜も、妖魔鬼畜のままに、完全なる統一體として、神界を築き成したのである。

其のような幽鬼妖魔は、神と化りたる幽鬼妖魔である。

つまり、これまで、邪惡醜陋の言論行爲をして來て、現在も續けてをるが、神の道を聞き、神の道を悟り、神の光を仰ぎ、神に歸順して、神の光の中に納められて、神の仰せのままに、神の國を築くべく働いてをるのである。が、その醜惡邪曲なることは醜惡邪曲である。と云つただけでは、解りにくいでせうが、醜惡邪曲なる善美正誠であると謂ふので、例へば、「大宜都比賣神《オホゲツヒメノカミ》の殺さえたまへる身に、蠶・稻・粟・小豆・麥・大豆などが生つた」とか、「何時も、血あゐただれたる八俣毒蛇《ヤマタノオロチ》の尾を切りたまへば、叢雲劍を得たまへり」とか、「八尋和邇《ヤヒロワニ》の匍匐委蛇《ハヒモコヨヒ》して、玉の御子生れませり」とか、傳へたる古典で、現實である。

大宇宙の眞理で事實であるところの大道を悟證したからとて、走卒田夫が、高官榮位に着くのではない。それは、戰艦、水雷、戰車、飛行機、等が、重要なる武器であることは、陣頭の威力であるが爲で、後宮禁苑の位に在るのではないのと同じく、各自各自には、各自各自の天分が存る。天與の天分が有るので、各自の天分を變更することは出來ぬ。それで、何如に神の道を悟り得たからとて、此の生を代へぬ間は、現世に受け得たる天與の位置を脱出することは出來ぬ。いや、それどころではない。悟證した人は、其の位置を明瞭に認め、其の時季を明瞭に知り、自己の天分を明瞭に覺り、其の位置に在り、其の時季に應じて、其の天分を完全に發揮するので、それが大道體得の證左である。で、兎に角、幽鬼妖魔でも、幽鬼妖魔のままに、大道を體得し悟證すれば、一圓光明の裡に住む身として、總べてのものを、此の大道の中に、導かうとする念願に燃えて來る。之れを、神と化《ナ》りたる幽鬼妖魔と呼ぶので、日本民族は、月と敎へ、また風とも知らしてある。日に對するの月としては、神代の神月讀命と白しまつり、建速須佐之男命と畏みまつりては、其の御神性、時に、惡神を招ぎ、時に、日神をも凌ぎ給ふ。靑山をも泣き枯し、海河をも泣き乾すので、幽鬼妖魔中第一の勇者で、大禍津毘《オホマガツビ》と呼ぶところの大魔王である。

此のような、勇武猛惡の神德を仰がねば、人類世界を統治することは出來ぬものである。其のように、人間世界には、邪惡醜陋の充滿して居るので、國としては、根の國で、底の國で、妖魔の群團である。「僕《ワタシ》は、妣《ハハ》の國根の堅洲國に往きたいので哭くのだ」と、建速須佐之男命の仰せられたのは、其の根の國底の國を本生の國土とせらるるが爲である。

妖魔を制するは、妖魔でなければ出來ぬ。畏くも、日本天皇兵馬の大權は、建速須佐之男命の神徳で、「叢雲劍《ムラクモノツルギ》を取らして、天照大御神《アマテラスオホミカミ》に白し上げ給ふ」ところである。が、さて、現在世界の軍備は、假想敵國を倒すものであるから、一度、大道を忘れようものならば、弱肉强食どころではない。强弱も善惡も、正邪も曲直も、一個の坩堝と化して、相互に殺戮し、相互に自滅するの外はない。

町中を歩いて居て、ビックリさせられたことがある。四歲《ヨツ》五歲《イツツ》位の子供が四五人遊んで居ると、少し大きなのが、路次から出て來て、突然、其の中の一人を擲りつけた。小さいのは泣き出す、大きいのは笑つて居る。見るものは、呆然たるばかりである。

ところが、此のような妖魔心は、成人の後にも潛んで居る。實に恐るべきである。軒を並べ、境を接して居る人人の間でさへも、相互に嫉視し爭奪することを見掛ける。國際間の歷史は、露骨に之れを傳へて居る。何としても、悲慘事である。此の慘劇は、同じ大宇宙の身内《ミウチ》に、等しく、太陽の子として、太平和樂を謳歌すべき身でありながら、それを忘れて、相互の對立に縛せられたばかりに、各自に招いたのである。一刻も早く、各自各自に反省し、相互に相互の光明身たることを認めて、此の光の中に樂しき生を營むことを心掛けねばならぬ。然うなるように導くことが、何よりの急務である。それには、人が生れて來ると同時に、と云ふよりは、生れぬ前から、生れ來るべき資料たる萬類萬物に向つて、神の言《コトバ》を稱へつつ、此の道を明かに教へて行くことである。之れが完全に行はるるならば、決して戰亂鬪爭の社會を現出することはないのである。其の敎へ方は、樣樣にあるが、最近道は、常に神の詞を聞かすることである。實は、此の範圍に屬することは、人に云つても解りにくいので、寧ロ神の御業である。けれども、人の世界を治むるのは、人が主になるので、何とかして、人にも解らせねばならぬ。旣に出生したならば、神《カミ》拜《マキリ》を敎へる。單に、神と申しても、漠然として分りにくいので、總べての人に明に認めさす事の困難《ムツカシイ》な憾がある。

日本民族のみでなく、各國各民族は皆、昔から、太陽を拜んで居たことは繰り返して申しましたが、よくよくの惡人でないかぎり、太陽の恩惠を知らぬものはない。それで、方便として、それに對する感謝の念から導いて、太陽を拜することを敎へる。それから、徐徐に、大道を悟るようにする。之れは比較的導き易く、好い結果を得られる。

日本民族は、特に太陽を拜する心が厚かつたが、近頃の學問が、神に遠ざかつた爲、次第次第に朝日夕日を拜む人が減つて來た。他の國國には、色色の處が有るので、埃及あたりのように、太陽を直に神として拜するところも有るが、それも、今は、昔のようでない。

恩惠に對する感謝の念を持たぬものは人でない。それで、此こから敎へて行けば、割合に容易である。

太陽を拜し、太月を仰ぎ、神の御敎文としての諄辭を讀み、神の言靈としての御名を稱へ、神の御聲の祓をする。御聲の祓とは、宇佐神宮に傳へたる祕事であるが、發聲の音義に依つて、顯幽表裏に常立つ神身を築き成すのである。

身を清め、境を祓ひ、神の御聲の中に我が神を體得し悟證する。

聲として聽けば、有る限りが聲である。其の聲で敎へられたる神を、日本民族は、言靈と學んで來た。此の神たる言靈を稱へまつる。すると、其の聲が、發き發き、響き渡つて、四維十表が、悉皆、神の聲と成る。之れは、聲として拜みまつる神であり、神の國である。淸く、明く、直く、正しく、美しく、澄み切りたる神の身である。で、此のようにすることを、御聲の禊《ハラヘ》と稱へまつる。

神代の神の言靈を、日本民族の傳へまつりしは、紀記三典を初めとして、まことに數多いのである。全國各地に、上古以來、神社として奉祀されたる御神名の多くも、また此の神代の神の言靈としての神にてましますのである。

此の御神名を奉稱しつつあるのは、それが、直に、神國を築きつつあるのである。殊にも、天照大御神と稱へまつるは、大宇大宙の大母胎としての高天原統治の御《ミ》言靈《コトバ》にてましますが故に、其の神德は直に、全人類を統率しまつるべきである。人人が、アマテラスオホミカミと稱へまつる聲は、そのままに、神の御聲であり、神の御心であり、神の御敎であり、神の御《ミ》相《スガタ》である。それを、私どもは、ただ複唱しまつる。此の上もない易行道である。人人は、口が有るから、口で神を知る。或は、神に近づくと申してもよい。更に進んで、口から入つて神に成る。神と成り神の國を築く道が其處に有るのである。神が、アマテラスオホミカミと仰せ給ふが故に、人が聞いて複唱する。それが、積り積つて、神の國が完成する。目に拜みまつれば、色彩形態で、則、御相《スガタ》である。聲であれば、口で稱へ、耳で聞く。耳なり口なりであるから、唱へまた聞くのであるが、其の實體は、單に耳でもなければ口でもない。聲でもなければ相《スガタ》でもない。

人としての身でも、目で見、耳で聞き、鼻で嗅ぎ、舌で味ひ、手で觸り、心に思ひ考へて、と云ふように、各異つた機關があつて、同じ物に對しても、色色の方面から、研究する働きを持つてをる。聲と云へば、耳で聞くものであるが、更に、「その御聲を觀て悟るべきなり」と敎へられたる如く、聲の色彩形狀を見て、其の實體を悟らねばならぬのである。

人の機能としては、目の働き、耳の働きが、外界のものを取り入れるに最優れて居る。そこで、人間機關の代表として、此の二つを擧げ、聲の相《スガタ》を知れと敎へたのである。其のようにして、知り得たるものとは、昭昭琅琅たる一點《ヒ》である。

其の一點《ヒ》とは如何なるものか。

先づ、目を閉ぢ、耳をふさぎ、五官を捨てて、我本來何ものなるかと探索する。五官の有るのに、それを捨てることは容易でないようだが、實は、それが一番近道なのである。すると、五官でもない、六感でもない、それ等を捨てたものでもない、一線脈脈たる筋道がある。天界地底踏破卓立。それを、大道と呼ぶ。

大道の中に生れ、大道の中に死ぬ。人天萬類皆共に然うである。

それであるのに、何を改めて、大道を求むると云ふのか。

大道は坦坦、細徑には荊棘繁茂す。大道の中に在りながら、大道を忘れて、妖魔鬼畜の顰みを學ぶ。畏くも、大日本天皇國に生を享けながら、蠻夷戎狄の細徑に彷ひ、荊棘を禮讃して、歸途を忘るるとは何事であらう。

と云へばまた、大道の外に細徑が有り、神界の外に魔獄が有るようでもある。嘗て、悉達多太子は、虚空藏菩薩の佛智に住して、過去七佛の傳統を繼承し、人間世界に立ち歸り、虚空藏裡一點の火を掲げ示した。此の一點は、大平等海裡の大自己であるから、大我と呼ぶことが出來る。けれども、太子は、此の一點を教ふるに、解脫の途を指示したので、後學未熟の徒は、單なる平等とのみ速斷し誤解して、無中心で、無我で、出家で、無國家で、家を成さず、國を成さざるものだと排撃し非難して居る。

ところが、先師は、之れと全全反對の方面から敎へ、積みに積んで、積み重ねて、何んにも無い零界を悟證させようとせられた。すると、弟子どもは、矢張中途半端で、頑迷固陋に墮ち、無闇やたらに執着が強く、我《ガ》を張るものばかり多くなつた。

此の二つは、正反對の敎へ方ではあるが、共に大道を指示して居る。

自己の大なるを知るものも、その小なるを信ずるものも、共に其の極に達すれば、唯一點である。之れを、火と呼ぶのだとは、繰り返し、繰り返して述べたのであるが、凡愚は其の極を見ないから、中途半端の野火や狐火を眺め、魑魅魍魎の巢窟を營むのである。

大道の中に居ながら、大道を知らぬものは、妖魔群と呼ばるるのである。

その妖魔の群も、妖魔群だと氣が付けば、軌道に乘れば、其のままに、神と仰がるるのである。

人人は、神とか魔とか、區別をするけれどもが、本來は、分け隔ての有るのではなく、其の時に合ひ、其の處を得、其の身の澄みたるものが、神と仰がれ、其の時を忘れ、其の處を辨へず、其の身を穢したるものは、魔と呼ばるるまでで、共に火である。窮むれば等しく靈で、剖けば同じく零で、千變萬化の現象世界も、必竟零界で、如是の生滅起伏である。

第十　婆子饒舌

神と魔と云ふように區別をするが、本來は◯《ヒ》である。

其の⊙《ヒ》の此處に結び、其處に解くる樣が種種雜多なのを眺めて、神魔雜糅だと云ふ。

神魔も、神魔と呼ぶべき體が有るのではないと知れば、坦坦として障礙が無いから、白玉晃耀の身なりと呼ぶ。

萬類萬物は、悉皆、天與の天分が存るから、それを自覺して、それぞれの天分を完全に發揮すれば、一點昭昭として盡十方を照らすのである。

各人各自は、各人各自に、天地を一貫したる存在であるから、他の云爲指導を待たずして、その冷暖甘酸をば、我と我が身に知り得べきであり、また、自知するの外はないのである。

我が身の來りしところ、往くべき先を知れば、始も無く、終りも無く、經も無く、緯も無く、我も無く、彼も無く、稜威の赫灼たるのみである。

神界も魔境も、唯一點であると知れば、其處は、高天原《タカマノハラ》と呼ぶので、天安河《アマノヤスカハ》が流れ、天眞井《アマノマナキ》が淸み淨みて澄み切りたれば、聲無きの聲で、色無きの色で、白玉光底に潺湲たるの泉である。

出でては歸り、歸りては往く、神とも成り、魔とも變る。此の身と此の心と、彼の物と其の事と、皆共に、標識基準を忘れては、遷轉變易して、火宅の住者かと嘆くのである。

賢愚利鈍、先醒と後覺と、何を隔て、何を分つのか。ましてや、貴賤と貧富と、强弱と大小と、學不學と。觀じ來れば、爐邊一塊の雪達磨である。

火中生滅の身なりと知れば、地界を平げ天界を築く。それも、これも、皆自《ミ》成し得るので、婆子饒舌、却つて我を惑はす。我の根本魂は、常時不斷に我を導き我を敎へて明に進路を示す。我、我を導かずして、何者か良く我を敎へませう。

山の雪が解くれば、草も木も、青青と芽が出る。麥も、豆も、みんな自分で芽を出す。太陽を仰いで、喜び勇んで。

仰げ仰げ。日の御光を仰げ。神の〇《ヒ》の中に、我が根本魂の芽は發育して、神の身と成り、神の國を築くのである。

此の〇《ヒ》の中に發芽したる根本魂を、人間身の上では、直日と呼ぶ。日の神の與へ給ひ知ろしめし給ふ日である。が、一つの小宇宙としての個體を築いて、それを統治し統率して居る上から、直日《ナホヒ》と云ふのである。人は其の根本魂たる直日が、何處に在るかを考へたことが有るか、どうか。又、どんな狀態であるか、と。

それは、此の肉體としても、精神としても、此の五體の中に、何處を尋ねて見ても、五官的に知ることは出來ぬ。けれども、慥に在る。慥に在るとは、此の身が斯く存在することが、何よりの證明である。若も、中心が無ければ、此處に此うして存在することはできぬのである。が、其の直日は、何處にあるのであらうか。直日は、各自の中心であるから、各自にそれを知らねばならぬ。ところが、自分自身の內に在りながら、よく之れを明らめ得たるものが、幾人あるであらうか。最近くして、親しくして、否、寧ロ同一體であつて、又最解りにくい。

そこで、自己の直日を探究することは、暫止めて、外のものを觀る。茲に、私どもは、一家庭として幾人かが一緒に居る。此の場合、家長は、其の全家族を統轄して居るので、家庭の中心である。それで、其の家庭としての直日は家長である。團體としてならば、その團體の主宰者。會長とか、社長とか、種種なる集團相應に名稱は別でも、其の中心をなすものがある。それを、それぞれ、其の團體としての直日となすのである。政治機構としての各長官も、其の機構としての中心であるから、直日である。國家としての帝王大統領の如きも、其の國國の中心で、直日である。全人類世界としての直日をば、天皇と仰ぎまつるのである。

そこで、家庭としては、家長を標識基準として、一家の事業を經營する。各集團としては、其の主宰者を、各國家としては、帝王とか大統領とかを、各の標識基準として、各集團なり民族なりの進路を知るのであり、全人類世界としては、天皇を大中心と仰ぎて、安心立命を得るのである。

直日と申す上からは、其の個體としても、集團としても、一つのものの中心である。そうして、此の中心は、それぞれの個體・家庭・集團・國家・世界・等各の全體に、その力を及ぼし、光を施して居る。で、その分分個個は、各中心の光を仰ぎ、力に繋がれつつ、外廓を築きて、それぞれが、天與の天分相應に事業を營む。その各の事業は、悉、中心に統轄せられて、其處に統一體たる實を顯すのである。

完全なる統一體とは、中心たる直日に、全體として缺くることなく統率されてをるので、此の場合には、神直日神《カムナホヒノカミ》と稱へて、一圓光明の體であり用である。

なほ繰り返して申しますと、總べての物なり、事なり、人なり、家なり、國なりは、中心と外廓とが有る。それで、中心と外廓とは、一つになつて居るが、分分微微の集合體であるから、分裂し分散することも、凝結し統合することもある。紛亂鬪爭も演ずれば、太平和樂をも歌ふ。いづれにしても、中心は中心として、外廓は外廓としての位置を明に自覺することが第一である。

國家の上で云へば、人民民族領土財産なり、各種の機構體制なりは、外廓である。此等外廓の一切が、悉中心直日としての天皇を仰ぎまつり、人類としての事業を建設しつつある時、其の外廓一切が神の國を築き成したのである。之れは、全外廓が、分分個個の存在を忘れて、唯一筋に中心を仰ぎまつり、天皇の稜威の分分個個としての實を發揮し得たので、其の國全體は、統一《ミスマル》魂神《ミタマノカミ》と稱ふる大直日《オホナホヒ》である。が、ここに注意せねばならぬことは、全宇宙が神であるから、小宇宙としての我もまた神であるとか、天皇は全人類總體の統率者で、全體としての神にてましますから、其の中なる人は皆神だと云ふかも知れぬが、それは、半面だけの見解で正鵠を得ては居らぬ。

單に大宇宙の一分子だとか、天皇の臣民だからとか云ふばかりでなく、全宇宙神と同一神業を分掌する時、則、天皇の稜威の中なる我と成り、神の稜威の我なることを、分分個個が、相互に現し得たる時に、初めて神と成り得たので、此の境に在りては、我は神なりとは云はずして、我は禍津日《マガツヒ》だと云ふのである。これを言ひ換へると、幽鬼妖魔と呼ばるる人天萬類でも、神の光を仰ぎまつりて、其の神業を分掌することが出來れば、神の國を築き成したので、神と化《ナ》りたる幽鬼妖魔なので、先に擧げた佛界曼陀羅の神兵の如きである。然れども、その人天萬類が寸時でも標識基準を忘るるならば、それは、神に叛いたので、元の幽鬼妖魔に墮落したのである。唯僅に、此の一點に結ばれて居れば、神の身內として神の事業に參與することが出來ると云ふまでである。であるから、外廓たる分分個個は、一言一行も、其の中心を忘れ、中心を離れることがあれば、直に幽鬼妖魔身と成るのである。それ故、私どものようなものは、刹那も、神を念じ神と共に在ることを忘れぬように心掛けねばならぬ。

個人としては、念念自己の根本魂を仰ぎ、一家としては、家長、一集團としては、其の主宰者を仰ぎ、國民としては、統治者を仰ぎ、全人類としては、天皇を仰ぎまつりて、刹那も離るることなく、忘るることの無いようにせねばならぬ。そこに統一魂《ミスマルミタマ》としての神業が成立つ。各人各自に根本直日を明め得て、直日の人と成る。之れを、直日開發の曉となすのである。

强ひて努むるを要せずして、其の中に在るように訓練する。其の訓練に、禊と云ふ行事がある。殊更に禊の行事を爲ずとも、廣い意味での禊の一端として、日夜に神を拜する。之れが、生を人間に享けたるものの務である。が、必しも、然う爲なくとも、活動することは出來る。又强ひて、之れを爲ねばならぬと、人間的に制裁するものでもない。けれども、此の禊行事の一端をも爲すことなく、肉體身の欲求に任せて行けば、身も心も、次第に亂れて、惱み苦しむことになる。若も、亂れ騒ぎ、苦しみ惱むのが好きだと云ふならば、それを强ひて止めようも無い。然しながら、既に、家庭を成し、集團を成し、國家を成すからには、統一體としての立派な事業を立てさせねばならぬから、國家は國家として、集團は集團として、一家は一家として、それを敎へ導き、又、制裁するの道がある。之れは、直日の權威である。

けれども、各自各自は、各自各自としての獨立體である。從つて、之れを制御するは、時處に應じての便宜に過ぎない。宇宙の事理としては、必しも、善ならざるべからず、美ならざるべからず、正ならざるべからずと、堅く強く執持せねばならぬと云ふ譯ではない。其處に、すべてのものの自由がある。その自由たるや。正にも邪にも、惡にも善にも、何うにでも變轉し得る自由である。之れは最恐るべき自由である。此の自由を、自由のままに放任するならば、各自各自は、狹隘なる墻壁を築き、荊棘を植ゑて、自他を峻別し、直目を忘れ、光明に背き、黑山鬼窟の中に割據して、他を苦しめ、自惱むに到るのである。個人としても苦しみ惱み、集團としても統率を亂し、國家としても戰亂異變を生ずる。之れは、唯、此の分分個個が、分分個個に、小我の自由を主張し、其の欲するがままに、活動するより起るところの波瀾である。人は善美正誠の言論行爲を爲すことも出來るが、邪曲醜惡の言論行爲を爲すことも出來る。斯くて、人類が、醜惡邪曲の自由をも有することは、困つたとも氣の毒とも申しようの無い事實である。善惡美醜、正邪曲直、唯其の自己の欲するままに、思ひつつ、語りつつ、行ひつつ、欲するところへ行くことが出來る。苦しむも惱むも、樂しむも笑ふも、歌ふも舞ふも、各自各自に有する自由である。此の自由を制御し統一して、直く正しく明く美しく、太平和樂の人生を營むべく、恒に其の標識基準を仰ぎて、之れに統一せられつつ、本來本有の神德を發揮する方途を、神代の神は、禊祓《ミソギ》と敎へて、日神《ヒノカミ》の神事《カミワザ》である。

等しく、日神事《ヒノカミワザ》ではあるが、神代の神の神事としては、伊邪那岐命《イザナギ》伊邪那美命《イザナミ》二柱神《フタハシラノカミ》の修理《スリ》固成天沼《カタメナスナルアマノヌ》矛《ホコ》の神儀尊容《カミカカリ》であるから、禊祓《ミソギ》とか祓禊《ミソキ》とか書くべく、神代の神の御垂示に神習ひて、先聖が後世人類に教へ遺したる祭儀行事として天皇治國の大道である上からは、大祓《ハラヘ》であり、鎭魂《ミソギ》である。

民人は、其の大祓《ハラヘ》鎭魂《ミソギ》を仰ぎて、天皇の大御寶と仰せ給ふ事實を顯彰する爲に、大祓《ハラヘ》鎭魂《ミソギ》の神儀に隨順《シタガ》ひ奉るので朝廷御行事の一端であるままに、今假に禊《ミソギ》行事と書く。之れは、脩身齊家の學であり行である。等しく**ミソギ**ではあるが、神代《カミヨ》の神《カミ》の御垂示《ミシメシ》と、日本天皇の祭典として傳へ給へると、日本民族の信仰として仕へ奉ると、又更に、全人類乃至萬類として、之れを科せらるるとの間には、雲泥霄壤の異別が存るのである。が、結局、それとても、表面的に見るからなので、神界眞理の事實としては、また、別の事ではない。これを、日本民族の信仰としての範圍で云ふならば、唯此の光＝どの方面から、どの範圍で見ても、唯此の一點たる中心＝を忘れず、自己の享け得たる天分相應の事業を立てる。それは、自己の事業であつて、天與の大道であるから、中心に統一されて居る。中心に統一されて居るから、外廓としての個體も安心立命を得て、「皇孫《スメミマ》の命《ミコト》の瑞《ミヅ》の御舍《ミアラカ》仕へ奉りて、天《アメ》の御蔭《ミカゲ》、日《ヒ》の御蔭《ミカゲ》と、隱りいましまして、安國と平けく」神の國は築き成さるるのである。之れは、別にむつかしい理論と云ふのではなく、各自各自が、此の身を省察すれば、直に解ることである。

一身としての四肢五體の、手は手、足は足、内臓は内臓と、それぞれに分掌するところが別別に定まつて居るので、手を以て足に代へることも出來ねば、足を以つて、内臓に代へることも出來ず、それぞれがそれぞれの位置に在つて、それぞれの事を分掌するが故に、それぞれの完全なる用を爲し得るのである。で、それは、手が單に手の爲に働くのではなく、足が單に足の爲にのみ働くのでもなく、全身體のどの部分が、何を爲ようと、總べては、此の全身體の用を爲して居るのである。だから勿論、官吏ならば官吏として、其の官吏一人の仕事は、單なる個人の仕事でなく、其の官廳全體乃至國家機構の全體にかかる仕事である。

國家の一員として、全地球の一人として、太陽系中の一塊として、全宇宙の一點として、各自各自が、まるで異つたような働きをして居ても、其の全體以外に脱出する事は出來ぬので、固より全體としての一員であり、一人であり、一塊であり、一點である。で、之れを一貫したる筋道を、色色の名稱で、之れまでお話して來ましたが、世間で最普通には、カミと白し、また、ヒノカミと稱へまつるのである。が、此の詞を別けて説明すれば、一點として眺めた時には、ヒと稱へ、主體と妙用とを仰いては、カミと稱へまつるのである。或は、表と裏としてもカミ。又は、内と外、夜と晝、天と地としても、皆共にヒであり、カミである。それを、日本民族は、太古からヒのカミと仰ぎ、更に言靈《コトタマ》と稱へ來つたのである。ヒも、カミも、ヒノカミも、共に詞として讃へまつる大宇宙神にてましますが故に、コトタマと白しまつる。そのコトタマとは、また、產《ムス》靈《ビ》產魂《ムスビ》たる神にてましますとの義である。

大の極としてのヒ。小の極としてのヒ。全體としてのヒ。分分個個としてのヒ。大小長短分分個個を一貫したるヒ。神としてのヒ。魔としてのヒ。そうして、人としてのヒ。

此のヒを仰ぎまつれば、ヒカリである。

それは、人間世界の燈明臺で、人類社會の統率者で、人民民族の標識基準で、我我は此の標識基準を離れてはならぬ。否、本來は、離れることの出來ぬのに、離れようとし、忘れようとする。之れを誡めねばならぬのである。

さて之れまでに、直日が、個人としては根本魂で、集團としては主宰者で、國家としては帝王・大統領で、全人類世界としては天皇にてましまし、大宇宙としては神と稱へまつることの概略を述べましたが、其の直日を仰ぎまつればヒカリだとは、何の典據が有るのかと云ふに、紀記三典を初として、內外の古典は此の事理を傳へて居るのだが、時を隔つることが久しいのと、各地に散在して、國風が別な爲とで、一寸知り難いのである。

舊事紀には、其の卷頭に、「天《アメ》が先に成り、地《ツチ》が後に定る。それが、一神《ヒノカミ》としての、天讓日天《アメユソルヒノアマノ》狹霧國禪日國《サギリクニユヅルヒノクニノ》狹霧尊《サギリノミコト》にてましますのだ」とあります。之れは、天地初發の祕事である。

大宇宙神としての極を語ることはさて置き、小宇宙たる私ども箇體の上で云へば、「神二つの光を與へ給ふ」と猶太の創世紀が傳へたように、天と地とが明に判れ、陰と陽とが正位に在る時、之れは二つの光明體としての存在で、カミの身で、天讓日天狹霧《アメユソルヒノアマノサギリ》と國禪日國狹霧《クニユソルヒノクニノサギリ》との二つの日であるとの意である。アメユヅルヒノアマノサギリクニユヅルヒノクニノサギリとあるユヅルのユは、古人が從の字を當てたように、ヨリの義である。ヨリとは、また、湯《ユ》である。湯《ユ》としては、「火ヨリ水ヨリ」である。それが、人としてならば、「天ヨリ地ヨリ」で、物としては、「彼ヨリ此ヨリ」で、相寄り相集りて、別の働きを現はし、新なる箇體を築く場合の妙用を示した詞である。ヅルとは、イヅルで、出でまた出づるので、單一ではなく、他に待つあるの意を示して、天より出づる日と地より出づる日とを指して居る。天成り地定まるの語に對したので、其の成り成りたる一神とは、天地の神で、天から出て來た天狹霧《アマノサギリ》と、地から出て來た國狹霧《クニノサギリ》との二柱の神である。二つの日である。二つの光である。天地としての二つの光たる一柱の神であると申しますので、それは、「天先に成り、地後に定る」と云ふ順序で、統治統率された曉である。其の順序は、中心が先に出來て、外廓が後から定まる。それが正しいのであるから、出來上つて見ると、善美の極で、玲瓏透徹、一圓光明の零界である。之れを、境地として眺むれば、高天原《タカマノハラ》で、神人產出の胎としては、鏡の船《カガミノフネ》で、中心を仰げば、神聖《カミ》國常立尊《クニトコタチノミコト》で、色色樣樣と込み合ひ、入り亂れ、立ち騷いでゐたものが、完全に統一した上からは國狹槌尊《クニサヅチノミコト》で、幽鬼妖魔が神德と變つたのである上からは、豐斟渟尊《トヨクムヌノミコト》と稱へまつるのである。

之れを近く、一身の上で例ふれば、完全なる統一體としての人を、表から觀れば豐斟渟《トヨクムヌ》で、裏から觀れば國狹槌《クニサツチ》で、表裏を合せて觀れば國常立《クニトコタチ》である。三にして一、一にして二、二にして三。三不可分の神身《ヒ》と呼ぶ。

表面的に眺めただけでは解りにくいが、表面的の機關を一切閉ぢて、意識の目をも塞いて、根本魂たる直日の目で觀れば、一切が神の日としての光であることを知る。之れを知る手近な方途は、最初に、五官としての目を閉ぢて觀る。耳を塞いて聽く。鼻舌身の感覺を捨てる。更に意識を忘れる。其處には、甞て見なかつた、聞かなかつた、知らなかつた世界が湧出する。それは、白玉晃耀の布斗邇邇殿《フトマニデン》である。一碧瑠璃光明の綿津宮《ワタツミノミヤ》である。紅玻璃光焰の宇津室《ウツムロ》である。漆黑水晶の宇斗宮《ウトノミヤ》である。黃金剛八間田宮《ヤマタノミヤ》である。以上を神の五鏡と稱へて○○《ヒ》の海である。

之れは、理論として說いても、なかなか分りにくいが、何よりも手つ取り早いのは、禊の神事を仰ぐことである。其の曉には、我も彼も、過去も將來も、天も地も、火も水も、一切合切が○《ヒ》であるこれまで、根本魂とか、直日とか申しましたが、其の根本魂たる直日の目にて觀、直日の耳にて觀、直日の鼻舌身意等にて觀る時は、大宇大宙としての實在の限り、存在の限り、總べてが光である。また少し話が耳遠くなつたようだから、現在私どもの熟《ナ》れて居ることで申しますと、例としては畏多いが、茲に、日本天皇と稱へまつる。其の日本天皇とは、差別の御姿として人民民族領土財産等と相對し給ふのではない。その五つの御鏡としての御名の敎へ給ふが如く、一切合切を抱括したまふ上からは明津神《アキツミカミ》と申しまつり、全體を統治し給ふ上からは、荒人神《アラヒトカミ》と仰ぎまつり、人間身としての神にてましします上からは、荒身魂神《アラミタマノカミ》と稱へ、稜威赫灼たる玉體にてましします上からは統一魂神《ミスマルミタマノカミ》と仰ぎ、過今來四維十表を統べ治め率ゐ給ふ上からは、現神《ウツソミノカミ》と讃へまつる。それを、人民民族等が仰ぎまつりては、御玉體の代代に代らせ給ふが如くなるより、萬世一系天壤無窮の日本天皇と拜みまつるのである。亦の御名を天照日《アマテラスヒノ》御子《ミコ》と稱へまつるは、人間身として現れ給へる天照大御神にてましますが故である。

それで、日本天皇と稱へまつるは、全人類統率の玉體にてましします上から仰ぐ御名で、日神と稱へまつるは、大宇宙神として仰ぐ御名で、惟神と稱へまつるは、天照大御神たる日本天皇にてましますなりと仰ぎまつる御名である。

世間の學者は何う解釋するか知らぬが、「惟神我子、應治故寄。是以、與天地之初、君臨之國也。自始治國皇祖之時、天下大同都無彼此者也」とは、孝德天皇の三年四月に渙發せられし御詔書である。先にも述べた惟神の唯一の典據である。「カミナガラ、アガミコ、シラスベシトコトヨサシタマヒキ。ココヲモチテ、アメツチノハジメヨリ、キミトシテ、シロシメスクニナリ。ハツクニシラシシ、スメミオヤノトキヨリ、アメノシタハ、ミナヒトシクシテ、カレコレト、ヘダテタマハヌナリ」と讀む。祖神垂示の大道で、天皇の道で、神の道で、人の道で、神魔を審判して、一圓光明身と成し、天地を剖割して、神聖統率の日高見國を築く。

そこで、惟神日本天皇は、人類世界の直日にてましまし、其の御稜威としての世界全體は、御統率のままに、空行く雲も、地潛る虫までも、神の稜威としての一圓光である。

總べてのものが、中心に目覺めて、中心たる直日の知ろしめす我だと知り、直日の發きたる光明身としての實を顯はせばヒカリである。「御民吾《ミタミワレ》」などと言擧げせずして、唯其の大御寶《オホミタカラ》ぞと仰せ給ふ日本天皇の大御心を惠念一意仰ぎまつり拜みまつるべきのみ。脩禊の結果は如此にして、上下內外一團の神國を築き成すのである。

以上の解說は、前に擧げた禊行事八則中、僅に、其の一端で、「氣吹《イブキ》」と、「振魂《フルタマ》」との初門に過ぎない。餘の六則は固より、古典の上なる幾十百の神則をも、逐次解說し實行して、初めて、神道の傳が完備するのである。
仰ぎ願はくば、其の時に會ひ、其の處を得、其の人を知りて、斯の傳を明にせんことを。

修禊講演十則　完

筆錄の詞

神道は、太古以來日本民族の全生命であつた。ところが、儒教が渡り佛教が來て、複雜に繁多に技葉末節の茂り合ひ、紅紫紺碧黃綠と色とりどりの花を咲かせた。然しながら、顧みて之れを檢討すると、我等は其のあまりにも無駄花の多いのに驚く。仇花のケバケバしいのに呆れる。此の無駄花の爲、仇花の爲に眩惑して、日本人の魂は僅僅二三百年の間に似も付かぬ唐國振りに化けてしまつた。

僅少の識者は、驚いて和魂を呼び醒せと叫んだ。けれども、大江の堤防が切れては、またどうして見ようも無かつたのであらう。

爾來一千許年、更に近世西洋文明と云ふペンキ塗りに塗りつぶされて殆んど日本魂の跡形も無い程の姿と成り果てたかと怪しまるる迄に至つた。が、幸なる哉。

明治天皇の生れましに依りて、日本天皇國の大道は闡明せられ、三千年以前の大日本敎は復興して、今將に世界人類を一圓光明の中に抱容せんとする大偉觀を呈して來た。

此の大御代に、千載の陵夷を一管の筆端に挽回せんとした大哲人川面凡兒先生が現れた。

先生は、日本民族の宇宙觀に立脚して、日本神道が世界人類を統治統一せざるべからざるの理を説示し、神事に依つて其の事理を證明されたのは、三千年來未聞の壯觀であつた。ところが、其の晩年、大衆の思想を導くのに急であつた爲、無始無終非經非緯の高御座を解説するの暇が無かつたので、時として、短見者流の誤解を招ぎ易いものが少くない。

玆に、我が師の深く之れを惜しみ給ふあり、川面先生遺敎の脩禊殿裡を出でて終始一貫、唯一零境の祕事を傳へようとせられる。

禊は、本來、宇宙成壞の神祕を悟證させるのであるから、行事も解説も勿論神祕に屬するので、之を筆舌にすることは容易でない。けれども、話さなければ修行の手がかりも得難からうし、記さなければ後の人を導く便宜が無くなる。私どもはそれを思ふので、昨年八月初旬、滿洲帝國協和會主催のもとに、首都新京の建國大學を會場として日滿兩民族の脩禊に、初めて其の指導を受けた時から、本年滿洲各地の脩禊毎に出來得るかぎり、其の詳細を記錄し全貌を傳へようと願つたのである。

禊は固より活物で、單なる形式儀禮の類とは異るから、其の行事と解説とが相互に隱見出沒して容易に捕捉し難い。爲に筆錄も意にまかせぬ憾が多かつた。

前程はなほ甚遙なようである。が、人天萬類は、何時何處に何如なる機緣が結ばれるかも知れぬので、また極めて洋洋たる氣持でもある。

願はくば、之を讀む人の多くして、道を得る者の限り無からんことをと、乞ひ祈り祈ぎまつるのであります。

よしあしの　へだてもあらで　からくにの
ひろのせばしと　はるのはなさく。

昭和十六年十二月二十六日

木原崇喬
生尾一哲
しるす

産《ム》魂《ス》の辭《ビ》

鏡に映つた自分の姿を見て、此んなはずではなからうがと怪しみ訝ること
がある。が、いくら見直しても變りがない。平生に、人が自分で自分を
完全に見ることは殆んど不可能である爲に、多くの人は自己を知らぬがち
に過ぎてしまふ。形態としても心意としても、自分で自分を知ることは容
易でない。それで、各人各自が盲滅法に勝手氣儘な言論行爲をする。とす
れば、まことに人間世界は不幸である。

禊の講演を人の筆錄してくれたのを見て、此のような感が起る。
それから、先師の言說と私の解釋とは、時に相反する點が有る。
川面先生は其の全集十卷を拜讀しただけでもわかるように、不世出の大

偉人であり純忠至誠の眞人であつたと仰ぐのであるが、常に由我作古の大識見を以つて、言論風發、筆端電閃、古今を空うするの半面には、時に獨斷に墮ち或は古典を無視する如きこことも無くは無かつた。先師なるが故に予は敢て之れを云ふ。それと同時に川面先生の行事の片鱗をも着書の一冊をも窺ひ見ず、世上漫然川面流と呼び甚しく似て非なる行事學說を瞥見したるのみにて、先生をそれと同視し論難せんとするものの出沒するを見ては、なんとも慨嘆に堪へない。若しも世に見も知らぬ物を批評するとしたならば何うでせうか。これは有り得べからざることである。それにも拘はらず、世には川面先生を知らずに其の末弟等か或は眞似をする者等の爲るさまを見て、川面先生の云爲なるかの如く非議するものがある。何と云ひようもないが其の謬見を糺さねばならぬ。

先師の引證には往往不用意の點が有る。けれども、その爲に根幹を傷けるものではない。また其の言靈學には、在來の言靈説を踏襲して世人を疑はしむるものが尠くない。が、之れは、人を導かんとする老婆心の切なるあまりで、またもとより枝葉のことに屬する。

然らば、その眞面目は何うか。

『日本民族は大宇宙を觀《ナガメ》て、「阿《ア》」と驚歎した。其の阿《ア》とは、擴張し發展して止まざる靈魂《クシビ》であることを觀《シリ》て、「眞《マ》」と讃嘆した。其の眞《マ》とは、圓滿具足して缺くることなき日であることを證《シ》りて、「身《ミ》」と信仰した。其の身《ミ》とは、修理固成の實體であることを尊びて、「渟《ヌ》」と嘆美した。其の渟《ヌ》とは、不生不滅の零《ヒ》であることを畏みて、「死《シ》」と禮拜した。其の死《シ》とは、非經非緯無始無終の高御座であることを讃仰して、日隅宮《ヒノワカミヤ》と奉稱した。之れは、絶大無限であるから、零なる一である。此の一は、零であるから重重無盡又無量である。無盡無量の一とは、如是の◯《ヒ》で、天御中主大神と稱へまつるのである。其の天御中主大神とは、晃耀赫灼たる稜威の出入往返であるから、天照大神と仰ぎまつるのである。其の稜威は、罪尤垢穢を祓へ却へ給ひて、高天原を築き成しつつましますから、大祓戸大神と畏みまつるのである。

大祓戸大神・天照大神・天御中主大神。是が神としての大宇宙であり小宇宙である。人《ヒト》でもあり萬有《モノ》でもある。如是の三位一體神のままに、人の世を神の代と成し神の國と成すのが人類萬有の天職であり責務である』

此の◯を體得悟證し、此の◯の國を築き成し、後世子孫をして太平和樂を謳歌させようとて、祖神垂示の禊事を行じつつ、世を教へ人を導き、ただひと時のを止みも無く、六十八年の人生を終らせられたのである。

あなかしこ。

なききみがたま。みをしへの、きみがみたまは、よにありし、そのときのごと。ひとのよを、かみよとすべく、ひとみなを、かみとなすべく。うつそみの、ひとのよのため、ひさかたの、あめののりごと。あまてらす、かみのひめわざ。しほつちの、こをろこをろに。あしびきの、やまのをひろく。とものをの、かたくもむすび。ときじくの、いつもとこよと、すみすみて、すみきりたれば、かくりみの、かみごころそしれ。なきみたま、をしへのきみが、あまぢゆく、をしへのうしが、あまかける、みおやのかみと、みたまかがやく。

あさまだき、きみがまろやの、うちさにぞ、あふぐみひかり、みちにみちたる。

昭和十六年

脩禊講演録　完

解題

編集部

本書は秘教的神道家・多田雄三の主たる著作を復刻収録したものである。

多田雄三は明治十六年、千葉県君津に生まれた。日本画家であったが、川面凡児の門に入り、各地で禊行を行い、川面の没後はさらなる新境地を確立し、ごく少数の門下生たちに禊の秘事を伝えたという。川面凡児の顕教的な部分が神社本庁系の禊に継承されたとすれば、その秘教的な流れは多田雄三に継承されたといえよう。

『日本神道・禊の教典 言霊の幸』は、著者の生前は秘書としてその刊行を禁じられていたが、三人の高弟（成瀬彌五郎、三井正義、白岩青雲）によって昭和五十二年に私家版として発行された。霊感、神感から来るともいえる言霊説を縦横に駆使し、神事について、神代紀について著者独特の秘説が開示されている。随所に器教に関わる伝が先師川面凡児の言として言及され、「出雲史《いずもふみ》」なる未知の古伝について語られている点も興味深い。

『日本神道・禊の教典　未来』は、昭和六十年に同じく私家版として刊行されたものであるが、後記によると終戦直後に孔版印刷に付されたものを底本にしたとのことである。

『修禊講演録』は、昭和十六年に著者が満州の奉天、吉林、牡丹江、哈爾浜等で五カ月にわたって禊指導を行なった際の講演抄録で、昭和十七年に私家版として刊行された。

これまで著者については斯界においてもごく一部の者のみが知る存在であったが、本復刻版の刊行が契機となって関心が高まることを期待したい。

日本神道
禊の教典
言霊の幸
附 未来
修禊講演録

定価：本体一二、〇〇〇円＋税

平成二十二年二月二十二日　初版発行

著者　多田雄三

発行所　八幡書店
〒108-0071　東京都港区白金台三丁目十八番一号
八百吉ビル４Ｆ
振替　〇〇一八〇―一―四七二七六三
電話　〇三（三四四二）八一二九

印刷／互恵印刷　製本・製函／難波製本

ISBN978-4-89350-678-8 C0014 ¥12000E